Programação com
C++

Dados Internacionais de Catalogação na Publicação (CIP)
(Câmara Brasileira do Livro, SP, Brasil)

McMullen, Kyla
 Programação com C++ / Kyla McMullen, Elizabeth Matthews, June Jamrich Parsons ; tradução Docware Assessoria Editorial. -- 1. ed. -- São Paulo : Cengage Learning, 2023.

 Título original: Readings from Programming with C++
 ISBN 978-65-5558-448-6

 1. Ciência da Computação 2. C++ (Linguagem de programação para computadores) 3. Linguagem de programação (Computadores) I. Matthews, Elizabeth. II. Parsons, June Jamrich. III. Título.

23-146061 CDD-005.133

Índice para catálogo sistemático:
1. C++ : Linguagem de programação : Computadores : Processamento de dados 005.133

Aline Graziele Benitez - Bibliotecária - CRB-1/3129

Programação com C++

KYLA McMULLEN
ELIZABETH MATTHEWS
JUNE JAMRICH PARSONS

TRADUÇÃO:
Docware Assessoria Editorial

REVISÃO TÉCNICA:
Flávio Soares Corrêa da Silva
Professor Associado das disciplinas
Introdução à Computação, Estruturas de Dados e Algoritmos,
e Inteligência Artificial na Universidade de São Paulo

Austrália • Brasil • México • Cingapura • Reino Unido • Estados Unidos

Programação com C++
Tradução da 1ª edição norte-americana
1ª edição brasileira
Kyla McMullen, Elizabeth Matthews, June Jamrich Parsons

Gerente editorial: Noelma Brocanelli

Editora de desenvolvimento: Gisela Carnicelli

Supervisora de produção gráfica: Fabiana Alencar Albuquerque

Título original: Readings from Programming with C++
(ISBN 13: 978-0-357-63775-3)

Tradução: Docware Assessoria Editorial

Revisão técnica: Flávio Soares Corrêa da Silva

Revisão: Fábio Gonçalves, Mônica Aguiar e Diego Carrera

Diagramação: PC Editorial Ltda.

Indexação: Fábio Gonçalves

Capa: Alberto Mateus/Crayon Editorial

Imagem da capa: Alberto Mateus/Crayon Editorial

© 2022 Cengage Learning, Inc.

© 2024 Cengage Learning Edições Ltda. Todos os direitos reservados.

Todos os direitos reservados. Nenhuma parte deste livro poderá ser reproduzida, sejam quais forem os meios empregados, sem a permissão, por escrito, da Editora. Aos infratores aplicam-se as sanções previstas nos artigos 102, 104, 106 e 107 da Lei nº 9.610, de 19 de fevereiro de 1998.

Esta editora empenhou-se em contatar os responsáveis pelos direitos autorais de todas as imagens e de outros materiais utilizados neste livro. Se porventura for constatada a omissão involuntária na identificação de algum deles, dispomo-nos a efetuar, futuramente, os possíveis acertos.

A Editora não se responsabiliza pelo funcionamento dos sites contidos neste livro que possam estar suspensos.

> Para informações sobre nossos produtos, entre em contato pelo telefone **+55 11 3665-9900**
>
> Para permissão de uso de material desta obra, envie seu pedido para
> **direitosautorais@cengage.com**

ISBN-13: 978-65-5558-448-6
ISBN-10: 65-5558-448-3

Cengage
WeWork
Rua Cerro Corá, 2175 – Alto da Lapa
São Paulo – SP – CEP 05061-450
Tel.: (11) +55 11 3665-9900

Para suas soluções de curso e aprendizado, visite
www.cengage.com.br

Aviso ao Leitor
A Editora não garante nenhum dos produtos descritos neste livro ou realiza qualquer análise independente em relação a qualquer informação do produto aqui contida. A Editora não assume e se isenta expressamente de qualquer obrigação de obter e incluir informações diferentes das fornecidas pelo fabricante. O leitor é expressamente avisado para considerar e adotar todas as precauções de segurança que possam ser indicadas pelas atividades aqui descritas e para evitar todos os riscos potenciais. Ao seguir as instruções aqui contidas, o leitor assume voluntariamente todos os riscos relacionados a tais instruções. A Editora não faz representações ou garantias de qualquer tipo, incluindo, mas não se limitando a, garantias de adequação a um propósito específico ou comercialização, nem tais representações estão implícitas em relação ao material aqui estabelecido, e a Editora não assume nenhuma responsabilidade com relação a tal material. A Editora não será responsável por quaisquer danos especiais, consequentes ou exemplares resultantes, no todo ou em parte, do uso ou confiança dos leitores neste material.

Impresso no Brasil
Printed in Brazil.
1ª impressão – 2023

SUMÁRIO

PREFÁCIO	**xi**
MÓDULO 1	
PENSAMENTO COMPUTACIONAL	**1**
1.1 Algoritmos	2
Noções básicas sobre algoritmos	2
Algoritmos de programação	2
"Bons" algoritmos	3
Seleção e criação de algoritmos	4
1.2 Decomposição	4
Noções básicas sobre decomposição	4
Decomposição estrutural	4
Decomposição funcional	6
Decomposição orientada a objetos	6
Dependências e coesão	7
1.3 Identificação de padrões	7
Noções básicas sobre identificação de padrões	7
Padrões repetitivos	8
Padrões de classificação	9
1.4 Abstração	9
Noções básicas de abstração	9
Classes e objetos	10
Caixas-pretas	11
Níveis de abstração	12
RESUMO	**12**
TERMOS-CHAVE	**12**
MÓDULO 2	
FERRAMENTAS DE PROGRAMAÇÃO	**13**
2.1 Linguagens de programação	14
Hello World!	14
Noções básicas de linguagens de programação	14
Sintaxe e semântica	15
Elementos centrais	17
Sua caixa de ferramentas	18
2.2 Ferramentas de codificação	18
Editores de programas	18
Estrutura básica	19
2.3 Ferramentas de compilação	20
O conjunto de ferramentas	20
Compiladores	21
Pré-processadores e montadores	22
Máquinas virtuais	23
Interpretadores	23
2.4 Ferramentas de depuração	25
Erros de programação	25
Erros de sintaxe	26
Erros de tempo de execução	26
Erros semânticos	27
Utilitários de depuração	28
2.5 IDE e SDK	30
Ambientes de desenvolvimento integrado	30
Kits de desenvolvimento de software	30
RESUMO	**31**
TERMOS-CHAVE	**32**
MÓDULO 3	
LITERAIS, VARIÁVEIS E CONSTANTES	**33**
3.1 Literais	34
Literais numéricos	34
Literais de caractere e string	35
Literais complicados	36
3.2 Variáveis e constantes	36
Variáveis	36
Constantes	37
A conexão de memória	39
3.3 Instruções de atribuição	39
Declaração de variáveis	39
Inicialização de variáveis	40
Atribuição de variáveis	41
3.4 Entrada e saída	42
Entrada para uma variável	42
Saída de uma variável	43
RESUMO	**44**
TERMOS-CHAVE	**45**
MÓDULO 4	
EXPRESSÕES E TIPOS DE DADOS NUMÉRICOS	**46**
4.1 Tipos de dados primitivos	47
Tipos de dados	47
Tipos de dados primitivos	47
Tipos de dados compostos	48
4.2 Tipos de dados numéricos	49
Tipos de dados inteiros	49

v

Tipos de dados de ponto flutuante	50
4.3 Expressões matemáticas	51
Operadores aritméticos	51
Ordem das operações	52
Operadores compostos	53
4.4 Conversão de tipo de dados numéricos	55
Converter números inteiros e números de ponto flutuante	55
Peculiaridades do arredondamento	56
4.5 Formatando a saída	57
Saída formatada	57
Parâmetros de formatação	57
RESUMO	**59**
TERMOS-CHAVE	**59**

MÓDULO 5
TIPOS DE DADOS DE CARACTERE E STRING — 60

5.1 Tipos de dados de caractere	61
Trabalhando com dados de caractere	61
Alocação de memória a caracteres	62
Dígitos	62
Formato de saída de caracteres	63
Manipulação de caracteres	64
5.2 Tipos de dados de string	66
Trabalhando com dados de string	66
Caracteres de escape	66
Índices de string	68
5.3 Funções de string	69
Manipulação de string	69
Comprimento da string	69
Alternar entre maiúsculas e minúsculas	70
Encontrar a localização de um caractere	71
Recuperar uma substring	72
5.4 Concatenação e conversão de tipos	72
Saída concatenada	72
Variáveis concatenadas	74
Coerção e conversão de tipos	75
RESUMO	**77**
TERMOS-CHAVE	**77**

MÓDULO 6
ESTRUTURAS DE CONTROLE DE DECISÃO — 78

6.1 Estruturas de controle se-então	79
Estruturas de controle	79
Lógica de decisão	80
Estruturas se-então	80
6.2 Operadores relacionais	82
O operador de igualdade	82
Usando operadores relacionais	82
Expressões booleanas e tipos de dados	84
6.3 Condições múltiplas	85
Estruturas se-então-senão	85
Estruturas se aninhadas	86
Estruturas senão-se	90
Reinserção	92
6.4 Operadores lógicos condicionais	94
O operador AND	94
O operador OR	95
RESUMO	**96**
TERMOS-CHAVE	**96**

MÓDULO 7
ESTRUTURAS DE CONTROLE DE REPETIÇÃO — 97

7.1 Laços controlados por contagem	98
Noções básicas sobre laços	98
Instruções de controle	99
Laços for	100
Laços controlados por usuário	102
7.2 Contadores e acumuladores	103
Laços que contam	103
Laços que acumulam	105
7.3 Laços aninhados	106
Laços dentro de laços	106
Laços internos e externos	107
7.4 Laços pré-teste	109
Laços while	109
Laços infinitos	110
Saindo de laços	112
7.5 Laços pós-teste	113
Laços do	113
Condições de teste e condições de término	116
RESUMO	**117**
TERMOS-CHAVE	**118**

MÓDULO 8
ARRANJOS — 119

8.1 Noções básicas sobre arranjos	120
Retângulos mágicos	120
Características de arranjo	121
Casos de uso de arranjos	122
8.2 Arranjos unidimensionais	122
Inicializar arranjos numéricos	122
Inicialização de arranjos de string	123
8.3 Entrada e saída de arranjo	124
Saída de um elemento de arranjo	124
Erros de índice	125
Percursos em um arranjo	125
Elementos de arranjo de entrada	127
8.4 Operações de arranjo	128
Alterar um elemento de arranjo	128
Encontrar um elemento de arranjo	128
Elementos de soma em arranjos	129
8.5 Arranjos bidimensionais	130
Noções básicas sobre arranjos bidimensionais	130
Inicialização de um arranjo bidimensional	132
Saída de um arranjo bidimensional	132
Soma das colunas e linhas do arranjo	134
RESUMO	**136**
TERMOS-CHAVE	**136**

MÓDULO 9
FUNÇÕES — 137

9.1 Noções básicas sobre funções	138
Classificações de funções	138
Funções definidas pelo programador	138
Fluxo de execução	139
Vantagens das funções	139
9.2 Funções void	140
Noções básicas sobre a função void	140
Pseudocódigo de função	141
9.3 Funções com parâmetros	142
Parâmetros de função	142

Argumentos de função	142
O handoff	143
9.4 Valores de retorno	144
Valores de retorno	144
Tipo de retorno	147
Assinatura de função	148
9.5 Escopo	148
Noções básicas sobre escopo	148
Passagem por valor	150
Passagem por referência	152
Namespaces	153
RESUMO	**154**
TERMOS-CHAVE	**154**

MÓDULO 10
RECURSÃO — 155

10.1 Componentes-chave da recursão	155
A mentalidade recursiva	155
Noções básicas sobre recursão	156
Quando usar recursão	161
10.2 Usando recursão para resolver problemas complexos	161
Projetando estruturas recursivas	161
Recursão linear	163
Recursão de ramificação	165
10.3 Gerenciamento de memória durante a recursão	169
Gerenciamento de memória	169
Recursão estável	169
RESUMO	**172**
TERMOS-CHAVE	**172**

MÓDULO 11
EXCEÇÕES — 173

11.1 Definição de exceções	173
Erros no código	173
Tipos de exceção	175
11.2 Lidando com exceções	176
Lidando com as exceções dos outros	176
Blocos try e catch	177
11.3 Uso de exceções	186
Lançando exceções	186
Quando passar a tarefa adiante	190
RESUMO	**191**
TERMOS-CHAVE	**191**

MÓDULO 12
OPERAÇÕES COM ARQUIVOS — 192

12.1 Entrada e saída de arquivo	193
O propósito dos arquivos	193
Anatomia de um arquivo	197
Uso do arquivo	199
12.2 Processamento de um arquivo	200
Acesso a arquivos	200
Fluxos e buffers	201
12.3 Abertura de um arquivo	202
Abertura de um arquivo para leitura	202
Leitura de um arquivo	204
12.4 Fechamento de um arquivo	208
Fechamento de arquivos após o uso	208
Tentativa para fechar um arquivo	208
12.5 Criação e gravação de novos arquivos	208
Criação de um arquivo	208
Abertura de um arquivo para gravação	209
Gravar e anexar um arquivo	210
Antecipar exceções	214
RESUMO	**215**
TERMOS-CHAVE	**216**

MÓDULO 13
CLASSES E OBJETOS — 217

13.1 Classes em programação orientada a objetos	217
Representando o mundo real com código	217
Usando classes	218
Componentes de classe	219
13.2 Uso de objetos	222
Criando objetos	222
Objetos como variáveis	223
Recursos e princípios orientados a objetos	224
13.3 Uso de elementos estáticos em uma classe	224
Variáveis membro estáticas	224
Métodos estáticos	225
Classes estáticas	226
13.4 Características dos objetos em programas orientados a objetos	227
Identidade do objeto	227
Estado do objeto	228
Comportamento do objeto	228
RESUMO	**229**
TERMOS-CHAVE	**230**

MÓDULO 14
MÉTODOS — 231

14.1 Uso de métodos	231
Por que usar métodos?	231
Anatomia de um método	236
Uso de métodos	236
14.2 Alteração de comportamento padrão de um objeto	240
Uso de objetos como variáveis regulares	240
Sobrecarga de métodos	243
Configuração de um objeto como igual a outro	246
14.3 Método em cascata e encadeamento de métodos	247
Chamar vários métodos no mesmo objeto	247
14.4 Uso de construtores	250
Especificar como construir um objeto	250
Construção de um objeto a partir de outro objeto	252
RESUMO	**253**
TERMOS-CHAVE	**253**

MÓDULO 15
ENCAPSULAMENTO — 254

15.1 Componentes da estrutura de classes	254
Ocultação de dados	254
Projeto de objetos	256

Escopo de autorreferência	259
15.2 Contexto de assessores e modificadores	260
Visualização de dados de um objeto	260
Alteração de dados em um objeto	261
15.3 Uso de construtores	262
Parâmetros e argumentos	262
Parâmetros padrão e sobrecarga do construtor	263
15.4 Aplicação de encapsulamento com modificadores de acesso	265
Modificadores de acesso	265
Variáveis públicas e métodos	266
Variáveis e métodos privados	267
15.5 Interfaces e cabeçalhos	268
Interfaces	268
Programação de uma interface	270
RESUMO	**272**
TERMOS-CHAVE	**273**

MÓDULO 16
HERANÇA 274

16.1 Uso de herança	274
Criar classes a partir de outras classes	274
Árvores genealógicas em POO	276
Níveis de acesso	278
16.2 Componentes necessários para herança	279
Definição de uma classe pai	279
Definição de uma classe filha	279
16.3 Criação de uma classe filha que herda de uma classe pai	282
Sintaxe de herança	282
Personalização do comportamento	284
RESUMO	**290**
TERMOS-CHAVE	**290**

MÓDULO 17
POLIMORFISMO 291

17.1 O objetivo do polimorfismo	291
Flexibilidade durante a codificação	291
Ligação dinâmica sob o capô	295
17.2 Noções básicas de polimorfismo	296
Classes dentro de classes	296
Objetos como outros objetos	297
17.3 Funções virtuais	298
Antecipação da personalização	298
Classes abstratas	300
RESUMO	**300**
TERMOS-CHAVE	**301**

MÓDULO 18
TEMPLATES 302

18.1 Noções básicas de templates	302
Abstração de dados	302
Estrutura e uso de template	305
18.2 Templates complicados	309
Templates avançados	309
Templates de objetos como argumentos	312
18.3 Templates como uma abordagem de solução de problemas	314
Projetando um template	314
Quando usar templates	314
RESUMO	**314**
TERMOS-CHAVE	**315**

MÓDULO 19
ESTRUTURAS DE DADOS DE LISTA LIGADA 316

19.1 Estruturas de lista ligada	317
Seleção de estrutura de dados	317
Implementação da estrutura de dados	318
Noções básicas de lista ligada	319
19.2 Tipos de listas ligadas	320
Listas unicamente ligadas	320
Listas duplamente ligadas	320
Listas ligadas circulares	321
Características da lista ligada	322
19.3 Codificar uma lista ligada	323
A classe `Node`	323
A classe `LinkedList`	325
O método `Append`	326
Percurso em lista ligada	327
O método Find	328
O método Insert	329
RESUMO	**333**
TERMOS-CHAVE	**333**

MÓDULO 20
PILHAS E FILAS 334

20.1 Pilhas	334
Noções básicas de pilha	334
Casos de uso de pilha	336
Pilhas incorporadas	337
Codifique uma pilha	338
20.2 Filas	343
Noções básicas de fila	343
Casos de uso de fila	344
Codifique uma fila	344
RESUMO	**350**
TERMOS-CHAVE	**350**

MÓDULO 21
ÁRVORES E GRAFOS 351

21.1 Estruturas de dados não lineares	352
Estruturas lineares *versus* não lineares	352
Blocos de construção não lineares	353
21.2 Estruturas de árvore	353
Noções básicas de árvores	353
Propriedades da árvore	355
Árvores como estruturas recursivas	356
21.3 Resolver problemas com o uso de árvores	359
Aplicativos de árvore	359
Armazenamento de dados em árvores	360
21.4 Estruturas de grafo	366
Noções básicas de grafos	366
Grafos direcionados e não direcionados	367
21.5 Resolver problemas com o uso de grafos	367
Usos de grafos	367
Computação de caminhos	368
RESUMO	**373**
TERMOS-CHAVE	**373**

MÓDULO 22
COMPLEXIDADE DE ALGORITMOS E NOTAÇÃO BIG-O — 374

- 22.1 Notação Big-O — 375
  - Complexidade dos algoritmos — 375
  - Análise assintótica — 376
  - Notação assintótica — 376
- 22.2 Complexidade de tempo — 377
  - Métricas de Big-O — 377
  - Tempo constante — 378
  - Tempo linear — 379
  - Tempo quadrático — 380
  - Tempo logarítmico — 380
- 22.3 Complexidade de espaço — 382
  - Espaço de memória — 382
  - Complexidade de espaço constante — 383
  - Complexidade de espaço linear — 383
- 22.4 Cálculos de complexidade — 384
  - Complexidade de tempo linha por linha — 384
  - Combine e simplifique — 385
  - Um algoritmo misterioso — 386
- **RESUMO** — **388**
- **TERMOS-CHAVE** — **388**

MÓDULO 23
ALGORITMOS DE BUSCA — 389

- 23.1 Uso de algoritmos de busca — 390
  - Noções básicas de busca — 390
- 23.2 Execução de uma busca linear — 390
  - Procurar agulha em um palheiro — 390
  - Avaliação do tempo de busca — 394
- 23.3 Execução de uma busca binária — 394
  - Redução do espaço de busca — 394
  - Implementação da busca binária — 395
- 23.4 Utilização de expressões regulares em algoritmos de busca — 400
  - Especificação de um padrão de busca — 400
  - Operadores de busca de expressão regular — 400
- **RESUMO** — **403**
- **TERMOS-CHAVE** — **403**

MÓDULO 24
ALGORITMOS DE ORDENAÇÃO — 404

- 24.1 Qualidades de algoritmos de ordenação — 405
  - Ordenação de itens — 405
  - Complexidade de tempo em algoritmos de ordenação — 406
  - Classificação de propriedades — 407
- 24.2 Ordenação por bolha — 408
  - Definição do algoritmo de ordenação por bolha — 408
  - Propriedades de ordenação por bolha — 414
- 24.3 Quicksort — 415
  - Definição do algoritmo quicksort — 415
  - Propriedades do Quicksort — 420
- 24.4 Ordenação por mesclagem — 423
  - Definição do algoritmo de ordenação por mesclagem — 423
  - Propriedades da ordenação por mesclagem — 429
- **RESUMO** — **430**
- **TERMOS-CHAVE** — **430**

MÓDULO 25
ARQUITETURA DO PROCESSADOR — 431

- 25.1 Organização do processador — 432
  - Circuitos integrados — 432
  - Lei de Moore — 434
  - CPUs — 434
- 25.2 Conjuntos de instruções de baixo nível — 435
  - Conjuntos de instruções do microprocessador — 435
  - RISC e CISC — 436
  - Linguagem de máquina — 437
  - Linguagem de montagem — 437
- 25.3 Operações do microprocessador — 438
  - Processamento de uma instrução — 438
  - O ciclo de instrução — 438
- 25.4 Linguagens de programação de alto nível — 440
  - Evolução — 440
  - Ensino de linguagens — 441
  - A família C — 441
  - Linguagens de programação Web — 442
  - Características — 442
  - Vantagens e desvantagens — 443
- **RESUMO** — **444**
- **TERMOS-CHAVE** — **444**

MÓDULO 26
REPRESENTAÇÃO DE DADOS — 445

- 26.1 Bits e bytes — 446
  - Dados digitais — 446
  - Bits — 447
  - Bytes — 448
- 26.2 Binário — 450
  - Números binários — 450
  - Binário para decimal — 451
  - Decimal para binário — 452
  - Soma binária — 453
  - Números negativos — 454
- 26.3 Hexadecimal — 455
  - Cores — 455
  - Números hexadecimais — 456
  - Conversões Binário-Hex-Binário — 457
  - Conversão de hexadecimal em decimal — 458
  - Densidade de informação — 458
- 26-4 ASCII e Unicode — 459
  - ASCII — 459
  - ASCII estendido — 460
  - Unicode — 461
- 26.5 Alocação de memória — 462
  - Memória e armazenamento — 462
  - Dispositivos de armazenamento — 462
  - Memória — 463
- **RESUMO** — **465**
- **TERMOS-CHAVE** — **465**

MÓDULO 27
PARADIGMAS DE PROGRAMAÇÃO — 466

- 27.1 Paradigmas imperativos e declarativos — 467
  - Pense fora da caixa — 467
- 27.2 O paradigma procedural — 468
  - Noções básicas de procedimentos — 468

Características dos programas procedurais	469
Aplicações de paradigma procedural	471
27.3 O paradigma orientado a objetos	472
Objetos, classes e métodos	472
Características dos programas orientados a objetos	474
Aplicativos orientados a objetos	475
27.4 Paradigmas declarativos	476
Princípios declarativos	476
Características do paradigma declarativo	479
Aplicações para paradigmas declarativos	479
RESUMO	**480**
TERMOS-CHAVE	**480**

MÓDULO 28
INTERFACES DE USUÁRIO 481

28.1 Noções básicas da interface de usuário	482
IU e UX	482
Componentes de IU	482
Selecionando uma IU	484
28.2 Interfaces de usuário por linha de comando	484
Noções básicas de linha de comando	484
Projeto de programa por linha de comando	484
28.3 Interfaces gráficas de usuário	486
Noções básicas de GUI	486
Projeto de programa GUI	487
28.4 Interfaces de usuário por voz	489
Noções básicas de interface por voz	489
Reconhecimento de fala	489
Síntese de fala	490
Projeto de programas para interfaces de usuário por voz	490
28.5 Interfaces de ambiente virtual	491
Ambientes virtuais	491
Componentes da interface do ambiente virtual	492
Programação de interface virtual	493
28.6 Acessibilidade e inclusão	493
Diretrizes de acessibilidade	493
Projeto inclusivo	494
RESUMO	**497**
TERMOS-CHAVE	**498**

MÓDULO 29
METODOLOGIAS DE DESENVOLVIMENTO DE SOFTWARE 499

29.1 Desenvolvimento de software	500
O ciclo de vida de desenvolvimento de software	500
Eficiência, qualidade e segurança	501
29.2 O modelo em cascata	501
Análise e projeto estruturados	501
Vantagens e desvantagens da cascata	503
29.3 O modelo ágil	504
Desenvolvimento incremental	504
Metodologias ágeis	504
Vantagens e desvantagens de adotar uma metodologia ágil	505
29.4 Princípios de codificação	506
Codificação eficiente	506
Código modularizado	507
Codificação limpa	508
Codificação segura	508
Fatores de sucesso	510
29.5 Teste	510
Níveis de teste	510
Teste de unidade	511
Teste de integração	512
Teste de sistema	513
Teste de aceitação	513
Teste de regressão	513
RESUMO	**514**
TERMOS-CHAVE	**514**

MÓDULO 30
PSEUDOCÓDIGO, FLUXOGRAMAS E TABELAS DE DECISÃO 515

30.1 Pseudocódigo	516
De algoritmos a pseudocódigo	516
Noções básicas de pseudocódigo	518
Diretrizes de pseudocódigo	519
Escrevendo pseudocódigo	521
30.2 Fluxogramas	522
Noções básicas de fluxograma	522
Desenhar fluxogramas	522
Ferramentas de fluxograma	523
30.3 Tabelas de decisão	525
Noções básicas da tabela de decisão	525
Liste as condições	525
Listar todas as alternativas existentes	526
Especificar resultados e regras	526
Interpretar regras	527
Otimize as regras	528
Verificar a integridade e precisão	529
RESUMO	**530**
TERMOS-CHAVE	**530**

MÓDULO 31
LINGUAGEM DE MODELAGEM UNIFICADA 531

31.1 Objetivo da Linguagem de Modelagem Unificada (UML)	532
Comunicação de ideias para outros programadores	532
31.2 Partes do diagrama UML	532
Noções básicas do diagrama de classe	532
Noções básicas do diagrama de casos de uso	533
Diagramas de sequência	535
31.3 Uso de UML para estruturar programas	536
Associações de UML	536
Tradução de UML para código	539
RESUMO	**542**
TERMOS-CHAVE	**543**

GLOSSÁRIO	**544**
ÍNDICE REMISSIVO	**556**

PREFÁCIO

Este livro contém atividades para estudo disponíveis na plataforma online *Mindtap*.

Mindtap é uma plataforma on-line totalmente em inglês indicada para os cursos de negócios, economia, ciências biológicas e ciências sociais.

Personalizável, a plataforma permite que sejam criadas experiências de aprendizado envolventes que aumentam o desempenho e fornecem acesso a ebook (em inglês), ferramentas de estudo, avaliações e análises de desempenho do aluno.

Com *Mindtap*, o professor poderá organizar previamente um calendário de atividades para que os alunos realizem as tarefas de acordo com a programação de suas aulas.

A plataforma pode ser contratada por meio de uma assinatura institucional ou por licença individual/aluno.

O professor pode solicitar um projeto-piloto gratuito, de uma turma por instituição, para conhecer a plataforma. Entre em contato com nossa equipe de consultores em sac@cengage.com.

Bem-vindo ao *Programação com C++*. Este livro inclui as lições e leituras independentes do MindTap para *Programação com C++* e pode ser usado em conjunto com o MindTap Reader para uma experiência de aprendizado completa.

Visão geral do MindTap

Programação com C++ apresenta narrativa conceitual, independente da linguagem com recursos específicos de linguagem, fragmentos de código em C++ não classificados, bancos de teste independentes de linguagem e recursos adicionais para instrutores. O objetivo deste produto digital é desenvolver conteúdo em torno dos conceitos essenciais para a compreensão da Ciência da Computação a partir de uma perspectiva independente em relação à linguagem. Os alunos obterão uma compreensão fundamental da programação procedural, conceitos de ciência da computação e programação orientada a objetos. Os instrutores identificaram a necessidade de conteúdo conceitual independente da linguagem que possa ser combinado com a prática em uma linguagem específica. Este texto de 31 módulos foi desenvolvido para fornecer esse conteúdo conceitual combinado com exemplos específicos de linguagem e atividades práticas de aprendizado em C++.

Objetivos do livro

- Desenvolver um conhecimento fundamental de princípios de codificação, vocabulário e conceitos básicos.
- Usar o novo conhecimento fundamental para adquirir habilidades em programação C++.
- Praticar habilidades de codificação emergentes em um ambiente de baixo risco.
- Aplicar os conceitos e habilidades aprendidos a tarefas/atividades que imitam experiências e ambientes do mundo real.

Versão do C++

Recomendamos baixar a versão mais recente do C++ antes de começar a estudar este texto. O C++14 foi usado para testar todos os códigos C++ apresentados nas figuras dos módulos.

Recursos do MindTap

Além das leituras aqui incluídas, o MindTap traz:

Orientação do curso: Vídeos e leituras personalizadas preparam os alunos para o material e para as experiências de codificação que encontrarão em seu curso.

Vídeos: Vídeos animados demonstram novos termos e conceitos de programação em um formato fácil de entender, aumentando a confiança e o aprendizado do aluno.

Fragmentos de código: Essas atividades de codificação curtas e não graduadas são incorporadas ao MindTap Reader e oferecem aos alunos a oportunidade de praticar novos conceitos de programação "no momento". O "conteúdo-ponte" específico da linguagem ajuda ao aluno na transição da compreensão conceitual para a aplicação de código em C++.

Exemplos específicos da linguagem: Figuras do texto ilustram a aplicação de conceitos gerais em código C++.

Material de apoio para professores e alunos

O material de apoio on-line está disponível na página deste livro no site da Cengage (www.cengage.com.br). Insira, no mecanismo de busca do site, o nome do livro: Programação com C++. Clique no título do livro e, na página que se abre, você verá, abaixo das especificações do livro, o link Materiais de apoio. Em seguida, você visualizará dois links: Material de apoio para professores e Material de apoio para estudantes. Escolha um deles e clique. Entre com seu login de professor ou de aluno e faça o download do material.

Material de apoio disponível para professores e alunos: Slides em Power Point (em português).

Material de apoio disponível para professores: Test bank, Code Files, GitHub – How to Guide, Guide to Teaching Online, Master Learning Objectives (em inglês).

SOBRE AS AUTORAS

A **Dra. Kyla McMullen** é membro efetivo do Departamento de Ciências da Computação e da Informação e Engenharia da University of Florida, especializada em Computação Centrada no Ser Humano. Seus interesses de pesquisa estão na percepção, aplicações e desenvolvimento de tecnologias de áudio 3D. É autora de mais de 30 artigos nesta linha de pesquisa e é a principal pesquisadora de projetos de investigação patrocinados no valor de mais de 2 milhões de dólares.

A **Dra. Elizabeth A. Matthews** é professora assistente de ciência da computação na Washington and Lee University. Ensina ciência da computação desde 2013 e tem sido pesquisadora ativa em interação humano-computador e na computação centrada no ser humano. Publicou pesquisas nas áreas de geração processual, fatores de diversão em videogames e identificação de algas de água doce com HCI.

June Jamrich Parsons é educadora, pioneira em livros digitais e coautora de livros didáticos vencedores do Texty and McGuffey Award. Codesenvolveu o primeiro livro-texto digital interativo e multimídia de sucesso comercial; um texto que definiu o padrão para plataformas que agora estão sendo desenvolvidas por editores educacionais. Sua carreira inclui extensivo ensino em sala de aula, design de produtos para a eCourseware, autoria de livros didáticos para a Course Technology e para a Cengage, estrategista criativa para a MediaTechnics Corporation e diretora de conteúdo para o Veative Virtual Reality Labs.

AGRADECIMENTOS

A abordagem única para este livro exigiu uma equipe experiente. Nossos agradecimentos a Maria Garguilo, que conduziu as revisões em todas as iterações e manteve o cronograma rígido; a Mary E. Convertino, que forneceu sua experiência em design de aprendizagem; a Lisa Ruffolo por sua excelente edição de desenvolvimento; a Courtney Cozzy, que coordenou o projeto; a Kristin McNary por sua liderança nos materiais de computação da Cengage; a Rajiv Malkan (Lone Star College) por sua contribuição educacional; a Wade Schofield (Liberty University) por sua experiência em revisão; e a John Freitas por sua meticulosa revisão de código. Foi um prazer fazer parte dessa equipe profissional e talentosa. Esperamos que professores e alunos apreciem nossos esforços para proporcionar essa abordagem única à ciência da computação e à programação.

Kyla McMullen:
Acima de tudo, gostaria de agradecer a Deus por me dar os dons e talentos que foram utilizados para escrever este livro. Gostaria de agradecer ao meu incrível marido, Ade Kumuyi, por sempre ser minha rocha, caixa de ressonância e maior líder de torcida. Agradeço aos meus pais, Rita e James McMullen, por todos os seus sacrifícios para me criar. Por último, mas não menos importante, agradeço aos meus amigos espirituosos que me ajudam a permanecer sã, me lembrando quem eu sou e nunca me deixando esquecer quem eu sou.

Elizabeth Matthews:
Quero agradecer aos meus pais, Drs. Geoff e Robin Matthews, por seu apoio e compreensão em minha jornada. Também gostaria de agradecer ao meu orientador, Dr. Juan Gilbert, por ter levado meu sonho até o fim. Por fim, gostaria de agradecer aos meus gatos, Oreo e Laptop, que garantiram que a escrita deste livro fosse interrompida o mais rápido possível.

June Jamrich Parsons:
A programação de computadores pode ser uma experiência verdadeiramente satisfatória. A recompensa quando um programa funciona perfeitamente tem que trazer um sorriso até mesmo para os programadores mais experientes. Trabalhar com três linguagens de programação ao mesmo tempo para este projeto foi certamente desafiador, mas forneceu *insights* que podem ajudar os alunos a entender o pensamento computacional. Gostei muito de trabalhar com a equipe para criar esses recursos de aprendizado versáteis e gostaria de dedicar meus esforços à minha mãe, que sempre me apoiou durante toda a minha carreira. Aos professores e alunos que usam este livro, espero que gostem de programar tanto quanto eu.

COM A PALAVRA, O REVISOR TÉCNICO

Neste livro são encontrados temas fundamentais de programação, incluindo conceitos básicos de arquiteturas de computadores e de organização de programa com base na orientação a objetos. Esses conceitos são apresentados por meio da linguagem de programação C++, que é bastante difundida na indústria, e adequada para a exposição dos tópicos aqui apresentados.

A obra está estruturada em módulos de maneira didática e organizada, o que a torna útil para estudos independentes e como livro-texto em cursos introdutórios de programação e de computação em geral. Assim como pode ser utilizada em disciplinas que apresentem os fundamentos da computação e de programação, em especial, nos cursos de ciências exatas e engenharias. Vale a pena destacar o uso da linguagem C++ para a exposição do conteúdo tratado, tornando-a bastante atraente para quem se interessa por desenvolvimento de software que utiliza recursos computacionais (como tempo de processamento e memória) de forma altamente eficiente.

Programação com C++ foi redigido por três autoras, sendo duas delas, Kyla McMullen e Elizabeth Matthews, docentes e pesquisadoras ativas em universidades dos Estados Unidos, e Jude Jamrich Parsons, autora profissional de livros técnicos. O resultado é um trabalho didático com redação moderna.

A disponibilização desta obra traduzida para o português vem ampliar a possibilidade de sua utilização no Brasil e em outros países lusófonos. A matéria apresentada trata, de forma equilibrada, dos aspectos teóricos e conceituais da ciência da computação e da programação, combinados com técnicas e práticas para o bom desenvolvimento das atividades cotidianas de um desenvolvedor de sistemas de software.

Foi uma satisfação participar da preparação desta edição em português como revisor técnico, contando com o apoio e a estrutura organizacional da Editora Cengage. Tenho atuado como docente e pesquisador no Departamento de Ciência da Computação da Universidade de São Paulo há mais de 30 anos e é muito bom saber que podemos contar com uma editora especializada em obras técnicas e didáticas que cuida de suas publicações com tanta dedicação e respeito.

Sobre o revisor técnico

Flávio Soares Corrêa da Silva é PhD em Inteligência Artificial (Universidade de Edinburgh, 1992), livre-docente (Universidade de São Paulo, 1999), e docente na mesma universidade desde 1992. Possui mais de 120 artigos publicados em periódicos, participação em conferências internacionais e é autor de oito livros didáticos. Foi ganhador do Prêmio Jabuti, em 2007, com Lógica para Computação, publicado pela Cengage.

MÓDULO 1

PENSAMENTO COMPUTACIONAL

OBJETIVOS DE APRENDIZAGEM:

1.1 ALGORITMOS

1.1.1 Definir o termo "algoritmo" como uma série de passos para resolver um problema ou realizar uma tarefa.

1.1.2 Declarar que algoritmos são a lógica subjacente aos programas de computador.

1.1.3 Definir o termo "programa de computador".

1.1.4 Fornecer exemplos dos algoritmos usados em aplicativos de tecnologia cotidianos.

1.1.5 Confirmar se pode haver mais de um algoritmo para uma tarefa ou problema e que alguns algoritmos podem ser mais eficientes que outros.

1.1.6 Explicar por que os cientistas da computação estão interessados na eficiência dos algoritmos.

1.1.7 Listar as características de um algoritmo eficaz.

1.1.8 Escrever um algoritmo para alcançar um aplicativo de tecnologia simples e cotidiana.

1.1.9 Escrever um algoritmo alternativo para uma tarefa de tecnologia cotidiana.

1.1.10 Selecionar o mais eficiente de dois algoritmos que você escreveu.

1.2 DECOMPOSIÇÃO

1.2.1 Definir o termo "decomposição" como uma técnica para dividir um problema ou solução complexa em partes menores.

1.2.2 Explicar por que a decomposição é uma ferramenta importante para os cientistas da computação.

1.2.3 Diferenciar os conceitos de algoritmos e decomposição.

1.2.4 Identificar exemplos da decomposição estrutural.

1.2.5 Identificar exemplos da decomposição funcional.

1.2.6 Identificar exemplos da decomposição orientada a objetos.

1.2.7 Fornecer exemplos da decomposição em aplicativos de tecnologia.

1.2.8 Explicar como as dependências e a coesão se relacionam à decomposição.

1.3 IDENTIFICAÇÃO DE PADRÕES

1.3.1 Definir o termo "identificação de padrões" como uma técnica para reconhecer semelhanças ou características entre os elementos de uma tarefa ou problema.

1.3.2 Identificar exemplos de padrões de preenchimento de espaços em branco.

1.3.3 Identificar exemplos dos padrões repetitivos.

1.3.4 Identificar exemplos dos padrões de classificação.

1.3.5 Fornecer exemplos da identificação de padrões no mundo real e em aplicativos de tecnologia.

1.4 ABSTRAÇÃO

1.4.1 Definir o termo "abstração" como uma técnica de generalização e simplificação de níveis de complexidade.

1.4.2 Explicar por que a abstração é um conceito importante da ciência da computação.

1.4.3 Fornecer um exemplo que ilustra como a abstração pode ajudar a identificar variáveis.

1.4.4 Fornecer exemplos de aplicativos de tecnologia que tenham detalhes abstratos ou ocultos.

1.4.5 Fornecer um exemplo ilustrando o uso de uma classe como uma abstração de um conjunto de objetos.

1.4.6 Explicar como o conceito de caixa-preta é uma implementação da abstração.

1.4.7 Identificar níveis apropriados de abstração.

1.1 ALGORITMOS

Noções básicas sobre algoritmos (1.1.1, 1.1.4)

Uma senha pode não ser suficiente para proteger suas contas on-line. A autenticação de dois fatores adiciona uma camada extra de proteção. Uma forma comum de autenticação de dois fatores envia um número de identificação pessoal (PIN) para o seu celular. Para fazer o login, você executa a série de etapas mostrada na **Figura 1-1**.

Conecte-se à página de login do site.
Digite seu ID de usuário.
Coloque sua senha.
Aguarde até que uma mensagem de texto contendo um PIN chegue ao seu smartphone.
Na página de login do site, digite o PIN.

Figura 1-1 Passos para autenticação de dois fatores

O procedimento para autenticação de dois fatores é um exemplo de um algoritmo. No sentido geral, um **algoritmo** é uma série de etapas para resolver um problema ou realizar uma tarefa.

Existem algoritmos para tarefas cotidianas e tarefas que envolvem tecnologia. Eis alguns exemplos:

- Uma receita para assar brownies
- As etapas para trocar um pneu
- As instruções para sincronizar um relógio inteligente com seu celular
- O processo de pagamento em uma loja on-line
- O procedimento para postar um tweet

Algoritmos de programação (1.1.2, 1.1.3, 1.1.5)

Algoritmos também são uma ferramenta importante para os programadores. Um **algoritmo de programação** é um conjunto de etapas que especifica a lógica e a estrutura subjacentes para as instruções em um programa de computador. Você pode pensar em algoritmos de programação como os esquemas para programas de computador.

Um **programa de computador** é um conjunto de instruções, escritas em uma linguagem de programação como C++, Python ou Java, que realiza uma tarefa específica quando executada por um dispositivo digital. Um programa de computador é uma implementação de um algoritmo.

 Algoritmos de programação informam o computador o que fazer. Você pode indicar qual desses algoritmos é um algoritmo de programação?

Algoritmo 1:
Conecte-se à página de login do site.
Digite seu ID de usuário.
Insira sua senha.
Aguarde até que uma mensagem de texto contendo um PIN seja exibida no seu smartphone.
Na página de login do site, insira o PIN.

Algoritmo 2:
Solicite que o usuário insira um ID de usuário.
Solicite que o usuário insira uma senha.
Certifique-se de que a senha e o ID de usuário correspondam.
Se a senha e o ID de usuário corresponderem:
    Gere um PIN aleatório.
    Envie o PIN para o celular do usuário.
    Solicite que o usuário insira o PIN.
    Se o PIN estiver correto:
        Permita o acesso.

 O algoritmo 1 não é um algoritmo de programação porque descreve instruções para o usuário. O algoritmo 2 é um algoritmo de programação porque especifica o que o computador deve fazer. Ao formular um algoritmo de programação, as instruções devem ser para o computador, não para o usuário.

Pode haver mais de um algoritmo de programação para resolver um problema ou realizar uma tarefa, mas alguns algoritmos são mais eficientes que outros.

 Eis dois algoritmos para somar os números de 1 a 10. Qual algoritmo é mais eficiente?

Algoritmo 1:
Adicionar 1 + 2 para obter um total.
Repetir estes passos nove vezes:
    Obter o próximo número.
    Somar esse número ao total.

Algoritmo 2:
Obter o último número da série (10).
Dividir 10 por 2 para obter um resultado.
Somar 10 + 1 para obter uma soma.
Multiplicar o resultado pela soma.

 Os dois algoritmos contêm quatro instruções, mas o algoritmo 2 é mais eficiente. Você pode usá-lo para impressionar seus amigos calculando rapidamente o total em apenas quatro passos. O algoritmo 1 também tem quatro linhas, mas duas das instruções são repetidas nove vezes. Contando o primeiro passo, são 19 passos para concluir essa tarefa!

"Bons" algoritmos (1.1.6, 1.1.7)

Os cientistas da computação estão interessados em projetar o que eles chamam de algoritmos "bons". Um bom algoritmo tende a produzir um programa de computador que opera de forma eficiente, rápida e confiável. Bons algoritmos têm estas características:

    Entrada: O algoritmo se aplica a um conjunto de entradas especificadas.
    Saída: O algoritmo produz uma ou mais saídas.
    Finito: O algoritmo termina após um número finito de passos.
    Preciso: Cada passo do algoritmo é claro e inequívoco.

Efetivo: O algoritmo gera com sucesso a saída correta.

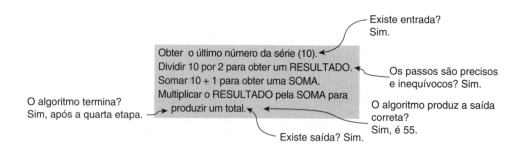

Figura 1-2 Isso é um bom algoritmo?

Ao formular um algoritmo, você pode facilmente verificar se ele atende todos os critérios para um bom algoritmo. Veja como esses critérios se aplicam a um algoritmo na **Figura 1-2**.

Seleção e criação de algoritmos (1.1.8, 1.1.9, 1.1.10)

Antes de codificar, os programadores consideram vários algoritmos que podem ser aplicados a um problema. Você pode criar um algoritmo de três maneiras:

Usando um algoritmo padrão. Os programadores criaram algoritmos eficazes para muitas tarefas de computação, como ordenação, busca, manipulação de texto, criptografia de dados e descoberta do caminho mais curto. Quando estiver familiarizado com esses algoritmos padrão, você poderá incorporá-los facilmente aos programas.

Realizando a tarefa manualmente. Quando não se consegue encontrar um algoritmo padrão, pode-se formular um algoritmo percorrendo um processo manualmente, registrando essas etapas e analisando sua efetividade.

Aplicando técnicas de pensamento computacional. **Pensamento computacional** é um conjunto de técnicas projetadas para formular problemas e suas soluções. Técnicas de pensamento computacional como decomposição, identificação de padrões e abstração podem ser usadas para criar algoritmos eficientes. Vamos analisar essas técnicas em mais detalhes.

1.2 DECOMPOSIÇÃO

Noções básicas sobre decomposição (1.2.1)

Um aplicativo de banco para celulares contém muitos componentes. Ele deve fornecer um procedimento de login seguro, permitir que os usuários gerenciem preferências, exibir saldos de contas, enviar alertas, ler cheques para depósito e executar outras tarefas mostradas na **Figura 1-3**.

O algoritmo para um aplicativo tão extenso seria difícil de formular sem dividi-lo em partes menores, um processo chamado **decomposição**. Ao conceber um algoritmo para um problema ou tarefa complexa, a decomposição pode ajudar a lidar com peças menores e mais gerenciáveis do quebra-cabeça.

Decomposição estrutural (1.2.2, 1.2.3, 1.2.4, 1.2.7)

O primeiro passo na decomposição é identificar as unidades estruturais que realizam tarefas distintas. A **Figura 1-4** ilustra como você pode dividir um aplicativo de banco para celulares em unidades estruturais, chamadas **módulos**.

MÓDULO 1 – PENSAMENTO COMPUTACIONAL

Figura 1-3 Um aplicativo de banco para celulares lida com muitas tarefas interativas

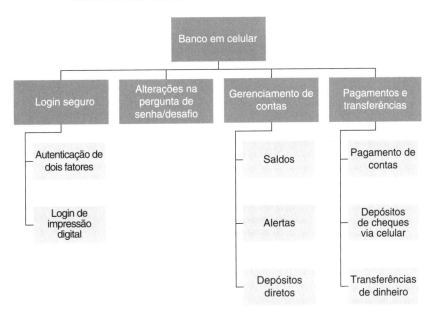

Figura 1-4 Diagrama de decomposição estrutural

A **decomposição estrutural** é um processo que identifica uma hierarquia de unidades estruturais. Nos níveis mais baixos da hierarquia estão os módulos, conforme indicados na Figura 1-4, que têm um escopo gerenciável para criar algoritmos.

P Qual módulo do diagrama de hierarquia não está totalmente decomposto?

R O módulo para modificação de senhas e perguntas-desafio pode ser decomposto em dois módulos: um módulo que permite que os usuários alterem suas senhas e outro para alterar as perguntas-desafio.

Eis algumas dicas para criar um diagrama de decomposição estrutural:

- Use uma abordagem de cima para baixo. Os nós na parte superior se dividem em partes componentes nos nós abaixo deles.
- Rotule os nós com substantivos e adjetivos, em vez de verbos. Por exemplo, "gerenciamento de contas" é a frase nominal correta, em vez de uma frase verbal, como "gerenciar contas".
- Não se preocupe com o sequenciamento. Exceto pelo processo de login real, os componentes de um sistema bancário para celulares podem ser acessados em qualquer ordem. Essa é uma diferença fundamental entre um algoritmo e decomposição. Um algoritmo especifica uma ordem de atividades, enquanto a decomposição especifica as partes de uma tarefa.

Decomposição funcional (1.2.5)

Decomposição funcional divide os módulos em ações, processos ou etapas menores. A **Figura 1-5** ilustra uma decomposição funcional do módulo de autenticação de dois fatores.

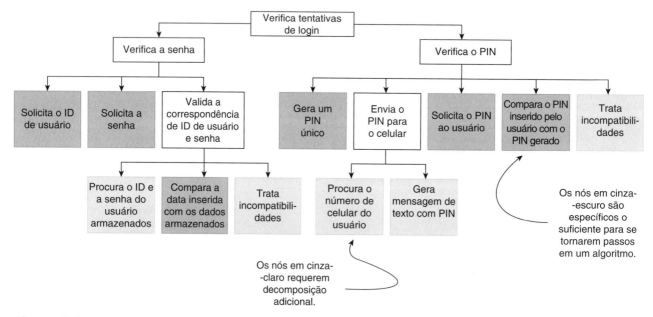

Figura 1-5 Diagrama de decomposição funcional

Observe como os níveis do diagrama da decomposição funcional tornam-se mais específicos até que os nós nos níveis mais baixos comecem a revelar instruções que devem ser incorporadas em um algoritmo.

Eis algumas dicas para construir diagramas de decomposição funcional e derivar algoritmos deles:

- Rotule os nós com frases verbais. Em contraposição aos nós de um diagrama de decomposição estrutural, os nós de uma decomposição funcional são rotulados com frases verbais que indicam "o que" deve ser feito.
- Sequência da esquerda para a direita. A leitura da esquerda para a direita no diagrama deve corresponder à sequência na qual as etapas do algoritmo são executadas.

Decomposição orientada a objetos (1.2.6)

Outra maneira de aplicar a decomposição a um módulo é procurar objetos lógicos e físicos que um programa de computador manipulará. A **Figura 1-6** ilustra uma **decomposição orientada a objetos** do módulo de autenticação de dois fatores.

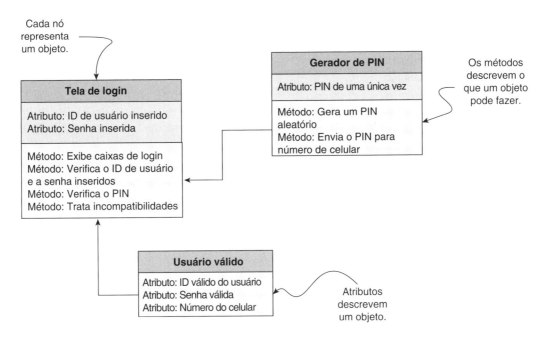

Figura 1-6 Diagrama de decomposição orientada a objetos

Uma decomposição orientada a objetos não produz uma hierarquia. Em vez disso, produz uma coleção de **objetos** que podem representar pessoas, lugares ou coisas.

Dicas para decomposição orientada a objetos:

- Os títulos dos nós são substantivos. Cada nó no diagrama de decomposição orientada a objetos é rotulado com um substantivo.
- Atributos são substantivos. Um nó pode conter uma lista de **atributos**, que se relacionam às características de um objeto.
- Os métodos são frases verbais. Um objeto também pode conter **métodos**, que são ações que um objeto pode executar. Você pode precisar criar um algoritmo para cada método.
- Inclua nas setas de conexão. As setas de conexão ajudam a visualizar como os objetos compartilham dados.

Dependências e coesão (1.2.8)

Você pode se perguntar se existe uma maneira correta de decompor um problema ou tarefa. Na prática, pode haver várias maneiras viáveis de aplicar a decomposição, mas uma decomposição efetiva minimiza as dependências e maximiza a coesão entre as várias partes.

Os princípios da decomposição são:

- Minimizar as dependências. Embora a entrada e a saída possam fluir entre os nós, alterar as instruções em um módulo ou objeto não deve exigir alterações em outros.
- Maximizar a coesão. Cada objeto ou módulo contém atributos, métodos ou instruções que realizam uma única tarefa lógica ou representam uma única entidade.

1.3 IDENTIFICAÇÃO DE PADRÕES

Noções básicas sobre identificação de padrões (1.3.1, 1.3.2)

O truque de matemática Impressione Seus Amigos para somar rapidamente números de 1 a 10 é muito simples:

Obter o último número da série (10).
Dividir 10 por 2 para obter um resultado.
Adicionar 10 + 1 para obter uma soma.
Multiplicar o resultado pela soma.

P Teste o algoritmo você mesmo. Qual é sua resposta?

R Se sua matemática estiver correta, sua resposta deve ser 55.

Agora, e se o desafio for somar os números de 1 a 200? O algoritmo se parece com isto:

Obter o último número da série (200).
Dividir 200 por 2 para obter um resultado.
Adicionar 200 + 1 para obter uma soma.
Multiplicar o resultado pela soma.

Percebe um padrão? Este algoritmo de preenchimento de espaços em branco funciona para qualquer número:
Obter o último número da série (_____).
Dividir _____ por 2 para obter um resultado.
Adicionar _____ + 1 para obter uma soma.
Multiplicar o resultado pela soma.

O processo de encontrar semelhanças em procedimentos e tarefas chama-se **identificação de padrões**. É uma técnica de pensamento computacional útil para criar algoritmos que podem ser usados e reutilizados em diferentes conjuntos de dados. Ao reconhecer o padrão no truque de matemática Impressione Seus Amigos, você pode usar o algoritmo para encontrar o total de qualquer série de números.

Padrões repetitivos (1.3.3)

Além dos padrões de preenchimento de espaços em branco, também pode-se encontrar padrões repetitivos ao analisar tarefas e problemas. Pense neste algoritmo, que lida com logins em um site de mídia social:

Obter um ID de usuário.
Obter uma senha.
Se a senha estiver correta, permitir o acesso.
Se a senha não estiver correta, obter a senha novamente.
Se a senha estiver correta, permitir o acesso.
Se a senha não estiver correta, obter a senha novamente.
Se a senha estiver correta, permitir o acesso.
Se a senha não estiver correta, obter a senha novamente.
Se a senha estiver correta, permitir o acesso.
Se a senha não estiver correta, bloquear a conta.

P Quantos padrões de repetição você reconhece?

R Duas linhas são repetidas três vezes:
Se a senha não estiver correta, obter a senha novamente.
Se a senha estiver correta, permitir o acesso.

Reconhecendo essa repetição, você pode simplificar o algoritmo desta maneira:

Obter uma senha.

Repetir três vezes:

    Se a senha estiver correta, permitir o acesso.

    Se a senha não estiver correta, obter a senha novamente.

Se a senha estiver correta, permitir o acesso.

Se a senha não estiver correta, bloquear a conta.

Padrões de classificação (1.3.4, 1.3.5)

Todo mundo que se inscreve em um site de mídia social tem um conjunto de credenciais de login. Aqui estão os de Lee e Priya:

Credenciais de login de Lee:
ID de usuário de Lee: LeezyBranson@gmail.com
Senha de Lee: MyCat411
Número do celular de Lee: 415-999-1234

Credenciais de login de Priya:
ID de usuário de Priya: PriyaMontell@gmail.com
Senha de Priya: ouY52311v
Número de celular de Priya: 906-222-0987

A série de atributos que definem as credenciais de login de cada usuário tem um padrão de similaridades. Cada usuário tem três atributos: um ID de usuário, uma senha e um número de celular. Reconhecendo esse padrão, você pode criar um modelo para as credenciais de login de qualquer usuário desta maneira:

    ID de usuário: _____

    Senha: _____

    Número de celular: _____

Muitas vezes pode-se descobrir **padrões de classificação** nos atributos que descrevem qualquer pessoa ou objeto. A identificação de padrões de classificação pode ajudar a projetar programas que envolvem bancos de dados porque o modelo, ou template, identifica campos, como ID de usuário, que contêm dados.

Os padrões de classificação também são úteis se o objetivo for projetar programas baseados nas interações entre uma variedade de objetos, em vez de um algoritmo passo a passo. Em alguns círculos de programação, os modelos são chamados **classes** porque especificam os atributos para uma classificação dos objetos. Por exemplo, pessoas classificadas como assinantes de mídia social têm atributos para as credenciais de login. Veículos classificados como carros têm atributos como cor, marca, modelo e número VIN. Empresas classificadas como restaurantes têm nome, horário de funcionamento e cardápio.

1.4 ABSTRAÇÃO

Noções básicas de abstração (1.4.1, 1.4.2, 1.4.3)

Pense novamente no truque de matemática Impressione Seus Amigos. Identificando um padrão, foi formulado um algoritmo geral que funciona para uma sequência de qualquer comprimento, seja uma sequência de 1 a 10 ou 1 a 200.

    Obter o último número da série (_____).

    Dividir _____ por 2 para obter um resultado.

    Adicionar _____ + 1 para obter uma soma.

    Multiplicar o resultado pela soma.

Nesse algoritmo, a linha em branco é uma abstração que representa o último número da sequência. Uma **abstração** oculta os detalhes, simplifica a complexidade, substitui uma generalização por algo específico e permite que um algoritmo funcione para múltiplas entradas.

A abstração é um elemento-chave do pensamento computacional e ajuda os programadores de várias maneiras.

Quem já programou antes reconhecerá que, no algoritmo Impressione Seus Amigos, os espaços em branco podem se tornar uma variável com um nome como last_number. O resultado e a soma também são variáveis porque representam valores que mudam dependendo dos números na sequência

Obtenha o `last_number`

Divida `last_number` por 2 para obter um `result`.

Adicione `last_number` + 1 para obter uma `sum`.

Multiplique o `result` pela `sum`.

Uma variável é uma abstração porque, em vez de representar um número específico, ela pode ser utilizada para representar muitos números diferentes.

Classes e objetos (1.4.4, 1.4.5)

A abstração tem outros usos além da identificação de variáveis. Ela é importante para entender como representar objetos do mundo real e conceituais. Lembre-se do padrão que você descobriu para as credenciais de login da mídia social? Com uma pequena modificação, ele pode se tornar um modelo que pode ser aplicado a qualquer assinante:

Classe: LoginCredentials
Atributo: user_ID
Atributo: user_password
Atributo: mobile_number

A classe LoginCredentials é uma abstração que contém um conjunto de atributos. A classe foi formada abstraindo, ou removendo, os detalhes de qualquer assinante específico.

As abstrações são úteis para qualquer programa que lida com objetos do mundo real, além de objetos de tecnologia, como credenciais de login.

P Você pode imaginar uma classe que seja uma abstração da coleção de objetos mostrados na **Figura 1-7**?

R A classe artigos de vidro pode ter estes atributos:

Classe: Artigos de vidro
Atributo: Cor
Atributo: Capacidade
Atributo: Estilo

copo de água de 360 ml   copo de martini de 150 ml   copo de vinho de 240 ml   cálice de água de 300 ml

Figura 1-7 Abstração dos detalhes desta coleção de artigos de vidro

Caixas-pretas (1.4.6)

Para dirigir um carro, você não precisa saber exatamente o que acontece sob o capô. O motor é essencialmente uma "caixa-preta" controlada usando algumas entradas simples como pedal do acelerador, freio e volante. Os detalhes do motor estão ocultos. Na terminologia da ciência da computação, esses detalhes foram ocultos por meio de abstração. Ver **Figura 1-8**.

Figura 1-8 Os controles de um carro são uma abstração de sua mecânica detalhada

Em termos de conceito, uma caixa-preta é qualquer coisa que aceita algum tipo de entrada e executa um processo específico para produzir saída sem exigir uma compreensão de seu funcionamento interno. Ver **Figura 1-9**.

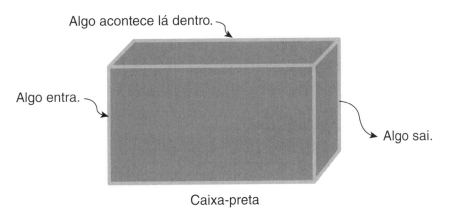

Figura 1-9 Abstração de caixa-preta

O conceito de abstração de caixa-preta é um aspecto fundamental da ciência da computação. Pense nisso. Programas de computador são abstrações. Por exemplo, você pode usar um aplicativo de mídia social sem saber nada sobre a programação que o faz funcionar. Os ícones em que tocamos na tela abstraem os detalhes da programação subjacente.

Os programadores fazem uso extensivo da abstração dentro de programas criando um conjunto de instruções que funciona como uma caixa-preta. Por exemplo, pode-se agrupar as instruções que tratam das tentativas de login em uma caixa-preta como aquela na **Figura 1-10**.

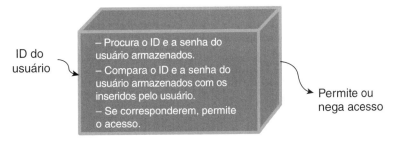

Figura 1-10 Uma abstração de login

As linguagens de programação também possuem abstrações internas que executam tarefas padrão. Por exemplo, a função aleatória interna gera um número aleatório quando recebe um intervalo, como 1–100. Você pode incorporar a função aleatória a um programa sem saber como ela funciona internamente.

Níveis de abstração (1.4.7)

Depois de pegar o jeito de como utilizar abstrações, passarão a ser encontrados exemplos desse conceito de pensamento computacional em todos os lugares. Aplicar o nível correto de abstração aos seus programas pode exigir um pouco de prática.

Um **nível de abstração** refere-se à quantidade de detalhes que estão ocultos. Abstrair muitos detalhes pode tornar um programa muito generalizado. Negligenciar a abstração pode produzir programas muito específicos para funcionar com uma ampla variedade de dados. Ver **Figura 1-11**.

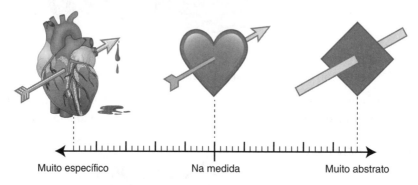

Figura 1-11 Níveis de abstração

Com experiência, torna-se possível identificar abstrações úteis e avaliar o nível correto de abstração a ser usado.

RESUMO

- As técnicas de pensamento computacional ajudam os programadores a definir problemas, encontrar soluções, delinear tarefas e criar algoritmos.
- Um algoritmo é uma série de passos para resolver um problema ou realizar uma tarefa. Algoritmos de programação são os diagramas esquemáticos para programas de computador.
- Existem algoritmos padrão para muitas tarefas de computação. Quando um algoritmo não existe, pode-se percorrer um processo manualmente e registrar as etapas ou aplicar técnicas de pensamento computacional, como decomposição, identificação de padrões e abstração.
- A decomposição divide um problema ou tarefa complexa em unidades gerenciáveis.
- A identificação de padrões revela sequências e tarefas repetitivas que podem levar à eficiência do algoritmo.
- A abstração é um conceito-chave da ciência da computação que suprime detalhes, substitui uma generalização por algo específico e permite que um algoritmo funcione para várias entradas.

Termos-chave

abstração
algoritmo
algoritmo de programação
atributos
classes
decomposição

decomposição estrutural
decomposição funcional
decomposição orientada a objetos
identificação de padrão
objetos
métodos

módulos
nível de abstração
padrões de classificação
pensamento computacional
programa de computador

MÓDULO 2

FERRAMENTAS DE PROGRAMAÇÃO

OBJETIVOS DE APRENDIZAGEM:

2.1 LINGUAGENS DE PROGRAMAÇÃO

2.1.1 Explicar a relevância do programa Hello World!.

2.1.2 Reiterar que linguagens de programação são usadas para criar software.

2.1.3 Identificar algumas linguagens de programação populares.

2.1.4 Distinguir sintaxe e semântica no contexto das linguagens de programação.

2.1.5 Identificar as principais características comuns às linguagens de programação.

2.1.6 Explicar as opções para acessar implementações de linguagem de programação.

2.1.7 Identificar ferramentas de programação.

2.2 FERRAMENTAS DE CODIFICAÇÃO

2.2.1 Definir um editor de programa como a ferramenta usada para inserir o código do programa.

2.2.2 Listar os tipos de editores que podem ser utilizados para codificação.

2.2.3 Listar alguns recursos úteis dos editores de código e explicar como eles ajudam os programadores a criar um código limpo.

2.2.4 Identificar a estrutura básica e os elementos sintáticos de um programa escrito na linguagem de programação que você utilizar.

2.3 FERRAMENTAS DE COMPILAÇÃO

2.3.1 Explicar o propósito das ferramentas de compilação.

2.3.2 Explicar a diferença entre código-fonte e código-objeto.

2.3.3 Descrever como um compilador funciona.

2.3.4 Explicar o propósito de um pré-processador.

2.3.5 Explicar o propósito de um montador.

2.3.6 Associar máquinas virtuais com Java e bytecode.

2.3.7 Explicar como funciona um interpretador.

2.3.8 Diferenciar entre código-fonte, bytecode, código--objeto e código executável.

2.4 FERRAMENTAS DE DEPURAÇÃO

2.4.1 Explicar o objetivo da depuração.

2.4.2 Listar erros de sintaxe comuns.

2.4.3 Listar erros comuns de tempo de execução.

2.4.4 Listar erros de lógica comuns.

2.4.5 Classificar erros de programa como erros de sintaxe, erros de lógica ou erros de tempo de execução.

2.4.6 Classificar um depurador como um software utilitário que permite aos programadores percorrer o código de um programa-alvo para encontrar erros.

2.4.7 Listar recursos úteis fornecidos por um depurador.

14 PROGRAMAÇÃO COM C++

2.5	IDE E SDK	2.5.4	Identificar IDEs populares.
2.5.1	Listar a finalidade e os recursos típicos de um ambiente de desenvolvimento integrado (IDE).	2.5.5	Listar a finalidade e os recursos típicos de um kit de desenvolvimento de software (SDK).
2.5.2	Explicar como os IDEs fornecem suporte à programação visual.	2.5.6	Fornecer exemplos da funcionalidade do SDK.
2.5.3	Reafirmar que alguns IDEs estão instalados localmente, enquanto outros são acessados on-line.	2.5.7	Identificar alguns SDKs populares.

2.1 LINGUAGENS DE PROGRAMAÇÃO

Hello World! (2.1.1)

Hola! Bonjour! Hi! Ciao! Namaste! Salaam! Nihau! Saudações como essas são a primeira coisa que você aprende ao estudar uma língua. Os programadores têm um ponto de partida semelhante. É o programa Hello World!.

Hello World! é sem dúvida o programa de computador mais famoso de todos os tempos. Ele foi escrito em cada uma das 700+ linguagens de programação. Normalmente é o primeiro programa escrito por aspirantes a programadores.

Analise os programas Hello World! na **Figura 2-1**. Eles são escritos em três linguagens de programação populares, C++, Java e Python. Que diferenças você consegue identificar?

Hello World! in C++
```
#include <iostream>
using namespace std;
int main()
{
  cout <<"Hello World!";
  return 0;
}
```

Hello World! in Java
```
class HelloWorld {
  public static void main(String[] args) {
    System.out.println("Hello World!");
  }
}
```

Hello World! in Python
```
print("Hello World!")
```

Figura 2-1 Hello World em C++, Java e Python

Você provavelmente notou as seguintes diferenças:
Comprimento: Alguns programas Hello World! exigiram mais instruções do que outros.
Pontuação: Alguns programas usaram muitos colchetes e pontos e vírgulas.
Palavras: Um programa usou a palavra `cout` onde os outros programas utilizaram `System.out.println` e `print`.
Complexidade: Alguns programas pareceram mais fáceis de interpretar do que outros.

Muitas histórias de fundo são reunidas no programa Hello World! que podem ser aplicadas à aprendizagem de uma linguagem de programação. Vamos analisar esse famoso programa para descobrir as noções básicas da sua linguagem de programação.

Noções básicas de linguagens de programação (2.1.2, 2.1.3)

Uma **linguagem de programação** é uma notação para especificar as etapas em um algoritmo que devem ser executadas por um dispositivo digital. Linguagens de programação como C++, Java e Python são classificadas como

linguagens de programação de alto nível porque fornecem uma maneira de o programador compor instruções legíveis por humanos que direcionam as operações executadas por um dispositivo de computação.

Como sua linguagem de programação se compara a outras linguagens populares e onde ela se destaca? Confira a lista na **Figura 2-2**.

Logo	Linguagem de programação	Onde brilha
JS	JavaScript	Desenvolvimento Web voltado para o consumidor, desenvolvimento Web para servidor
	Python	Desenvolvimento Web para servidor, scripts, aprendizado de máquina, ciência de dados, aplicativos de desktop
Java	Java	Desenvolvimento Web para servidor, aplicativos de desktop, desenvolvimento móvel, internet das coisas
	C	Programação de sistemas, aplicações embarcadas, internet das coisas
	C++	Programação de sistemas, desenvolvimento de jogos, aplicativos de desktop, aplicativos embarcados, robótica
php	PHP	Desenvolvimento Web para servidor
	Swift	Aplicativos de desktop e móveis para dispositivos Apple
	C#	Aplicativos de desktop, desenvolvimento de jogos, realidade virtual, desenvolvimento móvel
	Ruby	Desenvolvimento Web para servidor
	Go	Desenvolvimento Web para servidor, programação de sistemas, internet das coisas

Figura 2-2 Linguagens de programação populares

Usando uma linguagem de programação de alto nível, você pode especificar um conjunto de instruções que correspondem às etapas de um algoritmo. Cada instrução chama-se comando. O conjunto de comandos que você gera usando uma linguagem de programação chama-se código do programa ou simplesmente código. Seu código pode se tornar um programa de computador, que pode ser distribuído como software de computador, aplicativos de desktop, aplicativos da Web e aplicativos móveis.

Sintaxe e semântica (2.1.4)

Ao aprender uma linguagem de programação, por onde você começa? As linguagens de programação têm dois elementos-chave: semântica e sintaxe.

Semântica refere-se ao significado e à validade das instruções do programa. Em uma linguagem natural, como o inglês ou o português, é perfeitamente normal dizer "Vamos começar o jogo" ou "Vamos dar partida no carro", mas "Vamos começar a caneta" não faz sentido. Não é semanticamente válido.

As linguagens de programação incluem palavras-chave, como `print` e `cout`. Essas palavras são um subconjunto de palavras reservadas de uma linguagem de programação, que são reservadas para propósitos especiais. Você não pode usar palavras reservadas ao criar nomes para variáveis, funções ou classes em seus programas.

Um aspecto da aprendizagem de uma linguagem de programação é se familiarizar com as palavras-chave e o uso delas. Ao aprender C++, por exemplo, você precisará lembrar que `cout` envia a saída para um dispositivo de exibição. Mas se estiver aprendendo Java, a palavra-chave é `System.out.println`. Em Python a palavra-chave é `print`. A **Figura 2-3** lista as palavras-chave comuns a muitas linguagens de programação.

Palavra-chave	Propósito
int	Definir um valor como um número inteiro.
float	Definir um valor como um número de ponto flutuante.
char	Definir algo como uma letra, numeral, sinal de pontuação ou símbolo.
class	Definir as características de uma pessoa, lugar ou coisa.
new	Criar um objeto com base nas características de uma classe.
if then else	Executar instruções do programa quando uma condição é verdadeira.
case switch	Especificar várias condições ou decisões alternativas.
for while do	Começar uma seção de código que se repete uma ou mais vezes.
return	Retornar um valor a partir de uma função.
import	Incorporar um módulo de código pré-escrito em um programa.
try	Capturar erros e corrigi-los elegantemente.

Figura 2-3 Palavras-chave comuns às linguagens de programação

 Suponha que você queira codificar um programa para exibir "Hello World!" 10 vezes. Que palavra-chave poderia usar?

 A **Figura 2-3** lista as palavras-chave **for**, **while** e **do** para especificar o código que se repete uma ou mais vezes.

Você vai gradualmente adquirir um vocabulário das palavras-chave para sua linguagem de programação. As referências à linguagem fornecem uma lista de palavras-chave e exemplos de seu uso. Você pode encontrar referências de linguagens on-line. Na verdade, muitas vezes é útil criar ou encontrar uma lista das palavras-chave para manter ao lado do computador à medida que aprende uma nova linguagem.

A **sintaxe** de uma linguagem de programação é equivalente às regras gramaticais de um idioma escrito, como inglês ou cirílico. A sintaxe define a ordem das palavras e a pontuação que você deve usar ao compor instruções.

Várias linguagens de programação usam sintaxe de pontuação diferente. Um dos primeiros passos na aprendizagem de uma linguagem de programação é entender a sintaxe.

Você observou o uso diferente de pontuação nos programas Hello World! em C++, Java e Python? Analise mais atentamente a **Figura 2-4** e observe como a pontuação ajuda a separar e estruturar as instruções em um programa C++.

Assim como C++, Java também usa muita pontuação. A **Figura 2-5** destaca como o estilo comumente utilizado para colocar chaves no Java é ligeiramente diferente da C++. Mas qualquer estilo funciona igualmente bem, desde que as chaves estejam emparelhadas. O segredo é consistência no projeto em que você estiver trabalhando.

Python usa uma abordagem bem diferente para a pontuação. Veja se consegue identificar as diferenças na **Figura 2-6**.

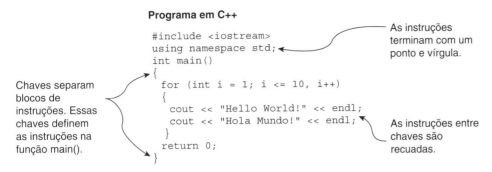

Figura 2-4 Estilo de sintaxe C++

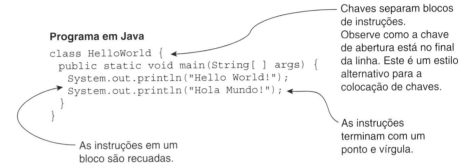

Figura 2-5 Estilo de sintaxe Java

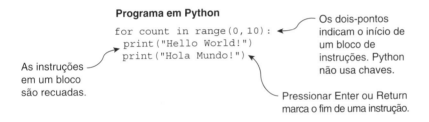

Figura 2-6 Estilo de sintaxe Python

Em C++ e Java, as instruções são colocadas em uma estrutura de chaves, e cada instrução termina com um ponto e vírgula. Em contraposição, Python usa recuos para estruturar as instruções, e o avanço de linha gerado quando você pressiona a tecla Enter marca o final de uma instrução. Lembre-se do estilo de pontuação para a linguagem que estiver usando.

Elementos centrais (2.1.5)

Embora as linguagens de programação tenham sintaxe e semântica diferentes, elas têm elementos comuns. Se você procurar as maneiras como sua linguagem de programação implementa os elementos da lista a seguir, estará no caminho certo na curva de aprendizagem inicial.

Variáveis às quais podem ser atribuídos valores e estruturas
Operadores aritméticos que podem ser utilizados para realizar cálculos
Palavras-chave que executam operações como imprimir ou anexar
Tipos de dados que definem valores e texto
Controles de ramificação que alteram a sequência na qual as instruções são executadas
Controles de repetição que repetem uma série de instruções
Regras de sintaxe para criar instruções válidas
Terminologia para descrever os componentes de uma linguagem e suas funções

Sua caixa de ferramentas (2.1.6, 2.1.7)

Antes que possa escrever seu programa Hello World!, você precisa ter acesso a ferramentas para codificar instruções e executá-las em um dispositivo digital. Essas ferramentas às vezes são chamadas plataformas de desenvolvimento de software, plataformas de programação ou ambientes de desenvolvimento.

As ferramentas de programação estão disponíveis como software utilitário do sistema que pode ser instalado em seu computador. Outra opção é usar um aplicativo de programação on-line.

Sua caixa de ferramentas de programação inclui os seguintes itens essenciais:

Ferramentas de codificação fornecem uma maneira para você codificar um algoritmo.

Ferramentas de compilação transformam seu código em um formato binário que um computador pode executar.

Ferramentas de depuração ajudam a testar programas e rastrear erros.

Você pode adquirir essas ferramentas de programação como componentes individuais ou pode procurar um ambiente de desenvolvimento abrangente. Vamos explorar essas ferramentas em mais detalhes para descobrir como elas podem ajudá-lo a desenvolver programas brilhantes.

2.2 FERRAMENTAS DE CODIFICAÇÃO

Editores de programas (2.2.1, 2.2.2, 2.2.3)

As ferramentas de codificação fornecem uma maneira de expressar um algoritmo usando o vocabulário de uma linguagem de programação. A quantidade de código que você precisa digitar manualmente depende da sua plataforma de desenvolvimento. Eis as opções:

Plataforma visual: Você pode ter a opção de organizar elementos visuais que representam várias instruções, como mostrado na **Figura 2-7**.

Processador de texto: Apesar da atratividade das ferramentas de programação visual, provavelmente serão digitadas algumas instruções, se não todas para seus programas. Para essa tarefa, pode-se usar um processador de texto, mas ele incorpora todos os tipos de códigos para formatação e efeitos de fonte que não podem ser incluídos em seu código de alto nível.

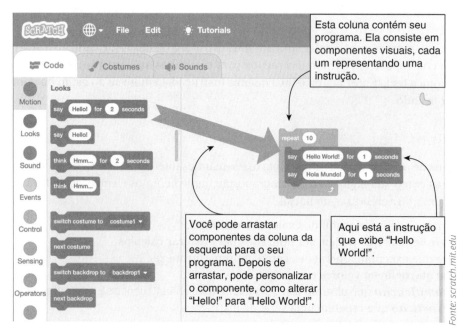

Figura 2-7 Programação visual

Editor de texto: Um **editor de texto** como o Bloco de Notas do Windows pode produzir texto ASCII simples, mas não oferece recursos projetados para ajudar os programadores. Usar um editor de texto genérico é uma abordagem básica. Existem ferramentas de codificação muito melhores.

Editor de código: Um **editor de código** é um tipo de editor de texto especialmente projetado para inserir código de programação de alto nível. Ele pode ajudá-lo a usar corretamente pontuação e recuos, bem como lembrar os nomes das variáveis e garantir que você use palavras-chave válidas. Alguns recursos úteis dos editores de código são destacados na **Figura 2-8**.

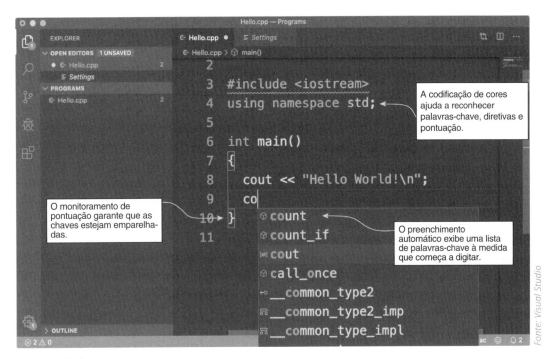

Figura 2-8 Editor de código do Visual Studio

Ao usar um editor de código, você pode simplesmente digitar os comandos. À medida que digita, preste atenção à codificação de cores, preenchimento automático e outras dicas úteis que o editor oferece.

Estrutura básica (2.2.4)

Uma linguagem de programação tem convenções estruturais e de sintaxe para escrever código. Depois de se familiarizar com essas convenções, elas serão a base na maioria dos programas criados. Navegue pela lista a seguir antes de tentar identificar as convenções na próxima figura.

Comentários: Um **comentário** fornece uma explicação do seu código. No início de um programa, você pode incluir rotineiramente um comentário com o título do programa e seu nome. Comentários podem ser incluídos em qualquer lugar no código para anotar aspectos do programa que podem não estar claros para outros programadores que testam ou modificam seu código. Computadores ignoram comentários porque destinam-se apenas à documentação.

Diretivas: Uma **diretiva** informa ao computador como lidar com o programa em vez de como executar um algoritmo. Por exemplo, uma diretiva pode especificar o nome de um arquivo externo que deve ser incorporado ao restante do código do programa. As diretivas podem começar com palavras-chave como `#include`, `import` ou `using`.

Função main(): Muitas linguagens de programação usam `main()` para denotar o ponto de entrada para execução do programa. A linha de código depois de `main()` corresponde à primeira etapa do algoritmo projetado para um problema ou tarefa.

Instruções: Assim como o texto legível por humanos é dividido em frases e parágrafos, seu código deve ser dividido em instruções e blocos. Uma instrução de programa é semelhante a uma frase; ela contém uma instrução. Em linguagens como C++ e Java, as instruções terminam com um ponto e vírgula. Em Python, você termina uma instrução pressionando a tecla Enter ou Return.

Blocos de código: Um **bloco de código** é semelhante a um parágrafo; ele contém várias instruções que têm um propósito específico. Em C++ e Java, você usa chaves para delimitar blocos de código. Em Python, os blocos de código são recuados.

Analise a **Figura 2-9** e veja se consegue identificar os comentários, as diretivas, a função `main()`, as instruções e os blocos de código.

```
//Hello World! in English and Spanish
#include <iostream>
using namespace std;
int main()
{
  for (int i = 1; i <= 10, i++)
  {
   cout << "Hello World!" << endl;
   cout << "Hola Mundo!" << endl;
  }
  return 0;
}
```

Figura 2-9 Encontre as convenções estruturais e de sintaxe neste código

O comentário é `//Hello World! in English and Spanish`.

Existem duas diretivas: `#include <iostream>` e `using namespace std`.

A função main() é rotulada `int main()`.

Cada linha do programa é uma instrução.

A instrução `for..return` é um bloco. As duas instruções `cout` formam um bloco dentro do bloco `for..return`.

2.3 FERRAMENTAS DE COMPILAÇÃO

O conjunto de ferramentas (2.3.1)

O código de alto nível que você produz usando um editor não pode ser executado diretamente pelo microprocessador de um computador. Os microprocessadores possuem um conjunto de instruções em linguagem de máquina baseado em códigos binários. Não há uma instrução `print` no conjunto de instruções do microprocessador, por exemplo.

Antes de um programa poder ser executado, o código deve ser convertido em **código de máquina** consistindo em instruções em linguagem de máquina. Esse código executável é armazenado em um **arquivo executável** que pode ser rodado, processado e executado pelo microprocessador. **Ferramentas de construção** convertem o código em um programa que um computador pode executar.

Figura 2-10 Hola Mundo! instalado em um computador Windows

Como programador, com o tempo você vai querer empacotar seus programas e distribuí-los para que possam ser instalados em um dispositivo digital e executados com um clique, assim como o programa Hola Mundo! na **Figura 2-10**.

Algumas informações sobre ferramentas de compilação podem ajudá-lo a entender certas instruções estranhas, como `#include<iostream>`, que você deve incluir nos programas. Além disso, um conhecimento básico das ferramentas de compilação, como compiladores, pré-processadores, montadores, máquinas virtuais e interpretadores, vai ajudá-lo a se manter sóbrio nas baladas noturnas do Vale do Silício.

Compiladores (2.3.2, 2.3.3)

Um **compilador** converte código escrito em uma linguagem de programação em outra linguagem. O código original chama-se **código-fonte** e o código que um compilador produz chama-se **código-objeto**. O código-objeto é armazenado em um arquivo autônomo separado do arquivo que contém o código-fonte. Ver **Figura 2-11**.

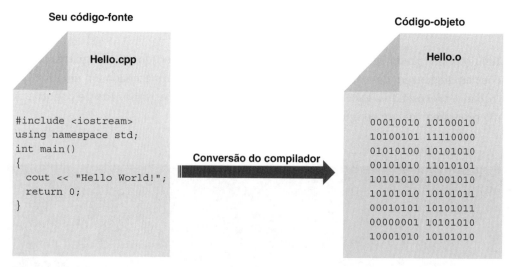

Figura 2-11 Quando o compilador cria código de máquina, o arquivo resultante é executável

P Se um compilador está convertendo código C++ em código de máquina, qual é o código-fonte e qual é o código-objeto?

R O código C++ é o código-fonte. O código de máquina é o código-objeto.

Pré-processadores e montadores (2.3.4, 2.3.5)

A jornada entre código-fonte e um programa executável geralmente não acontece em um passe de mágica. Seu código-fonte pode ser analisado por um pré-processador e combinado com outro código por um montador.

Um **pré-processador** é um utilitário de software que executa tarefas de manutenção antes que o compilador comece a trabalhar. Programadores experientes podem usar pré-processadores de forma criativa para tornar os programas-fonte fáceis de compilar para várias plataformas de software.

Para linguagens como C++, mesmo programas básicos requerem pré-processamento e **diretivas de pré-processador**, como `#include<iostream>`, para que sejam rotineiramente incluídas no código do programa. Depois que essas diretivas são executadas pelo pré-processador, elas podem ser ignoradas pelo compilador.

Um **montador** ou *linker* é um utilitário de software que converte um ou mais arquivos de objeto em um arquivo executável binário. A montagem ocorre *depois* da compilação. Seu código-fonte é o arquivo-fonte de objetos para montagem, mas você pode especificar arquivos de outros objeto que criou ou que são disponibilizados por terceiros. Ao ver a palavra-chave `import`, isso é uma dica de que um arquivo externo precisa ser montado.

A **Figura 2-12** pode ajudá-lo a visualizar o processo de compilação quando um pré-processador e um montador estão envolvidos.

O pré-processamento e a montagem não se apresentam da mesma forma em todas as linguagens de programação. O que você deve lembrar:

- Várias etapas são necessárias para converter seu código em um arquivo contendo um programa executável.
- Talvez seja necessário incluir diretivas de pré-processador em seu código.

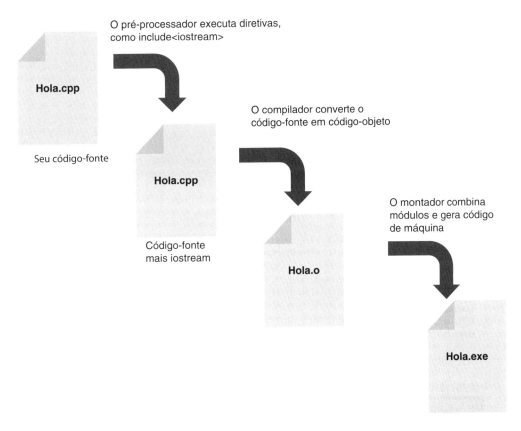

Figura 2-12 Pré-processamento, compilação e montagem do programa Hola Mundo!

Máquinas virtuais (2.3.6)

O produto de um compilador não é necessariamente código de máquina. Alguns compiladores convertem o código-fonte em código semicompilado chamado **bytecode**. O software chamado **máquina virtual** converte o bytecode em código de máquina à medida que o programa é executado.

Qual é o objetivo de uma máquina virtual? A **Máquina Virtual Java (JVM)** oferece algumas ideias. A história de fundo é que um arquivo executável projetado para ser executado em um computador com o sistema operacional Microsoft Windows não funcionará em um computador executando macOS. Você pode desenvolver uma versão de um programa para Microsoft Windows e outra para macOS. Ou pode usar a linguagem de programação Java para criar uma versão do programa e compilá-la em bytecode.

Você pode distribuir o mesmo bytecode para usuários do Windows e Mac. Os usuários do Windows têm a versão do Windows da JVM. Os do Mac têm outra versão. O software da máquina virtual converte o bytecode em código que funciona na plataforma do host. A **Figura 2-13** pode ajudá-lo a entender como a JVM funciona e o valor do bytecode.

Interpretadores (2.3.7, 2.3.8)

Há outra ferramenta para executar software. Um **interpretador** é um utilitário de software que começa com a primeira instrução em seu programa, faz o pré-processamento dessa instrução, converte-a em uma instrução binária e então a executa. Uma por uma, cada instrução em seu programa é interpretada e executada, como ilustrado na **Figura 2-14**.

A maneira como um interpretador funciona é bem diferente da atividade de um compilador, que pré-processa e converte todas as instruções de um programa em um arquivo binário antes de disponibilizá-lo para execução.

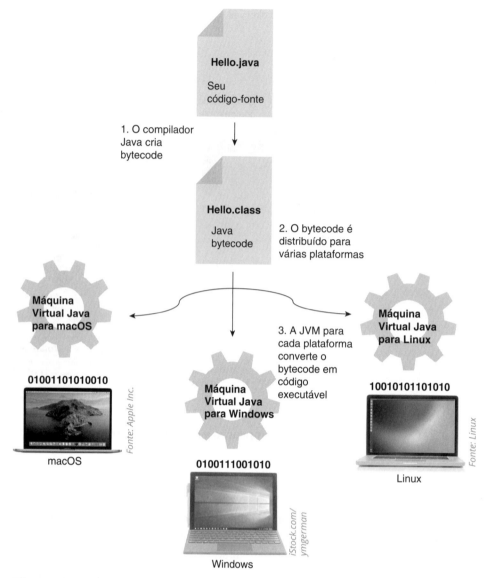

Figura 2-13 A máquina virtual Java

Usar um interpretador é conveniente para codificar e testar seus programas porque o código executa uma linha por vez. A execução é interrompida se houver um erro e você pode ver facilmente onde esse erro ocorreu. Os ambientes modernos de desenvolvimento de programação podem vir com ferramentas para interpretar código, compilá-lo ou fazer as duas coisas.

P Por que você deseja compilar programas que planeja distribuir para outros usuários?

R Para distribuir software, você deve compilar o código para produzir bytecode ou um arquivo executável. Distribuir código-fonte que precisa ser interpretado é complicado para os usuários e expõe seu código a cópias e hackeamento não autorizados.

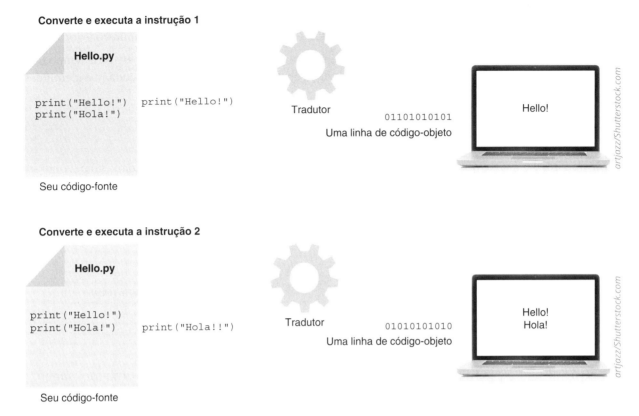

Figura 2-14   Um interpretador converte o código-fonte em código-objeto, uma instrução por vez

2.4 FERRAMENTAS DE DEPURAÇÃO

Erros de programação (2.4.1)

Caramba! Você escreveu uma versão em espanhol do programa Hello World!, mas ao tentar executá-lo, tudo que vê é uma mensagem de erro como aquela na **Figura 2-15**.

Todo programador comete erros de programação, mas não se preocupe. Você pode rastrear e corrigir erros rapidamente usando uma variedade de ferramentas de programação e depuração.

Depuração (*debugging*, em inglês) é o jargão de programação para encontrar e corrigir erros – ou "bugs" – que impedem que o software funcione corretamente. Um meme popular atribui a origem do termo "debug" a um

```
clang version 7.0.0-3~ubuntu0.18.04.1 (tags/
RELEASE_700/final)
> clang++-7 -pthread -o main main.cpp
main.cpp:4:8 warning: result of comparison against a
string
    literal is unspecified (use strcmp instead)
    [-Wstring-compare]
 cout < "Hola Mundo!\n";
      ^~~~~~~~~~~~~~~
```

Figura 2-15   Mensagens de erro revelam falhas no código do programa

evento em 1947, quando uma programadora chamada Grace Hopper consertou um computador que apresentava um defeito removendo um inseto morto de dentro dele. Essa informação pode ser útil quando você jogar Trivia.

Os erros de programação podem ser classificados em três categorias: erros de sintaxe, erros de tempo de execução e erros de lógica. Conhecer os erros comuns em cada uma dessas categorias pode ajudá-lo a identificar rapidamente os erros em seus programas e corrigi-los.

Erros de sintaxe (2.4.2)

Um **erro de sintaxe** ocorre quando uma instrução de código-fonte não está em conformidade com a pontuação e as regras estruturais da linguagem de programação. Para rastrear a causa de um erro de sintaxe em seu código, procure o seguinte:

- Uma palavra-chave ausente
- Uma palavra-chave incorreta
- Uma palavra-chave no lugar errado
- Uma palavra-chave em maiúscula
- Tipo de pontuação incorreto
- Aspas ou colchetes não pareados

- Recuo incorreto
- Um bloco vazio
- Caracteres incorporados
- Parâmetros de método incorretos
- Tipo de retorno ausente

P Erros de sintaxe geralmente são capturados pelo compilador, o que gera uma mensagem de erro. Na **Figura 2-16**, você pode usar a mensagem de erro para descobrir o que há de errado com o programa?

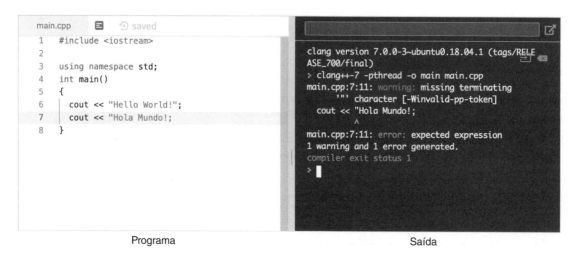

Programa   Saída

Figura 2-16 Onde está o erro?

 A aspa está ausente no final de "Hola Mundo!". Depois da palavra "warning", a mensagem de erro diz, "missing terminating ' " ' character". O símbolo ^ cinza-escuro indica a localização geral do erro.

Erros de tempo de execução (2.4.3)

Opa! Seu programa acabou de travar. Ele saiu do compilador sem nenhum erro de sintaxe, então o que fez com que seu programa parasse inesperadamente? Um **erro de tempo de execução** ocorre quando algo no código do programa dá errado durante o tempo de execução enquanto ele é executado pelo microprocessador.

Se você encontrar um erro de tempo de execução, procure estes problemas comuns:

- Divisão por zero
- Expressões que usam tipos de dados incompatíveis
- Esquecer de declarar uma variável antes de utilizá-la
- Acessar um arquivo que não existe
- Memória insuficiente

Na **Figura 2-17**, observe que o computador executou as duas primeiras linhas do programa, mas depois travou ao tentar executar a última linha contendo uma instrução para dividir por zero, o que não é possível.

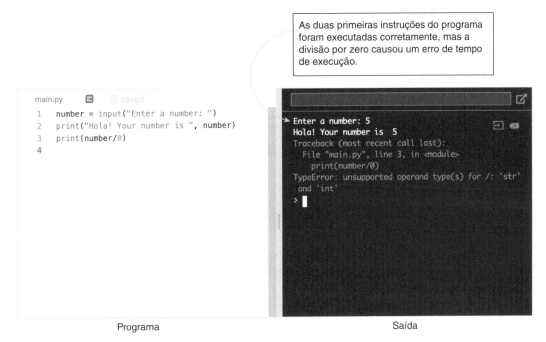

Figura 2-17 Erros de tempo de execução podem não ser descobertos até que o programa esteja em execução

Quando um programa é executado parcialmente e, em seguida, é interrompido de forma inesperada, você pode ter certeza de que é um erro de tempo de execução. Alguns compiladores podem detectar erros comuns de tempo de execução e só permitirão que o programa seja executado depois de os corrigir. Ainda que esses erros comuns possam ser detectados pelo compilador, esteja ciente de que eles ainda são classificados como erros de tempo de execução, e não como erros de sintaxe.

Erros semânticos (2.4.4, 2.4.5)

Lembre-se de que a semântica de uma instrução de programa está relacionada ao seu significado. Um **erro semântico** ocorre quando o programa é executado sem travar, mas produz um resultado incorreto. Erros semânticos também são chamados erros lógicos porque o algoritmo pode estar baseado em uma lógica falha.

Mais comumente, erros semânticos são causados por falhas descuidadas, como estas:

- Usar a expressão errada para uma decisão
- Utilizar o nome errado para uma variável
- Esquecer a ordem das operações
- Configurar o contador de laço de maneira errada
- Recuar um bloco no nível errado ou colocação incorreta de chaves

P Na **Figura 2-18**, você consegue identificar o erro lógico?

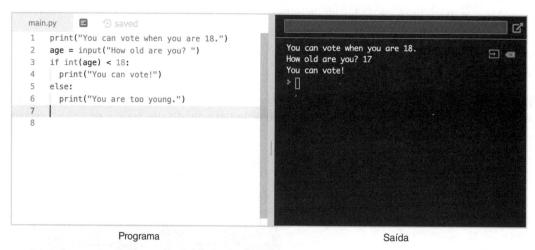

Figura 2-18   O que há de errado com este programa?

R A instrução **if** está incorreta. O símbolo deve ser > = de modo que o programa informe que você pode votar quando a idade é maior ou igual a 18 anos.

Utilitários de depuração (2.4.6, 2.4.7)

Compiladores, montadores e interpretadores podem detectar alguns erros de programação. **Utilitários de depuração** de propósito especial também estão disponíveis para uso. Essas ferramentas oferecem dois recursos interessantes: pontos de interrupção e animação do programa.

Um **ponto de interrupção** especifica uma linha de código em que a execução deve pausar para permitir que você verifique o conteúdo das variáveis, registradores e outros elementos de execução. Ao encontrar dados inesperados, um ponto de interrupção geralmente pode ajudá-lo a identificar a origem de um erro.

Suponha que você escreva um programa que deve exibir "There's no place like home" três vezes. Na **Figura 2-19**, pode-se ver o programa e a saída, que não é o que se espera. Existem apenas duas linhas de saída, não três.

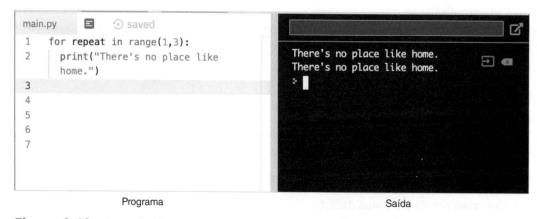

Figura 2-19   Erros de lógica produzem o resultado errado

Ao definir um ponto de interrupção após a linha que contém "There's no place like home", você pode examinar o conteúdo da variável chamada **repeat**. A variável **repeat** controla o número de vezes que "There's no place like home" é exibido. Na **Figura 2-20**, observe como o ponto de interrupção pausa a execução para que possa ver o valor de `repeat` à medida que o programa avança.

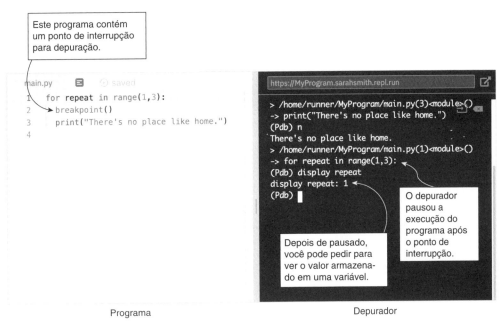

Figura 2-20 Um depurador pode ser utilizado para configurar pontos de interrupção

Analisando o valor de `repeat` quando o programa estiver completo, você descobrirá que ele contém 2, o que significa que "There's no place like home" só foi exibido duas vezes, não três vezes. Essa discrepância direcionaria sua atenção à palavra-chave `range(1,3)` que controla o número de vezes que a instrução print é repetida. Deveria ser `range(0,3)` ou `range(1,4)` porque o primeiro número no intervalo é onde ele começa, mas a repetição para *antes* do próximo número.

Os utilitários de depuração também têm um recurso de **animação do programa** que permite observar o status das variáveis e outros elementos do programa à medida que cada linha do programa é executada. Esse recurso é útil quando você se depara com um erro que o confundiu. O programa na **Figura 2-21** produziu um erro. O depurador ajuda-o a descobrir a fonte desse erro.

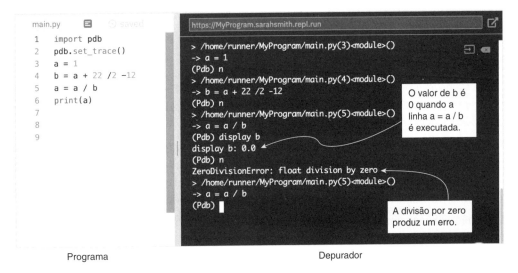

Figura 2-21 Uma busca passo a passo de erros usando a animação do programa através de um depurador

2.5 IDE E SDK

Ambientes de desenvolvimento integrado (2.5.1, 2.5.2, 2.5.3, 2.5.4)

Alguns programadores experientes gostam de criar um ambiente de desenvolvimento personalizado contendo suas ferramentas favoritas de edição, compilação e depuração. Para sua incursão inicial em programação, é mais fácil usar um **ambiente de desenvolvimento integrado (IDE)** que inclui todas as ferramentas necessárias para codificar, compilar, montar e depurar seu trabalho.

Muitos IDEs suportam algum nível de programação visual para que você possa configurar elementos de programa usando menus enquanto arrasta e solta variáveis em instruções de programa. A **Figura 2-22** destaca alguns dos principais recursos de um IDE.

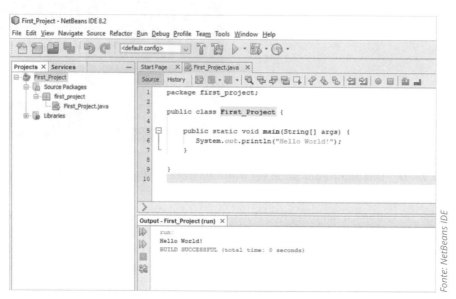

Figura 2-22 IDEs fornecem um conjunto integrado de ferramentas de edição, depuração e compilação

IDEs populares incluem Visual Studio, Xcode, Eclipse, Netbeans e PyCharm. Para usar esses IDEs, você precisa baixá-los e instalá-los em um computador. Se preferir trabalhar com um **IDE on-line** (ou IDE Web) que não requer instalação, confira serviços como repl.it, codeanywhere, Ideone e AWS Cloud9.

Kits de desenvolvimento de software (2.5.5, 2.5.6, 2.5.7)

Eis uma ideia: Que tal criar um programa para iPhones que exiba "Hola!" sempre que o telefone é atendido? Seu programa terá de acessar o acelerômetro do telefone para detectar quando o telefone é atendido. Para tirar esse projeto do papel, você precisa do iOS SDK.

Um **kit de desenvolvimento de softwares (SDK)** é um conjunto de ferramentas para o desenvolvimento de software específico à plataforma. SDKs incluem bibliotecas de código pré-programadas, amostras de código, documentação e outros utilitários. Muitas vezes, essas ferramentas são agrupadas em um ambiente de desenvolvimento integrado que fornece ferramentas de codificação, compilação e depuração.

O iOS SDK também fornece um simulador de iPhone para que seja possível testar o aplicativo no computador que está usando como uma plataforma de desenvolvimento. Ver **Figura 2-23**.

Os SDKs são uma ferramenta necessária para programadores que desenvolvem softwares para Windows, macOS, iOS, Android e outras plataformas. SDKs populares incluem o Java Development Kit para aplicativos Android, iOS SDK, Windows SDK e Facebook SDK.

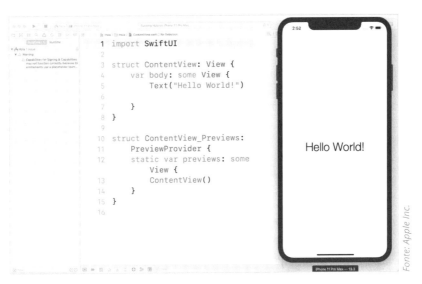

Figura 2-23 iOS SDK com simulador do iPhone

RESUMO

- Linguagens de programação como C++, Java e Python são classificadas como linguagens de programação de alto nível porque fornecem uma maneira para você, como programador, compor instruções legíveis por humanos que direcionam as operações executadas para um dispositivo de computação.
- Semântica refere-se ao significado e validade das instruções do programa. Palavras-chave têm propósitos semânticos específicos, e os programadores precisam aprender a usá-las corretamente.
- A sintaxe define a ordem das palavras e a pontuação que se deve usar ao compor instruções. Cada linguagem de programação tem uma sintaxe única.
- A programação requer editores de código, compiladores e utilitários de depuração.
- Os editores de código ajudam a inserir instruções corretamente, usando convenções padrão para comentários, diretivas, funções, instruções e blocos de código.
- Antes que um programa possa ser executado, o código deve ser convertido em código de máquina, que é armazenado em um arquivo executável. Compiladores, pré-processadores, montadores e interpretadores convertem o código em um programa que um computador pode executar.
- Um compilador converte o código-fonte escrito em uma linguagem de programação em um arquivo contendo código-objeto em outra linguagem.
- Um pré-processador é um utilitário de software que executa tarefas de manutenção antes que o compilador comece a trabalhar. Um montador é um utilitário de software que converte um ou mais arquivos de objeto em um arquivo executável binário. A montagem ocorre *depois* da compilação.
- Alguns compiladores convertem o código-fonte em código semicompilado chamado bytecode. O software chamado máquina virtual traduz bytecode em código de máquina antes da execução.
- Um interpretador é um utilitário de software que começa com a primeira instrução no programa, a pré-processa em uma instrução binária e a executa.
- Depuração é um jargão de programação para encontrar e corrigir erros – ou "bugs" – que impedem que o software funcione corretamente. A depuração pode revelar erros de sintaxe, tempo de execução e semântica em um programa.
- Um IDE é um ambiente de desenvolvimento integrado que normalmente inclui um editor de código, depurador, compilador e vinculador. Ele pode oferecer um ambiente visual para simplificar a codificação.
- Além de um IDE, um kit de desenvolvimento de software (SDK) fornece ferramentas de desenvolvimento específicas à plataforma.

Termos-chave

ambiente de desenvolvimento integrado (IDE)
animação do programa
arquivo executável
bloco de código
bytecode
código de máquina
código do programa
código-fonte
código-objeto
comentário
compilador
depuração
diretiva
diretivas de pré-processador
editor de código
editor de texto
erro de sintaxe
erro de tempo de execução
erro semântico
ferramentas de construção
IDE on-line
instrução
interpretador
kit de desenvolvimento de software (SDK)
linguagem de programação
linguagens de programação de alto nível
máquina virtual
Máquina Virtual Java (JVM)
montador
palavras-chave
palavras reservadas
ponto de interrupção
pré-processador
programa de computador
semântica
sintaxe
utilitários de depuração

LITERAIS, VARIÁVEIS E CONSTANTES

OBJETIVOS DE APRENDIZAGEM:

3.1 LITERAIS
3.1.1 Definir o termo "literal" no contexto de programação.
3.1.2 Identificar literais numéricos.
3.1.3 Fornecer exemplos de literais inteiros e literais de ponto flutuante.
3.1.4 Identificar literais de caracteres e strings.
3.1.5 Fornecer casos de uso para literais de string que se parecem com números.
3.1.6 Identificar literais booleanos.

3.2 VARIÁVEIS E CONSTANTES
3.2.1 Listar as características de uma variável de programa.
3.2.2 Criar nomes de variáveis descritivos usando convenções de estilo apropriadas.
3.2.3 Descrever o propósito de uma constante.
3.2.4 Usar convenções de nomenclatura padrão para constantes.
3.2.5 Explicar a diferença entre uma variável, uma constante e um literal.
3.2.6 Explicar a relação entre variáveis e memória.

3.3 INSTRUÇÕES DE ATRIBUIÇÃO
3.3.1 Diferenciar entre variáveis indefinidas e definidas.
3.3.2 Identificar instruções que declaram variáveis.
3.3.3 Identificar instruções que inicializam variáveis.
3.3.4 Explicar como a tipagem dinâmica e a tipagem estática podem afetar a maneira como as variáveis são inicializadas.
3.3.5 Explicar o significado da inferência de tipos.
3.3.6 Explicar o conceito de uma variável nula.
3.3.7 Identificar as instruções de atribuição que alteram o valor de uma variável.
3.3.8 Diferenciar, declarar, inicializar e atribuir variáveis.

3.4 ENTRADA E SAÍDA
3.4.1 Declarar o algoritmo para coletar a entrada de um usuário e colocá-la em uma variável.
3.4.2 Transformar o algoritmo de entrada do usuário em pseudocódigo.
3.4.3 Rastrear o pseudocódigo que gera o valor de uma variável inserida por um usuário.

3.1 LITERAIS

Literais numéricos (3.1.1, 3.1.2, 3.1.3)

Três anéis para os reis élficos sob aquele céu,
Sete para os senhores anões em seus salões de pedra,
Nove para homens mortais condenados à morte...

No clássico livro de ficção de J. R. R. Tolkien, *O Hobbit*, 19 anéis são dotados de poderes mágicos e distribuídos para elfos, anões e humanos na Terra Média. Os anéis, que podem se parecer com os da **Figura 3-1**, podem ajudar a explicar o conceito de literais, que são um elemento básico na programação.

Figura 3-1 Três anéis para os reis élficos sob o céu...

Quando se tem os aspectos básicos, a programação é uma atividade simples. Você insere dados na memória de um computador, então o informa como manipular os dados de acordo com um algoritmo.

Qualquer elemento de dados especificado em um programa chama-se **literal**. Na Terra Média, os reis élficos tinham três anéis. Você pode expressar essa ideia como:

`elven_rings = 3`

Nessa instrução, 3 é um literal. É um valor que você especifica como representando uma quantidade. O literal 3 sempre significa três coisas, nunca quatro. Nesse sentido, 3 é um valor fixo. Mas isto é importante: `elven_rings` não é fixo. Se um anel for perdido, então `elven_rings` pode se tornar 2.

Os literais 3 e 2 são classificados como literais numéricos. Um **literal numérico** é composto por um ou mais dígitos que podem representar números inteiros ou números de ponto flutuante contendo um ponto decimal.

P Quais são os literais numéricos na lista a seguir?

```
dwarf_rings = 7
One
1
ring_thickness = 2.7
dark_lord = "Sauron"
```

R Os literais numéricos são 7, 1 e 2,7. Os literais 7 e 1 são inteiros, enquanto 2,7 é um número de ponto flutuante.

Ok, então literais numéricos podem ser divididos em inteiros e pontos flutuantes. A **Figura 3-2** ilustra a variedade de literais numéricos que você pode usar em seus programas.

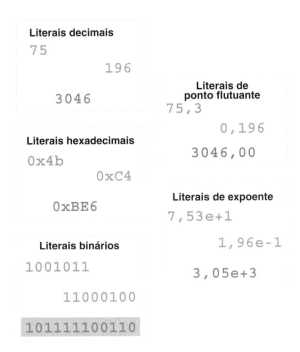

Figura 3-2   Literais numéricos comuns

P   Qual é o literal na instrução a seguir?

`elven_rings = 0b00000011`

R   O literal é 0b00000011, que é o inteiro binário 3.

Literais de caractere e string (3.1.4)

Além de dados numéricos, você vai querer que seus programas trabalhem com dados como letras, símbolos, palavras e frases. Esses literais não numéricos vêm em duas categorias: caractere e string.

Um **literal de caractere** é uma única letra ou símbolo. Em geral, os programadores colocam literais de caracteres entre aspas simples, como estes exemplos:

`'a'`

`'@'`

Um **literal de string** contém um ou mais caracteres e normalmente é indicado com aspas duplas, como estes exemplos:

`"Mordor"`

`"Three rings for the elven kings..."`

`"bilbo@theshire.com"`

P   Como você classificaria `"J. R. R. Tolkien"`?

R   É um literal de string porque contém mais de um caractere.

Literais complicados (3.1.5, 3.1.6)

Literais que parecem números podem ser strings. Surpreendentemente, 202 pode ser um literal numérico para o valor 202 ou pode ser um literal de string para, digamos, o código de área de Washington, DC. Ao trabalhar com numerais em um contexto em que eles não são manipulados matematicamente, você pode designá-los como literais de string, colocando-os entre aspas duplas.

 Onde está o literal de string nas instruções a seguir?

```
distance_to_mordor = 156
unlock_code = "156"
```

 O código de desbloqueio "156" é um literal de string. CPF, números residenciais, números de seguro social, códigos de área e códigos postais são exemplos de literais de string que parecem números.

Os literais booleanos são outra surpresa. O valor de um **literal booleano** é True ou False. Se essas palavras devem ser maiúsculas depende da linguagem de programação que você utiliza. A questão, porém, é que as palavras True e False parecem literais de string, mas como são literais booleanos, não são colocadas entre aspas simples ou duplas.

Booleanos têm muitos usos na programação, como configurar um fato como verdadeiro:

```
bilbo_has_ring = True
```

Essa instrução significa que Bilbo tem um anel. Em contraposição, a instrução `bilbo_has_ring = "True"` pode significar que o anel em posse de Bilbo chama-se "True" em vez de "The One Ring".

3.2 VARIÁVEIS E CONSTANTES

Variáveis (3.2.1, 3.2.2)

Um para o Lorde das Trevas em seu trono escuro
Na terra de Mordor, onde as sombras se deitam.

O malvado feiticeiro Sauron forja um poderoso anel nas chamas do monte Doom. Ele usa o anel até ser derrotado em batalha. O anel então passa para um guerreiro chamado Isildur, que o perde ao atravessar a nado o rio Anduin. Por muito tempo, a localização do anel é desconhecida.

Ao contrário do anel de Sauron, você não quer que seus dados acabem em algum local desconhecido na memória do computador. Para usar literais, é preciso colocá-los em um local conhecido para que possam ser acessados pelas instruções em seus programas. Variáveis e constantes fornecem essas localizações.

No contexto da programação, uma **variável** é um local nomeado na memória que contém temporariamente texto ou valor numérico. Ver **Figura 3-3**.

As variáveis têm três características importantes:

- Uma variável tem um nome.
- Uma variável corresponde a uma posição na memória onde os dados podem ser armazenados.
- Os dados em uma variável podem ser alterados.

Você tem muita flexibilidade ao nomear variáveis, com a exceção de que não é possível usar nenhuma das palavras reservadas da sua linguagem de programação. Uma **palavra reservada**, como `print`, é utilizada por uma

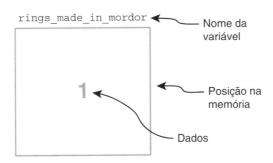

Figura 3-3 Uma variável é um local nomeado na memória que armazena dados temporariamente

linguagem de programação para um propósito específico. Você pode encontrar uma lista de palavras reservadas na referência da sua linguagem de programação.

Os nomes usados para variáveis devem ser descritivos. Você consegue adivinhar o que o programador tinha em mente chamando uma variável **er** e inserindo 3 nela?

`er = 3`

O nome da variável **er** pode significar *emergency room*, *explicit rate* ou o pequeno país da Eritreia. Mas se 3 é o número de anéis élficos, um nome de variável como **elven_rings** é muito mais descritivo.

`elven_rings = 3`

O estilo para nomes de variáveis difere com base na sintaxe da linguagem de programação e nos padrões da equipe do projeto. Algumas linguagens de programação exigem que os nomes das variáveis comecem com uma letra minúscula, enquanto outras linguagens exigem uma letra maiúscula.

Os nomes de variáveis não podem conter espaços, mas uma única palavra talvez não forneça um nome de variável muito descritivo. As duas convenções mais comuns para combinar palavras para nomes de variáveis são camelCase e snake_case.

Camel case (estilo camelo) começa com uma letra minúscula, mas cada palavra subsequente é maiúscula. **Snake case** (estilo cobra) usa todas as letras minúsculas e separa as palavras com um sublinhado. A **Figura 3-4** fornece exemplos.

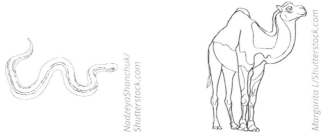

Estilo cobra	Estilo camelo
elven_rings	elvenRings
made_in_mordor	madeInMordor
hobbit	hobbit
multiples_of_2	multiplesOf2

Figura 3-4 Estilo cobra (snake_case) e estilo camelo (camelCase) para formatar nomes de variáveis

Constantes (3.2.3, 3.2.4, 3.2.5)

Uma **constante** é uma posição na memória nomeada que contém dados, que são usados, mas não são alterados, pelas instruções em um programa. Ver **Figura 3-5**.

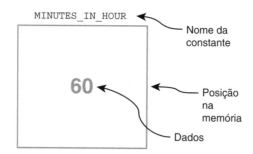

Figura 3-5 Uma constante é uma posição nomeada na memória que contém dados que não mudam

As três características importantes das constantes são:

- Uma constante tem um nome.
- Uma constante corresponde a uma posição na memória onde os dados podem ser armazenados.
- Os dados em uma constante não devem ser alterados.

Constantes às vezes são confundidas com literais porque ambas podem ser descritas como "fixas". A dica é que um literal é um elemento de dados, mas uma constante é uma *posição* na memória que contém um valor que não muda.

Assim como ocorre com variáveis, o nome que você usa para uma constante deve ser descritivo. Para diferenciar constantes de variáveis, a convenção em C++, Java e Python é nomear constantes em letras maiúsculas com um sublinhado separando as palavras. Eis alguns exemplos:

```
MINUTES_IN_HOUR = 60
MAXIMUM_USERS = 1024
OHIO_ABBREVIATION = "OH"
```

Você pode se perguntar por que os programadores usam constantes nomeadas em vez de simplesmente usar o valor real em cálculos ou processos. Bem, suponha que um programador da Nasa use 238.900 milhas como a distância entre a Terra e a Lua em uma série de 20 ou mais fórmulas, começando com estas:

```
round_trip = 238900 * 2
travel_time = 238900/speed
```

Mais tarde, o programador descobre que a distância deve ser expressa em quilômetros, não milhas, ou a sonda lunar perderá o local de pouso. Um programador inteligente teria configurado as fórmulas com uma constante como **DISTANCE_EARTH_MOON** assim:

```
DISTANCE_EARTH_MOON = 238900
round_trip = DISTANCE_EARTH_MOON * 2
travel_time = DISTANCE_EARTH_MOON /speed
```

Assim, alterar a distância para quilômetros requer uma mudança em apenas uma linha, em vez de todas as fórmulas.

```
DISTANCE_EARTH_MOON = 384400
round_trip = DISTANCE_EARTH_MOON * 2
travel_time = DISTANCE_EARTH_MOON /speed
```

A conexão de memória (3.2.6)

Variáveis e constantes correspondem a locais na memória onde os dados podem ser armazenados. Cada posição na memória tem um endereço único que é expresso como um número binário longo ou um número hexadecimal intimidante como 0xE2452440. Felizmente, você pode inserir dados em uma posição na memória sem lidar com esses endereços.

A **Figura 3-6** mostra que ao especificar o nome de uma variável ou constante, sua linguagem de programação a vincula a uma posição na memória onde dados podem ser inseridos.

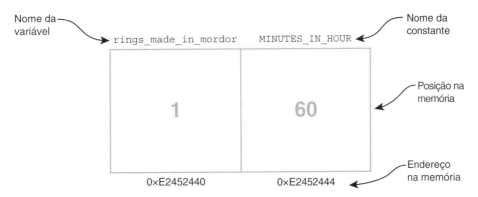

Figura 3-6 Os nomes das variáveis correspondem aos locais na memória

3.3 INSTRUÇÕES DE ATRIBUIÇÃO

Declaração de variáveis (3.3.1, 3.3.2)

O Um Anel forjado por Sauron tem uma inscrição que só é visível quando o anel é colocado no fogo:

> *Um anel para governar todos eles,*
> *Um anel para encontrá-los,*
> *Um anel para trazer todos eles,*
> *E na escuridão amarrá-los.*

Assim como o Um Anel foi projetado para criar uma ligação que controlava os outros 19 anéis, os programadores podem configurar uma variável ligando o nome a uma posição na memória. Usar uma **variável indefinida** produz um erro de tempo de execução, por isso é essencial definir as variáveis usadas nos programas.

Variáveis podem ser declaradas, inicializadas e atribuídas. Dependendo da sua linguagem de programação e algoritmo, cada uma dessas operações pode exigir uma etapa separada ou podem ser combinadas.

Declarar uma variável significa especificar um nome que é atribuído, ou vinculado, a uma posição na memória. A maioria das linguagens de programação exige que você especifique se a variável conterá um número inteiro, número de ponto flutuante, booleano, caractere ou string.

A **Figura 3-7** mostra como declarar uma variável em pseudocódigo e em uma linguagem de programação.

Instruções de declaração	
Pseudocódigo	`declare total_rings as integer` `declare first_letter as character`
Linguagem de programação	`int total_rings;` `char first_letter;`

Figura 3-7 Declaração de uma variável

Por que você declararia uma variável se não houvesse nenhum dado para inserir nela?

 Há várias razões.
- Talvez o valor de uma variável só seja conhecido depois de um usuário inseri-lo.
- Talvez uma variável que armazene o valor de um cálculo depois de ele ser realizado seja necessária.
- Você pode especificar as variáveis de instância que descrevem os atributos de um objeto, como **ring_size**, que têm um valor desconhecido enquanto não for criado um anel específico.

Inicialização de variáveis (3.3.3, 3.3.4, 3.3.5, 3.3.6)

Inicializar uma variável significa especificar um nome e um valor. Em pseudocódigo, você pode especificar uma instrução de inicialização como esta:

```
initialize total_rings = 20
```

Essa instrução de inicialização cria uma variável chamada **total_rings** e configura seu valor como 20. Em pseudocódigo, é útil usar a palavra `inicializar`, mas essa palavra não é necessária ao codificar uma instrução de inicialização em uma linguagem de programação como C++, Java ou Python.

Declarações de inicialização	
Pseudocódigo	`initialize total_rings = 20 as integer` `initialize first_letter = 'A' as character`
C++	`int total_rings = 20;` `char first_letter = 'A';`
Java	`int total_rings = 20;` `char first_letter = 'A';`
Python	`total_rings = 20` `first_letter = 'A'`

Figura 3-8 Inicialização de uma variável

Assim como ocorre ao declarar variáveis, algumas linguagens requerem instruções de inicialização para especificar o tipo de dado que será inserido na variável. A **Figura 3-8** mostra a sintaxe simples para inicializar uma variável no pseudocódigo e três linguagens de programação populares.

 O que você percebe de diferente na sintaxe do Python para inicializar uma variável?

 O Python não especifica o tipo de dados. As instruções de inicialização não incluem **int** ou **char**.

Python é uma linguagem de programação **dinamicamente tipada** que permite que uma variável receba qualquer tipo de dado durante a execução do programa. A linguagem deduz o tipo de dados com base na presença ou ausência de um ponto decimal e aspas. Esse processo é conhecido como **inferência de tipo**. Por exemplo, em uma linguagem dinamicamente tipada, o código a seguir é perfeitamente aceitável.

```
total_rings = 19

total_rings = 20

total_rings = "unknown"
```

Com a tipagem dinâmica, você pode inicializar `total_rings` como 19, que é um número. Pode alterar o valor para 20 e, em seguida, alterá-lo para uma string de texto.

Linguagens como C++ e Java são **estaticamente tipadas**. Depois de especificar o tipo de dados de uma variável, ela não pode conter nenhum outro tipo de dado. No código a seguir, é aceitável inicializar `total_rings` como um inteiro com um valor de 19. Você pode alterar esse valor para outro número inteiro, como 20. Mas não pode colocar a palavra "desconhecido" em `total_rings` porque essa variável foi inicializada para conter um inteiro.

```
int total_rings = 19
total_rings = 20
total_rings = "unknown"
```

À medida que começa a aprender uma linguagem de programação, certifique-se de descobrir se ela usa tipagem dinâmica ou tipagem estática, para saber como declarar, inicializar e alterar corretamente os valores nas variáveis.

Que papel a inicialização desempenha na sua programação? Vejamos alguns exemplos.

Valores iniciais. Você pode inicializar uma variável com um literal se souber o valor inicial quando o programa é iniciado. Usando pseudocódigo, você pode especificar que existem três anéis élficos como:

```
initialize elven_rings = 3
```

Valor inicial do contador. As variáveis inteiras que você planeja usar para contar repetições podem ser inicializadas com 0 ou 1, dependendo da estrutura de controle que opera o laço. Eis um exemplo:

```
initialize counter = 0
```

Variáveis nulas. Uma **variável nula** é uma que não tem nenhum valor. Uma variável nula não é igual a uma variável que foi inicializada com 0. Zero é um valor; nulo significa nenhum valor. As linguagens de programação lidam com valores nulos de maneiras diferentes. A inicialização com nulo, como a seguir, deve ser evitada quando possível.

```
initialize ring_location = null
```

P Em vez de usar nulo, como poderia ser inicializada a localização do anel se não for conhecido onde ele pode ser encontrado no início do programa?

R Você pode usar esta instrução de inicialização:

```
initialize ring_location = "Unknown"
```

Atribuição de variáveis (3.3.7, 3.3.8)

A atribuição de variáveis refere-se a qualquer processo que configura ou altera o valor de uma variável. Uma **instrução de atribuição** configura ou altera o valor armazenado em uma variável. A **Figura 3-9** explica a sintaxe de uma instrução de atribuição.

```
nome_da_variável  =  expressão

dwarf_rings       =  7 - 1
dwarf_rings       =  dwarf_rings - 1
total_rings       =  3 + 7 + 9 + 1
ring_location     =  "Anduin River"
ring_location     =  "Bilbo's pocket"
```

Figura 3-9 Sintaxe geral para instruções de atribuição

As instruções de atribuição e as inicializações têm a mesma aparência. Uma inicialização é um tipo de atribuição. Inicialização é o termo usado pela primeira vez que você configura o valor de uma variável. Mais tarde em seu programa, pode ser utilizada uma instrução de atribuição para alterar o valor de uma variável.

No pseudocódigo a seguir, a variável `total_rings` é inicializada como 0, então uma instrução de atribuição altera esse valor para o número total de anéis. No pseudocódigo, `compute` é a palavra-chave usada para instruções de atribuição que lidam com valores numéricos.

```
initialize total_rings = 0
compute total_rings = 3 + 7 + 9 + 1
```

Como podemos ver, as instruções de atribuição são uma maneira prática de realizar cálculos e inserir o resultado em uma variável. Você pode usar essa variável para cálculos adicionais ou como a fonte de saída que exibe aos usuários.

Você também pode utilizar instruções de atribuição para alterar o valor de um literal de string armazenado em uma variável. Eis um exemplo:

```
initialize who_has_the_ring = "Sauron"
assign who_has_the_ring = "Isildur"
```

As variáveis desempenham vários papéis essenciais em seus programas:

- Variáveis fornecem o lugar perfeito para inserir os literais que seus programas usam como entrada, manipulações e saída.
- Variáveis podem conter dados intermediários enquanto os cálculos em várias etapas são realizados.
- As variáveis podem agir como contadores para controlar o número de repetições que um programa executa.
- O valor em uma variável pode ser utilizado como a base para seções de um algoritmo que dependem de decisões.

3.4 ENTRADA E SAÍDA

Entrada para uma variável (3.4.1, 3.4.2)

Uma criatura chamada Gollum vive nas cavernas e túneis ameaçadores abaixo das Montanhas Sombrias. Seu troféu é um anel de ouro mágico. Um dia, o Anel de alguma forma acaba no chão em um túnel abandonado. Antes que Gollum saiba que o anel se foi, um hobbit chamado Bilbo Bolseiro, que está rastejando pelo túnel escuro, estende a mão, encontra o Anel e o coloca prontamente no bolso.

Pense no Anel como um objeto de dados do mundo exterior. Como programador, você pode coletar dados de uma fonte externa e colocá-los em uma variável. É uma maneira prática de obter alguns ou todos os dados que seu programa foi projetado para processar. O algoritmo para coletar dados de um usuário funciona assim:

Inicializar uma variável para armazenar a entrada do usuário.
Solicitar que o usuário insira os dados.
Coletar os dados na variável inicializada.

Para obter dados de um usuário, você normalmente fornece um **prompt** que explica o que quer que o usuário insira. Por exemplo, se seu programa está coletando respostas para um jogo de trivia, um prompt pode ser, "Na Terra Média, quantos anéis foram dados aos senhores anões?".

Usando esse prompt, eis o pseudocódigo para inicializar uma variável, exibir um prompt e coletar uma resposta do usuário:

```
initialize dwarf_rings = 0
display "In Middle Earth, how many rings were given to the dwarf lords? "
input dwarf_rings
```

Ao codificar e executar esse programa, o reprodutor do jogo de trivia veria algo como a **Figura 3-10**.

Figura 3-10 Carga de uma variável com dados inseridos por um usuário

P Na Figura 3-10, qual linha de código inicializa a variável `dwarf_rings` e qual linha insere a entrada do usuário nessa variável?

R A linha `initialize dwarf_rings = 0` inicializa a variável. A linha `input dwarf_rings` insere a entrada do usuário na variável.

Saída de uma variável (3.4.3)

Suponha que o jogador de trivia responde à pergunta sobre anéis dos anões digitando 5. Essa não é a resposta correta. Você pode então perguntar se 5 é a resposta final. Eis o pseudocódigo.

```
initialize dwarf_rings = 0
display "In Middle Earth, how many rings were given to the dwarf lords? "
input dwarf_rings
display "Is " dwarf_rings " your final answer?"
```

P Analise o programa na **Figura 3-11**. De onde vem o 5 na última linha?

R A variável `dwarf_rings` contém o valor 5, assim o *valor* da variável apareceu na linha exibida.

Quando as variáveis são enviadas para um monitor ou impressora, a saída é o *valor* da variável, não o nome da variável.

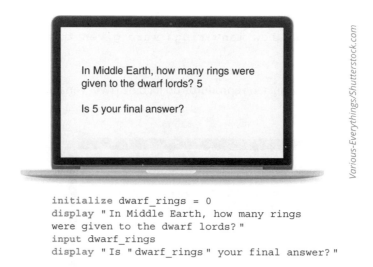

```
initialize dwarf_rings = 0
display " In Middle Earth, how many rings
were given to the dwarf lords? "
input dwarf_rings
display " Is " dwarf_rings " your final answer? "
```

Figura 3-11 Exibição do valor de uma variável

RESUMO

- Qualquer elemento de dados que você especifica para um programa chama-se literal. Há vários tipos de literais, como inteiro, ponto flutuante, caractere, string e booleano.
- Literais que se parecem com números às vezes são tratados como strings quando não se destinam a serem usados em cálculos. Números de telefone, CPF, números residenciais, números de seguro social, códigos de área e códigos postais são exemplos de literais de string que se parecem com números.
- Uma variável é um local nomeado na memória que contém temporariamente um texto ou um valor numérico.
- Os nomes das variáveis devem ser descritivos, mas não podem ser palavras reservadas usadas para propósitos especiais pela linguagem de programação. Os nomes de variáveis geralmente são formatados em estilo camelo (camelCase) ou estilo cobra (snake_case).
- Uma constante é uma posição nomeada na memória que contém dados que não são alterados pelas instruções em um programa.
- Variáveis e constantes correspondem a locais e posições na memória onde os dados podem ser armazenados. Ao especificar o nome de uma variável ou constante, sua linguagem de programação a conecta a uma posição na memória onde você pode inserir dados.
- O uso de variáveis indefinidas pode produzir erros de tempo de execução ou de tempo de compilação. Para definir uma variável, você pode declarar ou inicializá-la. Quando uma linguagem é estaticamente tipada, a primeira aparição de uma variável no código deve incluir uma especificação para o tipo de dados que ela conterá. As linguagens dinamicamente tipadas não exigem que você especifique um tipo de dados. O tipo é inferido pela atribuição e pode ser alterado com uma nova atribuição.
- As instruções de atribuição podem ser utilizadas para inicializar uma variável ou alterar seu valor. Em linguagens estaticamente tipadas, as variáveis só podem receber valores que sejam do mesmo tipo de dados especificado quando a variável foi declarada ou inicializada.
- Os programadores podem atribuir valores a variáveis ou podem coletar valores de fontes externas, como entrada de usuário. Os valores das variáveis podem ser enviados para uma impressora, monitor ou outro dispositivo.

Termos-chave

constante
declarar uma variável
dinamicamente tipada
estaticamente tipada
estilo camelo (camelCase)
estilo cobra (snake_case)
inferência de tipo

inicializar uma variável
instrução de atribuição
literal
literal booleano
literal de caractere
literal de string
literal numérico

palavra reservada
prompt
variável
variável indefinida
variável nula

MÓDULO 4

EXPRESSÕES E TIPOS DE DADOS NUMÉRICOS

OBJETIVOS DE APRENDIZAGEM:

4.1 TIPOS DE DADOS PRIMITIVOS
4.1.1 Definir o termo "tipo de dados".
4.1.2 Listar quatro tipos de dados primitivos comuns.
4.1.3 Explicar o propósito dos tipos de dados primitivos.
4.1.4 Distinguir entre tipos de dados primitivos e tipos de dados compostos.

4.2 TIPOS DE DADOS NUMÉRICOS
4.2.1 Listar as características dos dados de números inteiros.
4.2.2 Fornecer exemplos de dados de números inteiros que podem ser incorporados a um programa de computador.
4.2.3 Explicar a diferença entre um inteiro com sinal e um sem sinal.
4.2.4 Indicar os requisitos de memória para inteiros com sinal e sem sinal.
4.2.5 Listar as características dos dados de ponto flutuante.
4.2.6 Fornecer exemplos de dados de ponto flutuante que podem ser incorporados a um programa de computador.
4.2.7 Lembrar que os dados de ponto flutuante não são armazenados no formato binário convencional.
4.2.8 Comparar e contrapor o uso de dados de números inteiros com dados de ponto flutuante.

4.3 EXPRESSÕES MATEMÁTICAS
4.3.1 Listar os símbolos usados para as seguintes operações matemáticas: adição, subtração, multiplicação, divisão, exponenciação e resto de divisão.
4.3.2 Fornecer exemplos de instruções de programa nas quais o resultado de uma operação matemática é armazenado em uma variável.
4.3.3 Descrever a ordem matemática das operações.
4.3.4 Fornecer exemplos que ilustram o uso de parênteses para alterar a ordem das operações.
4.3.5 Explicar o uso de operadores compostos, como += −+ *= /= e %=.

4.4 CONVERSÃO DE TIPO DE DADOS NUMÉRICOS
4.4.1 Fornecer exemplos de quando um programador pode converter dados de números inteiros ou de ponto flutuante em um tipo de dados diferente.
4.4.2 Explicar a desvantagem de converter dados de ponto flutuante em dados de números inteiros.
4.4.3 Explicar o significado do arredondamento para cálculos de ponto flutuante.

4.5 FORMATANDO A SAÍDA
4.5.1 Explicar a vantagem de formatar a saída.
4.5.2 Listar os elementos que podem ser especificados ao formatar saída numérica.
4.5.3 Utilizar parâmetros de formatação para especificar o formato de saída de dados numéricos.

4.1 TIPOS DE DADOS PRIMITIVOS

Tipos de dados (4.1.1)

O iTunes traz informações detalhadas sobre cada um dos álbuns de sua coleção. Na **Figura 4-1**, você pode identificar facilmente o preço do álbum, a data de lançamento, a quantidade de críticas, a lista de músicas, o tempo das músicas, a popularidade e os preços das músicas.

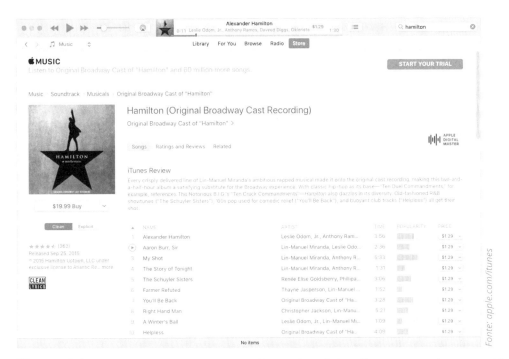

Figura 4-1 Os dados exibidos para um álbum de música são armazenados em variáveis

Esses dados podem ser armazenados em variáveis. Mas espere. Se você está escrevendo um programa e quer atribuir o valor de 3:56 a uma variável chamada `song_time`, sua linguagem de programação provavelmente irá gerar um erro. O problema com valores como 3:56 está relacionado aos tipos de dados, então vamos mergulhar no tema.

O termo **tipo de dados** refere-se a uma forma de categorizar os dados. Por exemplo, o número 21 pode ser categorizado como um tipo de dados de números inteiros porque é um número inteiro sem casas decimais. Como programador, você precisa de uma boa compreensão dos tipos de dados porque eles são um elemento-chave das variáveis que são a base de seus programas.

Os programadores trabalham com duas ordenações principais dos tipos de dados: tipos de dados primitivos e tipos de dados compostos.

Tipos de dados primitivos (4.1.2, 4.1.3)

Tipos de dados primitivos são incorporados a sua linguagem de programação. A **Figura 4-2** fornece uma lista deles.

Tipos de dados primitivos economizam tempo porque a linguagem de programação sabe como alocar memória para armazenar esses tipos de dados. Por exemplo, suponha que você queira armazenar o número de músicas – 23 – para o primeiro ato da trilha sonora *Hamilton* em uma variável chamada `act1_song_count`. Como o inteiro

Tipo de dados primitivo	Palavra-chave	Descrição	Exemplos
Caractere	`char`	Uma única letra, símbolo ou número	'a' '@'
Inteiro	`int`	Um número inteiro sem casas decimais	1 128 3056 -2
Ponto flutuante	`float`	Um número que inclui casas decimais	12,99 0,26 -3,56
Ponto flutuante duplo	`double`	Um número muito grande que inclui casas decimais	3,84147098480789672
Booleano	`bool`	Um valor lógico de True ou False	True False
Sem valor	`void`	Sem valor	
Caractere estendido	`wchar_t`	Um caractere Unicode que requer mais de 8 bits	€ ® ¥

Figura 4-2 Tipos de dados primitivos

23 é classificado como um tipo de dados primitivo, a linguagem de programação sabe quanto espaço de memória alocar para ele.

A linguagem de programação também sabe como manipular tipos de dados primitivos. Para números como 23, a linguagem pode realizar adição, subtração e outras operações matemáticas.

Linguagens de programação fornecem funções para manipular dados. Uma **função** é um procedimento nomeado que realiza uma tarefa específica. A função `abs()`, por exemplo, retorna o valor absoluto e sem sinal de um inteiro.

P Quais são as duas principais características dos tipos de dados primitivos?

R As principais características são:

1. A linguagem de programação sabe quanta memória alocar.
2. A linguagem de programação sabe como manipular esse tipo de dado.

A vantagem dos tipos de dados primitivos é que você pode informar à linguagem de programação o que fazer com eles, mas não precisa explicar como fazer isso. Não é preciso especificar a mecânica de armazenar ou adicionar dois números; só é preciso especificar as variáveis ou valores que quer adicionar.

Tipos de dados compostos (4.1.4)

Tipos de dados compostos não são incorporados à linguagem de programação, mas podem ser construídos a partir de tipos de dados primitivos. Os tipos de dados compostos são definidos pelo programador ou estão disponíveis em bibliotecas complementares do código do programa. Na maioria das linguagens de programação, os dados que representam a data/hora seriam tratados como um tipo de dados composto.

A primeira música da trilha sonora *Hamilton* tem 3:56 minutos de duração. Esse valor não é um número inteiro, número de ponto flutuante ou outro tipo de dados primitivo. Para usar esse valor em um programa, você precisaria criar um tipo de dado composto e rotinas de código para manipulá-lo.

Você verá mais detalhes sobre tipos de dados compostos à medida que continua a aprender sobre funções e estruturas de dados. Por enquanto, vamos focalizar os tipos de dados primitivos que envolvem números inteiros e de ponto flutuante.

4.2 TIPOS DE DADOS NUMÉRICOS

Tipos de dados inteiros (4.2.1, 4.2.2, 4.2.3, 4.2.4)

Números inteiros são classificados como **tipos de dados inteiros**. Os tipos de dados inteiros têm as seguintes características:

- Devem ser números inteiros sem casas decimais ou frações.
- Podem ser positivos ou negativos. Um inteiro sem um sinal de adição ou subtração chama-se **inteiro sem sinal** e supõe-se ser um número positivo. Um inteiro que começa com um sinal de adição ou subtração é um **inteiro com sinal**.
- Pode ser um número decimal, binário ou hexadecimal.

A **Figura 4-3** contém exemplos de dados inteiros com sinal e sem sinal que você pode incorporar a programas de computador.

Dados inteiros	Sinal	Descrição
23	Sem sinal	Número de músicas
+363	Com sinal	Número de críticas
1460000	Sem sinal	Número de álbuns de *Hamilton* vendidos
7722333444	Sem sinal	População mundial
−40	Com sinal	Temperatura mais fria registrada no Kansas
0b00000101	Sem sinal	Binário 5
0x6C	Sem sinal	Hexadecimal 108

Figura 4-3 Tipos de dados inteiros

Em linguagens estaticamente tipadas, como C++ ou Java, números inteiros são designados com a palavra-chave `int` quando uma variável é declarada ou inicializada, desta maneira:

```
int number_of_songs = 23
```

Em linguagens dinamicamente tipadas, como Python, o tipo de dados para uma variável é inferido, portanto, os programadores não precisam declarar um tipo de dados.

Inteiros, como 23, são armazenados como números binários nos locais na memória. Cada posição na memória contém 1 byte de dados composto por oito dígitos. O número binário 11111111, que é 255, é o maior número que cabe em 1 byte. Um byte pode conter inteiros sem sinal que variam de 0 a 255.

Um inteiro com sinal requer um dígito como sinal, portanto, restam apenas sete dígitos para o número. Um byte fornece espaço de armazenamento suficiente para inteiros com sinal que variam de −127 a +127. A **Figura 4-4** explica melhor essa importante ideia.

Como os inteiros são um tipo de dados primitivo, a linguagem de programação reserva uma quantidade apropriada de memória para armazená-los. Seus programas geralmente lidam com números inteiros maiores que 255, então linguagens como C++ e Java reservam 4 bytes de memória para cada inteiro. O Python reserva ainda mais.

Quatro bytes podem conter inteiros que variam de −2.147.483.648 a +2.147.483.647. Contanto que se esteja trabalhando com números nesses intervalos, o tipo de dados de números inteiros básico é tudo do que você precisa.

50 PROGRAMAÇÃO COM C++

```
00000000        11111111
  (0)             (255)
```

Um byte de memória contém oito dígitos binários. Os inteiros sem sinal variam de 00000000 a 11111111, que é de 0 a 255.

```
01111111        11111111
 (–127)          (+127)
```

Os inteiros com sinal usam o bit mais à esquerda para indicar um sinal ou + ou –. O intervalo para inteiros com sinal é –1111111 a +1111111, que é –127 a +127.

Figura 4-4 Alocação de armazenamento de inteiros

Tipos de dados de ponto flutuante (4.2.5, 4.2.6, 4.2.7, 4.2.8)

Números com casas decimais são classificados como **tipos de dados de ponto flutuante**. Esses números incluem um ponto decimal e valores à direita do ponto decimal. A **Figura 4-5** contém exemplos de dados de ponto flutuante com sinal e sem sinal que você pode incorporar a programas de computador.

Número de ponto flutuante	Sinal	Descrição
19,99	Sem sinal	Preço do álbum *Hamilton*
4,8	Sem sinal	Avaliação do cliente
,08	Sem sinal	Alíquota de imposto
2,998E8	Sem sinal	Velocidade da luz (m/s)
–4,5967E2	Com sinal	Zero absoluto

Figura 4-5 Tipos de dados de ponto flutuante

Os números de ponto flutuante podem ser positivos ou negativos e podem ser expressos em notação decimal ou notação E. A **notação E** é semelhante à notação científica, que formata números como potências de 10. Por exemplo, 459,67 na notação E é 4,5967E2. Observe o 2 à direita de E. Isso significa que o ponto decimal foi movido duas casas à esquerda, com cada casa representando uma potência de 10.

P Qual é a notação E para ,4996?

R É 4,996E–1. A notação E sempre exibe um número à esquerda do decimal, então o ponto decimal se move para a direita. Quando o ponto decimal se move para a direita, o expoente é negativo.

Se você inicializar uma variável como ,4996 ou 4,996E–1, os números de ponto flutuante são armazenados na notação E. Na **Figura 4-6**, podemos ver o espaço usado para cada componente quando um número de ponto flutuante é armazenado em 4 bytes.

Byte 1	Byte 2	Byte 3	Byte 4
11111111	11111111	11111111	11111111

1 bit de sinal   8 bits de expoente   23 bits de dados

Figura 4-6   Alocação de armazenamento de ponto flutuante

Devido ao espaço usado para armazenar o sinal e o expoente, 4 bytes podem armazenar números de ponto flutuante no intervalo de ±3,4E−38 a ± 3,4E38. Esses números de 4 bytes são chamados números de **precisão simples**.

Em linguagens estaticamente de tipagem estática, como C++ e Java, números de ponto flutuante de precisão simples são designados com a palavra-chave `float` quando uma variável é declarada ou inicializada, como a seguir:

`float albums_sold = 42335500000`

Quando dados de ponto flutuante são armazenados em 8 bytes, eles são chamados de números de **dupla precisão**. Os números de dupla precisão podem variar de ±1,7E−308 a ±1,7E308. Números de precisão dupla são normalmente declarados com a palavra-chave `double`.

4.3 EXPRESSÕES MATEMÁTICAS

Operadores aritméticos   (4.3.1, 4.3.2)

Números inteiros e de ponto flutuante são utilizados para cálculos. O resultado de um cálculo geralmente é armazenado em uma variável. Eis um exemplo:

`discount_price = album_price - 2.99`

`Discount_price` é a variável que conterá o resultado do cálculo. À direita do símbolo =, `album_price − 2.99` é uma expressão. Uma **expressão** é uma instrução de programação que tem um valor e geralmente inclui um ou mais **operadores aritméticos**, como + ou − e um ou mais operandos, como `album_price` ou `2.99`.

Para construir expressões, você pode usar os operadores aritméticos listados na **Figura 4-7**.

Operador	Operação	Exemplo
+	Adição	`song_count = 23 + 22`
−	Subtração	`discount_price = album_price - 2.99`
*	Multiplicação	`tax = discount_price * tax_rate`
/	Divisão	`average_rating = total / number_of_reviewers`
%	Divisão de módulo	`resto = 23% 6`

Figura 4-7   Operadores aritméticos

P   A partir dos exemplos na Figura 4-7, você pode concluir que os operadores aritméticos funcionam apenas para literais?

R   Não. Você pode ver que as operações aritméticas podem manipular variáveis, como `tax_rate`, bem como literais, como `2.99`.

Os operadores aritméticos geralmente funcionam como você esperaria, mas observe estas importantes conclusões:

Divisão de número inteiro. Quando a divisão de número inteiro produz uma parte fracionária, ela pode não ser incluída no resultado. Por exemplo, `7/2 = 3,5`, mas o resultado pode ser `3` dependendo da linguagem de programação utilizada.

Resto de divisão. O operador `%` produz o *resto* de uma operação de divisão. O resultado da divisão de 11 por 3 é 3 com 2 como o resto. Então, `11 % 3` produz `2` como resultado.

P Qual é o resultado `6 % 2`?

R O resultado é 0 porque 6 dividido por 2 é 3 sem resto. O resto é 0. Assim, `6% 2 = 0`.

Você pode usar o operador de resto em um algoritmo para determinar se um número é par ou ímpar. Eis o pseudocódigo.

```
initialize my_number = 6
if my_number % 2 is 0 then
   output "The number is even."
   else output "The number is odd."
```

Esse algoritmo funciona porque números pares podem ser divididos por 2 sem resto. Quando `my_number % 2 = 0`, `my_number` é par. Na **Figura 4-8** podemos ver como esse algoritmo funciona no código real.

```
#include <iostream>
using namespace std;
int main()
{
  int my_number = 6;
  if (my_number % 2 == 0)
    cout << "The number is even.";
  else
    cout << "The number is odd.";
}
SAÍDA:
The number is even.
```

Figura 4-8 Verificando se um número é par ou ímpar

Ordem das operações (4.3.3, 4.3.4)

Qual é a solução da expressão `2 + 3 * (5 + 1)`? Se você respondeu 20, você entendeu a **ordem das operações**, que especifica a sequência na qual executar operações aritméticas. Eis a sequência:

1. Calcule primeiro os números entre parênteses.
2. Efetue a exponenciação e as raízes.

3. Efetue a multiplicação, divisão e divisão de módulo à medida que aparecem da esquerda à direita.
4. Efetue a adição e a subtração à medida que aparecem da esquerda à direita.

Para resolver `2 + 3 * (5 + 1)`, primeiro adicione `5 + 1` porque está entre parênteses. Agora temos `2 + 3 * 6`. Em seguida, realize a multiplicação de modo que a expressão se torne `2 + 18`. Por fim, some esses números e o resultado é 20.

Entendeu? Vejamos. Qual é o resultado de `2 + 3 % 2 * (4 + 1)`?

O resultado é 7. Primeiro somamos `4 + 1` porque está entre parênteses. A divisão de módulo `3 % 2` é o próximo a produzir um resto de 1. Então multiplicamos `1 * 5` e adicionamos o resultado a 2.

Os parênteses são o segredo para alterar a ordem das operações. Eis um exemplo simples. `3 + 2 * 5 = 13` porque a ordem das operações especifica que a multiplicação vem antes da soma.

Mas suponha que você queira somar `3 + 2` antes de multiplicar por 5. Basta adicionar parênteses ao redor da operação que você deseja executar primeiro: `(3 + 2) * 5`. Agora o resultado é 25! A **Figura 4-9** mostra ambas as expressões no código e os resultados.

```
#include <iostream>
using namespace std;
int main()
{
  int without_parenths = 3 + 2 * 5;
  int with_parenths = (3 + 2) * 5;
  cout << "Without parentheses: " << without_parenths << endl;
  cout << "With parentheses: " << with_parenths << endl;
}
SAÍDA:
Without parentheses: 13
With parentheses: 25
```

Figura 4-9   Alterando a ordem das operações

Operadores compostos (4.3.5)

A maioria das linguagens de programação oferece um conjunto de **operadores compostos** que fornecem atalhos úteis para algumas operações aritméticas comuns. Os programadores frequentemente querem monitorar as repetições incrementando um contador em 1. O código usual para incrementar um contador é mostrado na **Figura 4-10**.

A variável `counter` começa com o valor 1. O cálculo adiciona 1 a `counter` de modo que o valor se torne 2.

O operador composto `+=` faz a mesma coisa com o código mostrado na **Figura 4-11**.

A **Figura 4-12** fornece exemplos dos operadores compostos mais comumente utilizados.

```
#include <iostream>
using namespace std;
int main()
{
  int counter = 1;
  counter = counter + 1;
  cout << counter;
}
SAÍDA:
2
```

Figura 4-10 Incrementando um contador

```
#include <iostream>
using namespace std;
int main()
{
  int counter = 1;
  counter += 1;
  cout << counter;
}
SAÍDA:
2
```

Figura 4-11 Usando um operador composto

Operador composto	Exemplo	Resultado
+=	initialize counter = 1 compute counter += 1	2
-=	initialize counter = 1 compute counter -= 1	0
*=	initialize counter = 10 compute counter *= 2	20
/=	initialize counter = 12 compute counter /= 2	6
%=	initialize counter = 7 compute counter %= 2	1

Figura 4-12 Operadores compostos

4.4 CONVERSÃO DE TIPO DE DADOS NUMÉRICOS

Converter números inteiros e números de ponto flutuante (4.4.1, 4.4.2)

Às vezes, expressões matemáticas contêm diferentes tipos de dados, como um número inteiro e um número de ponto flutuante. Eis um exemplo simples projetado para calcular o preço de compra de dois álbuns:

```
initialize number_of_albums = 2
compute total_price = 19.99
```

O preço de 19,99 de um álbum é um número de ponto flutuante. O número de álbuns – 2 – é um número inteiro. Algumas linguagens de programação lidam com essa expressão graciosamente usando um processo chamado coerção. A **coerção** decide automaticamente qual tipo de dados usar para um cálculo. Para a expressão 19,99 * 2, a linguagem de programação pode usar a coerção para tratar o inteiro 2 como um ponto flutuante 2.0 ao realizar o cálculo.

A coerção não altera o tipo de dados da variável. A variável `number_of_albums` continua a conter o inteiro 2. O valor é forçado em um número de ponto flutuante apenas para o cálculo. Você pode pensar no cálculo como acontecendo em um bloco de rascunho. Esse é o único lugar em que o inteiro 2 se torna 2.0.

Depender da coerção não é necessariamente uma prática recomendada, sobretudo se forem monitorados cuidadosamente os efeitos por meio de uma série de cálculos. Você pode converter manualmente um valor em um tipo de dados diferente por meio de um processo que às vezes é chamado **conversão de tipo** (*type casting*), ou simplesmente "conversão".

Suponha que você coletou avaliações para a trilha sonora de *Hamilton* de milhares de fãs de música. As avaliações combinadas para 2.360 clientes é 10.456. Para encontrar a avaliação média, podemos usar uma instrução como esta:

```
compute average_rating = 10456.2 / 2361
```

O resultado armazenado em `average_rating` é 4,42872, mas se quisermos converter esse número em um inteiro, podemos usar a função `int()`. Procure a função `int()` na **Figura 4-13** para ver como ela converte o ponto flutuante `average_rating` em um inteiro armazenado em `rounded_average`.

```
#include <iostream>
using namespace std;
int main()
{
  int customers = 2361;
  float sum_of_ratings = 10456.2;
  float average_rating = sum_of_ratings / customers;
  int rounded_average = int(average_rating);
  cout << "Average: " << average_rating << endl;
  cout << "Rounded average: " << rounded_average << endl;
}
SAÍDA:
Average: 4.42872
Rounded average: 4
```

Figura 4-13   Convertendo um número de ponto flutuante em um inteiro

O uso da função `int()` converte o valor em `average_rating` em um inteiro e armazena 4 em `rounded_average`. Esteja ciente, porém, de que a conversão perdeu informações. A parte fracionária à direita do decimal não é armazenada em `rounded_average`.

Peculiaridades do arredondamento (4.4.3)

As linguagens de programação têm algumas peculiaridades quando se trata de dados numéricos. Eis um quebra-cabeças:

Qual é o resultado correto na expressão `1 / 2`? Você se surpreenderia se o computador produzisse 0 como resultado. A **Figura 4-14** explica como sua linguagem de programação lida com essa situação.

O C++ produz 0 como resultado de 1 / 2, mesmo que o resultado seja atribuído a um tipo de dados `float`. A razão é que 1 e 2 parecem ser inteiros; eles não contêm ponto decimal.

```
#include <iostream>
using namespace std;
int main()
{
  float solution = 1 / 2;
  cout << solution;
}
```
SAÍDA:
0

Para obter o resultado esperado, você pode inserir um ou mais números com uma casa decimal, o que força C++ a produzir um resultado de ponto flutuante.

```
#include <iostream>
using namespace std;
int main()
{
  float solution = 1.0 / 2.0;
  cout << solution;
}
```
SAÍDA:
0.5

Figura 4-14 Peculiaridades do ponto flutuante

Eis outra peculiaridade. O que se pode esperar como resultado da expressão `,1 + ,2`? Você se surpreenderia se o computador produzisse 0,3000000119 ou 0,30000000000000004? A **Figura 4-15** revela esse estranho resultado.

O resultado de .1 + ,2 deve ser ,3, portanto, de onde vêm os outros números fracionários?

O uso de `#include <iomanip>` e a função `setprecision()` mostram o conteúdo da variável com 10 casas decimais.

```
#include <iostream>
#include <iomanip>
using namespace std;
int main()
{
   float solution = .1 + .2;
   cout << "What's displayed: " << solution << endl;
   cout << "What's in the variable: " << setprecision(10) << solution << endl;
}
SAÍDA:
What's displayed: 0.3
What's in the variable: 0.3000000119
```

Figura 4-15 Peculiaridades dos decimais de ponto flutuante

Esses resultados estranhos derivam de uma peculiaridade de arredondamento relacionada à dependência do computador para com números binários. A representação binária de um número de ponto flutuante é uma aproximação porque os números binários não produzem as mesmas frações que os números decimais.

Ao trabalhar com números que têm muitas casas decimais significativas, talvez seja necessário usar funções matemáticas para truncar ou arredondar os números. Linguagens modernas de alto nível como C++, Java e Python têm bibliotecas matemáticas com muitas funcionalidades, incluindo arredondamento de números.

4.5 FORMATANDO A SAÍDA

Saída formatada (4.5.1)

O perigo de converter dados de ponto flutuante em inteiros é que dados significativos podem ser perdidos. Quando se deseja eliminar zeros ou casas decimais à direita dos dados exibidos, especifica-se um formato de saída sem alterar os dados reais em uma variável.

Ao formatar a saída, as variáveis retêm os valores, mas você especifica qual número mínimo ou máximo dessas informações é exibido. A variável **average** contém 4,43050. Podemos usar formatação para produzir qualquer um dos seguintes:

4,43050
4
4,4
4,43050E0
004,43100

Parâmetros de formatação (4.5.2, 4.5.3)

Cada linguagem de programação tem uma sintaxe única para formatar a saída. Independentemente da sintaxe, você pode controlar os seguintes elementos, chamados **parâmetros de formatação**:

Largura. O número de espaços alocados para saída. Esse elemento é especialmente útil na saída de colunas de números.

Preenchimento. Bloco com espaços ou zeros.
Alinhamento. Alinhar à esquerda ou à direita de acordo com a largura especificada.
Exibição do ponto decimal. A presença ou ausência de um ponto decimal.
Precisão. O número de casas exibidas após o ponto decimal.
Tipo. Inteiro, ponto flutuante, decimal, binário, hexadecimal, caractere ou notação E.
Sinal. A inclusão de um sinal + ou −.

A **Figura 4-16** ilustra o uso desses parâmetros de formatação para alterar a aparência de 4,43050 quando é gerado.

Valor original	Parâmetros de formatação
4.43050	
4.431	Precisão = 3. Exibe três casas decimais.
_ _ _ _ 4.431	Largura = 9. Fixa a largura em 9 deixando quatro espaços em branco na frente do número.
>>>>4.431	Preenchimento = >. Preenche os espaços com o caractere especificado.

Figura 4-16 Usando parâmetros de formatação

O programa na **Figura 4-17** ilustra como podemos usar parâmetros de formatação para alterar a aparência da saída numérica.

Funções matemáticas úteis para formatação da saída estão disponíveis nas bibliotecas iomanip e cmath. Incluir essas bibliotecas como cabeçalhos permite utilizar suas funções em um programa.

```
#include <iostream>
#include <iomanip>
#include <cmath>
using namespace std;
int main()
{
  float average = 4.43050;
  cout << "Original: " << average << endl;
  cout << "Three decimal places: " << setprecision(4) << average << endl;
  cout << "Width of 9: " << setw(9) << average << endl;
  cout << "Pad with a character: " << setw(9) << setfill('>') << average << endl;
}
SAÍDA:
Original: 4.4305
Three decimal places: 4.431
Width of 9:     4.431
Pad with a character: >>>>4.431
```

Figura 4-17 Formatando a saída numérica

Uma nota de atenção prática aqui: Se o seu programa gerar um valor formatado, mas continuar a usar o valor mais preciso nos cálculos subsequentes, o usuário poderá ver discrepâncias aparentes nos dados.

RESUMO

- O termo tipo de dados refere-se a uma maneira de categorizar os dados. Os tipos de dados primitivos são incorporados à sua linguagem de programação. Os tipos de dados compostos são definidos pelo programador, disponíveis em funções ou fornecidos por métodos.
- Números inteiros são classificados como tipos de dados inteiros. Eles podem ser com sinal ou sem sinal, decimais, binários ou hexadecimais.
- Os inteiros são normalmente armazenados em 4 bytes de dados, mas os inteiros longos são armazenados em 8 bytes e podem assumir valores maiores.
- Números com casas decimais são classificados como tipos de dados de ponto flutuante. Os números de ponto flutuante podem ser positivos ou negativos e expressos em notação decimal ou notação E, que é semelhante à notação científica.
- Números de ponto flutuante de precisão simples podem ser armazenados em 4 bytes na memória. Números de precisão dupla são normalmente armazenados em 8 bytes na memória.
- Números inteiros e de ponto flutuante podem ser utilizados em expressões, juntamente com operadores aritméticos, como + − * / e %. Esses operadores são processados em uma sequência chamada ordem das operações.
- Os programadores precisam estar cientes dos tipos de dados porque misturá-los em uma única expressão às vezes produz resultados inesperados. Além disso, os erros de arredondamento podem produzir peculiaridades que podem afetar os resultados dos cálculos.
- As linguagens de programação podem usar coerção para alterar automaticamente o tipo de dados de um valor à medida que um cálculo prossegue. Os programadores podem alterar manualmente o tipo de dados de um valor por conversão de tipo. As funções int( ) e float( ) permitem que os programadores especifiquem ou alterem um tipo de dado numérico.
- As linguagens de programação fornecem vários parâmetros de formatação que podem ser utilizados para alterar a aparência de um número sem alterar os dados armazenados na variável correspondente.

Termos-chave

coerção	notação E	precisão simples
conversão de tipos	operadores aritméticos	tipo de dados
expressão	operadores compostos	tipos de dados compostos
função	ordem das operações	tipos de dados de ponto flutuante
inteiro com sinal	parâmetros de formatação	tipos de dados inteiros
inteiro sem sinal	precisão dupla	tipos de dados primitivos

MÓDULO 5

TIPOS DE DADOS DE CARACTERE E STRING

OBJETIVOS DE APRENDIZAGEM:

5.1 TIPOS DE DADOS DE CARACTERE

5.1.1 Listar a variedade de dados caracterizada pelo tipo de dados de caractere.

5.1.2 Inicializar os dados como um tipo de dados de caractere.

5.1.3 Descrever as convenções de pontuação usadas para dados de caractere.

5.1.4 Indicar o armazenamento necessário para dados de caracteres ASCII.

5.1.5 Explicar a diferença entre números e algarismos.

5.1.6 Formatar a saída de caracteres separados por espaços ou em linhas separadas.

5.1.7 Listar algumas funções ou métodos comuns disponíveis para manipular dados de caractere.

5.2 TIPOS DE DADOS DE STRING

5.2.1 Explicar que os caracteres se combinam para formar strings.

5.2.2 Indicar que strings são classificadas como um tipo de dados composto em algumas linguagens.

5.2.3 Descrever as convenções de pontuação utilizadas para literais de string.

5.2.4 Especificar quando uma sequência de escape é necessária.

5.2.5 Descrever a alocação de memória para strings.

5.2.6 Identificar os valores de índice para caracteres em uma string.

5.3 FUNÇÕES DE STRING

5.3.1 Listar as funções e os métodos comumente usados que as linguagens de programação fornecem para manipular strings.

5.3.2 Identificar o código que produz o comprimento de uma string.

5.3.3 Identificar o código que altera entre maiúsculas e minúsculas em uma string.

5.3.4 Explicar o significado da diferenciação entre maiúsculas e minúsculas.

5.3.5 Fornecer casos de uso para localizar um caractere em uma string.

5.3.6 Explicar a abordagem geral para recuperar substrings.

5.4 CONCATENAÇÃO E CONVERSÃO DE TIPOS

5.4.1 Explicar o significado da concatenação e identificar o operador de concatenação.

5.4.2 Fornecer um exemplo de quando um programador concatenaria uma string.

5.4.3 Concatenar uma string durante a saída.

5.4.4 Concatenar o conteúdo de muitas variáveis.

5.4.5 Indicar quais tipos de dados podem ser concatenados com sucesso.

5.4.6 Explicar os significados da coerção e conversão de tipos no contexto dos tipos de dados.

5.1 TIPOS DE DADOS DE CARACTERE

Trabalhando com dados de caractere (5.1.1, 5.1.2, 5.1.3)

"Sopa de letrinhas". O termo pode evocar macarrão em forma de letras flutuando em um caldo salgado (**Figura 5-1**) ou à enorme quantidade de acrônimos, como WPA, CCC, CWA, SEC, FHA e PWA, que representam as agências governamentais criadas pelo presidente norte-americano Franklin Roosevelt na década de 1930. Vejamos como os programadores trabalham com uma sopa de letrinhas de dados: letras, palavras, frases e documentos.

Figura 5-1 Dados de caractere são como as letras na sopa de letrinhas

O **tipo de dados de caractere** é a classificação que os programadores usam para variáveis que contêm uma letra única do alfabeto, um símbolo ou um número de 0 a 9. É um tipo de dados primitivo que pode ser atribuído a qualquer variável que deve conter um caractere único. Você pode usar o tipo de dados de caractere em um programa que solicita a inicial do nome do meio de uma pessoa ou ao projetar um programa de alfabeto para uma criança em idade pré-escolar.

Ao inicializar ou atribuir um literal de caractere a uma variável, a convenção é colocar o literal entre aspas simples.

```
initialize first_letter = 'a'
```

As aspas são removidas quando o literal é armazenado e não são incluídas quando o caractere é gerado. Na **Figura 5-2**, o programa gera o conteúdo de `first_letter` sem aspas.

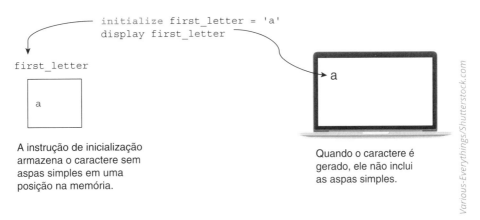

Figura 5-2 Inicialização e armazenamento de dados de caractere

Uma instrução de inicialização padrão cria uma variável contendo dados de caractere, como mostrado na **Figura 5-3**.

> Sintaxe:
>
> `char variable_name = 'x'` onde x é um caractere único.
>
> Exemplo:
>
> `char first_letter = 'a';`
>
> Dados de caractere podem ser gerados usando `cout`. Incluir `endl` no fluxo de saída completa a saída e move o cursor para a próxima linha. Como a variável não armazena as aspas simples, elas não são exibidas no fluxo de saída.
>
> ```
> #include <iostream>
> using namespace std;
> int main()
> {
>   char first_letter = 'a';
>   cout << first_letter << endl;
> }
> ```
> SAÍDA:
>
> a

Figura 5-3 Inicialização de caracteres e código de exemplo

Alocação de memória a caracteres (5.1.4)

Dados de caractere são armazenados no formato ASCII. **ASCII (American Standard Code for Information Interchange)** é um método de codificação que atribui uma sequência única de 8 bits a cada caractere. Por exemplo, a letra 'a' é representada pelo código ASCII de 8 bits 01100001, que é o decimal 97. Lembre-se disso para mais tarde!

Todas as letras maiúsculas, minúsculas, numerais e símbolos no teclado do computador têm um valor ASCII único. Esses caracteres comumente utilizados podem ser armazenados em 1 byte de memória. Ver **Figura 5-4**.

Dígitos (5.1.5)

As aspas simples em torno de literais de caracteres são importantes, especialmente ao trabalhar com dígitos de 0 a 9. Sem a pontuação, 2 é um número inteiro que você pode usar em cálculos. Com a pontuação, porém, '2' é simplesmente um dígito rabiscado que não tem o valor de "dois".

 O que você esperaria como saída do código para o programa Digits a seguir?

```
initialize first_digit = '2'
initialize second_digit = '5'
display first_digit + second_digit
```

MÓDULO 5 – TIPOS DE DADOS DE CARACTERE E STRING   63

Figura 5-4   Dados básicos de caractere requerem um byte de armazenamento

Você respondeu 25? A **Figura 5-5** ilustra a diferença entre dígitos usados como caracteres e números utilizados como inteiros.

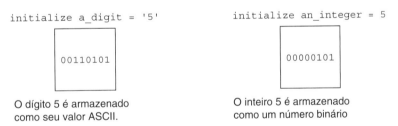

Figura 5-5   Dígitos são armazenados como códigos ASCII, mas números inteiros são armazenados como números binários

Tentar adicionar dígitos que são tipos de dados de caractere pode produzir resultados surpreendentes, dependendo da sua linguagem de programação. Apenas lembre-se de que os dados para cálculos devem ser atribuídos a tipos de dados numéricos, não a tipos de dados de caractere.

Formato de saída de caracteres (5.1.6)

No programa Digits, a saída parecia o valor 25, mas na verdade a saída eram o dígito 2 e o dígito 5. Para deixar isso claro, você pode inserir um espaço entre os dígitos incluindo um caractere em branco na instrução de saída, como mostrado na última linha do programa na **Figura 5-6**.

Outra opção seria gerar a saída de cada dígito em uma linha separada, conforme mostrado na **Figura 5-7**.

```
#include <iostream>
using namespace std;
int main()
{
  char first_digit = '2';
  char second_digit = '5';
  cout << first_digit << ' ' << second_digit << endl;
}
SAÍDA:
2 5
```

Figura 5-6 Inserindo um espaço no fluxo de saída

Incluir **endl** no fluxo de saída entre as variáveis coloca o segundo dígito em uma nova linha.
```
#include <iostream>
using namespace std;
int main()
{
char first_digit = '2';
char second_digit = '5';
cout << first_digit << endl << second_digit << endl;
}
SAÍDA:
2
5
```

Figura 5-7 Saída em linhas separadas

Manipulação de caracteres (5.1.7)

As linguagens de programação fornecem ferramentas integradas para manipular dados de caractere. Essas ferramentas são chamadas funções ou métodos, dependendo da sua linguagem de programação.

Uma função comumente utilizada altera um caractere de maiúscula para minúscula. Uma função semelhante altera letras minúsculas para maiúsculas. Você pode usar a função em letras maiúsculas para certificar-se de que a inicial do meio de uma pessoa seja armazenada como uma letra maiúscula. Ver **Figura 5-8**.

Você lembra que o valor ASCII para 'a' é 97? Existe uma função que exibe o valor ASCII de qualquer caractere. Você encontrará a sintaxe para essa e outras funções úteis na **Figura 5-9**.

A função `toupper()` produz a versão em letras maiúsculas de um caractere. Se não houver uma versão em letras maiúsculas, como para o sinal #, o caractere permanece inalterado. A sintaxe para essa função é:

```
variable_name = toupper(variable_name);
```

No programa a seguir, `cin >>` é usado para coletar a entrada do teclado e colocá-la na variável chamada `initial`. Observe que o caractere maiúsculo substitui o caractere minúsculo na variável chamada `initial`.

```
#include <iostream>
using namespace std;
int main()
{
  char initial;
  cout << "Enter initial: ";
  cin >> initial;
  initial = toupper(initial);
  cout << initial;
}
```

SAÍDA:

Enter initial: b [Enter]
B

Figura 5-8   Alternando um caractere entre maiúsculas e minúsculas

Função/método de caractere	Exemplo	Data	Resultado
Verifica se o caractere é uma letra do alfabeto	`isalpha(initial)` `isalpha(choice)`	`initial = 'a'` `char choice = '2'`	True False
Verifica se o caractere é um dígito	`isdigit(initial)` `isdigit(choice)`	`char initial = 'a'` `char choice = '2'`	False True
Muda para maiúsculas	`toupper(initial)`	`char initial = 'a'`	A
Muda para minúsculas	`tolower(initial)`	`char initial = 'A'`	a
Exibe o caractere para o valor ASCII especificado	`char(num)`	`int num = 97`	a
Exibe o valor ASCII para o caractere	`int(initial)`	`char initial = 'a'`	97

Figura 5-9   Funções de caracteres

5.2 TIPOS DE DADOS DE STRING

Trabalhando com dados de string (5.2.1, 5.2.2, 5.2.3)

Uma sequência de caracteres alfanuméricos é classificada como uma **string**. Você pode usar o **tipo de dados de string** para trabalhar com variáveis que contêm palavras, frases, sentenças e outros textos.

Em algumas linguagens de programação, strings são um tipo de dados primitivo, mas, em outras, elas são um tipo de dados composto. Em ambos os casos, sua linguagem de programação fornece uma variedade de ferramentas para trabalhar com strings.

Em geral, literais de string são colocados entre aspas para instruções de inicialização, instruções de atribuição e prompts. O pseudocódigo Alphabet Soup na **Figura 5-10** usa strings de várias maneiras.

```
Inicializa a string your_name = " "
```
Inicializa your_name como uma string vazia.

```
Inicializa   string message = " likes alphabet soup."
```
Inicializa uma variável contendo uma string. As aspas são necessárias na instrução do programa.

```
exibe "What is your name? "
```
Exibe um prompt contendo uma string.

```
insere your_name
```
Coleta uma string de entrada de usuário como Skylar Jones. Não são necessárias aspas quando o usuário insere a string.

```
exibe your_name + message
```
Gera o conteúdo da string de your_name seguido pela string armazenada na variável chamada message.

SAÍDA:
```
What is your name? Skylar Jones [Enter]
Skylar Jones likes alphabet soup.
```

Figura 5-10 Strings podem ser inicializadas, inseridas e exibidas

Ao inicializar variáveis de string, certifique-se de colocar a string entre aspas. As aspas não são armazenadas na variável e não aparecerão na saída. Vamos transformar o pseudocódigo Alphabet Soup em código de programa. Ver **Figura 5-11**.

Caracteres de escape (5.2.4)

O problema de colocar strings entre aspas é que elas também são usadas como pontuação em dados do mundo real, como títulos de poemas, citações e palavras usadas de maneira incomum. Eis alguns exemplos:

- Philip Parker escreveu a música "Alphabet Soup".
- A música começa, "Oh we're all right here, making alphabet soup".
- This song's kind of "soupy."

Armazenar texto entre aspas resulta em mais de um conjunto de aspas:

```
fun_fact = "Philip Parker wrote the song "Alphabet Soup.""
```

Sua linguagem de programação vai procurar o primeiro conjunto de aspas e processar `"Philip Parker wrote the song "` como a string completa. O restante do texto, `"Alphabet Soup." "` produz um erro.

Para trabalhar com strings, use cabeçalho `#include <string>` no início do programa. Você também pode usar a função `getline()` para coletar a entrada até que a tecla Enter seja pressionada. A função `getline (cin, your_name);` coleta a entrada do teclado, designada `cin` e a armazena na variável `your_name`.

```
#include <iostream>
#include <string>
using namespace std;
int main()
{
  string your_name;
  string message = " likes alphabet soup.";
  cout << "What's your name? ";
  getline (cin, your_name);
  cout << your_name << message << endl;
}
SAÍDA:
What is your name? Skylar Jones [Enter]
Skylar Jones likes alphabet soup.
```

Figura 5-11 Código para o programa Alphabet Soup

Você pode usar uma sequência de escape para solucionar esse problema. Uma **sequência de escape** incorpora um comando dentro de uma string. Começa com uma barra invertida \. A sequência de escape \" incorpora uma aspa que não é considerada a aspa inicial ou final da string.

`fun_fact = "Philip Parker wrote the song \"Alphabet Soup.\""`

Ao usar sequências de escape, não inclua um espaço após a barra invertida. A **Figura 5-12** lista as sequências de escape comuns.

Sequência de escape	Nome	Uso
\"	Aspa	Para strings que incluem aspas
\'	Apóstrofo	Para strings que incluem apóstrofos
\\	Barra invertida	Para strings que incluem uma barra invertida
\n	Nova linha	Para inserir uma quebra de linha em uma string
\t	Tab	Para inserir uma tabulação em uma string

Figura 5-12 Sequências de escape

P Com base nas sequências de escape na Figura 5-12, o que espera como saída desse código?

```
review = "This song\'s kind of \n \"SOUPY!\""
output review
```

R Você percebeu que a saída de SOUPY! ocorre em uma linha separada?

```
This song's kind of
"SOUPY!"
```

Índices de string (5.2.5, 5.2.6)

Strings são armazenadas em uma sucessão de locais na memória. Cada caractere na string tem um **índice**, que é um número que indica sua posição na string. O primeiro caractere na string é referenciado pelo índice 0, o próximo caractere é o índice 1. Os números de índice são colocados entre colchetes, como na **Figura 5-13**.

Posição na memória	0x0075	0x0076	0x0077	0x0078	0x0079	0x007A	0x007B	0x007C	0x007D	0x007E
Dados	C	a	m	p	b	e	l	l	'	s
Índice	[0]	[1]	[2]	[3]	[4]	[5]	[6]	[7]	[8]	[9]

Figura 5-13 Cada caractere em uma string é armazenado em uma posição na memória referenciada por um índice

Você pode encontrar o caractere em qualquer posição em uma string com base no número de índice. Por exemplo, suponha que queira se certificar de que a primeira letra do nome de uma pessoa seja uma letra maiúscula. Verifique o pseudocódigo a seguir para ver como a indexação funciona para produzir a primeira letra de uma palavra.

```
initialize string company_name = "Campbell's"
initialize letter as character
letter = company_name[0]
output letter
```
SAÍDA:
C

P O que precisaria ser alterado na linha de código a seguir para encontrar a terceira letra de company nam?

```
letter = company_name[0]
```

R Você alteraria o índice de company_name para [2]. Lembre-se de que o índice começa com 0, então o índice da terceira letra é 2. A **Figura 5-14** mostra o código e a saída.

```
#include <iostream>
#include <string>
using namespace std;
int main()
{
  string company_name = "Campbell's";
  char letter = company_name[2];
  cout << letter << endl;
}
SAÍDA:
m
```

Figura 5-14 Utilização do índice para recuperar um elemento específico em uma string

5.3 FUNÇÕES DE STRING

Manipulação de string (5.3.1)

Além de usar índices, você pode querer manipular strings de outras maneiras. Eis alguns exemplos:

- Encontrar o comprimento de uma string
- Alterar entre maiúsculas e minúsculas em uma string
- Verificar se uma string contém um caractere específico
- Recuperar uma substring de uma string mais longa

Vamos dar uma olhada em alguns exemplos para avaliar sua utilidade.

Comprimento da string (5.3.2)

Saber o comprimento de uma string pode ser útil para garantir que ela esteja completa. Também pode ser uma etapa em um algoritmo para reverter uma string ou verificar se uma string não é muito longa para uma caixa de entrada de dados. A **Figura 5-15** detalha a sintaxe da função `length()` e ilustra seu uso para determinar se uma string contendo o alfabeto tem todas as 26 letras.

 O alfabeto tem 26 letras, mas o comprimento da string na variável **alphabet** é apenas 25. Supondo que não haja repetições, isso significa que uma letra deve estar ausente na string na instrução de inicialização. Você consegue ver qual letra está ausente?

 A letra ausente é N.

> A saída da função `length()` é armazenada em uma variável de inteiros. A sintaxe para a função `length()` é:
>
> ```
> int the_length = variable_name.length();
> ```
>
> Eis o código que verifica o comprimento de uma string contendo o alfabeto.
>
> ```cpp
> #include <iostream>
> using namespace std;
> int main()
> {
>   string alphabet = "ABCDEFGHIJKLMOPQRSTUVWXYZ";
>   int the_length = alphabet.length();
>   cout << the_length << endl;
> }
> ```
> SAÍDA:
>
> 25

Figura 5-15 Encontrando o comprimento de uma string

Alternar entre maiúsculas e minúsculas (5.3.3, 5.3.4)

Assim como os dados de caractere, você pode alterar uma string entre maiúsculas ou minúsculas, e algumas linguagens de programação fornecem uma função para colocar em maiúscula o primeiro caractere de uma string.

Alternar entre maiúsculas e minúsculas pode ser significativo ao pesquisar e classificar dados. A string `"Soup"` não é a mesma que `"SOUP"` ou `"soup"`. Por quê? Porque os caracteres maiúsculos têm códigos ASCII diferentes dos caracteres minúsculos. Um S maiúsculo tem um código ASCII de 01010011, enquanto um s minúsculo tem um código ASCII de 01110011.

Os códigos ASCII para S e s não são os mesmos, assim Soup não corresponde a soup. O conceito de que letras maiúsculas são diferentes de letras minúsculas chama-se **distinção entre maiúsculas e minúsculas**. Senhas e nomes de variáveis são exemplos comuns de dados que diferenciam maiúsculas de minúsculas.

As comparações de strings usadas para pesquisa e ordenação diferenciam maiúsculas de minúsculas. Ao criar um programa para pesquisar um inventário de mantimentos, esteja ciente de que uma pesquisa por "sopa de letrinhas" não corresponderá a "Sopa De Letrinhas" a menos que você inclua código para lidar com variações entre maiúsculas e minúsculas.

Uma solução para variações entre maiúsculas e minúsculas é usar a função em letras minúsculas. Eis um programa que verifica se duas strings são iguais, independentemente da diferenciação entre maiúsculas e minúsculas.

```
initialize first_item = "Soup"
initialize second_item = "soup"
if lowercase(first_item) = lowercase(second_item) then
    display "The words are the same."
```

Para codificar esse algoritmo, você precisa de uma função para transformar toda a string em minúsculas. A **Figura 5-16** explica como fazer isso.

> C++ não tem uma função interna que converte elegantemente uma string de inteiros em letras maiúsculas ou minúsculas. A função `transform()` faz o trabalho, mas requer cabeçalhos `#include<cctype>` e `#include<algorithm>`.
>
> Além disso, como as strings são fundamentalmente um arranjo de caracteres, a função `transform()` exige os parâmetros de início e fim. Esse código altera Campbell's em letras minúsculas:
>
> ```cpp
> #include <algorithm>
> #include <cctype>
> #include <iostream>
> #include <string>
> using namespace std;
> int main()
> {
>   string company_name="Campbell's";
>   transform(company_name.begin(), company_name.end(),
>   company_name.begin(), ::tolower);;
>   cout << company_name ;
> }
> ```
> SAÍDA:
>
> `campbell's`

Figura 5-16 Convertendo uma string em letras minúsculas

Encontrar a localização de um caractere (5.3.5)

Você pode determinar se uma string contém um caractere específico. Quando uma string contém um espaço, suponha que ela contenha mais de uma palavra. Uma vírgula pode indicar que uma string contém uma lista de palavras. Você pode então escrever o código para quebrar a string em palavras separadas.

A função para encontrar a posição de um caractere produz a posição de índice do caractere especificado. Lembre-se de que o primeiro caractere na string ocupa a posição de índice [0].

P No pseudocódigo a seguir, o que a função `find()` produz?

```
initialize string product_name = "Campbell's Alphabet Soup"
where = find(" ") in product_name
```

R Produz 10. Certifique-se de entender o porquê.

Para encontrar a localização de um caractere, utilize uma função interna. A **Figura 5-17** fornece a sintaxe e um exemplo.

> A função `find()` procura uma string especificada entre parênteses. O código `find(" ")` procura um caractere em branco. O código `find("Soup")` encontraria a posição da string "Soup". Para especificar qual variável você deseja pesquisar, coloque-a na frente da função `find()` separada por um ponto.
>
> ```
> int integer_variable = variable_name.find("string");
> ```
>
> Se a string for encontrada, o C++ retornará o índice de seu ponto de início. Se a string não for encontrada, o C++ retornará -1. O código a seguir procura um espaço em branco na string `product_name`.
>
> ```
> #include <iostream>
> #include <string>
> using namespace std;
> int main()
> {
>   string product_name = "Campbell's Alphabet Soup";
>   int where = product_name.find(" ");
>   cout << where << endl;
> }
> SAÍDA:
> 10
> ```

Figura 5-17 Encontrando a localização de um caractere em uma string

Recuperar uma substring (5.3.6)

Ocasionalmente você pode querer lidar com uma substring em vez da string inteira. Trabalhar com substrings é um componente dos mecanismos de busca e de vários algoritmos de processamento de texto. A **Figura 5-18** explica como encontrar uma substring e armazená-la em uma variável.

5.4 CONCATENAÇÃO E CONVERSÃO DE TIPOS

Saída concatenada (5.4.1, 5.4.2, 5.4.3)

Solicitar o primeiro nome e o sobrenome de uma pessoa em uma instrução pode não ser a melhor prática. Às vezes, você pode querer que a saída de Philip Parker seja Parker, Philip. Seria melhor armazenar o primeiro nome em uma variável e o sobrenome em outra variável.

Para gerar a saída das strings em duas ou mais variáveis, utilize um processo chamado **concatenação**. Concatenação significa encadear dois ou mais elementos em sequência. O sinal + é o operador de concatenação. Verifique o pseudocódigo a seguir para ver como as variáveis `first_name` e `last_name` podem ser concatenadas em instruções de saída.

```
initialize string first_name = " "
initialize string last_name = " "
```

> Você pode recuperar uma substring indicando onde ela deve começar e quantos caracteres você deseja coletar. Lembre-se de que os elementos de uma string são indexados começando com [0].
>
> A sintaxe para recuperar uma substring é:
>
> ```
> string new_string = variable_name.substr(start,length);
> ```
>
> Verifique o código e veja se você pode determinar o que a variável `sub_string` vai conter.
>
> ```cpp
> #include <iostream>
> #include <string>
> using namespace std;
> int main()
> {
>   string alphabet = "ABCDEFGHIJKLMNOPQRSTUVWXYZ";
>   string sub_string = alphabet.substr(3,5);
>   cout << sub_string << endl;
> }
> ```
>
> SAÍDA:
>
> **DEFGH**
>
> A variável `sub_string` contém DEFGH conforme especificado pelo parâmetro (3, 5). A substring começa em D porque A é o índice 0, B é o índice 1, C é o índice 2, assim D é o índice 3. Começando com D, `sub_string` contém 5 letras.

Figura 5-18 Coletando uma substring

```
display "What is your first name? "
input first_name
display "What is your last name? "
input last_name
output "Hello, " + first_name
output "You are filed under " + last_name + ", " + first_name
```

SAÍDA:

What is your first name? Philip [Enter]

What is your last name? Parker [Enter]

Hello, Philip

You are filed as Parker, Philip

Vamos ver como esse algoritmo funciona. Verifique a última linha de código na **Figura 5-19** para ver como concatenar a saída.

> C++ não requer um operador de concatenação na instrução cout. O operador << permite combinar strings e variáveis no fluxo de saída.
>
> ```
> #include <iostream>
> #include <string>
> using namespace std;
> int main()
> {
>   string first_name = "Philip";
>   string last_name = "Parker";
>   cout << "Hello, " << first_name << endl ;
>   cout << "You are filed as " << last_name << ", " << first_name;
> }
> SAÍDA:
> Hello, Philip
> You are filed as Parker, Philip
> ```

Figura 5-19 Saída concatenada

Variáveis concatenadas (5.4.4)

A concatenação não é apenas para saída. Você também pode concatenar uma ou mais variáveis e armazenar a string combinada em uma nova variável.

```
initialize string company_name = "Campbell's"
initialize string soup_name = "Alphabet Soup"
initialize string product_name = " "
assign product_name = company_name + " " + soup_name
output product_name
```

P O que acaba armazenado na variável `product_name`?

R A variável `product_name` contém a string `Campbell's Alphabet Soup`.

Codificar uma concatenação é fácil. Apenas certifique-se de declarar as variáveis como strings. Na **Figura 5-20**, observe atentamente as instruções de variáveis.

O segredo aqui é que a variável `product_name` contém `Campbell's Alphabet Soup`, que é resultado da concatenação do conteúdo das variáveis `company_name` e `soup_name` com a adição de um espaço entre elas.

A melhor prática para concatenar variáveis é usar uma nova variável na string concatenada. Seria possível, mas confuso, colocar `company_name + soup_name` na variável `company_name`. Portanto, usar uma terceira variável chamada `product_name` é uma opção melhor.

```
#include <iostream>
#include <string>
using namespace std;
int main()
{
   string company_name = "Campbell's";
   string soup_name = "Alphabet Soup";
   string product_name = company_name + " " + soup_name;
   cout << product_name << endl;
}
SAÍDA:
Campbell's Alphabet Soup
```

Figura 5-20 Concatenando variáveis

Coerção e conversão de tipos (5.4.5, 5.4.6)

Na maioria das linguagens de programação, strings podem ser concatenadas com outras strings e dados de caractere, mas não com dados inteiros ou de ponto flutuante. Em geral, concatenar ou anexar tipos de dados mistos leva a problemas. Eis um exemplo de uma tentativa de concatenar um número de casa armazenado como um inteiro com um nome de rua armazenado como uma string.

```
initialize int house_number = 101
initialize string space = " "
initialize string street_name = "Main Street"
initialize string full_address = " "
output house_number
output street_name
full_address = house_number + space + street_name
output full_address
```

SAÍDA

`Type mismatch error!!!`

Uma tentativa de concatenar um inteiro com uma string pode produzir um erro. Algumas linguagens de programação tentam ajustar os tipos de dados por meio de coerção. Por exemplo, o compilador ou interpretador da sua linguagem pode tentar forçar um inteiro em uma string para que a concatenação possa ocorrer.

Para corrigir manualmente uma incompatibilidade de tipo de string de inteiros, utilize conversão de tipos para transformar o inteiro em uma string. A **Figura 5-21** explica como fazer isso.

Que tal converter uma string em um inteiro? Claro! Você pode querer fazer isso quando há uma string que contém dígitos que deseja usar para um cálculo. O programa na **Figura 5-22** obtém os dois primeiros elementos de uma string, converte-os em um inteiro e, em seguida, adiciona 1.

A função `to_string()` converte um número inteiro ou de ponto flutuante em uma string. A sintaxe é:

`string converted_string = to_string(variable_name);`

Esse código converte o inteiro 101 em uma string para que possa ser concatenado com a string "Main Street".

```cpp
#include <iostream>
#include <string>
using namespace std;
int main()
{
  int house_number = 101;
  string street_name = "Main Street";
  string space = " ";
  string full_address = to_string(house_number) + space + street_name;
  cout << full_address;
}
```
SAÍDA:

`101 Main Street`

Figura 5-21 Conversão de tipos: Inteiro em string

A função `stoi()` converte uma string em um inteiro. Certifique-se de que a variável entre parênteses tenha um valor de inteiro. Eis a sintaxe:

`int integer_variable = stoi(string_variable);`

Nesse programa, os dois primeiros caracteres da data são coletados usando a função `substr()`, e, em seguida, convertidos em um inteiro. Adicionar 1 ao número do dia produz a data do dia seguinte.

```cpp
#include <iostream>
#include <string>
using namespace std;
int main()
{
  string today = "15 February";
  string today_substring = today.substr(0, 2);
  int day_number = stoi(today_substring);
  int tomorrow = day_number + 1;
  cout << tomorrow << endl;
}
```
SAÍDA:

`16`

Figura 5-22 Conversão de tipos: String em inteiro

RESUMO

- O tipo de dados de caractere é uma classificação que os programadores usam para variáveis que contêm uma letra única do alfabeto, um símbolo ou um numeral de 0 a 9.
- Ao inicializar ou atribuir um literal de caractere a uma variável, a convenção é colocar o literal entre aspas simples.
- Os dados de caracteres comumente usados são armazenados no formato ASCII, codificados como 8 dígitos binários.
- As linguagens de programação fornecem funções internas para manipular dados de caractere.
- As variáveis que contêm uma sequência de caracteres são atribuídas ao tipo de dados de string.
- Em algumas linguagens de programação, strings são um tipo de dados primitivo, mas em outras linguagens elas são um tipo de dados composto.
- Strings são armazenadas em uma sucessão de posições na memória, cada uma referenciada por um valor de índice. O primeiro caractere em uma string tem um valor de índice de [0].
- Ao inicializar ou atribuir uma string a uma variável, a convenção é colocar a string entre aspas.
- Uma sequência de escape começando com uma barra \ invertida incorpora um comando dentro de uma string. Use a sequência de escape \" para strings que já incluem aspas.
- Linguagens de programação fornecem funções de string integradas, como a de encontrar a localização de um caractere em uma string ou coletar uma substring.
- Strings podem ser combinadas em um processo chamado concatenação. Também é possível alterar o tipo de dados usando as funções de conversão de tipos fornecidas pela sua linguagem de programação.

Termos-chave

ASCII (American Standard Code for Information Interchange)
concatenação
distinção entre maiúsculas e minúsculas
índice
sequência de escape
string
tipo de dados de caractere
tipo de dados de string

MÓDULO 6

ESTRUTURAS DE CONTROLE DE DECISÃO

OBJETIVOS DE APRENDIZAGEM:

6.1 ESTRUTURAS DE CONTROLE SE-ENTÃO

6.1.1 Descrever o propósito das estruturas de controle.

6.1.2 Identificar partes de algoritmos que requerem estruturas de controle de decisão.

6.1.3 Fornecer exemplos de algoritmos que incorporam condições ou decisões.

6.1.4 Ilustrar uma estrutura se-então usando um fluxograma.

6.1.5 Escrever uma estrutura se-então em pseudocódigo.

6.1.6 Identificar a instrução condicional em uma estrutura se-então.

6.1.7 Usar a sintaxe da linguagem de programação para codificar uma estrutura se-então.

6.2 OPERADORES RELACIONAIS

6.2.1 Diferenciar entre o operador = e o operador ==.

6.2.2 Listar e definir os operadores relacionais.

6.2.3 Identificar os operadores relacionais em expressões de exemplo.

6.2.4 Fornecer exemplos de expressões booleanas.

6.2.5 Inicializar uma variável booleana usando uma instrução de atribuição.

6.2.6 Diferenciar uma expressão booleana de um tipo de dados booleano.

6.3 CONDIÇÕES MÚLTIPLAS

6.3.1 Escrever uma estrutura se-então-senão no pseudocódigo.

6.3.2 Ilustrar uma estrutura se-então-senão usando um fluxograma.

6.3.3 Codificar uma estrutura se-então-senão.

6.3.4 Rastrear o fluxo de um algoritmo que contém uma estrutura se aninhada.

6.3.5 Rastrear o fluxo de um algoritmo que contém uma estrutura senão-se.

6.3.6 Explicar o conceito de *reinserção* no contexto das estruturas de controle de decisão.

6.3.7 Explicar o uso de instruções de interrupção no contexto de *reinserção*.

6.4 OPERADORES LÓGICOS CONDICIONAIS

6.4.1 Identificar operadores lógicos em expressões.

6.4.2 Identificar os resultados das operações AND como ilustrado em uma tabela-verdade.

6.4.3 Identificar os resultados das operações OR como ilustrado em uma tabela-verdade.

6.4.4 Criar expressões utilizando operadores lógicos.

6.1 ESTRUTURAS DE CONTROLE SE-ENTÃO

Estruturas de controle (6.1.1, 6.1.2)

Tem um problema com seu serviço a cabo ou de internet? Os clientes que ligam para os provedores de serviços geralmente interagem com um sistema automatizado de resposta de voz. Você sabe como é: "Pressione 1 se precisa de informações da conta; pressione 2 se precisa solucionar problemas do serviço a cabo…". Ver a **Figura 6-1**.

Figura 6-1 Sistemas de resposta de voz requerem lógica de programação

Os programas de computador para esses sistemas automatizados contêm estruturas de controle que se ramificam para diferentes caminhos com base nas opções selecionadas pelo usuário. Uma **estrutura de controle** altera a execução sequencial das instruções em um programa de computador. Uma **estrutura de controle de decisão** altera o fluxo sequencial ramificando para instruções específicas com base em uma condição ou decisão.

Eis um algoritmo para um programa sequencial que começa com um menu de opções. O programa prossegue em sequência solicitando os detalhes do cliente, conectando-se a um agente, conectando-se ao solucionador de problemas do serviço a cabo, então ao solucionador de problemas de internet e, por fim, encerrando a chamada.

Saída "Fale ou pressione 1 para se conectar a um representante de conta."
Saída "Fale ou pressione 2 para solucionar problemas do seu serviço a cabo."
Saída "Fale ou pressione 3 para solucionar problemas do seu serviço de internet."
Saída "Fale ou pressione 0 para sair."

Solicitar o nome do cliente.
Solicitar o número da conta do cliente.
Fornecer o status da conta atual.
Conectar-se ao próximo representante disponível.

Conectar o usuário ao solucionador automatizado de problemas do serviço a cabo.

Conectar o usuário ao solucionador de problemas automatizado de internet.
Certificar-se de que o usuário realmente quer sair.
Saída de mensagem de despedida.

Claramente, esse algoritmo não deve ser sequencial. Ele precisa se ramificar para uma ação específica, dependendo da seleção de menu do cliente. Se o cliente tiver uma conexão intermitente com a internet, por exemplo, selecionar 3 deve ramificar diretamente para o solucionador de problemas de internet.

P Quantas ramificações distintas esse algoritmo deve ter?

R O algoritmo deve ter quatro ramificações, uma para cada uma das opções do menu para selecionar 1, 2, 3 ou 0.

Lógica de decisão (6.1.3)

As estruturas de controle de decisão desempenham um papel fundamental em praticamente todos os programas de computador. Essas estruturas ajudam os programas a parecer inteligentes porque podem dar respostas que correspondem à entrada do usuário.

As estruturas de controle de decisão também permitem que os programas manipulem dados com base em valores diferentes. Eis alguns exemplos.

- Decidir quem é elegível a votar com base na idade e cidadania
- Determinar se um polinômio tem zero, uma ou duas raízes reais
- Atribuir uma nota de letra com base em uma pontuação de questionário
- Descobrir se é necessário aplicar uma taxa de serviço bancário com base no saldo da conta
- Operar um sistema de aquecimento ou ar-condicionado com base na temperatura ambiente
- Verificar se um número é par ou ímpar com base na divisão de módulo
- Oferecer frete grátis com base no valor comprado ou status VIP

Vamos detalhar as estruturas de controle de decisão para ver como elas funcionam e como incorporá-las em seus programas.

Estruturas se-então (6.1.4, 6.1.5, 6.1.6, 6.1.7)

Um sistema básico de resposta de voz pode simplesmente dizer aos clientes para encontrarem o número de sua conta e pressionar 1 quando estiverem prontos para se conectar a um representante. Você pode fazer um diagrama com essa lógica como um fluxograma usando uma forma de losango para a decisão. Ver **Figura 6-2**.

Figura 6-2 Um fluxograma para uma estrutura se-então

O símbolo de losango em um fluxograma indica um ponto de decisão e contém uma pergunta que especifica uma condição. Quando a resposta à pergunta é True, uma seta direciona o fluxo para uma ou mais instruções no bloco condicional. Quando a resposta não é True, o fluxo ignora o bloco condicional. Essa lógica chama-se **estrutura se-então** e pode ser apresentada no pseudocódigo usando as palavras-chave `if` e `then`.

No pseudocódigo, quaisquer instruções executadas na ramificação True devem ser recuadas.

```
if choice == 1 then
  connect user to an agent
output "Bye"
```

A estrutura se-então baseia-se em uma **instrução condicional** que direciona o fluxo do programa ao conjunto correto de instruções quando a condição é True. Assim, quando a entrada é 1, o programa direciona o cliente a um representante. Quando a instrução condicional não é True – se o cliente pressionar 9, por exemplo –, o programa continua em um caminho sequencial para a próxima instrução que, nesse caso, o encerra com uma mensagem que diz "Bye".

A **Figura 6-3** ilustra a sintaxe geral e as regras de uso para uma estrutura se-então.

Sintaxe:

```
if (condição)
    instrução única;
if (condição)
{
instrução;
instrução;
}
```

Regras e práticas recomendadas:

- Coloque a condição entre parênteses.
- Nenhuma pontuação é necessária após os parênteses de fechamento.
- Recue quaisquer instruções incluídas na estrutura se-então.
- Finalize as instruções recuadas com um ponto e vírgula, como de costume.
- Use chaves quando a instrução condicional é seguida por mais de uma instrução adicional.

Figura 6-3 Sintaxe para uma estrutura se-então

Você pode codificar estruturas se-então em sua linguagem de programação, como mostrado na **Figura 6-4**.

```cpp
#include <iostream>
using namespace std;

int main()
{
   int choice;
   cout << "Press or say 1 when you are ready to" << endl;
   cout << "connect to an account agent: ";
   cin >> choice;
   if (choice == 1)
```

Figura 6-4 Um programa com uma estrutura simples se-então (*continua*)

```
   {
     cout << "You chose option " << choice << endl;
     cout << "Connecting you now" << endl;
   }
   cout << "Bye";
}

SAÍDA:
Press or say 1 when you are ready to
connect to an account agent: 1[Enter]
You chose option 1
Connecting you now
Bye
```

Figura 6-4 Um programa com uma estrutura simples se-então

P Verifique o código do programa na figura anterior. O que acontece se o usuário pressionar um número diferente de 1?

R O programa produz **Bye** e é encerrado.

6.2 OPERADORES RELACIONAIS

O operador de igualdade (6.2.1)

A instrução condicional no sistema de resposta de voz simples é peculiar. Ela contém símbolos duplos de igualdade:

`if choice == 1 then`

O == é o **operador de igualdade**, que verifica se dois operandos, como `choice` e 1, são iguais entre si. O operador == de igualdade é bem diferente do operador de atribuição = utilizado para inicializar variáveis. O uso do operador de atribuição em uma instrução condicional provavelmente produzirá um erro. A **Figura 6-5** destaca a diferença entre o operador de atribuição e o operador de igualdade.

Usando operadores relacionais (6.2.2, 6.2.3)

O operador de igualdade é um dos vários operadores relacionais que você pode usar ao construir expressões condicionais. Um **operador relacional** especifica uma comparação entre dois operandos. Os operandos podem ser:

- Dois literais, como 7 e 9
- Duas variáveis, como `airtime` e `limit`
- Uma variável e um literal, como `airtime` e 1000

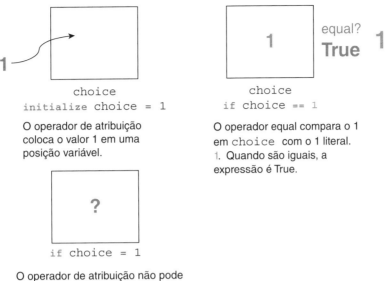

Figura 6-5 Utilizar o operador de atribuição em uma instrução condicional provavelmente produzirá um erro

A **Figura 6-6** fornece uma lista dos operadores relacionais e exemplos de seu uso.

Operador	Descrição	Exemplos em que airtime = 1056	Resultado
==	Igual a	(airtime == 1056) (airtime == 566)	True False
=	Diferente de	(airtime !== 1056) (airtime !== 566)	False True
<	Menor que	(airtime < 2000) (2000 < airtime)	True False
>	Maior que	(airtime > 56) (56 > airtime)	True False
<=	Menor que ou igual a	(airtime <= 1056) (airtime <= 29)	True False
>	Maior que ou igual a	(airtime >= airtime) (airtime >= 2000)	True False

Figura 6-6 Operadores relacionais

Operadores relacionais fornecem muita flexibilidade para criar expressões condicionais. Por exemplo, você pode usar o operador != para validar a entrada para o sistema de resposta de voz no pseudocódigo a seguir:

```
output "Press or say 1 when you are ready to"
output "connect to an account agent: "
input choice
if choice != 1 then
```

```
output "You chose option " + choice
output "Invalid input"
```

A **Figura 6-7** ilustra esse algoritmo no código.

```cpp
#include <iostream>
using namespace std;

int main()
{
   int choice;
   cout << "Press or say 1 when you are ready to" << endl;
   cout << "connect to an account agent: ";
   cin >> choice;
   if (choice != 1)
   {
     cout << "You chose option " << choice << endl;
     cout << "Invalid input" << endl;
   }
}

SAÍDA:
Press or say 1 when you are ready to
connect to an account agent: 9 [Enter]
You chose option 9
Invalid input
```

Figura 6-7 Usando uma estrutura de decisão para validar a entrada

Expressões booleanas e tipos de dados (6.2.4, 6.2.5, 6.2.6)

Operadores e operandos relacionais formam **expressões booleanas** que são avaliadas como True ou False. Por exemplo, `choice != 1` é uma expressão booleana que é True quando o cliente não seleciona 1. A expressão booleana é False quando o cliente seleciona 1.

As expressões booleanas têm similaridades com os tipos de dados booleanos. Ambos carregam um valor de True ou False. Na prática, porém, você usa uma expressão booleana como parte de uma instrução condicional, e usa um tipo de dados booleano ao criar instruções de atribuição ou declaração.

Por exemplo, talvez você queira que uma variável chamada `vip` seja True ou False, dependendo de o cliente ter ou não um status VIP. No pseudocódigo pode-se inicializar uma variável booleana desta maneira:

```
initialize bool vip = True
```

Na memória, as variáveis booleanas contêm 0 representando False ou 1 representando True. Teoricamente, um booleano requer apenas 1 bit de armazenamento, mas os requisitos reais de armazenamento variam de acordo com a linguagem.

Algumas linguagens de programação, como o Python, exigem que True e False estejam em letras maiúsculas. Em outras linguagens, como C++ e Java, true e false devem estar em letras minúsculas. No pseudocódigo, True e False devem estar em letras maiúsculas. Agora analise o seguinte pseudocódigo:

```
declare bool vip
assign vip = True
if vip then
    output "Transferring you to the VIP agent."
```

P Qual é a variável booleana no pseudocódigo anterior? O que é a instrução condicional? O que é a expressão booleana?

R A variável booleana que aparece nas instruções de atribuição e declaração é `vip`. A instrução condicional é `if vip then`. A expressão booleana é simplesmente `vip` na instrução condicional.

Quando uma variável booleana é utilizada em uma instrução condicional, ela não precisa de um operador relacional. O booleano já é True ou False, portanto não precisa de uma expressão redundante, como `se vip == True`. A **Figura 6-8** ilustra como isso funciona no código.

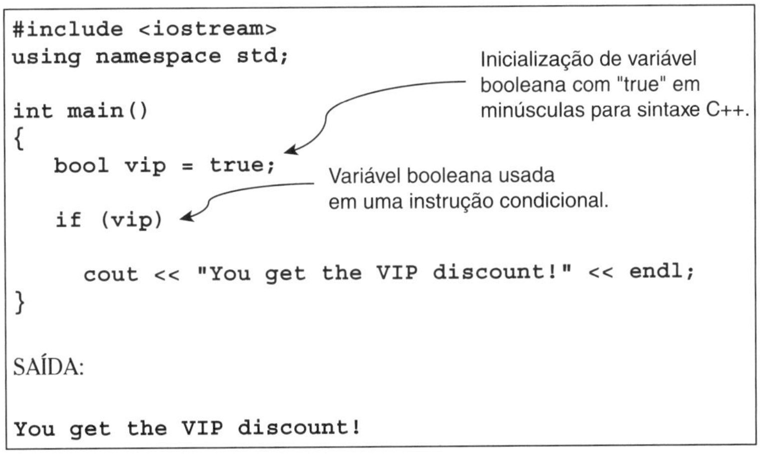

```cpp
#include <iostream>
using namespace std;

int main()
{
    bool vip = true;

    if (vip)

        cout << "You get the VIP discount!" << endl;
}

SAÍDA:

You get the VIP discount!
```

Inicialização de variável booleana com "true" em minúsculas para sintaxe C++.

Variável booleana usada em uma instrução condicional.

Figura 6-8 Utilizando uma variável booleana em uma instrução condicional

6.3 CONDIÇÕES MÚLTIPLAS

Estruturas se-então-senão (6.3.1, 6.3.2, 6.3.3)

Suponha que um sistema de resposta de voz dê aos clientes duas opções:

Pressionar ou falar 1 quando estiver pronto para se conectar a um representante de conta.

Pressionar ou falar 0 para sair.

A **Figura 6-9** ilustra um fluxograma para esse algoritmo. Observe que as ramificações True e False contêm instruções. O programa segue uma dessas ramificações com base no resultado da expressão booleana.

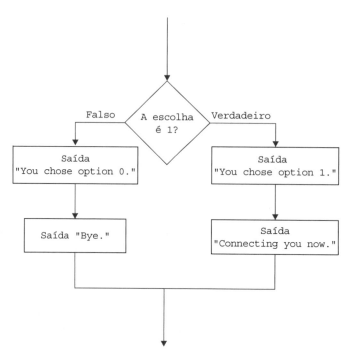

Figura 6-9   A estrutura se-então-senão

Uma decisão codificada como dois caminhos possíveis chama-se **estrutura se-então-senão**. O pseudocódigo para o algoritmo de resposta de voz usa a palavra-chave `else` para designar o caminho de execução alternativo.

```
output "Press or say 1 when you are ready to"
output "connect to an account agent."
output "Press or say 0 to quit."
input choice
if choice = 1 then
    output "You chose option 1."
    output "Connecting you now."
else
    output "You chose option 0."
    output "Bye."
```

Estruturas se aninhadas (6.3.4)

Às vezes, os programas precisam tomar decisões dentro de decisões. Por exemplo, suponha que depois que um cliente selecionar a opção sair, você queira verificar se o cliente realmente deseja sair. A opção sair envolve uma decisão, mas dentro dessa decisão está a segunda decisão de sair ou enviar o cliente para o suporte técnico.

Sintaxe:

```
if (condição)
{
    instrução;
    instrução;
}
else
{
    instrução;
    instrução;
}
```

Regras e práticas recomendadas:

- Insira a palavra-chave `else` em uma linha separada e no mesmo nível de recuo que a palavra-chave `if`.
- Use chaves quando o bloco else contiver mais de uma instrução.
- Nenhum ponto e vírgula é necessário após a palavra-chave `else`.

Figura 6-10   A sintaxe se-então-senão

```cpp
#include <iostream>
using namespace std;

int main()
{
    int choice;
    cout << "Press or say 1 when you are ready to" << endl;
    cout << "connect to an account agent." << endl;
    cout << "Press or say 0 to quit." << endl;
    cin >> choice;
    if (choice == 1)
    {
        cout << "You chose option 1." << endl;
        cout << "Connecting you now." << endl;
    }
    else
    {
        cout << "You chose option 0." << endl;
        cout << "Bye." << endl;
    }
}
```

Figura 6-11   Código de exemplo para a estrutura se-então-senão (*continua*)

```
SAÍDA:
Press or say 1 when you are ready to
connect to an account agent.
Press or say 0 to quit.
0 [Enter]

You chose option 0.
Bye.
```

Figura 6-11 Código de exemplo para a estrutura se-então-senão

A **Figura 6-10** ilustra a sintaxe, as regras e as melhores práticas para estruturas se-então-senão.

O código na **Figura 6-11** inclui um bloco se contendo duas instruções. Ele também contém um bloco senão com duas instruções.

Decisões dentro de decisões são muitas vezes chamadas **estruturas se aninhadas**. A **Figura 6-12** ilustra o fluxograma se aninhado para clientes que desejam sair.

O pseudocódigo a seguir contém uma estrutura se aninhada que confirma se o cliente quer sair. Com base na entrada, ele é desconectado ou conectado ao suporte técnico.

`output` **"Press or say 1 when you are ready to"**

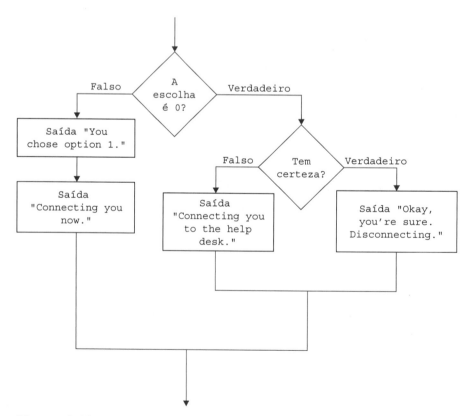

Figura 6-12   A estrutura se aninhada

```
output "connect to an account agent."
output "Press or say 0 to quit."
input choice
if choice == 0 then
   output "Are you sure you want to quit? "
   input sure_thing
      if sure_thing == 'y' then
         output "Okay, you're sure. Desconectando."
      else
         output "Connecting you to the help desk."
else
   output "You chose option 1."
   output "Connecting you now."
```

P Quais linhas do pseudocódigo anterior são o nível interno da estrutura se aninhada?

U
```
      if sure_thing == 'y' then
         output "Okay, you're sure. Disconnecting."
      else
         output "Connecting you to the help desk."
```

Ao implementar uma estrutura se aninhada no código, certifique-se de usar um segundo nível de recuo na estrutura de decisão interna. Verifique o código na **Figura 6-13** para encontrar a estrutura se aninhada.

```cpp
#include <iostream>
using namespace std;

int main()
{
   int choice;
   char sure_thing;
   cout << "Press or say 1 when you are ready to" << endl;
   cout << "connect to an account agent." << endl;
   cout << "Press or say 0 to quit." << endl;
   cin >> choice;
   if (choice == 0)
   {
```

Figura 6-13 Código de exemplo para a estrutura se aninhada (*continua*)

```cpp
            cout << "Are you sure you want to quit?" << endl;
            cin >> sure_thing;
            if (sure_thing == 'y')
                cout << "Okay, you're sure. Disconnecting." << endl;
            else
                cout << "Connecting you to the help desk." << endl;
        }
        else
        {
            cout << "You chose option 1." << endl;
            cout << "Connecting you now." << endl;
        }
    }
SAÍDA:

Press or say 1 when you are ready to
connect to an account agent.
Press or say 0 to quit.
0 [Enter]
Are you sure you want to quit?
y [Enter]
Okay, you're sure. Disconnecting.
```

Figura 6-13 Código de exemplo para a estrutura se aninhada

Estruturas senão-se (6.3.5)

Linguagens de programação fornecem uma sintaxe para estruturas que envolvem condições múltiplas. Suponha que você queira oferecer aos clientes um menu com as seguintes opções:

Pressione ou fale 1 para se conectar a um representante de conta.

Pressione ou fale 2 para solucionar problemas do serviço a cabo.

Pressione ou fale 3 para solucionar problemas de conexão com a internet.

Pressione ou fale 0 para sair.

Para lidar com algoritmos que exigem múltiplas condições, você pode usar uma **estrutura senão-se**. A **Figura 6-14** fornece a sintaxe, as regras e as práticas recomendadas.

MÓDULO 6 – ESTRUTURAS DE CONTROLE DE DECISÃO

Sintaxe:

```
if (condição)
   instrução;
else if (condição)
   instrução;
else if (condição)
   {
   instrução;
   instrução;
   }
else
   instrução;
```

Regras e práticas recomendadas:

- Comece com uma instrução `if`.
- Utilize a palavra-chave `else se` para instruções condicionais subsequentes.
- Quando os blocos senão-se contêm mais de uma instrução, use chaves.
- Utilize a palavra-chave `else` para a condição final.
- Nenhum ponto e vírgula é necessário após os parênteses ou a palavra-chave `else`.

Figura 6-14 Sintaxe para uma estrutura senão-se

A **Figura 6-15** contém código para um programa que usa uma estrutura senão-se para lidar com seleções de menu.

```cpp
#include <iostream>
using namespace std;

int main()
{
   int choice;
   cout << "Press or say 1 to connect to an account agent." << endl;
   cout << "Press or say 2 to troubleshoot your cable service." << endl;
   cout << "Press or say 3 to troubleshoot your internet service." << endl;
   cout << "Press or say 0 to quit." << endl;
   cin >> choice;
   if (choice == 0)
     cout << "Bye.";
   else if (choice == 1)
     cout << "Transferring you to an account agent." << endl;
   else if (choice == 2)
     cout << "Connecting you to a cable technician." << endl;
   else if (choice == 3)
     cout << "Connecting you to an internet specialist." << endl;
   else
     cout << "Invalid input." << endl;
}
```

Figura 6-15 Código para uma estrutura senão-se

Ao verificar o programa, qual é a saída se um cliente inserir 2? Qual é a saída se o cliente inserir 7?

 Quando o cliente insere 2, a saída é `Conectando-o a um técnico do serviço a cabo`. Quando o cliente digita 7 a saída é `Entrada inválida`.

Reinserção (6.3.6, 6.3.7)

Você pode perguntar, por que utilizar uma estrutura senão-se em vez de uma série de instruções **se**? Qual é a vantagem de uma estrutura senão-se? A resposta é que em uma série de instruções **se** simples, cada uma das instruções é avaliada e executada se for verdadeira. Mas em uma estrutura senão-se o computador avalia as instruções somente até que uma das condições seja verdadeira. As demais instruções senão-se não são avaliadas ou executadas.

Para ilustrar esse conceito, suponha que você tenha o seguinte pseudocódigo:

```
if choice == 1
    output "One"
else if choice == 2
    output "Two"
else if choice == 2
    output "Daisy"
else
    output "Stop"
```

 Qual é a saída quando um usuário insere 2?

A saída será `Two`. A saída não incluirá `Daisy` mesmo que a condição `choice == 2` seja verdadeira porque a execução da estrutura senão-se terminou após a primeira condição verdadeira.

No jargão dos programadores, a estrutura senão-se não tem *reinserção*. **Reinserção** refere-se à execução do programa que continua até a próxima instrução condicional dentro de uma estrutura. Se o pseudocódigo anterior usasse uma estrutura de reinserção, a saída seria `Two Daisys`.

A reinserção pode ser implementada em uma **estrutura chaveie-caso** que contém uma série de instruções caso. O pseudocódigo para uma estrutura chaveie-caso se parece com isto:

```
switch (choice)
case 1: output "Monday"
case 2: output "Tuesday"
case 3: output "Wednesday"
case 4: output "Thursday"
case 5: output "Friday"
case 6: output "Saturday"
case 7: output "Sunday"
```

```
default: output "Invalid input"
```

Uma estrutura de *reinserção* pode ser útil quando você quer que uma decisão produza uma sequência de saídas. Suponha que a variável `choice` contenha o valor 5 quando a estrutura chaveie-caso comece. Como a estrutura chaveie-caso falha, a saída será:

```
Friday
Saturday
Sunday
Invalid input
```

Para evitar *reinserção*, você pode adicionar uma palavra-chave `break` para cada caso:

```
case 1: output "Monday"; break;
case 2: output "Tuesday"; break;
```

A **Figura 6-16** fornece notas de implementação para a estrutura chaveie-caso.

Sintaxe com *reinserção*:
```
switch (variável)
{
case literal: instrução;
case literal: instrução;
default: instrução;
}
```

Sintaxe sem *reinserção*:
```
switch (variável)
{
case literal: instrução; break;
case literal: instrução; break;
default: instrução;
}
```

```cpp
#include <iostream>
using namespace std;

int main()
{
    int choice;
    cout << "Enter a number from 1 to 7: ";
    cin >> choice;
    switch (choice)
    {
      case 1: cout << "Monday" << endl;
      case 2: cout << "Tuesday" << endl;
      case 3: cout << "Wednesday" << endl;
      case 4: cout << "Thursday" << endl;
      case 5: cout << "Friday" << endl;
      case 6: cout << "Saturday" << endl;
```

Figura 6-16 Estruturas chaveie-caso (*continua*)

```
        case 7: cout << "Sunday" << endl;
        default: cout << "End" << endl;
    }
}
```
SAÍDA:

```
Enter a number from 1 to 7: 5 [Enter]


Friday
Saturday
Sunday
End
```

Figura 6-16 Estruturas chaveie-caso

6.4 OPERADORES LÓGICOS CONDICIONAIS

O operador AND (6.4.1, 6.4.2)

Uma instrução condicional simples, como `choice == 1` contém uma expressão booleana com um operador relacional. Você pode especificar uma lógica mais complexa adicionando operadores lógicos condicionais para condições AND e OR. Um **operador lógico condicional** combina os resultados de duas ou mais expressões booleanas.

Suponha um menu como o seguinte:

`Press or say 1 to connect to an account agent.`

`Press or say 2 to troubleshoot your cable service.`

`Press or say 3 to troubleshoot your internet service.`

`Press or say 9 to get help.`

`Press or say 0 to quit.`

A entrada válida é 0, 1, 2, 3 e 9. Você pode descartar as entradas inválidas como 4, 5, 6, 7 e 8 com o seguinte:

`input` **choice**

`if` **choice > 3 AND choice != 9** `then`

  `output` **"Invalid input."**

Na expressão condicional, quando **choice** é maior que 3 e **choice** não é 9, então a entrada não é válida.

Para determinar se o programa segue o caminho True ou False da instrução **se**, cada uma das expressões relacionais é avaliada e, em seguida, os resultados são combinados. Suponha que a variável **choice** contenha 7. Eis o que o programa faz:

1. Avalia **choice > 3**, que é True porque 7 > 3.
2. Avalia **choice != 9**, que é True porque 7 != 9.
3. Avalia True AND True das etapas 1 e 2, que é True.
4. O resultado é True e a saída é **"Invalid input"**.

O que acontece se choice contiver 9?

 A instrução **se** é avaliada como True E False, o que é False. A mensagem de saída inválida não é produzida.

O operador AND requer que ambas as condições sejam verdadeiras. Uma tabela que resume os resultados possíveis para operações lógicas chama-se **tabela-verdade**. A tabela-verdade na **Figura 6-17** resume todas as combinações possíveis para o operador AND e fornece um trecho de código para mostrá-lo em ação.

O operador && (AND)

choice > 3	choice != 9	choice > 3 && choice != 9
true	true	true
true	false	false
false	true	false
false	false	false

```
if (choice > 3 && choice != 9)
{
   cout << "Invalid input." << endl;
}
```

Figura 6-17 Tabela-verdade para o operador AND

O operador OR (6.4.3, 6.4.4)

O operador OR requer que apenas uma das condições seja verdadeira. Suponha que uma loja on-line ofereça frete grátis para clientes que comprem mais de $ 100,00 em mercadorias ou sejam membros do clube VIP. Como podemos ver na tabela e no trecho de código na **Figura 6-18**, apenas uma das condições precisa ser verdadeira para frete grátis.

The || (OR) Operator

purchase > 100.00	vip	purchase > 100.00 || vip
true	true	true
true	false	true
false	true	true
false	false	false

```
#include <iostream>
using namespace std;

int main()
{
   float purchase = 80.00;
   bool vip = true;
   if (purchase > 100.00 || vip)
      cout <<"Free shipping!";

}
```

OUTPUT:

Free shipping!

Figura 6-18 Tabela-verdade para o operador OR

Você pode achar necessário usar mais de um operador lógico em uma instrução condicional. Ao converter uma instrução de pseudocódigo, como `if ((vip == False AND purchase < 100) || free_shipping_coupon == True)`, para codificar, use parênteses para garantir que a lógica seja executada na sequência correta.

RESUMO

- Uma estrutura de controle altera a execução sequencial das instruções em um programa de computador. Uma estrutura de controle de decisão altera o fluxo sequencial ramificando para instruções específicas com base em uma condição ou decisão. As estruturas de controle de decisão ajudam os programas a parecer inteligentes porque podem dar respostas que correspondem à entrada do usuário.
- As estruturas de controle de decisão podem ser classificadas como se-então, se-então-senão, se aninhado, senão-se e chaveie-caso.
- As estruturas de controle de decisão começam com uma instrução condicional como `if choice == 1`.
- As instruções condicionais incluem operadores relacionais, como == != > < >= e <=.
- O operador == de igualdade, não o operador de atribuição =, é usado em instruções condicionais.
- Operadores e operandos relacionais formam expressões booleanas, como `choice == 1`, que são avaliadas como True ou False.
- As expressões booleanas têm similaridades com os tipos de dados booleanos. Ambos carregam um valor de True ou False. Na prática, porém, você usa uma expressão booleana como parte de uma instrução condicional, e usa um tipo de dados booleano ao criar instruções de atribuição ou declaração.
- *Reinserção* refere-se à execução do programa que continua até a próxima instrução condicional dentro de uma estrutura. Estruturas chaveie-caso normalmente falham, a menos que palavras-chave break sejam adicionadas.
- Os operadores lógicos condicionais AND e OR podem ser utilizados para especificar uma lógica mais complexa para instruções condicionais. Os resultados das operações AND e OR são resumidos em tabelas-verdade.

Termos-chave

estrutura chaveie-caso	estrutura senão-se	operador lógico condicional
estrutura de controle	estruturas se aninhadas	operador relacional
estrutura de controle de decisão	expressões booleanas	reinserção
estrutura se-então	instrução condicional	tabela-verdade
estrutura se-então-senão	operador de igualdade	

MÓDULO 7

ESTRUTURAS DE CONTROLE DE REPETIÇÃO

OBJETIVOS DE APRENDIZAGEM:

7.1 LAÇOS CONTROLADOS POR CONTAGEM

7.1.1 Identificar partes dos algoritmos que requerem controles de repetição.

7.1.2 Especificar a sequência de contagem produzida por instruções de controle de laço.

7.1.3 Especificar o caso de uso para laços controlados por contagem.

7.1.4 Selecionar o formato correto para escrever laços controlados por contagem no pseudocódigo.

7.1.5 Identificar instruções de controle de laço, contadores de laço e condições de teste.

7.1.6 Usar a sintaxe específica à linguagem para codificar um laço controlado por contagem.

7.1.7 Fornecer um exemplo de um algoritmo que requer um laço controlado por usuário.

7.1.8 Coletar a entrada de usuário para controlar um laço.

7.2 CONTADORES E ACUMULADORES

7.2.1 Fornecer um exemplo de um laço que requer um contador.

7.2.2 Explicar as vantagens e desvantagens do uso da variável de contador de laço como uma fonte de saída.

7.2.3 Fornecer exemplos de laços que exigem um acumulador.

7.2.4 Descrever a sintaxe geral para expressões que funcionam como acumuladores.

7.3 LAÇOS ANINHADOS

7.3.1 Desenhar um fluxograma que ilustra um laço aninhado.

7.3.2 Identificar laços aninhados no pseudocódigo.

7.3.3 Descrever as convenções de nomenclatura comuns para as variáveis utilizadas como contadores em laços aninhados.

7.3.4 Usar a sintaxe específica à linguagem para codificar um laço aninhado.

7.3.5 Analisar um laço aninhado para entender os resultados que ele produz.

7.4 LAÇOS PRÉ-TESTE

7.4.1 Desenhar um fluxograma que ilustra um laço pré-teste.

7.4.2 Identificar algoritmos que exigem um laço pré-teste.
7.4.3 Identificar laços pré-teste no pseudocódigo.
7.4.4 Utilizar a sintaxe específica à linguagem para codificar um laço pré-teste.
7.4.5 Identificar laços infinitos.
7.4.6 Indicar como terminar um laço infinito.
7.4.7 Explicar as vantagens e desvantagens do uso da instrução break para sair de um laço.

7.5 LAÇOS PÓS-TESTE

7.5.1 Desenhar um fluxograma que ilustra um laço pós-teste.
7.5.2 Identificar algoritmos que exigem um laço pós-teste.
7.5.3 Identificar laços pós-teste no pseudocódigo.
7.5.4 Utilizar a sintaxe específica à linguagem para codificar um laço pós-teste.
7.5.5 Diferenciar entre uma condição de teste e uma condição de terminação no contexto de laços.
7.5.6 Selecionar condições de teste apropriadas e condições de terminação para laços.

7.1 LAÇOS CONTROLADOS POR CONTAGEM

Noções básicas sobre laços (7.1.1)

Malhando com pesos. Todo levantamento de peso requer repetições usando halteres, kettlebells ou pesos livres semelhantes àqueles na **Figura 7-1**.

Figura 7-1   Halteres, kettlebells e pesos livres

Assim como os exercícios de levantamento de peso, os programas de computador podem realizar repetições usando **estruturas de controle de repetição** ou "laços", como são chamados no jargão de programação. Pode-se visualizar um **laço** como um bloco de código com um ponto de entrada, algumas instruções que se repetem e um ponto de saída. Ver **Figura 7-2**.

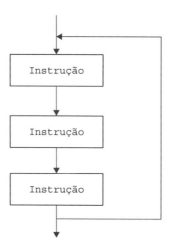

Figura 7-2   Estruturas de controle de repetição repetem blocos do código

Laços são úteis para muitas tarefas dentro de um algoritmo, como as seguintes:

- Processar uma série de registros em um banco de dados ou os itens em uma lista.
- Manter uma contagem em execução.
- Acumular totais.
- Resolver problemas matemáticos recursivos.

Existem três tipos básicos de estruturas de controle de repetição:

- Laços controlados por contagem.
- Laços pré-teste.
- Laços pós-teste.

Neste módulo, você aprenderá a aplicar cada uma dessas estruturas de controle. Pronto para fortalecer suas habilidades de programação descobrindo laços? Vamos começar.

Instruções de controle (7.1.2)

A estrutura de controle de repetição mais simples é o **laço controlado por contagem**, que se repete um número especificado de vezes. Esse tipo de laço começa com uma **instrução de controle** que contém um ou mais dos seguintes parâmetros para controlar o laço.

- Uma variável para **contador de laço** que rastreia o número de vezes que um laço se repetiu.
- Um valor inicial para o contador de laços.
- Uma **condição de teste** contendo lógica que continua ou termina o laço.
- Um valor de incremento que aumenta ou diminui o contador de laços.
- O número de repetições a realizar.

A **Figura 7-3** fornece alguns exemplos dos parâmetros de laço. Preste atenção à sequência de contagem que cada exemplo produz.

Parâmetros da instrução de controle	Sequência de contagem
(start = 1, test = 10, increment = 1)	1 2 3 4 5 6 7 8 9
(start = 1, test <= 10, increment = 1)	1 2 3 4 5 6 7 8 9 10
(start = 0, test = 20, increment = 2)	0 2 4 6 8 10 12 14 16 18
(repetitions = 5)	1 2 3 4 5

Figura 7-3 Contadores de laço

P Quando a condição de teste do contador de laço é configurada como = 10, qual é o último número na contagem?

R O último número é 9. Quando a condição de teste especifica um valor com um sinal =, significa "até, mas não incluindo" o valor final.

Ao trabalhar com laços controlados por contagem, lembre-se de que quando o programa é executado, a condição de teste é avaliada *antes* de cada iteração do laço. Se a condição de teste é falsa, a execução do programa ignora o laço e passa para a instrução após o final do laço.

Laços for (7.1.3, 7.1.4, 7.1.5, 7.1.6)

O **laço for** é controlado por contagem que funciona bem quando você sabe quantas vezes quer que um laço se repita. Laços for também são chamados laços for-next. Um laço for pode ser representado pelo fluxograma na **Figura 7-4**.

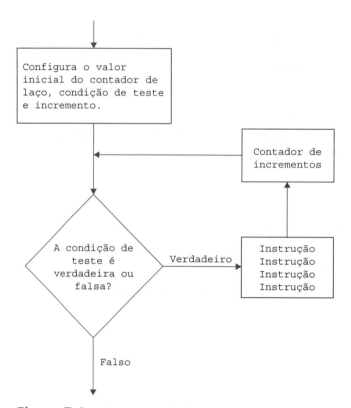

Figura 7-4   Fluxograma do laço for

O pseudocódigo pode ser escrito independentemente da linguagem para um laço for usando a palavra-chave **for** no início do laço e a palavra-chave **next** no final. Eis o pseudocódigo de um programa que exibe orientação verbal para duas repetições do levantamento em supino.

```
for i (start: i = 1, test: i <= 2, increment = 1)
    output "Lift"
    output "Pause"
    output "Lower"
next
```

SAÍDA:

Lift

Pause

Lower

Lift

Pause

Lower

P Identifique a instrução de controle de laço, o contador de laço e a condição de teste no pseudocódigo anterior.

R A instrução de controle de laço é `for i (start: i = 1, test: i <= 2, increment = 1)`. O contador de laços é `i`. A condição de teste é `i <= 2`. O contador de laços é incrementado em 1 após cada repetição.

Ao escrever pseudocódigo para laços for, deve-se especificar as condições de início e de teste. A especificação do incremento é opcional. Se você não especificar o valor de incremento, supõe-se que ele seja 1.

Em geral, os programadores usam a letra i para o nome da variável do contador de laço. O i provavelmente significa **iteração**, que é sinônimo de repetição. A **Figura 7-5** fornece a sintaxe geral para um laço for básico.

```
Sintaxe:
for (int i = initial value; i <= terminating value; i++)
{
    statement 1;
    statement 2;
}
```

Regras e práticas recomendadas:
- A variável do contador de laço sempre deve ser configurada como um inteiro.
- A expressão de teste pode ser configurada como < ou como <=. Se você usar <=, o valor de término será incluído na contagem.
- i++ especifica que a contagem é incrementada em 1 para cada iteração.
- i+=2 especifica que a contagem é incrementada em 2 para cada iteração.
- i-- especifica que a contagem diminui em 1 para cada iteração.
- Evite modificar a variável do contador de laço dentro do laço. Por exemplo, não use i em uma operação aritmética dentro do laço.

Figura 7-5 Sintaxe, regras e práticas recomendadas do laço for

Ao aplicar a sintaxe do laço for, pode-se codificar o programa a seguir que orienta um exercício de supino gerando a saída para "Lift pause down" para três repetições. Analise a sintaxe para a condição de teste, pontuação e recuo na **Figura 7-6**.

```cpp
#include <iostream>
using namespace std;


int main()
{
    for (int i = 1; i <= 3; i++)
```

Figura 7-6 Código para três repetições da orientação de supino (*continua*)

```
    {
    cout << "Lift"<< endl;
    cout << "Pause"<< endl;
    cout << "Lower"<< endl << endl;
    }
}
```
SAÍDA:
```
Lift
Pause
Lower

Lift
Pause
Lower

Lift
Pause
Lower
```

Figura 7-6 Código para três repetições da orientação de supino

Laços controlados por usuário (7.1.7, 7.1.8)

Você pode permitir que os usuários determinem o número de vezes que um laço se repete. Um **laço controlado por usuário** especifica o valor para o contador de laço durante o tempo de execução obtendo a entrada do usuário para o valor. Os usuários podem controlar laços for, bem como laços pré-teste e pós-teste.

Suponha que um levantador de peso queira fazer cinco repetições do exercício de supino. O pseudocódigo a seguir coleta a entrada para repetições e utiliza-a para controlar o laço.

```
initialize reps = 0
output "How many reps? "
input reps
for i (start: i = 1, test: i <= reps)
    output "Lift, pause, lower"
next
```

SAÍDA:
```
How many reps? 5 [Enter]
Lift, pause, lower
Lift, pause, lower
Lift, pause, lower
```

```
Lift, pause, lower
Lift, pause, lower
```

Codificar esse algoritmo produz o programa na **Figura 7-7**. Procure o uso da variável `reps` na instrução de entrada e na condição de teste do laço for.

```
#include <iostream>
using namespace std;

int main()
{
  int reps;
  cout << "How many reps? ";
  cin >> reps;
  for (int i = 1; i <= reps; i++)
    cout << "Lift, pause, lower" << endl;
}
SAÍDA:
How many reps? 5 [Enter]
Lift, pause, lower
Lift, pause, lower
Lift, pause, lower
Lift, pause, lower
Lift, pause, lower
```

Figura 7-7 Laço for controlado por usuário

7.2 CONTADORES E ACUMULADORES

Laços que contam (7.2.1, 7.2.2)

Laços controlados por contagem têm um contador integrado que pode ser usado para algoritmos que precisam contar ou acumular totais. Os valores no contador de laço seguem uma sequência de números semelhante à contagem 1 2 3 ou 2 4 6.

Você pode configurar o incremento do laço para contar por unidades, por dois, por dezenas ou por outros números inteiros usando expressões de incremento como `i++`, `i+=2` e `i+=10`. Esse recurso é útil quando se criam programas que incluem algum componente de contagem, como um programa matemático para contar por dois ou para gerar tabelas de multiplicação.

Depois de configurar os parâmetros do contador de laço para uma sequência de contagem, pode-se simplesmente gerar o valor para i durante cada iteração. A **Figura 7-8** contém o código para um programa que gera números pares de 2 a 10. Certifique-se de estudar os parâmetros na variável i.

```
#include <iostream>
using namespace std;


int main()
{
  for (int i = 2; i <= 10; i+=2)
    cout << i << endl;
}
SAÍDA:
2
4
6
8
10
```

Figura 7-8 Um laço que conta de dois em dois

É uma prática de programação recomendada evitar o uso da variável de contador de laço em outras instruções dentro do laço. O programa anterior usou i na instrução de saída. Para evitar a reutilização, e a possibilidade de que a variável do contador seja alterada inadvertidamente, pode-se configurar uma variável separada para a saída e incrementá-la dentro do laço, como mostrado na **Figura 7-9**.

```
#include <iostream>
using namespace std;

int main()
{
  int count_out = 0;
  for (int i = 2; i <= 10; i+=2)
  {
    count_out +=2;
    cout << count_out << endl;
  }
}
```

Figura 7-9 Um laço que usa uma variável chamada count_out como um contador separado (*continua*)

```
SAÍDA:
2
4
6
8
10
```

Figura 7-9 Um laço que usa uma variável chamada `count_out` como um contador separado

P Em vez de gerar i no programa anterior, qual variável é utilizada como um contador e para a saída?

R A variável `count_out` é usada como um contador e para saída.

Laços que acumulam (7.2.3, 7.2.4)

Outra aplicação de laços é acumular um total adicionando valores repetidamente. Suponha que você esteja fazendo supino com pesos de 7 quilos em cada mão e queira saber o peso total levantado após três repetições.

Uma variável chamada `total_weight` que acumula a soma do peso levantado durante a sessão de supino pode ser configurada. Como bônus, os totais acumulados podem ser gerados para cada repetição. O pseudocódigo se parece com isto:

```
output "How many reps?"
input reps
output "What size weights are you using?"
input weight
for i (start: i = 1, test: i <= reps)
   total_weight = total_weight + (weight * 2)
   output "Rep " + i + " " + total_weight + "lbs."
next
```

Observe a instrução que cria o acumulador: `total_weight = total_weight + (weight * 2)`. Em geral, a sintaxe de um acumulador se parece com isto:

`accumulator_variable = accumulator_variable + some_other_variable`

O código e a saída para o algoritmo total_weight estão na **Figura 7-10**.

P Por que o peso é multiplicado por 2 antes de adicioná-lo ao acumulador?

R Porque cada mão está segurando um peso. Se cada mão segura um peso de 7 quilos, então cada levantamento é de 14 quilos.

```
#include <iostream>
using namespace std;

int main()
{
  int reps;
  int weight;
  int total_weight = 0;
  cout << "How many reps? ";
  cin >> reps;
  cout << "What size weights are you using? ";
  cin >> weight;
  for (int i = 1; i <= reps; i ++)
  {
    total_weight = total_weight + (weight * 2);
    cout << "Rep " << i << " " << total_weight << " lbs so far." << endl;
  }
  cout << "Your total lift is: " << total_weight << " lbs." << endl;
}
SAÍDA:
How many reps? 3 [Enter]
What size weights are you using? 15 [Enter]
Rep 1 30 lbs so far.
Rep 2 60 lbs so far.
Rep 3 90 lbs so far.
Your total lift is: 90 lbs.
```

Figura 7-10 Um laço que inclui um acumulador para `total_weight`

7.3 LAÇOS ANINHADOS

Laços dentro de laços (7.3.1, 7.3.2)

Um **laço aninhado** é um laço dentro de um laço. Esses laços contêm várias instruções de controle e contadores de laço. O levantamento de peso dá uma ideia de como esses laços aninhados funcionam.

Exercícios de musculação geralmente envolvem séries de repetições. Por exemplo, a série 1 para um supino pode envolver quatro repetições. A série 2 pode envolver mais quatro repetições e uma terceira série pode envolver mais quatro repetições. As séries se repetem três vezes e cada série tem quatro repetições. As séries são o laço externo. As repetições são o laço interno.

Um fluxograma para um laço aninhado é ilustrado na **Figura 7-11**. Rastreie os caminhos True pelo laço para reforçar a ideia de que o computador faz um laço externo e, em seguida, repita os laços internos antes de fazer o próximo laço externo.

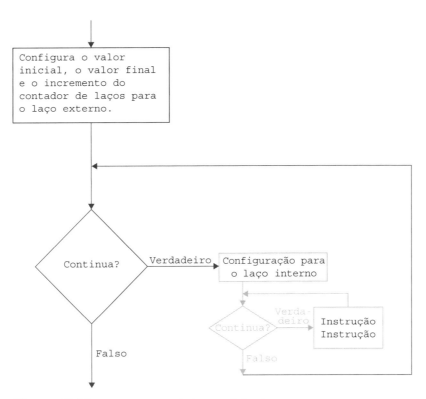

Figura 7-11 Fluxograma de laço aninhado

Laços internos e externos (7.3.3, 7.3.4, 7.3.5)

Ao escrever laços aninhados no pseudocódigo, o laço interno é recuado em relação ao laço externo e termina com sua própria palavra-chave **next**. Cada variável de controle de laço deve ser única. Os programadores normalmente usam j para a variável do laço interno.

```
output "What size weights are you using?"
input weight
output "How many sets?"
input sets
display "How many reps per set?"
input reps
for i (start: i = 1, test: i <= sets)
   output "Set: " + i
   for j (start: j = 1, test: j <= reps)
      total_weight = total_weight + (weight * 2)
      output " Rep: " + j + " Progress: " + total_weight + " lbs. "
   next
next
```

SAÍDA:

What size weights are you using? 15 [Enter]

How many sets? 3 [Enter]

```
How many reps per set? 2 [Enter]
Set: 1
 Rep: 1 Progress: 30 lbs.
 Rep: 2 Progress: 60 lbs.
Set: 2
 Rep: 1 Progress: 90 lbs.
 Rep: 2 Progress: 120 lbs.
Set: 3
 Rep: 1 Progress: 150 lbs.
 Rep: 2 Progress: 180 lbs.
```

P Quando o usuário insere 3 para o número de séries, quantas vezes o laço externo é repetido?

R O laço externo é executado 3 vezes, um para cada série.

O código para o algoritmo das séries de treinamento é mostrado na **Figura 7-12**.

```cpp
#include <iostream>
using namespace std;

int main()
{
  int weight, sets, reps;
  int total_weight = 0;
  cout << "What size weights are you using? ";
  cin >> weight;
  cout << "How many sets? ";
  cin >> sets;
  cout << "How many reps per set? ";
  cin >> reps;
  for (int i = 1; i <= sets; i++)
  {
    cout << "Set: " << i << endl;
    for(int j = 1; j <= reps; j++)
    {
```

Figura 7-12 Código para um laço for aninhado (*continua*)

```
            total_weight = total_weight + (weight * 2);
            cout << " Rep: " << j << " Progress: ";
            cout << total_weight << " lbs." << endl;
        }
    }
    cout << "Your total lift is: " << total_weight << " lbs." << endl;
}
```
SAÍDA:
```
What size weights are you using? 15 [Enter]
How many sets? 3 [Enter]
How many reps per set? 2 [Enter]
Set: 1
 Rep: 1 Progress: 30 lbs.
 Rep: 2 Progress: 60 lbs.
Set: 2
 Rep: 1 Progress: 90 lbs.
 Rep: 2 Progress: 120 lbs.
Set: 3
 Rep: 1 Progress: 150 lbs.
 Rep: 2 Progress: 180 lbs.
Your total lift is: 180 lbs.
```

Figura 7-12 Código para um laço for aninhado

P No programa anterior, por que "Set: 1" não é impresso na linha para cada repetição na série como a seguir?

Set: 1 Rep: 1 Progress: 30 lbs.
Set: 1 Rep: 2 Progress: 60 lbs.

R A instrução que gera o número de séries é anterior ao início do laço interno. Se quiser que as tarefas sejam realizadas apenas pelo laço externo, não as coloque dentro do código do laço interno.

7.4 LAÇOS PRÉ-TESTE

Laços while (7.4.1, 7.4.2, 7.4.3, 7.4.4)

Os laços nem sempre são controlados por um contador. Um **laço controlado por condição** é regulamentado por instruções condicionais contendo expressões booleanas semelhantes àquelas que controlam estruturas de decisão, como if-then e else-if.

Um **laço pré-teste** começa com uma condição. Um laço pré-teste controlado por condição é executado apenas se a condição de teste é verdadeira e continua executando até a condição não ser mais verdadeira ou até o laço encontrar uma instrução `break`.

Um fluxograma para um laço pré-teste é ilustrado na **Figura 7-13**.

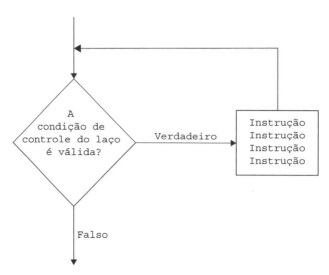

Figura 7-13   Fluxograma do laço pré-teste

Os laços pré-teste são úteis para validar a entrada. Você pode configurar um laço que implementa o seguinte algoritmo:

Solicitar a entrada ao usuário.

Se a entrada não é válida, gerar uma mensagem que solicita uma entrada válida.

Verificar a entrada novamente e repetir até que a entrada seja válida.

Em geral, o pseudocódigo para um laço pré-teste usa as palavras-chave `while` e `do`. Eis o pseudocódigo que valida a entrada no intervalo de 1 a 25. Esse laço pré-teste se repete quantas vezes forem necessárias até o usuário inserir um valor no intervalo de 1 a 25.

```
output "Enter the number of reps for this lifting exercise: "
input reps
while (reps < 1 OR reps > 25) do
    output "Try again. As repetições devem estar no intervalo de 1 a 25."
    input reps
output "Okay, you want to do " + reps + " reps."
```

Um **laço while** fornece a sintaxe para implementar um laço pré-teste. Na **Figura 7-14**, preste atenção à sintaxe e então veja como ela é aplicada no código de exemplo.

Laços infinitos (7.4.5)

Ao validar a entrada, o que acontece se o levantador de peso continuar a inserir 0? O laço de validação pode continuar para sempre, uma condição conhecida como **laço infinito**. Laços infinitos podem ser causados por vários fatores, incluindo os seguintes:

Sintaxe:

```
while (condição)
{
   instrução;
   instrução;
}
```

```cpp
#include <iostream>
using namespace std;
int main()
{
  int reps;
  cout << ("Enter the number of reps for this lifting exercise: ");
  cin >> reps;
  while (reps <1 || reps > 25)
  {
    cout << "Try again. Reps have to be in the range 1 to 25:" << endl;
    cin >> reps;
  }
  cout << "Okay, you want to do " << reps << " reps.";
}
```

SAÍDA:

```
Enter the number of reps for this lifting exercise: 38 [Enter]
Try again. Reps have to be in the range 1 to 25: 20 [Enter]
Okay, you want to do 20 reps.
```

Figura 7-14 Sintaxe e exemplo do laço while

- Entrada inválida que não encerra um laço de entrada.
- Entrada que altera o valor do contador de laço.
- Um erro do programador ao especificar a instrução condicional do laço.
- Utilizar a variável do contador de laço em uma operação matemática dentro do laço.
- Usar a mesma variável de contador de laço para os laços internos e externos de um laço aninhado.

Rastreie o pseudocódigo a seguir e veja se você consegue descobrir o erro que cria um laço infinito.

```
output "Enter the number of reps: "
input reps
while reps < 1 OR reps > 25 do
```

```
output "Try again. Enter a number in the range 1 to 25: "
output "Okay, you want to do " + reps + " reps."
```
SAÍDA:
```
Enter the number of reps: 0 [Enter]
Try again. Enter a number in the range 1 to 25:
Try again. Enter a number in the range 1 to 25:
Try again. Enter a number in the range 1 to 25:
Try again. Enter a number in the range 1 to 25:
. . .
```

P Encontrou o erro?

R O erro é que não há uma instrução de entrada dentro do laço. O usuário nunca tem a chance de inserir um valor diferente de 0 inserido no primeiro prompt.

Se seu programa entrar inadvertidamente em um laço infinito, você poderá encerrá-lo pressionando Ctrl+C algumas vezes. Compiladores on-line geralmente têm um botão Stop para uso nessa situação.

Saindo de laços (7.4.6, 7.4.7)

Usar Ctrl+C para encerrar um laço não é algo que se espere dos usuários. Seu programa sempre deve fornecer um caminho de saída limpo de um laço, preferencialmente na lógica da instrução de controle de laço.

Para evitar um laço infinito ao validar a entrada, pode-se fornecer uma estratégia de saída no corpo do laço. Procure a estratégia de saída no pseudocódigo a seguir.

```
output "Enter the number of reps: "
input reps
while (reps < 1 OR reps > 25) AND (reps != 999) do
    output "Try again. Enter a number in the range 1 to 25,
    output "or enter 999 to exit: "
    input reps
if reps == 999 then
    output "Bye."
else
    output "Okay, you want to do " + reps + " reps."
```
SAÍDA:
```
Enter the number of reps: 0 [Enter]
Try again. Enter a number in the range 1 to 25,
or enter 999 to exit: 999 [Enter]
Bye.
```

O usuário tem a opção de digitar 999 para sair do laço. Essa lógica é tratada pelos parâmetros para a instrução `while (reps < 1 OR reps > 25 AND (reps != 999)`. As instruções if-else posteriormente no laço fornecem a lógica adicional necessária para encerrar ou gerar o número de repetições.

Também é possível utilizar uma instrução `break` para sair de um laço como no pseudocódigo a seguir, mas o resultado pode ter consequências inesperadas.

```
output "Enter the number of reps: "
input reps
while (reps < 1 OR reps > 25) do
    output "Try again. Enter a number in the range 1 to 25,
    output "or enter 999 to exit: "
    input reps
    if reps == 999 then
        output "Bye."
        break
output "Okay, you want to do " + reps + " reps."
```

SAÍDA:
```
Enter the number of reps: 0 [Enter]
Try again. Enter a number in the range 1 to 25,
or enter 999 to exit: 999 [Enter]
Bye. Okay, you want to do 999 reps.
```

P O que há de errado com a lógica do pseudocódigo anterior?

R O laço termina com 999 na variável `reps` e a última instrução gera a mensagem "Okay...", embora o laço tenha terminado.

Como instruções `break` podem ter efeitos inesperados, é melhor evitar seu uso dentro do corpo de um laço. A prática recomendada é projetar os parâmetros de controle para fornecer uma maneira elegante de sair de laços. Laços contendo instruções `break` são amplamente utilizados por desenvolvedores profissionais, portanto, como programador, você deve ter flexibilidade para usá-los ou evitá-los conforme exigido pelas especificações de cada projeto.

7.5 LAÇOS PÓS-TESTE

Laços do (7.5.1, 7.5.2, 7.5.3, 7.5.4)

Um **laço pós-teste** é estruturado com a instrução condicional no final do laço. A primeira passagem pelo laço é executada incondicionalmente. As passagens subsequentes são controladas pela instrução condicional. Um fluxograma para um laço pós-teste é ilustrado na **Figura 7-15**.

Laços pós-teste são úteis para qualquer parte de um algoritmo que deve ser executado pelo menos uma vez, mas pode precisar ser repetido em um laço. Esses laços são especialmente úteis quando se quer exibir um menu, coletar entradas, realizar a tarefa selecionada e exibir o menu novamente quando a tarefa está concluída.

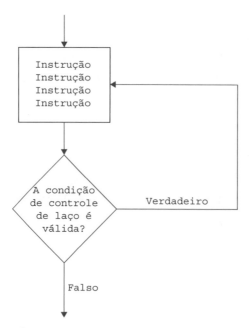

Figura 7-15 Fluxograma do laço pós-teste

Para o pseudocódigo do laço pós-teste, use as palavras-chave `do..while`. Pseudocódigo como o seguinte pode lidar com um menu de opções de treinamento com pesos.

```
do
    display "1. Bench press"
    display "2. Shoulder press"
    display "3. Hammer curl"
    display "4. Step ups"
    display "0. Quit"
    input "Your choice: "
    if choice != 0 then:
        display "Let's get started with lift #" + choice
        display "Press any key when you are done: "
        input any_key
while choice != 0
```

SAÍDA:

```
1. Bench press
2. Shoulder press
3. Hammer curl
4. Step ups
0. Quit
Your choice: 2 [Enter]
Let's get started with lift #2
```

```
Press any key when you are done: z [Enter]
```

```
1. Bench press
2. Shoulder press
3. Hammer curl
4. Step ups
0. Quit
Your choice:
```

P Explique por que existe uma estrutura if-then dentro do laço do-while mostrado anteriormente.

R A estrutura if-then impede que o programa exiba `Let's get started with lift #0` se o usuário selecionar o item Quit no menu.

A maioria das linguagens de programação tem uma estrutura de laço pós-teste. A **Figura 7-16** fornece detalhes para laços pós-teste em sua linguagem de programação.

A estrutura do-while fornece um laço pós-teste que começa com uma instrução **do**.

O corpo do laço está contido entre chaves. O laço termina com uma instrução **while** que especifica a condição para o laço se repetir. A instrução **while** está fora das chaves que definem o corpo do laço.

Sintaxe:
```
do
{
   instrução;
   instrução;
   instrução;
}
while (expressão condicional);
```

Rastreie o código a seguir para localizar as instruções que iniciam e terminam o laço.

```cpp
#include <iostream>
using namespace std;

int main()
{
```

Figura 7-16 Código para um laço pós-teste que exibe um menu (*continua*)

```
  int choice;
  char any_key;
  do
  {
    cout << "1. Bench press"<< endl;
    cout << "2. Shoulder press" << endl;
    cout << "3. Hammer curl" << endl;
    cout << "4. Step ups" << endl;
    cout << "0. Quit" << endl;
    cout << "Your choice: ";
    cin >> choice;
    if (choice != 0)
    {
      cout << "Let's get started with lift #" << choice << endl;
      cout << "Press any key when you are done: ";
      cin >> any_key;
    }
  }
  while (choice != 0);
}
```

Figura 7-16 Código para um laço pós-teste que exibe um menu

Condições de teste e condições de término (7.5.5, 7.5.6)

A capacidade de um laço para iterar depende de uma condição de teste e da condição de término correspondente. A condição de teste de um laço é a expressão que permite que o laço seja executado. Uma **condição de término** de um laço é a expressão que interrompe o laço. Analise novamente o pseudocódigo a seguir.

```
do
    display "1. Bench press"
    display "2. Shoulder press"
    display "3. Hammer curl"
    display "4. Step ups"
    display "0. Quit"
    input "Your choice: "
    if choice != 0 then:
        display "Let's get started with lift #" + choice
        display "Press any key when you are done: "
        input any_key
while choice != 0
```

A condição de teste é `choice != 0`. Isso significa que o laço continua quando o valor de choice não é 0. A condição de terminação implícita é `choice == 0`. A condição de término não é explicitamente declarada no código, mas sempre que configurar uma condição de teste, uma boa ideia é certificar-se de que a condição de término interromperá o laço em todos os casos necessários.

O algoritmo a seguir deve contar de dois em dois até 10.

```
count = 1
do
    display count
    count = count + 2
while count != 10
```

A saída desse programa é um laço infinito começando 1 3 5 7 9 11 13. O que há de errado? A condição de término é `count == 10`, mas esse número nunca é um valor de `count` porque `count` contém apenas números ímpares.

P Como alterar a condição de teste para que a condição de término não permita que o laço passe de 10?

R A condição de teste para `while count <= 10` pode ser alterada. Essa lógica torna a condição de término mais ampla e interrompe o laço quando o valor em `count` é qualquer número maior que 10.

RESUMO

- Uma estrutura de controle de repetição cria um laço que tem um ponto de entrada, algumas instruções que se repetem e um ponto de saída.
- Um laço controlado por contagem se repete um número especificado de vezes. Esse tipo de laço começa com uma instrução de controle que estabelece um contador de laço. Este configura uma variável que rastreia o número de vezes que o laço se repete.
- O laço for é um laço controlado por contagem que funciona bem quando se sabe quantas vezes deseja que um laço se repita.
- Os usuários podem especificar o valor de um contador de laço durante o tempo de execução fornecendo entrada para o valor do contador de laço. Também podem controlar laços for, bem como laços pré-teste e pós-teste.
- Os laços podem ser utilizados para gerar sequências de contagem e somar valores em um acumulador.
- Laços aninhados são laços dentro de laços. O laço externo e o laço interno são controlados por diferentes variáveis.
- Um laço pré-teste começa com uma condição. O laço é executado apenas se essa condição for verdadeira e continua executando até a condição não ser mais verdadeira ou até encontrar uma instrução **break**. Os laços pré-teste são úteis para validar a entrada.
- Um laço infinito não tem outro meio de término além da intervenção do usuário e geralmente é considerado uma condição de erro. Para encerrar manualmente um laço infinito, pressione Ctrl+C ou o botão Run/Stop fornecido por um ambiente de desenvolvimento. Embora seja possível incluir instruções **break** para sair de um laço, uma prática recomendada é fornecer um caminho de saída limpo na lógica da instrução de controle do laço.

- Um laço pós-teste é estruturado com a instrução condicional no final do laço. A primeira passagem pelo laço é executada incondicionalmente. As passagens subsequentes são controladas pela instrução condicional. Esses laços são especialmente úteis para exibir um menu, coletar entradas, realizar uma tarefa selecionada e exibir o menu novamente quando a tarefa está concluída.
- A condição de teste de um laço é a expressão que permite que este seja executado. A condição de término de um laço é a expressão que o interrompe. A condição de término não é explicitamente declarada no código, mas sempre que você configurar uma condição de teste, uma boa ideia é certificar-se de que a condição de término interromperá o laço em todos os casos necessários.

Termos-chave

condição de término
condição de teste
contador de laço
estruturas de controle de
 repetição
instrução de controle

iteração
laço
laço aninhado
laço controlado por condição
laço controlado por contagem
laço controlado por usuário

laço for
laço infinito
laço pós-teste
laço pré-teste
laço while

MÓDULO 8

ARRANJOS

OBJETIVOS DE APRENDIZAGEM:

8.1 NOÇÕES BÁSICAS SOBRE ARRANJO
8.1.1 Categorizar um arranjo como uma estrutura de dados e um tipo de dados composto.
8.1.2 Diferenciar entre arranjos unidimensionais e arranjos bidimensionais.
8.1.3 Listar as três características de um arranjo.
8.1.4 Listar os tipos de dados que um arranjo pode conter.
8.1.5 Explicar o uso de índices de arranjo.
8.1.6 Ilustrar o layout de um arranjo unidimensional na memória.
8.1.7 Identificar casos de uso para arranjos unidimensionais e bidimensionais.

8.2 ARRANJOS UNIDIMENSIONAIS
8.2.1 Identificar variáveis que representam um arranjo unidimensional.
8.2.2 Declarar e inicializar arranjos numéricos e de string unidimensionais.

8.3 ENTRADA E SAÍDA DE ARRANJO
8.3.1 Gerar um único elemento de arranjo.
8.3.2 Explicar a causa de um erro de índice no contexto de arranjos.
8.3.3 Usar um laço para percorrer um arranjo.
8.3.4 Inserir elementos de arranjo em tempo de execução.

8.4 OPERAÇÕES DE ARRANJO
8.4.1 Alterar o valor de um elemento de arranjo.
8.4.2 Encontrar um elemento em um arranjo.
8.4.3 Encontrar a soma dos elementos em um arranjo unidimensional.

8.5 ARRANJOS BIDIMENSIONAIS
8.5.1 Identificar variáveis que representam arranjos bidimensionais.
8.5.2 Associar arranjos bidimensionais a tabelas, grades e matrizes.
8.5.3 Ilustrar a maneira como um arranjo bidimensional é armazenado na memória.
8.5.4 Inicializar um arranjo bidimensional.
8.5.5 Explicar a necessidade de laços aninhados para percorrer um arranjo bidimensional.
8.5.6 Gerar os elementos de um arranjo bidimensional.
8.5.7 Somar as linhas e colunas em um arranjo bidimensional.

8.1 NOÇÕES BÁSICAS SOBRE ARRANJOS

Retângulos mágicos (8.1.1, 8.1.2)

Um retângulo mágico é uma matriz cheia de números. Examine o retângulo mágico na **Figura 8-1**. Dois números estão ausentes. Você consegue descobrir como preencher corretamente os quadrados vazios?

6	7	8	9	10
13	3	1	11	12
	14	15	4	

Figura 8-1 Um retângulo mágico incompleto

Para completar o quebra-cabeças, é preciso entender as seguintes propriedades de um retângulo mágico:

- Cada célula contém um número único.
- Com 15 células, os números são de 1 a 15.
- Os números em cada linha produzem somas iguais. Nesse retângulo, a soma de cada linha deve ser 40.
- Os números em cada coluna produzem somas iguais, mas essa soma não precisa ser igual à soma das linhas. Mas aqui, cada coluna deve somar 24.

P Quais números completariam o retângulo mágico?

R A célula inferior esquerda deve conter 5. A célula inferior direita deve conter 2.

Um retângulo mágico é um exemplo de um arranjo. No contexto de programação, um **arranjo** é uma estrutura de dados que armazena uma coleção de elementos que têm o mesmo tipo de dados. O retângulo mágico é um arranjo que contém uma coleção de inteiros.

Arranjos também são classificados como tipos de dados compostos porque são construídos a partir de tipos de dados primitivos, como inteiros ou caracteres.

Os programadores normalmente trabalham com arranjos unidimensionais e bidimensionais.

- Um **arranjo unidimensional** é linear. A primeira linha do retângulo mágico com seus cinco elementos é um arranjo unidimensional.
- Um **arranjo bidimensional** tem linhas e colunas que formam uma matriz. Todo o retângulo mágico é um arranjo bidimensional.

Características de arranjo (8.1.3, 8.1.4, 8.1.5, 8.1.6)

Arranjos são homogêneos, ordenados e finitos.

Homogêneo. Arranjos podem ser preenchidos com dados de caractere, booleano, inteiro, ponto flutuante ou string. Lembre-se, porém, que todos os elementos de um arranjo devem ser do mesmo tipo de dados, uma característica conhecida como **homogêneo**. Um arranjo pode ser preenchido com dados inteiros, mas não se pode ter um arranjo contendo alguns inteiros e algumas strings.

Ordenado. Arranjos são armazenados em endereços de memória consecutivos, e cada elemento é identificado por um **índice de arranjo** entre colchetes. Os índices de arranjo às vezes são chamados subscritos.

O primeiro elemento em um arranjo tem um índice [0]. Os elementos restantes de arranjo em um arranjo unidimensional são indexados em sequência, como mostrado na **Figura 8-2**.

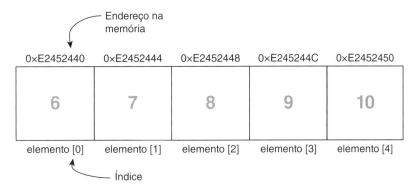

Figura 8-2 Alocação de memória para um arranjo unidimensional

Finito. Como um arranjo é armazenado em um conjunto de locais de memória consecutivos, não pode ter um número infinito de elementos. Na maioria das linguagens de programação, é preciso definir o número de elementos em um arranjo ao criá-lo.

Tecnicamente, um arranjo mantém-se fixo de acordo com o tamanho que você especificar. É possível alterar os elementos no arranjo, mas não adicionar mais elementos. Para expandir um arranjo, deve-se criar um arranjo maior, mover os elementos originais para o novo e adicionar os novos elementos. Algumas linguagens de programação fornecem soluções alternativas para essa limitação. Por exemplo, C++ fornece vetores ATL, e Python listas que permitem dimensionamento dinâmico.

Eis uma pegadinha. A primeira linha do retângulo mágico é um arranjo de cinco elementos, mas o índice do elemento final é [4], não [5], como mostrado na **Figura 8-3**. Tenha isso em mente ao trabalhar com arranjos!

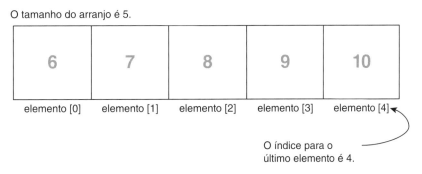

Figura 8-3 O valor de índice para o último elemento em um arranjo é um a menos que o número de elementos no arranjo

Casos de uso de arranjos (8.1.7)

Arranjos são uma parte indispensável da caixa de ferramentas de programação. Suponha que você queira encontrar a média de 100 medições de precipitação pluviométrica. Inicializar 100 variáveis seria entediante. Em vez disso, pode-se criar um único arranjo nomeado, como `precipitação pluviométrica [100]`, para armazenar todos os dados.

Arranjos são uma ótima maneira de:

- Armazenar listas de dados.
- Representar uma coleção de dados inteiros ou de ponto flutuante que se quer processar utilizando o mesmo algoritmo.
- Classificar uma coleção de dados numéricos ou de string.
- Manipular os caracteres em uma palavra ou frase invertendo-os ou criptografando-os.
- Processar imagens que são armazenadas como uma matriz de pixels.
- Armazenar menus para controle de programas.
- Implementar estruturas de dados como listas, pilhas, filas e tabelas de hash.
- Armazenar e manipular matrizes matemáticas.
- Procurar valores em listas e coleções de dados.
- Processar listas ou tabelas de dados estatísticos.

Para descobrir mais sobre essa ferramenta de programação útil, vamos começar explorando arranjos unidimensionais.

8.2 ARRANJOS UNIDIMENSIONAIS

Inicializar arranjos numéricos (8.2.1)

Um arranjo unidimensional tem um nome e usa um índice único para identificar os elementos do arranjo. Ao nomear um arranjo, use as mesmas convenções para nomear uma variável. A primeira linha do retângulo mágico pode ser codificada como um arranjo chamado `magic_array[]`. O arranjo contém cinco inteiros indexados de [0] a [4], como mostra a **Figura 8-4**.

Figura 8-4 Um arranjo chamado `magic_array[]` contém cinco elementos

P Qual é o valor armazenado no elemento [2] de `magic_array[]` na Figura 8-4?

R É 8.

Para criar um arranjo, utilize uma instrução de declaração para atribuir um nome ao arranjo e especificar seu comprimento. Esse processo às vezes é chamado *dimensionamento de um arranjo*.

No pseudocódigo, uma instrução de arranjo deve incluir três parâmetros:

- O nome do arranjo.
- O tipo de dados no arranjo.
- O número de elementos que se pretende inserir no arranjo.

Para declarar um arranjo de cinco inteiros chamado magic_arranjo, use o seguinte pseudocódigo:

`declare` **int magic_array[5]**

Pode-se, também, declarar e inicializar um arranjo com os elementos de dados em uma única instrução. Os elementos do arranjo são colocados entre chaves ou colchetes, dependendo da sua linguagem de programação. Para pseudocódigo, chaves é uma notação comum.

`initialize` **int magic_array[5] = {6, 7, 8, 9, 10}**

A **Figura 8-5** fornece detalhes sobre como configurar arranjos unidimensionais em sua linguagem de programação.

Sintaxe para declarar um arranjo:

tipo_de_dado nome_do_arranjo[número_de_elementos_no_arranjo];

Exemplo:

int magic_array[5];

Sintaxe para declarar e inicializar um arranjo:

tipo_de_dado nome_do_arranjo[número_de_elementos_no_arranjo] = {elemento, elemento, elemento};

Exemplo:

int magic_array[5] = {6, 7, 8, 9, 10};

Figura 8-5 Declaração e inicialização de arranjos unidimensionais

Inicialização de arranjos de string (8.2.2)

Construir um arranjo contendo texto é semelhante a criar um arranjo de números. Use o tipo de dados de string e coloque cada string entre aspas. No pseudocódigo, pode-se especificar um arranjo de strings como este:

`initialize` **string sizes[3] = {"small", "medium", "large"}**

A **Figura 8-6** fornece o código para inicializar um arranjo de strings chamado `sizes[]`.

```
#include <iostream>
#include <string>
using namespace std;

int main()
{
  string sizes[3] = {"small", "medium", "large"};
}
```

Regras e práticas recomendadas:
- Designar o tipo de dados como string.
- Ao trabalhar com strings, não se esqueça de incluir a biblioteca `<string>`.
- Colocar elementos de string entre aspas.

Figura 8-6 Inicialização de um arranjo de strings

8.3 ENTRADA E SAÍDA DE ARRANJO

Saída de um elemento de arranjo (8.3.1)

Você achará fácil gerar um único elemento de um arranjo usando o valor de índice. No pseudocódigo, a instrução a seguir gera o valor para o elemento de arranjo referenciado pelo índice [3].

`initialize int magic_array[5] = {6, 7, 8, 9, 10}`

`output magic_array[3]`

SAÍDA:

9

O código para essa operação está na **Figura 8-7**.

```
#include <iostream>
using namespace std;

int main()
{
  int magic_array[5]= {6, 7, 8, 9, 10};
  cout << magic_array[3]<< endl;
}

SAÍDA:
9
```

Figura 8-7 Saída de um elemento de arranjo

Erros de índice (8.3.2)

Usar um índice para um elemento que não está dentro do arranjo produz um **erro de índice** ou um alerta de compilador. Por exemplo, se você dimensionou `magic_array[]` para conter cinco elementos e tentar acessar ou gerar `magic_array[6]`, seu ambiente de programação pode produzir uma mensagem semelhante àquela na **Figura 8-8**.

```cpp
#include <iostream>
using namespace std;

int main()
{
  int magic_array[5] = {6, 7, 8, 9, 10};
  cout << magic_array[6];
}

SAÍDA:
main.cpp:7:11: warning: array index 6 is
       past the end of the array (which
       contains 5 elements) [-Warray-bounds]
  cout << magic_array[6];
```

Figura 8-8   Uma mensagem de erro de índice

Erros de índice às vezes são chamados erros de limite, exceções fora dos limites ou erros de subscrito. Esses erros são fáceis de cometer, mas também são fáceis de serem corrigidos prestando atenção aos valores de índice em laços, cálculos e instruções de saída.

Percursos em um arranjo (8.3.3)

Arranjos têm vários elementos. Para gerar todos os elementos em `magic_array`, pode-se usar um algoritmo de força bruta como este:

```
output magic_array[0]
output magic_array[1]
output magic_array[2]
output magic_array[3]
output magic_array[4]
```

Obviamente esse algoritmo não é muito eficiente. Tentar simplesmente executar uma instrução como `output magic_array`, porém, pode levar a consequências inesperadas. Dependendo da linguagem de programação, essa instrução de saída pode produzir um número hexadecimal como 0x7ffc01070b60. Esse número é o endereço na memória do primeiro elemento no arranjo, em vez de uma lista de elementos no arranjo.

É possível usar um laço para gerar os elementos em um arranjo. Acessar cada elemento do arranjo em sequência chama-se **percurso de um arranjo**. Pode-se percorrer um arranjo para gerar cada elemento, contar o número total de elementos, procurar um elemento ou somar os elementos.

O pseudocódigo para percorrer `magic_array[]` para gerar cada elemento é assim:

```
initialize int magic_array[5] = {6, 7, 8, 9, 10}
for i (start: i = 0, test: i < 5)
    output magic_array[i]
```

Reexamine o pseudocódigo e observe o seguinte:

- O contador de laços começa em 0.
- A condição de teste termina o laço quando o contador é < 5 porque o contador começa em 0.
- Na instrução de saída, o índice para `magic_array[]` contém a variável `i` que conta os laços.

A **Figura 8-9** contém o código para percorrer um arranjo a fim de gerar seus elementos.

```cpp
#include <iostream>
#include <iomanip>
using namespace std;

int main()
{
  int i;
  int magic_array[5] = {6, 7, 8, 9, 10};
  for (i = 0; i < 5; i++)
  {
    cout << setw(3) << magic_array[i];
  }
cout << endl;
}
```

SAÍDA:
  6 7 8 9 10

Regras e práticas recomendadas:
- Use um laço controlado por contagem com o valor de teste configurado como < tamanho do arranjo.
- Para formatar a saída com espaçamento uniforme, use a função `setw()` para configurar a largura do campo e justificar os números à direita.
- Inclua a biblioteca `<iomanip>` para acessar a função `setw()`.

Figura 8-9 Percurso de um arranjo com um laço controlado por contagem

Elementos de arranjo de entrada (8.3.4)

Seus programas podem coletar elementos para um arranjo em tempo de execução. O truque é lembrar-se de que, na maioria das linguagens de programação, é preciso declarar o arranjo e o tamanho antes de conseguir adicionar elementos. Se você souber o tamanho do arranjo, o algoritmo ficará assim:

```
declare int magic_array[5]
output "Enter five numbers for the array: "
for i (start: i = 0, test: i < 5)
    input magic_array[i]
```

Pode-se ver que com um número conhecido de elementos de arranjo, como cinco, o contador de laços pode ser configurado de modo que o laço faça cinco repetições e colete cinco valores para o arranjo.

Mas e se você não souber quantos elementos serão inseridos em tempo de execução? É possível lidar com essa situação solicitando o número de elementos e armazenando esse número em uma variável, como **max**. Essa variável controlará a condição de teste no laço.

```
output "How many numbers in the array? "
input max
declare int magic_array[max]
output "Enter " + max + " numbers for the array: "
for i (start: i = 0, test: i < max)
    input magic_array[i]
for i (start: i = 0, test: i < max)
    output magic_array[i]
```

A **Figura 8-10** apresenta o código para esse algoritmo, rastreia a entrada e mostra a saída.

```cpp
#include <iostream>
#include <iomanip>
using namespace std;

int main()
{
  int i;
  int max = 0;

  cout << ("How many numbers in the array? ");
  cin >> max;
  int magic_array[max];
  cout << "Enter " << max << " numbers for the array:" << endl;
```

Figura 8-10 Entrada em tempo de execução para um arranjo (*continua*)

```
    for (i = 0; i < max; i++)
       cin >> magic_array[i];


  cout << endl << "Here are your numbers: ";
  for (i = 0; i < max; i++)
     cout << setw(3) << magic_array[i];
cout << endl;
}


SAÍDA:
How many numbers in the array? 3 [Enter]
Enter 3 numbers for the array:
55 [Enter]
22 [Enter]
9  [Enter]


Here are your numbers: 55 22   9
```

Figura 8-10 Entrada em tempo de execução para um arranjo

P Na Figura 8-10, a variável `max` é a condição de teste para os laços de entrada e saída. De onde se origina o valor para `max`?

R O valor para `max` é obtido pela instrução `cin >> max` quando o usuário responde ao comando `"How many numbers in the array?"`

8.4 OPERAÇÕES DE ARRANJO

Alterar um elemento de arranjo (8.4.1)

Pode-se alterar o valor de qualquer elemento de arranjo usando uma instrução de atribuição. Apenas lembre-se de incluir o valor de índice para o elemento que deseja alterar. Analise o código na **Figura 8-11**. Qual elemento é alterado?

Uma instrução como `magic_array[3] = 22` altera o valor do quarto elemento no arranjo porque o índice do primeiro elemento é [0]. O programa alterou o valor do arranjo de 9 para 22.

Encontrar um elemento de arranjo (8.4.2)

Suponha que você tenha um grande arranjo e queira saber se ele contém o valor 22. Pode-se percorrê-lo e comparar cada item do arranjo ao valor-alvo. Também é possível incluir um acumulador que registra o número de vezes que o elemento-alvo aparece no arranjo.

```
#include <iostream>
#include <iomanip>
using namespace std;

int main()
{
  int i;
  int magic_array[5] = {6, 7, 8, 9, 10};
  magic_array[3] = 22;
   for (i = 0; i < 5; i++)
      cout << setw(3) << magic_array[i];
}

SAÍDA:
  6  7  8 22 10
```

Figura 8-11   Alterar um elemento de arranjo

Rastreie o pseudocódigo a seguir para certificar-se de que consegue identificar o laço, a operação de comparação e o acumulador.

```
initialize int count = 0
initialize int magic_array[10] = {6, 22, 8, 22, 12, 6, 99, 20, 2, 4};
for i (start: i = 0, test i < 10)
   if magic_array[i] == 22 then
      count = count + 1
output "The array contains " + count + " instances of 22."
```

P   No pseudocódigo anterior, qual instrução é o acumulador?

R   O acumulador é `count = count + 1`.

O código para o algoritmo de busca está na **Figura 8-12**.

Elementos de soma em arranjos (8.4.3)

No retângulo mágico, a soma de cada linha deve ser a mesma. Vamos usar um acumulador chamado `total` para encontrar a soma dos elementos na primeira linha do retângulo mágico.

```
#include <iostream>
using namespace std;

int main()
{
  int i;
  int count = 0;
  int magic_array[10] = {6, 22, 8, 22, 12, 6, 99, 20, 2, 4};
  for (i = 0; i < 10; i++)
  {
    if (magic_array[i] == 22)
      count = count + 1;
  }
  cout << "The array contains " << count << " instances of 22." << endl;
}

SAÍDA:
The array contains 2 instances of 22.
```

Figura 8-12 Localizar elementos em um arranjo

P A caixa sombreada na **Figura 8-13** indica que uma parte da instrução para o acumulador está ausente. Qual é a expressão ausente?

R A expressão ausente é `total + magic_array[i]`.

8.5 ARRANJOS BIDIMENSIONAIS

Noções básicas sobre arranjos bidimensionais (8.5.1, 8.5.2, 8.5.3)

Um retângulo mágico é um arranjo bidimensional que possui múltiplas linhas e colunas. Conceitualmente, arranjos bidimensionais parecem ser tabelas, grades ou matrizes. Cada célula em um arranjo bidimensional é referenciada por dois valores de índice: um para indicar a linha e outro para indicar a coluna, conforme mostrado na **Figura 8-14**.

P Se o retângulo mágico na Figura 8-14 é representado por um arranjo chamado `magic_array[][]`, como se referir à célula que contém 11?

R O valor 11 está na linha 1, coluna 3. Usando dois índices, a célula que contém 11 é `magic_array[1][3]`.

MÓDULO 8 – ARRANJOS **131**

```cpp
#include <iostream>
using namespace std;

int main()
{
  int i;
  int total = 0;
  int magic_array[5] = {6, 7, 8, 9, 10};
  for (i = 0; i < 5; i++)
  {
    total =                       ;
  }
  cout << "The sum of the array: " << total << endl;
}

SAÍDA:
The sum of the array: 40
```

Figura 8-13   Elementos de soma em arranjo

	Coluna [0]	Coluna [1]	Coluna [2]	Coluna [3]	Coluna [4]
Linha [0]	6 [0][0]	7 [0][1]	8 [0][2]	9 [0][3]	10 [0][4]
Linha [1]	13 [1][0]	3 [1][1]	1 [1][2]	11 [1][3]	12 [1][4]
Linha [2]	5 [2][0]	14 [2][1]	15 [2][2]	4 [2][3]	2 [2][4]

Figura 8-14   Índices de arranjo bidimensional

Embora um arranjo bidimensional pareça ser uma grade de linhas e colunas, na memória esses arranjos são armazenados em uma única linha nos locais de memória. A **Figura 8-15** pode ajudá-lo a visualizar o layout.

Endereço	0x40	0x44	0x48	0x4C	0x50	0x54	0x58	0x5C	0x60	0x64	0x68	0x6C	0x70	0x74	0x78
Elementos	6	7	8	9	10	13	3	1	11	12	5	14	15	4	2

Linha 0 do arranjo — Linha 1 do arranjo — Linha 2 do arranjo

Figura 8-15   Alocação de memória em arranjos bidimensionais

Inicialização de um arranjo bidimensional (8.5.4)

No pseudocódigo, pode-se declarar um arranjo bidimensional usando dois índices. O pseudocódigo a seguir declara o retângulo mágico com três linhas e cinco colunas.

```
declare int magic_array[3][5]
```

O pseudocódigo para inicializar o retângulo mágico requer que cada linha de valores seja colocada entre chaves. Os programadores gostam de alinhar os dados para que pareçam uma matriz.

```
initialize int magic_array[3][5] = {{6, 7, 8, 9, 10},
                                    {13, 3, 1, 11, 12},
                                    {5, 14, 15, 4, 2}}
```

A **Figura 8-16** fornece detalhes para codificar arranjos bidimensionais em sua linguagem de programação.

Sintaxe para declarar um arranjo bidimensional:

```
tipo_de_dado nome_do_arranjo[linhas][colunas];
```

Exemplo:

```
int magic_array[3][5];
```

Sintaxe para declarar e inicializar um arranjo bidimensional:

```
tipo_de_dado nome_do_arranjo[linhas][colunas]; = {{elemento, elemento, elemento}, {elemento, elemento, elemento}};
```

Exemplo:

```
int magic_array[3][5] = {{6, 7, 8, 9, 10},
                         {13, 3, 1, 11, 12},
                         {5, 14, 15, 4, 2}};
```

Figura 8-16 Declarar e inicializar um arranjo bidimensional

Saída de um arranjo bidimensional (8.5.5, 8.5.6)

Em geral, percorrer um arranjo bidimensional requer um laço aninhado. O laço externo controla a iteração em cada linha, enquanto o laço interno controla as iterações pelas colunas. Para `magic_array[][]`, o laço começa na linha 0 para gerar os valores nas células com estes índices:

[0][0] [0][1] [0][2] [0][3] [0][4]

Em seguida, o laço gera os valores na linha 1. As células têm estes índices:

[1][0] [1][1] [1][2] [1][3] [1][4]

E, finalmente, na última linha:

[2][0] [2][1] [2][2] [2][3] [2][4]

P No pseudocódigo a seguir, qual é o valor de teste para o laço externo i? E para o laço interno j?

```
initialize int magic_array[3][5] = {{6, 7, 8, 9, 10},
                                    {13, 3, 1, 11, 12},
                                    {5, 14, 15, 4, 2}};
for i (start: i = 0, test: i < 3)
   for j (start: j = 0, test: j < 5)
      output magic_array[i][j]
```

R O valor de teste do laço externo é `i < 3`. O valor de teste para o laço interno é `j < 5`.

Ao codificar a saída de arranjo, caso queira, é possível adicionar alguns parâmetros de formatação para alinhar os valores de saída. A **Figura 8-17** fornece algumas dicas.

A função `setw()` de `<iomanip>` ajuda a organizar os números em colunas. O parâmetro `setw(4)` fornece espaçamento para números de dois dígitos.

```cpp
#include <iostream>
#include <iomanip>
using namespace std;

int main()
{
   int i = 0;
   int j = 0;
   int magic_array[3][5] = {{6, 7, 8, 9, 10},
                            {13, 3, 1, 11, 12},
                            {5, 14, 15, 4, 2}};
   for (i = 0; i < 3; i++)
   {
      for (j = 0; j < 5; j++)
      {
       cout << setw(4) << (magic_array[i][j]);
      }
       cout << endl;
   }
}
```

Figura 8-17 Percurso de um arranjo bidimensional (*continua*)

SAÍDA:
```
    6    7    8    9   10
   13    3    1   11   12
    5   14   15    4    2
```

Figura 8-17 Percurso de um arranjo bidimensional

Soma das colunas e linhas do arranjo (8.5.7)

Cada linha no retângulo mágico deve produzir 40 como soma de seus elementos. Para confirmar que é esse o caso, pode-se escrever um programa para somar cada linha. O algoritmo requer um laço aninhado e um acumulador configurado como zero para cada linha.

P No pseudocódigo a seguir, é possível identificar o acumulador e a instrução que o redefine como zero para cada linha?

```
initialize int magic_array[3][5] = {{6, 7, 8, 9, 10},
                                    {13, 3, 1, 11, 12},
                                    {5, 14, 15, 4, 2}};
for i (start: i = 0, test: i < 3)
   row_sum = 0
   for j (start: j = 0, test: j < 5)
      row_sum = row_sum + magic_array[i][j]
      output magic_array[i][j]
   output "    " + row_sum
```

R O acumulador é `row_sum`. Ele é redefinido como 0 após o início do laço externo, mas antes do início do laço interno.

Agora, que tal imprimir a soma para cada coluna? Pode-se adicionar um laço para essa operação. O truque para obter as somas das colunas é reverter os índices para [j][i] em vez de [i][j]. Preste atenção ao segundo laço aninhado no pseudocódigo a seguir:

```
initialize int magic_array[3][5] = {{6, 7, 8, 9, 10},
                                    {13, 3, 1, 11, 12},
                                    {5, 14, 15, 4, 2}};

for i (start: i = 0, test: i < 5)
   column_sum = 0
   for j (start: j = 0, test: j < 3)
      column_sum = column_sum + magic_array[j][i]

   output column_sum
```

Depois de entender as operações de laço, o código desse algoritmo pode ser facilmente compreendido. Na **Figura 8-18**, você consegue localizar o laço que soma a linha e o laço que soma a coluna?

```cpp
#include <iostream>
#include <iomanip>
using namespace std;

int main()
{
  int i = 0;
  int j = 0;
  int row_sum, column_sum;
  int magic_array[3][5] = {{6, 7, 8, 9, 10},
                           {13, 3, 1, 11, 12},
                           {5, 14, 15, 4, 2}};
  for (i = 0; i <3; i++)
  {
    row_sum = 0;
    for (j = 0; j < 5; j++)
    {
      row_sum = row_sum + magic_array[i][j];
      cout << setw(4) << (magic_array[i][j]);
    }
    cout<< "     " << row_sum;
    cout << endl;
  }
  cout << endl;

  for (i = 0; i < 5; i++)
  {
    column_sum = 0;
    for(j = 0; j < 3; j++)
    {
      column_sum = column_sum + magic_array[j][i];
    }
```

Figura 8-18 Somando as linhas e colunas em um arranjo bidimensional (*continua*)

```
            cout << setw(4) << column_sum;
    }
    cout << endl;
}
```

SAÍDA:

```
    6    7    8    9   10       40
   13    3    1   11   12       40
    5   14   15    4    2       40

   24   24   24   24   24
```

Figura 8-18 Somando as linhas e colunas em um arranjo bidimensional

Além de somar linhas e colunas, pode-se percorrer arranjos bidimensionais para localizar e alterar elementos, e para realizar outras operações. Ao projetar programas que lidam com arranjos bidimensionais, use técnicas de decomposição para dividir o algoritmo em partes gerenciáveis. Por exemplo, pode-se primeiro elaborar o algoritmo para um arranjo unidimensional e então adaptá-lo para um arranjo bidimensional.

RESUMO

- Um arranjo é uma estrutura de dados que armazena uma coleção de elementos que possuem o mesmo tipo de dados. Arranjos também são classificados como tipos de dados compostos porque são construídos a partir de tipos de dados primitivos, como inteiros ou caracteres.
- Arranjos são homogêneos, ordenados e finitos. Eles têm uma variedade de casos de uso para trabalhar com coleções de dados.
- Os programadores normalmente trabalham com arranjos unidimensionais e bidimensionais. Um arranjo unidimensional é linear. Um arranjo bidimensional tem linhas e colunas que formam uma matriz.
- Tanto arranjos unidimensionais como bidimensionais são armazenados em endereços consecutivos na memória. No código do programa, cada elemento de um arranjo é identificado por um valor de índice entre colchetes.
- Elementos de arranjo unidimensionais têm um índice. Elementos de arranjo bidimensionais têm um índice de linha e um índice de coluna. Erros de índice no código do programa são comuns, mas são fáceis de identificar e corrigir.
- Acessar cada elemento do arranjo em sequência chama-se percurso de um arranjo. Em geral, laços são usados para percorrer arranjos. Um único laço pode percorrer um arranjo unidimensional. Um laço aninhado é necessário para percorrer um arranjo bidimensional.
- As operações comuns de arranjo incluem a saída de elementos, a alteração de elementos, a busca de elementos, a entrada de elementos em tempo de execução e a soma de elementos.

Termos-chave

arranjo
arranjo bidimensional
arranjo unidimensional

erro de índice
homogêneo
índice de arranjo

percurso de um arranjo

MÓDULO 9

FUNÇÕES

OBJETIVOS DE APRENDIZAGEM:

9.1 NOÇÕES BÁSICAS SOBRE FUNÇÕES
9.1.1 Diferenciar funções internas, funções importadas e funções definidas pelo programador.
9.1.2 Associar funções à programação modular.
9.1.3 Indicar o propósito de uma chamada de função.
9.1.4 Rastrear o fluxo de um programa que inclui funções definidas pelo programador.
9.1.5 Indicar as vantagens das funções definidas pelo programador.
9.1.6 Fornecer um exemplo de uma função definida pelo programador.

9.2 FUNÇÕES VOID
9.2.1 Descrever as principais características de uma função void.
9.2.2 Comparar as convenções de nomenclatura para funções com as para variáveis.
9.2.3 Identificar os componentes na declaração e no corpo de uma função void.
9.2.4 Identificar funções e chamadas de função no código.
9.2.5 Identificar funções e chamadas de função no pseudocódigo.

9.3 FUNÇÕES COM PARÂMETROS
9.3.1 Explicar o propósito dos parâmetros de função em uma declaração de função.
9.3.2 Explicar o uso de parâmetros tipados.
9.3.3 Identificar os argumentos em uma chamada de função.
9.3.4 Diferenciar argumentos de parâmetros.

9.3.5 Identificar a correspondência entre os argumentos em uma chamada de função e os parâmetros declarados em uma instrução de função.
9.3.6 Rastrear dados à medida que são transferidos de uma chamada de função para uma função.

9.4 VALORES DE RETORNO
9.4.1 Indicar a finalidade do valor de retorno de uma função.
9.4.2 Compor uma instrução de atribuição que coleta um valor de retorno em uma variável.
9.4.3 Rastrear a lógica de um programa que passa valores para uma função e retorna um valor para o programa principal.
9.4.4 Explicar o propósito de declarar o tipo de retorno de uma função.
9.4.5 Definir o termo "assinatura de função" e identificar exemplos.

9.5 ESCOPO
9.5.1 Explicar o conceito de escopo no que se refere a variáveis em funções.
9.5.2 Explicar a diferença entre variáveis globais e locais.
9.5.3 Declarar variáveis globais e locais.
9.5.4 Identificar variáveis globais e locais no código e declarar as práticas recomendadas para seu uso.
9.5.5 Explicar o significado de "passar por valor" no contexto das funções.
9.5.6 Explicar o significado de "passar por referência" no contexto das funções.
9.5.7 Explicar o propósito dos namespaces.

9.1 NOÇÕES BÁSICAS SOBRE FUNÇÕES

Classificações de funções (9.1.1)

A noite Trivia é um evento popular nas pizzarias (**Figura 9-1**), e os jogadores podem treinar antes com jogos on-line. O formato de perguntas e respostas do Trivia fornece um ótimo caso de uso para incorporar funções aos seus programas.

Figura 9-1   Trivia da noite de pizza

Uma função é um bloco nomeado do código de programa que realiza uma tarefa específica. Funções podem ser classificadas em três categorias:

- ***Funções internas*** são fornecidas por uma linguagem de programação, sem a necessidade de importar módulos, bibliotecas, pacotes ou outros componentes. A maioria das linguagens de programação inclui funções matemáticas básicas, como `abs()` para encontrar o valor absoluto de um número.
- ***Funções importadas*** são empacotadas em bibliotecas e módulos. Elas são distribuídas com um ambiente de programação, mas precisam ser explicitamente adicionadas a um programa usando uma instrução, como `include` ou `import`. Um gerador de números aleatórios é um exemplo de uma função importada que pode ser incluída em seus programas.
- ***Funções definidas pelo programador*** são criadas por você, o programador, para realizar operações personalizadas dentro de um programa. Essas funções podem ser criadas para modularizar seus programas e realizar tarefas repetitivas.

Funções definidas pelo programador (9.1.2)

Neste módulo, o foco é as funções definidas pelo programador que se pode criar para realizar uma tarefa, rotina, operação ou processo específico acessado pelo programa principal. Suponha que esteja criando um programa Trivia. Para cada pergunta, há a resposta do usuário e a resposta correta. Pode-se usar um algoritmo linear e verificar a resposta após cada pergunta, desta maneira:

```
output "Lake Chapala is the largest freshwater lake in which country? "
input answer
if answer == "Mexico" then
   output "Correct!"
   output "You earn 1 point."
   score = score + 1
```

```
else
    output "That is not correct."

output "Mac Gargan is the alter ego of what Spider-Man villain? "
input answer
if answer == "Scorpion" then
    output "Correct!"
    output "You earn 1 point."
    score = score + 1
else
    output "That is not correct."
```

Observe que com exceção das respostas reais, "Mexico" e "Scorpion", a lógica if-else para verificar as respostas é semelhante para cada pergunta. Eliminar essa repetição é exatamente onde as funções definidas pelo programador brilham.

Fluxo de execução (9.1.3, 9.1.4)

Pode-se criar uma única função que é ativada para cada pergunta a fim de verificar a resposta. A função pode ser acionada por uma **chamada de função** de vários locais em um programa. O fluxo de execução pula para a função, executa as instruções que ela contém e retorna ao caminho de execução anterior. A **Figura 9-2** ajuda a visualizar como as funções afetam o fluxo de execução do programa.

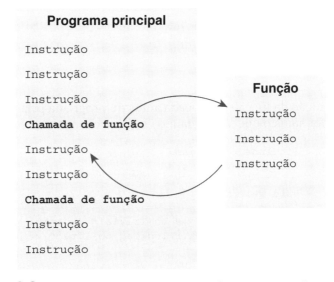

Figura 9-2   As chamadas de função transferem a execução para a função especificada; o fluxo retorna ao caminho de execução anterior quando a função é concluída

Vantagens das funções (9.1.5, 9.1.6)

O programa Trivia é um caso de uso para funções definidas pelo programador. As funções ajudam a fazer o seguinte:

- Modularizar seu código agrupando instruções que realizam cada tarefa.
- Simplificar as modificações porque é mais provável que elas afetem apenas o código em uma função, em vez de instruções espalhadas por todo o programa.

- Reduzir a quantidade de codificação criando blocos de código que podem ser reutilizados várias vezes em um programa.
- Encapsular o código para simplificar a depuração.

Vamos analisar mais atentamente as funções, começando com um exemplo simples antes de chegar a uma versão mais robusta que verifica as respostas e escores das perguntas Trivia.

9.2 FUNÇÕES VOID

Noções básicas sobre a função void (9.2.1, 9.2.2, 9.2.3, 9.2.4)

Uma **função void** é provavelmente o tipo mais simples de função porque executa uma tarefa, como exibir uma mensagem ou soma, sem retornar nenhum valor ao programa principal. Por exemplo, pode-se criar uma função void para um programa Trivia que exibe uma mensagem Welcome! e regras no início do jogo.

```
function void welcome()
    display "Welcome to Trivia!"
    display "No fair looking on-line."
```

Essa função, como todas as funções, começa com a **declaração de função** de uma linha (ou *cabeçalho de função*) que especifica o nome e outros descritores essenciais. O **nome da função** termina com ( ) parênteses e usa as mesmas convenções de nomenclatura de uma variável. O **corpo da função** é um bloco de instruções que configura o que a função faz.

As duas instruções no corpo da função `welcome()` exibem diretamente mensagens. As mensagens não são retornadas ao programa principal. Como a função não retorna nada ao programa principal, ela é nula. A **Figura 9-3** ilustra os componentes de uma função no código-fonte.

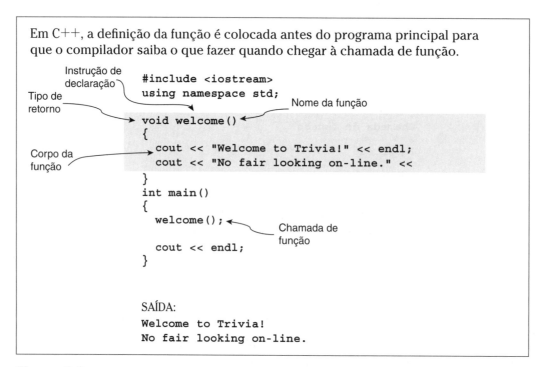

Figura 9-3 Componentes de uma função

Pseudocódigo de função (9.2.5)

Ao ler no pseudocódigo as funções, pode-se ver as seguintes convenções:

- A palavra-chave `function` inicia a declaração da função.
- O corpo da função é recuado.
- A palavra-chave `call` indica uma chamada de função.
- A definição da função é colocada antes do programa principal, independentemente de sua posição exigida pelo compilador ou interpretador da linguagem de programação.

Eis o pseudocódigo que chama a função `correct()` para cada resposta correta em um jogo Trivia. Certifique-se de que é capaz de identificar as três linhas do código da função e as duas chamadas de função.

```
function correct()
   display "Correct!"
   display "You earn 1 point."


output "Lake Chapala is the largest freshwater lake in which country? "
input answer
if answer == "Mexico" then
   call correct()
   score = score + 1
else
   output "That is not correct."


output "Mac Gargan is the alter ego of what Spider-Man villain? "
input answer
if answer == "Scorpion" then
   call correct()
   score = score + 1
else
   output "That is not correct."
```

P Usando a função `correct()`, quanta codificação é eliminada do programa Trivia original?

R Para cada pergunta, as duas linhas seguintes são reduzidas a simplesmente `call correct()`.

```
   output "Correct!"
   output "You earn 1 point."
```

9.3 FUNÇÕES COM PARÂMETROS

Parâmetros de função (9.3.1, 9.3.2)

E se você quiser criar uma função que exibe "Correct!" quando a resposta está correta, mas "Not correct" quando está errada? Para exibir a mensagem apropriada, a função precisa saber se a resposta estava certa ou errada. Pode-se enviar dados a uma função. Por exemplo, pode-se enviar True para a função se a resposta estiver correta, mas False se a resposta estiver errada.

Uma função pode usar os dados que recebe para realizar cálculos, manipular strings, controlar laços, exibir mensagens e tomar decisões. Uma função com *parâmetros* usa os dados enviados para função como *argumentos*. Vamos explorar a relação entre parâmetros e argumentos.

Parâmetros de função especificam um modelo para dados que uma função pode aceitar. Esses parâmetros são listados como variáveis entre parênteses no final do nome da função. Ao especificar o tipo de dados de um parâmetro, diz-se que ele é um **parâmetro tipado**. A **Figura 9-4** mostra como criar uma função com um parâmetro que é utilizado para determinar se "Correct!" ou "Not correct" deve ser exibido.

O parâmetro para a função `correct()` é uma variável booleana chamada `answer_is_correct`. Certifique-se de incluir o tipo de dados para cada parâmetro. Por exemplo, se você tiver vários parâmetros booleanos, como x e y, use um formato como `my_function(bool x, bool y)`.

Como `answer_is_correct` é uma variável booleana, ela pode ter o valor `true` or `false`. Rastreie o programa para entender como o bloco if-then usa o valor de `answer_is_correct` para emitir a mensagem correta.

```
void correct(bool answer_is_correct).
{
  if (answer_is_correct)
  {
    cout << "Correct!" << endl;
    cout << "You earn 1 point." << endl;
  }
  else
    cout << "Not correct." << endl;
}
```

— Parâmetro de função

Figura 9-4 Parâmetros de função

Argumentos de função (9.3.3, 9.3.4)

Como uma função obtém o valor para um parâmetro? Ela recebe o valor de um argumento de função na chamada de função. Um **argumento de função** são dados *passados* para uma função. Por exemplo, pode-se passar um valor booleano para a função `correct()`. Procure a chamada de função e seu argumento na **Figura 9-5**.

P Qual é a saída do programa na Figura 9-5?

R A saída é `"Not correct."`

O argumento na chamada de função para `correct()` contém um valor booleano, que é passado para a variável `answer_is_correct`. A **Figura 9-6** pode ajudá-lo a visualizar essa transferência.

```
void correct(bool answer_is_correct)
{
  if (answer_is_correct)
  {
    cout << "Correct!" << endl;
    cout << "Each correct answer is worth 1 point." << endl;
  }
  else
    cout << "Not correct." << endl;
}
int main()
{
  correct(false);
}
```

A instrução da declaração contém um parâmetro booleano chamado `answer_is_correct` que receberá False da chamada de função.

A chamada de função contém um argumento entre parênteses.

Figura 9-5 Argumentos de função

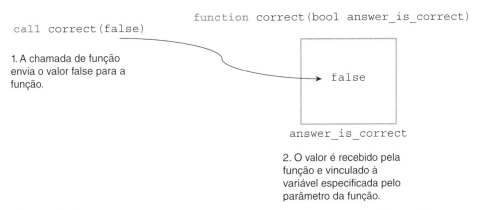

2. O valor é recebido pela função e vinculado à variável especificada pelo parâmetro da função.

Figura 9-6 A transferência copia o argumento de chamada de função à variável especificada na declaração da função

O handoff (9.3.5, 9.3.6)

O *handoff* ou transferência entre argumentos e parâmetros é uma ferramenta de programação poderosa. Verifique a função na **Figura 9-7** com sua coleção de parâmetros. Observe que a chamada de função pode passar uma variável, como `topping`, bem como literais, como 12 e 12,99.

P No programa mostrado na Figura 9-7, que argumento de função é passado para o parâmetro de função `y`?

R O argumento `topping` é passado. Como a variável `topping` contém a string "Veggie", essa string é passada para a parâmetro da função `y` e é impressa na entrada.

Ao especificar os parâmetros para uma função, certifique-se de incluir o tipo de dados para cada um.

```cpp
#include <iostream>
using namespace std;

void receipt(int x, string y, float z)
{
  cout << "Your order:" << endl;
  cout << x << "-inch " << y << " pizza." << endl;
  cout << "Total $" << z << endl;
  cout << "Enjoy Trivia night!" << endl;
}

int main()
{
  string topping = "Veggie";
  receipt(12, topping, 12.99);
}
```

SAÍDA:
Your order:
12-inch Veggie pizza.
Total $12.99
Enjoy Trivia night!

Figura 9-7 Uma função pode ter vários parâmetros

9.4 VALORES DE RETORNO

Valores de retorno (9.4.1, 9.4.2, 9.4.3)

Além de passar dados para uma função, você também pode retornar dados de uma função usando a instrução `return` no final de uma função. Esses dados, chamados **valor de retorno**, podem ser usados para cálculos ou outras operações no programa principal.

Vamos aprimorar o programa Trivia para que a função avalie a resposta do usuário a fim de determinar se está correta. A função exibe "Correct!" e envia um valor 1 de volta ao programa principal se a resposta estiver correta. Se a resposta não estiver correta, o programa exibirá "That is not correct". e envia um valor 0 de volta ao programa principal. O programa principal usa o valor de retorno para rastrear a pontuação total do jogador.

Rastreie o pseudocódigo a seguir para certificar-se de que você entende o algoritmo.

```
function check_answer(guess, correct)
  if guess is correct then
      output "Correct!"
      return 1
  else
      output "That is not correct."
      return 0


output "Lake Chapala is the largest"
output "freshwater lake in which country? "
input answer
points = call check_answer(answer, "Mexico")
score = score + points
```

Muita coisa está acontecendo nesse algoritmo. Vamos analisá-lo passo a passo.

1. Suponha que o usuário responda incorretamente "Brazil" à primeira pergunta do Trivia. "Brazil" é armazenado na variável **answer**.
2. A instrução `points = call check_answer(answer, "Mexico")` chama a função `check_answer()`.
3. A chamada de função passa dois argumentos para a função: o conteúdo de **answer** – "Brazil" – e o literal, "Mexico".
4. A função tem dois parâmetros: **guess** e **correct**. "Brazil" é passado para **guess**. "Mexico" é passado para **correct**.
5. "Brazil" não é igual a "Mexico", assim a função retorna 0 ao programa principal.
6. O 0 é armazenado em **points**. Por quê? A instrução `points = call check_answer(answer, "Mexico")` insere o valor de retorno da função na variável chamada **points**.
7. No programa principal, 0 é adicionado ao escore.

O conceito incorporado na instrução `points = call check_answer(answer, "Mexico")` é a principal vantagem das funções. Pode-se criar uma variável e utilizá-la para armazenar o resultado das operações encapsuladas em uma função. A **Figura 9-8** detalha o código para duas perguntas do Trivia.

```
#include <iostream>
#include <string>
using namespace std;

int check_answer(string guess, string correct)
{
   if (guess == correct)
   {
```

Figura 9-8 Código do Trivia (*continua*)

```cpp
      cout << "Correct!" << endl;
      return 1;
   }
   else
   {
      cout << "That is not correct." << endl << endl;
      return 0;
   }
}
int main() {
   string answer;
   int points = 0;
   int score = 0;
   cout << "Lake Chapala is the largest" << endl;
   cout << "freshwater lake in which country? ";
   cin >> answer;
   points = check_answer(answer, "Mexico");
   score = score + points;
   cout << endl;
   cout << "Mac Gargan is the alter ego of" << endl;
   cout << "what Spider-Man villain? ";
   cin >> answer;
   points = check_answer (answer, "Scorpion");
   score = score + points;

   cout << "Your score: " << score << endl;
}

SAÍDA:
Lake Chapala is the largest
freshwater lake in which country? Mexico [Enter]
Correct!

Mac Gargan is the alter ego of
what Spider-Man villain? Joker [Enter]
That is not correct.

Your score: 1
```

Figura 9-8   Código do Trivia

P Para adicionar outra pergunta ao programa Trivia, pode-se copiar e colar as quatro linhas de código para uma das perguntas atuais. O que você teria de mudar no texto colado?

R Apenas o texto da pergunta e a resposta correta teriam que ser alterados.

Tipo de retorno (9.4.4)

O programa Trivia retorna dados inteiros para o programa principal. Você também pode criar funções que retornam caracteres, strings, pontos flutuantes ou dados booleanos. O **tipo de retorno** corresponde ao tipo de dados que uma função retorna ao programa principal. A **Figura 9-9** traz informações sobre os tipos de retorno.

Sintaxe:

```
tipo_de_retorno nome_da_função(tipo_de_parâmetro parâmetro)
```

Exemplos:

```
int check_answer(int guess, int correct)


float receipt(int pizza_size, bool trivia_winner)


bool check_id(int age)


string message(int score)
```

Regras e práticas recomendadas:
- O tipo de retorno não precisa corresponder aos tipos de dados do parâmetro.
- O tipo de retorno deve corresponder ao tipo de dados para os dados que planeja enviar de volta ao programa principal.
- Toda função não void deve terminar com uma instrução `return`.
- A instrução `return` para a função `main()` é opcional. Se você não incluir uma, o compilador do C++ supõe retorno 0.

Figura 9-9 Especificação do tipo de retorno da função

A instrução `return` no final de uma função passa os dados de volta ao programa principal. Os dados podem ser literais, como "Mushrooms" ou 12,99, ou podem ser representados por uma variável, como `topping`. A **Figura 9-10** ilustra como uma função pode passar uma string usando uma variável.

```
#include <iostream>
#include<string>
using namespace std;

string pizza()
{
   string x = "Mushrooms";
   return x;
}
int main()
{
   string topping = pizza();
   cout << topping << endl;
}
```

A função `pizza()` tem um tipo de retorno de string.

A string "Mushrooms" é atribuída a uma variável chamada x.

A string em x é retornada ao programa principal.

O valor de retorno é atribuído a uma variável chamada `topping`.

SAÍDA:

Mushrooms:

Regras e boas práticas:
- Você só pode retornar um item de uma função.
- Certifique-se de que o tipo de retorno na instrução de declaração corresponda ao tipo dos dados retornados.
- Você pode retornar literais como "Cheese" ou 1.
- Você também pode retornar os valores armazenados em variáveis, como x.

Figura 9-10 Instruções de retorno

Assinatura de função (9.4.5)

O tipo de retorno faz parte da **assinatura de função** que define de modo único uma função para o compilador ou interpretador. Os componentes de uma assinatura de função podem incluir:

- O nome da função.
- Os parâmetros da função.
- O tipo de retorno da função.

Em algumas linguagens de programação, é possível ter duas funções com o mesmo nome, desde que tenham parâmetros diferentes. Por exemplo, pode-se ter uma função com uma assinatura como `check_answer(guess, correct)` e outra com uma assinatura `check_answer(validate)`.

Embora seja possível ter duas funções com o mesmo nome, na prática é menos confuso usar nomes únicos para suas funções.

9.5 ESCOPO

Noções básicas sobre escopo (9.5.1, 9.5.2, 9.5.3, 9.5.4)

Eis um quebra-cabeças. Suponha que você tenha uma variável chamada `my_number` utilizada como o argumento em uma chamada como `experiment(my_number)`. A declaração de função `experiment(my_number)` também usa `my_number` como um parâmetro. Se a função for projetada para adicionar 1 a `my_number`, o valor na variável original muda?

 Verifique o pseudocódigo a seguir. Qual é a saída?

```
function experiment(my_number)
```

```
    output "Value passed to function : " + my_number
    my_number = my_number + 1
    output "Value after adding 1: " + my_number
    return my_number

my_number = 5
call experiment(my_number)
output "Value after returning to main program: " + my_number
```

R A saída é:

```
Value passed to function: 5
Value after adding 1: 6
Value after returning to main program: 5
```

Você está surpreso que a variável `my_number` no programa principal não foi alterada para 6? Esse resultado fascinante está relacionado ao escopo.

No contexto da programação, **escopo** refere-se à visibilidade dos componentes do programa, como variáveis, para outras partes do programa. Na função `experiment()`, o escopo da variável `my_number` só estava visível dentro da função e não estava acessível a outras partes do programa.

Em geral, variáveis e outros componentes que estão limitados a uma parte específica de um programa são chamados escopo local. A variável chamada `my_number` na função `experiment()` é uma **variável local**.

O programa a seguir contém uma variável global `g_earth`, uma variável local chamada `village` na função, e uma variável local chamada `town` no programa `main()`. Tanto `g_earth` como `town` podem ser acessadas pelo programa `main()`. A variável local `village` que é definida na função não pode ser acessada pelo programa `main()` e produz um erro.

```cpp
#include <iostream>
using namespace std;


int g_earth = 100;


void location()
{
   int village = 2;
   cout << village << endl;
   cout << g_earth << endl;
```

Figura 9-11 Variáveis globais e locais (*continua*)

```
}

int main()
{
  int town = 50;
  cout << g_earth << endl;
  cout << village << endl;
  cout << town << endl;
}

SAÍDA:
main.cpp:16:11: error: use of undeclared identifier
       'village'
  cout << village << endl;
          ^
1 error generated.
compiler exit status 1
```

Regras e práticas recomendadas:

- As variáveis globais são definidas no início de um programa, antes das funções e antes do código do programa `main()`.
- Certifique-se de especificar o tipo de dados para a variável global.
- Alguns programadores prefixam as variáveis globais com g ou g_ para explicar que elas são globais.
- Variáveis declaradas dentro de uma função são automaticamente classificadas como locais. Nenhuma codificação adicional é necessária.
- As melhores práticas do C++ evitam o uso de variáveis globais porque elas interrompem a modularização, tornando os programas mais difíceis de modificar e depurar.

Figura 9-11 Variáveis globais e locais

Em contraposição, uma **variável global** está acessível a um programa inteiro. Como você sabe quais variáveis são locais e quais são globais? A **Figura 9-11** responde a essa pergunta.

É possível ter duas variáveis com o mesmo nome desde que tenham escopos diferentes. Uma variável pode ser global, mas a outra é local. Ou as duas variáveis podem ser declaradas em funções diferentes. Em duas variáveis com o mesmo nome, como classificar qual variável tem precedência? Vamos descobrir.

Passagem por valor (9.5.5)

Ok, então você usa `my_number` no programa principal e em uma função. Como essas variáveis têm um escopo diferente, elas são armazenadas em diferentes locais na memória. É por isso que, no pseudocódigo a seguir, adicionar 1 a `my_number` na função `experiment()` não tem nenhum efeito sobre a variável `my_number` no programa principal.

```
function experiment(my_number)
  output "Value passed to function : " + my_number
```

```
    my_number = my_number + 1
    output "Value after adding 1: " + my_number
    return my_number

my_number = 5
call experiment(my_number)
output "Value after returning to main program: " + my_number
```

SAÍDA:
```
Value passed to function: 5
Value after adding 1: 6
Value after returning to main program: 5
```

Os argumentos passados para uma função são cópias dos dados. O termo **passagem por valor** refere-se a uma chamada de função que passa uma cópia de um argumento para uma função. A variável original retém seus dados; em uma função obtém uma cópia dos dados. Mesmo que a variável principal do programa e a da função tenham o mesmo nome, qualquer alteração na cópia dos dados afetará apenas a variável na função.

A **Figura 9-12** reforça a ideia de que alterar o conteúdo de uma variável local em uma função não altera o conteúdo de uma variável com o mesmo nome, mas com escopo diferente.

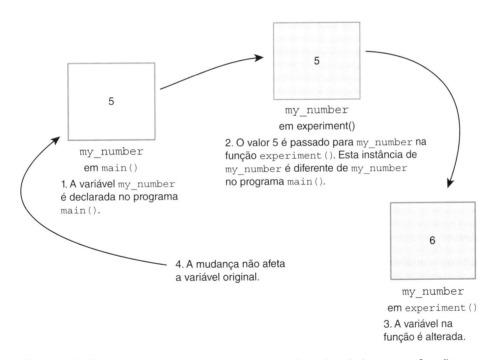

Figura 9-12 Passagem por valor envia uma cópia dos dados a uma função

Se você quer alterar o valor de **my_number** no programa principal, mude a instrução de chamada para incluir uma atribuição:

```
my_number = experiment(my_number)
```

A instrução de atribuição altera explicitamente o valor da variável `my_number` no programa principal. Para evitar confusão sobre as variáveis no programa principal e as variáveis em uma função, é melhor evitar usar os mesmos identificadores para argumentos e parâmetros.

Passagem por referência (9.5.6)

Em algumas linguagens de programação, é possível criar funções que modificam diretamente uma variável que não é local. Essas linguagens usam uma **variável de referência** como um apelido para a variável real e sua posição na memória. O termo **passagem por referência** refere-se a uma chamada de função que usa uma variável de referência como um parâmetro de função. A **Figura 9-13** fornece notas sobre a passagem por referência.

A passagem por referência economiza espaço de memória porque não é necessária uma cópia da variável. Algum tempo computacional também é economizado. Nos computadores modernos cheios de memória e equipados com processadores rápidos, essas economias são pequenas em comparação com o potencial de alterar

---

Variáveis por referência começam com o símbolo e comercial (&). No código-fonte a seguir, procure o parâmetro `&my_number` na assinatura da função. Em seguida, observe que o último valor de saída é 6, o que significa que alterar `my_number` na função alterou o valor no local de memória usado para `my_number` no programa principal.

```cpp
#include <iostream>
using namespace std;

void experiment(int &my_number)
{
  cout << "Value passed to function: " << my_number << endl;
  my_number = my_number + 1;
  cout << "Value after adding 1: " << my_number << endl;
}

int main()
{
  int my_number = 5;
  experiment(my_number);
  cout << "Value after returning to main: " << my_number << endl;
}
```

SAÍDA:
```
Value passed to function: 5
Value after adding 1: 6
Value after returning to main: 6
```

Figura 9-13 Passagem por referência

acidentalmente o valor de uma variável chamando uma função. A passagem por referência deve ser reservada para situações especiais em programas com algoritmos claramente restritos.

Namespaces (9.5.7)

Namespaces fornecem uma maneira de gerenciar o escopo das variáveis. Um `namespace` é essencialmente um contêiner nomeado que possui identificadores, como variáveis, para evitar colisões com outros identificadores que tenham o mesmo nome.

Uma maneira simples de explicar namespaces é com tamanhos de sapato. Um tamanho 9 não é o mesmo para sapatos masculinos e femininos. Para distinguir entre os dois, os fabricantes de calçados especificam "tamanho masculino 9" ou "tamanho feminino 9". De maneira semelhante, namespaces ajudam a distinguir variáveis que, de outra forma, podem parecer iguais.

Namespaces podem ser implícitos ou explícitos.

- ***Namespaces implícitos.*** Um namespace implícito é tratado pela linguagem de programação. Por exemplo, uma função configura um namespace para as variáveis que ela contém. O namespace para o programa principal pode conter uma variável chamada `my_number` e o namespace para a função `experiment()` pode conter uma variável diferente também chamada `my_number`.
- ***Namespaces explícitos.*** Os programadores criam namespaces explícitos declarando-os. Depois que um namespace é declarado, as variáveis podem ser atribuídas a ele. A combinação do namespace e do nome da variável fornece à variável um identificador único, como mostrado na **Figura 9-14**.

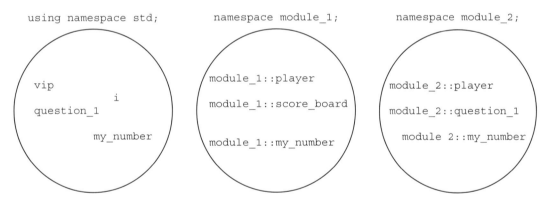

Regras e boas práticas:
- Para declarar um namespace, comece com a palavra-chave `namespace`.
- Termine a instrução de `namespace` com um ponto e vírgula.
- Preceda uma variável de namespace com o namespace e dois-pontos como em `module_1::player`.
- Para usar o namespace padrão, inclua `using namespace std;` no início do programa.
- Ao usar o namespace padrão, as variáveis não precisam de um prefixo de namespace.

Figura 9-14 Namespaces

Os namespaces tornam-se especialmente importantes para programas grandes e para código produzido por equipes de programação. Nesses projetos grandes, os namespaces ajudam a garantir que variáveis e outros identificadores operem dentro do escopo pretendido e não sejam confundidos com identificadores de mesmo nome utilizados em outras partes de um programa.

RESUMO

- Uma função é um bloco nomeado do código de programa que realiza uma tarefa específica.
- Funções incorporadas estão sempre disponíveis, sem a necessidade de importar módulos, bibliotecas, pacotes ou outros componentes.
- Funções importadas são empacotadas em bibliotecas e módulos. Em geral, elas são distribuídas com um ambiente de programação, mas precisam ser explicitamente adicionadas a um programa usando uma instrução, como `include` ou `import`.
- Funções definidas pelo programador são criadas por você, o programador, para realizar operações personalizadas dentro de um programa.
- Funções ajudam os programadores a modularizar o código agrupando instruções que realizam uma tarefa específica.
- Funções reduzem a sobrecarga de codificação criando blocos do código que podem ser reutilizados várias vezes em um programa.
- Funções ajudam os programadores a depurar com eficiência porque o código é encapsulado em grupos discretos.
- Uma declaração de função pode incluir o nome da função, tipo de retorno, parâmetros e tipos de parâmetro.
- O corpo de uma função contém as instruções que definem o que a função faz e também pode incluir uma instrução `return`.
- Funções podem ser acionadas por uma chamada de função de vários locais em um programa. Uma chamada de função pode incluir argumentos de função que são passados para os parâmetros de uma função.
- Funções podem enviar dados de volta ao módulo de chamada por meio de uma instrução `return`.
- As variáveis em uma função têm um escopo diferente das variáveis no módulo do programa principal ou em outras funções. O escopo das variáveis declaradas em uma função tem um escopo local, tornando-as visíveis apenas dentro da função. Variáveis com escopo global são visíveis em todo o programa.
- No contexto das funções, passagem por valor refere-se a uma chamada de função que passa uma cópia de um argumento para uma função.
- Passagem por referência concerne a uma chamada de função que passa um ponteiro para a variável que contém o argumento.
- Um namespace é um contêiner nomeado que contém os nomes dos identificadores para evitar colisões com identificadores com o mesmo nome.

Termos-chave

argumento de função	função void	passagem por valor
assinatura de função	namespace	tipo de retorno
chamada de função	nome de função	valor de retorno
corpo de função	parâmetro tipado	variável de referência
declaração de função	parâmetros de função	variável global
escopo	passagem por referência	variável local

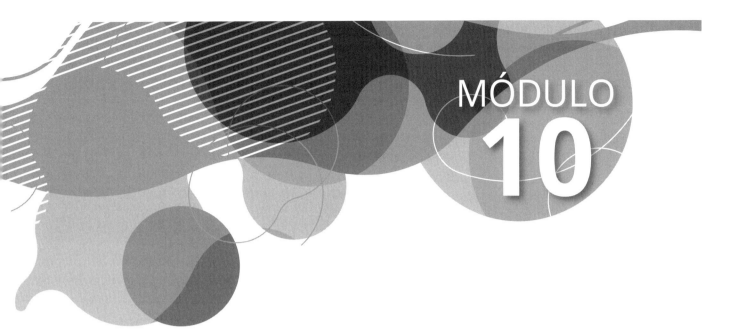

MÓDULO 10

RECURSÃO

OBJETIVOS DE APRENDIZAGEM:

10.1 COMPONENTES-CHAVE DA RECURSÃO
10.1.1 Definir recursão como uma abordagem à solução de problemas.
10.1.2 Descrever o objetivo da recursão.
10.1.3 Explicar os componentes de uma função recursiva.
10.1.4 Listar as vantagens e desvantagens da recursão.

10.2 USANDO A RECURSÃO PARA RESOLVER PROBLEMAS COMPLEXOS
10.2.1 Explicar a aplicação da recursão.
10.2.2 Diferenciar algoritmos recursivos de algoritmos que utilizam estruturas de controle de repetição.
10.2.3 Definir a abordagem "dividir e conquistar" para a solução de problemas.

10.2.4 Analisar como usar um caso de base e um caso recursivo para implementar a recursão em uma solução de programação iterativa.
10.2.5 Construir um programa procedural usando recursão (pseudocódigo).

10.3 GERENCIAMENTO DE MEMÓRIA DURANTE A RECURSÃO
10.3.1 Explicar o gerenciamento de memória e sua importância com a recursão.
10.3.2 Explicar o uso de uma pilha durante a recursão.
10.3.3 Explicar funções recursivas de cauda.

10.1 COMPONENTES-CHAVE DA RECURSÃO

A mentalidade recursiva (10.1.1, 10.1.2)

A ciência da computação, em geral, é informar os computadores para resolver problemas. De modo semelhante a quando você resolve um problema, o computador pode adivinhar uma resposta aleatoriamente ou tentar ser mais inteligente a esse respeito. Suponha que esteja jogando um jogo de adivinhação em que seu amigo está pensando em um número entre 1 e 100, como na **Figura 10-1**. Você diz "27" como seu primeiro palpite e seu amigo responde: "Não, meu número é maior que isso". Agora, você sabe que o número deve estar entre 27 e 100, como sua abordagem muda? Você usa a resposta do seu amigo como uma maneira de eliminar possibilidades e chegar à resposta correta com mais rapidez do que adivinhar aleatoriamente.

A maneira mais eficiente de jogar esse jogo é começar em 50. Adivinhar um número a meio caminho entre o menor e o maior número significa que, se não adivinhar a resposta correta, ainda elimina metade das opções. Se

Figura 10-1 Jogo de adivinhação de números

seu amigo responder "maior" que 50, saberá que o menor valor possível é 50. Seu próximo palpite estará entre 50 e 100: 75. Se o seu amigo responder "menor", você terá um novo limite superior para o intervalo de respostas possíveis. Agora, você sabe que o número está entre 50 e 75. Cada vez que adivinhar, atualizará o intervalo de números possíveis e realizará a mesma tarefa de quando 1 e 100 eram os limites. Sua estratégia é a seguinte:

1. Adivinhar um número intermediário entre o menor e o maior número.
2. Se informado "maior", atualizar o menor número para esse palpite.
3. Se informado "menor", atualizar o maior número para esse palpite.
4. Repetir os passos 1-3 até acertar.

Ao usar essa estratégia no jogo de adivinhação de números, você divide um grande problema em problemas semelhantes menores. Cada peça pode ser dividida até o problema tornar-se tão pequeno que será facilmente resolvido. Com o tempo, o jogo de adivinhação de números elimina todos, exceto um número a ser adivinhado. A **Figura 10-2** mostra um exemplo do jogo, começando com 1 e 10 como o menor e o maior número.

Recursão é a abordagem à solução de problemas que divide grandes problemas em problemas menores e idênticos. As mesmas etapas são aplicadas a cada versão menor do problema, embora com restrições diferentes, como os limites superior e inferior do jogo de números.

Noções básicas sobre recursão (10.1.3)

A mentalidade recursiva usa funções para resolver problemas. A seguir estão breves lembretes dos fatos sobre funções:

- Funções são blocos de código nomeados que realizam uma tarefa específica.
- As funções podem ter informações passadas para elas como parâmetros.

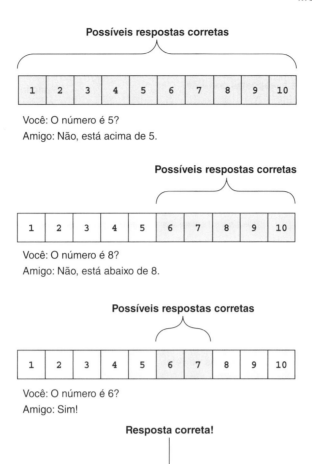

Figura 10-2 Adivinhar um número entre 1 e 10

- As funções podem retornar informações como valores de retorno, que podem ser usados para cálculos e outras operações.
- As funções podem ser "chamadas" para executar as linhas do código dentro da função.
- As funções podem chamar outras funções.

Reserve um momento para revisar esse último ponto. Funções são como qualquer outro bloco de código. Qualquer coisa que possa vir a fazer em um bloco de código pode ser feita em outro. Portanto, funções podem chamar outras funções. Isso é um dos segredos para um projeto de código elegante. Uma função pode chamar qualquer função no escopo do código, incluindo ela mesma.

Uma **função recursiva** chama a si mesma pelo menos uma vez. Em cada chamada de função, funções recursivas usam parâmetros modificados para reduzir o tamanho do problema. Para o jogo de adivinhação, os parâmetros modificados são os limites inferior e superior do intervalo de números. Se você não modificar os parâmetros da função recursiva, esta não será interrompida; isso se chama **recursão infinita**.

P Qual é a diferença entre um laço infinito e uma recursão infinita?

R Com um laço infinito, a variável testada para interromper o laço não é modificada de modo que a instrução condicional será False. Com a recursão infinita, o tamanho do problema nunca é reduzido. Você precisa tornar o problema menor para que a recursão encontre uma solução.

A **Figura 10-3** mostra com que a Figura 10-2 se parece usando chamadas de função.

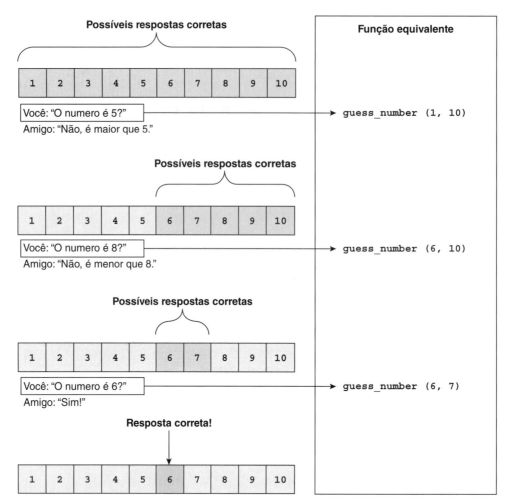

Figura 10-3 Jogo de adivinhação usando chamadas de função

No jogo de números, você para de adivinhar quando supõe corretamente o número. Isso é um exemplo de um **caso de base**, uma condição em que deve parar de tentar resolver o problema. Um tipo de caso de base sinaliza uma saída antecipada da função. Se supor o número certo no jogo de adivinhação, poderá parar sem atualizar o intervalo de números.

Um caso de base também pode representar um problema pequeno o suficiente para ser resolvido rapidamente. Por exemplo, se não houver números para adivinhar, você saberá que o amigo cometeu um erro nas respostas, e que precisa informá-lo sobre isso. Funções recursivas podem ter mais de um caso de base, como um para sair da função antecipadamente e outro para resolver o programa quando ele é pequeno o suficiente.

Assim como as funções normais, uma função recursiva pode retornar um valor. Se a função recursiva não precisa retornar informações, a recursão é fácil. Um programa simples para imprimir os números de 1 a 10 usando recursão pode ser projetado da seguinte maneira:

```
function display_numbers(n)
    if n > 10
        return
    else
```

```
    display n
call function display_numbers(n + 1)
```

Reexamine esse programa linha por linha para ver como ele funciona. A instrução `function` na primeira linha indica que você está criando uma função com o nome `display_numbers`. Incluir o n entre parênteses mostra que essa função aceita um parâmetro. O bloco if-else configura a condição de que se o parâmetro n é maior que 10, a função retorna sem fazer nada. Do contrário, a função exibe o valor armazenado em n e chama a si mesma, dessa vez com o valor aumentado em 1.

Se a função recursiva precisa retornar um valor, ela passa as informações em uma cadeia. Pense em um jogo de telefone sem fio, em que as pessoas permanecem em uma fila e só podem falar com duas pessoas: com a que está à direita e com a que está à esquerda. Se a última pessoa à direita tem informações para retornar à primeira, ela deve informar a pessoa à esquerda, que deve informar a pessoa à esquerda *dela* e assim sucessivamente até que a informação alcance aquela que está no início da fila. (A boa notícia é que os computadores não confundem as informações ao longo do caminho, como geralmente acontece no jogo de telefone sem fio.) Por exemplo, o cálculo da soma dos números de 10 a 1 pode ser assim projetado:

```
function add_numbers(n)
    if n < 1
        return 0
    else
        initialize sum = n + call function add_numbers(n - 1)
        return sum
```

Essa função ainda possui apenas um parâmetro, mas agora espera um valor retornado.

P Qual é o valor retornado se n é 0?

R Se n é 0, o caso de base de n < 1 é atendido, então 0 é retornado.

P Qual é o valor retornado se n é 1?

R Se n é 1, a função faz uma chamada recursiva e adiciona 1 ao resultado. Essa chamada recursiva passa 0 para `add_numbers`, que retorna 0. O valor retornado é 1.

O valor retornado são todos os valores entre 1 e n somados. Aqui, cada função solicita uma chamada recursiva para o resultado e, em seguida, adiciona o valor atual de n ao valor retornado e o armazena em `sum`.

A recursão pode representar uma única linha da resolução de problemas, como no exemplo do jogo de adivinhação de números. Esse tipo de função recursiva chama a si mesma uma vez e é denominada **recursão linear**. A recursão linear é a mais fácil de programar; a maioria dos exemplos neste módulo são de recursão linear. Outras versões da recursão conhecidas como **recursão de ramificação** não se limitam a uma chamada recursiva. As **Figuras 10-4** e **10-5** mostram como esses dois fluxos de recursão funcionam.

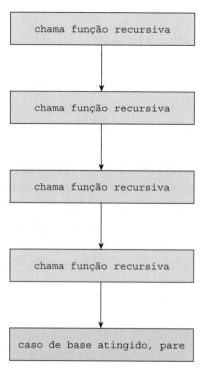

Figura 10-4 Chamadas de funções recursivas lineares

Na recursão linear na Figura 10-4, cada vez que o código visita uma função, esta chama a si mesma no máximo uma vez ou para quando alcança um caso de base.

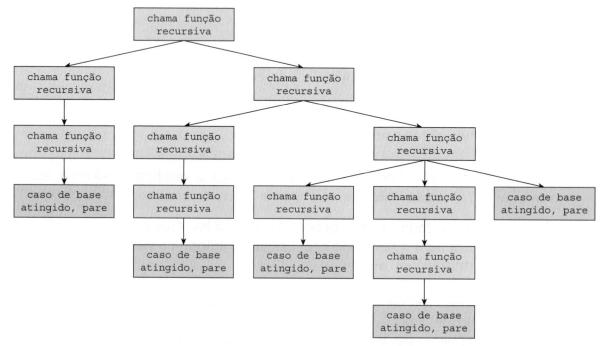

Figura 10-5 Chamadas de função recursiva de ramificação

Na recursão de ramificação mostrada na Figura 10-5, cada vez que o código visita uma função, a função chama a si mesma uma ou mais vezes ou para quando alcança um caso de base.

Quando usar recursão (10.1.4)

Faça a si mesmo as seguintes perguntas-chave ao decidir se deve usar recursão para resolver um problema:

- Esse problema pode ser dividido em problemas menores?
- Os problemas menores são idênticos aos problemas maiores?
- Existe uma maneira de dividir o problema em subproblemas menores que são fáceis de resolver?

Embora a recursão linear e os laços possam ser semelhantes, tenha em mente quando é mais fácil projetar um programa com um ou outro. Os dois são como um martelo e uma serra. Tecnicamente, você poderia usar um martelo para cortar um pedaço de madeira ao meio, mas seria mais fácil se você usasse a ferramenta apropriada.

 Quando você deve usar laços? Quando usar recursão?

 Utilize laços quando precisa fazer a mesma coisa sem alterar a situação. Utilize recursão quando precisa reduzir o problema para resolvê-lo.

Pense na recursão como semelhante à delegação de tarefas. Como você pode delegar problemas menores a outras pessoas? Como pode juntar as peças depois de receber os resultados? Qual deve ser a menor tarefa, em que ponto não é mais possível delegar?

10.2 USANDO RECURSÃO PARA RESOLVER PROBLEMAS COMPLEXOS

Projetando estruturas recursivas (10.2.1, 10.2.2, 10.2.3)

Utilize a seguinte lista de verificação ao escrever uma função recursiva:

1. Verifique o caso de base.
2. Modifique os parâmetros.
3. Invoque a função recursivamente.
4. Retorne o resultado à função de chamada, se apropriado.

Verificar um caso de base é o mesmo que perguntar a si mesmo "quando devo parar?". Para modificar os parâmetros, pergunte "como o problema muda ao longo das chamadas recursivas?". Por fim, se um valor for retornado, você poderá fazer algo com ele. Isso pode ser tão simples quanto retornar as informações inalteradas à função de chamada ou calcular um novo valor a retornar.

O jogo de adivinhação de números usa recursão linear. A **Figura 10-6** mostra um programa funcional para o jogo.

```
#include <iostream>
using namespace std;


int guess_number(int low, int high)
{
```

Figura 10-6 Programa para jogar o jogo de adivinhação (*continua*)

```cpp
    // Duas barras significam que a linha é um comentário e não um código!
    // Caso de base para detectar trapaças
    if (low > high)
        return -1;


    int middle = (low + high) / 2;
    char hint;


    cout << "Is your number " << middle << "?" << endl;
    cin >> hint;


    // Caso de base para adivinhar corretamente o número
    if (hint == 'c')
        return middle;
    // Tenta recursivamente um mais alto
    else if (hint == 'h')
        return guess_number(middle + 1, high);
    // Tenta recursivamente um mais baixo
    else
        return guess_number(low, middle - 1);

}


int main()
{
    cout << "Enter 'h' for higher, 'l' for lower, and 'c' for correct." << endl;
    cout << "Think of a number between 1 and 10!" << endl;
    int number = guess_number(1, 10);
    if (number != -1)
        cout << "Your number is " << number << "!" << endl;
    else
        cout << "You cheated :(" << endl;

    return 0;
}
```

Figura 10-6 Programa para jogar o jogo de adivinhação

P O caso de base é verificado na Figura 10-6? Se sim, como?

R O código na Figura 10-6 tem dois casos básicos: trapaça e respostas corretas. Trapaça é quando o limite inferior é mais alto que o limite superior. Correto é quando seu amigo diz que você está certo.

P Os parâmetros são modificados na Figura 10-6? Se sim, como?

R Se o seu amigo responder "maior", o limite inferior será aumentado para o número estimado. Se o seu amigo responder "menor", o limite superior será reduzido para o número estimado.

P A função é invocada recursivamente na Figura 10-6? Se sim, como?

R Com base nas respostas do seu amigo, "maior" invoca a função com um novo limite inferior e "menor" invoca a função com um novo limite superior.

P Alguma coisa retornou na Figura 10-6? Se sim, o quê?

R O número adivinhado corretamente é retornado. Do contrário, −1 retorna se houver trapaça envolvida.

Qualquer coisa feita em um laço (um algoritmo que usa um controle de repetição) pode ser feita com a recursão. A **Figura 10-7** compara o pseudocódigo `display_numbers` anterior usando uma estrutura iterativa e seu equivalente recursivo. (Como um laço usa iteração, a estrutura é chamada iterativa.) O objetivo das duas abordagens é exibir todos os números de 1 a 10. Com um laço em execução baseado na variável `current_number`, começa com `current_number` configurado como 1 e termina quando `current_number` é maior que 10. O caso de base é quando a variável `current_number` vai além de 10.

Parte da recursão modifica os parâmetros de forma incremental, como adicionar 1 em `display_numbers`. Outra maneira de projetar código recursivo chama-se "dividir e conquistar". Como o nome sugere, divide-se o problema para vencê-lo. Você adotou essa abordagem no jogo de adivinhação de números. Cada vez que adivinhar, divida o intervalo das possíveis respostas corretas pela metade. Com o tempo, vencerá o problema adivinhando o número correto.

Recursão linear (10.2.4, 10.2.5)

Identificar problemas de recursão linear é semelhante a entender quando se deve usar um laço. Você consegue resolver um conjunto de problemas menores em sequência? Se sim, utilize um laço ou recursão linear. Um exemplo de um problema iterativo é adicionar os números de 1 a 10. O laço for a seguir adota uma abordagem iterativa:

```
initialize count = 0
for number (start: 1; test: <= 10; increment: 1)
    compute count = count + number
display count
```

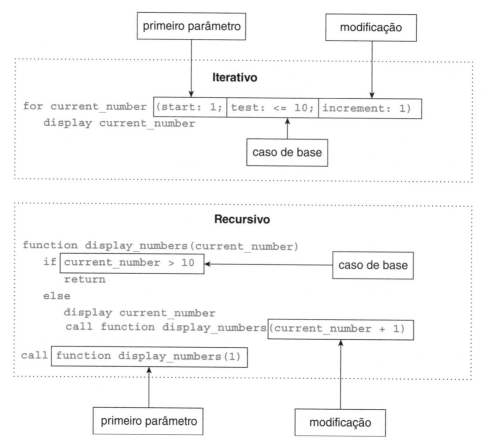

Figura 10-7 Laço e recursão para realizar a mesma tarefa

P Como esse pseudocódigo em recursão poderia ser invertido?

R Use a lista de verificação. Comece com o caso de base, que é o de teste no laço for. No código recursivo, inverta o caso de teste para verificar se o número atual é maior que 10 (em vez de menor ou igual a 10), porque é quando a sequência será interrompida. O incremento é como você modifica os parâmetros, e o início é como invoca a primeira chamada recursiva.

O pseudocódigo a seguir usa recursão linear para adicionar os números de 1 a 10:

```
function add_numbers(count, current_number)
   if current_number > 10
      return count
   else
      initialize next_count = count + current_number
      initialize next_number = current_number + 1
      return call function add_numbers(next_count, next_number)
```

P É possível aplicar a lista de verificação recursiva ao pseudocódigo de recursão linear?

O caso de base é a linha com `if current_number > 10`. As duas instruções `inicialize` modificam os parâmetros. A chamada recursiva e o valor de retorno estão na última linha.

Para mostrar o resultado, exiba o valor retornado por `add_numbers`, começando com 0 e 1 para os parâmetros `count` and `current_number`:

```
display call function add_numbers(0, 1)
```

A saída é **55** ou o resultado da soma dos números de 1 a 10.

Recursão de ramificação (10.2.5)

Alguns problemas são mais complicados do que um projeto iterativo pode tratar. Pense em uma pasta de computador contendo arquivos e outras pastas. Suponha que queira contar os arquivos .txt na pasta principal e que as funções a seguir já estejam programadas:

- `get_files`: Dado um nome de pasta, essa função retorna um arranjo de todos os arquivos na pasta. A variável que armazena o resultado precisa de dois colchetes [ ] ao lado do nome para mostrar que é um arranjo.
- `total_files`: Dado um nome de pasta, essa função retorna o número total de arquivos na pasta.
- `ends_with`: Dado um nome de arquivo e uma extensão, essa função retornará True ou False se o nome do arquivo terminar com a extensão.

Você consegue resolver esse problema iterativamente? Um laço for pode ser testado para cada arquivo, e aumentar a contagem em 1 pode ser aumentada para cada arquivo com a extensão .txt:

```
input folder
get files[] = call function get_files(folder)
get size = call function total_files(folder)
initialize count = 0
for index (start: 0; test: < size; increment: 1)
   if call function ends_with(files[index], ".txt")
      compute count = count + 1
```

A entrada é o nome da pasta. O código coleta os nomes dos arquivos nessa pasta e determina quantos arquivos ela contém. Um laço for configura a variável `count` para monitorar quantos arquivos .txt ele identifica. Cada arquivo na pasta é examinado quanto à extensão .txt e 1 é adicionado a `count` se o arquivo é um arquivo .txt.

O que acontece se `folder` contém outra pasta, que também contém arquivos .txt? Nesse caso, você precisa contar os arquivos na pasta aninhada. Você pode tentar corrigir isso adicionando outro laço for:

```
input folder
get files[] = call function get_files("folderName")
get size = call function total_files("folderName")
initialize count = 0
for index (start: 0; test: < size; increment: 1)
   if call function ends_with(files[index], ".txt")
      compute count = count + 1
   else if files[index] is folder
```

```
    initialize folder2 = files[index]
    get files2 = call function get_files(folder2)
    get size2 = call function total_files(folder2)
    for index2 (start: 0; test: < size2; increment: 1)
        if call function ends_with(files2[index2], ".txt")
            compute count = count + 1
```

Agora o pseudocódigo tem uma condição else-if para detectar uma pasta aninhada. No bloco else-if, o código é quase idêntico ao código no programa principal. Ele conta cada arquivo em `folder2` que tem uma extensão .txt. Mas isso ainda não resolve o problema. E se `folder2` também contiver uma pasta? E se essa nova pasta também contiver uma pasta? Será preciso um número infinito de ifs e laços aninhados para resolver esse problema com um algoritmo iterativo.

Você não pode resolver esse problema de forma iterativa. Cada nova pasta que encontra significa que precisa entrar na pasta para contar os arquivos. Esse é um momento perfeito para usar um algoritmo recursivo. Para cada nova pasta, executa-se a mesma ação em um problema menor.

O pseudocódigo a seguir mostra como resolver o problema de contagem de arquivos usando recursão. Seu caso de base é se um item em uma pasta é um arquivo .txt. Se for, aumente a contagem de arquivos em 1. Se o item é uma pasta, você conta os arquivos .txt que ela contém. É preciso aumentar o total de arquivos .txt pelo resultado da contagem dos arquivos nessa pasta. Cada pasta tem sua própria contagem de arquivos .txt, que devem ser somados para encontrar a contagem total.

```
function count_txt_files(folder)
    get files[] = call function get_files(folder)
    get size = call function total_files(folder)
    initialize count = 0
    for index (start: 0; test: < size; increment: 1)
        if call function ends_with(files[index], ".txt")
            compute count = count + 1
        else if files[index] is folder
            initialize subcount = call function count_txt_files(files[index])
            compute count = count + subcount
    return count
```

Esse é um exemplo de recursão de ramificação, que inclui mais de uma chamada para a função recursiva, `count_txt_files`. Começa com um laço for como em uma estrutura iterativa padrão. Cada vez que o código encontra uma pasta em vez de um arquivo, ele se ramifica na função `count_txt_files` para contar os arquivos na pasta. Embora o código comece com um laço for, ele adota uma abordagem recursiva para realizar uma tarefa repetitiva e evitar código infinito impossível.

Outro exemplo de recursão de ramificação é a lista computada conhecida como sequência de Fibonacci. A sequência de Fibonacci é uma estranha série de números definidos recursivamente, como a seguir:

- O primeiro número é 1.
- O segundo número é 1.
- O terceiro número é o segundo mais o primeiro número.
- O quarto número é o terceiro mais o segundo número.
- O enésimo número é a soma de $(n-1) + (n-2)$.

A sequência começa com os 10 números a seguir:

1, 1, 2, 3, 5, 8, 13, 21, 34, 55

Para encontrar o próximo número na sequência de Fibonacci, utilize a recursão. O código a seguir define uma função chamada `fibonacci` com um parâmetro chamado `number`, que se refere à posição na sequência. Temos dois casos de base: se o valor passado em `number` para `fibonacci` é 1 ou 2, ambos retornam 1, como mostrado no bloco `if`. Se `number` é algo diferente de 1 ou 2, você pode chamar a função recursivamente subtraindo 1 e então 2 de `number`. O resultado de `number - 1` é armazenado na variável `n1` e o resultado de `number - 2` é armazenado em `n2`. O programa então retorna a soma das duas chamadas recursivas.

```
function fibonacci(number)
    if number = 1 or number = 2
        return 1
    else
        initialize n1 = call function fibonacci(number - 1)
        initialize n2 = call function fibonacci(number - 2)
        return n1 + n2
```

P Se um programa escreve `fibonacci(2)`, quantas vezes a função `fibonacci` é chamada recursivamente?

R Nenhuma, porque `fibonacci(2)` é um dos casos de base.

P Se um programa escreve `fibonacci(4)`, quantas vezes a função `fibonacci` é chamada recursivamente?

R O número 4 não é 1 nem 2, então `fibonacci(3)` e `fibonacci(2)` são chamadas recursivamente. Ao chamar `fibonacci(3)`, chama-se `fibonacci(2)` e `fibonacci(1)`. Tanto 1 como 2 são casos de base, portanto, não há mais chamadas recursivas. O número total de chamadas recursivas é 4.

Lembre-se de que a sequência de Fibonacci começa com 10 números: 1, 1, 2, 3, 5, 8, 13, 21, 34, 55. Como o código calcula o décimo primeiro número de Fibonacci? A função `fibonacci` recebe 11 como seu argumento. Esse número não é 1 ou 2, então a função `fibonacci` é chamada recursivamente com argumentos de 10 (11 - 1) e 9 (11 - 2). A primeira função `fibonacci` retorna 55 e a segunda retorna 34. Adicione os valores retornados para encontrar o próximo número na sequência de Fibonacci, que é 89.

Para programar a sequência de Fibonacci, ver a **Figura 10-8**.

```
#include <iostream>
using namespace std;


int fibonacci(int n)
```

Figura 10-8 Código em C++ para programar a sequência de Fibonacci (*continua*)

```cpp
{
    // Caso de base
    if (n == 1 || n == 2)
        return 1;

    // Localiza o número de Fibonacci para n - 1
    int n1 = fibonacci(n - 1);

    // Localiza o número de fibonacci para n - 2
    int n2 = fibonacci(n - 2);

    // Soma e retorna o resultado
    return n1 + n2;
}

int main()
{
    int n;

    cout << "Enter a number: ";
    cin >> n;

    int fibonacci_n = fibonacci(n);

    cout << "The Fibonacci number is " << fibonacci_n << endl;

    return 0;
}
```

SAÍDA:
```
Enter a number: 6
The Fibonacci number is 8
```

Figura 10-8 Código em C++ para programar a sequência de Fibonacci

10.3 GERENCIAMENTO DE MEMÓRIA DURANTE A RECURSÃO

Gerenciamento de memória (10.3.1, 10.3.2)

Uma função que chama a si mesma muitas vezes pode exigir muita memória quando o programa é executado. Um computador reserva um bloco de memória para monitorar o estado atual do programa. Esse bloco contém os nomes de todas as variáveis em seu programa junto com os valores armazenados em cada variável.

O código a seguir soma os números de 1 a 10.

```
function sum(current_number)
    if current_number = 0
        return 0
    else
        initialize sum_total = call function sum(current_number - 1)
        return current_number + sum_total
call function sum(10)
```

P Quantas variáveis esse código precisa lembrar?

R A linha `return current_number + sum_total` segue a chamada recursiva na função `sum`. Isso significa que o programa deve lembrar `current_number` após a chamada recursiva retornar. Sempre que uma função é chamada, outro bloco de memória é reservado para o tempo de vida dessa função e, em seguida, marcado como não mais necessário quando a função retorna. Chamar `sum(10)` significa que o código precisa lembrar 11 variáveis.

A **Figura 10-9** descreve a memória que o código precisa para armazenar variáveis quando chama `sum(10)`.

Sempre que uma função recursiva termina, ela precisa retornar ao estado de memória diretamente antes dela. Computadores usam estruturas de dados chamadas **pilhas** para armazenar os blocos de memória para chamadas de funções recursivas. Assim como acontece com uma pilha de panquecas, você só pode colocar novas panquecas em cima e só pode remover panquecas do topo. Sempre que uma função recursiva é chamada, um novo bloco de memória é colocado no topo da pilha como na **Figura 10-10**.

Sempre que uma função termina, o topo da pilha é removido, como na **Figura 10-11**.

Quanto mais longa for uma cadeia recursiva de chamadas, mais memória será necessária para monitorar o que aconteceu nas chamadas anteriores. Na verdade, o computador pode ficar sem memória se a recursão continuar por muito tempo. Isso só é um problema se você estiver trabalhando com conjuntos de dados excepcionalmente grandes, como uma lista de todas as pessoas que já viveram na Terra. Para que um algoritmo recursivo lide com cargas de dados, ele precisa ser inteligente sobre como gerenciar a memória.

Recursão estável (10.3.3)

Também é possível ficar sem memória ao usar recursão se o programa lidar com uma grande quantidade de dados. A recursão pode consumir memória porque o computador precisa lembrar todos os estados anteriores da recursão. Se você remover a necessidade de lembrar, o programa precisará de zero memória adicional em cada chamada de função. Essa abordagem chama-se **recursão de cauda**. Para usá-la, siga estas três regras:

1. A chamada recursiva é a última linha do código na função.
2. A chamada recursiva está na instrução `return`.
3. A instrução `return` retorna um único valor, que é o valor da chamada recursiva.

```
function sum(current_number)
   if current_number = 0
      return 0
   else
      initialize sum_total = call function sum(current_number - 1)
      return current_number + sum_total

call function sum(10)
```

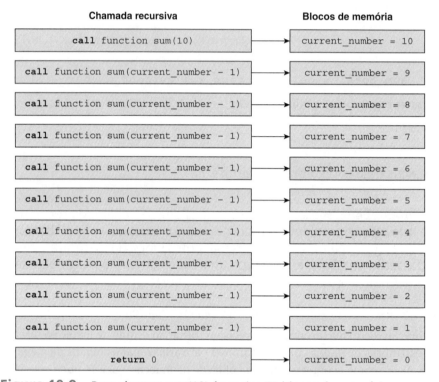

Figura 10-9   Para chamar sum(10) é preciso 11 blocos de memória

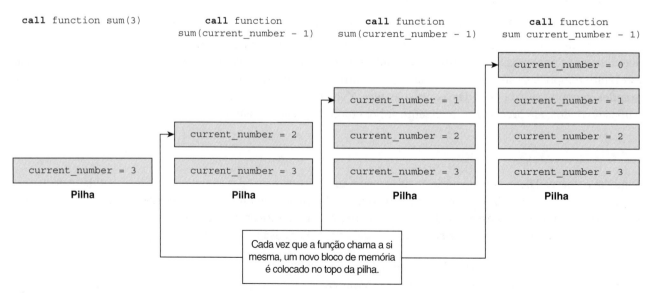

Figura 10-10   Pilha de memória para chamadas de funções recursivas

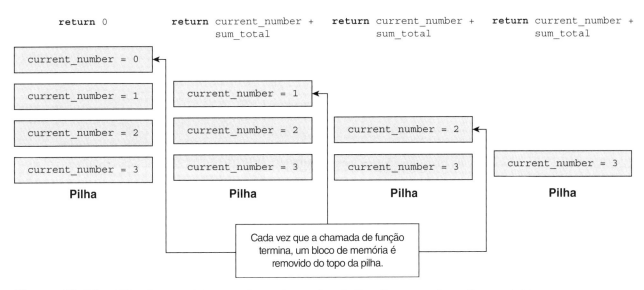

Figura 10-11 Pilha de memória quando as chamadas de funções recursivas são concluídas

A recursão de cauda não precisa de memória adicional. A **Figura 10-12** mostra o mesmo problema resolvido com duas funções recursivas, uma delas usando recursão de cauda. A diferença está na instrução `return`.

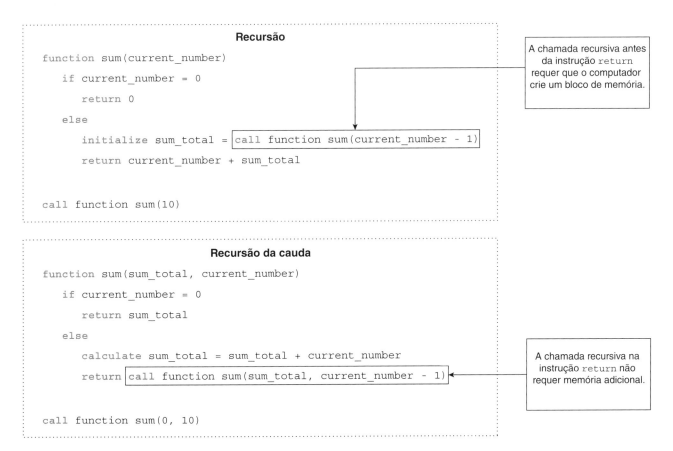

Figura 10-12 Uso da recursão de cauda

Ambos os conjuntos de códigos somam os números de 10 a 1. O código recursivo de cauda passa a variável `sum_total` para a chamada de função recursiva em vez de usar uma variável local. Com essa abordagem, o computador não precisa lembrar nada, portanto, não usa memória adicional.

RESUMO

- A recursão é uma estratégia para abordar grandes problemas na ciência da computação dividindo o problema em problemas idênticos menores. As mesmas etapas são aplicadas a cada versão menor do problema, embora com restrições diferentes.
- Uma função recursiva chama a si mesma pelo menos uma vez. Com cada chamada de função, uma função recursiva usa parâmetros modificados para reduzir o tamanho do problema.
- Se os parâmetros de uma função recursiva não são modificados, a função recursiva não para, criando uma recursão infinita.
- Um caso de base é uma condição que interrompe a recursão, como adivinhar o número correto em um jogo de adivinhação de números. Um caso de base também pode representar um problema pequeno o suficiente para ser resolvido rapidamente.
- Uma função recursiva deve verificar o caso de base como seu primeiro passo. Certifique-se de que o código também modifica os parâmetros, invoca a função recursivamente uma ou mais vezes e faz algo com qualquer valor retornado.
- A recursão linear é uma função recursiva que chama a si mesma no máximo uma vez ou para quando alcança um caso de base.
- A recursão de ramificação é uma função recursiva que chama a si mesma mais de uma vez.
- Laços são semelhantes à recursão linear, embora você use cada abordagem em situações diferentes. Use laços quando precisa fazer a mesma tarefa sem alterar as condições. Utilize recursão quando precisa reduzir o problema para resolvê-lo.
- Cada chamada de função recursiva requer outro bloco de memória do computador, a menos que a função seja projetada para usar recursão de cauda.

Termos-chave

caso de base	recursão	recursão infinita
função recursiva	recursão de cauda	recursão linear
pilhas	recursão de ramificação	

EXCEÇÕES

OBJETIVOS DE APRENDIZAGEM:

11.1 DEFINIÇÃO DE EXCEÇÕES

11.1.1 Explicar o uso de exceções lançadas em situações em que o computador não pode continuar.

11.1.2 Definir uma exceção como um evento acionado.

11.1.3 Descrever a diferença entre um erro de lógica (pode ser encontrado lendo o código) e um erro de tempo de execução.

11.1.4 Definir objetos de exceção como pacotes de informações sobre o que aconteceu.

11.1.5 Comparar as exceções padrão com tipos de exceção específicos.

11.1.6 Explicar que diferentes tipos de exceções representam diferentes erros gerais.

11.1.7 Explicar que certas linguagens têm tipos de exceção definidos.

11.2 LIDANDO COM EXCEÇÕES

11.2.1 Explicar a tentativa e o tratamento de erros como controles de fluxo lógico.

11.2.2 Explicar como o código pode tentar alcançar algo.

11.2.3 Explicar o que acontece quando o código dentro de um bloco try falha.

11.2.4 Explicar como usar catch para tratamento de erros.

11.2.5 Descrever a diferença entre uma exceção catch-all e uma exceção catch específica.

11.2.6 Explicar um bom projeto para incluir instruções no bloco try.

11.3 USO DE EXCEÇÕES

11.3.1 Discutir as vantagens e desvantagens do tratamento de exceções *versus* código robusto.

11.3.2 Explicar as instruções que causam exceções (levantar/lançar).

11.3.3 Descrever as melhores práticas para adicionar exceções a um programa.

11.3.4 Rastrear o fluxo de execução por meio de variações de instruções try-block.

11.1 DEFINIÇÃO DE EXCEÇÕES

Erros no código (11.1.1, 11.1.2, 11.1.3)

Um fato na vida de quem é programador é que se deve depurar o código para encontrar e corrigir erros. Na verdade, é preciso depurar uma boa quantidade de código. Ao fazer isso, procure erros de lógica e erros de tempo de execução. **Erros de lógica** são provavelmente os mais familiares: Parte do código está incorreta, mas ainda é executada e produz saída. Por exemplo, pode-se verificar números maiores que zero quando se pretende verificar números menores que zero. Em geral, você encontra erros de lógica lendo cuidadosamente o código.

Erros de lógica são diferentes de erros semânticos, que são capturados pelo compilador. Como sabemos, um erro de tempo de execução é um defeito em um programa, faz com que ele falhe durante a execução.

Outro tipo de problema pode interromper um programa à medida que é executado. Suponha que esteja codificando parte de um videogame que inclui uma personagem chamada Iceabella. Ela pode fazer sorvete para você e outros usuários, contanto que receba gelo e creme suficientes (**Figura 11-1**). Se você pede sorvete à personagem

Figura 11-1 Videogame para fazer sorvete

antes de fornecer uma quantidade de creme, o que ela deve fazer? Ela, de qualquer maneira, deve produzir sorvete? Deve encerrar a produção de sorvetes? Ou informar o que está errado para que você possa fazer a correção?

O ideal, quando um programa não pode executar uma tarefa conforme as instruções, é que ele informe o usuário de maneira elegante. Caso Iceabella só consiga produzir sorvete se primeiro receber o creme, então o programa deve certificar-se de que essas condições sejam atendidas antes de ela tentar produzir sorvete. Por exemplo, o programa pode exibir uma mensagem lembrando que Iceabella precisa de creme e irá esperar que você o forneça.

O código também tem precondições, ou suposições que precisam ser verdadeiras para que funcione. Se as precondições não são atendidas, o código deve falhar de modo elegante em vez de travar, mesmo em situações incomuns.

Em programação, uma situação incomum chama-se **exceção**, um evento inesperado que ocorre durante a execução do programa e impede que este conclua a execução. Diz-se que uma situação incomum dispara a exceção e interrompe o fluxo normal do programa.

Embora um erro seja uma falha de projeto que a depuração deve corrigir, uma exceção impede que parte de um programa resolva um problema por conta própria. A exceção fornece uma maneira de uma das partes de um programa pedir ajuda de outra parte do programa. A **Figura 11-2** mostra a comunicação do fluxo de trabalho entre duas partes do programa.

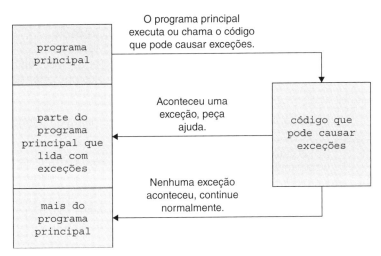

Figura 11-2 Comunicação entre código normal e código com exceções

Quando o programa principal encontra um código que pode causar uma exceção, o fluxo do programa pode continuar de duas maneiras. Se não ocorrer nenhuma exceção, o fluxo pode retornar um resultado ao programa principal, se um foi solicitado. Se ocorrer uma exceção, ele pede ajuda e é desviado para a parte do programa principal que trata as exceções. Essa parte do programa resolve a exceção e o programa continua em execução.

Um programa robusto e bem escrito verifica as exceções em situações em que, de outra forma, não poderia continuar e, em seguida, responde às exceções apropriadamente. Isso significa que você, como programador, deve verificar possíveis exceções e escrever código para tratá-las. O programa pode detectar erros inesperados e gerenciá-los sem deixar que uma situação indesejada o interrompa.

Tipos de exceção (11.1.4, 11.1.5, 11.1.6, 11.1.7)

Para os programadores, exceções são eventos, mas uma exceção também pode ser um pacote de informações indicando o que deu errado. Essas informações podem ser tão simples quanto um código numérico ou uma descrição de string ou pacotes de informações mais complicados, incluindo o estado do programa quando a exceção ocorreu e o tipo de exceção.

As linguagens de programação fornecem exceções gerais, que podem ser utilizadas para todos os problemas, mas não fornecem contexto que ajudaria a resolver os problemas. Essas exceções inespecíficas são chamadas **exceções padrão**. O uso dessas exceções torna mais fácil detectar um problema, mas mais difícil entender como corrigi-lo. "Algo ruim aconteceu" não ajuda tanto quanto "não tenho creme para o sorvete de creme". Mas exceções padrão podem ser úteis para detectar situações que se pode não perceber que acontecerão, como erros do sistema operacional. Quando recebe uma mensagem de erro como "Ocorreu um erro desconhecido", o programa está usando uma exceção padrão. Ele detectou a exceção, mas não a corrigiu, apenas mostrou ao usuário o que aconteceu.

Tipos de exceção específicos representam tipos específicos de erros. Eles informam aos programadores o tipo de problema que ocorreu, permitindo que encontrem soluções mais rapidamente. Por exemplo, se você receber uma mensagem de erro como "Tipo de parâmetro inválido", o problema obviamente tem algo a ver com o fato de o parâmetro ser do tipo errado. Para corrigir esse problema, é preciso examinar os parâmetros.

Por exemplo, no videogame sobre sorvete, Iceabella afirmando que não pode produzir sorvete não ajuda a entender como resolvê-lo. Se ela disser que primeiro precisa de creme, você sabe que precisa fornecer creme para ela. Tipos de exceção específicos restringem as maneiras possíveis de resolver o problema e permitem que o programa retorne ao fluxo normal.

Muitas exceções específicas, que diferem de acordo com a linguagem de programação, estão disponíveis para os programadores. A **Figura 11-3** mostra alguns dos tipos de exceção mais comuns que se pode precisar.

Type	Situação	Exemplo
`bad_alloc`	Falha na alocação de nova memória.	Tenta alocar nova memória quando o computador não tem memória de sobra.
`bad_function_call`	A invocação de uma função falha.	Chama uma função sem defini-la.
`invalid_argument`	Um argumento é passado para uma função ou método que requer formatos específicos.	Passa "0123" para uma calculadora de análise binária.
`domain_error`	Uma função matemática recebe um número fora do intervalo configurado.	Passa –5 para uma função de raiz quadrada.
`out_of_range`	Um local é acessado em uma estrutura de dados linear que é maior que o índice máximo.	Acessa o índice 10 quando a estrutura de dados tem cinco itens.
`system_error`	O erro tem origem no sistema ou fora do programa.	Erros do sistema operacional.
`bad_array_new_length`	A criação de um novo arranjo não pode ser concluída devido ao tamanho fornecido.	Cria um arranjo com tamanho menor que zero.
`bad_exception`	Os especificadores de exceção dinâmicos causam um erro.	Uma função que deveria causar uma exceção `bad_alloc` causa um erro de estouro.

Figura 11-3 Exceções comuns

As linguagens de programação fornecem referências, geralmente on-line, que definem os tipos de exceção. É responsabilidade do programador conhecer, ou saber como pesquisar, os tipos de exceções disponíveis na linguagem que ele usa. A maioria das linguagens de programação também permite que você crie seus próprios tipos de exceção para situações especiais. Por exemplo, com Iceabella, pode-se produzir uma exceção `no_cream_error` específica.

P Deve-se usar uma exceção padrão para lidar com tudo?

R Não. Tratar tudo da mesma maneira seria semelhante a exibir apenas mensagens de computador muito genéricas. "Algo deu errado" não é tão útil quanto "Você não conseguiu imprimir o documento porque a impressora precisa de tinta".

11.2 LIDANDO COM EXCEÇÕES

Lidando com as exceções dos outros (11.2.1, 11.2.2)

Quando o código causa uma exceção, os programadores dizem que este "lança" uma exceção. Programadores fazem o código **throw (lançar)** exceções quando certas condições são verdadeiras. Manipular a exceção é mais importante que investigar por que, antes de tudo, ela foi lançada. Se Iceabella não tiver creme, não importa se alguém pegou o creme, ou se Iceabella usou todo o creme antes. O problema é que ela precisa de mais creme antes que possa produzir sorvete. Para lidar com exceções lançadas, tudo o que você precisa saber é o que está errado para poder corrigir o problema.

Suponha que esteja tentando programar um editor de imagens, que precisa ser capaz de abrir arquivos de imagem. Você encontra uma biblioteca de funções que carregará e exibirá imagens. O fluxo normal de um programa pressupõe que tudo funcione corretamente: O programa carrega uma imagem na tela, e então permite que os usuários a modifiquem e a salvem em um dispositivo de armazenamento.

O que seu programa deve fazer se não puder carregar a imagem por algum razão? Por exemplo, o programa talvez não consiga localizar o arquivo de imagem, ou o arquivo pode não estar no formato correto. Pode-se adotar algumas abordagens para lidar com o problema, dependendo das ferramentas disponíveis na biblioteca de funções que está usando, como exibir uma mensagem de erro ou uma imagem padrão. Em vez de ditar sua abordagem, o programador da biblioteca de imagens permite que você controle seu programa lançando uma exceção. Pode-se escrever código para detectar a exceção e tratá-la da melhor maneira possível.

O código para detectar uma exceção utiliza uma estrutura de controle lógico semelhante a um bloco if-else. O fluxo lógico do programa muda dependendo da ocorrência de uma exceção. Geralmente, para trabalhar com exceções, os programas **try** (tentam) fazer algo e **catch** (capturar) quaisquer exceções que foram lançadas no código.

Blocos try e catch (11.2.3, 11.2.4, 11.2.5, 11.2.6)

Pode-se usar um controle de fluxo de programa para tentar e capturar exceções. O controle de fluxo do programa chama-se **bloco try-catch**. (Algumas linguagens, incluindo o Python, referem-se a esse controle de fluxo de programa como um bloco try-except.) Um bloco try-catch tem duas partes: o bloco `try` e o bloco `catch`. O código `try` tenta prosseguir como se as condições fossem normais e nada interromperia o fluxo do programa. Se uma exceção for lançada no bloco `try`, o fluxo do programa se move para o bloco `catch`. A **Figura 11-4** mostra um diagrama do fluxo para um bloco try-catch.

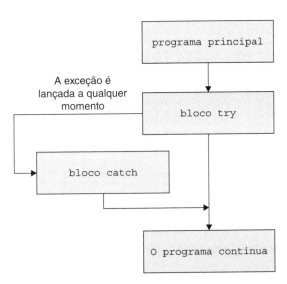

Figura 11-4   Fluxo lógico do bloco try-catch

Se nenhuma exceção for lançada, o programa será executado normalmente passando pelo bloco `try`. Se uma exceção for lançada no bloco `try`, porém, o programa interrompe a execução do código no bloco `try` e pula para o início do bloco `catch`.

Ao contrário de uma instrução if-else, um bloco `try` interrompe a execução do código ao detectar uma exceção. O bloco `catch` pode corrigir o problema ou interromper o programa completamente. A correção do problema pode assumir várias formas, incluindo o uso de valores padrão para preencher as informações ausentes, exibir uma mensagem de erro ou registrar o erro em um arquivo.

A **Figura 11-5** mostra o pseudocódigo para um exemplo simples de chamar duas funções. Cada função pode lançar uma exceção. As setas mostram a direção que o programa segue em cada ponto.

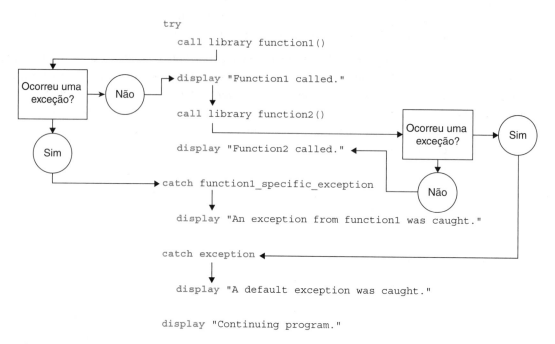

Figura 11-5 Exemplo de fluxo de pseudocódigo

Na Figura 11-5, tanto `function1` como `function2` podem lançar uma exceção. A primeira função pode lançar uma exceção específica, enquanto `function2` é tratado por uma captura de exceção padrão. Se uma das chamadas de função disparar um evento de exceção, a lógica pula para o bloco `catch` com base na exceção capturada. Quando o código alcança o final do bloco `try` ou o bloco `catch`, ele pula para a linha após o bloco try-catch (`display "Continuing program."`) para continuar o programa.

O código a seguir tenta carregar e exibir uma imagem de gato. O código usa uma função interna chamada `load_image` para exibir um arquivo de imagem chamado cat.png, que normalmente funciona corretamente para exibir a imagem. Mas o código está estruturado incorretamente para lidar com uma situação em que a imagem não pode ser exibida.

```
try
    initialize image = call library load_image("cat.png")
catch exception
    display "Could not display the cat picture."
display image
```

P Considere o exemplo dado. O que há de errado com a ordem das instruções?

R A última linha (`display image`) está fora do bloco try-catch. A exibição de uma imagem só funciona se esta for carregada com sucesso. O programa ainda pode travar na última linha se tentar exibir uma imagem que não foi carregada corretamente.

No código anterior, a função `load_image` pode lançar uma exceção se não conseguir exibir o arquivo cat.png. Mas como `display image` só funciona corretamente se `load_image` conseguir encontrar e recuperar o arquivo de imagem, a instrução `display image` pertence ao bloco `try`. Deve-se incluir no bloco `try` todo o código que depende da função que pode lançar uma exceção. O pseudocódigo a seguir corrige esse problema incluindo `display image` no bloco `try`.

```
try
    initialize image = call library load_image("cat.png")
    display image
catch exception
    display "Could not display the cat picture."
```

Quando uma instrução no bloco `try` falha e lança uma exceção, ele sinaliza ao programa para não avançar pelo bloco. Se a inicialização da imagem falhar (o programa não consegue encontrar o arquivo) ou se a exibição da imagem falhar (nenhuma tela de exibição está conectada), o código ignora a instrução `display image` e pula para o bloco `catch`. Se o bloco `try` conclui sem que uma exceção seja lançada, ele ignora o bloco `catch`. Se nada foi lançado, não há nada a capturar.

Capturar uma exceção geral com uma instrução como `catch exception` faz qualquer exceção no bloco `try` pular para o bloco `catch`. A mensagem genérica "Could not display the cat picture". se encaixa em uma exceção geral, mas uma mensagem mais específica seria mais útil para os usuários que tentam resolver o problema. Como alternativa, pode-se programar o código para detectar apenas exceções específicas, como no código a seguir:

```
try
    initialize image = call library load_image("cat.png")
    display image
catch file_not_found_exception
    display "Could not find the cat picture."
```

Usando uma exceção interna específica, como `file_not_found_exception`, pode-se exibir uma mensagem mais adequada à exceção, como "Could not find the cat picture". O usuário pode resolver esse problema armazenando o arquivo onde o programa pode encontrá-lo.

Além disso, é possível incluir várias instruções `catch`, uma para cada exceção que se espera que o programa lance.

```
try
    initialize image = call library load_image("cat.png")
    display image
catch file_not_found_exception
    display "Could not find the cat picture."
catch file_format_not_supported_exception
    display "The cat picture is in the wrong format."
```

A segunda instrução `catch` endereça uma segunda exceção – o programa encontra o arquivo especificado, mas está no formato errado.

Agora pense em como pode-se programar suas interações com Iceabella. Suponha que elas sejam uma série de funções que pode ser chamada: **make_ice_cream**, **add_cream** e **add_ice**. Inicialmente o programa se pareceria com a **Figura 11-6**.

```cpp
#include <iostream>
using namespace std;

int main()
{
   int choice = -1;
   int amount;

   cout << "Welcome to the Fantasy Ice Cream Shop!";
   cout << " What do you want to do?" << endl;
   while (choice != 0)
   {
      cout << "   1: Make ice cream" << endl;
      cout << "   2: Add cream" << endl;
      cout << "   3: Add ice" << endl;
      cout << "   0: Quit" << endl;

      cout << "> ";

      cin >> choice;

      if (choice == 1)
      {
         make_ice_cream();
      }
      else if (choice == 2)
      {
         cout << "How much?> ";
         cin >> amount;
         add_cream(amount);

      }
      else if (choice == 3)
      {
         cout << "How much?> ";
```

Figura 11-6 Programa para interagir com Iceabella (*continua*)

```
            cin >> amount;
            add_ice(amount);


        }

        cout << endl;

    }

    return 0;
}
```

Figura 11-6 Programa para interagir com Iceabella

O código na Figura 11-6 contém um laço que é executado até o usuário inserir 0, indicando que terminou de interagir com Iceabella. A variável **choice** é configurada como –1 para indicar que nenhuma escolha foi feita inicialmente e, em seguida, é usada como sinalizador para um laço **while**. A variável **choice** é configurada como o número que o usuário insere na linha de comando. Uma das três funções para interagir com Iceabella são chamadas com base no número que o usuário digita. Onde o programador pode errar?

Para simplificar, suponha que as únicas exceções que podem acontecer são:

1. Adicionar uma quantidade negativa de creme.
2. Adicionar uma quantidade negativa de gelo.
3. Tentar produzir sorvete quando não há creme.
4. Tentar produzir sorvete quando não há gelo.

A **Figura 11-7** mostra uma abordagem para lidar com essas exceções, embora esta não seja a ideal. Todo o código que depende das chamadas de função para Iceabella está dentro de um bloco **try**, de modo a evitar o problema mostrado anteriormente no pseudocódigo. Mas toda a funcionalidade, incluindo as partes que não dependem de Iceabella, agora estão dentro do bloco **try**.

P O que aconteceria no código mostrado na **Figura 11-7** se não houvesse creme e a produção de sorvete fosse solicitada?

R Toda a interação com Iceabella deixará de funcionar se algo der errado. Uma exceção interromperia todo o código no bloco **try** e terminaria no bloco **catch**. Nesse caso, isso significa que o programa pararia completamente. Você ainda quer que Iceabella continue interagindo, mesmo se fizer uma solicitação impossível.

Considere a abordagem alternativa na **Figura 11-8**. Dessa vez, apenas a seção da chamada de função do código é envolvida pelo bloco **try** e o bloco **catch** exibe o que deu errado.

```cpp
#include <iostream>
#include <exception>
#include <stdexcept>
using namespace std;

int main()
{
   try {
      int choice = -1;
      int amount = 0;

      cout << "Welcome to the Fantasy Ice Cream Shop!";
      cout << " What do you want to do?" << endl;
      while (choice != 0)
      {
         cout << "    1: Make ice cream" << endl;
         cout << "    2: Add cream" << endl;
         cout << "    3: Add ice" << endl;
         cout << "    0: Quit" << endl;

         cout << "> ";

         cin >> choice;

         if (choice == 1)
         {
            make_ice_cream();
         }
         else if (choice == 2)
         {
            cout << "How much?> ";
            cin >> amount;
            add_cream(amount);

         }
         else if (choice == 3)
         {
```

Figura 11-7 Programa com bloco try-catch abrangendo todo o código (*continua*)

```
            cout << "How much?> ";
            cin >> amount;
            add_ice(amount);

         }

            cout << endl;

      }

   }
   catch (runtime_error e)
   {
      cout << "Error happened " << e.what() << endl;
   }
   return 0;
}
```

Figura 11-7   Programa com bloco try-catch abrangendo todo o código

```
#include <iostream>
#include <exception>
#include <stdexcept>
#include <string.h>
using namespace std;
int main()
{
   int choice = -1;
   int amount = 0;

   cout <<"Welcome to the Fantasy Ice Cream Shop!";
   cout << " What do you want to do?" << endl;
   while (choice != 0)
   {
      cout << " 1: Make ice cream" << endl;
      cout << " 2: Add cream" << endl;
      cout << " 3: Add ice" << endl;
```

Figura 11-8   Programa com o bloco try-catch envolvendo o código de lançamento de exceção (*continua*)

```cpp
         cout << " 0: Quit" << endl;

         cout << "> ";

         cin >> choice;

         try          ←─────────────╮
         {                          │  o bloco try inclui apenas o
            if (choice == 1)        │  código de chamada de função
            {
               make_ice_cream();
            }
            else if (choice == 2)
            {

               cout << "How much?> ";
               cin >> amount;
               add_cream(amount);

            }
            else if (choice == 3)
            {
               cout << "How much?> ";
               cin >> amount;
               add_ice(amount);
            }
         }
         catch (runtime_error e)  ←──────── o bloco catch explica
         {                                  o que deu errado
            const char* type = e.what();

            if (strcmp(type, "cream") == 0)
            {
               cout << "I don't have enough cream." << endl;
            }
```

Figura 11-8 Programa com o bloco try-catch envolvendo o código de lançamento de exceção (*continua*)

```
            else if (strcmp(type, "ice") == 0)
            {
                cout << "I don't have enough ice." << endl;
            }
            else if (strcmp(type, "amount") == 0)
            {
                cout << "You can't add a negative amount." << endl;
            }
        }

        cout << endl;

    }

    return 0;
}
```

Figura 11-8   Programa com o bloco try-catch envolvendo o código de lançamento de exceção

P Como a mudança no código mostrado na **Figura 11-8** altera o que acontece se não houver creme?

R Iceabella dirá que algo deu errado, mas ainda irá esperar que você interaja com ela.

Um projeto de software profissional tenta manter apenas as linhas de código que dependem das funções de lançamento de exceção no bloco `try`.

A **Figura 11-9** mostra uma sintaxe geral para blocos try-catch. Como nos blocos if-else, a ordem das instruções `catch` importam. A primeira instrução que corresponde à condição de erro será selecionada, mesmo que instruções `catch` posteriormente também correspondam.

```
Sintaxe:
try {
   // ... código que pode ter
   //     exceções lançadas
   ...
}
catch (int param) {
   cout << "int exception";
}
catch (char param) {
   cout << "char exception";
}
catch (invalid_argument_e) {
   cout << "invalid argument exception";
}
catch (...) {
   cout << "default exception";
}
```

O C++ permite que você lance ou capture qualquer coisa, incluindo tipos primitivos.

A instrução catch de reticências captura todas as exceções que ainda não foram capturadas.

Figura 11-9 Sintaxe geral para blocos try-catch

P O que aconteceria se a instrução catch geral fosse inserida antes das instruções catch específicas?

R Como a instrução catch geral funciona para todas as exceções, então nenhuma das outras instruções catch seriam acionadas.

11.3 USO DE EXCEÇÕES

Lançando exceções (11.3.2, 11.3.4)

Como outros programadores, você pode lançar suas próprias exceções. Essas instruções throw funcionam como um resgate: o programa imediatamente interrompe o código e retorna ao local onde foi invocado com as informações sobre a exceção.

Lembre-se de que Iceabella tem três funções que podem ser chamadas para interagir com ela. A **Figura 11-10** mostra com que make_ice_cream, add_cream e add_ice se parecem sem exceções.

Duas variáveis globais, creme_amount e ice_amount, são inicializadas em zero, indicando que Iceabella começa sem suprimentos. Se as funções add_cream ou add_ice são chamadas, cada uma das variáveis creme_amount ou ice_amount é aumentada pelo parâmetro amount. Chamar make_ice_cream diminui as variáveis ice_amount e creme_amount e sinaliza que o sorvete foi produzido.

```cpp
#include <iostream>
using namespace std;

int cream_amount = 0;
int ice_amount = 0;

void make_ice_cream()
{
   cream_amount -= 1;
   ice_amount -= 1;
   cout << "Ice cream was made!" << endl;
}

void add_cream(int amount)
{
   cream_amount += amount;
   cout << "Thanks for the " << amount << " cups of cream!" << endl;

}

void add_ice(int amount)
{
   ice_amount += amount;
   cout << "Thanks for the " << amount << " cups of ice!" << endl;

}
```

Figura 11-10   Programa para simular as interações de Iceabella

Uma das exceções que se pode esperar que Iceabella lance é tentar adicionar um valor negativo às variáveis `creme_amount` ou `ice_amount`. A **Figura 11-11** mostra uma maneira de modificar o código da Figura 11-10 para lidar com essas situações.

Observe as duas instruções `if` nas funções `add`. Essas instruções testam a condição de que o parâmetro `amount` é um valor menor que zero e, se verdadeiro, lança uma exceção. Pode-se fazer que o código lance o número de exceções que achar melhor. Suponha que os únicos requisitos para começar a produzir sorvete sejam que tanto gelo como creme estejam disponíveis para Iceabella em uma quantidade maior que zero. A **Figura 11-12** mostra como se pode programar essa exceção para ser lançada em `make_ice_cream`.

```cpp
#include <iostream>
#include <exception>
#include <stdexcept>
#include <string.h>

int cream_amount = 0;
int ice_amount = 0;

void make_ice_cream()
{
   cream_amount -= 1;
   ice_amount -= 1;
   cout << "Ice cream was made!" << endl;
}

void add_cream(int amount)
{
   if (amount < 0)          // Verifica se há valores positivos para cream
   {
      throw runtime_error("amount");
   }
   cream_amount += amount;
   cout << "Thanks for the " << amount << " cups of cream!" << endl;

}

void add_ice(int amount)
{
   if (amount < 0)          // Verifica se há valores positivos para ice
   {
      throw runtime_error("amount");
   }
   ice_amount += amount;
   cout << "Thanks for the " << amount << " cups of ice!" << endl;

}
```

Figura 11-11 Programa que verifica valores positivos

```cpp
#include <iostream>
#include <exception>
#include <stdexcept>
#include <string.h>
using namespace std;

int cream_amount = 0;
int ice_amount = 0;

void make_ice_cream()
{
   if (cream_amount <= 0)
   {
      throw runtime_error("cream");
   }
   else if (ice_amount <= 0)
   {
      throw runtime_error("ice");
   }

   cream_amount -= 1;
   ice_amount -= 1;
   cout << "Ice cream was made!" << endl;
}

void add_cream(int amount)
{
   if (amount < 0)
   {
      throw runtime_error("amount");
   }
   cream_amount += amount;
   cout << "Thanks for the " << amount << " cups of cream!" << endl;
```

Figura 11-12 Programa com exceção lançada em uma função (*continua*)

```
}

void add_ice(int amount)
{
    if (amount < 0)
    {
        throw runtime_error("amount");
    }
    ice_amount += amount;
    cout << "Thanks for the " << amount << " cups of ice!" << endl;

}
```

Figura 11-12 Programa com exceção lançada em uma função

A função `make_ice_cream` agora tem uma instrução `if` e uma `else if` no início. Essas condições testam as quantidades de gelo e creme antes de permitir que Iceabella afirme que fez sorvete. Você não precisa empacotar as linhas restantes do código da função em um bloco `else`, porque, depois que uma exceção é lançada, o restante da função irá parar. Na verdade, em outras situações, a exceção lançada pode estar em qualquer local em uma cadeia de chamadas de função. Qualquer exceção lançada será capturada pelo bloco try-catch mais próximo.

Quando passar a tarefa adiante (11.3.1, 11.3.3)

Ser capaz de dividir problemas com outra pessoa adiciona mais uma camada de decisão ao projeto do seu programa. Exceções permitem que você "resgate" um trecho de código que alcança uma situação em que ele não pode ser concluído. O resgate é como uma pausa de emergência a fim de parar e encontrar alguém que entenda como resolver o problema. Quando se deve tentar lidar com o problema sozinho e quando se deve tentar resgatar? Essa decisão é um ato de equilíbrio entre código forte que trata todas as situações e exceções possíveis para seu código quando ele não consegue continuar. Se seu programa tiver de criar uma solução, deixe outra pessoa lidar com isso. Se Iceabella sozinha tentasse lidar com a falta de creme, ela de alguma maneira precisaria encontrar o creme por conta própria, frustrando o propósito das interações com ela dentro do contexto do jogo. Em vez disso, Iceabella permite que você obtenha o creme para ela.

Uma diretriz geral é pensar sobre o que uma função está solicitando, como "produzir sorvete". Se a entrada fornecida tornar essa solicitação impossível, lance uma exceção. Produzir sorvete supõe que os ingredientes estejam disponíveis para isso. Uma função deve lançar uma exceção em vez de concluir quando essas suposições são quebradas. Mas se as funções lançam exceções frequentemente, talvez seja necessário repensar o projeto do programa e alterar as suposições.

Exceções permitem que futuros usuários das suas bibliotecas de código controlem como seu programa se comporta. Lançando exceções apenas nos casos em que o código não pode continuar, você mantém o código focado nos objetivos (produzir sorvete) e deixa os outros objetivos para outras partes do programa (obter o creme). Mas se lançar exceções quando ocorrem inconveniências, o uso da sua biblioteca será entediante. Isso coloca mais responsabilidade em outros programadores, o que pode reduzir a utilidade da sua biblioteca.

O momento de usar uma exceção geralmente depende do programador. O problema é algo que você consegue resolver por conta própria? Qual é quantidade de problema que ela causa se alguém solicita que você produza sorvete, mas não fornece o creme? As respostas a essas perguntas ajudam a decidir se uma exceção é útil.

P Se se pedir que Iceabella faça uma faxina em sua loja quando esta estiver limpa, ela deve lançar uma exceção?

R Não, isso não é um estado no qual Iceabella não pode continuar. Ela deveria apenas limpar a loja, ou perceber que a loja está limpa e não fazer nada.

P Se alguém encher o balde de gelo de Iceabella com um dragão de gelo furioso em vez de gelo, ela deve lançar uma exceção?

R Sim, Iceabella precisa de ajuda externa para remover o dragão de gelo furioso do balde de gelo.

RESUMO

- Na programação, uma situação incomum chama-se exceção, um evento inesperado que ocorre durante a execução do programa e impede que este conclua a execução. Diz-se que a situação incomum dispara a exceção e interrompe o fluxo normal do programa porque, de outra maneira, ele não poderia continuar.
- Um programa robusto e bem escrito verifica as exceções em situações em que, de outra forma, não poderia continuar e, em seguida, responde às exceções apropriadamente.
- As linguagens de programação fornecem exceções gerais, que podem ser utilizadas para todos os problemas, mas não fornecem o contexto que ajudaria a resolvê-los. Essas exceções inespecíficas são chamadas exceções padrão.
- Tipos de exceção específicos representam tipos específicos de erros. Eles informam aos programadores o tipo de problema que ocorreu, permitindo que encontrem soluções mais rapidamente. Muitas exceções específicas, que diferem de acordo com a linguagem de programação, estão disponíveis para os programadores.
- Quando o código causa uma exceção, os programadores dizem que o código "lança" uma exceção. O código para detectar uma exceção utiliza uma estrutura de controle lógico semelhante a um bloco if-else. O fluxo lógico do programa muda dependendo da ocorrência de uma exceção. Geralmente, para trabalhar com exceções, os programas tentam fazer algo e capturar quaisquer exceções que foram lançadas no código.
- Pode-se usar um controle de fluxo de programa chamado bloco try-catch (ou try-except) para tentar e capturar exceções. O código `try` tenta prosseguir como se as condições fossem normais e nada interromperia o fluxo do programa. Se uma exceção for lançada no bloco `try`, o fluxo do programa se move para o bloco `catch`.
- A execução do código do bloco `try` é interrompida quando detecta uma exceção. O bloco `catch` pode corrigir o problema ou interromper o programa completamente. A correção do problema pode assumir várias formas, incluindo o uso de valores padrão para preencher as informações ausentes, exibir uma mensagem de erro ou registrar o erro em um arquivo.
- Limite a quantidade de código dentro de um bloco try-catch apenas para o código que depende da parte que pode falhar.

Termos-chave

catch (capturar)
bloco try-catch
erros de lógica

exceção
exceções padrão

throw (lançar)
try (tentar)

MÓDULO 12

OPERAÇÕES COM ARQUIVOS

OBJETIVOS DE APRENDIZAGEM:

12.1 ENTRADA E SAÍDA DE ARQUIVO

12.1.1 Descrever estruturas de diretório.

12.1.2 Explicar como usar o caractere de escape em caminhos de arquivo.

12.1.3 Determinar o caminho absoluto de arquivo.

12.1.4 Determinar o caminho relativo de arquivo.

12.1.5 Identificar os componentes de um arquivo.

12.1.6 Reconhecer como um arquivo de texto é representado na memória.

12.1.7 Definir o termo: E/S de arquivo.

12.1.8 Listar as operações disponíveis para manipulação de arquivos.

12.1.9 Descrever a diferença entre manipular um arquivo de texto e um arquivo binário.

12.1.10 Listar as informações de arquivo que um programador pode solicitar ao abrir um arquivo.

12.2 PROCESSAMENTO DE UM ARQUIVO

12.2.1 Definir acesso linear aplicado a arquivos.

12.2.2 Definir acesso randômico aplicado a arquivos.

12.2.3 Definir fluxos em buffer.

12.2.4 Explicar como leitores e gravadores de fluxo funcionam.

12.3 ABERTURA DE UM ARQUIVO

12.3.1 Identificar a sintaxe genérica e as permissões para abrir um arquivo para leitura.

12.3.2 Identificar o modo padrão para abrir um arquivo para leitura.

12.3.3 Explicar como verificar se um arquivo foi aberto.

12.3.4 Identificar um algoritmo para ler um arquivo de texto inteiro.

12.3.5 Explicar como derivar valores numéricos de um arquivo de texto.

12.3.6 Explicar como ler registros de uma tabela em POO.

12.3.7 Identificar exceções comuns que ocorrem ao ler arquivos.

12.4 FECHAMENTO DE UM ARQUIVO

12.4.1 Explicar por que é uma boa prática fechar um arquivo depois de utilizá-lo.

12.4.2 Identificar a sintaxe genérica para uma instrução de fechamento de arquivo que inclui um bloco try.

12.5 CRIAÇÃO E GRAVAÇÃO DE NOVOS ARQUIVOS

12.5.1 Identificar a sintaxe genérica de uma instrução para criar um arquivo.

12.5.2 Identificar a sintaxe genérica e as permissões para abrir um arquivo para gravação.

12.5.3 Identificar o modo padrão para abrir um arquivo para gravação.

12.5.4 Explicar a diferença entre operações de anexação e gravação.

12.5.5 Descrever o significado da inclusão de um argumento de nova linha em uma instrução de gravação.

12.5.6 Identificar um algoritmo que grava várias linhas em um arquivo de texto.

12.5.7 Identificar exceções comuns que ocorrem durante a gravação em um arquivo.

12.1 ENTRADA E SAÍDA DE ARQUIVO

O propósito dos arquivos (12.1.1, 12.1.2, 12.1.3, 12.1.4)

Programas podem solicitar entrada de usuários e exibir a saída na tela. Usar entrada e saída dessa maneira faz mais sentido ao manipular pequenas quantidades de dados, como um único caractere, palavra ou frase. Para trabalhar com grandes quantidades de dados, os programas podem usar arquivos.

Um **arquivo** é um contêiner digital que armazena dados como texto, configurações ou comandos de programa. Um arquivo pode ser um documento, uma imagem, um vídeo ou outro tipo de informação. Também é possível usar arquivos para fornecer dados aos programas. Por exemplo, pode-se usar um arquivo para armazenar uma lista de suas músicas favoritas e as classificações, como mostra a **Figura 12-1**.

Figura 12-1 Lista de músicas pessoais

Se precisar inserir milhares de valores e não estiver usando arquivos, será preciso digitar os valores manualmente e tentar evitar erros. Utilizar um arquivo para inserir dados é mais eficiente e menos propenso a erros.

Normalmente, quando um programa termina, os dados de saída são perdidos. Pode-se, então, usar arquivos para armazenar permanentemente os dados que o código produz, não importa a quantidade.

Manipulação de arquivos é uma maneira de ler grandes quantidades de dados em seus programas (mais dados do que esperaria razoavelmente que um usuário digitasse) e armazenar dados que seus programas criam.

Usa-se uma **pasta**, também chamada diretório, como espaço de armazenamento para organizar arquivos em grupos, semelhante à maneira como se organizam papéis em pastas físicas, conforme mostra a **Figura 12-2**. Uma pasta pode conter zero ou mais arquivos. De fato, uma pasta pode conter outras pastas.

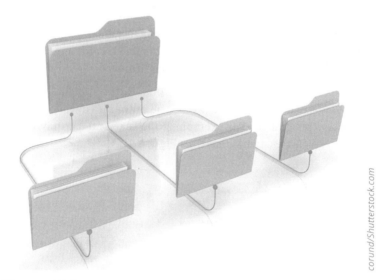

Figura 12-2   Pastas físicas que organizam arquivos

Todo sistema operacional (SO) usa arquivos para armazenar e acessar dados e programas. O sistema operacional armazena os arquivos em uma hierarquia de pastas chamada estrutura de pastas ou **estrutura de diretórios**, um arranjo que reflete como o sistema operacional organiza arquivos e pastas. Uma estrutura de diretórios típica lembra uma árvore. Todos os arquivos têm um local específico no computador. Por exemplo, na **Figura 12-3**, o arquivo song.txt está na pasta Playlists, dois níveis abaixo do disco rígido, junto a outros arquivos de música.

Se quiser usar um arquivo em um programa, você deverá referenciá-lo pelo nome e localização. Pode-se descrever a localização de um arquivo de duas maneiras: o **caminho absoluto de arquivo** e o **caminho relativo de arquivo**. O caminho absoluto informa a localização exata de um arquivo no computador a partir do disco rígido ou do armazenamento principal do computador. Em geral, a unidade é representada como uma letra (como C no Windows) ou uma barra (/ nos sistemas macOS e Unix) para indicar o nível mais alto da estrutura de diretórios. Dependendo do sistema operacional, usa-se uma barra (/) ou uma barra invertida (\) para separar os nomes de pastas e arquivos em cada nível. O caminho relativo fornece a localização de um arquivo a partir de outra localização no sistema de arquivos. As diferenças são mostradas na **Figura 12-4**.

Suponha que você exportou sua playlist para um arquivo de texto e a armazenou localmente na pasta Music. Também criou um programa de análise de playlists que precisa acessar dados no arquivo song.txt, que está armazenado na pasta Playlists. O caminho absoluto para o arquivo songs.txt se parece com isto:

C:\Music\Playlists\songs.txt

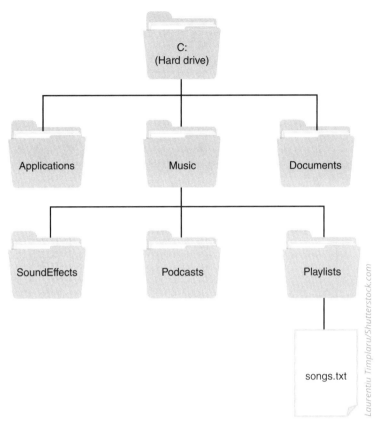

Figura 12-3 Pastas em um disco rígido

Como a pasta atual é a pasta Music, o programa também pode acessar o arquivo songs.txt seguindo um caminho relativo. Para fazer isso, use a notação da Figura 12-4 para descrever a posição do arquivo em relação à pasta atual:

.\Playlists\songs.txt

Em uma notação de caminho relativo, um único ponto (.) representa a pasta atual; dois pontos e uma barra (..\), a pasta um nível acima da atual; e um único ponto e uma barra (.\) representam uma pasta abaixo da pasta atual. A notação .\Playlists\songs.txt significa "começando da pasta atual, desça na estrutura de pastas até a pasta Playlists para encontrar o arquivo songs.txt".

Você pode pensar em um caminho absoluto como o endereço exato de sua casa (123 Main Street; Sunny, Flórida, 32323) e o caminho relativo como direções para sua casa a partir do supermercado (vire à direita na Orange Street, à esquerda na Main Street e pare na casa #123).

Usar o caminho absoluto de arquivo no código supõe que o arquivo sempre estará no mesmo local, mesmo em computadores diferentes. Os caminhos relativos são mais flexíveis porque permanecem relativos à pasta atual e não são afetados se o nome ou local das pastas acima da atual mudar.

P Suponha que um usuário altere o nome da pasta Music para Tunes. Se o código contém um caminho absoluto de arquivo para songs.txt, o que acontece quando o programa precisa acessar esse arquivo? O que acontece se o código contém um caminho relativo de arquivo para songs.txt?

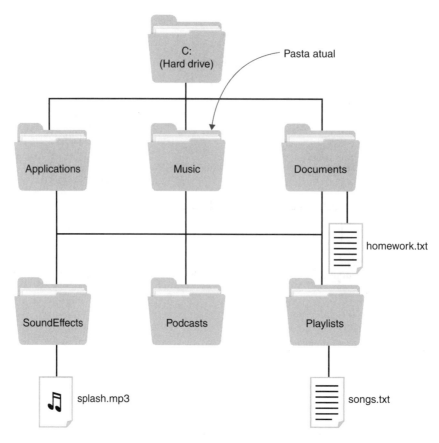

Figura 12-4 Caminhos relativos e absolutos para arquivos e pastas em um disco rígido

R. Ao usar um caminho absoluto, o programa procuraria songs.txt começando em C:, procuraria uma pasta chamada Music e então pararia, porque nenhuma pasta diretamente abaixo de C: tem o nome Music. Com um caminho relativo, o programa procuraria a pasta Playlists um nível abaixo da pasta atual e então encontraria o arquivo songs.txt.

Ao especificar o nome de um arquivo, pode ser necessário usar **caracteres de escape**, que funcionam como interpretações alternativas dos caracteres que têm outro significado. Como esses caracteres têm significados especiais para o sistema, pode ser necessário usar caracteres de escape de aspas simples, aspas duplas, barras invertidas e pontos de interrogação ao trabalhar com o sistema de arquivos, como mostrado na **Figura 12-5**.

Caractere	Name	Caractere de escape
'	Aspas simples	\'
"	Aspas duplas	\"
\	Barra invertida	\\
?	Ponto de interrogação	\?

Figura 12-5   Caracteres de escape

Anatomia de um arquivo (12.1.5, 12.1.6)

Em um computador, um arquivo é tratado como uma coleção nomeada de dados ininterruptos armazenados na memória, como mostrado na **Figura 12-6**. Todas as informações no arquivo são armazenadas como uma sequência de bytes na memória.

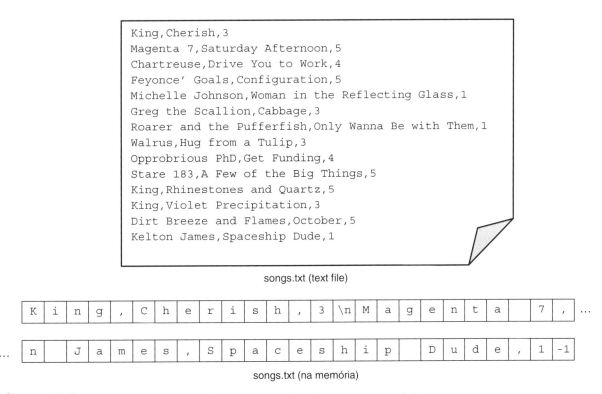

Figura 12-6   songs.txt representado em um arquivo de texto e memória

Um arquivo de texto simples é o tipo mais básico de arquivo de dados usado para entrada e saída em programação. Ele organiza os dados em linhas de texto, que incluem números e símbolos. Em um dispositivo de armazenamento, cada caractere em um arquivo de texto simples precisa de 1 byte de memória. Por exemplo, song.txt tem 449 caracteres e ocupa 449 bytes de memória. Como você sabe, um computador armazena caracteres na memória usando código binário, assim A é armazenado como 01000001. A principal vantagem dos arquivos de texto é que eles são simples de criar e ler e não requerem muito espaço de armazenamento, mesmo quando contêm muitos dados. Ao criar um arquivo, o SO reserva um local nomeado em um dispositivo de armazenamento para o conteúdo do arquivo. Em seguida, adicionam-se dados ao arquivo, o que um programa faz gravando no arquivo. Este é armazenado em disco até que seja explicitamente excluído pelo sistema operacional.

Em geral, um arquivo pode ter os seguintes componentes:

Nome de arquivo. O nome de arquivo é o nome completo do arquivo, incluindo a extensão, como songs.txt. A extensão do nome de arquivo identifica o tipo de arquivo. Por exemplo, .txt indica um arquivo de texto simples e .mp3 é uma extensão para arquivos de música em formato compactado.

Conteúdo. O conteúdo inclui o texto ou outros dados no arquivo.

Delimitador. Um delimitador é um caractere de tabulação ou sinal de pontuação como uma vírgula usado para separar informações, como o nome de um artista do título de uma música.

Fim de arquivo. O fim de arquivo (EOF) é um caractere especial ou código que representa o último elemento em um arquivo. O EOF segue o último caractere de um arquivo e geralmente é representado como o número −1.

Nova linha. Uma nova linha é um caractere especial (\n) que indica o fim de uma linha.

Ponto de acesso. Um ponto de acesso monitora a posição atual em um arquivo, semelhante a um cursor ou ponto de inserção.

A **Figura 12-7** mostra os componentes do arquivo songs.txt.

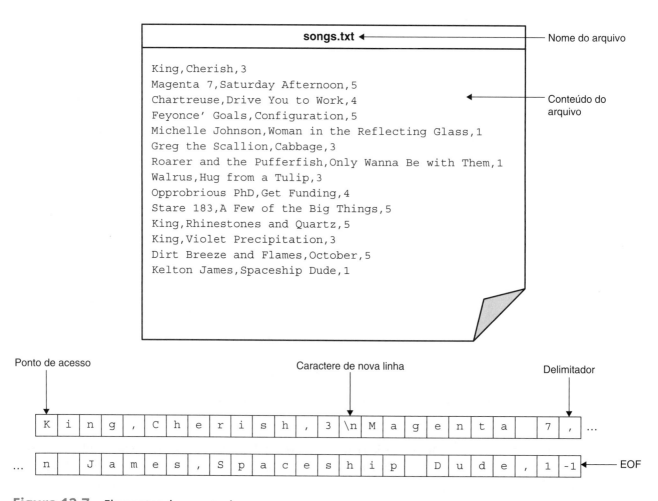

Figura 12-7 Elementos de um arquivo

De modo semelhante aos caracteres de escape utilizados em nomes de arquivos, seu conteúdo pode ter caracteres de escape. O caractere de nova linha é representado como \n e mostra que o texto a seguir começará na próxima linha do arquivo. O código de escape de tabulação é representado como \t. Quando exibido na tela, \t inicia o texto que o segue após a próxima parada de tabulação.

Uso do arquivo (12.1.7, 12.1.8, 12.1.9, 12.1.10)

Quando o código lê informações de um arquivo, isso é chamado entrada de arquivo. Quando o código grava informações em um arquivo, isso é chamado saída de arquivo. Juntos, eles são chamados de entrada e saída de arquivo ou E/S de arquivo. Algumas operações comuns de manipulação de arquivos incluem abrir um arquivo, ler o conteúdo, gravar informações no arquivo e fechá-lo.

Dois tipos de arquivos de dados incluem arquivos de texto e arquivos binários. Um arquivo de texto armazena o conteúdo como caracteres ASCII individuais de 8 bits (1 byte), como texto e números que as pessoas podem ler facilmente. Se abrir o arquivo de texto songs.txt em um editor de texto, por exemplo, você poderá ler a lista dos nomes de artistas, títulos de músicas e classificações. Em geral, arquivos de texto têm uma extensão .txt e são criados usando um editor de texto simples. Os arquivos de texto que armazenam programas ou código de marcação têm as extensões .cpp, .java, .py, .csv e .html.

Armazenar um arquivo de texto usando caracteres ASCII garante que qualquer tipo de sistema operacional pode manipular o arquivo. Mas armazenar texto como uma série de caracteres de 8 bits é um método menos eficiente que tende a consumir memória.

Em contraposição, um arquivo binário armazena o conteúdo em formato binário, que não pode ser lido facilmente. O conteúdo dos arquivos binários não está limitado a texto ASCII, mas pode conter padrões de bytes que não são impressos. Por exemplo, programas executáveis, arquivos de música e imagens são arquivos binários. Se abrir um arquivo binário em um editor de texto, você verá símbolos e outros caracteres que não formam palavras, exceto acidentalmente. Arquivos binários podem ter uma ampla variedade de extensões, como .bin, .exe, .mp3, .pdf e .doc.

A principal vantagem dos arquivos binários é que sua codificação ocupa menos espaço do que armazenar caracteres ASCII individuais de 8 bits e os computadores podem lê-los rapidamente. Por exemplo, um arquivo binário pode usar um formato numérico (como IEEE 754) em vez de caracteres de texto para armazenar um valor utilizando menos memória do que ASCII.

A **Figura 12-8** compara arquivos de texto e binários.

Como você verá, seu programa precisa saber se está usando um arquivo de texto ou um arquivo binário para processá-lo corretamente. Os arquivos binários são codificados de uma maneira específica ao tipo de arquivo

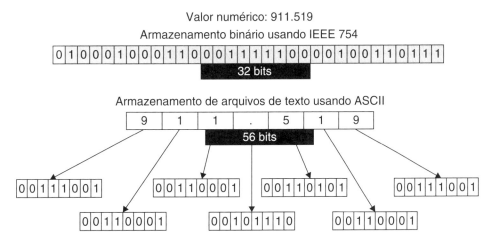

Figura 12-8   Armazenamento binário *versus* texto do número 911.519

que está sendo lido, portanto, seu programa deve ler o código de acordo com a codificação. Como os arquivos de texto simplesmente armazenam cada caractere como sua representação ASCII de 8 bits, um programa deve apenas converter cada caractere no conjunto de códigos binários de 8 bits.

A maioria das linguagens de programação tem um **manipulador de arquivos**, um recurso interno especial que permite interagir com um arquivo. Você pode usar o manipulador de arquivos para solicitar informações sobre um arquivo como tamanho, tipo, localização na estrutura de diretórios, data/hora em que foi criado e data/hora da última modificação. O manipulador de arquivos também fornece recursos para habilitar E/S de arquivos, abrir e fechar arquivos.

12.2 PROCESSAMENTO DE UM ARQUIVO

Acesso a arquivos (12.2.1, 12.2.2)

Como os arquivos são armazenados na memória, consecutivamente, byte a byte, o acesso costuma ser linear. Um **ponto de acesso de arquivo** é como um cursor – indica a posição atual em um arquivo. Você começa no primeiro byte do arquivo e continua movendo o ponto de acesso do arquivo até o seu final. Assim como se lê um livro, o computador lê cada caractere ou código em sequência, um por um, para que o conteúdo tenha significado. Ler um arquivo dessa maneira chama-se **acesso linear** ou acesso sequencial.

Em contraposição, um programa também pode ler um arquivo usando **acesso randômico**, que lê cada caractere diretamente sem primeiro ler o caractere antes dele. O acesso randômico ao arquivo é facilitado alterando a posição do ponto de acesso ao arquivo, uma variável especial que funciona como um cursor indicando a posição em um arquivo. Como programador, você pode especificar quantos bytes mover o ponto de acesso do arquivo a partir da posição atual. Valores positivos movem o ponto para o final do arquivo e valores negativos movem o ponto para o início do arquivo. Ao trabalhar com arquivos, deve-se monitorar a posição do ponto de acesso ao arquivo para tentar evitar sair dos limites de memória do arquivo. A **Figura 12-9** compara o acesso linear e randômico a arquivos.

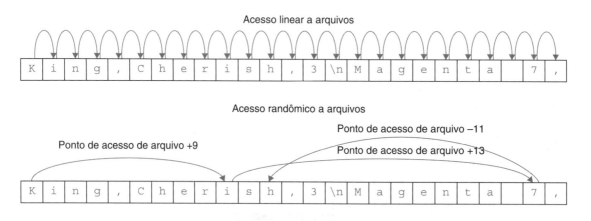

Figura 12-9   Acesso a arquivos linear e randômico

P Após o programa ter lido parte do arquivo, como volto ao início de um arquivo?

R Sempre que se abre um arquivo, ele coloca o ponto de acesso ao arquivo no início do arquivo, permitindo que você o feche e reabra. Por outro lado, as linguagens de programação fornecem instruções que redefinem o ponto de acesso do arquivo para o início.

Fluxos e buffers (12.2.3, 12.2.4)

Quando o programa usa E/S de arquivo, transmitem-se informações. Da mesma maneira que você transmite seus shows favoritos para assistir no computador, transmite para ler informações a uma taxa fixa em seu programa. Essencialmente, um **fluxo** é um canal que permite interagir com arquivos armazenados no computador ou em outra unidade. Ver **Figura 12-10**.

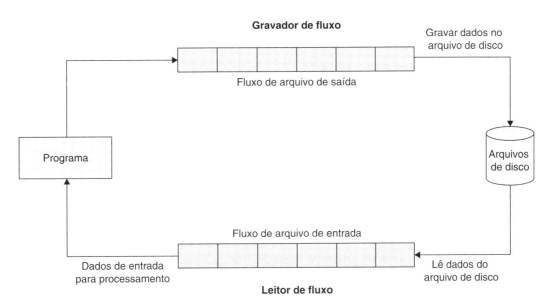

Figura 12-10 Transmissão de fluxos de entrada e saída usando arquivos

Algumas linguagens de programação usam um **gravador de fluxo** a fim de criar um fluxo para gravar dados de texto em um arquivo. Os dados do arquivo de texto são transferidos para o fluxo e, em seguida, gravados no arquivo. Da mesma forma, um **leitor de fluxo** cria um fluxo para leitura de texto de um arquivo. O leitor de fluxo transfere os dados do arquivo ao fluxo e depois para seu programa.

Imagine que você esteja transmitindo um filme de três horas no laptop. Tempos atrás, um laptop precisaria de tempo para transferir todo o filme para o computador, e o computador precisaria de muito espaço para armazenar o filme inteiro. Em vez disso, o computador usa **armazenamento em buffer** para mover dados, bit a bit, para dentro e para fora de uma parte reservada da memória (chamada **buffer**) que o código pode acessar.

Usar um **fluxo em buffer** também pode melhorar o desempenho quando o programa precisa ler e gravar grandes quantidades de dados. Os sistemas operacionais estão constantemente fazendo malabarismos com muitas tarefas. Ao ler um arquivo, o sistema operacional não lê um byte de cada vez, mas lê um bloco de dados e, em seguida, alterna para outra tarefa. Ao alternar entre uma tarefa e outra, o sistema operacional precisa armazenar os dados em algum lugar, que é em um buffer. As vantagens do armazenamento em buffer são mostradas na **Figura 12-11**.

A parte superior da Figura 12-11 mostra a leitura de um arquivo de entrada sem usar buffer. O programa tem de esperar que todo o arquivo de entrada seja lido antes de poder usar os dados. Para grandes arquivos de entrada, isso pode envolver atrasos significativos. Com o armazenamento em buffer, mostrado na parte inferior da Figura 12-11, o buffer armazena alguns dados do arquivo de entrada e os envia para o programa, que pode usar os dados imediatamente sem esperar que o arquivo inteiro seja lido.

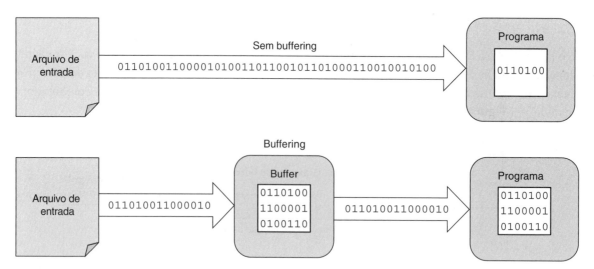

Figura 12-11 Buffer de dados de um arquivo para um programa

12.3 ABERTURA DE UM ARQUIVO

Abertura de um arquivo para leitura (12.3.1, 12.3.2, 12.3.3)

O arquivo songs.txt lista o sobrenome do artista, o título da música e uma classificação de cada música em uma escala de 1 a 5. Você pode escrever código para realizar tarefas como calcular a classificação média das músicas ou contar as músicas do artista chamado King. Antes que o programa possa fazer isso, ele deve abrir o arquivo acessando-o em um dispositivo de armazenamento, como um disco rígido.

Abrir um arquivo para leitura tem a seguinte sintaxe genérica:

```
declare file_variable as file_handler

file_variable.open("songs.txt", access_mode)
```

Na maioria das linguagens de programação, os caracteres de escape não são necessários porque o nome do arquivo está entre aspas duplas.

A seguir, o pseudocódigo é analisado detalhadamente:

- O pseudocódigo inclui a variável `file_variable`, que é atribuída ao tipo `file_handler`, um tipo especial que permite interagir com arquivos. Como um `file_handler`, o `file_variable` pode abrir, fechar e realizar outras tarefas com arquivos.
- Para indicar que `file_variable` deve abrir um arquivo, use o **operador de ponto** seguido da palavra `open`, como em `file_variable.open`. Utilize o operador de ponto para especificar qual ação executar com uma variável.
- Em seguida, semelhante à passagem de argumentos para uma função, especifica-se o nome do arquivo a ser aberto entre parênteses. Coloque o nome do arquivo entre aspas, como em `"songs.txt"`.
- Também é possível incluir um argumento `access_mode` que especifica como acessar o arquivo. O argumento `access_mode` é opcional e configura o propósito de abrir o arquivo especificado. Os modos de acesso comuns são `read`, `write` e `append`. Se um `access_mode`, não for especificado, o programa usa o modo padrão, `r`, para abrir um fluxo de arquivo para leitura de um arquivo de texto.

O pseudocódigo supõe que songs.txt está na mesma pasta que o código do programa. Se o arquivo estiver armazenado em uma pasta diferente, você deverá especificar o caminho relativo ou absoluto para o arquivo de modo que o programa possa encontrá-lo.

Em geral, usam-se os argumentos `access_mode` a seguir com arquivos de texto.

Read. O modo `read` abre o arquivo especificado para que se possa recuperar o conteúdo. Se o arquivo não existir, um erro de E/S de arquivo será gerado. Do contrário, o arquivo será aberto e o ponto de acesso a ele será posicionado no início do arquivo para que se possa começar a recuperar o conteúdo.

Write. O modo `write` abre o arquivo especificado para que se possa adicionar dados a ele. Se o arquivo não existir, ele será criado. Se o arquivo existir, o ponto de acesso a ele será posicionado no início do arquivo e qualquer nova informação será substituída.

Append. O modo `append` abre o arquivo especificado para que se possa adicionar dados a ele. Se o arquivo não existir, ele será criado. Se o arquivo existir, o ponto de acesso a ele será inserido no final e as novas informações serão gravadas após esse ponto.

Como os argumentos da linha `file_variable.open("songs.txt", access_mode)` poderiam ser mudados para abrir songs.txt para leitura?

Você escreveria `file_variable.open("songs.txt", "read")`.

Na maioria das vezes, o código mostrado anteriormente abre o arquivo songs.txt para que o programa possa realizar outras tarefas com ele. E se outro programa acessar songs.txt ao mesmo tempo (talvez para adicionar novas músicas) ou o nome do arquivo for alterado para my_songs.txt? Ocorrerá um erro, assim é recomendável incluir código para verificar se o arquivo foi realmente aberto. Você pode usar um bloco `try` para capturar exceções que ocorrem, como mostrado na **Figura 12-12**.

```cpp
#include <iostream>
#include <fstream>
#include <stdexcept>
#include <string>

using namespace std;

int main ()
{
    ifstream input_file;
    try
    {
        input_file.open("songs.txt", ios::in);

        if(!input_file.is_open())
        {
            throw runtime_error("Could not open the file.");
```

Figura 12-12 Uso de manipulação de exceção para abrir um arquivo para leitura (*continua*)

```
            }
        }
        catch (runtime_error error)
        {
            cout << error.what() << endl;
            return 0;
        }

        return 0;
}
```

Figura 12-12 Uso de manipulação de exceção para abrir um arquivo para leitura

O código na Figura 12-12 abre o arquivo songs.txt e trata uma exceção, caso ocorra. Como no pseudocódigo, primeiro uma variável de arquivo é declarada. Em seguida, o código que abre o arquivo é colocado dentro de um bloco `try`. Se ocorrer uma exceção, ela será capturada no bloco `catch`. A mensagem "Could not open the file" é exibida e o programa fecha porque não pode ler um arquivo que não existe.

Leitura de um arquivo (12.3.4, 12.3.5, 12.3.6, 12.3.7)

Agora que seu programa abriu o arquivo songs.txt, ele pode ler dados dele. Ler um arquivo significa que o sistema operacional começa no início do arquivo (ou onde quer que o ponto de acesso do arquivo esteja atualmente localizado) e entrega uma cópia dessas informações ao programa. Você usa variáveis como números inteiros, caracteres e strings para armazenar as informações fornecidas ao seu arquivo. À medida que o programa lê os dados, o ponto de acesso ao arquivo é atualizado e passa para o próximo item no arquivo.

Normalmente, os programas leem os arquivos caractere por caractere, em ordem, usando um laço. A quantidade de dados em um arquivo geralmente é desconhecida, portanto, o laço para quando alcança o caractere EOF.

Um arquivo recebe uma certa quantidade de espaço na memória. O caractere EOF impede que os programas acessem locais de memória além do local do arquivo. Um programa não pode ler além do caractere EOF porque viola a integridade do arquivo e travará o programa.

Quando a variável do arquivo não possui mais informações para ler, o valor de EOF torna-se verdadeiro, indicando que o programa alcançou o final do arquivo. A seguir, um exemplo de verificação de EOF:

```
declare c as character
while file_variable.eof != true
    c = file_variable.nextCharacter
```

O arquivo songs.txt é formatado para que os dados de cada música estejam em uma linha própria, com o artista, o título da música e a classificação separados por vírgula, como mostrado na **Figura 12-13**.

 Como as informações sobre songs.txt para ler o arquivo com mais eficiência do que caractere por caractere poderiam ser usadas?

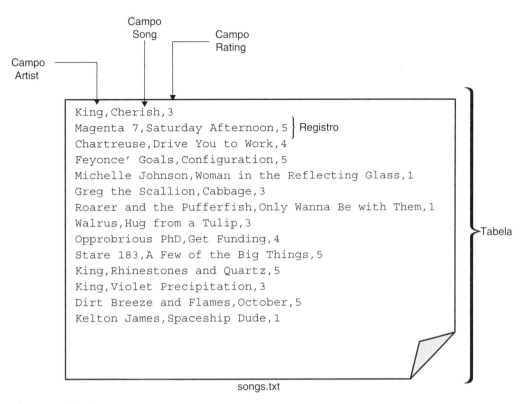

Figura 12-13 Campos e registros em um arquivo delimitado por vírgulas

Como se sabe que cada linha do arquivo tem o mesmo formato de classificação de músicas do artista, é possível ler cada linha do arquivo, salvando as informações nesta ordem.

Como a Figura 12-13 mostra, songs.txt é um **arquivo de texto delimitado por vírgula**, lembrando registros em uma tabela na qual cada bloco de dados é separado por uma vírgula. Programas podem ler os arquivos de texto delimitados por vírgulas com mais eficiência do que caractere por caractere. Cada bloco de dados até uma vírgula é um **campo**. Uma linha contendo um artista, música e classificação é um **registro**. Como os dados são organizados em campos e registros, eles são estruturados como uma **tabela**.

No programa de leitura de songs.txt, você pode formatar `file_variable` para ler até cada vírgula, atribuir esse texto a uma variável e continuar lendo o restante da linha, como na **Figura 12-14**.

O programa funciona da seguinte maneira:

- O programa inicia declarando as variáveis para conter cada campo: artista, música e classificação.
- Configura também a variável de arquivo para reconhecer que uma vírgula é o delimitador usado para separar cada campo no registro.
- Usa um laço while para ler o arquivo até alcançar o final.
- Cada linha lê o artista, a música e a classificação.
- Continua lendo cada linha do arquivo até que não haja mais informações para ler.

Embora a classificação seja um número, ela é declarada como uma **string**, assim o código o lê como uma **string**. Se você planeja fazer cálculos com os dados de classificação, como calcular a classificação média das músicas, é preciso converter a **string** em um número inteiro. Pode-se declarar uma nova variável de números inteiros chamada `rating_num` e, em seguida, adicionar uma instrução ao final do laço while:

`rating_num = stringToInt(rating)`

```cpp
#include <iostream>
#include <fstream>
#include <stdexcept>
#include <string>
#include <sstream>
using namespace std;

int main ()
{
   ifstream input_file;
   input_file.open("songs.txt", ios::in);
   string line_of_text;
   string artist;
   string song;
   string rating;

   while(!input_file.eof())
   {
      getline(input_file, line_of_text);
      stringstream s(line_of_text);

      getline(s, artist, ',');
      getline(s, song, ',');
      getline(s, rating, ',');
   }

   return 0;
}
```

Figura 12-14 Leitura de um arquivo de texto delimitado por vírgulas

Você pode derivar o valor numérico usando um conversor integrado de string em números inteiros. O comando difere em cada linguagem de programação, embora a lógica permaneça a mesma. Como uma `string`, a classificação é a representação de caracteres ASCII do número. É preciso convertê-la em um inteiro antes de usá-la para operações matemáticas. Após essa linha do código ser executada, o valor numérico é armazenado em `rating_num`.

O código na **Figura 12-15** lê todo o arquivo songs.txt linha por linha (ou música por música) e conta o número de músicas no arquivo.

```cpp
#include <iostream>
#include <fstream>
#include <string>
using namespace std;

int main ()
{
   ifstream input_file;
   input_file.open("songs.txt", ios::in);
   string line_of_text;
   int song_count = 0;

   while(input_file.eof() == false)
   {
   getline(input_file, line_of_text);
      song_count++;
   }

  cout << "There are " << song_count << " songs in the file." << endl;

   return 0;
}

SAÍDA:
There are 14 songs in the file.
```

Figura 12-15 Leitura do arquivo songs.txt

A seguir estão as exceções comuns que podem ocorrer ao ler arquivos:

O fluxo de entrada não está aberto. Ocorreu um erro ao criar o manipulador de arquivos, portanto, o fluxo nunca é criado.
O arquivo está vazio. Nesse caso, o arquivo é aberto, mas o único conteúdo é o caractere EOF.
Lendo o tipo de dados errado. Você tenta ler uma variável `string` como uma variável numérica.
O arquivo não existe. O arquivo especificado para abrir não está no local atual.
O arquivo é na verdade uma pasta. O arquivo solicitado para abrir não é um arquivo legível, mas na verdade, uma pasta.
O arquivo já está aberto por outro programa. Vários manipuladores de arquivos podem abrir o mesmo arquivo para leitura sem problemas, mas quando um programa começa a gravar no programa, um bloqueio é colocado no arquivo e ninguém pode abri-lo até que a gravação seja concluída e o bloqueio, liberado.

Em cada caso, uma boa prática de programação é tentar capturar todas as exceções geradas e usar o manipulador de arquivos para verificar estados inesperados, como um arquivo vazio ou um arquivo bloqueado.

12.4 FECHAMENTO DE UM ARQUIVO

Fechamento de arquivos após o uso (12.4.1)

Depois de ler um arquivo e terminar de usá-lo, o programa deve fechá-lo. Por exemplo, suponha que ao terminar de ler o arquivo songs.txt para calcular a classificação média das suas músicas, o programa pare inesperadamente devido a algum erro imprevisto. Isso pode levar à corrupção de arquivo e perda de dados. Em programas maiores, ter muitos arquivos abertos ao mesmo tempo pode prejudicar o desempenho. Fechar um arquivo restaura recursos (como buffers) para o sistema. Por essas razões, uma boa prática é fechar os arquivos assim que eles não são mais necessários.

Depois que um arquivo é fechado, o fluxo de entrada pode ser usado para abrir outro arquivo, e o arquivo anterior torna-se disponível para ser aberto por outro código. Para fechar o arquivo songs.txt, inclua a seguinte instrução no final do programa ou assim que o arquivo não é mais necessário para o programa:

```
file_variable.close()
```

Certifique-se de fechar um arquivo somente quando tiver certeza de que o código não precisa mais acessá-lo. Tentar ler de um arquivo já fechado pode causar um erro enquanto o código está em execução.

Tentativa para fechar um arquivo (12.4.2)

Suponha que o código tente fechar um arquivo que já foi fechado em algum outro lugar do código. Isso leva a uma exceção que você precisa abordar. Use blocos `try` e `catch` para lidar com o erro. Por exemplo, o código a seguir tenta fechar um arquivo que já foi fechado. O bloco `try` tenta fechar o arquivo já fechado. O bloco `catch` lança uma exceção de E/S e, em seguida, exibe uma mensagem de erro.

```
file_variable.close()
try
    file_variable.close()
catch IOexception
    display "File has already been closed elsewhere."
```

12.5 CRIAÇÃO E GRAVAÇÃO DE NOVOS ARQUIVOS

Criação de um arquivo (12.5.1)

Da mesma maneira que você usa código para ler informações de um arquivo, também pode criar um outro arquivo. Suponha que queira criar outro arquivo de texto contendo todas as suas músicas favoritas, aquelas que classificou como 4 ou mais. Em algumas linguagens de programação, abrir um arquivo para gravação com um nome único cria o arquivo na mesma pasta que a do código do programa. O novo arquivo está vazio e contém apenas o caractere EOF, portanto, é preciso gravar dados no arquivo antes que um programa possa usá-lo. A **Figura 12-16** mostra uma parte de um programa para criar e abrir um arquivo.

Para criar outro arquivo, você declara uma variável como um manipulador de arquivos. Usando o manipulador de arquivos para abrir um arquivo para gravação que não existe, o programa criará um outro arquivo vazio chamado favorite_songs.txt no mesmo diretório que o do código.

```
#include <iostream>
#include <fstream>
using namespace std;
int main()
{
   ofstream output_file;
   output_file.open("favorite_songs.txt", ios::out);
   return 0;
}
```

Figura 12-16 Criação de um outro arquivo

Algumas linguagens de programação, como o Java, fornecem uma maneira específica de criar arquivos em branco. Nesse caso, você cria um outro arquivo usando o seguinte código:

```
declare file_variable as file_handler
file_variable.create_new_file("favorite_songs.txt")
```

Depois de declarar uma variável de manipulador de arquivos chamada `file_variable`, pode-se usar a notação de ponto para executar a instrução `file_variable.create_new_file`. A instrução cria e abre um arquivo chamado favorite_songs.txt.

Abertura de um arquivo para gravação (12.5.2, 12.5.3, 12.5.4)

Um arquivo é aberto para gravação após criar um arquivo ou quando quer adicionar dados a um já existente. Por exemplo, depois de ter criado favorite_songs.txt para armazenar suas melhores músicas, aquelas classificadas como 4 ou 5, agora deseja adicionar as músicas mais bem avaliadas de songs.txt a favorite_songs.txt. Além disso, suponha que comprou algumas músicas e deseja adicionar mais músicas à sua lista em songs.txt. Nos dois casos, pode-se usar E/S de arquivo para gravar texto em um arquivo. O pseudocódigo a seguir mostra a sintaxe genérica para abrir um arquivo para gravação, nesse caso, o novo favorite_songs.txt:

```
declare file_variable as file_handler
file_variable.open("favorite_songs.txt", access_mode)
```

Uma variável é declarada com o tipo `file_handler` e usa o operador de ponto para abrir o arquivo e especificar o modo de acesso, como fez antes. A mesma sintaxe genérica para gravar em um novo arquivo ou adicionar a um arquivo existente poderia ser usada. O argumento `access_mode` controla como o arquivo será gravado.

Assim como a leitura de um arquivo, `access_mode` é um argumento opcional para gravar em um arquivo. Em geral, os valores são `write` ou `append`. O modo `write` começa a gravar texto no início do arquivo. Se o arquivo já existir, por padrão, usando o modo `write` grava todo o arquivo e apaga qualquer conteúdo anterior. O modo `append` começa a gravar no final do arquivo, portanto, não substitui as informações. Se não tiver certeza se um arquivo já contém informações, use o modo `append` para evitar sobrescrever informações acidentalmente.

 Você usaria o modo de acesso `write` ou `append` para adicionar novas músicas a songs.txt?

 O modo `append` é o mais adequado nesse caso, porque quer preservar as músicas anteriores e adicioná-las à lista.

Gravar e anexar um arquivo (12.5.5, 12.5.6)

Suponha que seus amigos peçam para você escrever um código para também ajudar a gerenciar as playlists de músicas deles. Seu arquivo songs.txt não pode ser fornecido a eles, porque eles têm músicas diferentes nos computadores. Você pode, porém, usar um programa para gravar arquivos. O programa pede que seus amigos insiram as músicas. Em seguida, ele cria um outro arquivo de texto chamado their_songs.txt. O programa é mostrado na **Figura 12-17**.

```cpp
#include <iostream>
#include <fstream>
#include <string>
using namespace std;

int main ()
{
   ofstream output_file;
   output_file.open("their_songs.txt", ios::out);
   int num_songs;
   string artist;
   string song;
   int rating;

   cout << "Hello friend. How many songs would you like to enter? ";
   cin >> num_songs;
   cin.ignore();

   for(int i=0; i < num_songs;   i++)
   {
      cout << "Please enter the artist name. ";
      getline(cin, artist);
      cout << "Please enter the song name. ";
      getline(cin, song);
      cout << "Please enter the rating (1-5).";
      cin >> rating;
      cin.ignore();
      output_file << artist << "," << song << "," << rating << endl;
   }
```

Figura 12-17 Gravação de um novo arquivo para uma nova lista de músicas (*continua*)

```
        cout << "Thanks! Your file has been written." << endl;
        output_file.close();
        return 0;
}


SAÍDA:
Hello friend. How many songs would you like to enter? 1 [Enter]
Please enter the artist name. Rizzo [Enter]
Please enter the song name. Lies Hurt [Enter]
Please enter the rating (1-5). 4 [Enter]
Thanks! Your file has been written.
```

Figura 12-17 Gravação de um novo arquivo para uma nova lista de músicas

O programa funciona assim:

- Declare uma variável de manipulador de arquivos chamada `output_file`.
- Crie o arquivo chamado their_songs.txt abrindo o arquivo de saída para gravação.
- Declare variáveis para conter o número de músicas que seu amigo deseja inserir, o nome do artista, o nome da música e a classificação.
- Peça que seu amigo digite o número de músicas a serem inseridas no arquivo e armazene a resposta na variável `num_songs`.
- Em um laço for, itere de 0 até o número de músicas que seu amigo inseriu. Peça também a ele para fornecer o nome do artista, o título da música e uma classificação para ela.
- Grave as respostas no arquivo especificado. Como o arquivo precisa ser formatado de uma maneira específica, após o nome do artista ser gravado, insira uma vírgula, depois o nome da música, mais uma vírgula e, por fim, a classificação.
- Após a classificação, você grava o caractere de nova linha no arquivo, indicando que a próxima informação (ou seja, a próxima música) deve começar na linha seguinte.
- Por fim, você exibe uma mensagem informando que o arquivo foi gravado e fecha o arquivo de saída.

Se quiser verificar suas músicas em songs.txt e gravar todas as favoritas em um novo arquivo chamado favorite_songs.txt, é preciso ler e gravar ao mesmo tempo. Enquanto lê cada música de songs.txt, você verifica a pontuação da classificação. Se a classificação for 4 ou mais, grave os dados da música em favorite_songs.txt.

Para gravar uma música por linha, também é preciso incluir um caractere de nova linha, que funciona como se a tecla Enter fosse pressionada, para que o texto seguinte aparecesse na próxima linha. Você especifica um caractere de nova linha usando \n como o argumento de nova linha em uma instrução `write`, como na **Figura 12-18**.

A **Figura 12-19** mostra os arquivos songs.txt e favorite_songs.txt após executar o programa mostrado na Figura 12-18.

Legal! Agora você tem uma lista com suas músicas favoritas. Quando chegar a hora de adicionar mais músicas favoritas, pode-se atualizar o arquivo favorite_songs.txt. Mas se abrir favorite_songs.txt para gravação, o acesso ao arquivo começará no início dele e a gravação será feita sobre o conteúdo atual do arquivo. Em vez disso, use o argumento `append access_mode`, que mantém as músicas atuais no arquivo e grava os novos registros no final do arquivo. O código para anexar se parece com o da Figura 12-18, exceto que você alteraria a linha para abrir o arquivo de saída do modo de acesso `write` para `append`, como no pseudocódigo a seguir:

```
output_file.open("favorite_songs.txt", "append")
```

```cpp
#include <iostream>
#include <fstream>
#include <string>
#include <sstream>
using namespace std;

int main ()
{
   ifstream input_file;
   ofstream output_file;
   input_file.open("songs.txt", ios::in);
   output_file.open("favorite_songs.txt", ios::out);
   string artist;
   string song;
   string rating;
   int rating_num;

   string line_of_text;

   while(!input_file.eof())
   {
      getline(input_file, line_of_text);
      stringstream s(line_of_text);

      getline(s, artist, ',');
      getline(s, song, ',');
      getline(s, rating, ',');
      rating_num = stoi(rating);

      if(rating_num >= 4)
      {
         output_file << artist;
```

Figura 12-18 Salvando as músicas favoritas em um novo arquivo (*continua*)

```
            output_file << ",";
            output_file << song;
            output_file << ",";
            output_file<< rating << endl;
        }
    }

    return 0;
}
```

Figura 12-18 Salvando as músicas favoritas em um novo arquivo

songs.txt

```
King,Cherish,3
Magenta 7,Saturday Afternoon,5
Chartreuse,Drive You to Work,4
Feyonce' Goals,Configuration,5
Michelle Johnson,Woman in the Reflecting Glass,1
Greg the Scallion,Cabbage,3
Roarer and the Pufferfish,Only Wanna Be with Them,1
Walrus,Hug from a Tulip,3
Opprobrious PhD,Get Funding,4
Stare 183,A Few of the Big Things,5
King,Rhinestones and Quartz,5
King,Violet Precipitation,3
Dirt Breeze and Flames,October,5
Kelton James,Spaceship Dude,1
```

favorite_songs.txt

```
Magenta 7,Saturday Afternoon,5
Chartreuse,Drive You to Work,4
Feyonce' Goals,Configuration,5
Opprobrious PhD,Get Funding,4
Stare 183,A Few of the Big Things,5
King,Rhinestones and Quartz,5
Dirt Breeze and Flames,October,5
```

Figura 12-19 Conteúdo de songs.txt e favorite_songs.txt

Posso codificar um programa para ler e gravar no mesmo arquivo ao mesmo tempo?

 Depende. Alguns sistemas operacionais permitem gravar em um arquivo e outros programas (incluindo o seu próprio) leem a partir dele. Outros colocam um bloqueio no arquivo, restringindo o acesso até que alguém feche o arquivo. Em geral, ler e gravar no mesmo arquivo ao mesmo tempo é uma prática ruim e deve ser evitada. Se um arquivo está sendo lido enquanto outro programa está gravando nele, as informações lidas podem estar desatualizadas.

Antecipar exceções (12.5.7)

Suponha que um arquivo tenha sido formatado incorretamente em uma linha, como título de artista e classificação ausentes para a última música. O código tenta ler o número inteiro para a classificação e, em vez disso, lê além do final do arquivo. Isso faz que o programa trave. Por essa razão, insira qualquer código que leia um arquivo em um bloco `try`.

Uma operação de arquivo pode falhar de outras maneiras, como não localizar o arquivo, ter problemas para transferir dados do buffer ou tentar ler dados em variáveis de um arquivo em branco. Faz sentido empacotar todo o bloco do código que lida com arquivos em um bloco `try`, em vez de muitos blocos `try` e `catch` separados, como no pseudocódigo a seguir.

```
declare input_file as file_handler
declare output_file as file_handler

try
    input_file.open("new_songs.txt", "read")
    output_file.open("favorite_songs.txt", "append")

    declare artist as string
    declare song as string
    declare rating as string
    declare rating_num as integer
    input_file.setDelimiter(",")

    while input_file.peek() != EOF
        artist = input_file.nextString()
        song = input_file.nextString()
        rating = input_file.nextString()
        rating_num = stringToNum(rating)

        if rating_num >= 4
            output_file.write(artist)
            output_file.write(",")
            output_file.write(song)
```

```
        output_file.write("\n")

    input_file.close()
    output_file.close()

catch FileNotFoundException
    display "The specified file was not found."
catch EndOfFileException
    display "End of File reached. Exiting."
    return
catch CloseFileException
    display "Closing an already closed file. Exiting."
    return
```

RESUMO

- Um arquivo é um contêiner nomeado de dados armazenados na memória, como um documento, uma imagem ou uma música. Use arquivos como uma maneira de ler grandes quantidades de dados em seu programa ou gravar grandes quantidades de dados de seu programa, também chamado entrada/saída (E/S) de arquivo.
- Pastas contêm e organizam os arquivos em grupos. Um sistema operacional armazena arquivos em um arranjo de pastas chamado estrutura de pastas ou estrutura de diretórios.
- A localização de um arquivo no computador pode ser descrita por um caminho relativo ou um caminho absoluto. O caminho absoluto indica a localização exata de um arquivo no computador a partir do dispositivo ou unidade de armazenamento principal. O caminho relativo fornece a localização de um arquivo a partir de outra localização na estrutura de pastas. Caminhos relativos são mais flexíveis do que caminhos absolutos porque não são afetados se o nome ou local das pastas acima da atual mudar.
- Em geral, os programas leem dois tipos de arquivos: arquivos de texto e arquivos binários. Arquivos podem ser lidos sequencialmente até que o caractere de fim de arquivo seja alcançado, o que é chamado acesso linear ou acesso sequencial.
- Armazenar em buffer ajuda a transmitir grandes quantidades de dados no programa movendo dados, bit a bit, para dentro e para fora de uma parte reservada da memória chamada buffer. O buffer pode melhorar o desempenho quando o programa precisa ler ou gravar muitos dados.
- Antes que um programa possa usar um arquivo, ele deve abri-lo localizando-o em um dispositivo de armazenamento e então associando-o a uma variável de arquivo. Para acessar os dados em um arquivo, um programa lê do arquivo. O programa pode ler dados não estruturados em um arquivo caractere por caractere. Em um arquivo estruturado, como um arquivo de texto delimitado por vírgulas, o programa pode ler os dados campo por campo.
- Em um arquivo de texto delimitado, pode-se usar um laço para ler um arquivo com eficiência. Depois de lê-lo, o programa pode processar os dados do arquivo para fazer operações como realizar cálculos. Talvez seja necessário converter dados de string em um número inteiro ou outro tipo de dado numérico para usá-los para processamento.
- Um programa grava em um arquivo quando cria um arquivo e adiciona dados a ele ou quando anexa novos dados ao final de um arquivo existente. O modo E/S de arquivo depende do tipo de dados e da operação desejada, seja ler, gravar ou anexar um arquivo.

- Os programas devem fechar os arquivos assim que os arquivos não forem mais necessários para evitar problemas de desempenho do sistema.
- As operações de arquivo podem lançar exceções, portanto, é melhor empacotar as operações de arquivo em um bloco `try` para capturar as exceções. Exceções comuns incluem não localizar o arquivo especificado, tentar fechar um arquivo que já foi fechado e encontrar formatação imprópria em um arquivo de texto delimitado por vírgulas.

Termos-chave

acesso aleatório
acesso linear
anexar
armazenar em buffer
arquivo
arquivo binário
arquivo de texto
arquivo de texto delimitado por vírgula
buffer
caminho absoluto de arquivo
caminho relativo de arquivo
campo

caracteres de escape
conteúdo
delimitador
E/S de arquivo
entrada de arquivo
estrutura de diretórios
fim de arquivo (EOF)
fluxo
fluxo em buffer
gravador de fluxo
gravar
leitor de fluxo
ler

manipulação de arquivos
manipulador de arquivos
nome de arquivo
nova linha
operador de ponto
pasta
ponto de acesso
ponto de acesso de arquivo
registro
saída de arquivo
tabela

CLASSES E OBJETOS

OBJETIVOS DE APRENDIZAGEM:

13.1 CLASSES EM PROGRAMAÇÃO ORIENTADA A OBJETOS
13.1.1 Explicar a diferença entre programação orientada a objetos (POO) e programação procedural.
13.1.2 Definir uma classe em POO.
13.1.3 Explicar como uma classe é semelhante a um projeto arquitetônico.
13.1.4 Listar os componentes que compõem uma classe.
13.1.5 Explicar a função da palavra-chave "class" ao criar uma classe.

13.2 USO DE OBJETOS
13.2.1 Descrever objetos e POO.
13.2.2 Explicar instâncias e objetos.
13.2.3 Comparar um objeto como uma instância do projeto.
13.2.4 Configurar tipos de dados complexos.
13.2.5 Identificar as semelhanças entre implementação de tipos de dados primitivos e implementação de objetos de classes.

13.2.6 Explicar como o encapsulamento pode aprimorar as estruturas de codificação.
13.2.7 Explicar o conceito de ocultação de informações.

13.3 USO DE ELEMENTOS ESTÁTICOS EM UMA CLASSE
13.3.1 Explicar como as variáveis estáticas são compartilhadas entre instâncias de uma classe.
13.3.2 Explicar o propósito de ter membros estáticos de uma classe.
13.3.3 Definir métodos estáticos.
13.3.4 Definir classes estáticas.

13.4 CARACTERÍSTICAS DE OBJETOS EM PROGRAMAS ORIENTADOS A OBJETOS
13.4.1 Definir identidade como aplicada a objetos POO.
13.4.2 Definir o estado como aplicado a objetos POO.
13.4.3 Definir o comportamento como aplicado a objetos POO.

13.1 CLASSES EM PROGRAMAÇÃO ORIENTADA A OBJETOS

Representando o mundo real com código (13.1.1)

Seu código pode representar ideias e conceitos da vida cotidiana. Isso pode ser feito usando **objetos**, que são tipos especiais de variáveis que correspondem a objetos concretos no mundo real. A programação que usa objetos é apropriadamente chamada **programação orientada a objetos (POO)**. Na POO, você pensa em relação a componentes-chave, dados, ações que podem ser executadas e suas interações. Quando se colabora com outros codificadores, os objetos tornam seu programa mais compreensível.

Na **programação procedural**, o código é escrito passo a passo para criar um conjunto de instruções semelhantes a uma receita para que o computador siga. Quando o programa é executado, ele segue passos exatos na mesma ordem em que foi escrito. A programação procedural é útil para programas simples nos quais o algoritmo tem um número finito de passos, como calcular a raiz quadrada de um número. A programação orientada a objetos é mais apropriada quando o programa precisa modelar um sistema complexo do mundo real com muitos componentes, ações e relacionamentos, como um aplicativo bancário.

A programação procedural geralmente é o primeiro paradigma de programação que novos codificadores aprendem, mas tem limitações. Por exemplo, imagine que você esteja escrevendo um programa procedural para gerenciar centenas de carros em uma concessionária. As informações que precisam ser armazenadas nas variáveis sobre cada carro incluem marca, modelo, cor, ano, quilometragem e muitos outros detalhes, como mostrado na **Figura 13-1**.

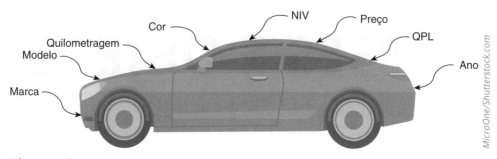

Figura 13-1   Um carro e suas características

A quantidade de informações para que você e o programa monitorassem rapidamente se tornaria avassaladora. Se precisar alterar informações, como adicionar o número de identificação do veículo (NIV) a cada carro, será preciso modificar tediosamente cada linha do código correspondente a essa alteração. À medida que o número de alterações aumenta, aumenta também a dificuldade de alterar o código. A POO oferece uma alternativa que permite modificar facilmente o código nesse cenário.

Usando classes   (13.1.2, 13.1.3)

Classes tornam a programação orientada a objetos possível. Uma **classe** é uma planta para criar um objeto. Da mesma maneira que uma planta arquitetônica descreve um edifício, uma classe descreve um objeto. Usa-se uma classe para criar objetos que compartilham características ou propriedades comuns e para construir programas que usam os objetos. Uma planta arquitetônica pode ser utilizada para criar muitas casas em endereços diferentes, e uma classe pode criar muitos objetos que compartilham a mesma estrutura. A classe `Car` é como um modelo geral que pode criar objetos como um Honda Accord azul 2020 e um Volkswagen Beetle amarelo clássico.

Um benefício do uso de classes é que este promove a reutilização de código. Um programador pode reutilizar o código da classe ao criar objetos que tenham as mesmas características. Por exemplo, se quiser armazenar informações sobre 500 carros no aplicativo da concessionária, pode usar um arquivo de classe para descrever todos os 500 carros.

 Como o conceito de uma receita (como uma receita de biscoito) é semelhante a uma classe?

 Uma receita define as características de um biscoito e pode ser utilizada para criar muitos biscoitos, todos com os mesmos atributos, como forma e crocância, embora os valores desses atributos possam variar.

Componentes de classe (13.1.4, 13.1.5)

Em muitas linguagens de programação, a palavra-chave `class` é uma palavra reservada só utilizada para definir uma classe. Em geral, uma classe é composta pelos seguintes componentes:

- **Nome de classe**. Um nome de classe identifica a classe por um nome específico; geralmente é um substantivo, como `Car`.
- **Variáveis membro**. As variáveis membro, também chamadas atributos ou propriedades, compõem os dados armazenados em uma classe.
- **Métodos**. Os métodos descrevem as ações que um objeto pode executar. São como funções que pertencem à classe. Um método geralmente é uma frase verbal, como `test_drive()`.
- **Acessores e modificadores**. Os métodos acessores e modificadores, comumente chamados *getters* e *setters*, são usados apenas para controlar o acesso às variáveis membro.
- **Modificadores de acesso**. Os modificadores de acesso são palavras-chave que descrevem o que pode acessar e alterar as variáveis membro. Modificadores de acesso podem ser configurados como `public`, `private` ou `protected`. Este módulo abrange o acesso `public` e `private`. A palavra-chave `protected` é discutida com herança e polimorfismo.

Uma classe `Car` (mostrada na **Figura 13-2**) tem variáveis membro para armazenar a marca (Make), modelo (Model), cor (Color), NIV (VIN), preço atual (Price), consumo de combustível (MPG), ano do modelo (Year) e quilometragem (Mileage) atual de um carro. A classe também inclui métodos para descrever as ações que podem ser executadas em um objeto `Car`. Por exemplo, o método `give_discount()` configura um desconto de uma porcentagem específica em um carro, `increase_mileage()` permite que um revendedor aumente a quilometragem declarada do carro após um test drive para refletir com precisão a quilometragem atual do carro e `sell_car()` configura a variável da venda como True, armazena o `price` final e configura `on_lot` como False. O método `test_drive()` armazena o `license_number` da pessoa que levou o carro para um test drive e configura o valor de `on_lot` como False.

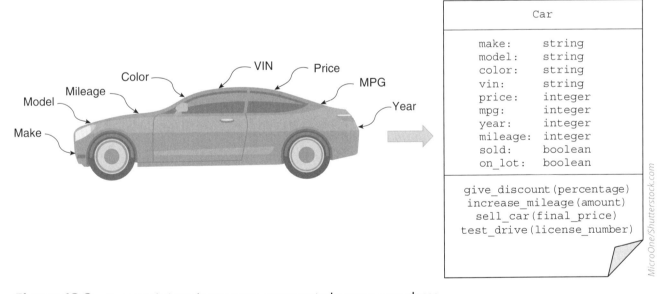

Figura 13-2 Características de um carro representado como uma classe

A **Figura 13-3** mostra o código para criar a classe `Car`:

- O código começa usando a palavra-chave `class` para criar uma classe chamada `Car`. Os nomes das classes são escritos com a inicial maiúscula por convenção e geralmente são um substantivo (pessoa, lugar ou coisa). Uma classe pode ter qualquer nome, exceto uma palavra-chave reservada. Um nome de classe segue

```
class Car
{
    public:
        void give_discount(percentage);
        void increase_mileage(amount);
        void sell_car(final_price);
        void test_drive(license_number);
        string get_make();
        void set_make(make);
        string get_model();
        void set_model(model);
        string get_color();
        void set_color(color);
        string get_vin();
        void set_vin(vin);
        int get_price();
        void set_price(price);
        int get_mpg();
        void set_mpg(mpg);
        int get_year();
        void set_year(year);
        int get_mileage();
        void set_mileage(mileage);
        bool get_sold();
        void set_sold(sold);
        bool get_on_lot();
        void set_on_lot(on_lot);

    private:
        string make;
        string model;
        string color;
        string vin;
        int price;
        int mpg;
```

Figura 13-3 Representação da classe Car (*continua*)

```
        int year;
        int mileage;
        bool sold;
        bool on_lot;
};
```

Figura 13-3 Representação da classe `Car`

regras semelhantes a um nome de variável. Ele não pode começar com um número, mas pode consistir em letras, números e o caractere sublinhado.
- O modificador de acesso **public** significa que quaisquer métodos ou variáveis membro listados nessa seção podem ser visualizados ou modificados de qualquer lugar fora da classe por qualquer pessoa ou qualquer outra parte do programa. É uma prática comum tornar acessores e modificadores **public**. As partes **public** de uma classe podem ser acessadas diretamente usando o operador de ponto (.) para especificar o nome do objeto, seguido pelo método ou variável membro.
- Um método como `give_discount(percentage)` consiste no nome do método, que é uma palavra única que começa com um verbo e não contém espaços. Os nomes dos métodos sempre são seguidos por parênteses. Os parênteses contêm dados a serem enviados ao método, como um valor percentual, necessário para que ele conclua a ação. Use parênteses vazios para métodos que não requerem nenhum dado (como com acessores).
- A seção de métodos do código inclui um acessor e um modificador para cada variável membro. Um método como `get_make()` é um acessor (ou *getter*) e um método como `set_make(make)` é o modificador (ou *setter*) correspondente. Quando o *getter* de um objeto é chamado (por exemplo `get_make()`), o código que faz a chamada do método deve configurar o resultado da chamada como uma variável do tipo **string**. Por convenção, *getters* retornam o valor de uma variável membro específica. *Setters* permitem controlar como as variáveis membro são armazenadas em um objeto e limitar sua acessibilidade. Uma boa prática de programação é incluir código no *setter* para garantir a validade da operação que está sendo executada. Por exemplo, o método `set_price()` verifica se o preço é um número positivo.
- O modificador de acesso **private** significa que os métodos e variáveis membro nessa seção podem ser visualizados ou modificados apenas pela própria classe. Em contraposição à seção **public**, qualquer coisa listada após **private** não pode ser acessada usando o operador de ponto (.). É costume tornar todas as variáveis membro **private** para que nenhum código externo possa alterar diretamente os recursos do objeto na classe. Dados e métodos devem ser **private** se compartilhá-los causar problemas. Por exemplo, suponha que o atributo **price** fosse **public**. Um código fora da classe `Car` poderia alterar o preço de um carro, causando confusões na concessionária. Tornando os atributos **private**, apenas os métodos da classe `Car` têm permissão para alterar os atributos do carro.
- Um atributo como **make** é uma característica de `Car`. Como uma variável membro, o tipo de dados precisa ser especificado. Marcas de carros, como Honda, Ford e Volvo, **make**, são declaradas como uma **string**. Os atributos podem consistir em qualquer variável, incluindo outros objetos.

 Todos os dados em um atributo devem ter um *getter* e um *setter*?

 Não necessariamente. Embora seja uma prática comum controlar o acesso aos dados usando *getters* e *setters*, não é necessário criar *getters* e setters para cada atributo.

13.2 USO DE OBJETOS

Criando objetos (13.2.1, 13.2.2, 13.2.3)

Um programa orientado a objetos manipula objetos, e você cria objetos a partir de classes. Cada objeto é uma **instância** de sua classe, uma entidade física percebida, enquanto uma classe é uma entidade lógica. Se uma classe é a planta arquitetônica, cada casa criada a partir da planta é um objeto.

Em um programa, uma classe é definida uma vez, mas um objeto pode ser criado a partir dessa classe muitas vezes. Da mesma forma como uma planta não é um edifício real, uma classe não é o objeto real. Como mostrado na **Figura 13-4**, a classe `Car` reflete o conceito geral de um carro, enquanto um objeto na classe se refere a um carro real na concessionária.

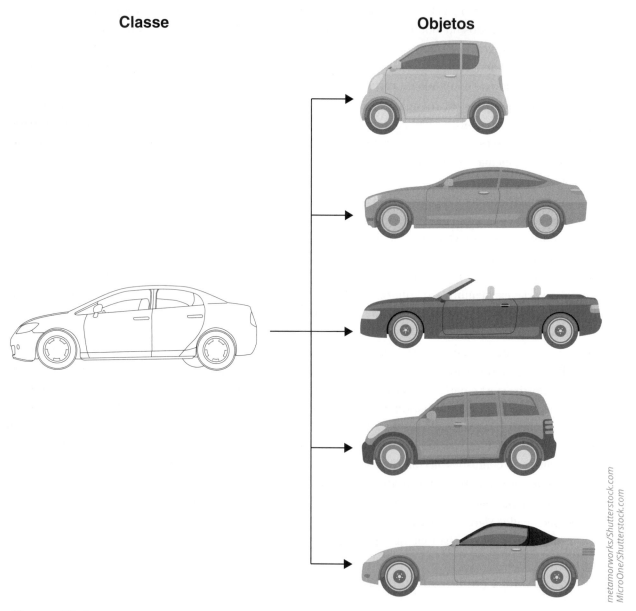

Figura 13-4   Classe e objetos

Suponha que você tenha um Toyota Celica 2020. Em muitas linguagens de programação, usa-se a palavra-chave **new** para criar um objeto de uma classe específica. O pseudocódigo a seguir cria um objeto chamado **my_celica** na classe **Car**:

```
instantiate my_celica = new Car
```

O código instancia, ou cria, um novo objeto que é produzido a partir da classe **Car**. O objeto é nomeado **my_celica**. O código que se refere a esse carro específico fará referência ao objeto pelo nome. A palavra-chave **new** indica que o computador deve reservar memória para armazenar o objeto **Car** recém-criado chamado **my_celica**.

P Preencha as lacunas com as palavras corretas: Uma classe inclui _____ para descrever as ações que um objeto pode executar, e inclui _____, também chamadas atributos, que definem os dados que a classe pode armazenar. Uma instância de uma classe é um _____.

R métodos; variáveis membro; objeto

Objetos como variáveis (13.2.4, 13.2.5)

Ao começar a programar, você usa variáveis simples, conhecidas como **tipos de dados primitivos** ou tipos de dados internos, que contêm um único valor, como um valor inteiro, decimal, caractere ou booleano. Na programação orientada a objetos, estes são tratados como variáveis, e são considerados **tipos de dados complexos** porque podem armazenar mais de um tipo de dados primitivos. Por exemplo, **my_celica** tem atributos que são dos tipos de dados string, inteiro e booleano.

No código, tanto tipos de dados primitivos como objetos são referidos pelos nomes de variáveis. Por exemplo, o nome da variável **my_celica** refere-se a um carro específico, aquele criado a partir da classe **Car**.

Pode-se usar os modificadores **public** na classe **Car** para configurar as variáveis membro dos objetos **Car**. Crie tantas instâncias da variável **Car** quanto for necessário. A **Figura 13-5** mostra o código que cria três objetos **Car** nomeados **my_corolla**, **my_beetle** e **my_lamborghini**.

```
int main()
{
    Car my_corolla;
    Car my_beetle;
    Car my_lamborghini;

    return 0;
}
```

Figura 13-5   Declaração de três objetos **Car**

Recursos e princípios orientados a objetos (13.2.6, 13.2.7)

Um dos objetivos da programação orientada a objetos é tornar o código mais fácil de usar. Agrupar dados com as ações que eles podem executar torna os objetos mais fáceis de serem utilizados e isso se chama **encapsulamento**. Uma classe encapsula, ou delimita, seus atributos e métodos em um objeto. Isso permite tratar os dados e métodos de um objeto como uma única entidade.

O encapsulamento aprimora as estruturas de codificação enfatizando as variáveis membro do código e as ações disponíveis. Em outras palavras, um objeto `Car` contém todos os atributos e habilidades, assim como um carro real. Também fornece mais controle sobre como cada objeto deve funcionar. Por exemplo, a classe `Car` é uma entidade autocontida que agrupa todos os dados e ações de que um `Car` precisa.

O encapsulamento também ajuda na **ocultação de informações**, que esconde os dados e métodos de um objeto de fontes externas. Um objeto pode acessar seus próprios dados e métodos, mas outras entidades não podem. Além disso, os usuários e outros componentes do programa não sabem como os métodos de um objeto são executados.

Por exemplo, a classe `Car` inclui o método `increase_mileage()` para alterar a quilometragem sempre que o carro volta de um test drive. Inicialmente, o programa permite que um representante de vendas atualize a quilometragem quando o carro retornar de um test drive. Com o tempo, a concessionária instala um rastreador GPS em cada carro para atualizar a quilometragem do carro enquanto ele é dirigido. A classe `Car` inclui um acessor `public` chamado `get_mileage()` que recupera informações sobre quilometragem, independentemente da fonte, para que o código não precise ser alterado. A concessionária pode alternar entre a atualização manual da quilometragem e um sistema de GPS automático sem conhecer o funcionamento interno de como a quilometragem é calculada. O mesmo vale para outras partes do programa que podem relatar quilometragem. A ocultação de informações dá ao criador da classe `Car` a liberdade de alterar a forma como a classe funciona "de baixo do capô" sem que os usuários ou outros componentes do programa precisem conhecer os detalhes.

13.3 USO DE ELEMENTOS ESTÁTICOS EM UMA CLASSE

Variáveis membro estáticas (13.3.1, 13.3.2)

Suponha que o proprietário da concessionária peça para adicionar um recurso ao seu programa. A concessionária deseja manter uma contagem dos carros na revendedora a qualquer momento. Para atender a solicitação, você pode adicionar outro atributo chamado `car_count` à classe `Car`. Sempre que a concessionária recebe um carro novo, o `car_count` é incrementado por um. Sempre que vende um carro, o `car_count` é decrementado por um.

Como você deve modificar o código para adicionar o recurso de contagem de carros? Armazenar o mesmo valor em cada objeto `Car` como `my_celica`, `my_bettle` e `my_lamborghini` ocupa espaço desnecessário, especialmente porque o número de objetos `Car` aumenta. Quando um carro é entregue na concessionária ou vendido, também é preciso alterar o valor de cada objeto `Car` para que ele tenha o valor correto. Exige muitos recursos para armazenar cópias da mesma coisa quando é necessária atualização constante. Em vez disso, pode-se usar uma variável estática para economizar recursos e simplificar o código.

Uma **variável estática** é uma variável membro de uma classe e contém o mesmo valor em todas as instâncias da classe. Essencialmente, todos os objetos da mesma classe compartilham a mesma variável membro estática, como mostrado na **Figura 13-6**. Na classe `Car`, `my_celica`, `my_bettle` e `my_lamborghini` o valor da variável estática `car_count` pode ser compartilhado. Apenas uma cópia da variável é armazenada na memória.

Para criar um membro estático de uma classe, inclua a palavra-chave `static` à medida que o membro é declarado. Na classe `Car`, adicione métodos acessores e modificadores para `car_count`, como `get_car_count()` e

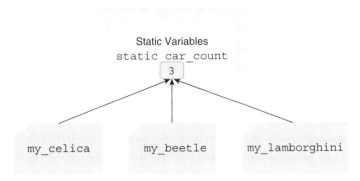

Figura 13-6 Cada objeto `Car` compartilha as mesmas variáveis membro estáticas

`set_car_count()`, para que possa usar os métodos para acessar e armazenar os valores `car_count`, que são `private`. Em seguida, adicione a seguinte instrução na seção `private` da definição de classe:

`attribute: car_count as static integer`

A **Figura 13-7** modifica as variáveis membro `private` na classe `Car` para incluir um membro estático.

```
private:
    string make;
    string model;
    string color;
    string vin;
    int price;
    int mpg;
    int year;
    int mileage;
    bool sold;
    bool on_lot;
    static int car_count;   ← Nova variável de
                              membro estático.
```

Figura 13-7 Variáveis membro `private` atualizadas

Na classe `Car`, o valor de `car_count` precisa ser atualizado apenas uma vez. Em seguida, ele é aplicado a todos os objetos na classe `Car`. Certamente, usar uma variável membro estática economiza memória no código. Em geral, considere o uso de uma variável membro estática nos seguintes casos:

- O valor da variável é independente dos objetos
- Um valor precisa ser compartilhado entre todos os objetos

Métodos estáticos (13.3.3)

Suponha que agora você queira descobrir quantos carros estão na concessionária. Como `car_count` não referencia um carro específico, pode-se economizar memória usando uma variável estática para armazenar o número atual de carros. Nesse caso, não é preciso criar um objeto. Você cria `get_car_count()` como um **método estático** dentro da classe `Car`. O método estático também é independente de qualquer objeto específico da classe e pode ser chamado sem criar uma instância do objeto. Um método estático é chamado na própria classe e não em uma instância da classe. O código se pareceria com:

```
declare current_count as integer
current_count = Car.get_car_count()
```

O código primeiro declara uma nova variável chamada `current_count` para armazenar o resultado do código a seguir. Na segunda linha, a classe `Car` é utilizada com o operador de ponto (`Car.get_car_count()`) para acessar o método estático `get_car_count()` e para retornar o valor da variável membro estática `car_count`. No final desse código, `current_count` armazena uma cópia do valor em `Car.car_count`.

P Quando devem ser utilizados métodos estáticos?

R Como os métodos estáticos não são chamados em um objeto específico, eles podem ser utilizados apenas para acessar variáveis estáticas dentro de uma classe e outros métodos estáticos.

Classes estáticas (13.3.4)

Algumas linguagens incluem **classes estáticas**. Semelhante aos métodos estáticos, elas podem ser aplicadas apenas a variáveis membro estáticas e métodos estáticos; não podem ser usadas para criar instâncias dos objetos. Em geral, uma classe estática organiza os métodos que operam apenas em valores de entrada e não precisam armazenar informações.

Suponha que você queira criar um código para que os representantes de vendas possam fazer cálculos relacionados aos carros para os clientes, como calcular o pagamento mensal de um carro, o imposto total sobre vendas e estimativas das despesas mensais com gasolina e imposto sobre propriedade. Pode-se criar uma classe estática chamada `CarCalculations` para alcançar isso. Forneça as informações para os métodos estáticos que retornam o resultado desejado. A classe seria definida como a seguir:

```
create class CarCalculations
    public
        static method: compute_monthly_payment(car_price, interest_rate, loan_length)
        static method: compute_sales_tax(car_price, tax_rate)
        static method: estimate_monthly_gas(mileage_per_month, car_mpg, current_gas_price)
        static method: estimate_property_tax(car_price, tax_rate)
```

Esse código cria a classe `CarCalculations`. Cada método da classe de cálculos de carros é declarado como um método estático:

- `compute_monthly_payment()` recebe o preço de um carro, a taxa de juros e a duração do empréstimo e, em seguida, calcula quanto a pessoa pagaria a cada mês.
- `compute_sales_tax()` recebe o preço do carro e a alíquota de imposto para esse estado e retorna o imposto sobre vendas do carro.

- `estimate_monthly_gas()` recebe a quilometragem estimada de condução de um motorista a cada mês, MPG do carro e o preço atual do combustível para determinar quanto seria o gasto mensal com combustível.
- `estimate_property_tax()` recebe o preço do carro e a alíquota atual de imposto desse estado para calcular o imposto sobre a propriedade.

Cada cálculo é independente de qualquer carro em particular e é por isso que os cálculos podem ser estáticos. Para calcular o imposto sobre vendas para `my_celica` em um estado com 5% de imposto sobre vendas, você escreveria a seguinte instrução:

`CarCalculations.compute_sales_tax(my_celica.get_price(), 0,05)`

13.4 CARACTERÍSTICAS DOS OBJETOS EM PROGRAMAS ORIENTADOS A OBJETOS

Identidade do objeto (13.4.1)

Em POO, embora você possa criar muitos objetos que usam a mesma classe subjacente, todos eles têm uma **identidade**, que é como objetos criados usando a mesma classe são diferenciados. Identidades únicas são fornecidas atribuindo às instâncias dos objetos diferentes nomes de variáveis. Por exemplo, a identidade de objeto qualquer `Car` é o nome da variável do objeto, como mostrado na **Figura 13-8**.

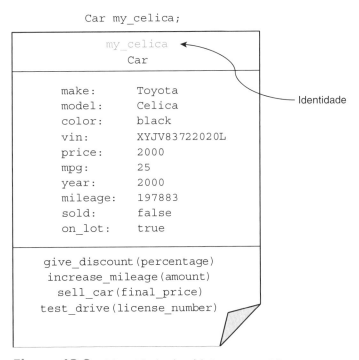

Figura 13-8 Identidade do objeto `my_celica`

Na instrução `my_celica = new Car` instanciada, `my_celica` é a identidade do objeto. Qualquer código que precisa fazer referência a esse objeto fará isso usando o nome de variável.

 Se dois objetos têm os mesmos valores em todas as variáveis membro, eles são idênticos?

Dois objetos podem conter os mesmos dados, mas isso não afeta a identidade do objeto. São instanciações separadas da mesma classe, com diferentes nomes de variáveis, representando diferentes objetos armazenados em áreas separadas da memória dentro do programa.

Estado do objeto (13.4.2)

O **estado** de um objeto representa os dados mantidos nas variáveis membro de um objeto a qualquer momento. Durante a execução do código, o estado de um objeto pode mudar com frequência. Em geral, quando o valor de um atributo muda, o mesmo acontece com o estado do objeto.

Métodos costumam ser usados para alterar o estado de um objeto. Por exemplo, quando um carro é vendido, `price` é atualizado, o *status* de `on_lot` é alterado para False e `car_count` é decrementado. Um exemplo do estado de um objeto é mostrado na **Figura 13-9**.

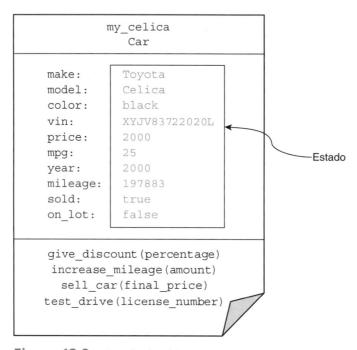

Figura 13-9 Estado do objeto `my_celica`

Comportamento do objeto (13.4.3)

Semelhante a pessoas, o **comportamento** de um objeto descreve o que um objeto pode fazer. Normalmente, pensa-se no comportamento em termos dos métodos ou ações que um objeto pode executar. A classe `Car` pode descontar o preço, aumentar a quilometragem listada depois que o carro é usado para test drives, configurar o *status* do carro como vendido e marcá-lo para um test drive. Esses comportamentos são mostrados na **Figura 13-10**.

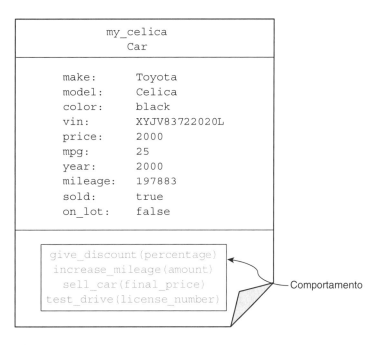

Figura 13-10 O comportamento do objeto `my_celica`

RESUMO

- A programação orientada a objetos (POO) permite representar ideias e conceitos da vida cotidiana no código usando objetos que correspondem a entidades da vida real.
- A POO promove a reutilização de código, representa conceitos do mundo real e evita declarações complicadas e desnecessárias de variáveis.
- Os objetos são criados a partir de classes, que descrevem a estrutura de um objeto quanto a seus recursos e capacidades, como plantas arquitetônicas.
- Uma classe consiste em um nome de classe, variáveis membro, métodos, assessores, modificadores e modificadores de acesso.
- Para criar uma classe, você começa com a palavra-chave `class` e especifica um nome de classe, que é capitalizado por convenção. Inclua o modificador de acesso `public` se caso queira inserir métodos que qualquer outra classe possa usar. Um método executa uma ação. Ele consiste no nome do método seguido por parênteses. Os parênteses podem conter dados a serem enviados ao método. Se estes estiverem vazios, o método não exigirá nenhum dado.
- É uma prática comum criar métodos `public` acessores (*getter*) e modificadores (*setter*) para variáveis membro `private` a fim de limitar o acesso a elas. O modificador de acesso `private` define métodos e variáveis membro como aqueles que somente a classe pode visualizar ou modificar.
- Uma variável membro, ou atributo, é uma característica da classe. Como outros tipos de variáveis, o tipo de dados precisa ser declarado.
- Um objeto é uma instância de uma classe. Uma classe pode ter muitas instâncias de objetos. Para criar uma instância de um objeto, você a instancia fornecendo um nome para o objeto e atribuindo-o como um novo objeto em uma classe.
- Na POO, os objetos são tratados como variáveis e são considerados tipos de dados complexos porque podem armazenar mais de um tipo de dados primitivos. Por exemplo, um objeto pode ter atributos string, inteiro e booleano.

- A POO torna o código mais fácil de usar e entender por meio de encapsulamento e ocultação de informações. Uma classe encapsula, ou empacota, os atributos e métodos em um objeto, o que permite tratar os dados e métodos do objeto como uma única entidade. A ocultação de informações refere-se a como a POO oculta os dados e métodos de um objeto de fontes externas.
- Variáveis estáticas dentro de uma classe possibilita o compartilhamento de uma variável entre todos os membros da mesma classe, sem a necessidade de várias cópias.
- Métodos estáticos permitem acessar variáveis estáticas em uma classe e não requerem o uso de um objeto.
- As classes estáticas são utilizadas para organizar um conjunto de métodos relacionados que só precisam operar em valores de entrada.
- Os objetos são descritos em termos da identidade (como o nome do objeto), estado (os dados mantidos nas variáveis membro de um objeto a qualquer momento) e comportamento (o que um objeto pode fazer).

Termos-chave

acessores
classe
classes estáticas
comportamento
encapsulamento
estado
identidade
instância

método estático
métodos
modificadores
modificadores de acesso
nome de classe
objetos
ocultação de informações
privado

programação orientada a objetos (POO)
programação procedural
público
tipos de dados complexos
tipos de dados primitivos
variáveis membro
variável estática

MÓDULO 14

MÉTODOS

OBJETIVOS DE APRENDIZAGEM:

14.1 USO DE MÉTODOS
14.1.1 Explicar o propósito de modificar o comportamento de um objeto.
14.1.2 Identificar os componentes de um método.
14.1.3 Explicar como criar e invocar um método.

14.2 ALTERAÇÃO DE COMPORTAMENTO PADRÃO DE UM OBJETO
14.2.1 Explicar a sobrecarga de operador.
14.2.2 Identificar quando é necessário sobrecarregar um operador.
14.2.3 Demonstrar a sobrecarga de um operador de igualdade.
14.2.4 Identificar quando é necessário sobrecarregar um método.

14.2.5 Demonstrar a sobrecarga de um operador de atribuição.

14.3 MÉTODO EM CASCATA E ENCADEAMENTO DE MÉTODOS
14.3.1 Explicar o propósito do método em cascata.
14.3.2 Explicar a utilidade das interfaces fluentes.

14.4 USO DE CONSTRUTORES
14.4.1 Explicar como os construtores são usados na POO.
14.4.2 Definir inicialização membro a membro.
14.4.3 Explicar como os construtores de cópia são usados na POO.
14.4.4 Descrever a sintaxe para usar um construtor de cópia.

14.1 USO DE MÉTODOS

Por que usar métodos? (14.1.1)

Na programação orientada a objetos (POO), as classes contêm funções especiais definidas pelo programador chamadas **métodos**. Um método consiste em um bloco de código que executa alguma ação relacionada ao objeto. Um método é como uma função que pertence a um objeto e realiza uma tarefa, rotina, operação ou processo específico. Métodos ajudam a organizar tarefas repetitivas relacionadas a um objeto.

Você usa métodos para modificar o comportamento de objetos porque eles fazem os objetos funcionarem. Sem os métodos, os objetos seriam apenas uma coleção de dados relacionados.

Figura 14-1   Uma concessionária contém muitos tipos de carros

Suponha que você esteja escrevendo um código para gerenciar os carros em uma concessionária chamada Zoe's Cars (**Figura 14-1**).

Como você pode se lembrar de como ocorre com funções, depois que o código em uma função é executado, ele pode ou não retornar um valor na linha de código que o chamou. O mesmo vale para os métodos. Se o método retornar um valor, este será definido como igual à chamada do método. Do contrário, só é preciso chamar o método. Um objeto pode ter um número infinito de métodos definidos que determinam como ele se comporta. Quanto mais métodos um objeto tem, mais coisas ele poderá fazer.

Em uma concessionária, um objeto `Car`, por exemplo, pode ter métodos para descontar o preço, aumentar a quilometragem após um test drive, ser vendido e registrar um test drive. Ver **Figura 14-2**.

Pode-se usar uma classe `Dealership` para armazenar métodos e variáveis membro que são relevantes para gerenciar uma concessionária. Os métodos na classe `Dealership` (ver a **Figura 14-3**) incluem ações que um revendedor de carros executa, como vender carros, adicionar carros novos ao estoque, iniciar um test drive e marcar um carro para manutenção.

No código, a classe `Dealership` se pareceria com a **Figura 14-4**. As variáveis membro no objeto `Dealership` incluem o seguinte, além de outros detalhes sobre a concessionária:

- `owner` para o nome do proprietário;
- `inventory` para os carros no estoque da concessionária;
- `address` para o endereço;
- `capacity` para o número de carros que a concessionária pode manter;
- `num_cars` para o número de carros atualmente na concessionária.

A variável `inventory` é um arranjo de objetos, cada um uma instância da classe `Car`.

A concessionária está esperando alguns carros novos esta semana. Zoe pede que escreva algum código para adicionar carros ao estoque. Você escreve um método chamado `add_car()` para ajudar a inserir os carros novos. O método tem muitos dos componentes mostrados na **Figura 14-5**.

Na primeira linha do pseudocódigo na Figura 14-5, o método adicionar carros tem visibilidade `public`. A palavra-chave `void` especifica que o método não retorna um valor. O nome de classe à qual o método pertence é `Dealership` e o nome do método é `add_car()`. O método aceita um parâmetro, um objeto `Car` que será adicionado ao `inventory`, que é um arranjo de `Cars`. Primeiro, o método verifica se, ao adicionar esse carro, a concessionária não excederá sua capacidade. Se houver espaço para o carro, este será adicionado ao estoque. Do contrário, o método lança uma exceção e retorna. Por último, ele atualiza o número de carros em estoque. O código equivalente é mostrado na **Figura 14-6**.

```cpp
#include <string>
using std::string;
class Car
{
  public:
     void give_discount(double percentage);
     void increase_mileage(int miles);
     void sell_car(double final_price);
     void test_drive(string license_number);
     string get_make();
     string get_model();
     string set_color();
     string get_vin();
     int get_price();
     int get_mpg();
     int get_year();
     int get_mileage();
     bool get_sold();
     bool get_on_lot();
     void set_make(string m);
     void set_model(string m);
     void set_color(string c);
     void set_vin(string v);
     void set_price(int p);
     void set_mpg(int m);
     void set_year(int y);
     void set_mileage(int m);
     void set_sold(bool s);
     void set_on_lot(bool o);
  private:
     string make;
     string model;
     string color;
     string vin;
     int price;
     int mpg;
     int year;
     int mileage;
     bool sold;
     bool on_lot;
};
```

- Acessores (*Getters*)
- Modificadores (*Setters*)
- Métodos

Figura 14-2 Definição da classe Car em C++

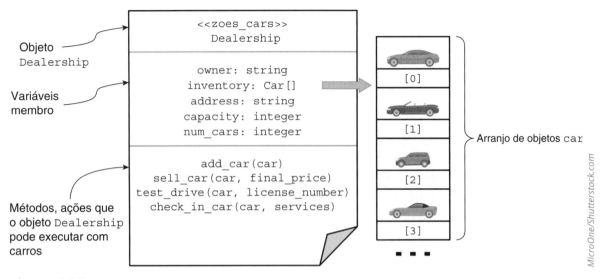

Figura 14-3 O objeto `Dealership` contendo `Car`s no estoque

```
#include <string>

class Dealership
{
    public:
        Dealership();
        void add_car(Car c);
        string get_owner();
        Car& get_inventory();
        string get_address();
        int get_capacity();
        int get_num_cars();
        void set_owner(string _owner);
        void set_inventory(Car *inventory);
        void set_address(string _address);
        void set_capacity(int capacity);
        void set_num_cars(int _num_cars);

    private:
        string owner;
        Car *inventory;
        string address;
        int capacity;
        int num_cars;
};
```

Figura 14-4 Definição da classe `Dealership` em C++

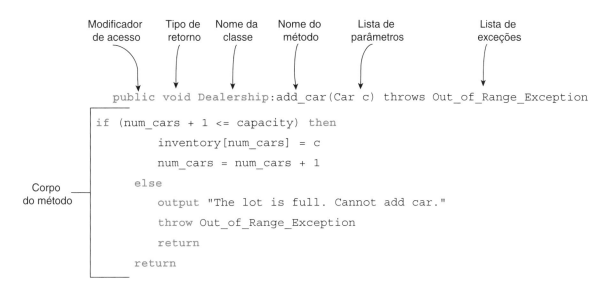

Figura 14-5 Convenções de método

```
#include <iostream>
#include "Dealership.h"
#include "Car.h"
using namespace std;
```
Os arquivos de cabeçalho para a classe e quaisquer outros objetos que a classe usa (Car neste caso) também são incluídos na parte superior do arquivo de implementação.

Tipo de retorno Nome da classe Resolução do escopo operador Nome do método Lista de parâmetros

```
void Dealership::add_car(Car c)
{
    if(num_cars + 1 <= capacity)
    {
        inventory[num_cars] = c;
        num_cars++;
    }
    else
    {
        throw runtime_error("lot_full");
    }
    return;
}
```

Corpo do método

Regras e boas práticas:
- O nome do arquivo é sempre o nome da classe, seguido por .cpp.
- Em C++, os modificadores de acesso não são necessários na definição do método.
- Em C++, o **operador de resolução de escopo** (::) é usado para definir um método fora de uma classe.

Figura 14-6 Método para adicionar `Car` ao estoque em C++

Anatomia de um método (14.1.2)

Um método inclui os seguintes componentes:

- **Modificador de acesso.** Assim como em uma classe, o modificador de acesso especifica se um método é `public`, `private` ou `protected`.

    Os métodos em C++ também podem ter um modificador `const` para evitar que o método altere o estado do objeto. Embora não seja necessário, usar `const` é considerado por muitos uma boa prática para ajudar a evitar erros de código acidentais.

- **Nome do método.** O nome do método é o identificador a ser usado ao se referir ao método no código. Em geral, o nome é um verbo seguido por um substantivo, como `add_car()`.

- **Nome da classe.** Algumas linguagens de programação incluem o nome da classe à qual o método pertence. No método `add_car()`, o nome da classe é `Dealership` porque o método `add_car()` é um comportamento que somente `Dealership` pode executar.

- **Lista de parâmetros.** A lista de parâmetros especifica a entrada fornecida ao método para que ele possa executar a tarefa. Uma lista de parâmetros pode estar vazia. Por exemplo, a lista de parâmetros para o método `add_car()` tem apenas um parâmetro, `Car` sendo adicionado ao estoque.

- **Corpo do método.** O corpo do método é a lista de instruções ou outro código que o método executa para realizar suas ações.

- **Tipo de retorno.** O tipo de retorno especifica o tipo de informação, chamado valor de retorno, que o método retorna quando termina a execução. Por exemplo, o método `add_car()` tem um tipo de retorno indicando que não retorna um resultado. O tipo de retorno pode ser qualquer tipo de variável, incluindo tipos de dados complexos.

- **Lista de exceções.** Em algumas linguagens de programação, os métodos incluem uma lista de exceções, que nomeia as exceções que o método pode lançar. O método `add_car()` pode potencialmente lançar uma `Out_of_Range_Exception` se você tentar adicionar um carro a uma concessionária já cheia.

Um método deve ser definido antes que possa ser usado. Programadores definem métodos e podem alterá-los conforme necessário. Por exemplo, você pode encontrar uma maneira mais simples de executar a tarefa do método. Você pode modificar o comportamento como apropriado ao seu contexto.

Uso de métodos (14.1.3)

Quando você quer que um método execute uma ação, ele pode ser desencadeado por uma chamada de método. De modo semelhante a funções, o fluxo de execução pula para o método, executa as instruções que ele contém e retorna ao caminho de execução anterior. Para criar uma chamada de método, use a seguinte sintaxe se o método retornar um valor:

`valor_de_retorno = call objeto.método(argumento_1, argumento_2, ...)`

Se o método não retornar um valor, use a sintaxe a seguir:

`call objeto.método(argumento_1, argumento_2, ...)`

Vamos detalhar os exemplos da sintaxe por partes:

- `objeto.método()`: Identifique a variável membro de um objeto seguida pelo nome do método que você quer chamar. Separe os nomes de variáveis e métodos com um ponto. Por exemplo, `add_car()` é um método na classe `Dealership`. Usar `inventory.add_car()` indica que você está tentando chamar o método para adicionar um carro ao estoque.

- `argumento_1, argumento_2`: Você pode passar zero, um ou mais argumentos para o objeto, que se torna a lista de parâmetros do método. Por exemplo, `add_car()` tem um argumento, um objeto do tipo `Car`.

- `valor_de_retorno`: Se o método tem um resultado, ele é retornado na variável especificada em `valor_de_retorno`. Semelhante a funções, se o método não retorna um valor, você pode omitir `valor_de_retorno` da chamada de método. Por exemplo, `add_car()` não retorna um valor, portanto, você não precisa configurar um valor de retorno.

Semelhante ao que ocorre com uma função, quando um método é chamado, ele inicia a execução da primeira instrução no corpo do método e continua na ordem até o final do corpo do método. Se uma instrução no método causar uma exceção, esta será lançada de volta na parte do código que chamou o método. A **Figura 14-7** mostra o código real para adicionar um `Car` à `Dealership`.

```cpp
#include <iostream>
#include <string>
#include "Car.h"
#include "Dealership.h"
using namespace std;
int main()
{

    Dealership zoesZippyCars;         // Declara um novo objeto Dealership.
    string owner;
    string address;                   // Inicializa variáveis para manter
    int capacity;                     // informações sobre a Dealership.
    int num_new_cars;
    cout << "What is your name?: ";
    getline(cin, owner);
    cout << "What is your address?: ";
    getline(cin, address);
    cout << "What is your lot's capacity?: ";   // Obtém informações
    cin >> capacity;                            // da concessionária
    cin.ignore();                               // do usuário.
    cout << "How many cars would you like to enter?: ";
    cin >> num_new_cars;
    cin.ignore();

    zoesZippyCars.set_owner(owner);
    zoesZippyCars.set_address(address);         // Usa modificadores para
    zoesZippyCars.set_capacity(capacity);       // configurar variáveis de membro
                                                // de Dealership.

    Car new_car;
    string make;
    string model;
    string color;                    // Usa modificadores para
    string vin;                      // configurar variáveis
    int price;                       // de membro de Dealership.
    int mpg;
    int year;
    int mileage;

    for(int i=0; i < num_new_cars; i++)   // Usa um laço for para
    {                                     // solicitar ao usuário o
                                          // número correto de carros.
```

Figura 14-7 Uso do método `add_car()` para adicionar um `Car` a um `Dealership` (*continua*)

```cpp
      cout << "Please enter the car's make: ";
      getline(cin, make);
      getline(cin, make);
      cout << "Please enter the car's model: ";
      getline(cin, model);
      cout << "Please enter the car's color: ";
      getline(cin, color);
      cout << "Please enter the car's vin: ";
      getline(cin, vin);
      cout << "Please enter the car's price: ";
      cin >> price;
      cin.ignore();
      cout << "Please enter the car's mpg: ";
      cin >> mpg;
      cin.ignore();
      cout << "Please enter the car's year: ";
      cin >> year;
      cin.ignore();
      cout << "Please enter the car's mileage: ";
      cin >> mileage;
      cin.ignore();

      new_car.set_make(make);
      new_car.set_model(model);
      new_car.set_color(color);
      new_car.set_vin(vin);
      new_car.set_price(price);
      new_car.set_mpg(mpg);
      new_car.set_year(year);
      new_car.set_mpg(mileage);

      try
      {
      zoesZippyCars.add_car(new_car);
      }
      catch (runtime_error e)
      {
         const char*   type = e.what();
         if(strcmp(type, "lot_full") == 0)
         {
         cout << "There is no more space in the lot." << endl;
         cout << "Sell more cars. Quitting Program." << endl;
         return 0;
         }
      }
   }
   return 0;
}
```

Obtém do usuário informações sobre o carro.

Usa modificadores para configurar variáveis de membro Car.

Chama o método add_car() para adicionar o carro ao estoque.

Captura uma exceção se não houver espaço suficiente no estacionamento.

Figura 14-7 Uso do método add_car() para adicionar um Car a um Dealership (*continua*)

Dealership.cpp

```cpp
#include <iostream>

using namespace std;

void Dealership::add_car(Car c)
{
   if(num_cars + 1 <= capacity)
   {
      inventory[num_cars] = c;
      num_cars++;
      cout << "Added a car to the inventory." << endl;
      cout << "There are now " << num_cars << " cars on the lot ";
      cout << "with a capacity of " << capacity <<  "." << endl;
   }
   else
   {
      throw runtime_error("lot_full");
   }
   return;
}
```

SAÍDA:

```
What is your name?: Zoe Zinger
What is your address?: 123 Main Street
What is your lot's capacity?: 50
How many cars would you like to enter?: 1
Please enter the car's make: Toyota
Please enter the car's model: Camry
Please enter the car's color: Silver
Please enter the car's vin: XYT7373932
Please enter the car's price: 16000
Please enter the car's mpg: 33
Please enter the car's year: 2004
Please enter the car's mileage: 23456
Added a car to the inventory.
There are now 1 cars on the lot with a capacity of 50.
```

Figura 14-7 Uso do método `add_car()` para adicionar um `Car` a um `Dealership`

P Como decidir se se deve usar uma função ou um método?

R Depende da organização do seu código. Se precisa executar uma ação que é executada em um objeto, deve torná-la um método que pertence à classe. Caso contrário, se não for necessário executar a ação no objeto, use uma função.

14.2 ALTERAÇÃO DE COMPORTAMENTO PADRÃO DE UM OBJETO

Uso de objetos como variáveis regulares (14.2.1, 14.2.2, 14.2.3)

As linguagens de programação fornecem muitos padrões ou **operadores predefinidos** que permitem operar em tipos de dados primitivos. Estes incluem adicionar, subtrair, dividir e multiplicar.

Suponha que em seu programa da concessionária de carros você precise de uma maneira de comparar dois carros para determinar se são o mesmo veículo. Por exemplo, suponha que a concessionária tenha um Celica azul específico listado no website. Um cliente em potencial quer fazer um test drive desse carro, mas a concessionária tem cinco Celicas azuis. Como você pode comparar o Celica que consta do website com os Celicas no estoque para que o cliente possa fazer o teste com o carro exato que ele quer? Se objetos `Car` fossem tipos de dados primitivos, você usaria o operador de igualdade (==) para fazer essa comparação. Isso se pareceria com o seguinte:

```
car_comparison = car_1 == car_2
```

A variável `car_comparison` contém um valor booleano (`true` ou `false`), dependendo se `car_1` é igual a `car_2`. Mas com tudo menos tipos primitivos, a instrução cria um problema. Com objetos (não primitivos), na verdade, essa instrução compara as posições na memória que armazenam as variáveis `car_1` e `car_2`, não o conteúdo dos objetos `car_1` e `car_2`, que é o que você quer fazer. Essa sutil diferença é mostrada na **Figura 14-8**.

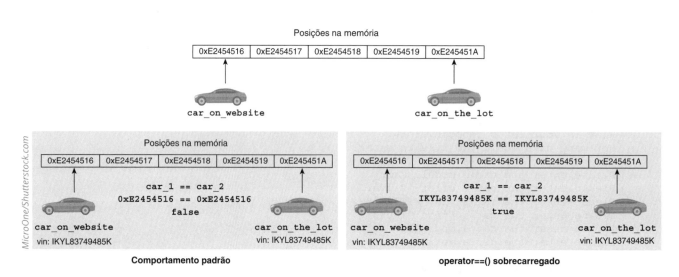

Figura 14-8 Uso do operador de atribuição padrão em dois objetos `Car`

A instrução `car_1 == car_2` compara as posições na memória 0xE2454516 e 0xE2454519, descobre que são diferentes e retorna `false`. Você precisa de outra abordagem para determinar se os objetos `Car`, incluindo os atributos e métodos, são os mesmos. Como objetos `Car` são identificados exclusivamente por um número de identificação do veículo (NIV) e `niv` é um atributo da classe `Car`, pode-se usar `niv` para testar a igualdade. A instrução `car_1.vin == car_2.vin` trata `car_1` e `car_2` como variáveis regulares e compara os atributos `vin` para `car_1` e `car_2`, descobre que são diferentes e retorna `false`.

É aqui que a **sobrecarga de operador**, uma técnica de programação que permite personalizar um operador interno para objetos de uma classe específica, pode ser utilizada. Programadores sobrecarregam os operadores para fornecer uma maneira concisa, simples e natural de realizar operações comuns em objetos. Os operadores são sobrecarregados da mesma maneira como métodos são definidos. Em vez de especificar um nome de método, especifica-se o nome do operador que está sendo sobrecarregado. O operador sobrecarregado deve ter o mesmo tipo de retorno e lista de parâmetros que o operador real para que possam ser usados de maneira familiar.

Você define o método no corpo do método, como faria com um método normal. A definição do operador sobrecarregado completado é inserida no mesmo arquivo que as outras definições de método.

Embora a sintaxe varie entre as linguagens que dão suporte à sobrecarga de operadores, no pseudocódigo uma definição de operador sobrecarregada lembra o seguinte (utilizando o operador de comparação de igualdade como exemplo):

```
public boolean Car::operator == (Car c)
   if (vin == c.get_vin()) then
      return true
   else
      return false
```

No pseudocódigo, a primeira linha `public boolean Car::operator == (Car c)` afirma que você está prestes a definir um novo método `public` na classe `Car` (que por acaso é um operador sobrecarregado). A palavra-chave `boolean` afirma que o método vai retornar um valor booleano (`true` ou `false`). `Car c` é o parâmetro passado para o método. Esse parâmetro é o objeto `Car` para comparar com `Car` cujo método foi chamado. Considere a seguinte instrução:

```
car_comparison = car_1 == car_2
```

Aqui, `car_2` é o parâmetro que está sendo passado para o método `operator==()` sobrecarregado do objeto `car_1`. O resultado `boolean` da comparação é armazenado na variável `car_comparison`.

O bloco if-else inclui o código `vin == c.get_vin()`, que compara o `vin` do carro sendo passado (usando o acessor) para o `vin` do objeto cujo método `operator==()` foi chamado. Se a condição é verdadeira, então `operator==()` retorna `true`; caso contrário, ele retorna `false`.

Criando esse método, o comportamento padrão do operador `==` é alterado. Agora, se o operador `==` é chamado em duas variáveis `Car`, o código verificará os valores `vin` em vez da posição na memória. Se os valores `vin` forem os mesmos, pode-se supor que são o mesmo carro e retornará o valor `true`. Caso contrário, eles não são o mesmo carro, então o código retornará `false`. O código real para sobrecarregar um operador é mostrado na **Figura 14-9**. Supondo que esteja usando as mesmas definições da classe `Dealership` e `Car` anteriores, o código na **Figura 14-9** compara dois carros.

In Car.cpp

```cpp
#include <iostream>
#include "Car.h"
using namespace std;
// other methods
bool Car::operator==(Car c)
{
   if (vin == c.get_vin())
      return true;
   else
      return false;
}
```

O método `operator==()` sobrecarregado recebe uma variável `Car` como parâmetro e retorna true se o VIN for o mesmo que o VIN do objeto atual e, do contrário, false.

Figura 14-9 Sobrecarregar o operador de igualdade para comparar duas variáveis `Car` (*continua*)

```cpp
#include <iostream>
#include <string>
using namespace std;

int main()
{
    Car car_1;        ⎫ Declara duas variáveis Car
    Car car_2;        ⎭

    car_1.set_make("Toyota");
    car_1.set_model("Camry");
    car_1.set_color("gray");
    car_1.set_vin("XYZ2022690752");
    car_1.set_price(15639);
    car_1.set_mpg(30);
    car_1.set_year(2014);
    car_1.set_mileage(18123);

    car_2.set_make("Volkswagen");
    car_2.set_model("Beetle");
    car_2.set_color("red");
    car_2.set_vin("SMLGTR3483920");
    car_2.set_price(15000);
    car_2.set_mpg(25);
    car_2.set_year(2015);
    car_2.set_mileage(18123);

    bool car_comparison = car_1 == car_2;
    if (car_comparison == true)
    {
        cout << "The two cars are the same." <<endl;
    }
    else
    {
        cout << "The two cars are different." <<endl;
    }
    return 0;
}

SAÍDA:
The two cars are the same.
```

Configura os valores dos atributos de duas variáveis Car (car_1 e car_2).

Chama o método operator==() para determinar se eles são iguais. Se forem, a mensagem "The two cars are the same." será impressa na tela. Caso contrário, a mensagem "The two cars are different." será impressa na tela.

Figura 14-9 Sobrecarregar o operador de igualdade para comparar duas variáveis Car

Como `vin` identifica exclusivamente o objeto `Car`, você não precisa verificar nenhum outro atributo para determinar se os objetos são os mesmos. Em geral, não é preciso testar cada variável membro quando uma ou um conjunto de variáveis membro identifica de maneira única um objeto.

Você pode sobrecarregar muitos tipos de operadores além do operador de igualdade, incluindo operadores aritméticos, de atribuição, relacionais e lógicos. Não é necessário sobrecarregar todos os operadores disponíveis. A sobrecarga de operadores fica a seu critério como programador para simplificar as operações comumente usadas para seu programa específico. Como regra geral, sobrecarregar um operador deve ajudar a tornar o código mais fácil de ser escrito e entendido por outras pessoas.

Sobrecarga de métodos (14.2.4)

É comum as concessionárias reduzirem os preços durante promoções. O programa da concessionária deve ser flexível o suficiente para descontar os preços dos carros de diferentes maneiras. Por exemplo, como uma estratégia de vendas persuasiva, os representantes de vendas podem selecionar dois carros fabricados no mesmo ano e dar um desconto àquele com o preço mais alto para corresponder ao preço de um carro com preço mais baixo. Cada fabricante de automóveis pode dar desconto aos carros como uma porcentagem (entre 0,01 e 0,99) do preço de tabela. O gerente da concessionária também pode reduzir o preço de um carro em um valor específico. Uma forma de lidar com os três tipos de descontos é criar um método diferente para cada um:

```
public void Car::discount_by_car_price(Car c)
public void Car::discount_by_percentage(float discount)
public void Car::discount_by_dollar_amount(integer discount)
```

O primeiro método permite que o vendedor obtenha o preço da variável `Car` passada, que se chama `c`. Se o preço de `Car c` for menor que o preço da variável `Car` atual em que o método `discount_by_car_price(Car c)` é chamado, o preço do objeto atual passará a ser agora o preço de `c`. Caso contrário, o preço permanece o mesmo.

O segundo método permite que o fabricante de automóveis especifique uma porcentagem (representada por um valor decimal entre 0 e 1) para atribuir o desconto à variável `Car` atual em que o método `discount_by_percentage (float discount)` é chamado.

O terceiro método permite que o gerente da concessionária especifique um valor em dólares (representado por um número inteiro) pelo qual atribui um desconto à variável `Car` atual em que o método `discount_by_dollar_amount (integer discount)` é chamado.

Mas definir um novo nome para cada método é trabalhoso, e lembrar qual usar é entediante. Qualquer pessoa que codifica um desconto precisa lembrar o nome exato de cada método. Em vez disso, você pode aplicar **sobrecarga de método**, o que significa que se pode escrever mais de um método com o mesmo nome, mas com diferentes listas de parâmetros. Em geral, deve-se sobrecarregar um método quando há vários métodos que executam a mesma ação, mas usam parâmetros diferentes. Java e C++ suportam sobrecarga de métodos, mas o Python não.

O código determina o método a ser executado de acordo com os argumentos especificados na chamada de método. Assim, pode-se alterar o pseudocódigo anterior para o seguinte:

```
void discount_price(Car c)
void discount_price(float discount)
void discount_price(integer discount)
```

Todos os métodos listados no pseudocódigo executam a mesma ação. A única diferença é que eles têm o mesmo nome do método. A sobrecarga de métodos tem dois benefícios. Um único método como `discount_price()` é curto e fácil de interpretar e lembrar. O método também é reutilizável. Pode-se usá-lo para qualquer tipo de desconto, mesmo que os cálculos de desconto sejam alterados. Você cria o método uma vez, mas o reutiliza muitas vezes. O código para sobrecarga de método é mostrado na **Figura 14-10**.

Outros membros da sua equipe de programação também se beneficiam. Qualquer programador que usa seu código pode chamar o método `discount_price ()` e passar qualquer tipo de desconto, que será aplicado corretamente ao preço de um carro. O programador não tem o trabalho adicional de lembrar qual método é o correto para usar em cada tipo de desconto.

P É possível sobrecarregar um método criando outro com a mesma lista de parâmetros, mas tipos de retorno diferentes?

R Não. O compilador diferencia os métodos pelo nome e pela lista de parâmetros. Se você criar dois métodos com a mesma lista de parâmetros, mas tipos de retorno diferentes, como `int` e `void`, o compilador interpreta isso como declaração do mesmo método duas vezes e exibe um erro. Usar o tipo de retorno em uma invocação de método é opcional. Consequentemente, se o tipo de retorno for omitido na chamada, nada distinguirá os métodos com assinaturas idênticas.

```cpp
#include <iostream>
#include "Car.h"
using namespace std;
// other methods
void Car::discount_price(Car c)
{
    int other_car_price = c.get_price();
    if (other_car_price < price)
    {
        set_price(other_car_price);
    }
}
void Car::discount_price(float discount)
{
    float new_price = price - (discount * price);
    set_price(new_price);
}
void Car::discount_price(int discount)
{
    int new_price = price - discount;
    set_price(new_price);
}

int main()
{
    Car car_1;
    Car car_2;
    Car car_3;
```

Implementação de três métodos sobrecarregados para desconto do preço de um carro.

Declara três variáveis `Car`

Figura 14-10 Sobrecarregando um método para aplicar um desconto a um carro (*continua*)

```cpp
    car_1.set_make("Toyota");
    car_1.set_model("Camry");
    car_1.set_color("gray");
    car_1.set_vin("XYZ2022690752");
    car_1.set_price(15639);
    car_1.set_mpg(30);
    car_1.set_year(2014);
    car_1.set_mileage(18123);

    car_2.set_make("Volkswagen");
    car_2.set_model("Beetle");
    car_2.set_color("red");
    car_2.set_vin("SMLGTR3483920");
    car_2.set_price(15000);
    car_2.set_mpg(25);
    car_2.set_year(2015);
    car_2.set_mileage(18123);
    car_3.set_make("Nissan");
    car_3.set_model("Versa");
    car_3.set_color("blue");
    car_3.set_vin("ADKMY39203947");
    car_3.set_price(17000);
    car_3.set_mpg(22);
    car_3.set_year(2014);
    car_3.set_mileage(28447);
```
} Variáveis completas com dados.

```cpp
    cout << "The price of car_1 is: " << car_1.get_price() << endl;
    cout << "The price of car_2 is: " << car_2.get_price() << endl;
    cout << "The price of car_3 is: " << car_3.get_price() << endl;

    float discount_1 = .1;
    car_1.discount_price(car_2);
    car_2.discount_price(discount_1);
    car_3.discount_price(1500);
```
Chama discount_price() usando uma variável Car, um float e um integer.

```cpp
    cout << "After discounts, the price of car_1 is: " << car_1.get_price() << endl;
    cout << "After discounts, the price of car_2 is: " << car_2.get_price() << endl;
    cout << "After discounts, the price of car_3 is: " << car_3.get_price() << endl;
}
```

Figura 14-10 Sobrecarregar um método para aplicar um desconto a um carro (*continua*)

SAÍDA:
```
The price of car_1 is: 15639
The price of car_2 is: 15000
The price of car_3 is: 17000
After discounts, the price of car_1 is: 15000
After discounts, the price of car_2 is: 13500
After discounts, the price of car_3 is: 15500
```

Figura 14-10 Sobrecarregar um método para aplicar um desconto a um carro

Configuração de um objeto como igual a outro (14.2.5)

Suponha que um fabricante de automóveis esteja enviando à concessionária Zoe's Car alguns carros para vender de outra concessionária chamada Cars Plus. A concessionária Cars Plus vai transferir os carros para a concessionária Zoe's Car, onde serão adicionados ao estoque.

Para lidar com essa situação no programa das concessionárias, você pode achar que é possível passar `Car (c)` para `add_car()` e, em seguida, adicioná-lo ao estoque da seguinte maneira:

```
public void Dealership:add_car(Car c) throws Out_of_Range_Exception
    if (num_cars + 1 <= capacity) then
        inventory[num_cars] = c
        num_cars = num_cars + 1
    else
        throw Out_of_Range_Exception
    return
```

Para o método `add_car()`, o operador de atribuição (=) é usado para configurar a variável `Car` do estoque no próximo local como igual ao novo carro transferido. Concentre-se por um momento no operador de atribuição e em como ele funciona. Na memória, o que realmente acontece é mostrado na **Figura 14-11**.

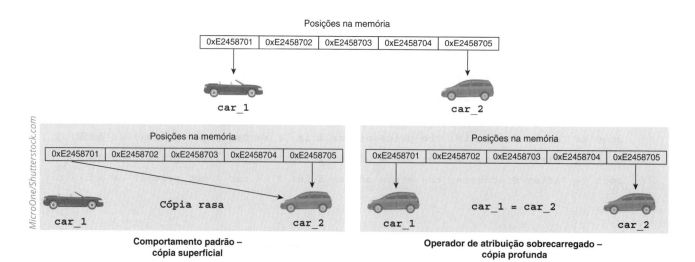

Figura 14-11 Cópia superficial *versus* profunda de um objeto usando `operator =`

Em geral, o operador de atribuição (=) é usado para configurar uma variável igual ao valor de outra. Suponha que se tenha `car_1` e `car_2` na memória como na parte superior da Figura 14-11. Você quer tornar `car_1` igual a `car_2`. Se escrever `car_1 = car_2`, ocorre o comportamento padrão. (Ver à esquerda da **Figura 14-11**.) Como `car_1` e `car_2` são tipos de dados complexos, o nome da variável é considerado o endereço do objeto na memória. A instrução `car_1 = car_2` armazena a posição na memória de `car_2` em `car_1`, então agora `car_1` também referencia o mesmo objeto que `car_2`. Para piorar as coisas, o objeto para o qual `car_1` estava apontando anteriormente agora está perdido na memória porque nada o referencia.

O objeto `car_1` é uma **cópia superficial** de `car_2`, o que significa que a cópia não referencia um objeto único que nenhuma outra variável referencia. Isso deve ser evitado. Aparentemente, o programa parece funcionar como esperado para adicionar um carro transferido ao estoque. Mas se `car_2` for excluído ou modificado na memória (talvez pelo código que o criou), então `car_1` também será excluído ou modificado.

Para evitar esse problema, pode-se sobrecarregar o operador de atribuição como no pseudocódigo a seguir:

```
Car operator=(Car car_2)

    make = other_car.make
    model = other_car.model
    color = other_car.color
    vin = other_car.vin
    price = other_car.price
    mpg = other_car.mpg
    year = other_car.year
    mileage = other_car.mileage
    sold = false
    on_lot = true
```

Esse código sobrecarrega o operador de atribuição. Suponha que o método `operator=()` foi chamado novamente como `car_1 = car_2`. O método `operator=()` do objeto `car_1` é chamado, e `car_2` é passado como parâmetro. Cada variável membro de `car_2` é copiada para as variáveis membro de `car_1`. Agora `car_1` e `car_2` têm exatamente o mesmo estado e são o mesmo carro. Quando você chama o método `operator=()` para configurar `Car` no arranjo `inventory` como igual ao carro transferido, o código produzirá dois objetos duplicados, criando um **cópia profunda**, como mostrado à direita da **Figura 14-11**.

14.3 MÉTODO EM CASCATA E ENCADEAMENTO DE MÉTODOS

Chamar vários métodos no mesmo objeto (14.3.1, 14.3.2)

Os gerentes da concessionária Zoe's Cars estão muito impressionados com seu trabalho e lhe dão um mês de folga. Durante esse mês, você decide otimizar o código para torná-lo mais eficiente. Em algumas partes do código, você está chamando múltiplos métodos no mesmo objeto. Por exemplo, ao inserir um carro no estoque, o código lembra o seguinte:

```
instantiate new_car = new Car()
new_car.set_make(make)
new_car.set_model(model)
```

```
new_car.set_color(color)
new_car.set_vin(vin)
new_car.set_price(price)
new_car.set_mileage(mileage)
new_car.set_mpg(mpg)
new_car.set_year(year)
inventory.add_car(new_car)
```

No código, você cria um nova variável `Car` e configura individualmente os valores de cada uma das variáveis membro usando os modificadores. Assim, para cada objeto `new_car`, o código chama oito métodos diferentes: `set_make()`, `set_model()`, `set_color()`, `set_vin()`, `set_price()`, `set_mileage()`, `set_mpg()`, e `set_year()`. Como revisar esse código para torná-lo mais eficiente?

Você pode usar **método em cascata** (às vezes chamado de encadeamento de métodos), que chama muitos métodos em um único objeto. Esse método é uma preferência de sintaxe de programação que elimina a necessidade de listar um objeto repetidamente. Seu código pode ser reescrito como:

```
instantiate new_car = new Car()
new_car.set_make(make).set_model(model).set_color(color).set_vin(vin).set_price(price).set_mileage(mileage).set_mpg(mpg).set_year(year)
inventory.add_car(new_car)
```

Nesse pseudocódigo, em vez de chamar oito métodos em oito linhas, é possível agrupar todos os métodos e executá-los na ordem em que foram escritos, da esquerda para a direita. **Interfaces fluentes** são uma metodologia de projeto orientada a objetos na qual a sintaxe de uma linguagem de programação depende do método em cascata para tornar o código mais fácil de ler.

 Como você alteraria o pseudocódigo anterior para configurar o atributo `on_lot` como vendido?

 Adicione

```
new_car.set_make(make).set_model(model).set_color(color).set_vin(vin).set_price(price).set_mileage(mileage).add(newCar).set_on_lot(true)
```

A **Figura 14-12** mostra como a definição do método seria alterada para permitir o método em cascata no código.

```cpp
void Car::set_make(string m)
{
    make = m;
}
void Car::set_model(string m)
{
    model = m;
}
void Car::set_color(string c)
{
    color = c;
}
void Car::set_vin(string v)
{
    vin = v;
}
void Car::set_price(int p)
{
    price = p;
}
void Car::set_mpg(int m)
{
    mpg = m;
}
void Car::set_year(int y)
{
    year = y;
}
void Car::set_mileage(int m)
{
    mileage = m;
}
void Car::set_sold(bool s)
{
    sold = s;
}
void Car::set_on_lot(bool o)
{
    on_lot = o;
}
```

```cpp
Car& Car::set_make(string m)
{
    make = m;
    return *this;
}
Car& Car::set_model(string m)
{
    model = m;
    return *this;
}
Car& Car::set_color(string c)
{
    color = c;
    return *this;
}
Car&  Car::set_vin(string v)
{
    vin = v;
    return *this;
}
Car& Car::set_price(int p)
{
    price = p;
    return *this;
}
Car& Car::set_mpg(int m)
{
    mpg = m;
    return *this;
}
Car& Car::set_year(int y)
{
    year = y;
    return *this;
}
...
```

Em C++, o método em cascata requer que o objeto retorne o acesso a si mesmo para ser usado pela chamada de método no próximo método em cascata. Isso é representado pelo retorno `*this` em cada definição de método.

Já que estamos retornando o acesso a um objeto, o tipo de retorno dos modificadores muda de `void` para `Car&` que é um tipo de variável para uma referência a um `Car`.

Figura 14-12 Definição do método para habilitar o método em cascata

14.4 USO DE CONSTRUTORES

Especificar como construir um objeto (14.4.1, 14.4.2)

Até agora, você criou um novo objeto `Car` digitando o código no seguinte formato:

```
instantiate new_car = new Car()
```

Nos bastidores, seu programa chama um **construtor**, que é um método especial que cria um objeto chamado `new_car` e aloca memória suficiente para armazenar todas as informações associadas a um `Car`. Um construtor não tem tipo de retorno definível e usa o mesmo nome do método que a classe. Geralmente, os programas chamam construtores quando um novo objeto é criado para inicializar objetos de seu tipo de classe. Você pode escrever e personalizar seu próprio construtor, ou o compilador escreverá um para você. O pseudocódigo para um construtor simples é o seguinte:

```
Car()
    mileage = 0
    on_lot = true
    sold = false
```

O nome do método do construtor é sempre o mesmo nome da classe. Usa-se um construtor para inicializar valores para variáveis membro de um objeto. Por exemplo, suponha que ao adicionar novos carros ao estoque, `mileage` seja sempre 0, `on_lot` seja sempre `true` e `sold` seja sempre `false`. Faria sentido criar carros que tenham esses valores iniciais já configurados como o padrão. Esse tipo de construtor chama-se **construtor padrão** porque não aceita nenhum parâmetro para configurar os valores das variáveis membro. Você ainda criaria um novo objeto `Car` do mesmo modo que antes; no entanto, o construtor padrão configura os valores iniciais para os três atributos, como mostrado no pseudocódigo.

O construtor padrão é chamado sempre que o código cria um novo objeto `Car`. Quando se escreve o equivalente a `instantiate new_car = new Car()`, no código, o programa cria um objeto `Car` chamado `new_car`, e o construtor configura os valores iniciais especificados para `mileage`, `on_lot` e `sold`. O programa pode manter ou alterar os valores padrão como necessário para cada novo objeto `Car`.

Se você não definir um construtor, o compilador cria um **construtor padrão implícito** para você. Esse construtor cria um objeto sem nenhum valor predefinido para as variáveis membro. Ele assume o padrão de qualquer linguagem ou sistema operacional que inicializa novas variáveis (se houver alguma). Depender do construtor padrão implícito pode ser arriscado. Por exemplo, as variáveis membro podem não ser configuradas com um valor durante a execução do programa e podem conter **valores inúteis**, que são valores restantes, indesejáveis e inutilizáveis mantidos na memória antes de uma variável ser inicializada. Se tentar acessar variáveis membro e realizar tarefas com dados inúteis, ocorrerá um erro, e o programa poderá travar.

Não ter um tipo de retorno é o mesmo que ter um tipo de retorno `void`?

Não. Tecnicamente, `void` é um tipo de retorno. Construtores são definidos sem um tipo especificado para retorno. Na verdade, um construtor retorna a posição na memória do objeto que foi criado.

P Onde os construtores são definidos?

R Todos os construtores são definidos no mesmo arquivo que todas as outras definições de método para a mesma classe. Construtores são declarados na definição de classe junto de todos os outros métodos, com acesso public.

Uma boa prática de programação é usar o construtor padrão para configurar explicitamente as variáveis membro, o que é chamado **inicialização membro a membro**, mesmo que os valores sejam desconhecidos. O construtor padrão pode ser assim reescrito:

```
Car()
    make = ""
    model = ""
    color = ""
    vin = ""
    price = 0
    mileage = 0
    mpg = 0
    on_lot = true
    sold = false
```

O pseudocódigo anterior cria um **construtor completo**, que inicializa todas as variáveis membro do objeto quando este é criado. Ao escrever um construtor completo, não é preciso mais se preocupar se o programa vai travar acidentalmente executando operações usando valores inúteis. Você não precisa se preocupar com o usuário tentando trabalhar com dados não inicializados.

Como outros métodos, um construtor também pode ter uma lista de parâmetros. Isso se chama **construtor parametrizado**. A lista de parâmetros especifica os valores exatos a serem usados para inicializar as variáveis membro do objeto quando o objeto é criado. Um construtor parametrizado é chamado dessa maneira:

```
instantiate new_car = new Car(make, model, color, vin, price, mileage)
```

E é assim definido:

```
Car(string _make, string _model, string _color, string _vin, integer _price, integer _mileage)
    make = _make
    model = _model
    color = _color
    vin = _vin
    price = _price
    mileage = _mileage
```

Você chama o construtor parametrizado da mesma maneira que o construtor padrão, com a adição dos parâmetros passados que serão usados para configurar os valores das variáveis membro. Na definição do construtor, cada um dos parâmetros passados é utilizado para configurar o valor da variável membro correspondente.

Construção de um objeto a partir de outro objeto (14.4.3, 14.4.4)

De tempos em tempos, os carros na concessionária precisam passar por serviços para girar os pneus, trocar o óleo e garantir que tudo esteja funcionando sem problemas. O departamento de atendimento quer escrever um código em breve para lidar com a entrada e saída de carros. Em vez de copiar todos os membros de dados de todos os objetos `Car` para eles, pode-se criar um **construtor de cópia**. Isso permite que outro objeto seja criado, uma cópia exata (ou uma cópia profunda) do primeiro objeto. Programadores podem optar por criar um construtor de cópia em vez de sobrecarregar o operador de atribuição, dependendo do contexto.

Anteriormente, você sobrecarregou o operador de atribuição para configurar um objeto igual a outro. Agora escreverá um código semelhante para criar um construtor de cópia. Ele tem o mesmo formato do construtor padrão, mas recebe um argumento, o objeto a ser copiado. Quando esse é passado, todas as variáveis membro são copiadas para o novo objeto. Esses dois objetos têm as mesmas variáveis membro, mas existem em locais diferentes na memória. Nem sempre é necessário ter um construtor de cópia. Por exemplo, em um objeto `Dealership`, nunca haveria duas `Dealership` exatamente iguais no mesmo endereço.

Um construtor de cópia para um objeto `Car` se pareceria com isto:

```
Car(Car c)
    make = c.make
    model = c.model
    color = c.color
    vin = c.vin
    price = c.price
    mileage = c.mileage
    on_lot = c.on_lot
    sold = c.sold
```

P Qual é a diferença entre um construtor de cópia e uma cópia profunda?

R Na memória eles alcançam o mesmo resultado, mas um é considerado um método que pode ser chamado a qualquer momento e o outro é um construtor que é chamado quando um objeto é criado pela primeira vez.

P Pode-se definir mais de um construtor em um objeto?

R Sim. É possível especificar um construtor padrão, um construtor de cópia e quantos construtores parametrizados forem necessários para o projeto do programa. Isso se chama sobrecarga de construtor e segue as mesmas regras da sobrecarga de operador. Os construtores podem ter o mesmo nome, mas devem ter listas de parâmetros diferentes.

RESUMO

- Na programação orientada a objetos, os métodos são funções especiais definidas pelo programador que pertencem a uma classe e executam alguma ação relacionada a objetos criados a partir da classe.
- Os métodos são semelhantes a funções e consistem em um modificador de acesso, um nome de método, uma lista de parâmetros, um corpo do método, um tipo de retorno e uma lista de exceções.
- Os métodos devem ser invocados (ou chamados) na ordem para executar uma ação. Quando um método é chamado, ele inicia a execução da primeira instrução no corpo do método e continua na ordem até o final do corpo do método.
- Pode-se usar métodos para personalizar o comportamento padrão de um objeto. A sobrecarga de operadores permite especificar como os operadores internos devem se comportar ao operar em seus objetos. O comportamento padrão frequentemente usa dados inúteis que podem levar a erros em seu programa.
- Pode-se tornar o código mais útil com a sobrecarga de métodos, que permite chamar o mesmo método com diferentes listas de parâmetros. Sobrecarregar métodos torna o código mais fácil de interpretar e reutilizar.
- Ao usar o operador de atribuição (=) para tornar um objeto igual a outro objeto, a funcionalidade padrão cria uma cópia superficial, um novo objeto que referencia a mesma posição na memória que outro objeto. Uma boa prática é sobrecarregar o operador de atribuição para garantir que uma cópia profunda de um objeto seja criada.
- O método em cascata é um paradigma de programação que permite chamar múltiplos métodos no mesmo objeto em sequência, reduzindo a quantidade de código e melhorando a eficiência. As linguagens de programação que usam o método em cascata são chamadas interfaces fluentes.
- Os programas chamam construtores sempre que um novo objeto é instanciado. Você pode especificar como um construtor configura os valores das variáveis membro à medida que um objeto é criado. Uma boa prática de programação é usar construtores para evitar a execução de operações com valores inúteis.
- Os programas chamam o construtor padrão sempre que um objeto é criado. Se o comportamento de um construtor padrão não for definido, o compilador fará isso.
- Você pode criar um construtor parametrizado para passar qualquer número de parâmetros para configurar os valores das variáveis membro ao criar um objeto.
- Um construtor de cópia permite criar um novo objeto que é a cópia exata de outro objeto.

Termos-chave

chamada de método
construtor
construtor completo
construtor de cópia
construtor padrão
construtor padrão implícito
construtor parametrizado
cópia profunda

cópia superficial
corpo do método
inicialização membro a membro
interfaces fluentes
lista de exceções
lista de parâmetros
método em cascata
métodos

modificador de acesso
nome do método
operadores predefinidos
sobrecarga de método
sobrecarga de operador
tipo de retorno
valores inúteis

ENCAPSULAMENTO

OBJETIVOS DE APRENDIZAGEM:

15.1 COMPONENTES DA ESTRUTURA DE CLASSES
15.1.1 Explicar como o encapsulamento pode aprimorar as estruturas de codificação.
15.1.2 Explicar o conceito de ocultação de informações.
15.1.3 Explicar o propósito dos campos de instância nas classes.
15.1.4 Explicar o propósito dos métodos nas classes.
15.1.5 Explicar o propósito das propriedades nas classes.
15.1.6 Explicar como usar uma palavra-chave para fazer referência à instância atual em POO ("this").
15.1.7 Contrapor autorreferência implícita *versus* explícita.

15.2 CONTEXTO DE ASSESSORES E MODIFICADORES
15.2.1 Explicar o propósito de um assessor.
15.2.2 Explicar o propósito de um modificador.

15.3 USO DE CONSTRUTORES
15.3.1 Explicar a função dos parâmetros em POO.
15.3.2 Explicar a função dos argumentos em POO.
15.3.3 Definir sobrecarga de construtor como aplicada à POO.
15.3.4 Definir um parâmetro padrão como aplicado à POO.

15.4 APLICAÇÃO DE ENCAPSULAMENTO COM MODIFICADORES DE ACESSO
15.4.1 Explicar o propósito dos modificadores de acesso.
15.4.2 Explicar variáveis públicas.
15.4.3 Explicar variáveis privadas.
15.4.4 Explicar como testar dados privados de um objeto.

15.5 INTERFACES E CABEÇALHOS
15.5.1 Explicar o propósito das interfaces.
15.5.2 Explicar arquivos de cabeçalho em relação a interfaces.
15.5.3 Explicar a função das assinaturas de método em POO.
15.5.4 Explicar o propósito dos protetores de cabeçalho.

15.1 COMPONENTES DA ESTRUTURA DE CLASSES

Ocultação de dados (15.1.1, 15.1.2)

Ao dirigir um carro, como na **Figura 15-1**, você entende que operar o carro muda seu comportamento. Pressionar o acelerador faz o carro acelerar, e pressionar o freio diminui a velocidade. Se não sabe nada mais sobre como os carros funcionam, ainda pode usar um carro confortavelmente. Não importa se pressionar o acelerador adiciona

Figura 15-1   Dirigir um carro não requer entender como o carro funciona

gasolina ao motor de combustão ou aumenta o sinal elétrico para o motor do carro elétrico; pressionar o acelerador faz o carro avançar.

Utilizamos um computador da mesma maneira. Não precisamos saber como um computador foi programado para utilizá-lo. Só precisamos entender aquilo que ele espera de você para fornecer saída. Ao mover o mouse, espera-se que a saída seja o computador atualizar o ponteiro do mouse na tela. Na verdade, ocultar como o computador ou o carro funciona facilita o uso.

Os detalhes de como um carro ou um computador funciona dependem de muitas propriedades e habilidades agrupadas em um único pacote. Ao ouvir a palavra "carro", provavelmente imagina-se um carro completo. Mas um carro é composto de muitas partes independentes, como motor, janelas, rodas, portas e assentos, como mostrado na figura **Figura 15-2**. Cada parte tem expectativas e resultados. Se você fosse simular um carro em um jogo de simulação, deveria projetar cada uma dessas partes interfuncionais de acordo com suas propriedades e habilidades.

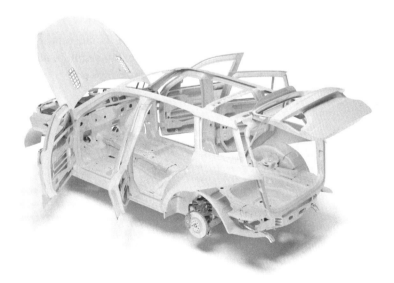

Figura 15-2   Um carro tem muitas partes

Agrupamento e ocultação de informações na ciência da computação são chamados de **encapsulamento**. O encapsulamento é usado para evitar problemas ao projetar e implementar classes e objetos para organizar os componentes. Escrever programas é semelhante a fazer uma refeição. O encapsulamento é ser organizado em seu espaço de trabalho. Ser organizado não alcança o objetivo de fazer o jantar, mas continua sendo um bom hábito a ser cultivado, porque a organização facilita para que uma outra pessoa use seu espaço de trabalho, é menos provável que alguém use sal em vez açúcar, ou facilita a migração para outros projetos. De maneira semelhante, usar o encapsulamento corretamente cria um código mais robusto e mais fácil de usar.

Embora o termo "encapsulamento" possa parecer novo, você já usou recursos encapsulados em seus programas. Por exemplo, a saída na tela é incorporada em qualquer linguagem de programação. Não é preciso entender como um programa produz saída para exibir texto. A **Figura 15-3** mostra o código que imprime texto na linha de comando. Se o compilador alterar a forma como processa a instrução para imprimir texto, seu programa continuaria a funcionar conforme foi escrito.

```
int main() {
    cout << "Printing to the command line!" << endl;
}
```

Figura 15-3 Imprimir uma string na linha de comando

Projeto de objetos (15.1.3, 15.1.4, 15.1.5)

As classes são uma parte fundamental da programação orientada a objetos (POO), que trata os programas como objetos, similar aos do mundo real. Uma bola de borracha é um objeto com atributos específicos que você pode usar para descrevê-la. Por exemplo, a bola tem um fator de raio, cor e salto. Esses atributos são chamados **propriedades** de um objeto. As propriedades possíveis de um objeto são armazenadas na definição de classe como variáveis membro (também conhecidas como **variáveis de instância**). Usar o termo "variável membro" é uma maneira de descrever as variáveis que fazem parte de um objeto, em vez de variáveis independentes.

Ao projetar-se um objeto em POO, começa-se identificando as propriedades. Quais são os recursos definidores desse objeto que você, ou outro programador, precisa conhecer? Suponha que seja programador em uma empresa e seu chefe solicite que programe uma classe `Car`. O chefe também lhe diz que outra pessoa usará essa classe em um projeto sem sua ajuda. A classe `Car` precisa ter uma cor de pintura, um ano de fabricação, quilometragem, nível de óleo e velocidade atual. (Um carro da vida real teria muito mais propriedades.)

Você usa essas propriedades para começar a programar um `Car` como uma classe, como mostrado na **Figura 15-4**. O código começa definindo o nome da classe como `Car`. Em seguida, ele configura as variáveis de propriedade de `paint_color`, `year`, `mileage`, `oil_level` e `current_speed`.

```
                              ─ Nome da classe.
class Car
{
    string paint_color;
    int year;               ⎫
    double mileage;         ⎬ Variáveis de
    double oil_level;       ⎪ propriedade.
    double current_speed;   ⎭
}
```

Figura 15-4 Propriedades de um carro

P A **Figura 15-5** mostra um jogo de dados multifacetados. Esses dados podem ter qualquer número de lados, com o menor número de lados sendo quatro. Em cada lado há um número. Quando um dado é lançado, um dos lados é considerado "para cima". Quais deveriam ser as propriedades desse objeto?

Figura 15-5 Jogo de dados multifacetados

R O número de lados deve ser uma propriedade (como `num_sides`) para que você precise apenas de uma classe para representar todos os tipos de dados. O lado voltado para cima também deve ser uma propriedade (`face_up`) porque representa o estado do dado.

Algumas propriedades de um objeto são importantes para o próprio objeto, mas não precisam ser conhecidas por outros. Essas propriedades são chamadas de campos de instância. Um **campo de instância** de um objeto é uma variável interna que não deve ser vista de fora. O objeto em si pode modificá-lo, ou não mexer com ele, mas nenhum código externo pode acessá-lo. Um exemplo de um campo de instância para um objeto `Car` seria o nível de óleo. Em geral, um painel não exibe a quantidade de óleo no carro; ele exibe uma luz indicadora de "troca de óleo" quando o nível de óleo está baixo. A **Figura 15-6** mostra o código para usar uma variável membro `oil_level`.

O código na Figura 15-6 mostra um método que interage com um campo de instância. Outras partes implementadas do carro são omitidas por brevidade. Um método chamado `should_change_oil()` retornará um valor

```
class Car
{
    // ... outras partes implementadas de Car são omitidas ... //

    bool should_change_oil()
    {
        return this->oil-level < 0.5;
    }
}
```

instância do campo
`oil_level` – outro código não pode acessar

Figura 15-6 O nível de óleo é um campo de instância de um carro

boolean true ou **false** indicando se o óleo precisa ser trocado. Ele retorna **true** se o **oil_level** do carro for inferior a 0,5 ou **false** caso contrário.

P Considere os dados na **Figura 15-5** novamente. O que seria um campo de instância para um objeto **Die**?

R Lembre-se de que campos de instância são propriedades dos objetos que não podem ser vistas de fora, mas são usadas internamente. Um campo de instância possível para um objeto **Die** poderia ser um dado viciado que permite ao usuário trapacear. Se estiver trapaceando, você não vai querer que os outros saibam. Portanto, se seus dados precisam de uma propriedade de trapaça para sempre cair como "6" em um dado de seis lados, essa propriedade deve ser completamente escondida de quem vê de fora.

Propriedades e campos de instância descrevem o estado do objeto. Por exemplo, as propriedades **current_speed** e **oil_level** descrevem um estado do objeto **Car**. Ações são comportamentos que os objetos podem usar para alterar o estado. Um carro pode aumentar a velocidade ou acender os faróis. Essas ações são representadas no código como métodos. Por exemplo, um objeto **Car** pode ter um método **accelerate()**.

Outra maneira de pensar sobre métodos é como funções que são tão úteis para um objeto que devem sempre ser incluídas em uma instância desse objeto. Por exemplo, todos os carros em movimento podem mudar de velocidade, assim todos os objetos **Car** devem ter um método **accelerate()**. Sempre que se adiciona um parâmetro a uma função, aumenta-se os requisitos impostos para que outras pessoas utilizem a função. Se uma função sempre deve passar um objeto **Car** como argumento, então outro programador sempre deve passar um carro. Tornar o comportamento um método elimina a possibilidade de o outro programador esquecer de incluir o argumento **Car**.

P Volte à Figura 15-5 novamente. Que ação deve ter um objeto **Die**?

R Ao interagir com os dados, você pode lançá-los para alterar qual valor está voltado para cima. O dado no canto superior esquerdo da Figura 15-5 tem quatro lados. Um método como **roll()** deve mudar aleatoriamente o valor **face_up** para qualquer número de 1 a 4 para essa instância do objeto **Die**.

Enquanto a **Figura 15-7** mostra como codificar uma função para acelerar um carro, a **Figura 15-8** mostra como codificar um método para acelerar um carro. Observe que o método **accelerate()** requer menos informações para passar porque tem menos parâmetros.

```
void accelerate(Car car, double amount)
{
    double current_speed = car.get_current_speed();
    car.set_current_speed(amount + current_speed);
}
```

O objeto **Car** deve ser passado para a função **accelerate()**.

A função obtém a velocidade atual com o método *getter* e a aumenta com o método *setter*.

Figura 15-7 Código para uma função **accelerate()**

```
class Car
{
    // ... outro codigo de car aqui... //

    void accelerate(double amount)
    {
        this->current_speed += amount;
    }
}
```

O método é anexado a um objeto Car, portanto, não é necessário passar um objeto Car como parâmetro.

O método pode acessar diretamente qualquer propriedade do objeto atual, portanto, pode aumentar diretamente a velocidade.

Figura 15-8 Código para um método `accelerate()`

Escopo de autorreferência (15.1.6, 15.1.7)

Ao falar sobre objetos, o contexto é importante. "Um carro é vermelho" não significa muito se você tem cinco carros. Mas "esse carro é vermelho" diz algo sobre um carro específico. Para referenciar propriedades e campos do objeto atual, use a **palavra-chave de autorreferência**.

`calculate` **this.year = 2002**

No pseudocódigo, a palavra-chave é `this`, mas as linguagens de programação podem usar palavras diferentes para indicar autorreferência. A **Figura 15-9** mostra as palavras-chave em várias linguagens de programação comuns, bem como a sintaxe para uso.

Linguagem	Palavra-chave de autorreferência	Sintaxe para uso
C++	this	this->identificador
Java	this	this.identificador
Python	self	self.identificador

Figura 15-9 Palavras-chave de autorreferência comuns

Algumas linguagens permitem omitir a palavra-chave de autorreferência ao usarem identificadores de variáveis; isso se chama **autorreferência implícita**. Uma autorreferência implícita requer que o computador descubra qual variável você pretende usar. Devido ao escopo, o computador procura uma variável em determinada ordem. Ele referencia o primeiro identificador de variável que corresponde àquela que você escreveu, mesmo que outra variável tenha o mesmo identificador em um escopo diferente. O computador procura uma variável na seguinte ordem:

1. Local
2. Classe
3. Global

O escopo local inclui os identificadores na lista de parâmetros da assinatura do método. Mas usar a **autorreferência explícita** força o computador a procurar apenas o escopo no nível de classe. A **Figura 15-10** mostra um trecho de código que primeiro referencia uma variável local e depois referencia uma variável de classe com o mesmo identificador. Nesse código de exemplo, um objeto tem a propriedade `current_speed` e uma variável local também é declarada com o identificador `current_speed`. Quando uma variável local "sobrepõe-se" a uma classe ou variável global com o mesmo identificador, isso costuma ser chamado "sombreamento".

O código na **Figura 15-10** tem duas variáveis com o mesmo identificador: `current_speed`. O programa pode usar uma variável local e de classe com o mesmo nome porque a variável de classe `current_speed` é configurada com uma palavra-chave de autorreferência, tornando-a uma autorreferência explícita.

```
class Car
{
    // ... código de Car omitido ... //

    void example()
    {
        int current_speed = 0;
        this->current_speed = 5;
    }
}
```

Variável local `current_speed`

Variável de classe `current_speed`

A palavra-chave de autorrefência torna esta declaração uma autorreferência explícita.

Figura 15-10 Variáveis locais e variáveis de instância com o mesmo identificador

Observe que algumas linguagens, como o Python, não podem usar autorreferência implícita. Para simplificar, os exemplos restantes neste módulo usam autorreferência explícita. Usar sempre referências explícitas pode facilitar a leitura do código, bem como facilitar a correspondência de identificadores de parâmetros, como mostrado na **Figura 15-11**. O código na Figura 15-11 configura uma variável membro com o valor passado como parâmetro. Para deixar claro com que o parâmetro corresponde, o parâmetro e a propriedade de classe têm o mesmo identificador: `year`.

```
class Car
{
    // ... outros recursos implementados omitidos ... //

    void set_year(int year)
    {
        this->year = year;
    }
}
```

O parâmetro e a variável membro têm o mesmo nome para indicar que correspondem.

Figura 15-11 Correspondência de parâmetros com o identificador de instância

P Na Figura 15-11, o que aconteceria se você deixasse de lado a palavra-chave de autorreferência e usasse `year = year`?

R O lado esquerdo da instrução de atribuição reconheceria o identificador `year` como o nome de parâmetro, em vez da variável membro com o mesmo identificador.

15.2 CONTEXTO DE ASSESSORES E MODIFICADORES

Visualização de dados de um objeto (15.2.1)

Limitar como alguém interage com um objeto reduz a chance de erro. Imagine uma calculadora com o conjunto padrão de números mais os botões rotulados A, B etc. E se pressionar um botão com uma letra causasse um erro? Antes de tudo, você se perguntaria por que a calculadora tinha botões com letras. Permitir apenas acesso ou alterações em um objeto em determinadas situações torna o código menos propenso a erros. Em vez de confiar na manipulação direta do estado do objeto, usam-se assessores e modificadores para orientar as interações.

Lembre-se de que um **assessor** é um método usado para acessar o estado de um objeto. Ele não permite alterações, ou modificações, em um objeto. Deve-se criar um assessor para qualquer propriedade que deve ser visível de fora. Para a classe `Car`, essa propriedade é `year`, `paint_color` ou `mileage`. Ser "visível" significa que outro código pode visualizar ou modificar a propriedade. Assessores também são conhecidos como *getters* porque obtêm ("get") valores de variáveis membro fora da classe. A **Figura 15-12** mostra um possível assessor para o objeto `Car`.

```
class Car
{
   // ... código omitido ... //

   string get_paint_color()
   {
      return this->paint_color;
   }
}
int main()
{
   Car my_car = Car(2002, "red");

   cout << "Car color: " << my_car.get_paint_color() << endl;

   return 0;

}
SAÍDA:
Car color: red
```

Uma única linha de código para acessar as propriedades de um objeto.

Figura 15-12 Um assessor (*getter*) para um objeto `Car`

Em geral, assessores não exigem mais de uma única linha de código no método. Na parte inferior da **Figura 15-12**, a instrução print usa o método *getter* em vez de acessar a propriedade `paint_color` diretamente. Uma vez que o acesso direto à variável gera muitos erros, como configurar `paint_color` como "lagarto", você não vai querer que outra pessoa acesse `paint_color`, nem mesmo para imprimir seu valor.

Alteração de dados em um objeto (15.2.2)

Um **modificador** é um método usado para alterar dados. No encapsulamento, usam-se modificadores para controlar as alterações feitas no objeto por outros usuários. Fazer com que outros programadores usem um método modificador em vez de alterar diretamente a propriedade pode limitar o modo como a propriedade é alterada. Modificadores também são conhecidos como *setters* porque configuram ("set") o valor para variáveis membro. Imagine que você esteja criando um método que configura o ano em que um carro foi produzido. O primeiro carro fabricado em massa foi o Ford Tipo T em 1908. O modificador não deve deixar ninguém configurar o ano como um valor anterior a 1908. A cor da tinta também deve ser limitada, para evitar cores como "lagarto". A **Figura 15-13** mostra modificadores para o objeto `Car`.

```cpp
void set_paint_color(string paint_color)
{
   // Verifica todas as cores de tinta válidas.
   for (int i = 0; i < total_colors; i++)
   {
      if (available_colors[i] == paint_color)
      {
         this->paint_color = paint_color;
         return;
      }
   }

   // Configura para uma cor padrão se o parâmetro não
   // contiver uma cor válida.
   this->paint_color = available_colors[0];
}

void set_year(int year)
{
   // Se o ano for um ano válido, configura-o.
   if (year >= 1908)
   {
      this->year = year;
   }

   // Caso contrário, configura o ano como um ano padrão.
   else
   {
      this->year = 1908;
   }
}
```

Anotações laterais:
- O *setter* para a cor da tinta restringe o valor a uma lista de cores aprovada.
- Se o parâmetro não contiver uma cor válida, configura a cor da tinta como padrão, a primeira cor da lista aprovada.
- *Setter* impõe um valor mínimo para o ano.
- Se o ano estiver incorreto, configura-o como um valor padrão, o ano mais antigo possível.

Figura 15-13 Modificadores (*setters*) para um carro

Os dois modificadores mostrados na **Figura 15-13** verificam se há valores inválidos nos parâmetros. Primeiro, `set_paint_color()` usa um laço para iterar por todas as cores possíveis, que estão listadas na variável `available_colors`. Se o parâmetro contiver uma cor em `available_colors`, então ele configurará a variável membro e retornará. Se o método chegar ao final do laço e não for encerrado, isso significa que o valor fornecido não é uma cor válida e, portanto, o método configura o valor como a primeira cor válida. Em seguida, `set_year()` verifica se o valor fornecido para um ano é posterior a 1908. Se o ano for válido, a variável membro será configurada; caso contrário, o ano padrão de 1908 será utilizado.

Usar métodos *getter* e *setter* em vez de modificar diretamente as propriedades do objeto garante que o código possa fazer suposições sobre o estado do objeto. Por exemplo, você pode certificar-se de que o objeto `Car` não tenha um ano anterior a 1908 e a tinta seja uma cor válida.

15.3 USO DE CONSTRUTORES

Parâmetros e argumentos (15.3.1, 15.3.2)

Lembre-se de que um construtor é um método especial que cria um objeto e aloca memória suficiente para armazenar as informações associadas ao objeto. Em geral, os programas chamam construtores quando um novo objeto é criado para inicializar os objetos do tipo de classe. Pode-se usar construtores para ocultar dados com encapsulamento. Ao criar um objeto, você é o especialista no objeto e conhece a melhor maneira de configurá-lo. O construtor é como um assistente de configuração para um novo programa. Ele lida com as partes complicadas de um objeto e solicita apenas aquelas que podem ser alteradas. Um carro pode ter cores de tinta diferentes, mas a tinta ainda é aplicada da mesma maneira, independentemente da cor. A **Figura 15-14** mostra um possível construtor construtor de `Car`.

```
Car(int year, string paint_color) {          ← O construtor permite
    // Usando setters para impor comportamento     que apenas a cor e
    this->set_paint_color(paint_color);            o ano sejam
    this->set_year(year);              Setters    configurados com
                                                   dois parâmetros.
    this->mileage = 0.0;               Propriedades que não
    this->oil_level = 1.0;             precisam de setters
    this->current_speed = 0.0;         porque possuem valores
                                       padrão simples.
}
```

Figura 15-14 Um construtor para um objeto `Car`

O construtor tem dois parâmetros, `year` e `paint_color`, que são passados para os dois métodos *setter* `set_paint_color()` e `set_year()`. O uso de *setters* garante que as limitações criadas nos *setters* ainda sejam aplicadas no construtor. As linhas restantes do código definem todas as propriedades do objeto `Car` como os valores iniciais, como o `mileage` começando em `0`.

Projetar seu objeto requer decisões sobre quais parâmetros são importantes. Quais aspectos do objeto alguém iria querer alterar ao configurar uma instância do objeto? Quais partes podem permanecer inalteradas? Aborde os aspectos a serem alterados como parâmetros para o construtor. Cada aspecto é um parâmetro no construtor que, por sua vez, pode receber um argumento para configurar esse aspecto como um valor.

P Se alguém está criando um novo objeto `Car`, que partes essa pessoa pode configurar? Quais partes devem estar fora dos limites?

R Ela deve ser capaz de configurar a cor da pintura e o ano porque essas propriedades são aspectos do carro que podem ser alterados ao construí-lo. A quilometragem não deve ser alterada porque o carro a determina. Um carro recém-criado pode ser vermelho, azul ou verde, mas sempre tem zero quilômetro.

Os parâmetros são as variáveis fornecidas na assinatura do método. Os **argumentos** são os valores dados a esses parâmetros. O número de parâmetros que você configura para um objeto corresponde ao número de argumentos a serem fornecidos.

Na Figura 15-14, a classe `Car` tem um construtor com dois parâmetros de `year` e `paint_color`. Um objeto `Car` pode ser criado mais tarde com dois argumentos únicos, como `2020` e `blue`.

Parâmetros padrão e sobrecarga do construtor (15.3.3, 15.3.4)

À medida que os objetos se tornam mais complicados, talvez você não queira ou precise fornecer todos os argumentos ao construtor de um objeto. É possível especificar **parâmetros padrão** para usar se o construtor omitir os parâmetros para o objeto.

Por exemplo, como cada novo objeto `Car` precisa ter uma cor de tinta, `paint_color` pode ser um parâmetro padrão com a cor `black`. Liste os parâmetros padrão após o identificador de parâmetro na lista de parâmetros.

A **Figura 15-15** mostra como você pode projetar o construtor `Car` para que o usuário não precise fornecer o argumento para cor. Usar preto como a cor padrão é arbitrário. Suponha que o outro programador selecione as cores para cada carro. Mas se a cor não importa para o programa final, é útil poder escrever menos código ao criar carros.

```
Car(int year, string paint_color="black") {
    // Usando setters para impor comportamento
    this->set_paint_color(paint_color);
    this->set_year(year);
    this->mileage = 0.0;
    this->oil_level = 1.0;
    this->current_speed = 0.0;
}
```

O parâmetro padrão para cor é preto.

Setters

Figura 15-15 Um construtor com um parâmetro padrão

O código na **Figura 15-15** mostra um construtor com dois parâmetros, `year` e `paint_color`. O uso da sintaxe de atribuição na lista de parâmetros mostra como especificar um valor padrão. Atribuir **"black"** a `paint_color` significa que, se apenas um parâmetro for fornecido ao construtor, o computador preencherá o argumento ausente para `paint_color` com **"black"**.

Pode-se, também, usar **sobrecarga de construtor** para lidar com essa situação. A sobrecarga de construtor é semelhante à sobrecarga de método; você codifica vários construtores com diferentes listas de parâmetros, e o computador seleciona o construtor que melhor corresponde à chamada de construção. Por exemplo, a classe `Car` poderia conter um construtor sem parâmetros, configurando `year` e `paint_color` como valores padrão, e um construtor com dois parâmetros, um para cada `year` e `paint_color`.

Assim como acontece com métodos e funções, as assinaturas de construtor devem ser distintas o suficiente para que o computador saiba qual selecionar. (Lembre-se de que uma assinatura é o nome e os parâmetros que definem unicamente a função, o método ou o construtor.) Considere o seguinte pseudocódigo para um construtor de uma classe `Die`, que inclui dois construtores.

```
Die (int sides, int face_up)
    this.sides = sides
    this.face_up = face_up


Die (int face_up, int sides)
    this.sides = sides
    this.face_up = face_up
```

Se você criasse um objeto `Die` chamando `Die(18, 4)` com dois argumentos de inteiros, qual construtor teria a assinatura correspondente?

Os dois construtores definidos para `Die` têm dois parâmetros de inteiros, então é impossível que o computador saiba qual foi o pretendido.

Ao fornecer várias maneiras de chamar um construtor, o código pode ser usado de várias maneiras, como mostra a **Figura 15-16**. O código constrói três carros, um sem argumentos, um usando um construtor que espera apenas a cor da tinta como argumento e um com um construtor que espera a cor da pintura e o ano.

Algumas linguagens, como Python, não permitem sobrecarga de construtor, embora o Python permita parâmetros padrão. Em contraposição, o Java não permite parâmetros padrão, mas permite sobrecarga de construtor.

```
int main()
{
   // Usa o construtor padrão
   Car default_car = Car();     // A chamada do construtor sem argumentos corresponde ao construtor padrão por meio da sobrecarga do construtor.

   // Usa o parâmetro padrão para cor
   Car classic_black_car = Car(1980);   // O construtor fornece um argumento para ano e usa a cor de pintura padrão.

   // Define todos os parâmetros com argumentos
   Car red_2019_car = Car(2019, "red");   // O construtor fornece argumentos explícitos para ambos os valores.

   cout << "Default car color:";
   cout << default_car.get_paint_color() << endl;

   cout << "Classic Black color:";
   cout << classic_black_car.get_paint_color() << endl;

   cout << "Red 2019 color:";
   cout << red_2019_car.get_paint_color() << endl;
}

SAÍDA:
Default car color: black
Classic Black color: black
Red 2019 color: red
```

Figura 15-16 Vários construtores usados para criar carros diferentes

15.4 APLICAÇÃO DE ENCAPSULAMENTO COM MODIFICADORES DE ACESSO

Modificadores de acesso (15.4.1)

Limitar o acesso às propriedades de um objeto faz parte do encapsulamento e da ocultação de dados. A **visibilidade** de um objeto indica quão acessível ele é para outros locais no código. Sem imposição de visibilidade, alguém poderia acessar diretamente as propriedades de um objeto e usá-las de maneira não intencional, mesmo que o código contivesse *getters* e *setters*. Por exemplo, a quilometragem de um carro não deve ser diminuída, mas alguém pode tentar invocar `car.mileage -= 1` a menos que você possa restringir o acesso à variável membro `mileage`.

Lembre-se de que um **modificador de acesso** é uma palavra-chave como `public` ou `private` que modifica o nível de acesso (ou visibilidade) do código. Essas palavras-chave geralmente vêm antes de uma variável, função, classe ou identificador de método e costumam ser a primeira palavra-chave na linha, como no pseudocódigo a seguir.

```
public int Car::get_speed()
   return current_speed


private void Car::increase_mileage(float amount)
   calculate mileage = mileage + amount
```

Se você não incluir um modificador de acesso, o compilador utilizará a **visibilidade padrão**, que difere de acordo com a linguagem. A **Figura 15-17** mostra as visibilidades padrão das linguagens de programação comuns. Observe que algumas linguagens de programação, como o Python, não possuem modificadores de acesso. Normalmente, linguagens sem modificadores têm uma convenção de nomenclatura para sugerir visibilidade.

Linguagem	Visibilidade padrão
C++	Private
Java	Pacote
Python	Public (sem modificadores de visibilidade)

Figura 15-17 Visibilidade padrão das linguagens de programação comuns

Variáveis públicas e métodos (15.4.2)

É mais fácil usar variáveis `public`. Qualquer outro código ou programador pode acessar uma variável `public` de qualquer lugar. Use visibilidade `public` quando um aspecto de um objeto não precisa de supervisão. Embora variáveis `public` sejam as mais fáceis de usar ao projetar um objeto, você deve resistir a tornar tudo `public`. Se você permitir acesso direto a todas as propriedades em um objeto, uma propriedade como `mileage` pode ser configurada incorretamente.

Lembre-se de que os métodos também podem ser `public`. Na verdade, a maioria dos métodos são `public`. A **Figura 15-18** mostra como alterar a visibilidade do método `get_paint_color()` de um objeto `Car` para `public`.

```
class Car
{
   // ... código omitido.. //

   // Qualquer coisa após os dois-pontos após um modificador de
   // visibilidade tem essa visibilidade
   public:
      string get_paint_color()
      {
         return this->paint_color;
      }

      // Quaisquer definições a seguir também são públicas.

}
```

Palavra-chave `public` seguida de dois-pontos.

Método `get_paint_color()` e seu tipo de dados.

Figura 15-18 Tornar `public` uma variável ou um método de um objeto

Uma boa regra a seguir é atribuir acesso `public` a todos os assessores, modificadores e outros comportamentos que o objeto pode expressar.

Variáveis e métodos privados (15.4.3, 15.4.4)

Use o modificador de acesso `private` para restringir como os outros interagem com o objeto e para controlar como eles podem alterar o objeto. Por exemplo, você pode tornar a propriedade `private` e permitir apenas aumentos de quilometragem. Definir uma variável como `private` significa que outro código deve usar assessores e modificadores para acessar a variável.

Lembre-se de que os métodos também podem ser `private`. Um método `private` é útil quando se tem código semelhante usado em todo o objeto, mas o código externo não precisa referenciá-lo. Algumas linguagens, como Python, tornam todas as variáveis `public` e sugerem o nível de privacidade com convenções de nomenclatura. Por exemplo, um nome de variável começando com um sublinhado indica que esta variável deve ser tratada como `private`.

Para um bom projeto de programação orientada a objetos, deve-se tornar a maioria, se não todas, das variáveis `private` para que os dados possam ser alterados apenas pelos métodos que você permitir e apenas da maneira como pode controlar.

Lembre-se de que campos de instância são variáveis internas que não devem ser vistas de fora. O exemplo de campo de instância anterior na classe `Car` era a variável `oil_level`. O `oil_level` de `Car` deve ser `public` ou `private`?

Todos os campos de instância, uma vez que não devem ser absolutamente usados fora do objeto, devem ser `private`.

Os campos de instância não devem ter *getters* ou *setters*, mas, em vez disso, devem ser usados por outros métodos no objeto. O `oil_level` para um `Car` é `private`, e a única interação com a propriedade é por meio do método `check_oil()`.

A **Figura 15-19** mostra como alterar a visibilidade das variáveis de um objeto `Car` para `private`.

```
class Car
{
   private:
      // Variáveis privadas para impor o encapsulamento
      string paint_color;
      int year;
      double mileage;
      double oil_level;
      double current_speed;

   public:
      // Qualquer coisa a seguir agora é pública
```

Figura 15-19   Tornar `private` uma variável ou um método de um objeto (*continua*)

```
        // ... Métodos, construtores entram aqui... //
        string get_paint_color()
        {
            return this->paint_color;
        }
        // ... etc ... //

}
```

Figura 15-19 Tornar `private` uma variável ou um método de um objeto

Como acontece com qualquer código projetado, deve-se testá-lo detalhadamente para certificar-se de que está pronto para ser usado por outra pessoa. Tornar as partes de um objeto privadas torna o teste mais complicado, mas você não quer ter que mudar a visibilidade para executar os testes. A **Figura 15-20** mostra como é possível projetar um teste para aspectos privados de um objeto.

```
class Car {
    // ... todos os outros códigos do carro... //
    public:
        friend void print_speed(Car car);
};

void print_speed(Car car) {

    cout << "Car speed: " << car.current_speed << endl;

}

int main() {
    Car test_car = Car();
    test_car.accelerate(60);
    print_speed(test_car);

}

SAÍDA:
Car speed: 60
```

A palavra-chave `friend` permite que uma função acesse as propriedades privadas de uma classe.

Como `print_speed()` é amigo de `Car`, ele pode acessar tudo independentemente da visibilidade.

Main executa o teste criando um carro, aumentando a velocidade para 60 e chamando `print_speed()`.

Figura 15-20 Testar a propriedade `private` de um objeto

15.5 INTERFACES E CABEÇALHOS

Interfaces (15.5.1)

Ao usarem o código criado por outra pessoa, os programadores só precisam conhecer a entrada e o resultado esperados. Pode-se fornecer um guia curto para a entrada e saída esperadas com **interfaces**, que são a quantidade mínima de informações necessárias para interagir com o código. Se uma interface permanecer a mesma, mas a implementação mudar, o programador externo ainda poderá usar o código.

Considere a seguinte função, que calcula o mínimo de três números.

```
function min(x, y, z)
   if x <= y and x <= z
      return x
   else if y <= x and y <= z
      return y
   else
      return z
```

Essa função começa comparando **x** com **y** e **z**, e se **x** é menor que ambos, retorna **x**. Então compara **y** com **x** e **z**, retornando **y** se **y** é menor que os dois. Por fim, retorna **z** se alcançar a parte `else` do bloco condicional, porque nesse ponto **z** tem de ser o mínimo. Se você executasse a função `min()` com os valores 5, 10 e 2, a função retornaria 2. A interface da função espera três números como parâmetros, chamados pelo identificador `min()` e retorna o mínimo dos três valores passados para ele. O pseudocódigo para usar essa função pode se parecer com isto:

```
input x
input y
input z
display "The smallest number is:"
display call function min(x, y, z)
```

Agora considere a seguinte implementação alternativa para `min()`:

```
function min(x, y, z)
   initialize min_guess = x
   if y < min_guess
      compute min_guess = y
   if z < min_guess
      compute min_guess = z

   return min_guess
```

Essa versão de `min()` começa criando uma variável chamada `min_guess`, que inicializa com o valor em **x**. Em seguida, verifica se **y** é menor que o valor atual em `min_guess`. Se **y** é menor que `min_guess`, atualiza `min_guess` para conter o valor de **y** e repete essa verificação com **z**. Se você executasse a função `min()` com os valores 5, 10 e 2 nessa implementação, a função retornaria 2 como antes.

P O código para usar a função `min()` tem de mudar quando a implementação é alterada?

R Embora a implementação tenha mudado, a entrada, o comportamento esperado e a saída não mudaram. Externamente, é como se a função não tivesse mudado. Se tudo que você sabia sobre `min()` era que ele espera três números e retornará o menor desses três, não é preciso saber como é implementado para utilizá-lo. As duas implementações, com 5, 10 e 2 como argumentos, retornam o 2.

Programação de uma interface (15.5.2, 15.5.3, 15.5.4)

Utilizamos interfaces para mostrar rapidamente como interagir com um fragmento de código. Como vimos anteriormente, só é preciso conhecer certas coisas para usar o código. Saber como ele é implementado é opcional. Se você está criando código para outra pessoa, como seu chefe solicitou, criar uma interface é uma maneira de fornecer ao seu colega de trabalho tudo o que ele precisa para ser bem-sucedido. Para serem úteis, as interfaces precisam identificar os seguintes elementos:

- Como invocar a função ou o método.
- O que a função ou método fará.
- Qual função ou método retornará.

Algumas interfaces destinam-se apenas a humanos. Isso significa que elas transmitem conhecimento para as pessoas, mas não fornecem nenhum código executável. Por exemplo, um arquivo de texto ReadMe é uma interface somente para humanos. Eles contam com uma pessoa para lembrar tudo sobre a interface. Em contraposição, algumas linguagens de programação fornecem uma maneira de impor a interface no código.

A imposição de uma interface usando código permite criar um programa que não compila se a interface é usada incorretamente. Isso também pode remover o erro humano quando o código é usado e reduz o quanto o programador deve memorizar. De modo semelhante à maneira como um compilador não permite utilizar a sintaxe incorreta em um laço for, uma linguagem de programação não permite usar uma interface incorretamente. Ambos apontarão para o local exato onde ocorreu o erro.

O modo como se criam interfaces impostas por código difere de acordo com a linguagem de programação. O C++ tem **arquivos de cabeçalho** (que terminam em .h em vez de .cpp), enquanto o Java tem uma palavra-chave `interface`. O Python pode simular interfaces, mas não impor interfaces, semelhante à maneira como simula variáveis `private`.

A **Figura 15-21** mostra como você pode programar a interface na classe `Car`. Apenas as assinaturas de método são necessárias na interface em Java. O arquivo de cabeçalho em C++ tem assinaturas de métodos e variáveis de classe, se necessário. Assinaturas de método contêm os três itens listados anteriormente para indicar uma interface útil: como invocar o método, o que ele fará e o que retornará.

Observe a diferença entre a interface e a implementação. A interface é apenas a assinatura do método, enquanto a implementação é o código dentro do método. Uma interface não fornece código executável ou mostra como alcançar o resultado final. As interfaces são limitadas a assinaturas de método que informam como interagir com o código e o que esperar de volta. Uma interface geralmente é armazenada em um arquivo separado e define apenas o comportamento. O C++ requer as definições de interface em um arquivo de cabeçalho com extensão .h.

A implementação é a parte do código que realmente faz alguma coisa. As implementações incluem laços for, instruções if e comandos de entrada, por exemplo, que informam ao computador o que fazer. Você trabalha principalmente com implementações quando pensa em código. As implementações são armazenadas em um arquivo separado da interface.

Quando a implementação é armazenada em outro arquivo, o Java e o C++ precisam sinalizar a qual classe esses comportamentos pertencem. No Java, a classe sinaliza sua implementação com a palavra-chave `implements`. No C++, a sintaxe muda para usar `ClassName::` antes de cada nome de método.

A **Figura 15-22** mostra como a implementação da classe `Car` muda incluindo a interface da **Figura 15-21**.

Embora a maioria das interfaces não tenha implementações, o C++ permite inserir implementações curtas no arquivo de cabeçalho, como uma única linha de código, semelhante ao método *getter* na **Figura 15-12**. Qualquer coisa mais longa não deve estar no arquivo de cabeçalho.

```cpp
class Car
{
   private:
      // Variáveis privadas para forçar o encapsulamento
      string paint_color;
      int year;
      double mileage;
      double oil_level;
      double current_speed;

      // Variáveis estáticas e constantes
      const static string available_colors[];
      const static int total_colors;

   public:
      // Construtores
      Car();
      Car(string paint_color, int year=1908);

      // Getters
      string get_paint_color();
      int get_year();
      double get_mileage();
      double get_speed();

      // Setters
      void set_paint_color(string paint_color);
      void set_year(int year);

      // Outros métodos
      void increase_miles(double amount);
      void change_oil();
      void accelerate(double amount);
      void travel(double time_in_seconds);
      void display();
      bool should_change_oil();
};
```

Interfaces em C++ têm todas as variáveis membro e variáveis estáticas.

Como chamar é o nome do identificador.

A informação de que ele necessita é a lista de parâmetros.

As interfaces apenas listam os métodos disponíveis.

O que esperar de volta é o tipo de retorno.

Figura 15-21 Interface para a classe Car

O C++ também tem **protetores de cabeçalho**, que são linhas de código que impedem o conflito de definição, ou que haja duas partes de código com o mesmo identificador, mas definições conflitantes. Os protetores de cabeçalho evitam definições conflitantes da mesma função, classe ou variável. Para usar protetores de cabeçalho, incluem-se três instruções: `#ifdef` e `#define`, no início do arquivo, e `#endif` no final.

```
#include "car.h"

Car::Car()
{
    this->paint_color = "black";
    this->year = 1908;
    this->mileage = 0.0;
    this->oil_level = 1.0;
    this->current_speed = 0.0;

}


Car::Car(string paint_color, int year) {
    // Using setters to enforce behavior
    this->set_paint_color(paint_color);
    this->set_year(year);
    this->mileage = 0.0;
    this->oil_level = 1.0;
    this->current_speed = 0.0;

}

// Getters
string Car::get_paint_color()
{
    return this->paint_color;
}

// ... etc ... //
```

`Car::` indica que faz parte de uma classe `Car`.

Nada mais muda na maneira como programar os recursos de uma classe.

Figura 15-22 Implementação da classe `Car`

RESUMO

- Encapsulamento é a prática de agrupar e ocultar informações em um objeto. O uso de encapsulamento permite projetar código para outros programadores utilizarem e, ao mesmo tempo, controlar o design do programa.
- Ao projetar um objeto, você identifica as propriedades e ações. As propriedades tornam-se variáveis dentro de uma classe, enquanto os comportamentos e ações tornam-se métodos. Campos de instância são variáveis que a classe pode usar, mas nunca são acessadas de fora da classe.
- Para referenciar a instância do objeto atual, utilize uma palavra-chave de autorreferência. A palavra-chave é muitas vezes `this`, dependendo da linguagem de programação. O uso de referência explícita força o computador a examinar apenas o escopo de nível de classe. Se uma linguagem de programação permitir referência implícita, o computador procurará primeiro localmente, depois na classe e, então, globalmente.
- O encapsulamento é imposto pela programação de assessores e modificadores, ou *getters* e *setters*. Esses métodos restringem a maneira como o código externo pode interagir com o código, permitindo acesso ou modificação dentro de certos parâmetros, como nunca permitir uma diminuição na quilometragem do carro.
- Construtores configuram um objeto para ser usado por outro código. Os parâmetros de um construtor indicam quanto controle externo o código tem sobre os objetos projetados. Parâmetros padrão e sobrecarga de

construtor fornecem a outros programadores uma maneira curta de programar objetos em vez de detalhar todas as propriedades e métodos na construção.
- Você usa modificadores de acesso para impor o encapsulamento. A visibilidade de um objeto indica onde e se uma variável pode ser acessada diretamente no código. Variáveis `private` só podem ser acessadas de dentro da classe a que pertencem, enquanto variáveis `public` são acessíveis por todos em todos os lugares.
- Interfaces são o conjunto mínimo de instruções que um programador precisa saber sobre um fragmento de código para interagir com ele. A interface fornece a entrada, saída e comportamento esperado para outros programadores. Arquivos de cabeçalho são arquivos específicos para o C++ que são semelhantes a interfaces e têm a capacidade de usar protetores de cabeçalho para evitar várias definições da mesma classe.

Termos-chave

argumentos
arquivos de cabeçalho
assessor
autorreferência explícita
autorreferência implícita
campo de instância
encapsulamento
getters

interfaces
modificador
modificador de acesso
palavra-chave de autorreferência
parâmetros padrão
privado
propriedades
protetores de cabeçalho

público
setters
sobrecarga de construtor
variáveis de instância
visibilidade
visibilidade padrão

MÓDULO 16

HERANÇA

OBJETIVOS DE APRENDIZAGEM:

16.1 USO DE HERANÇA
16.1.1 Explicar o papel da herança ao construir uma hierarquia de classes.
16.1.2 Explicar como a herança é incorporada na construção de uma hierarquia de classes.
16.1.3 Explicar os termos pai, filho e ancestral em POO.
16.1.4 Explicar o nível de acesso entre os membros de uma hierarquia.
16.1.5 Explicar variáveis protegidas.

16.2 COMPONENTES NECESSÁRIOS PARA HERANÇA
16.2.1 Definir uma classe pai.
16.2.2 Definir uma classe filha.

16.3 CRIAÇÃO DE UMA CLASSE FILHA QUE HERDA DE UMA CLASSE PAI
16.3.1 Descrever a sintaxe usada para criar uma classe herdada.
16.3.2 Escrever uma instrução que define uma classe filha que herda pelo menos uma propriedade de uma classe pai.
16.3.3 Escrever uma instrução definindo uma classe filha que herda pelo menos um método de uma classe pai.
16.3.4 Escrever um método que substitui o comportamento padrão do pai.

16.1 USO DE HERANÇA

Criar classes a partir de outras classes (16.1.1, 16.1.2)

A concessionária Zoe's Car teve sucesso desde que você começou a escrever o código para gerenciar os carros. O proprietário agora tem espaço para expandir a capacidade da concessionária. Com essa nova expansão, o estoque incluirá a venda de carros (a combustão, híbridos e elétricos), motocicletas, caminhões e vans. Agora é um bom momento para identificar maneiras de estruturar melhor seu código. A reutilização de código é um fundamento da programação que você deve se esforçar para manter em todos os seus programas.

O conceito de herança ajudará a escrever o código para a expansão da concessionária. Na programação, **herança** é uma maneira de criar uma nova classe a partir de uma já existente. Assim como os filhos herdam características genéticas de seus pais biológicos (olhos, cabelo e altura, por exemplo), as classes podem herdar os métodos (incluindo construtores) e variáveis membro de outras classes. A herança permite utilizar as propriedades comuns de uma classe para definir outras classes, criando uma hierarquia. Geralmente, uma classe criada por meio de herança é uma versão mais especializada ou específica da classe original.

Como regra geral, se houver classes logicamente relacionadas com recursos comuns, a herança provavelmente tornará o código mais simples. Herança é uma ferramenta útil quando o mesmo código usa classes relacionadas e precisa tratá-las de forma semelhante. O uso de herança também ajuda a evitar a duplicação de código. Por exemplo, o código para marcar um veículo motorizado para a um test drive é o mesmo, independentemente de ser um carro, caminhão, motocicleta ou van. Ver **Figura 16-1**.

Figura 16-1 Carro, caminhão, motocicleta e van

MicroOne/Shutterstock.com, Ivengo/Shutterstock.com, iman fanani/Shutterstock.com

A nova versão do código da concessionária precisa gerenciar carros, motocicletas, caminhões e vans. Todos estão logicamente relacionados porque todos são veículos motorizados e vendidos na concessionária. Você pode criar uma nova classe chamada `MotorVehicle` para abranger todo o estoque vendido na concessionária (ver **Figura 16-2**). Se o proprietário decidir vender outro tipo de veículo motorizado no futuro (como um carrinho de golfe), pode-se adicionar esse objeto ao programa com uma quantidade mínima de código, pois ele pode herdar de `MotorVehicle`.

Como mostra a **Figura 16-2**, a herança permite criar uma classe mais geral com todos os recursos comuns encontrados nos objetos desse tipo. Por exemplo, todos os veículos motorizados têm marca, modelo, cor, NIV, preço, QPL, ano, quilometragem, nível de combustível e capacidade do tanque de combustível. Na concessionária, os veículos automotores também possuem um status para indicar se estão vendidos ou em estoque. Além disso,

```
                MotorVehicle

              make : string
             model : string
             color : string
               vin : string
             price : integer
               mpg : integer
              year : integer
           mileage : integer
        fuel_level : double
     tank_capacity : double
              sold : boolean
            on_lot : boolean

       give_discount(percentage)
       increase_mileage(amount)
       sell_vehicle(final_price)
       test_drive(license_number)
              refuel(amount)
```

Figura 16-2 Descrição da classe `MotorVehicle`

todos os veículos automotores da concessionária têm ações semelhantes que precisam ser realizadas, incluindo desconto no preço, aumento da quilometragem após um test drive, venda e registro de saída para test drive e reabastecimento do veículo.

Árvores genealógicas em POO (16.1.3)

Em uma árvore genealógica que liga os membros da família, os filhos herdam dos pais e avós. A mesma terminologia é usada na herança para POO. O diagrama do relacionamento de herança entre classes chama-se **hierarquia de herança**. A construção de uma hierarquia de herança começa quando uma classe herda de outra classe. Ver **Figura 16-3**.

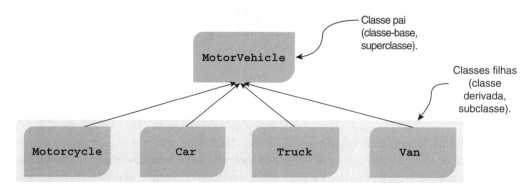

Figura 16-3 Hierarquia da herança de classes para MotorVehicles vendidos em uma concessionária

A primeira classe na hierarquia é a **classe pai**, também chamada classe-base ou superclasse. Ela referencia a classe a partir da qual todas as outras classes são criadas. Por exemplo, MotorVehicle é a classe pai da classe Car. Os tipos de veículos motorizados, como carros, motocicletas, caminhões e vans, são criados (ou derivados) da classe pai. Uma classe Car é chamada de **classe filha** ou classe derivada, porque herda o comportamento e os membros de dados da classe pai.

Assim como todo pai é filho de alguém, uma classe filha também pode ser uma classe pai. Esse recurso é útil no caso da hierarquia da classe Car. Três tipos de carros são vendidos na concessionária: movidos a gasolina, elétricos e híbridos. Logicamente, cada classe é uma versão especializada de uma classe Car. Você pode criar essas classes para que herdem da classe Car, criando a hierarquia mostrada na **Figura 16-4**.

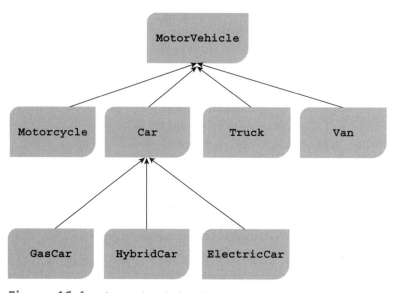

Figura 16-4 Classes herdadas da classe Car

A herança cria uma hierarquia de classes em que a classe no topo é aquela a partir da qual todas as outras classes são criadas. Por exemplo, `Motorcycle`, `Car`, `Truck` e `Van` são tipos de veículos automotores, assim herdam diretamente da classe `MotorVehicle`. `GasCar`, `HybridCar` e `ElectricCar` são tipos específicos de carros, assim podem herdar as propriedades da classe `Car`, que também herda as propriedades da classe `MotorVehicle`.

`GasCar`, `HybridCar` e `ElectricCar` têm métodos de `Car`, que também possui os métodos de `MotorVehicle`. `Car` e `MotorVehicle` são as **ancestrais** de `GasCar`, `ElectricCar` e `HybridCar`. Na hierarquia, qualquer classe que tenha uma ou mais classes derivadas dela é um ancestral. Qualquer classe derivada de uma classe pai chama-se **descendente**.

Em C++ e Python, uma classe filha pode ser derivada de mais de uma classe pai. Esse conceito chama-se **herança múltipla**. Se uma classe filha herdar de mais de um pai, ela receberá todos os métodos de acesso e variáveis membro do pai. Um exemplo de herança múltipla é mostrado na **Figura 16-5**.

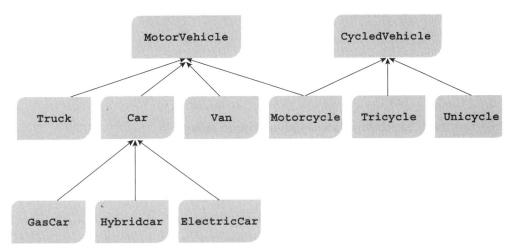

Figura 16-5 Herança múltipla na classe `Motorcycle`

Como mostrado na **Figura 16-5**, `Motorcycle` herda tanto de `EngineVehicle` como de `CycledVehicle`. `Motorcycle` herda todas as características de `MotorVehicle`, bem como os recursos específicos de um `CycledVehicle`, como comprimento do guidão e suporte. A herança múltipla fornece uma maneira fácil de criar objetos ricos e complexos combinando os recursos dos objetos relacionados preexistentes.

Embora a herança múltipla economize tempo ao criar objetos complexos que são uma combinação de outros objetos, algumas linguagens de programação não admitem herança múltipla devido ao **problema do losango**, ilustrado na **Figura 16-6**.

Suponha que a concessionária comece a vender veículos de três rodas, que são uma combinação de carro e motocicleta. Parece natural criar uma nova classe chamada `ThreeWheeler` que tem `Car` e `Motorcycle` como pais das quais herdar. Mas `Car` e `Motorcycle` compartilham um ancestral comum, `MotorVehicle`. Como `Car` e `Motorcycle` têm uma cópia dos métodos e variáveis membro em `MotorVehicle`, agora `ThreeWheeler` tem duas cópias de cada variável membro e cada método de `MotorVehicle`. Chamar um método em `ThreeWheeler` causa ambiguidade no programa porque o computador não sabe qual método usar. É por essa razão que muitas linguagens de programação não permitem herança múltipla.

 O que fazer se a herança múltipla é inevitável em seu código?

 É preciso garantir manualmente que o problema do losango não ocorra. Se um filho tem múltiplos pais, deve-se rastrear a ascendência dentro da hierarquia para assegurar que nenhum dos pais compartilhe um ancestral comum.

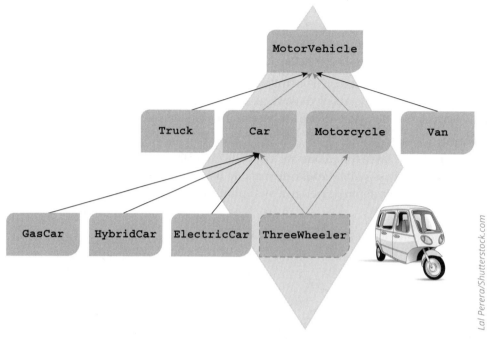

Figura 16-6 Problema do losango na herança múltipla

Níveis de acesso (16.1.4, 16.1.5)

Em uma hierarquia de herança, quando um filho é derivado de um pai, o pai pode especificar quais métodos e variáveis membro também são herdados. Como você deve lembrar, os três modificadores de acesso são `public`, `private` e `protected`. Você usa esses modificadores para especificar quais métodos e variáveis membro os filhos podem herdar. Eles funcionam da seguinte maneira, também mostrada na **Figura 16-7**:

public. Herdado por todas as classes derivadas

private. Não herdado por nenhuma classe derivada

protected. Herdado apenas pela classe derivada imediatamente

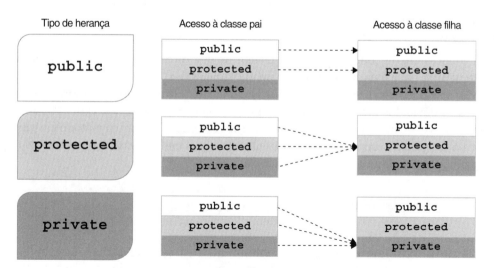

Figura 16-7 Herança de acordo com o tipo de herança e os modificadores de acesso

Quando a classe filha é criada, o tipo de herança pode ser declarado como `public`, `private` ou `protected`. Os métodos e atributos disponíveis na classe filha dependem do modificador de acesso especificado na instrução da classe.

O tipo mais comum de herança é a `public`. Se o tipo de herança é `public`, os métodos e as variáveis membro `public` do pai se tornam membros `public` da classe filha, e os membros `protected` da classe pai tornam-se membros `protected` da classe filha. Membros da classe pai que são `private` permanecem `private` na classe pai. Como regra geral, você deve usar herança `public`, a menos que tenha um motivo específico para não usá-la.

O tipo menos comum de herança é a `protected`. Se o tipo de herança é `protected`, os métodos e as variáveis membro `public` e `protected` da classe pai tornam-se membros `protected` da classe filha.

Se o tipo de herança é `private`, os métodos `public` e `protected` e as variáveis membro da classe pai tornam-se membros `private` da classe filha. A herança `private` impede que outras classes herdem esses métodos e variáveis membro da classe filha.

Na superfície, a herança `private` parece contradizer os objetivos da herança; no entanto, use herança `private` quando estiver interessado em aproveitar os recursos disponíveis na classe pai, mesmo que eles não estejam relacionados lógica ou conceitualmente. Por exemplo, suponha que você queira criar uma classe `Bicycle`. Logicamente, uma bicicleta não é um veículo motorizado, mas a classe `Bicycle` pode se beneficiar do uso da estrutura subjacente da classe `MotorVehicle`.

No passado, as definições eram estruturadas para que as variáveis membro fossem `private` e os métodos fossem `public`. Para alterar o código de modo que a herança seja possível, os membros de dados `private` devem ser movidos para a seção `public` a fim de que eles possam ser herdados pelos filhos.

A herança não é obrigatória. Se criar uma classe da qual não deseja que outras classes herdem, poderá incluir a palavra-chave `final` na instrução da classe, informando que essa é a única definição dessa entidade. Isso cria uma classe final, uma classe que não pode ter outras classes derivadas dela. Se qualquer classe tentar herdar de uma classe `final`, ocorre um erro de compilação.

16.2 COMPONENTES NECESSÁRIOS PARA HERANÇA

Definição de uma classe pai (16.2.1)

Depois de configurar a hierarquia de herança para o novo código da concessionária, é possível começar a pensar na estrutura interna. Como regra geral, uma classe pai deve consistir em todos os recursos comuns (métodos e variáveis membro) dos filhos antecipados. No exemplo da concessionária, se quiser configurar uma classe `MotorVehicle` pai, portanto, será necessário identificar todos os recursos compartilhados.

Todos os veículos automotivos da concessionária, independentemente do tipo, possuem métodos e variáveis membro semelhantes, conforme listado na seção anterior. Esses recursos fornecem um começo para criar `MotorVehicle` como uma classe-base, como mostrado na **Figura 16-8**. Seu objetivo é criar a classe-base com o maior número possível de recursos comuns para evitar a duplicação de código entre os filhos da classe pai. Isso não afetará a funcionalidade do código, mas aprimorará a reutilização, a legibilidade e a lógica subjacente.

Como qualquer classe pode se tornar uma classe pai, a sintaxe para definir uma classe pai não difere da sintaxe normal para criar uma classe. Para propósitos de brevidade, todos os assessores, modificadores, construtores e operadores sobrecarregados são omitidos dos exemplos neste módulo, mas eles devem ser incluídos em suas classes.

Definição de uma classe filha (16.2.2)

Como descrito anteriormente, uma classe filha herda as características de um ou mais de seus pais. Pode-se pensar em uma classe filha como uma versão personalizada da classe pai. Além de conter os métodos e variáveis membro da classe pai, como especificado pelas configurações de herança, a classe filha também pode incluir seus próprios

```
create class MotorVehicle
    public
        attribute: make as string
        attribute: model as string
        attribute: color as string
        attribute: vin as string
        attribute: price as integer
        attribute: mpg as integer
        attribute: year as integer
        attribute: mileage as integer
        attribute: fuel_level as double
        attribute: tank_capacity as double
        attribute: sold as boolean
        attribute: on_lot as boolean
        method: give_discount(percentage)
        method: increase_mileage(amount)
        method: sell_vehicle(final_price)
        method: test_drive(license_number)
        method: refuel(amount)
```

MotorVehicle
make : string   model : string   color : string   vin : string   price : integer   mpg : integer   year : integer   mileage : integer   fuel_level : double   tank_capacity : double   sold : boolean   on_lot : boolean
give_discount(percentage)   increase_mileage(amount)   sell_vehicle(final_price)   test_drive(license_number)   refuel(amount)

Figura 16-8 Definir uma classe pai

métodos e variáveis membro específicos ao objeto. O pseudocódigo a seguir mostra a sintaxe geral da definição de tal classe.

```
create class Child_Class_name : access_modifier: parent_class_1, parent_class_2 ...
    public
        method: additional_method_1(parameter_list)
        method: additional_method_2(parameter_list)
        attribute: additional_attribute_1 as type
        attribute: additional_attribute_2 as type
    protected
        method: additional_method_3(parameter_list)
        method: additional_method_4(parameter_list)
        attribute: additional_attribute_3 as type
        attribute: additional_attribute_4 as type
    private
        method: additional_method_5(parameter_list)
        method: additional_method_6(parameter_list)
        attribute: additional_attribute_5 as type
        attribute: additional_attribute_6 as type
```

Como exibido, o pseudocódigo para definir uma classe filha não difere muito do pseudocódigo para definir uma classe normal. As duas adições são `access_modifier`, informando o tipo de herança e uma lista das classes pai das quais a classe filha deve herdar.

 É preciso adicionar métodos e atributos ao criar uma classe filha de uma classe pai?

 Não, mas é comum adicionar variáveis específicas de classe para personalizar ainda mais a classe. Não há problema em criar uma classe filha idêntica à classe pai, embora essa prática não seja útil porque não aproveita as oportunidades que a herança fornece para customização.

Por exemplo, para criar a classe `Truck` que herda da classe `MotorVehicle`, você incluiria atributos específicos para a classe `Truck`, que a diferenciam de uma `MotorVehicle`, como a largura e o comprimento da carroceria do caminhão. O pseudocódigo para personalizar a classe se pareceria com o seguinte:

```
create class Truck : public MotorVehicle
  public
    attribute: flatbed_width as float
    attribute: flatbed_length as float
```

O compilador trata `Truck` como se tivesse a seguinte definição:

```
create class Truck
  public
    method: give_discount(percentage)
    method: increase_mileage(amount)
    method: sell_vehicle(final_price)
    method: test_drive(license_number)
    method: refuel(amount)
    attribute: make as string
    attribute: model as string
    attribute: color as string
    attribute: vin as string
    attribute: price as integer
    attribute: mpg as integer
    attribute: year as integer
    attribute: mileage as integer
    attribute: fuel_level as double
    attribute: tank_capacity as double
    attribute: sold as boolean
    attribute: on_lot as boolean
    attribute: flatbed_width as float
    attribute: flatbed_length as float
```

Esse pseudocódigo mostra os métodos e atributos herdados de `MotorVehicle` com os atributos adicionais que são específicos a `Truck`. Como mostrado no exemplo, uma classe filha pode ter métodos e variáveis adicionais que não estão incluídos na classe pai. É assim que a classe filha se torna uma versão mais específica e personalizada da classe pai.

16.3 CRIAÇÃO DE UMA CLASSE FILHA QUE HERDA DE UMA CLASSE PAI

Sintaxe de herança (16.3.1, 16.3.2, 16.3.3)

Uma vez conhecido o conceito de herança e seus componentes, pode-se criar uma classe herdada. A sintaxe para escrever o código para uma classe filha que herda de uma classe pai difere entre uma linguagem e outra. Por exemplo, a **Figura 16-9** mostra o código que você escreveria para criar uma classe `Truck` que herda da classe `MotorVehicle`.

MotorVehicle.cpp

```cpp
#include <iostream>
#include <string>
using namespace std;

class MotorVehicle
{
   public:
      void give_discount(double percentage);
      void increase_mileage(int miles);
      void sell_car(double final_price);
      void test_drive(string license_number);
      void refuel(int amount);
      string make;
      string model;
      string color;
      string vin;
      int price;
      int mpg;
      int year;
      int mileage;
      double fuel_level;
      double tank_capacity;
      bool sold;
      bool on_lot;
};
```

Define uma classe pai.

Figura 16-9 Sintaxe C++ para herança (*continua*)

```cpp
class Truck : public MotorVehicle
{
    public:
        double flatbed_length;
        double flatbed_width;
};

int main()
{
    Truck truck_1;

    truck_1.make = "Nissan";
    truck_1.model = "Frontier";
    truck_1.color = "blue";
    truck_1.vin = "TGR8374033974";
    truck_1.price = 19290;
    truck_1.mpg = 25;
    truck_1.year = 2020;
    truck_1.mileage = 1000;
    truck_1.fuel_level = 20;
    truck_1.tank_capacity = 21.1;
    truck_1.sold = false;
    truck_1.on_lot = true;
    truck_1.flatbed_length = 8.1;
    truck_1.flatbed_width = 5.25;

    cout << "Made a truck with the following features: " << endl;
    cout << "Make: \t\t" << truck_1.make << endl;
    cout << "Model: \t\t" << truck_1.model << endl;
    cout << "Color: \t\t" << truck_1.color << endl;
    cout << "VIN: \t\t" << truck_1.vin << endl;
    cout << "Price: \t\t" << truck_1.price << endl;
    cout << "MPG: \t\t" << truck_1.mpg << endl;
    cout << "Year: \t\t" << truck_1.year << endl;
    cout << "Mileage: \t" << truck_1.mileage << endl;
    cout << "Fuel Level: \t" << truck_1.fuel_level << endl;
    cout << "Tank Capacity: \t" << truck_1.tank_capacity << endl;
    cout << "Sold Yet?: \t" << truck_1.sold << endl;
    cout << "On the lot?: \t" << truck_1.on_lot << endl;
    cout << "Flatbed length: \t" << truck_1.flatbed_length << endl;
    cout << "Flatbed width: \t" << truck_1.flatbed_width << endl;
```

Define uma classe filha que herda os métodos públicos e as propriedades da classe pai.

Declara um objeto Truck

Inicializa os membros de dados do objeto Truck, incluindo aqueles herdados do MotorVehicle.

Escreve o conteúdo do objeto Truck na tela.

Figura 16-9 Sintaxe C++ para herança (*continua*)

```
        return 0;
}
```

SAÍDA:

```
Made a truck with the following features:
Make:           Nissan
Model:          Frontier
Color:          blue
VIN:            TGR8374033974
Price:          19290
MPG:            25
Year:           2020
Mileage:        1000
Fuel Level:     20
Tank Capacity:  21.1
Sold Yet?:      0
On the lot?:    1
Bed length:     8.1
Bed width:      5.25
```

Figura 16-9 Sintaxe C++ para herança

A **Figura 16-9** mostra a definição da classe `MotorVehicle`. Depois que a classe `MotorVehicle` é criada, a classe `Truck` pode herdar dela. Ela herda todas as propriedades e métodos de `MotorVehicle` e adiciona suas próprias propriedades que definem o comprimento e a largura da caçamba. Na seção principal do programa, um objeto `Truck` é declarado. Todas as variáveis membro do objeto `Truck`, incluindo aqueles herdados de `MotorVehicle`, são inicializados. Por fim, o conteúdo das variáveis membro é exibido na tela, com abas inseridas para facilitar a leitura.

Personalização do comportamento (16.3.4)

Conforme apresentado, a classe `MotorVehicle` inclui um método para reabastecer o veículo. O método `refuel()` é herdado de `MotorVehicle` pela classe `Car`. As classes `GasCar`, `HybridCar` e `ElectricCar` têm, cada uma, uma cópia do método `refuel()`. Na classe `MotorVehicle`, o método `refuel()` especifica o número de galões de gasolina a serem adicionados ao tanque. Um carro elétrico não tem tanque de gasolina, então essa versão do método `refuel()` herdado de `Car` não se aplica.

A **substituição de método** permite que uma classe filha forneça sua própria implementação de um método que já foi herdado por um de seus ancestrais. A substituição de método é útil quando a maneira como a classe pai implementou um método não se aplica à classe filha e precisa ser alterada. Qualquer método pode ser substituído para fornecer um comportamento personalizado. Você pode personalizar o método `refuel()` para se adequar à classe `ElectricCar`. Um exemplo é mostrado no pseudocódigo a seguir.

```
create class MotorVehicle
    public
        method: give_discount(percentage)
```

```
        method: increase_mileage(amount)
        method: sell_vehicle(final_price)
        method: test_drive(license_number)
        method: refuel(amount)
        attribute: make as string
        attribute: model as string
        attribute: color as string
        attribute: vin as string
        attribute: price as integer
        attribute: mpg as integer
        attribute: year as integer
        attribute: mileage as integer
        attribute: fuel_level as double
        attribute: tank_capacity as double
        attribute: sold as boolean
        attribute: on_lot as boolean
create class Car : public MotorVehicle
    public
        attribute: fuel_type as string

create class ElectricCar : public Car
    public
        method: refuel(amount)
        attribute: battery_percentage as integer
```

O pseudocódigo mostra a definição da classe `MotorVehicle`, seguida pela definição da classe `Car`, que adiciona um atributo chamado `fuel_type`. Em seguida, vem a definição da classe `ElectricCar`, que é uma versão personalizada da classe `Car` com um método `refuel()` redefinido e um atributo adicional para armazenar a porcentagem da bateria. Agora, sempre que o método `refuel()` é chamado, a versão `ElectricCar` do método é usada, em vez da definição herdada de `MotorVehicle`. O código que demonstra esse conceito é mostrado na **Figura 16-10**.

A Figura 16-10 demonstra a substituição de método. Depois que a classe pai `MotorVehicle` é definida, a classe `Car` herda dela, adicionando uma variável membro para `fuel_type`. Em seguida, `ElectricCar` e `GasCar` são criadas como filhos da classe `Car`. O comportamento padrão do método `MotorVehicle` da classe `refuel()` é adicionar a quantidade de gás (em galões) especificada na lista de parâmetros para a quantidade atual de gás desde que não encha demais o tanque.

O comportamento do método `refuel()` é bom para `GasCar`; mas a `ElectricCar` requer eletricidade para recarregar. A classe `ElectricCar` sobrescreve o método `refuel()` fornecido na classe `MotorVehicle` para redefinir o método de modo que adicione certa quantidade de carga à bateria (sem exceder 100%). A execução do comportamento substituído é demonstrada na seção principal do programa, que declara `GasCar corolla` e `ElectricCar tesla`. O método `refuel()` adiciona três galões de gasolina a `corola` e 10% de carga a `tesla`. O resultado dos métodos é impresso na tela.

MotorVehicle.cpp

```cpp
#include <iostream>
#include <string>
using namespace std;

class MotorVehicle
{
   public:
      void give_discount(double percentage);
      void increase_mileage(int miles);
      void sell_car(double final_price);
      void test_drive(string license_number);
      void refuel(int amount);
      string make;
      string model;
      string color;
      string vin;
      int price;
      int mpg;
      int year;
      int mileage;
      double fuel_level;
      double tank_capacity;
      bool sold;
      bool on_lot;
};

class Car : public MotorVehicle
{
   public:
      string fuel_type;
};

class ElectricCar : public Car
{
   public:
      void refuel(int amount);
      int battery_percentage;
};
```

Define a classe pai `MotorVehicle`.

Define a classe `Car` que herda os membros `public` de `MotorVehicle`.

Declara um objeto `ElectricCar` a partir de um objeto `Car`.

Figura 16-10 Sobreposição de métodos em uma classe pai (*continua*)

```
class GasCar : public Car
{
   public:
      void refuel(int amount);
};
```
Declara um objeto `GasCar` a partir do objeto `Car`.

```
void MotorVehicle::refuel(int amount)
{
   if(fuel_level + amount <= tank_capacity)
   {
      cout << "Current fuel level is: " << fuel_level << " gallons." << endl;
      cout << "Adding " << amount << " gallons of gas to the tank." << endl;
      fuel_level = fuel_level + amount;
      cout << "Current gas level is : " << fuel_level << " out of " <<
      tank_capacity << " gallons." << endl;
   }
   else
   {
      cout << "Cannot add gas. Will overfill." << endl;
   }
   return;
}
```
Definição de `refuel()` na classe `MotorVehicle`.

```
void GasCar::refuel(int amount)
{
   if(fuel_level + amount <= tank_capacity)
   {
      cout << "Current fuel level is: " << fuel_level << " gallons." << endl;
      cout << "Adding " << amount << " gallons of gas to the tank" << endl;
      fuel_level = fuel_level + amount;
      cout << "Current gas level is : " << fuel_level << " out of " <<
      tank_capacity << " gallons." << endl;
      cout << "You  can drive another " << fuel_level * mpg << " miles
      before refueling." << endl;
   }
   else
   {
      cout << "Cannot add gas. Will overfill." << endl;
   }

   return;
}
```

Figura 16-10 Sobreposição de métodos em uma classe pai (*continua*)

```cpp
void ElectricCar::refuel(int amount)
{
   if(battery_percentage + amount <= 100)
   {
      cout << "Current battery level is: " << battery_percentage << " percent." << endl;
      cout << "Charging the car to raise " << amount << " percentage points." << endl;
      battery_percentage = battery_percentage + amount;
      cout << "Current percentage amount is now: " << battery_percentage << " percent." << endl;
   }
   else
   {
      cout << "Cannot charge now. Will over charge the car." << endl;
   }
   return;
}
int main()
{
  GasCar corolla;
  ElectricCar tesla;

// algum código para criar um car
  corolla.fuel_level = 10.2;
  corolla.tank_capacity = 16;
  corolla.mpg = 32;
  tesla.battery_percentage = 42;

  corolla.refuel(3);
  tesla.refuel(10);

  return 0;
}
```

Redefinição de `refuel()` na classe `MotorVehicle`.

Testa `refuel()` em um objeto `GasCar` e `ElectricCar`.

SAÍDA:

Current fuel level is: 10.2 gallons.
Adding 3 gallons of gas to the tank.
Current gas level is: 13.2 out of 16 gallons.
You can drive another 422.4 miles before refueling.
Current battery level is: 42 percent.
Charging the car to raise 10 percentage points.
Current percentage amount is now: 52 percent.

Figura 16-10   Sobreposição de métodos em uma classe pai

Se eu criar um método na classe filha que tem o mesmo nome de um método na classe-base, mas um tipo de retorno diferente ou parâmetros diferentes, esse método ainda será substituído?

 Não, o método deve ter a mesma assinatura (nome, parâmetros e tipo de retorno) para ser considerado substituído. Quando o método na classe filha tem o mesmo nome e tipo de retorno, mas parâmetros diferentes, isso é considerado sobrecarga de método.

Suponha que se pretenda criar uma classe-base que não permita que os filhos modifiquem o comportamento de métodos específicos. Por exemplo, o método `test_drive()` requer um argumento para um número de carteira de motorista válido da pessoa que dirige o carro. Esse comportamento não deve mudar porque se exige por lei ter uma carteira de motorista válida para operar um veículo motorizado. Você não quer que nenhum dos filhos dessa classe sobrescreva o método e possivelmente altere esse requisito. Pode-se, então, usar a palavra-chave **final** na definição do método para criar um **método final** que não pode ser substituído por nenhum dos filhos, como mostrado na **Figura 16-11**.

```
#include <iostream>
#include <string>
using namespace std;

class MotorVehicle
{
   public:
      void give_discount(double percentage);
      void increase_mileage(int miles);
      void sell_car(double final_price);
      virtual void test_drive(string license_number) final
      {
      cout << license_number;
      }
      void refuel(int amount);
      string make;
      string model;
      string color;
      string vin;
      int price;
      int mpg;
      int year;
      int mileage;
      double fuel_level;
      double tank_capacity;
      bool sold;
      bool on_lot;
};
```

Palavra-chave final.

Figura 16-11 Sobreposição de métodos em uma classe pai

A **Figura 16-11** mostra como um método `final` seria declarado dentro de uma classe. Quando a palavra-chave `final` é adicionada ao método `test_drive()`, o compilador proíbe que qualquer classe derivada redefina o método. Se uma classe derivada tentar fornecer sua própria definição do método `test_drive()`, ocorrerá um erro e o código não será compilado.

RESUMO

- Na programação, herança é uma maneira de criar uma nova classe a partir de outra classe existente. A herança cria uma hierarquia de classes semelhante a uma árvore genealógica, exibindo qual classe herdou de outra classe.
- Um pai é a classe que está sendo herdada, um filho é a classe que está herdando e um ancestral é qualquer pai ou pai de um pai em uma hierarquia de classes.
- Um filho pode herdar de mais de um pai, mas é preciso certificar-se de que os pais não compartilham um ancestral; caso contrário, ocorrerá o problema do losango.
- O problema do losango acontece quando um filho herda cópias duplicadas das características semelhantes de pais com um ancestral comum.
- Quando um filho herda de um pai, o pai pode especificar quais métodos e variáveis membro também são herdados usando a palavra-chave modificadora de acesso, `public`, `private` e `protected`.
- Se você criar uma classe da qual não quer que outras classes herdem, poderá incluir a palavra-chave `final` na declaração de classe para evitar que ela seja herdada.
- Como qualquer classe pode se tornar uma classe pai, a sintaxe para definir uma classe pai não difere da sintaxe normal para criar uma classe.
- Definir uma classe filha não difere muito do pseudocódigo para a definição de uma classe normal. As duas adições são `access_modifier`, informando o tipo de herança e uma lista das classes pai das quais a classe filha deve herdar.
- A substituição de método é útil quando a maneira como a classe pai implementou um método não se aplica à classe filha e precisa ser alterada. Qualquer método pode ser substituído para fornecer um comportamento personalizado.
- Se você não quiser que uma classe filha sobrescreva um método específico, use a palavra-chave `final` na definição do método para criar um `final`.

Termos-chave

ancestrais	descendente	método final
classe filha	herança	problema do losango
classe final	herança múltipla	substituição de método
classe pai	hierarquia de herança	

POLIMORFISMO

OBJETIVOS DE APRENDIZAGEM

17.1 O OBJETIVO DO POLIMORFISMO
17.1.1 Explicar como o polimorfismo é usado em POO.
17.1.2 Definir ligação dinâmica conforme ela se aplica à POO.
17.1.3 Explicar as vantagens da ligação dinâmica.
17.1.4 Descrever como o compilador usa os itens sobrescritos de uma classe pai.

17.2 NOÇÕES BÁSICAS DE POLIMORFISMO
17.2.1 Explicar o relacionamento "é um" entre uma classe pai e uma classe filha.
17.2.2 Explicar o relacionamento "tem um" entre as classes.
17.2.3 Escrever uma instrução que usa conversão de tipo.

17.3 FUNÇÕES VIRTUAIS
17.3.1 Definir método virtual puro.
17.3.2 Diferenciar quando usar um método virtual puro.
17.3.3 Escrever uma instrução que declara um método virtual puro.
17.3.4 Definir uma classe abstrata.
17.3.5 Identificar quando usar uma classe abstrata.

17.1 O OBJETIVO DO POLIMORFISMO

Flexibilidade durante a codificação (17.1.1)

Como programador, além de se esforçar para escrever um código que possa lidar com qualquer entrada possível do usuário, você também deve procurar criar um código que possa lidar com qualquer alteração nos requisitos. Para fornecer essa flexibilidade, muitas linguagens de programação adotam o conceito de **polimorfismo**, uma palavra que combina o prefixo *poli*, que significa muitos, e *morfo*, forma ou formato. Em outras palavras, polimorfismo refere-se a um objeto que pode assumir muitas formas.

Simplificando, polimorfismo significa que um objeto de uma classe pai pode ser usado para referenciar qualquer um de seus descendentes. Se está programando para uma concessionária de carros, por exemplo, você está codificando um sistema para ajudar o proprietário a vender vários tipos de veículos motorizados, como mostrado na hierarquia de classes na **Figura 17-1**.

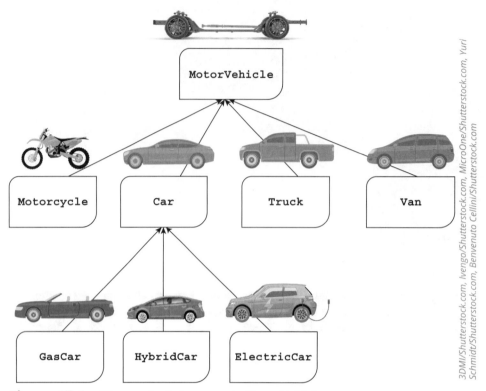

Figura 17-1 Hierarquia de herança de **MotorVehicle**

Todos os objetos da concessionária herdam da classe `MotorVehicle`. Por causa do polimorfismo, ao se definir um método que recebe uma variável `MotorVehicle` como parâmetro, então esse método pode receber qualquer objeto como parâmetro, desde que tenha sido derivado de `MotorVehicle`. Motor, Car, Truck, Van, GasCar, HybridCar e ElectricCar podem ser usadas em qualquer método que especifique uma variável `MotorVehicle` como parâmetro.

O método `add_vehicle()` no código a seguir adiciona um veículo ao estoque da concessionária. Se o método `add_vehicle()` receber uma `MotorVehicle` como entrada, o código funcionará independentemente de qual filho de `MotorVehicle` for adicionado.

```
public void Dealership:add_vehicle(MotorVehicle motor_vehicle) throws
Out_of_Range_Exception
    if (num_vehicles + 1 <= capacity) then
        inventory[num_vehicles] = motor_vehicle
        num_vehicles = num_vehicles + 1
    else
        throw Out_of_Range_Exception
    return
```

Esse código recebe como parâmetro qualquer `MotorVehicle` (ou filho de `MotorVehicle`) no método `add_vehicle()`. Se houver espaço no estoque, `MotorVehicle` é adicionada. Se não houver espaço, então uma `Out_of_Range_Exception` será lançada. Criando o método `add_vehicle()` como esse, qualquer outra parte do código pode adicionar uma `MotorVehicle` (ou qualquer filho de `MotorVehicle`) ao estoque.

O código a seguir declara três veículos como objetos nas classes que são filhos de `MotorVehicle`: `HybridCar`, `Truck` e `Motor`. Ele também utiliza o método `add_vehicle()` para adicionar os três veículos ao estoque.

```
dealership zoes_zippy_cars
declare prius as HybridCar
declare tundra as Truck
declare harley as Motorcycle

zoes_zippy_cars.add_vehicle(prius)
zoes_zippy_cars.add_vehicle(tundra)
zoes_zippy_cars.add_vehicle(harley)
```

Qualquer objeto criado a partir de uma classe que herda da classe `MotorVehicle` pode ser usado com o método `add_vehicle()` para adicionar veículos ao estoque. Nesse caso, adiciona-se `prius`, `tundra` e `harley` ao estoque.

Suponha que o proprietário da concessionária decida vender scooters. Você pode criar uma classe `Scooter` que herde da classe `MotorVehicle`. Um benefício do polimorfismo é que, se precisar adicionar outros veículos motorizados à concessionária e a classe que estiver adicionando herdar da classe pai, não será necessário alterar muito o código. Um código semelhante ao seguinte poderia ser escrito para criar um objeto do tipo `Scooter` e adicioná-lo ao estoque:

```
declare wolf as Scooter
zoes_zippy_cars.add_vehicle(wolf)
```

P Posso criar um objeto do tipo da classe `MotorVehicle`?

R Sim, teoricamente pode. Mas não faria muito sentido nesse contexto. É impossível ir a uma concessionária de carros e comprar um veículo motorizado genérico. Seria preciso especificar de qual tipo.

P Posso usar `GasCar`, `HybridCar` e `ElectricCar` em qualquer lugar que especifique uma variável `Car`?

R Sim, pode, porque `GasCar`, `HybridCar` e `ElectricCar` são todos filhos de `Car`. Mas `Van`, `Motor` e `Truck` não podem ser usados em qualquer lugar que especifique uma variável `Car`.

A classe `Dealership` representa o objeto `inventory` como um arranjo de `Cars`. Todos os métodos usam variáveis `Car` como parâmetros. Quando `Dealership` expande para incluir outros tipos de veículos motorizados, pode-se usar herança e polimorfismo para alterar o objeto `Dealership` a fim de armazenar um arranjo de `MotorVehicles` (ver **Figura 17-2**).

Se não usássemos herança e polimorfismo, os objetos relacionados teriam muito código duplicado. Por exemplo, `inventory` teria seis arranjos (para cada tipo de veículo motorizado). Teria, também, seis de cada método que `Dealership` executasse. Esse código extra adiciona sobrecarga e é desnecessário. O código para definir a nova classe `Dealership` é mostrado na **Figura 17-3**. Por questões de brevidade, construtores, operadores sobrecarregados, assessores e modificadores foram omitidos do código.

Agora você pode invocar qualquer método na classe `Dealership` sem se preocupar com que tipo de veículo motorizado é usado em uma chamada de método ou variável. Por exemplo, pode-se adicionar todos os tipos de veículos a `inventory` sem precisar lembrar com qual tipo de variável se está lidando. A seguir é apresentado o pseudocódigo para adicionar um veículo à classe `Dealership`:

```
public void Dealership:add_vehicle(MotorVehicle motor_vehicle) throws
Out_of_Range_Exception
   if (num_vehicles + 1 <= capacity) then
      inventory[num_vehicles] = motor_vehicle
```

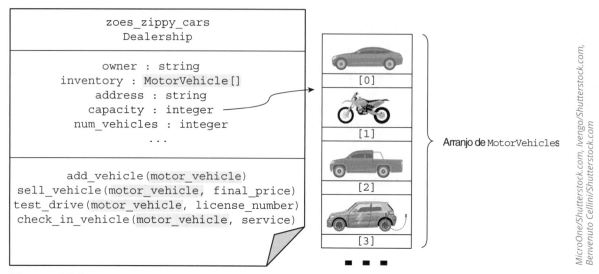

Figura 17-2 Definição da classe Dealership usando polimorfismo

```
#include <iostream>
#include <string>
using namespace std;
class Dealership
{
  public:
    Dealership();
    void add_vehicle(MotorVehicle motor_vehicle);
    void sell_vehicle(MotorVehicle motor_vehicle, double final_price);
    void test_drive(MotorVehicle motor_vehicle, string license_number);
    void check_in_vehicle(MotorVehicle motor_vehicle, string service);
  private:
    string owner;
    MotorVehicle inventory[50];
    string address;
    int capacity;
    int num_vehicles;

};
```

Figura 17-3 Definição de uma classe

```
        num_vehicles = num_vehicles + 1
    else
        throw Out_of_Range_Exception
    return
```

Nesse código, o método `add_vehicle()` recebe um objeto da classe `MotorVehicle` como parâmetro. O objeto passado para `add_vehicle()` pode ter qualquer tipo derivado de `MotorVehicle`, como `GasCar`, `Motor` ou `Truck`. Independentemente do tipo, o código verifica para determinar se `inventory` tem espaço suficiente para `MotorVehicle` e, em seguida, adiciona-o à `Dealership`.

O polimorfismo permite executar uma ação de várias maneiras. Por exemplo, pode-se executar o comportamento de `add_vehicle()` de seis maneiras adicionando seis tipos de objetos a `inventory`. O código para adicionar um novo veículo motorizado a `inventory` é mostrado na **Figura 17-4**.

Ao criar um método chamado `add_vehicle()` que pode adicionar qualquer coisa derivada de `MotorVehicle` (incluindo `MotorVehicle`) a `inventory`, você estará usando polimorfismo. A parte `main()` do código cria uma variável `Dealership` e, em seguida, cria veículos que herdam de `MotorVehicle`. Depois de inicializarem-se as variáveis membro de cada objeto, pode-se usar o método `add_vehicle()` para adicionar o objeto a `inventory` de `zoes_zippy_cars`. A saída mostra que o comportamento foi executado com sucesso.

Ligação dinâmica sob o capô (17.1.2, 17.1.3, 17.1.4)

Como o computador sabe o suficiente para executar um código tão flexível? Como o compilador sabe qual variável ou método usar no polimorfismo? A resposta é **ligação dinâmica**, também chamada ligação tardia, que oculta as diferenças entre as classes relacionadas em uma hierarquia de herança para que possam ser usadas de forma intercambiável.

Lembre-se de que substituição de método permite que uma classe filha forneça sua própria implementação de um método que já foi herdado por um de seus ancestrais. Conectar uma chamada de método ao corpo do método chama-se **ligação**. Como a conexão é criada enquanto o programa está em execução, o polimorfismo tem ligação dinâmica.

O polimorfismo nessa instância significa que a chamada de método de uma variável executa um método diferente, dependendo do tipo da variável que chamou o método. Na ligação dinâmica, a classe exata à qual um objeto pertence é decidida quando o código está em execução. A vantagem é que o computador pode decidir a implementação do método apropriado para executar o mais tarde possível sem estar vinculado a um tipo de objeto específico, aprimorando assim a flexibilidade do código.

in MotorVehicle.cpp

```
void Dealership::add_vehicle(MotorVehicle motor_vehicle)
{
    if(num_vehicles + 1 <= capacity)
    {
        inventory[num_vehicles] = motor_vehicle;
        num_vehicles++;
        cout << "Successfully added a new vehicle to the inventory." << endl;
        cout << "There are now " << num_vehicles << " cars on the lot ";
        cout << "with " << capacity - num_vehicles << " spaces left." << endl;
    }
    else
    {
        throw runtime_error("lot_full");
    }
    return;
}
```

- Verifique se há espaço para adicionar o veículo.
- Em caso afirmativo, adicione o veículo e aumente o número de veículos na concessionária.
- Imprime estado atual do estacionamento na tela.
- Lança um erro de tempo de execução se o estacionamento estiver cheio.

Figura 17-4 Método para adicionar um veículo (*continua*)

```
#include <iostream>
#include <string>
using namespace std;

int main()                          ┌─ Cria uma variável Dealership.
{
    Dealership zoesZippyCars; ◄─────┘
    // some code to initialize data members of zoesZippyCars

    GasCar corolla;       ┐
    Motorcycle yamaha;    │ Cria diferentes tipos de veículos que
    Truck gmc;            │ herdam de MotorVehicle.
    ElectricCar tesla;    ┘

    // some code to initialize data members of the cars
    zoesZippyCars.add_vehicle(corolla);
    zoesZippyCars.add_vehicle(yamaha);
    zoesZippyCars.add_vehicle(gmc);
    zoesZippyCars.add_vehicle(tesla);
                                    ┌─ Chama o método add_vehicle() (acima)
    return 0;                       │  para adicionar cada veículo ao estoque de
}                                   │  Dealership's.
```

SAÍDA:

```
Successfully added a new vehicle to the inventory.
There are now 1 cars on the lot with 49 spaces left.
Successfully added a new vehicle to the inventory.
There are now 2 cars on the lot with 48 spaces left.
Successfully added a new vehicle to the inventory.
There are now 3 cars on the lot with 47 spaces left.
Successfully added a new vehicle to the inventory.
There are now 4 cars on the lot with 46 spaces left.
```

Figura 17-4 Método para adicionar um veículo

17.2 NOÇÕES BÁSICAS DE POLIMORFISMO

Classes dentro de classes (17.2.1, 17.2.2)

Classes podem ter diferentes tipos de relacionamentos entre si para resolver um problema. A herança torna possível **relacionamento "é um"**. O relacionamento "é um" ocorre entre uma classe pai e uma classe filha em que uma classe é uma subclasse de outra classe. Em Dealership, existe um relacionamento "é um" entre a classe MotorVehicle (pai) e as classes Motor, Car, GasCar, HybridCar, ElectricCar, Truck e Van (filhas). Em um relacionamento "é um", você pode tratar uma classe filha como se fosse uma instância da classe pai.

O segundo tipo de relacionamento chama-se **relacionamento "tem um"**, em que uma classe é uma variável membro em outra classe. A composição torna possível o relacionamento "tem um". Simplesmente porque uma classe contém outra classe, ela não herda as capacidades da classe que contém. Por exemplo, a classe Dealership contém um arranjo de MotorVehicles. Isso é um relacionamento "tem um" porque uma Dealership tem MotorVehicles. A Dealership não é uma MotorVehicle nem herda as capacidades da classe MotorVehicle. Um exemplo da diferença entre o relacionamento "é um" e "tem um" é mostrado na **Figura 17-5**.

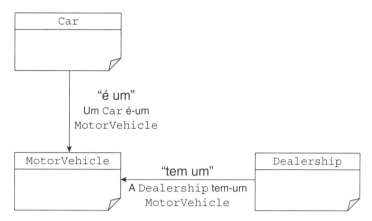

Figura 17-5 Os relacionamentos "tem um" e "é um"

Objetos como outros objetos (17.2.3)

Às vezes você precisa de um objeto para agir como um objeto de outro tipo. Por exemplo, pode-se passar um objeto do tipo `Truck` para qualquer método que recebe um objeto `MotorVehicle` como parâmetro. A herança também permite converter um objeto em outro objeto, que é chamado **conversão de tipos** (*type casting*). Dois tipos de conversão de tipos são **conversão implícita** e **conversão explícita**. A seguir há um exemplo de conversão implícita. Suponha que `Truck` e `MotorVehicle` já foram configuradas onde `Truck` herda de `MotorVehicle`. A conversão implícita permite o seguinte código:

```
declare mv as MotorVehicle

declare t as Truck

t = mv
```

Esse pseudocódigo declara um objeto `MotorVehicle` e um objeto `Truck`. A conversão implícita ocorre quando um objeto de um tipo é configurado como igual a um objeto de outro tipo, que é o que acontece quando o objeto `Truck` é configurado como igual ao objeto `MotorVehicle` na instrução `t = mv`. Qualquer código que usa `mv` agora vai tratá-la como um objeto do tipo `Truck` e qualquer código que use explicitamente um objeto `Truck` pode usar `mv` como entrada.

A conversão implícita requer que você implemente um construtor de cópia na classe filha ou sobrecarregue o método `operator=` na classe filha. Nesse pseudocódigo, o método `operator=` foi sobrecarregado.

Em linguagens de programação fortemente tipadas, como C++, Java e Python, cada variável deve ser declarada com um tipo de dados. As variáveis são vinculadas aos tipos de dados. Se a variável não corresponder ao tipo esperado em uma expressão ou lista de parâmetros, ocorrerá um erro. Por exemplo, se um fragmento de código espera usar um objeto `Truck`, mas recebe um objeto `MotorVehicle`, ocorrerá um erro porque `Truck` é um `MotorVehicle`, mas um `MotorVehicle` não é um `Truck`. Como essas linguagens são fortemente tipadas, a conversão entre um tipo e outro requer uma conversão explícita, como no código a seguir.

```
declare mv as MotorVehicle

declare t as Truck

mv = (MotorVehicle) t
```

Esse exemplo mais uma vez declara um objeto `MotorVehicle` e um objeto `Truck`. A variável `Truck` é explicitamente convertida em um objeto do tipo da classe-base – `Truck` é um tipo de objeto `MotorVehicle`. A conversão é explícita porque a instrução `mv = (MotorVehicle) t` nomeia especificamente a classe (`MotorVehicle`) em que a variável `t` é convertida. Esse tipo de conversão chama-se *upcasting*, ou promoção, porque se está convertendo em um objeto em uma posição mais alta na hierarquia de classes como **Truck** está sendo promovido a **MotorVehicle**.

Você também pode reverter a conversão e substituir a terceira linha de modo que fique assim:

`t = (Truck) mv`

Esse é um exemplo de *downcasting*, ou rebaixamento, porque se está convertendo um objeto em outro objeto inferior na hierarquia de classes – um **MotorVehicle** é rebaixado para um **Truck**.

P Qual é uma possível preocupação com o uso de *downcasting*?

R Suponha que a classe **MotorVehicle** não tenha todas as mesmas variáveis membro que **Truck**. Por exemplo, **Truck** pode ter duas variáveis membro adicionais para especificar o comprimento e a largura da caçamba. Nesse caso, o *downcasting* produz um erro, por isso é considerado perigoso.

17.3 FUNÇÕES VIRTUAIS

Antecipação da personalização (17.3.1, 17.3.2, 17.3.3)

Se revisar o código da concessionária, perceberá que não há um **Car** genérico. Um **Car** não deve implementar alguns métodos porque seu comportamento varia com base no tipo de **Car** que é utilizado. Por exemplo, suponha que a classe **Car** implemente um método chamado **calculate_fuel_cost()** que retorna um valor estimado em dólares para o carro percorrer um determinado número de quilômetros.

Esse cálculo de preço depende de **Car** ser um **GasCar**, **HybridCar** ou **ElectricCar**. Um **GasCar** calcula o preço com base em MPG médio do carro, o **HybridCar** calcula o preço usando o MPG do carro e o uso estimado da bateria e **ElectricCar** baseia o preço no custo da eletricidade necessária para percorrer a distância. Ver **Figura 17-6**.

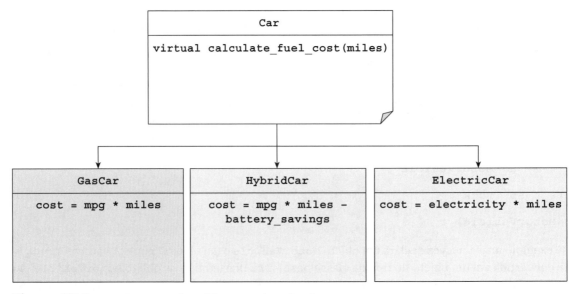

Figura 17-6 Implementações diferentes de métodos

Como um `Car` não é um tipo específico de veículo, faz sentido exigir que cada tipo de veículo `Car` indique como implementará o método `calculate_fuel_cost()`. Pode-se usar um **método virtual puro** para especificar que a classe derivada definirá o método herdado da classe filha.

Métodos virtuais puros não são definidos na classe-base porque qualquer classe derivada dela deve definir sua própria versão do método. Por exemplo, `Car` não configura o comportamento de `calculate_fuel_cost()`. Em vez disso, qualquer objeto derivado de `Car` (`GasCar`, `HybridCar` ou `ElectricCar`) criará sua própria implementação do método.

Utilize a palavra-chave `virtual` na definição de método para indicar que uma classe derivada criará sua implementação desse método. O pseudocódigo para a declaração do método na definição da classe-base é semelhante ao seguinte:

```
public virtual void Car: calculate_fuel_cost ()= 0
```

Você define e implementa um método virtual puro da mesma maneira que define qualquer método. Um método virtual puro não tem uma implementação, portanto, não pode ser chamado explicitamente na classe-base. Em vez disso, um método virtual puro deve ser definido em qualquer classe que herde dele. Use a sintaxe = 0 no final da declaração do método para indicar que o método não está definido na classe-base. Se uma classe filha não implementar o método, o código não será compilado. O código para definir e usar um método virtual puro é mostrado na **Figura 17-7**.

```cpp
class Car : public MotorVehicle
{
   public:
      virtual double calculate_fuel_cost(int miles) = 0;
      string fuel_type;
};
```
— A classe `Car` herda da classe `MotorVehicle`.

A sintaxe = 0 significa que o método não está definido aqui na classe `Car`, que é a classe-base para as classes **GasCar**, **HybridCar** e **ElectricCar**.

```cpp
class GasCar : public Car
{
   public:
      double calculate_fuel_cost(int miles);
      int fuel_level;
};
```

```cpp
class HybridCar : public Car
{
   public:
      double calculate_fuel_cost(int miles);
      int fuel_level;
      int battery_percentage;
};
```

Cada filho de `Car` cria sua própria implementação do método `calculate_fuel_cost()`.

```cpp
class ElectricCar : public Car
{
  public:
      double calculate_fuel_cost(int miles);
      int battery_percentage;
};
```

Figura 17-7 Métodos virtuais puros

Classes abstratas (17.3.4, 17.3.5)

Ao criar-se um método virtual puro, cria-se também uma **classe abstrata**, que é qualquer classe que tem um ou mais métodos virtuais puros. Se uma classe tem métodos virtuais puros, ela não pode ser instanciada, assim não se pode criar uma variável do tipo `Car`. Um carro representado na concessionária deve ser um `GasCar`, `HybridCar` ou `ElectricCar`. Uma classe abstrata geralmente é usada para representar um conceito genérico em uma hierarquia de classes, como um `Car`, em vez de um objeto específico, como um `HybridCar`.

Como regra geral, deve-se usar uma classe abstrata se tiver classes intimamente relacionadas que precisam implementar várias versões do mesmo método, como acontece com os tipos de carros. As classes abstratas são uma boa opção de programação se você quer usar herança, mas não deseja criar um objeto com o mesmo tipo da classe-base. Em geral, uma classe abstrata representa uma ideia tão abstrata que sua instanciação não faz sentido no contexto do programa. Por exemplo, `Car` é uma ideia abstrata que deve ser definida como um `GasCar`, `HybridCar` ou `ElectricCar` para que tenha significado dentro do programa. Um `Car` genérico não faz sentido neste contexto.

 A classe `MotorVehicle` seria uma boa candidata para uma classe abstrata?

 Aparentemente, `MotorVehicle` é um conceito genérico a partir do qual não se prevê declarar objetos. Mas `Dealership` tem um arranjo de `MotorVehicles`, que conta como uma instanciação da classe `MotorVehicle`. Tornar `MotorVehicle` uma classe abstrata quebraria essa parte do código. Além disso, você passa um objeto `MotorVehicle` para muitos métodos, e o objeto `MotorVehicle` como um parâmetro lançaria um erro.

RESUMO

- Polimorfismo é um conceito na programação orientada a objetos em que um objeto pode ter muitos tipos. A herança é o principal fator do polimorfismo, porque uma classe derivada de outra classe pode ser tratada como a classe-base.
- Polimorfismo significa que um objeto de uma classe pai pode ser usado para referenciar qualquer um de seus descendentes. Herança e polimorfismo ajudam a evitar código duplicado dentro de objetos relacionados.
- O compilador usa ligação dinâmica para determinar qual método de objeto chamar enquanto o programa está em execução. Um compilador não pode verificar erros de ligação dinâmica.
- O relacionamento "é um" permite que objetos de uma classe filha sejam tratados como um objeto da classe pai ou ancestral. A herança alimenta esse relacionamento na POO.
- O relacionamento "tem um" descreve quando uma classe tem um objeto de outra classe como uma variável membro. Nesse tipo de relacionamento, a classe não herda as capacidades da classe que ela contém.
- Linguagens de POO permitem a conversão de um objeto em outro objeto, o que é chamado de conversão de tipos. *Upcasting*, ou promoção, é um tipo de conversão de um objeto em um tipo que está acima dele na hierarquia de herança. *Downcasting*, ou rebaixamento, é um tipo de conversão de um objeto em um tipo que está abaixo dele na hierarquia de herança. O *downcasting* deve ser executado com cautela, pois pode levar a erros se as classes não tiverem variáveis membro semelhantes.
- Em alguns cenários de programação, faz sentido exigir que os filhos de uma classe-base forneçam sua própria implementação de um método, especialmente se a funcionalidade variar significativamente entre as classes. Isso se chama método virtual puro.
- Qualquer classe com um ou mais métodos virtuais puros chama-se classe abstrata. Uma classe abstrata não pode ser instanciada e geralmente é usada para representar um conceito genérico em uma hierarquia de classes, em vez de um objeto específico.

Termos-chave

classe abstrata
conversão de tipo
conversão explícita
conversão implícita

downcasting
ligação
ligação dinâmica
método virtual puro

polimorfismo
relacionamento "é um"
relacionamento "tem um"
upcasting

TEMPLATES

OBJETIVOS DE APRENDIZAGEM:

18.1 NOÇÕES BÁSICAS DE TEMPLATES
18.1.1 Definir templates de função.
18.1.2 Definir templates de classe.
18.1.3 Explicar como dados e funções podem ser estendidos usando templates em POO.
18.1.4 Explicar a sintaxe para escrever templates de função.
18.1.5 Identificar o uso adequado do parâmetro T ao usar templates.
18.1.6 Explicar a sintaxe para usar funções ou objetos modelados.
18.1.7 Explicar como usar templates com classes em POO.

18.1.8 Comparar os tipos de template na POO.

18.2 TEMPLATES COMPLICADOS
18.2.1 Explicar como combinar parâmetros de template.
18.2.2 Explicar como usar vários parâmetros de tipo em um template.
18.2.3 Explicar como passar classes de template para funções.

18.3 TEMPLATES COMO UMA ABORDAGEM DE SOLUÇÃO DE PROBLEMAS
18.3.1 Explicar como criar um template com base em uma determinada especificação.
18.3.2 Discutir as vantagens e desvantagens do uso de templates de função.

18.1 NOÇÕES BÁSICAS DE TEMPLATES

Abstração de dados (18.1.1, 18.1.2, 18.1.3, 18.1.4)

Você provavelmente conhece os três tipos de moedores mostrados na **Figura 18-1**: um liquidificador de frutas ou verduras, um moedor de temperos e um picador de madeira. Incorporar três objetos diferentes como esses em um programa geralmente requer manuseá-los separadamente. Neste módulo, será visto como economizar tempo tratando as coisas de forma genérica em vez de específica.

Considere uma função mínima chamada `my_min()`. Ao receber dois números, `my_min()` retorna o mínimo do par. Em que tipos de números `my_min()` deve trabalhar? Idealmente, ela aceitaria qualquer tipo de dados numérico, incluindo inteiros, duplos e flutuantes. Mas seria preciso uma cópia da `my_min()` para cada tipo numérico a fim de realizar toda a gama de cálculos. Lembre-se de que é preciso especificar o tipo de dados que utiliza no código, incluindo parâmetros. O requisito para especificar o tipo de dados causa um problema quando se quer reutilizar o código, como mostrado na **Figura 18-2**.

Liquidificador de frutas e legumes   Moedor de temperos   Picador de lenha

Figura 18-1 Ferramentas para triturar frutas, temperos e madeira

P O que o código na **Figura 18-2** está fazendo? Os tipos de dados são tratados de maneira diferente?

R A função `my_min()` é definida para os tipos de dados `int`, `double` e `float`. O mesmo código condicional segue a assinatura da função para cada tipo de dados. Se o primeiro número é menor que o segundo, `my_min()` retorna o primeiro número. Caso contrário, `my_min()` retorna o segundo. O código no final testa cada função com dados de exemplo, realiza cálculos e exibe a saída.

```
#include <iostream>
using namespace std;

int my_min(int x, int y)
{
   if (x < y)
      return x;
   return y;
}
double my_min(double x, double y)
{
   if (x < y)
      return x;
   return y;
}
float my_min(float x, float y)
{
   if (x < y)
      return x;
```

Para os três tipos de números, é preciso três funções idênticas com assinaturas diferentes.

Figura 18-2 Criação de uma função para diferentes tipos de dados (*continua*)

```
        return y;
}
int main()
{
    int ix = 5;
    int iy = 12;
    double dx = 5.0;
    double dy = 12.0;
    float fx = 5.0f;
    float fy = 12.0f;
    cout << "int min: " << my_min(ix, iy) << endl;
    cout << "double min: " << my_min(dx, dy) << endl;
    cout << "float min: " << my_min(fx, fy) << endl;
    return 0;
}
SAÍDA:
int min: 5
double min: 5
float min: 5
```

A sobrecarga de função detecta o tipo de dados e seleciona a função apropriada.

Figura 18-2 Criação de uma função para diferentes tipos de dados

A **Figura 18-2** contém código repetitivo que não deveria ser escrito. Em vez disso, pode-se usar um modelo, mais conhecido como **template**, para substituir os três tipos de dados por um único espaço reservado. Templates, também conhecidos como **genéricos** em algumas linguagens, são uma maneira de informar ao compilador que, embora um tipo de dado pertença a um local específico, o tipo de dado ainda não foi decidido. Até que o tipo seja decidido, use um identificador substituto genérico.

Um **template de função** é uma função que usa um tipo de dados genérico na lista de parâmetros, o tipo de retorno ou ambos. A **Figura 18-3** mostra um template de função para triplicar o valor dos dados recebidos.

Depois de estabelecer um template com um tipo de dados genérico `T`, o código define a função `triple` usando `T` como o tipo de dados em vez de `int` ou `double`. Dentro da função, o código multiplica o parâmetro `input` por 3 e armazena o resultado na variável `result`, que também é do tipo `T`. O resultado é então retornado.

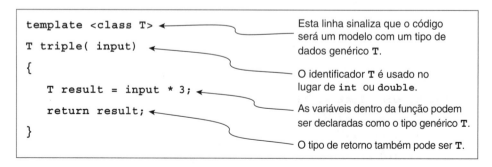

Figura 18-3 Sintaxe do template de função

Um **template de classe** é uma classe que usa um tipo genérico para uma de suas propriedades. Objetos criados a partir dele também são conhecidos como objetos modelados. A **Figura 18-4** mostra um template de classe que pode armazenar qualquer tipo de dados como uma variável membro para uma nova classe chamada `Storage`.

```
template <class T>          ← Esta linha sinaliza que o código será um
class Storage                  template com um tipo genérico T.
{
    public:
        T stored_value;
}
                            O identificador T é usado no lugar de int ou
                            double para definir a propriedade
                            stored_value da classe Storage.
```

Figura 18-4 Sintaxe do template de classe

Um exemplo mais complicado envolve a programação de moedores simulados como na Figura 18-1. Moedores devem funcionar para coisas como frutas (criando suco), temperos (criando temperos em pó) ou mesmo madeira (criando serragem). A próxima seção mostra como criar um template de classe para simplificar o código.

Como um template permite especificar um parâmetro ou propriedade como um tipo de dados genérico, pode-se reutilizar o código adaptando-o a mais de um tipo de dados em vez de repetir o código como na Figura 18-2.

Estrutura e uso de template (18.1.5, 18.1.6, 18.1.7, 18.1.8)

O código na **Figura 18-5** mostra como configurar um **tipo genérico** `T`. Esse tipo de dados pode usar qualquer identificador, mas as convenções de nomenclatura tradicionais recomendam o uso do `T` para templates. O código a seguir pode usar o identificador genérico onde você usaria um tipo de variável, como `int` ou `string`.

A **Figura 18-6** mostra uma versão em template de `my_min()` da Figura 18-2. O código começa definindo um tipo de template `T`. A assinatura de função `my_min()` então usa o identificador `T` em vez de `int`, `float` ou `double` como o tipo de dados. O restante da função é idêntico ao código mostrado na Figura 18-2, incluindo uma instrução

```
                                            Usa a palavra-chave
                                            template com <class T>
                                            para sinalizar um modelo.
template <class T> ←
// ... código para uma variável, função ou classe... //
template <class T>
// ... código para outra variável, função ou classe ... //

            Cada template se aplica a uma variável, função ou classe.
            Outras classes em forma de template precisam repetir a palavra-chave template.
```

Figura 18-5 Início de um um template

```cpp
#include <iostream>
using namespace std;

template <class T>
T my_min(T x, T y)
{
    if (x < y)
        return x;
    return y;
}

int main()
{
    int ix = 5;
    int iy = 12;
    double dx = 5.0;
    double dy = 12.0;
    float fx = 5.0f;
    float fy = 12.0f;

    cout << "int min: " << my_min<int>(ix, iy) << endl;
    cout << "double min: " << my_min<double>(dx, dy) << endl;
    cout << "float min: " << my_min<float>(fx, fy) << endl;

    return 0;
}
```

SAÍDA:

```
int min: 5
double min: 5
float min: 5
```

Em vez de atribuir três tipos de dados, usa o único tipo de dados genérico T.

Apenas uma definição de função é necessária com modelos.

Ao usar a função, como em um cálculo, deve-se fornecer o tipo de dados específico.

Figura 18-6 Criação de uma função em forma de template

if, dados de teste, cálculos e saída. O código de teste na parte inferior usa a função em forma de template my_min() para encontrar o mínimo de dois valores. Nesse ponto, atribui-se tipos de dados específicos à função my_min(). Ao usar uma função, classe ou outra parte de código em template, você deve fornecer o tipo de dados.

Ao criar um template, você posterga a atribuição de tipos de dados até usá-los, como em um cálculo. Utilizando-se um template para my_min(), reduz-se a quantidade de código idêntico (como as instruções if na Figura 18-2).

A **Figura 18-7** contém as classes Fruit, Spice e Wood simplificadas. Essas são classes definidas como não padrão, mas ainda é possível usá-las no template. O tipo genérico não precisa ser um tipo primitivo, como int, mas pode ser qualquer tipo dentro do escopo do código. (O código mostrado em outras figuras requer o código da Figura 18-7 para funcionar.)

Esse código define três classes e uma propriedade name para cada classe. Cada classe também tem os métodos grind() e chunk().

```
classe Fruit
{
   public:
      string name;

      Fruit(string name="apple")
      {
         this->name = name;
      }

      void grind()
      {
         cout << this->name << " juice was made!" << endl;
      }

      void chunk()
      {
         cout << "lumpy " << this->name << " juice was made!" << endl;
      }
};

class Spice
{
   public:
      string name;

      Spice(string name="coriander")
      {
         this->name = name;
      }

      void grind()
      {
         cout << this->name << "powder was made!" << endl;
      }
```

Figura 18-7 Classes básicas para o exemplo do moedor (*continua*)

```cpp
        void chunk()
        {
            cout << "coarse ground " << this->name << " was made!" << endl;
        }
};

class Wood
{
    public:
        string name;

        Wood(string name="oak")
        {
            this->name = name;
        }

        void grind()
        {
            cout << this->name << " sawdust was made!" << endl;
        }

        void chunk()
        {
            cout << this->name << " chips were made!" << endl;
        }
};
```

Figura 18-7 Classes básicas para o exemplo do moedor

A **Figura 18-8** mostra um método `grind()` como template para funcionar para qualquer substância dentre `Fruit`, `Spice` ou `Wood`. A lista de parâmetros permite que uma substância seja passada e então invoca `grind()` na substância, mas o tipo da substância só é identificado depois que o método é invocado.

A criação de uma classe em forma de template segue uma sintaxe semelhante: define um tipo genérico `T` e usa-o no lugar de um tipo de variável. A **Figura 18-9** mostra uma classe `Grinder` como template para processar `Spice`, `Fruit` ou `Wood`. A classe `Grinder` armazena alguma substância na variável `substance`, que é do tipo `T`, embora novamente o tipo de substância não seja identificado. A variável membro `level` indica se `grind()` ou `chunk()` deve ser invocado quando o `Grinder` é instruído a processar a substância usando o método `process()`.

MÓDULO 18 – TEMPLATES   **309**

Este código é executado apenas quando segue o código que define as classes mostradas na **Figura 18-7**. As classes são omitidas aqui por brevidade.

```
// Código para as classes Fruit, Spice e Wood

template <class T>
void grind (T substance)    ← O parâmetro substância é
{                             atribuído ao tipo de dados T
    substance.grind();      ← genérico.
}
                              O parâmetro substância
int main()                    é chamado no método
{                             grind().

    // Cria algumas substâncias para testar
    Fruit apple = Fruit("apple");
    Fruit orange = Fruit("orange");
    Spice coriander = Spice("coriander");
    Wood oak = Wood("oak");

    // Testa a função modelada
    grind<Fruit>(apple);
    grind<Fruit>(orange);      O tipo de substância entre
    grind<Spice>(coriander);   colchetes angulares (<>) é
    grind<Wood>(oak);          passado para o método grind().

    return 0;
}
SAÍDA:
apple juice was made!
orange juice was made!
ground coriander was made!
oak sawdust was made!
```

Figura 18-8 Moedor que pode usar qualquer substância

18.2 TEMPLATES COMPLICADOS

Templates avançados (18.2.1, 18.2.2)

Pode-se usar templates para atribuir um tipo de dados genérico a mais de um parâmetro ou propriedade em uma única função ou objeto. A sintaxe para usar vários tipos em um único template é mostrada na **Figura 18-10**.

Se uma função ou objeto tiver mais de um parâmetro ou propriedade do mesmo tipo de dados, eles poderão compartilhar o mesmo tipo genérico. Por exemplo, três parâmetros `int` podem receber o tipo `T`. Mas se uma função ou objeto tiver mais de um parâmetro ou propriedade de diferentes tipos de dados, será preciso usar mais de uma única letra `T` para o nome do template. A prática recomendada é começar cada identificador de tipo com `T` seguido por uma ou mais palavras, como em `TFirst`. Por exemplo, uma classe com propriedades atribuídas `int` e `string` pode usar `TFirst` para as propriedades `int` e `TSecond` para as propriedades `string`.

Esse código é executado apenas quando segue o código que define as classes mostradas na Figura 18-7. As classes são omitidas aqui por brevidade.

```cpp
// Code for Fruit, Spice, and Wood classes
// A templated grinder class
template <class T>
class Grinder
{
    public:
        T substance;
        int level;

        Grinder(T substance)
        {
            this->substance = substance;
            this->level = 0;
        }

        void setLevel(int level)
        {
            this->level = level;
        }

        void fill(T substance)
        {
            this->substance = substance;
        }

        void process()
        {
            if (this->level == 0)
            {
                this->substance.grind();
            }
            else if (this->level == 1)
            {
                this->substance.chunk();
            }
        }
};
```

- `template <class T>` — Sinaliza que a próxima classe tem um tipo T genérico.
- `T substance;` — substance é do tipo T, portanto, qualquer método para alterar a substância tem um parâmetro do tipo T.
- `void fill(T substance)` — substance é do tipo T, portanto, qualquer método para alterar substance tem um parâmetro do tipo T.

Figura 18-9 A classe `Grinder` que armazena uma substância (*continua*)

```
int main()
{
   // Cria algumas substâncias para testar
   Fruit apple = Fruit("apple");
   Spice coriander = Spice("coriander");
   Wood oak = Wood("oak");

   // Cria alguns moedores modelados
   Grinder<Fruit> juicer = Grinder<Fruit>(apple);
   Grinder<Spice> spiceGrinder = Grinder<Spice>(coriander);
   Grinder<Wood> woodChipper = Grinder<Wood>(oak);

   // Testa as classes modeladas
   juicer.setLevel(1);
   juicer.process();
   spiceGrinder.process();
   woodChipper.process();
   return 0;
}
SAÍDA:
lumpy apple juice was made!
ground coriander was made!
oak sawdust was made!
```

O tipo de moedor é informado dentro de colchetes angulares (<>) para a chamada do construtor Grinder.

Figura 18-9 A classe Grinder que armazena uma substância

```
template <classe TFirst, classe TSecond >
// ... o código pode usar TFirst e TSecond como tipos genéricos ... //
```

Figura 18-10 Criação de vários tipos genéricos

O uso de um template com vários tipos genéricos exige que um tipo de dados específico seja fornecido para cada parâmetro ou propriedade. Por exemplo, se você criou um método dual_grinder() que recebe duas substâncias diferentes, haverá dois parâmetros substance_one e substance_two. Essas duas substâncias podem não ser do mesmo tipo (substance_one é Spice e substance_two é Wood), então os identificadores de tipo genéricos TSubstanceOne e TSubstanceTwo deveriam ser usados. Dois exemplos de um template de função que recebe dois parâmetros genéricos e os usa são mostrados na **Figura 18-11**, um simbólico e outro o código para dual_grinder().

Este código é executado apenas quando segue o código que define as classes `Spice` e `Wood` mostradas na Figura 18-7. As classes são omitidas aqui por brevidade.

```cpp
#include <iostream>
using namespace std;
// Código para classes de especiarias e madeira
template <class TFirst, class TSecond>      // Dois tipos são tornados genéricos com esta instrução template.
void two_templates(TFirst first, TSecond second)
{
    cout << "First param is " << first << endl;
    cout << "Second param is " << second <<endl;
}

template <class TSubstanceOne, class TSubstanceTwo>
void dual_grinder(TSubstanceOne substance_one, TSubstanceTwo substance_two)
{
    substance_one.grind();
    substance_two.grind();
}

int main()
{
    // Algumas substâncias para moer com dual_grinder()
    Spice coriander = Spice("coriander");
    Wood oak = Wood("oak");
    two_templates<int, double>(5, 10.0);      // Dois tipos específicos são necessários quando invocados.
    two_templates<string, float>("a string", 3.0f);
    dual_grinder<Spice, Wood>(coriander, oak);

    return 0;
}
```

SAÍDA:

```
First param is 5
Second param is 10
First param is a string
Second param is 3
coriander powder was made!
oak sawdust was made!
```

Figura 18-11 Template de função de vários tipos

Templates de objetos como argumentos (18.2.3)

Passar um objeto para uma função ou método requer que estes conheçam o tipo, mas os templates de objetos podem ser de qualquer tipo. Para escrever uma função que não esteja apresentada como template, mas possa aceitar um template como parâmetro modelado, utilize uma das duas abordagens. Uma abordagem é limitar o tipo genérico apresentado como template na lista de parâmetros a um tipo específico. A **Figura 18-12** mostra como forçar uma função a aceitar apenas objetos `Grinder` que têm substâncias do tipo `Fruit`.

Este código é executado apenas quando segue o código que define as classes mostradas na Figura 18-7. As classes são omitidas aqui por brevidade.

```
// Código para as classes Fruit, Spice e Wood

void fruit_grinders(Grinder<Fruit> a)
{
    cout << "Only fruit grinders can be passed to this function." << endl;
}
```

Figura 18-12 Restrição de uma função a moedores de frutas

A outra maneira de lidar com templates de parâmetros é também apresentar a função. A **Figura 18-13** mostra como isso é feito usando a sintaxe de template para um template de função.

Este código é executado apenas quando segue o código que define as classes mostradas na Figura 18-7. As classes são omitidas aqui por brevidade.

```
// Código para as classes Fruit, Spice e Wood

template <class T>
void any_grinder(Grinder<T> a)
{
    cout << "Any grinder can be passed to this function." << endl;
}
```

Figura 18-13 Uma função que permite qualquer `Grinder` como parâmetro

A escolha de uma abordagem em relação à outra depende do que a função está tentando produzir. Ela está realizando uma tarefa específica para moedores somente de frutas ou funciona para qualquer moedor? Considere também a intenção do seu código. Você está aprimorando o template ou usando-o para resolver um problema? Suponha que trabalhe para uma loja de smoothies e ela queira adicionar uma função `add_protein_powder` para trabalhar com os templates de moedor. Essa função usaria o moedor para resolver um problema, embora adicionar a função ao template não tornaria o modelo melhor para outros utilizarem. Adicionar proteína em pó à madeira não melhora as lascas de madeira. Por outro lado, uma função `clean_blades` melhoraria o template para todos os possíveis moedores. Todos os moedores, independentemente da substância que usam, podem se beneficiar da limpeza.

18.3 TEMPLATES COMO UMA ABORDAGEM DE SOLUÇÃO DE PROBLEMAS

Projetando um template (18.3.1)

Templates funcionam apenas para tipos de dados que compartilham uma interface. Lembre-se de que uma interface é a maneira como você pode interagir com um objeto ou dados. Por exemplo, todos os números compartilham uma interface com operadores matemáticos como + ou *. Se criar um template com objetos em mente, então todos os objetos usados no template devem implementar a mesma interface. Por exemplo, a Figura 18-7 mostrou definições de classe simplificadas para substâncias a serem usadas em um template de moedor.

 As classes `Fruit`, `Spice` e `Wood` têm a mesma interface?

 Sim, todas elas têm as mesmas assinaturas de método, então a maneira como se interage com qualquer uma delas é a mesma. Mas embora as classes implementem os mesmos métodos, o modo como os métodos funcionam e seus resultados são diferentes. Implementar a mesma interface não significa que eles se comportem da mesma forma.

Quando usar templates (18.3.2)

Normalmente, o comportamento que se pode alcançar com templates também pode ser alcançado com polimorfismo. Lembre-se de que polimorfismo é o uso de herança orientada a objetos para criar objetos intercambiáveis com a mesma interface. As classes `Fruit`, `Spice` e `Wood` podem chamar os métodos `grind()` ou `chunk()`. A vantagem de usar templates é que a determinação do tipo ocorre em tempo de compilação, e não de execução. Ou seja, templates permitem que o compilador descubra qual tipo de dados usar quando o código é compilado em código de máquina. O polimorfismo descobre os tipos de dados durante o tempo de execução e, portanto, pode ser um pouco mais lento que templates. A diretriz geral a seguir é que, se o código que está considerando para templates ou polimorfismo é pequeno ou precisa ser executado rapidamente, deve-se usar templates.

RESUMO

- Como as linguagens atribuem tipos de dados específicos às informações que um programa processa, você precisaria duplicar o código para executar a mesma tarefa ou obter o mesmo resultado em diferentes tipos de dados. Templates permitem atribuir um tipo de dados genérico de espaço reservado a objetos, para que se possa reutilizar o código com qualquer tipo de dados.
- Templates exigem que os tipos de dados substitutos pretendidos tenham a mesma interface. Cada tipo de dados que substitui o tipo de dados genérico deve ter as mesmas interações para que sejam intercambiáveis. Os tipos de dados não precisam se comportar do mesmo modo, mas precisam interagir da mesma maneira.
- Existem duas soluções para passar um template de objeto como parâmetro. Pode-se forçar um tipo de dados específico em vez de um tipo genérico na definição da função, ou pode utilizar um template de função. O que usar em cada situação depende do fato de que há apenas tipos de dados específicos ou se quer adotar uma abordagem mais genérica.

- Templates e polimorfismo têm resultados semelhantes. Em geral, templates são mais rápidos que o polimorfismo, mas mais difíceis de ler e manter. Deve-se usar templates quando o código é pequeno ou precisa ser executado rapidamente.

Termos-chave

genéricos
template

template de classe
template de função

tipo genérico

ESTRUTURAS DE DADOS DE LISTA LIGADA

OBJETIVOS DE APRENDIZAGEM:

19.1 ESTRUTURAS DE LISTA LIGADA

19.1.1 Explicar a finalidade das estruturas de dados como listas ligadas.

19.1.2 Listar as estruturas de dados comumente usadas.

19.1.3 Classificar as estruturas de dados como lineares ou não lineares.

19.1.4 Listar as operações associadas às estruturas de dados.

19.1.5 Classificar as estruturas de dados como incorporadas, importadas ou definidas pelo programador.

19.1.6 Identificar os componentes de uma lista ligada.

19.1.7 Ilustrar o layout físico de uma lista ligada na memória.

19.2 TIPOS DE LISTAS LIGADAS

19.2.1 Desenhar um diagrama conceitual de uma lista unicamente ligada.

19.2.2 Caracterizar e identificar casos de uso para uma lista unicamente ligada.

19.2.3 Desenhar um diagrama conceitual de uma lista duplamente ligada.

19.2.4 Caracterizar e identificar casos de uso para uma lista duplamente ligada.

19.2.5 Desenhar um diagrama conceitual de uma lista ligada circular.

19.2.6 Caracterizar e identificar casos de uso para uma lista ligada circular.

19.2.7 Comparar e contrapor as características das listas ligadas com arranjos.

19.3 CODIFICAR UMA LISTA LIGADA

19.3.1 Expressar o algoritmo de alto nível para criar uma lista ligada com base em uma classe Node e uma classe LinkedList.

19.3.2 Indicar o propósito da classe Node.

19.3.3 Identificar instruções de ponteiro.

19.3.4 Identificar os elementos da classe LinkedList.

19.3.5 Expressar o algoritmo para anexar um nó a uma lista ligada.

19.3.6 Expressar o algoritmo para percorrer uma lista ligada.

19.3.7 Explicar o uso de um ponteiro temporário para percorrer uma lista ligada.

19.3.8 Identificar o código que encontra um elemento específico em uma lista ligada.

19.3.9 Fazer um diagrama mostrando como os ponteiros são direcionados ao inserir um elemento em uma lista ligada.

19.1 ESTRUTURAS DE LISTA LIGADA

Seleção de estrutura de dados (19.1.1, 19.1.2, 19.1.3, 19.1.4)

Uma composição musical é uma série de notas. Na música clássica da Índia, as notas de uma escala básica são Sa Re Ga Ma Pa Dha e Ni, como mostrado na **Figura 19-1**. Essas notas podem ser organizadas de várias maneiras para formar músicas.

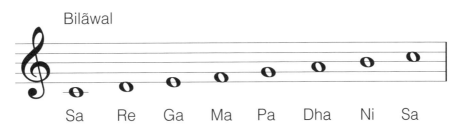

Figura 19-1 Uma escala básica para música clássica da Índia

Ao comporem uma música, os compositores adicionam, alteram e excluem notas. Se você estiver codificando um aplicativo de composição musical, como organizaria os dados das músicas na memória para facilitar o acesso e fazer modificações durante o tempo de execução?

Cientistas da computação desenvolveram muitos métodos para organizar dados na memória. Esses métodos são chamados estruturas de dados. Mais especificamente, uma **estrutura de dados** é um layout específico de valores de dados na memória e um conjunto de operações que podem ser aplicadas a esses valores.

A **Figura 19-2** ilustra seis estruturas de dados comumente usadas por programadores.

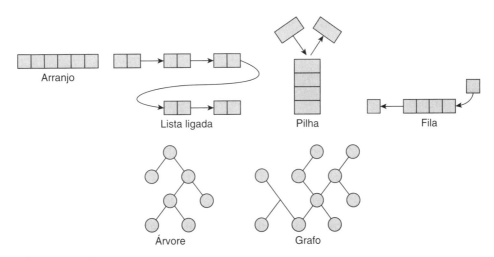

Figura 19-2 Estruturas de dados comuns

Arranjos, listas ligadas, pilhas e filas são exemplos de estruturas de dados lineares. Uma **estrutura de dados linear** organiza os elementos de dados em uma cadeia sequencial. Uma **estrutura de dados não linear** organiza os dados como hierarquias ou redes nas quais pode haver vários vínculos entre os elementos de dados.

P Quais estruturas de dados na Figura 19-2 são não lineares?

R Árvores e grafos são estruturas de dados não lineares porque conectam uma hierarquia ou rede de elementos de dados em vez de uma sequência linear de elementos.

A estrutura de dados selecionada para um conjunto de dados depende de como esses dados serão utilizados. Por exemplo, para um aplicativo de composição musical, os usuários criam composições que contêm um número variável de notas. As notas precisam ser adicionadas, excluídas e alteradas. A composição final, porém, é tocada sequencialmente.

Você pode usar um arranjo para trabalhar com as notas de uma composição musical. Essa é a melhor estrutura de dados que poderia selecionar? Um arranjo contém dados em locais consecutivos na memória. Cada elemento tem um índice correspondente, como [0], [1] ou [2]. Ver **Figura 19-3**.

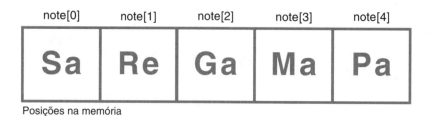

Figura 19-3 Um arranjo contém dados em locais consecutivos na memória

Os dados em um arranjo são fáceis de acessar usando uma instrução como `first_note = note[0]`. Também é possível alterar uma nota facilmente com uma instrução como `note[4] = "Pa"`. O percurso de um arranjo de maneira eficaz pode ser feito usando um laço.

Ao selecionar-se uma estrutura de dados, deve-se considerar a eficiência das seguintes operações:

Acessar um elemento individual.
Anexar um novo elemento ao final da estrutura.
Inserir um elemento dentro da estrutura.
Excluir um elemento.
Modificar um elemento.
Percorrer a estrutura para exibir ou manipular cada elemento.
Ordenar os elementos.

P Arranjos são de tamanho fixo. Que efeito isso tem sobre a eficiência das operações que manipulam dados de arranjo?

R Como um arranjo tem um tamanho fixo, não é muito eficiente acrescentar elementos que aumentariam seu tamanho, inserir ou excluir elementos dentro do arranjo.

Considerando as limitações, um arranjo pode não ser a melhor estrutura de dados para um aplicativo de composição musical. Vejamos uma estrutura de dados alternativa chamada lista ligada para verificar se ela seria mais adequada para os dados no aplicativo de composição musical.

Implementação da estrutura de dados (19.1.5)

Sua linguagem de programação pode oferecer várias maneiras de implementar uma lista ligada e outras estruturas de dados. Ela pode fornecer uma estrutura interna junto de funções ou métodos para manipular os dados da estrutura. As estruturas de dados também podem estar disponíveis como módulos que podem ser importados ou incluídos a partir de uma biblioteca.

É possível criar estruturas de dados definidas pelo programador codificando relacionamentos entre tipos de dados primitivos, como inteiros, caracteres e booleanos. Assim como é possível aproveitar as funções internas para manipular esses primitivos.

Pode haver vários algoritmos para codificar uma estrutura de dados. Por exemplo, você pode codificar uma lista ligada usando uma função ou uma classe. Codificar uma lista ligada como uma classe é uma implementação comum, mas primeiro vamos explorar algumas informações básicas sobre como as listas ligadas funcionam.

Noções básicas de lista ligada (19.1.6, 19.1.7)

Uma **lista ligada** é uma coleção de dados que podem ser armazenados em locais não consecutivos na memória. Em um layout de memória simplificado, suponha que os locais na memória sejam caixas que podem armazenar um número inteiro, string ou qualquer outro fragmento de dados. Na **Figura 19-4**, a string Sa é armazenada no Box 6 da memória. Esse é o primeiro elemento na lista, às vezes chamado **início** da lista.

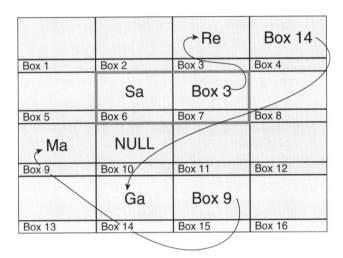

Figura 19-4   Layout de lista ligada na memória

P   Onde está o segundo item da lista?

R   O segundo elemento da lista, Re, não é armazenado no Box 7 ou Box 8, que são as próximas posições consecutivas na memória. Em uma lista ligada, Re pode ser armazenado em qualquer lugar na memória. Nesse exemplo, ele é armazenado na Box 3.

Para conectar os elementos em uma lista ligada, cada elemento de dados é associado a um vínculo com o próximo endereço. Esses vínculos conectam os elementos de dados em uma estrutura linear na qual cada elemento é vinculado a um elemento anterior e a um elemento subsequente.

Em geral, o vínculo entre dois elementos de dados chama-se ponteiro, embora em algumas linguagens de programação seja chamado de referência. Tecnicamente, um **ponteiro** é uma variável que contém o endereço na memória de outra variável. Uma **referência** alcança um objetivo semelhante referenciando a posição na memória de uma variável ou outro objeto.

Um ponteiro é armazenado em uma posição na memória.

P   Reexamine a Figura 19-4. O que está no Box 7?

R   O Box 7 contém o "Box 3", que é um ponteiro que aponta para Re no Box 3.

Sa e o ponteiro para Re são duas partes de um **nó**. O primeiro nó na lista ligada contém um ponteiro no Box 3, que é a posição de Re, o segundo elemento na lista. O último elemento em uma lista ligada normalmente aponta para NULL, null ou None, dependendo da linguagem de programação.

19.2 TIPOS DE LISTAS LIGADAS

Listas unicamente ligadas (19.2.1, 19.2.2)

Conceitualmente, uma lista ligada costuma ser diagramada como uma sequência de nós conectados por setas. Um ponteiro chamado `head` referencia o primeiro nó na lista ligada.

Cada nó tem duas partes. Uma parte é para os dados, e outra é para o ponteiro do próximo elemento de dados. Quando cada elemento em uma lista ligada tem um único ponteiro conectando com o próximo elemento, a estrutura chama-se **lista unicamente ligada**. A **Figura 19-5** ilustra um diagrama conceitual de uma lista unicamente ligada.

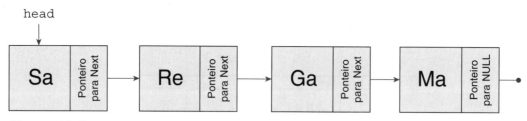

Figura 19-5   Conceituação de uma lista ligada

Uma lista unicamente ligada é útil para algoritmos nos quais os vínculos de dados prosseguem em uma direção. É uma estrutura de dados eficiente para as notas em uma música porque elas sempre são tocadas do começo ao fim.

   Que outras atividades podem ser representadas por uma lista unicamente ligada?

   Eis algumas:
- Armazenar os quadros de um arquivo de vídeo reproduzido do início ao fim.
- Processar as pessoas em uma lista telefônica à medida que a pessoa no início da lista sai e os recém-chegados são adicionados ao final.
- Um sistema de navegação que armazena uma lista de direções que são seguidas em sequência do início ao fim.
- Armazenar o caminho de um caractere de game ao longo de uma masmorra.

Listas duplamente ligadas (19.2.3, 19.2.4)

Mas e se você estiver codificando um aplicativo para uma lista de reprodução de músicas? Os usuários podem querer rolar para a frente ou para trás na lista de músicas usando os controles como os mostrados na **Figura 19-6**.

Uma **lista duplamente ligada** tem dois ponteiros para cada elemento. Um ponteiro é ligado ao próximo elemento e o outro é ligado ao elemento anterior, conforme mostrado na **Figura 19-7**.

Uma lista duplamente ligada brilha para algoritmos que exigem percorrer uma lista do início ao fim ou do fim ao início.

MÓDULO 19 – ESTRUTURAS DE DADOS DE LISTA LIGADA   321

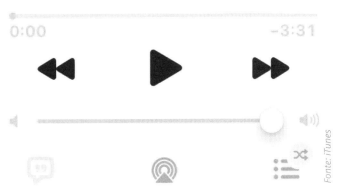

Figura 19-6 Controles da lista de reprodução para indicar a música seguinte ou anterior

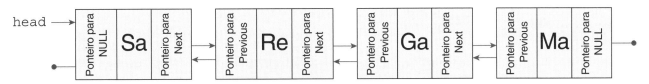

Figura 19-7 Conceituação de uma lista duplamente ligada

P Além de um aplicativo de lista de reprodução, pense em outros casos de uso para listas duplamente ligadas?

R Você pode ter pensado nos seguintes casos de uso:
- Usar os botões Voltar e Avançar em um navegador para percorrer uma lista de páginas da Web.
- Usar os botões para cima e para baixo em um gerenciador de arquivos para percorrer os níveis das pastas.
- Armazenar as coordenadas de um rastreador GPS para poder refazer seus passos e encontrar o caminho de casa.
- Rastrear pressionamentos de tecla para as operações Desfazer e Refazer em um editor de texto.

Listas ligadas circulares (19.2.5, 19.2.6)

Para alguns algoritmos, a lista de dados não tem início ou fim claros. Em uma **lista ligada circular**, o último nó aponta de volta para o primeiro nó, conforme mostrado na **Figura 19-8**.

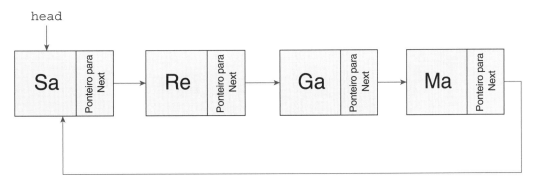

Figura 19-8 Conceituação de uma lista ligada circular

Uma lista circular pode ser unicamente ligada ou duplamente. Pode-se usar uma lista ligada circular para algoritmos nos quais os dados são modificados repetidamente. Assim, como usá-la para armazenar uma lista de jogadores em um game multijogador e para alternar entre a vez de jogar de cada jogador. Programadores de sistemas podem usar uma lista ligada circular para armazenar uma série de processos que o computador executa parcialmente em uma primeira passagem e continua a executar nas passagens subsequentes.

Características da lista ligada (19.2.7)

Listas ligadas unicamente, duplamente e circulares têm as seguintes características:

- *Extensível*. Os elementos podem ser facilmente anexados ao final da lista.
- *Modificável*. Os elementos podem ser inseridos e excluídos com eficiência porque, para mover um nó, apenas os ponteiros para os dados precisam ser alterados.
- *Requer espaço de memória extra*. O espaço de memória é necessário para as ligações, bem como para os dados.
- *Busca sequencial*. Percorrer uma lista ligada começa no topo e requer percorrer cada elemento.

Ao planejar as estruturas de dados de um programa, uma lista ligada pode ser uma escolha melhor do que um arranjo. Compreender as diferenças pode ajudá-lo a escolher a estrutura mais eficiente para seus programas. Vamos comparar listas ligadas a arranjos.

Acesso. Listas ligadas permitem acesso sequencial, enquanto arranjos permitem acesso aleatório. Para acessar um elemento em uma lista ligada, sempre é necessário começar no topo da lista e seguir as ligações uma a uma até chegar ao elemento-alvo. Por outro lado, um elemento de arranjo pode ser alcançado simplesmente especificando o número de índice. Ver **Figura 19-9**.

Extensibilidade. Listas ligadas são extensíveis simplesmente alterando NULL no final da lista de um ponteiro para o novo elemento. Em contraposição, o tamanho de um arranjo é fixo quando é declarado. Se um arranjo estiver cheio, adicionar um elemento requer que se copie o conteúdo do arranjo original para um segundo arranjo maior antes de adicionar um novo elemento. Ver **Figura 19-10**.

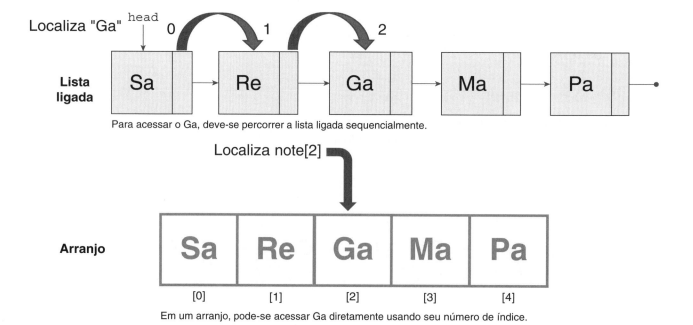

Figura 19-9 Acessar elementos em uma lista ligada e um arranjo

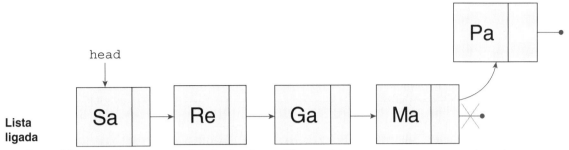

Para adicionar um elemento a uma lista ligada, altere o último ponteiro para apontar para o novo elemento.

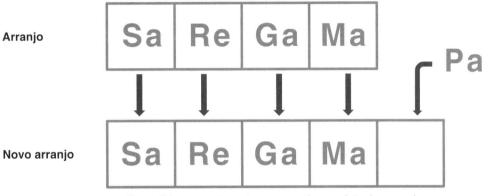

Para adicionar um elemento a um arranjo completo, deve-se criar um arranjo maior antes de adicionar um novo elemento.

Figura 19-10 Anexar elementos a uma lista ligada e um arranjo

Inserção. Um novo elemento pode ser inserido em qualquer lugar em uma lista ligada alterando dois ponteiros. Os itens na lista original permanecem em seus locais atuais na memória. Em contraposição, para inserir um elemento em um arranjo, vários elementos podem precisar ser movidos para outros locais de memória a fim de liberar espaço para o novo elemento. Ver **Figura 19-11**.

Exclusão. Um elemento pode ser facilmente excluído de uma lista ligada alterando os ponteiros. Assim como nas inserções, os elementos permanecem em suas posições originais na memória. Os arranjos são muito menos eficientes para exclusões porque os elementos precisam ser deslocados na memória para dar espaço ao elemento excluído. Na **Figura 19-12** há dois elementos Ga, e um deve ser excluído.

19.3 CODIFICAR UMA LISTA LIGADA

A classe Node (19.3.1, 19.3.2, 19.3.3)

Há várias maneiras de codificar uma estrutura de dados de lista ligada. Por exemplo, você pode criar uma lista ligada com base em funções ou com base em classes. O algoritmo geral para codificar uma lista ligada usando classes é o seguinte:

Construir uma classe `Node` que define um elemento de dados e um vínculo para o próximo elemento.

Criar uma classe `LinkedList` contendo um ponteiro `head` que inicialmente aponta para NULL.

Criar um método para anexar nós.

Criar um método para percorrer a lista e exibir os elementos que ela contém.

Vamos começar criando uma classe `Node`. Cada objeto `Node` consiste em um elemento de dados e um ponteiro, como mostrado na **Figura 19-13**.

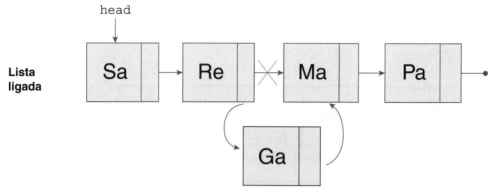

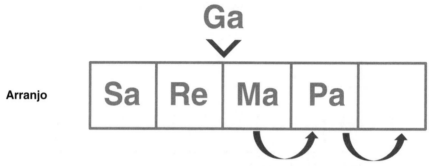

Figura 19-11 Inserindo elementos em uma lista ligada e um arranjo

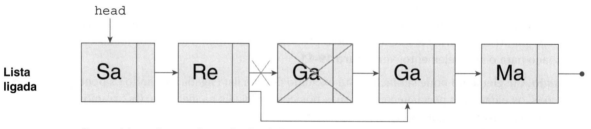

Figura 19-12 Exclusão de elementos em uma lista ligada e um arranjo

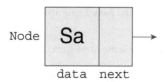

Figura 19-13 Elementos da classe `Node`

A classe `Node` especifica variáveis membro para os dados e o ponteiro. A **Figura 19-14** exibe o código da classe `Node`.

A classe `Node` tem duas variáveis membro: uma string chamada `data` e `*next`, que é um ponteiro para o próximo nó da lista. A variável chamada `data` é declarada como uma string para que possa conter um valor como Sa. A instrução `Node *next` indica que `next` é um ponteiro para uma instância de um objeto `Node`.

`Node(string d)` é um construtor que inicializa um objeto `Node` com dados e configura o ponteiro `next` como `NULL`.

```cpp
class Node
{
  public:
    string data;
    Node *next;
    Node(string d)
    {
      data = d;
      next = NULL;
    }
};
```

Figura 19-14 Código da classe `Node`

A classe `LinkedList` (19.3.4)

A classe `LinkedList` cria um ponteiro para o início da lista e inicialmente o configura como NULL, None ou vazio; também incluirá métodos que manipulam a lista ligada. A **Figura 19-15** exibe o código que cria a classe `LinkedList`.

Na classe `LinkedList`, a instrução `Node *head` cria um ponteiro para o início da lista. O ponteiro `head` é inicialmente configurado como `NULL` porque a lista está vazia.

```cpp
class LinkedList
{
  public:
  Node *head;
  LinkedList()
  {
    head = NULL;
  }
```

Figura 19-15 Código da classe `LinkedList`

O método `Append` (19.3.5)

Uma lista ligada é preenchida anexando-se elementos, como Sa, Re e Ga, ao final da estrutura de dados. Quando a lista está vazia, o elemento que está sendo anexado se torna o início da lista. Do contrário, um laço percorre a lista até o último elemento onde é possível anexar o novo nó.

O algoritmo do método `append_node()` é este:

Instancie um nó contendo dados e um ponteiro `new_node` que aponta para a posição do nó na memória.

Se o ponteiro `head` na lista ligada aponta para NULL, então:

    configure o ponteiro `head` para referenciar o mesmo nó que o ponteiro `new_node`, tornando o novo nó o início da lista.

Caso contrário:

    Crie um ponteiro `temp` que inicialmente referencia o mesmo nó que o ponteiro `head`.

    Enquanto `temp` não aponta para NULL no final da lista,

        configure `temp` para referenciar o mesmo nó que `temp next` e passe para o próximo nó.

No final da lista, configure o último ponteiro (`temp next`) para referenciar o mesmo nó que o ponteiro `new_node`, a fim de que o novo nó seja vinculado à lista.

 Como saber se uma lista está vazia?

 O `head` aponta para NULL.

A **Figura 19-16** detalha o código para anexar um novo elemento ao final da lista ligada.

O código driver que cria uma instância de uma lista ligada e chama o método `append_node()` é simples. O código na **Figura 19-17** cria uma lista ligada chamada `my_list` e anexa três nós para as strings Sa, Re e Ga.

O método `append_node()` começa com `Node *new_node = new Nó(d)`, que cria um nó contendo um valor de dados e um ponteiro associado chamado `new_node`.

Se `head == NULL`, a lista está vazia e o ponteiro `head` assume o valor de `new_node` para tornar o novo nó o primeiro da lista. Caso contrário, `Node *temp = head` cria um ponteiro chamado `temp` que referencia o mesmo nó que o ponteiro `head` onde a percurso começa.

Um laço while lida com a travessia. Se `temp->next` não for `NULL`, não é o fim da lista, então o próximo ponteiro é carregado em `temp` usando a instrução `temp = temp->next`. Quando `temp` contiver `NULL`, é o fim da lista, e o novo nó pode ser adicionado usando a instrução `temp->next = new_node`.

```
void append_node(string d)
{
  Node *new_node = new Node(d);
  if (head == NULL)
    head = new_node;
  else
  {
```

Figura 19-16 Código para o método `append()` *(continua)*

```
    Node *temp = head;
    while (temp->next != NULL)
      temp = temp->next;


    temp->next = new_node;
  }
}
```

Figura 19-16 Código para o método `append()`

```
#include <iostream>
#include <string>
using namespace std;


int main()
{
  LinkedList my_list;
  my_list.append_node("Sa");
  my_list.append_node("Re");
  my_list.append_node("Ga");
}
```

Figura 19-17 Código driver para anexar elementos ao programa de lista ligada

Percurso em lista ligada (19.3.6, 19.3.7)

Você vai querer ver os resultados da operação de anexação exibindo a lista. Para isso pode criar um método chamado `display()`. Esse método começa no início da lista e usa um laço while para percorrer a lista seguindo os ponteiros de um elemento para o próximo até alcançar o ponteiro NULL no final. Eis o algoritmo:

Se `head` aponta para NULL, então
    exiba "The list is empty". ⟵——— Traduzir ?
Por outro lado,
    Crie um ponteiro `temp` que inicialmente referencia o mesmo nó que o ponteiro `head`.
    Enquanto `temp` não aponta para NULL no final da lista,
        Exiba os dados apontados por `temp`.
        Configure `temp` para referenciar o mesmo nó que `temp next` e continue a fazer o laço.

Rastreie o código na **Figura 19-18** e procure a instrução que move o ponteiro temporário.

 Se a lista contém Sa Re Ga Ma, qual é a saída quando o programa driver chama `display()`?

R A saída é:

```
Sa
Re
Ga
Ma
```

> O método `display()` começa verificando se a lista está vazia. Se nela houver elementos, `Node *temp = head` cria um ponteiro chamado `temp` que referencia o mesmo nó que o ponteiro `head`.
>
> A referência `temp->data` contém os dados para o primeiro nó, e a palavra-chave `cout` o exibe. Então `temp = temp->next` carrega `temp` com o ponteiro para o próximo nó.
>
> ```cpp
> void display()
> {
>   if (head == NULL)
>     cout << "List is empty!" << endl;
>   else
>   {
>     Node *temp = head;
>     while (temp != NULL)
>     {
>       cout << temp->data << endl ;
>       temp = temp->next;
>     }
>     cout << endl;
>   }
> }
> ```

Figura 19-18 Código para percorrer a lista e gerar uma saída de todos os elementos

O método Find (19.3.8)

Você pode usar o algoritmo geral para percorrer uma lista ligada a fim de examinar cada elemento e determinar se ele corresponde a um valor-alvo especificado. O algoritmo é este:

Carregue o valor que deseja encontrar em uma variável chamada `target`.
Se `head` aponta para NULL então:
    exiba "A lista está vazia".
Caso contrário:
    Crie um ponteiro `temp` que inicialmente referencia o mesmo nó que o ponteiro `head`.
    Enquanto `temp` não aponta para NULL no final da lista:
        Compare os dados apontados por `temp` aos dados em `target`.

Se `temp` e `target` corresponderem, exiba uma mensagem informando que os dados-alvo estão na lista. Caso contrário, configure `temp` para referenciar o mesmo nó que `temp next` e continue a fazer o laço.

A **Figura 19-19** ilustra o código do método `find_it()`.

O método `find_it()` aceita um argumento para o valor-alvo. Se a lista estiver vazia, o-alvo não estará na lista.

`Node *temp = head` define um ponteiro temporário para o primeiro item da lista. Se `temp->data` é o valor-alvo, a mensagem "Found" é exibida. Por outro lado, `temp` é configurado como o ponteiro `temp->next` e o laço itera pelo próximo elemento da lista.

```
void find_it(string target)
{
  if (head == NULL)
    cout << "List is empty!" << endl;
  else
  {
    Node *temp = head;
    while (temp != NULL)
    {
      if (temp->data == target)
          cout << "Found " << target << " in the list. " << endl;
      temp = temp->next;
    }
  }
}
```

Figura 19-19 Código para localizar um elemento em uma lista ligada

P Se a lista ligada contiver Sa Re Ga Ma e o programa driver chamar `find_it("Ga")`, qual será a saída?

R A saída será `Found Ga in the list`.

O método Insert (19.3.9)

A inserção de um elemento em uma lista ligada exige misturar os ponteiros. Preste atenção aos ponteiros na **Figura 19-20**.

P Para onde `temp next` aponta antes da inserção? E após a inserção?

R Antes da inserção, `temp next` aponta para Ga. Após a inserção, aponta para o nó que contém Hi.

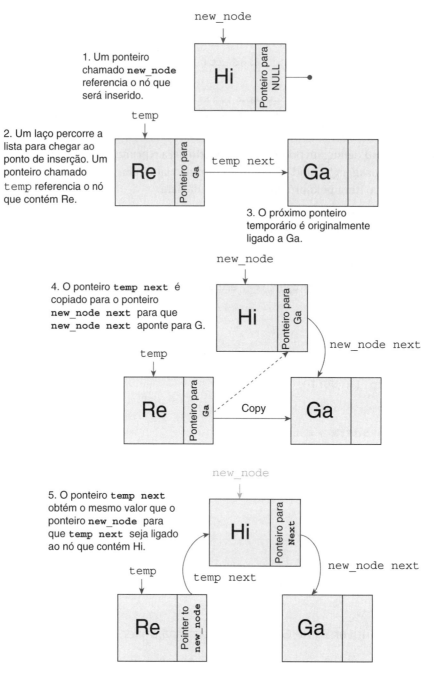

Figura 19-20 Direcionamento dos ponteiros para inserir um novo nó entre Re e Ga em uma lista ligada

P Para onde o ponteiro do nó Hi aponta antes da inserção? Para onde aponta após a inserção?

R Antes da inserção, o ponteiro do nó Hi aponta para NULL. Após a inserção, aponta para Ga.

O algoritmo para inserir um elemento em uma lista ligada é o seguinte:

Instancie um nó contendo dados e um ponteiro `new_node` que aponta para a localização do nó na memória.
Exiba a localização da inserção usando uma variável chamada `target`.
Exiba os dados a serem inseridos usando uma variável chamada `d`.
Se `head` aponta para NULL, exiba uma mensagem informando que a lista está vazia.

Caso contrário:

>Atribua cada nó a `temp` à medida que percorre a lista até que um nó contendo os dados-alvo seja alcançado.
>
>No ponto de inserção, configure o ponteiro `new_node next` para referenciar o mesmo nó que o ponteiro `temp next`.
>
>Configure o ponteiro `temp next` para referenciar o mesmo nó que o ponteiro `new_node`.
>
>Use `break` para terminar a travessia porque a inserção está completa.

Rastreie o código na **Figura 19-21** e veja o que acontece com os ponteiros após a instrução "Found target!".

O método `insert_node()` começa exibindo o ponto de destino para a inserção e a string que deve ser inserida na lista ligada. Um nó é criado com um ponteiro associado a ele chamado `new_node`. Se a lista estiver vazia, a inserção não prosseguirá.

Se houver nós na lista, `Node *temp = head` cria um ponteiro `temp` que inicialmente referencia o mesmo nó que o ponteiro `head`. Um laço while percorre a lista. A instrução `if (temp->data == target)` procura o ponto de inserção de destino na lista. Se o-alvo é encontrado, `new_node->next = temp->next` liga o novo nó ao próximo nó na lista. Então `temp->next = new_node` liga o destino ao novo nó. A instrução `break` impede que o laço continue, assim que a inserção for concluída.

```cpp
void insert_node(string target, string d)
{
  cout << "Target:" << target<< endl;
  cout << "New data:" << d << endl;
  Node *new_node = new Node(d);

  if (head == NULL)
    cout << "List is empty!" << endl;
  else
  {
    Node *temp = head;
    while (temp != NULL)
    {
      if (temp->data == target)
      {
        new_node->next = temp->next;
        temp->next = new_node;
        break;
      }
      temp = temp->next;
    }
  }
}
```

Figura 19-21 Código para inserir um nó em uma lista ligada

Depois de definir a classe **Node**, a classe **LinkedList** e métodos para anexar, percorrer, localizar e inserir elementos, utilize um programa driver, como aquele na **Figura 19-22**, para testar listas ligadas.

```cpp
#include <iostream>
#include <string>
using namespace std;

int main()
{
  LinkedList my_list;
  my_list.append_node("Sa");
  my_list.append_node("Re");
  my_list.append_node("Ga");
  cout<< "The original list:" << endl;
  my_list.display();

  my_list.find_it("Sa");
  cout << endl;

  my_list.insert_node("Re", "Hi");
  cout << "The list after the insertion: " << endl;
  my_list.display();
}
```
SAÍDA:
```
The original list:
Sa
Re
Ga

Found Sa in the list.

Target:Re
New data:Hi
The list after the insertion:
Sa
Re
Hi
Ga
```

Figura 19-22 Código driver de lista ligada para anexar, percorrer, localizar e inserir

RESUMO

- Uma lista ligada é uma estrutura de dados linear. Uma estrutura de dados é um layout específico de valores de dados na memória e um conjunto de operações que podem ser aplicados a esses valores. Outras estruturas de dados incluem arranjos, pilhas, filas, árvores e grafos. As estruturas de dados são usadas para manter os dados na memória durante a execução do programa.
- Uma lista ligada é uma coleção de dados que podem ser armazenados em locais não consecutivos na memória. Cada elemento em uma lista ligada chama-se nó. Cada nó consiste em dados e um ponteiro para o próximo nó. O primeiro nó em uma lista ligada chama-se início.
- Quando cada elemento em uma lista ligada tem um único ponteiro conectando ao próximo elemento, a estrutura chama-se lista unicamente ligada. Uma lista duplamente ligada tem dois ponteiros para cada elemento. Um ponteiro é ligado ao próximo elemento; o outro, ao elemento anterior. Em uma lista ligada circular, o último nó aponta de volta para o primeiro nó.
- Listas ligadas são fáceis de estender e modificar. Mas exigem memória extra para os ponteiros e devem ser acessadas sequencialmente a partir do início da lista.
- Há uma variedade de algoritmos para codificar listas ligadas. Uma maneira bastante utilizada é criar uma classe `Node` para cada elemento de dados e uma classe `LinkedList` com métodos para anexar elementos, percorrer a lista, inserir, localizar e exibir elementos e outras operações.
- Muitas linguagens de programação fornecem uma estrutura de lista ligada e métodos como um módulo embutido ou como um módulo que se pode importar ou incluir. Codificar uma lista ligada é um dos desafios a ser enfrentados em uma entrevista técnica ao procurar um emprego de programação, portanto, convém manter listas ligadas em seu conjunto de habilidades de programação.

Termos-chave

estrutura de dados
estrutura de dados linear
estrutura de dados não linear
início
lista duplamente ligada
lista ligada
lista ligada circular
lista unicamente ligada
nó
ponteiro
referência

PILHAS E FILAS

OBJETIVOS DE APRENDIZAGEM:

20.1 PILHAS

20.1.1 Explicar por que pilhas são consideradas estruturas de dados lineares de acesso limitado.

20.1.2 Explicar o significado de LIFO no contexto das pilhas.

20.1.3 Usar os termos "push" e "pop" no contexto das pilhas.

20.1.4 Indicar a eficiência das operações de inserção, remoção e pesquisa realizadas em uma pilha.

20.1.5 Fornecer exemplos que ilustram o uso de pilhas em programas de computador.

20.1.6 Identificar funções de pilha integradas.

20.1.7 Identificar as classes que são utilizadas ao implementar uma pilha com base em uma lista ligada.

20.1.8 Diagramar os processos para inserir e remover elementos de uma pilha de lista ligada.

20.2 FILAS

20.2.1 Classificar uma fila como uma estrutura de dados de acesso limitado linear que é acessada como FIFO.

20.2.2 Comparar a operação FIFO de uma fila com a operação LIFO de uma pilha.

20.2.3 Aplicar os termos "enfileirar" e "desenfileirar" no contexto de filas.

20.2.4 Rotular os elementos de uma fila.

20.2.5 Indicar a eficiência das operações de filas, como enfileiramento e desenfileiramento.

20.2.6 Fornecer exemplos que ilustram o uso de filas em programas de computador.

20.2.7 Descrever as classes que são usadas ao codificar uma fila com base em uma lista ligada.

20.2.8 Lembrar os algoritmos para enfileirar e desenfileirar elementos de uma fila de lista ligada.

20.1 PILHAS

Noções básicas de pilha (20.1.1, 20.1.2, 20.1.3, 20.1.4)

Comida de refeitório. Nem sempre é interessante, mas depois de entrar na fila, você pode rapidamente pegar uma bandeja da pilha, deslizá-la pelos trilhos e enchê-la de comida. Ver **Figura 20-1**. Essa experiência fornece uma base para entender duas estruturas de dados importantes: pilhas e filas. Vamos começar com pilhas.

Na programação, uma **pilha** é uma estrutura de dados linear de acesso limitado na qual o último elemento de dados adicionado é o primeiro elemento removido. Como analogia, imagine um refeitório movimentado.

Figura 20-1   Um refeitório tem pilhas e filas

As bandejas são empilhadas uma sobre a outra. A bandeja no topo da pilha – a última adicionada – é a primeira a ser removida. Para alcançar a bandeja na parte inferior da pilha, todas as outras devem ser removidas antes.

Os dados em uma pilha são controlados pelo algoritmo "último a entrar, primeiro a sair", conhecido como **LIFO** (*last-in-first-out* – o último a entrar é o primeiro a sair). A inserção de um elemento de dados ao topo da pilha é realizada com uma operação **push**. A remoção de um elemento do topo de uma pilha é realizada com uma operação **pop**.

As pilhas também podem suportar uma operação **peek** que recupera o valor do elemento na parte superior sem removê-lo da pilha. A **Figura 20-2** mostra um diagrama conceitual de uma pilha, juntamente com suas operações de inserção e remoção.

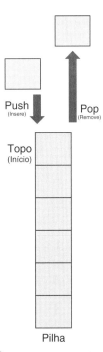

Figura 20-2   A estrutura de dados da pilha

As características de uma estrutura de dados de pilha incluem os seguintes elementos:

Linear. Os elementos em uma pilha são relacionados linearmente, não hierarquicamente. Cada elemento é encadeado a um elemento anterior e um próximo.

Homogêneo. Os elementos em uma pilha são todos do mesmo tipo de dados.

Adição e remoção eficientes. Não importa quantos elementos uma pilha contenha, adicionar ou remover um elemento dela pode ser realizado em uma única operação. Push e pop só podem ser aplicados ao elemento no topo da pilha, portanto, teoricamente, o número de elementos adicionais nela não afeta a eficiência das operações push e pop.

Extensível. As pilhas alocam memória dinamicamente à medida que os elementos são adicionados. Ao contrário de arranjos, o comprimento de uma pilha não precisa ser declarado.

Acesso limitado. Somente o elemento na parte superior em uma pilha pode ser acessado. Os elementos mais abaixo na pilha não podem ser acessados diretamente. Não há uma maneira fácil de percorrer todos os elementos em uma pilha. Para procurar um elemento nela, deve-se remover os elementos um a um até que o elemento-alvo seja encontrado. Se quiser manter a pilha original, será preciso armazenar todos os elementos que foram removidos e, em seguida, adicioná-los de volta à pilha quando terminar.

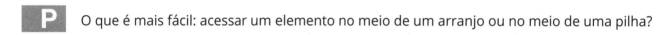

O que é mais fácil: acessar um elemento no meio de um arranjo ou no meio de uma pilha?

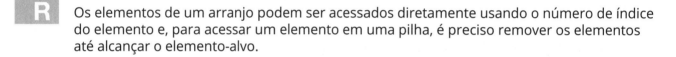

Os elementos de um arranjo podem ser acessados diretamente usando o número de índice do elemento e, para acessar um elemento em uma pilha, é preciso remover os elementos até alcançar o elemento-alvo.

Casos de uso de pilha (20.1.5)

As pilhas são uma ferramenta útil para o seu kit de ferramentas de programação. Considere o uso de uma pilha ao trabalhar com dados que exigem operações como as seguintes:

Inverter a ordem. Pilhas funcionam bem para algoritmos que invertem palavras ou outros objetos. A **Figura 20-3** ajuda a visualizar como usar uma pilha para inverter as letras de uma palavra. Adiciona-se cada letra à pilha. A primeira letra termina na parte inferior. A última letra termina na parte superior. À medida que cada letra é removida, a palavra é soletrada de trás para a frente.

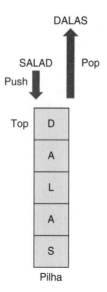

Figura 20-3 Inversão de uma palavra usando uma pilha

Se adicionar BURRITO a uma pilha, em que sequência as letras aparecerão?

 As letras aparecerão na ordem inversa: OTIRRUB.

Desfazer e refazer. Pilhas também são úteis para operações de desfazer e refazer. Por exemplo, um programa de processamento de texto pode usar uma pilha para capturar cada pressionamento de tecla e comando que o usuário produz. Suponha que ele exclua uma palavra. Essa operação é inserida no início da pilha. O usuário decide que a palavra não deveria ter sido excluída e seleciona Desfazer. O programa de processamento de texto remove a operação Desfazer da pilha e, em seguida, remove a palavra excluída da pilha. Pronto! A palavra foi recuperada.

Refazer etapas. Uma pilha também pode ser usada para manter uma lista de sites visitados por um navegador. Cada nova página insere um link na pilha. O botão Voltar remove um link da pilha e volta à página anterior que o navegador exibiu. Esse aspecto das pilhas também é útil para resolver problemas de labirinto em que escolher o caminho errado exige que se volte para uma interseção para tentar um caminho diferente.

Testar a simetria. As pilhas são úteis para testar a simetria. Eis um exemplo. Programas de processamento de texto usam o símbolo " para abrir uma citação e o símbolo " para fechar uma citação. Como ele sabe qual usar? Quando os símbolos de aspas são armazenados em uma pilha, enfileirar o elemento na parte superior indica se o último era uma aspa de abertura ou fechamento.

Pilhas incorporadas (20.1.6)

A maioria das linguagens de programação tem uma função, método ou classe de pilha incorporado. A **Figura 20-4** fornece um exemplo que faz o seguinte:

Insere 1 na pilha.
Insere 2 na pilha.
Gera o número na parte superior da pilha. (É 2 nesse ponto no programa.)
Remove o número na parte superior da pilha.
Gera o número na parte superior da pilha. (É 1 depois de remover 2.)

A C++ Standard Template Library (STL) inclui um contêiner de pilha com as funções `push()`, `pop()` e `top()`. A função `top()` procura o elemento na parte superior sem removê-lo da pilha.

A instrução `#include<bits/stdc.h>` fornece acesso ao contêiner de pilha e suas funções.

Sintaxe:

Declare a pilha: `stack <tipo_de_dados> nome_da_pilha;`

Push: `nome_da_pilha.push(dados);`

Pop: `nome_da_pilha.pop();`

Peek: `nome_da_pilha.top();`

```cpp
#include <bits/stdc++.h>
using namespace std;


int main ()
{
```

Figura 20-4 A função `stack()` incorporada (*continua*)

```
    stack <int> the_stack;
    the_stack.push(1);
    the_stack.push(2);
    cout << "The top of the stack is: " << the_stack.top() << endl;

    the_stack.pop();
    cout << "The top of the stack is: " << the_stack.top()<< endl;
}
SAÍDA:
The top of the stack is: 2
The top of the stack is: 1
```

Figura 20-4 A função `stack()` incorporada

Codifique uma pilha (20.1.7, 20.1.8)

Pode-se, também, implementar uma pilha com base em uma lista ligada. Uma pilha de lista ligada é essencialmente uma solução "do zero" que fornece controle total sobre o comportamento da pilha e suas operações.

Como uma revisão rápida, lembre-se de que uma lista ligada é uma cadeia de nós, cada um com um ponteiro para o próximo nó. O diagrama na **Figura 20-5** ilustra uma lista ligada em uma orientação vertical que lembra uma pilha.

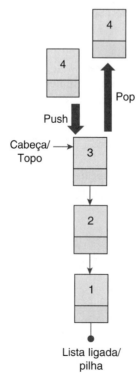

Figura 20-5 Uma lista ligada pode ser utilizada para implementar uma pilha

P Que parte de uma lista ligada é equivalente ao topo de uma pilha?

R O início de uma lista ligada é equivalente ao topo de uma pilha. Quando se imagina o início de uma lista ligada como o topo de uma pilha, pode-se ver como as duas estruturas estão relacionadas.

É fácil implementar uma pilha como uma lista ligada com métodos para enviar e remover elementos de dados. O código para uma pilha de listas ligadas começa definindo uma classe **Node** e uma classe **Stack**, como mostra a **Figura 20-6**. A classe **Node** configura um nó como tendo dados e um link para o próximo nó. A classe **Stack** cria um ponteiro chamado **top** que inicialmente aponta para NULL, null ou None, dependendo da sua linguagem de programação.

O seguinte segmento de código declara uma classe **Node** e uma classe **Stack**. A classe **Node** tem dois atributos: um inteiro chamado **data**, e um ponteiro chamado ***next** que referencia o próximo nó. **Node(int d)** é um construtor de um objeto **Node** contendo um conjunto de dados para **d** e um ponteiro **next** para NULL.

Na classe **Stack**, a instrução **Node *top** cria um ponteiro chamado **top**, e **top = NULL** inicialmente configura o ponteiro **top** como NULL porque a pilha não tem nós quando é criada pela primeira vez.

```cpp
#include <iostream>
using namespace std;

class Node
{
  public:
  int data;
  Node *next;
  Node(int d)
  {
    data = d;
    next = NULL;
  }
};
class Stack
{
  public:
  Node *top;
  Stack()
  {
    top = NULL;
  }
```

Figura 20-6 Código para as classes **Node** e **Stack**

P Por que `top` inicialmente aponta para NULL, null ou None?

R A pilha ainda não inclui um nó para o qual `top` pode apontar.

push(). A classe `Stack` inclui um método `push()` que coloca um elemento no topo da pilha, que é o início da lista ligada. O algoritmo para o método `push()` é assim:

Crie um nó com um ponteiro associado a ele chamado `temp`.

Carregue os dados no nó referenciado por `temp`.

Mude o ponteiro `temp next` para referenciar o mesmo nó que o ponteiro `top`.

Configure o ponteiro `top` para referenciar o mesmo nó que `temp` de modo que `top` aponte para o nó na parte superior da pilha.

O diagrama na **Figura 20-7** ilustra o que acontece quando um elemento é colocado no início da pilha de listas ligadas.

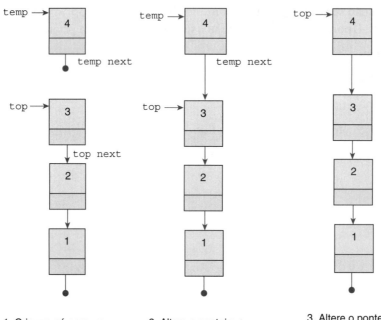

1. Crie um nó com um ponteiro associado chamado `temp`. Carregue o nó com dados. O ponteiro `temp next` do novo nó não está inicialmente vinculado a um nó na pilha.

2. Altere o ponteiro `temp next` de modo que ele referencie o mesmo nó que o ponteiro top. O ponteiro `temp next` será vinculado ao nó que estava anteriormente no topo da pilha.

3. Altere o ponteiro `top` para referenciar o nó apontado por `temp` para que `top` aponte para o novo nó no topo da pilha.

Figura 20-7 Diagrama conceitual para adicionar elementos à pilha de listas ligadas

P A qual nó `temp next` se vincula durante o método `push()`?

R O ponteiro `temp next` inicialmente aponta para NULL, mas depois se conecta ao nó `top`.

O código para inserir um elemento no início da pilha é detalhado na **Figura 20-8**.

A instrução `Node *temp = new Node(d)` cria um nó referenciado por um ponteiro chamado `temp` e preenche o nó com os dados `d`. Em seguida, `temp->next = top` vincula o próximo ponteiro do novo nó ao topo atual da pilha. A instrução `top = temp` muda o ponteiro `top` para referenciar o novo nó que agora está no topo da pilha.

```
void push(int d)
{
    Node *temp = new Node(d);
    temp->next = top;
    top = temp;
    cout << top->data << " is pushed onto the stack." << endl;


}
```

Figura 20-8 Código para o método `push()`

Pop(). A classe `Stack` também deve incluir um método para remover um elemento do topo da pilha de listas ligadas. Desde que haja dados na pilha, o código atribui o nó `top` a um ponteiro chamado `temp`. Em seguida, torna o próximo nó o topo da lista. Por fim, exclui o nó `temp`. Eis o algoritmo:

Se a pilha estiver vazia, exiba "Empty stack".

Caso contrário, faça o seguinte:

>Crie um ponteiro chamado `temp` que referencia o mesmo nó que o ponteiro chamado `top`.
>Configure o ponteiro `top` para referenciar o mesmo nó que o ponteiro `top next`.
>Exclua o nó apontado por `temp`.

A **Figura 20-9** ilustra o algoritmo visualmente.

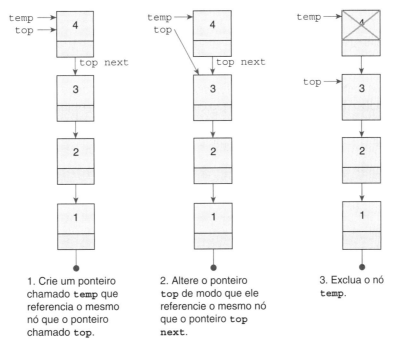

Figura 20-9 Diagrama conceitual para remover elementos da pilha de listas ligadas

P Por que é preciso criar um ponteiro `temp` em vez de apenas excluir o nó `top`?

R Se um ponteiro `temp` não for criado, o ponteiro para o próximo elemento seria perdido e seria impossível realocar o topo da pilha.

Na implementação da lista ligada, verifique primeiro se a pilha está vazia e se exibirá "Empty stack", se for o caso. Se houver elementos na pilha, o método `pop()` prossegue de acordo com o algoritmo. O código para remover o elemento do topo de uma pilha é detalhado na **Figura 20-10**.

A cláusula if verifica se a pilha está vazia. Caso contrário, ela contém nós, e `Node *temp = top` cria um ponteiro chamado `temp` que referencia o nó no topo da pilha. A instrução `top = top->next` aponta o topo para o segundo (próximo) nó na pilha. Por fim, `delete(temp)` exclui o nó referenciado por `temp`.

```cpp
void pop()
{
  if(top == NULL)
    cout << "Empty stack." << endl;
  else
  {
    Node *temp = top;
    cout << top->data << " is popped off the stack." << endl;
    top = top->next;
    delete(temp);
  }
}
```

Figura 20-10 Código para o método `pop()`

Depois de configurar os métodos `push()` e `pop()`, eles poderão ser utilizados nos programas. Lembre-se de criar o objeto `Stack` no código driver. Na **Figura 20-11**, o código driver cria um objeto `Stack` chamado `my_stack`. Ele insere 1, então 2 na pilha. Depois disso, o código tenta remover três itens. Como a pilha contém apenas dois itens, o último método `pop()` produz a mensagem "Empty stack".

```cpp
int main()
{
  Stack my_stack;
  my_stack.push(1);
  my_stack.push(2);
  my_stack.pop();
```

Figura 20-11 Código driver na pilha de listas ligadas (*continua*)

```
    my_stack.pop();
    my_stack.pop();
}
SAÍDA:
1 is pushed onto the stack.
2 is pushed onto the stack.
2 is popped off the stack.
1 is popped off the stack.
Empty stack.
```

Figura 20-11   Código driver na pilha de listas ligadas

20.2 FILAS

Noções básicas de fila   (20.2.1, 20.2.2, 20.2.3, 20.2.4, 20.2.5)

Uma **fila** é uma estrutura de dados linear de acesso limitado na qual os elementos são removidos da frente e adicionados à parte de trás. As pessoas na fila em um refeitório formam uma fila. A primeira pessoa na fila é a primeira a ser atendida e a sair da fila. Novas chegadas são adicionadas ao final da linha.

Como uma fila de pessoas, os dados em uma fila são controlados por um algoritmo de "primeiro a entrar, primeiro a sair" (first-in-first-out), conhecido como **FIFO**. A adição de um elemento de dados à parte de trás de uma fila é realizada com uma operação de **enfileiramento**. A exclusão de um elemento da frente da fila é realizada com uma operação de **desenfileiramento**.

Filas também suportam uma operação peek que recupera o valor do elemento na frente sem removê-lo da fila.

A **Figura 20-12** ilustra um diagrama conceitual de uma fila, junto das operações de enfileiramento e desenfileiramento.

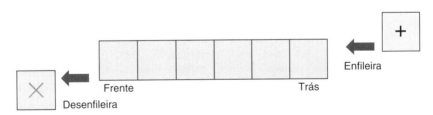

Figura 20-12   A estrutura de dados da fila

Os dados em uma fila podem ser enfileirados e desenfileirados com eficiência, mas, como nas pilhas, a travessia é menos eficiente. As características adicionais das estruturas de dados de fila são semelhantes às de uma pilha.

- Homogênea
- Linear
- Adição e remoção eficientes
- Extensível
- Acesso limitado

Casos de uso de fila (20.2.6)

A característica básica de uma fila é que ela pode conter dados e, com o tempo, liberá-los em ordem sequencial. As filas são excelentes para algoritmos que representam uma sequência de tarefas que devem ser processadas na ordem em que ocorrem. Eis alguns exemplos:

Agendamento. Os sistemas operacionais rastreiam e agendam os processos de vários programas que exigem tempo de processamento da CPU.

Transferência de dados assíncrona. Os dados que nem sempre podem fluir livremente podem ser mantidos em um buffer e então liberados. Os teclados incluem buffers que armazenam pressionamentos de tecla até que possam ser manipulados por um aplicativo de software. Os spoolers de impressão armazenam dados de caracteres até que uma impressora esteja pronta para recebê-los.

Algoritmos de preenchimento. Jogos como Go e Minesweeper usam filas para determinar quais quadrados estão vazios. No software Paint, uma fila controla a ferramenta bucket que preenche áreas conectadas de cores semelhantes com uma nova cor especificada. Ver **Figura 20-13**.

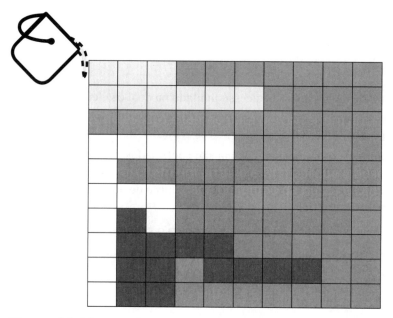

Figura 20-13 Os algoritmos de preenchimento de inundação são baseados em filas

Primeiro a chegar, primeiro a ser atendido. Aplicativos que controlam os sistemas de telefonia comercial colocam os chamadores em espera e os conectam aos representantes por ordem de chegada. Filas de impressão armazenam uma série de documentos e os imprimem na ordem em que foram recebidos.

Algoritmos de percurso. Filas são usadas para seguir um caminho ao longo de uma estrutura hierárquica chamada árvore.

Caminho mais curto. Uma fila é uma parte fundamental da solução para problemas de mapeamento, como o clássico problema de cavalo no xadrez, para encontrar o número mínimo de passos dados pelo cavalo para mover-se do ponto A ao ponto B em um tabuleiro de xadrez. Ver **Figura 20-14**.

Codifique uma fila (20.2.7, 20.2.8)

Embora a maioria das linguagens de programação forneça uma variedade de funcionalidades internas para filas, você terá mais controle se criar uma lista ligada e fornecer métodos para enfileiramento e desenfileiramento.

Figura 20-14 O algoritmo para o problema do cavalo no xadrez é baseado em uma estrutura de dados de fila

Conceitualmente, uma fila pode ser uma lista ligada na qual o início da lista é designado como a parte da frente da fila onde os elementos de dados são removidos. O fim da lista ligada se torna a parte de trás da fila onde os elementos de dados são adicionados, como mostrado na **Figura 20-15**.

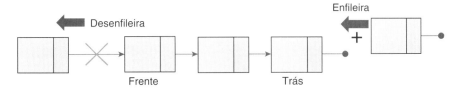

Figura 20-15 Uma lista ligada pode ser utilizada para implementar uma fila

P O início de uma lista ligada é equivalente à parte da frente ou de trás de uma fila?

R O início de uma lista ligada é equivalente à parte da frente de uma fila.

O código para uma fila de lista ligada começa criando uma classe `Node` e uma classe `Queue`, como mostra a **Figura 20-16**.

A classe **Node** inclui uma variável para os dados e um ponteiro para o próximo nó. **Node(int d)** é um construtor de um objeto **Node** contendo um conjunto de dados para **d** e um ponteiro **next** para NULL.

A classe **Queue** rastreia a parte da frente e de trás da fila com esses ponteiros inicialmente configurados como NULL no construtor **Queue**.

```cpp
#include<iostream>
using namespace std;

class Node
{
  public:
    int data;
    Node *next;
    Node(int d)
    {
      data = d;
      next = NULL;
    }
};

class Queue
{
  public:
  Node *front, *rear;
  Queue()
  {
    front = rear = NULL;
  }
```

Figura 20-16   Código para as classes Node e Queue

P Em uma fila, quais ponteiros são inicialmente configurados como NULL, null ou None?

R Os nós da frente e de trás de uma fila estão inicialmente vazios, portanto, os ponteiros da frente e de trás são configurados como NULL, null ou None.

Enqueue(). O método `enqueue()` é projetado para adicionar um elemento de dados à parte de trás da fila da lista ligada, conforme mostrado na **Figura 20-17**.

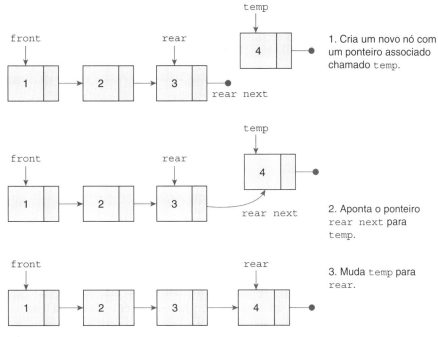

Figura 20-17 Enfileirando um nó

P Inicialmente, qual é o valor do ponteiro `rear next`?

R O ponteiro `rear next` é inicialmente NULL, null ou None.

O algoritmo de enfileiramento funciona assim:

Crie um novo nó com um ponteiro para ele chamado `temp`.
Carregue os dados no nó referenciado por `temp`.
Se a fila estiver vazia, o novo nó se tornará a parte da frente e a parte de trás da fila.
Caso contrário, aponte o ponteiro `rear next` para o nó referenciado por `temp` e depois altere `temp` para `rear`.

O código para o método `enqueue()` está detalhado na **Figura 20-18**.

A instrução `Node *temp = new Node(d)` cria um novo nó contendo dados `d` com um ponteiro associado chamado `temp`. A cláusula if torna o novo nó a parte da frente e de trás da fila se ela estiver vazia. Se a fila contiver nós, `rear->next = temp` aponta o último nó na fila para o novo nó. A instrução `rear = temp` move o ponteiro `rear` para o nó recém-enfileirado.

```
void enqueue(int d)
{
   Node *temp = new Node(d);

   if (rear == NULL)
   {
      front = rear = temp;
```

Figura 20-18 Código para o método `enqueue()` (*continua*)

```
      cout << front->data;
      cout << " is the front and rear of the queue." << endl;
    }
    else
    {
      rear->next = temp;
      rear = temp;
      cout << rear->data << " is the rear of the queue." << endl;
    }
  }
```

Figura 20-18 Código para o método `enqueue()`

Dequeue(). O método `dequeue()` remove um elemento de dados da frente da fila da lista ligada. Esse método é semelhante ao método `pop()` em uma pilha e usa um algoritmo semelhante. Eis o algoritmo:

Se a fila estiver vazia, exiba "Empty queue".

Caso contrário, faça o seguinte:

   Crie um ponteiro chamado `temp` que referencia o mesmo nó que o ponteiro chamado `front`.

   Configure o ponteiro `front` para referenciar o mesmo nó que o ponteiro `temp next`.

   Exclua o nó referenciado por `temp`.

O código para o método `dequeue()` está na **Figura 20-19**.

A cláusula if verifica se a fila está vazia. Se a fila não estiver vazia, `Node *temp = front` cria um ponteiro chamado `temp` que se refere ao mesmo nó que o ponteiro `front`. A instrução `front = temp->next` aponta `front` para o segundo nó na fila, tornando esse nó a parte da frente da fila. Então `delete(temp)` exclui o nó referenciado por `temp`.

```
void dequeue()
  {
    if (front == NULL)
      cout << "Empty queue."<< endl;
    else
    {
      Node *temp = front;
      front = temp->next;
      cout << temp->data << " is dequeued." << endl;
      delete(temp);
    }
  }
```

Figura 20-19 Código para o método `dequeue()`

P Quais ponteiros referenciam o mesmo nó quando a operação de desenfileiramento começa?

R Os ponteiros `front` e `temp` referenciam o nó na parte da frente quando a operação de desenfileiramento começa.

Seu código driver pode criar uma instância da classe `Queue` como `my_queue` e usar os métodos `enqueue()` e `dequeue()` para adicionar à fila ou remover elementos da fila. O código driver na **Figura 20-20** enfileira dois elementos e, em seguida, os desenfileira.

```
int main()
{
  Queue my_queue;
  my_queue.enqueue(1);
  my_queue.enqueue(2);
  my_queue.dequeue();
  my_queue.dequeue();
}

SAÍDA:
1 is the front and rear of the queue.
2 is the rear of the queue.
1 is dequeued.
2 is dequeued.
```

Figura 20-20 Código na fila da lista ligada

P Revise o código para o método `dequeue()`. Qual seria a saída se o código driver tivesse uma terceira instrução `dequeue()`?

R A instrução if no método `dequeue()` produziria a mensagem "Empty queue", então a saída seria:

```
1 is the front and rear of the queue.
2 is the rear of the queue.
1 is dequeued.
2 is dequeued.
Empty queue.
```

RESUMO

- Uma pilha é uma estrutura de dados linear de acesso limitado na qual o último elemento de dados adicionado é o primeiro elemento removido. Os dados em uma pilha são controlados por um algoritmo último a entrar, primeiro a sair, conhecido como LIFO.
- A adição de um elemento de dados ao topo da pilha é realizada com uma operação push. A exclusão de um elemento do final de uma pilha é realizada com uma operação pop. Pilhas também podem suportar uma operação peek que recupera o valor do elemento na parte superior sem removê-lo da pilha.
- Pilhas são lineares, homogêneas e extensíveis. Adicionar e remover elementos do topo de uma pilha é muito eficiente. Mas pilhas são de acesso limitado, portanto, percorrer os dados é menos eficiente porque requer a remoção de elementos da pilha um a um.
- As pilhas são uma ferramenta útil para algoritmos que se baseiam em reversão, redirecionamento, desfazer ou teste de simetria.
- A maioria das linguagens de programação tem suporte a pilhas incorporado. Uma alternativa é implementar uma pilha baseada em uma lista ligada. Em geral, o código para uma pilha de listas ligadas inclui uma classe `Node`, uma classe `Stack`, um método `push()` e um método `pop()`.
- Uma fila é uma estrutura de dados linear de acesso limitado na qual os elementos são removidos da frente e adicionados à parte de trás. Os dados em uma fila são controlados por um algoritmo primeiro a entrar, primeiro a sair, conhecido como FIFO.
- A adição de um elemento de dados à parte de trás de uma fila é realizada com uma operação de enfileiramento. A exclusão de um elemento da frente da fila é realizada com uma operação de desenfileiramento. Filas também suportam uma operação peek que recupera o valor do elemento na frente sem removê-lo da fila.
- Filas têm características semelhantes às de uma pilha. São homogêneas, lineares e extensíveis. O enfileiramento e o desenfileiramento são eficientes, mas o acesso limitado torna as atividades de travessia menos eficientes.
- Filas são ferramentas úteis para algoritmos que representam uma sequência de tarefas que devem ser processadas na ordem em que ocorrem.
- Assim como as pilhas, as filas podem ser implementadas com base em listas ligadas. Uma fila de lista ligada inclui uma classe `Node`, uma classe `Queue`, um método `enqueue()` e um método `dequeue()`.

Termos-chave

desenfileiramento	fila	pilha
enfileiramento	LIFO	pop
FIFO	peek	push

MÓDULO 21

ÁRVORES E GRAFOS

OBJETIVOS DE APRENDIZAGEM:

21.1 ESTRUTURAS DE DADOS NÃO LINEARES

21.1.1 Descrever a diferença entre estruturas de dados lineares e não lineares.

21.1.2 Explicar o projeto de estruturas de dados não lineares.

21.1.3 Definir "nós" e "arestas" nas estruturas de dados não lineares.

21.2 ESTRUTURAS DE ÁRVORE

21.2.1 Classificar árvores como estruturas de dados abstratas não lineares.

21.2.2 Identificar os elementos-chave de uma estrutura de dados em árvore.

21.2.3 Associar o termo "hierárquico" a estruturas de dados em árvore.

21.2.4 Identificar a altura e a profundidade de uma estrutura de dados em árvore.

21.2.5 Explicar por que uma estrutura de árvore pode ser descrita como recursiva.

21.3 RESOLVER PROBLEMAS COM O USO DE ÁRVORES

21.3.1 Fornecer exemplos que usam árvores para representar dados hierárquicos.

21.3.2 Indicar a característica-chave de uma árvore binária.

21.3.3 Diferenciar entre uma árvore binária e uma árvore de busca binária.

21.3.4 Definir o termo "percurso" no que se refere às estruturas de dados em árvore.

21.3.5 Percorrer o caminho de um percurso em profundidade.

21.3.6 Percorrer o caminho de um percurso.

21.4 ESTRUTURAS DE GRAFO

21.4.1 Classificar grafos como estruturas de dados abstratas não lineares.

21.4.2 Comparar diagramas de grafos a diagramas de árvores.

21.4.3 Indicar quatro características que diferenciam grafos de árvores.

21.4.4 Explicar a diferença entre grafos direcionados e não direcionados.

21.5 RESOLVER PROBLEMAS COM O USO DE GRAFOS

21.5.1 Fornecer exemplos de uso de estruturas de dados de grafos para representar dados.

21.5.2 Associar o termo "modelo de rede" a estruturas de dados de grafos.

21.5.3 Configurar o termo "caminho mais curto" no que se refere aos grafos.

21.5.4 Fornecer exemplos de uso de caminhos mais curtos no mundo real.

21.5.5 Percorrer o algoritmo de Floyd.

21.1 ESTRUTURAS DE DADOS NÃO LINEARES

Estruturas lineares *versus* não lineares (21.1.1, 21.1.2)

A informação mais fácil para um computador gerenciar é uma estrutura de dados linear em que os elementos de dados são organizados sequencialmente e cada elemento é conectado ao anterior e ao próximo, como a lista de convidados para uma festa ou as pontuações mais altas em um videogame.

Nem todos os dados são lineares, mas são organizados como uma hierarquia ou uma rede com um ou mais vínculos entre os elementos de dados. Exemplos de dados não lineares incluem um organograma, árvore genealógica e mapa de um site que mostra como cada página da web se conecta à página inicial.

Imagine que você esteja em um labirinto de cerca viva, mostrado na **Figura 21-1**. Considere um caminho através do labirinto como uma série de escolhas. Em cada interseção, você escolhe uma direção para continuar pelo labirinto ou sair.

A **Figura 21-2** mostra um labirinto mais simples com cada ponto de decisão rotulado com uma letra de A a G. A entrada é mostrada com uma seta indicando o labirinto, e a saída é mostrada com uma seta apontando para fora do labirinto.

Figura 21-1   Labirinto de cerca viva

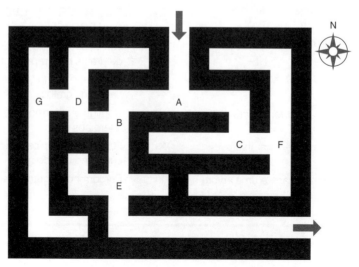

Figura 21-2   Labirinto amigável ao computador

Suponha que queira exibir todas as rotas possíveis pelo labirinto, incluindo caminhos que resultam em um beco sem saída. Você pode representar cada rota como uma lista de instruções, que é uma estrutura de dados linear. Por exemplo, como descreveria o percurso até a interseção D? Pegar o caminho para o sul até a interseção A, então para o oeste até a interseção B, depois para o oeste novamente a fim de chegar à interseção D. Como descreveria o caminho até a interseção E? Ir para o sul, oeste e sul para chegar a E. As duas primeiras instruções para as interseções D e E criam caminhos sobrepostos – primeiro ir para o sul, depois ir para o oeste – porque os caminhos para D e E passam pela interseção B. Listar todas as rotas possíveis cria muitas instruções redundantes.

Labirintos são estruturas semelhantes a redes que são mais bem representadas de forma não linear. Uma descrição linear do labirinto é possível, mas é entediante e repetitiva.

Blocos de construção não lineares (21.1.3)

Lembre-se de que em uma estrutura de dados linear, um nó armazena uma informação e um ponteiro para outro nó em algum outro lugar na memória do computador. Estruturas não lineares usam a mesma ideia dos nós, exceto que o número de conexões não se limita a um único link. Em vez disso, cada nó pode ter uma ou mais conexões. A **Figura 21-3** compara uma estrutura linear e uma estrutura não linear.

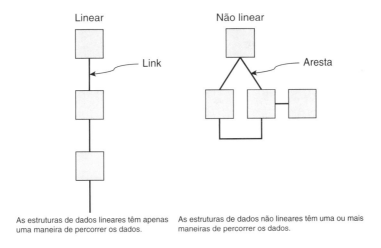

Figura 21-3 Estruturas de dados lineares *versus* não lineares

Em uma estrutura de dados não linear, as conexões entre os nós são chamadas **arestas**. Uma aresta pode ser direcionada, o que significa que é como uma rua de mão única. Uma aresta direcionada pode ir de A a B, mas não no sentido inverso. Uma aresta também pode ser não direcionada, o que significa que pode ser escolhida em qualquer direção: A a B ou B a A. A maneira como as arestas são restritas afeta o projeto de cada estrutura de dados.

21.2 ESTRUTURAS DE ÁRVORE

Noções básicas de árvores (21.2.1, 21.2.2, 21.2.3)

Uma **árvore** é uma estrutura de dados não linear hierárquica. Assim como acontece com uma lista ligada, uma árvore tem um ponto de partida e uma conexão entre um elemento de dados e o próximo. Ao contrário das listas ligadas, cada nó em uma árvore pode ter mais de uma conexão com outros elementos de dados.

Imagine uma árvore com galhos que se dividem em folhas. Agora imagine uma informação em cada ponto onde a árvore se divide. Os pontos de divisão são nós. Embora as árvores cresçam e se ramifiquem para cima, tradicionalmente as árvores de codificação são desenhadas de cabeça para baixo para que o ponto de partida apareça no topo do diagrama. A **Figura 21-4** mostra os nós em uma estrutura de dados em árvore. A imagem à direita mostra como as árvores são tradicionalmente diagramadas na ciência da computação.

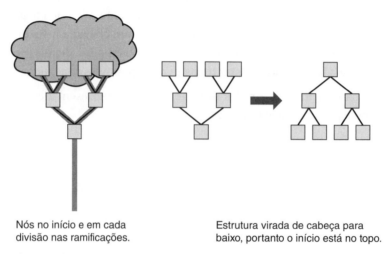

Figura 21-4 Nós em uma estrutura de árvore

As arestas em uma estrutura de árvore representam os ramos e conectam um nó a outros nós. A **Figura 21-5** mostra nós e arestas em um diagrama de árvore.

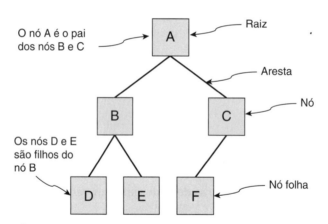

Figura 21-5 Nós e arestas em uma árvore básica

Dois nós estão relacionados se estiverem conectados por uma aresta, como o nó A e o nó C na Figura 21-5. Cada nó pode ter apenas uma aresta conectando-a a outro nó. Isso significa que o número de arestas em uma árvore é igual ao número de nós menos um. A árvore na Figura 21-5 tem seis nós e cinco arestas.

Um nó pode ser um **pai** ou **filho** de outro nó. Na Figura 21-5, o nó A é o pai do nó B e do nó C. Os filhos do nó B são os nós D e E. Uma árvore é hierárquica por causa desses relacionamentos pai-filho, com nós acima ou abaixo um do outro.

Os nós na parte superior e inferior de uma árvore têm nomes especiais. O nó **raiz** está no topo da árvore e não tem um nó pai. Os nós na parte inferior, que não têm filhos, são chamados **nós folha**. Na Figura 21-5, a raiz é o nó A, e os nós folha são os nós D, E e F. Uma árvore pode ter apenas um nó pai. Um nó pode ter zero ou mais filhos, mas apenas um pai. A única exceção a essa regra é o nó raiz, que não tem um pai.

No exemplo do labirinto, você pode representar as opções em cada interseção como uma árvore. Cada interseção é um nó e os caminhos são arestas. Ver **Figura 21-6**. Da interseção A, há duas opções: oeste o leva à interseção B e leste à interseção C.

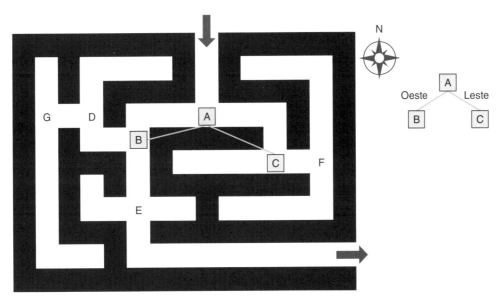

Figura 21-6 Estrutura de árvore em um labirinto

P Na Figura 21-6, qual nó é a raiz da árvore para os caminhos do labirinto?

R O ponto de partida do labirinto, interseção A, é a raiz porque não tem um nó pai. Não há decisão a ser tomada antes da interseção A.

A **Figura 21-7** mostra a árvore de decisão completa para os caminhos do labirinto. Nós sem letras representam becos sem saída.

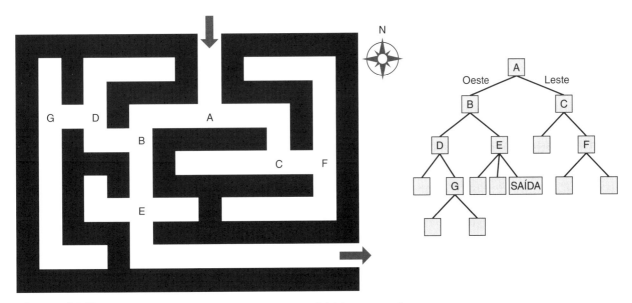

Figura 21-7 Estrutura de árvore completa para o labirinto completo

Propriedades da árvore (21.2.4)

A forma de uma árvore pode ser descrita pelo tamanho, altura e largura.

Tamanho. O tamanho refere-se ao número de nós na árvore.

Altura. A altura é determinada pelo número de linhas de nós em uma árvore, incluindo o nó raiz. A altura de uma árvore não pode ser maior que seu tamanho.

Largura. A largura é determinada pelo número de filhos na maior linha da árvore. Essa linha nem sempre é a parte inferior da árvore.

P Quais são o tamanho, a altura e largura de cada árvore mostrada na **Figura 21-8**?

R A árvore 1 tem um tamanho de 3, altura de 3 e largura de 1; a árvore 2 tem um tamanho de 7, altura de 3 e largura de 4; e a árvore 3 tem tamanho de 3, altura de 2 e largura de 2.

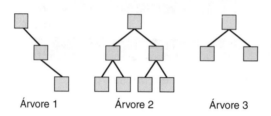

Figura 21-8 Várias árvores

Você descreve a localização de um nó pela profundidade na árvore. Para calcular a profundidade de um nó, comece na raiz, que tem uma profundidade de 0. Adicione 1 à profundidade cada vez que seguir uma aresta até um nó filho. Observe a diferença entre altura e profundidade: uma árvore tem uma altura e um nó tem uma profundidade. A menor árvore tem uma altura de 1, o que significa que tem apenas uma linha de nós e um único nó nessa linha. O nó mais raso tem uma profundidade de 0, o que significa que é o nó raiz.

P Quais são as profundidades dos nós A, C e E na Figura 21-5?

R As profundidades dos nós A, C e E são 0, 1 e 2, respectivamente.

Em um labirinto, a altura de uma árvore representa o número de interseções pelas quais você deve passar para encontrar a saída ou chegar a um beco sem saída. Quanto mais alta a árvore, mais direções seleciona ao longo do caminho. O tamanho da árvore representa quantos caminhos o labirinto contém.

Árvores como estruturas recursivas (21.2.5)

Lembre-se de que recursão é o ato de dividir um problema em cópias menores do mesmo problema para resolvê-lo. Árvores são estruturas recursivas em que cada nó em uma árvore também é organizado como uma árvore, criando uma subárvore. Para resolver o problema colocado por uma estrutura de dados em árvore, você resolve cada subárvore.

Embora cada árvore tenha apenas uma raiz, qualquer outro nó é uma árvore, desconsiderando o pai desse nó. Na **Figura 21-9**, o nó B é uma subárvore anexada ao nó A. Os outros nós também são estruturas de árvore.

Todos os nós, mesmo nós sem filhos, são subárvores. Isso significa que uma árvore tem uma definição recursiva. Uma árvore ou subárvore é um dos seguintes:

- Um único nó ou uma árvore de altura 1
- Um nó com subárvores filhos de alturas menores

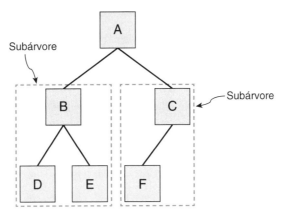

Figura 21-9   Nós como subárvores

As propriedades de uma árvore também podem ser definidas recursivamente. O tamanho do nó A na **Figura 21-9** é o tamanho das subárvores B e C somadas, mais 1, que é igual a 6. A altura do nó A é a altura da subárvore mais alta mais 1, que é 3.

A **Figura 21-10** mostra como codificar uma estrutura de árvore usando uma classe `Node` para uma estrutura de dados não linear. O código é para um tipo específico de `Node`, uma árvore com apenas dois filhos, rotulada `left` e `right`.

```
#include <iostream>
#include <string>

using namespace std;

class Node
{
   public:
      int data;

      Node* left;      left e right são os caminhos a seguir
      Node* right;     para uma árvore binária.

      Node(int data, Node* left = NULL, Node* right = NULL)
      {
         this->data = data;
         this->left = left;
         this->right = right;
      }
};

void print_tree(Node* tree, int level = 0)
{
   // Imprime uma árvore rotacionada para a linha de comando
   // com a raiz à esquerda.
   string s = "";
```

Figura 21-10   Modificar a classe `Node` e imprimir uma árvore (*continua*)

```cpp
    if (tree != NULL)
    {
       print_tree(tree->right, level + 1);

       for (int i = 0; i < level; i++)
       {
          s += "| ";
            }
            s += to_string(tree->data);
            cout << s << endl;

            print_tree(tree->left, level + 1);
       }
    }


    int main()
    {
       // Constrói uma árvore
       Node* tree = new Node(5);

       // profundidade 1
       tree->left = new Node(2);
       tree->right = new Node(8);

       // profundidade 2
       tree->left->left = new Node(1);
       tree->left->right = new Node(3);
       tree->right->left = new Node(7);
       tree->right->right = new Node(10);

       print_tree(tree);

       return 0;

    }

    SAÍDA:
    |  | 10
    | 8
    |  | 7
    5
    |  | 3
    | 2
    |  | 1
```

Figura 21-10   Modificar a classe Node e imprimir uma árvore

21.3 RESOLVER PROBLEMAS COM O USO DE ÁRVORES

Aplicativos de árvore (21.3.1, 21.3.2)

Pode-se usar árvores para resolver muitos problemas hierárquicos além dos labirintos. Um videogame geralmente tem momentos na história em que o jogador pode fazer escolhas. Cada escolha leva a história por um dos muitos caminhos possíveis. Uma árvore é uma maneira perfeita de organizar essas escolhas, como mostrado na **Figura 21-11**.

Figura 21-11   Árvore para um jogo baseado em história

Converter o código Morse também é um bom momento para usar uma árvore. O código Morse é um método de comunicação que usa sons curtos e longos para representar letras. Por exemplo, "ponto ponto traço ponto" significa a letra "F". A árvore na **Figura 21-12** mostra como converter o código Morse em letras. Cada nó tem uma aresta esquerda para ponto (.) e uma aresta direita para traço (–). Você segue o caminho à esquerda para cada ponto no código, e segue o caminho para a direita para cada traço a fim de chegar ao nó que contém a letra convertida. Para traduzir "ponto ponto traço ponto", vá para a esquerda, esquerda, direita e esquerda ao longo da árvore para terminar no nó folha contendo "F".

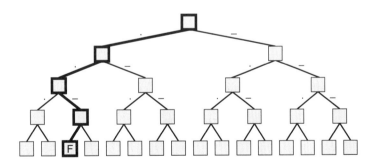

Figura 21-12   Árvore do código Morse com "F" destacado

Na maioria das vezes, as árvores são utilizadas em um formato binário, em que cada nó tem até duas opções, semelhante à árvore do código Morse na Figura 21-12. **Árvores binárias** não tem mais de dois filhos por nó. Em outras palavras, um nó em uma árvore binária pode ter zero, um ou dois filhos, como mostrado na **Figura 21-13**.

Cada nova linha em uma árvore binária tem espaço para duas vezes mais filhos que a linha anterior, porque cada nó pode ter dois filhos. Em uma árvore binária completa (ou cheia), cada nó, exceto um nó folha, tem dois filhos. Na Figura 21-13, a árvore A é uma árvore completa. O tamanho é 7 e a altura é 3. Em uma árvore binária completa, a altura é $\log_2(n)$ arredondado para cima ou igual a quantas vezes pode-se dividir o tamanho por 2 até

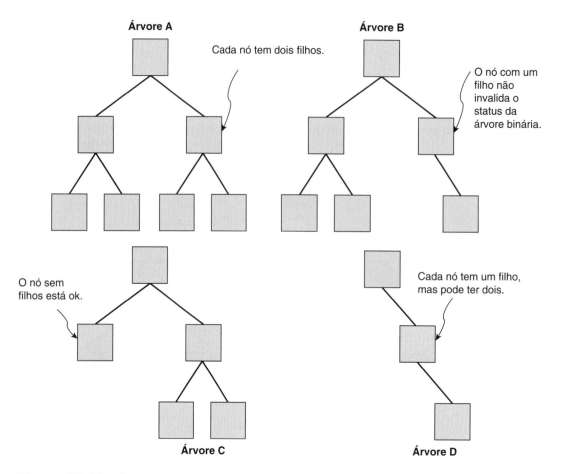

Figura 21-13 Árvores binárias

que o resultado seja menor que 1. Pode-se calcular que uma árvore binária contendo 7 itens tem uma altura de 3 da seguinte maneira:

7 / 2 = 3.5
3.5 / 2 = 1.75
1.75 / 2 = 0.875

Armazenamento de dados em árvores (21.3.3, 21.3.4, 21.3.5, 21.3.6)

Cada nó em uma árvore pode conter dados ou informações. No código Morse, a letra "U" é convertida em "ponto ponto traço". Essa conversão segue o mesmo caminho que "F" em uma árvore de código Morse, mas para um nó acima de "F", em que a letra "U" é armazenada. Ver **Figura 21-14**.

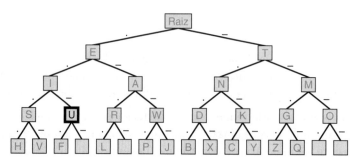

Figura 21-14 Árvore do código Morse com "U" destacado

Uma árvore comumente usada é uma **árvore de busca binária (ABB)**, uma árvore binária usada para procurar um valor específico. Cada nó em uma ABB contém uma informação pesquisável. A **Figura 21-15** mostra uma possível ABB com um número em cada nó.

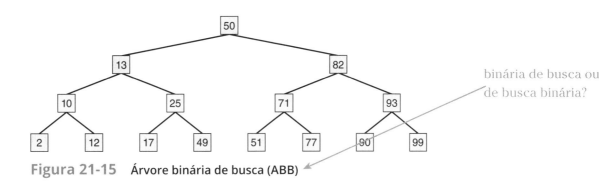

Figura 21-15 Árvore binária de busca (ABB)

binária de busca ou de busca binária?

Para pesquisar uma ABB, comece na raiz e observe os dados contidos em cada nó. Como em um labirinto, cada aresta de um nó representa uma decisão. Cada nó em uma ABB tem duas arestas, uma representando a "esquerda" e a outra representando a "direita". O caminho à esquerda o leva a um número menor que o número atual, e o caminho à direita o leva a um número maior que o número atual. Na **Figura 21-16**, o nó raiz contém o valor 50. Os nós à esquerda contêm valores menores que 50 e os nós à direita contêm valores maiores que 50. Essa organização simplifica uma busca.

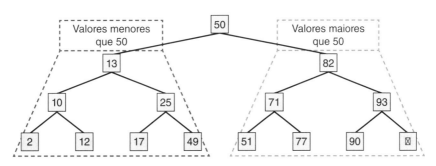

Figura 21-16 ABB destacando as opções à esquerda e à direita

Lembre-se de que as árvores são recursivas em termos de projeto. Isso significa que se pode aplicar um projeto recursivo à maioria dos algoritmos que usam uma árvore. Por exemplo, uma busca em uma ABB pode ser definida com o seguinte algoritmo:

Verifique o nó atual e, se for igual ao valor procurado, retorne uma mensagem indicando que encontrou o valor procurado.

Se o valor encontrado é menor que o valor do nó atual e o nó atual tem um filho à esquerda, busque no filho à esquerda e retorne o resultado.

Se o valor da busca é maior que o valor do nó atual e o nó atual tem um filho à direita, busque no filho à direita e retorne o resultado.

Caso contrário, retorne uma mensagem indicando que não pode localizar o valor procurado.

Você pode usar esse algoritmo para encontrar um número em uma árvore. Suponha que se queira encontrar o número 17 na ABB mostrada na **Figura 21-15**. Primeiro, observe os dados armazenados no nó raiz, que contém 50. Esse número não é 17, então é preciso continuar procurando. Como 17 é menor que 50, siga a aresta à esquerda até o nó que contém 13. Como 17 é maior que 13, siga a aresta à direita até o nó que contém 25. Como 17 é menor que 25, siga o nó à esquerda até o nó que contém 17, o número que se quer encontrar.

P Na Figura 21-15, qual sequência de decisões à esquerda e à direita poderia ser tomada para encontrar o número 51?

R O caminho para encontrar 51 começa na raiz. A raiz não contém 51, então a busca continua. Seguir os caminhos à direita, à esquerda e à esquerda leva ao nó contendo 51.

P Na Figura 21-15, qual sequência de decisões à esquerda e à direita poderia ser tomada para encontrar o número 18?

R Embora se possa ver de relance que 18 não está na árvore, um computador procuraria o valor até que alcançasse um nó folha e não conseguisse continuar à esquerda ou à direita. Quando não há mais arestas a seguir, o computador sabe que o número não está na árvore. O computador procuraria a ABB indo à esquerda, direita, esquerda e depois pararia.

A **Figura 21-17** mostra como programar uma busca binária em uma ABB organizada como aquela na Figura 21-15, com valores filho menores que o valor do nó atual à esquerda e valores filho maiores que o valor do nó atual à direita. O código usa a classe **Node** definida anteriormente.

```cpp
#include <iostream>
#include <string>

using namespace std;

void binary_search(Node* tree, int data)
{
    if (tree == NULL)
    {
        cout << "The item " << data << " IS NOT in the tree!" << endl;
    }
    else
    {
        if (tree->data == data)
        {
            cout << "The item " << data << " IS in the tree!" << endl;
        }
        else if (tree->data > data)
        {
            binary_search(tree->left, data);
        }
        else
        {
            binary_search(tree->right, data);
        }
    }
}
```

- Referencia a classe Node da Figura 21-10.
- Se o nó atual a ser verificado não existir, conclua a busca.
- Se o nó atual tiver dados iguais ao que está procurando, o número foi encontrado.
- Caso contrário, vá para a esquerda se os dados procurados forem menores que os dados no nó atual ou vá para a direita.

Figura 21-17 Programando uma busca binária em uma ABB (*continua*)

```
int main()
{
   // Constrói uma árvore
   Node* tree = new Node(5);

   // profundidade 1
   tree->left = new Node(2);
   tree->right = new Node(8);

   // profundidade 2
   tree->left->left = new Node(1);
   tree->left->right = new Node(3);
   tree->right->left = new Node(7);
   tree->right->right = new Node(10);

   binary_search(tree, 7);
   binary_search(tree, 3);
   binary_search(tree, 12);

   return 0;
}

SAÍDA:
The item 7 IS in the tree!
The item 3 IS in the tree!
The item 12 IS NOT in the tree!
```

Figura 21-17 Programando uma busca binária em uma ABB

O caminho para encontrar o número 16 na ABB mostrada na **Figura 21-16** e o caminho do início à saída no labirinto são instâncias de um único caminho em uma árvore. Em contraposição, um percurso deve visitar todos os nós, não seguir um único caminho ao longo das ramificações. Um percurso requer voltar atrás porque cada nó inclui várias opções que precisam ser exploradas para fazer um percurso completo. Todos os percursos começam no nó raiz.

Há duas maneiras comuns de percorrer uma árvore. O primeiro percurso chama-se percurso em profundidade primeiro (PP), que começa na raiz e avança com as decisões ao longo de uma ramificação, retrocedendo apenas se não tiver para onde ir.

A **Figura 21-18** mostra uma árvore binária simples em que cada nó tem uma cor e duas arestas, esquerda e direita.

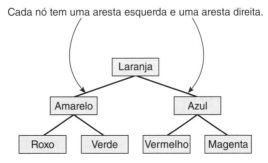

Figura 21-18 Árvore binária com valores de cores

Um percurso PP explora a árvore binária da seguinte maneira:

1. O primeiro nó é o nó laranja. Nesse ponto, você seleciona uma preferência para decisões, como continuar à esquerda antes de à direita.
2. O próximo nó à esquerda contém amarelo.
3. O próximo nó à esquerda contém roxo.
4. O percurso não tem para onde ir, então volta ao nó anterior, que contém amarelo.
5. Uma decisão no nó amarelo ainda não foi percorrida, então o percurso continua até o nó à direita, que contém verde.
6. O percurso não tem para onde ir, então volta ao amarelo.
7. O nó amarelo não oferece nenhuma outra opção, então o percurso volta ao laranja.
8. A decisão restante é continuar à direita, então o percurso segue o caminho para azul.
9. O padrão continua a visitar o nó vermelho e, em seguida, o nó magenta. A ordem do percurso PP final das cores é laranja, amarelo, roxo, verde, azul, vermelho e magenta.

Como alternativa, podemos ter um **percurso em amplitude primeiro (AP)**. Em vez de se comprometer com um ponto de decisão e retroceder quando todas as opções estão esgotadas, um percurso AP visita cada nó em um nível dentro da árvore antes de prosseguir.

Para usar um percurso AP com a árvore de cores na Figura 21-18, você começa novamente em laranja e depois visita amarelo. Embora um percurso PP visite o nó roxo em seguida, um percurso AP visita o nó azul em seguida porque o nó azul está no mesmo nível (ou linha) que o nó amarelo. O nível atual não contém outros nós, então o percurso AP continua na próxima linha e visita roxo, verde, vermelho e então magenta. O percurso AP final é laranja, amarelo, azul, roxo, verde, vermelho e magenta.

A **Figura 21-19** usa a classe `Node` definida anteriormente para demonstrar tanto percursos profundos como amplos. Para programar esses dois percursos, você precisa usar duas estruturas de dados lineares: uma fila e uma pilha.

Observe como o código é semelhante para os dois percursos. A lógica para os percursos é principalmente tratada pelas estruturas de dados de fila e pilha. A única diferença entre os dois percursos é o nó a ser visitado em seguida, que a fila e a pilha monitoram para você.

```
#include <iostream>
#include <string>
#include <bits/stdc++.h>

using namespace std;

void depth_first_traversal(Node* tree)
{
    stack<Node*> node_stack;
    Node* item;

    node_stack.push(tree);

    while (!node_stack.empty())
    {
        item = node_stack.top();
        node_stack.pop();
```

Referencia a classe **Node** da Figura 21-10.

Figura 21-19 Programando os percursos em profundidade e em amplitude primeiro (*continua*)

```cpp
        cout << item->data << " ";

        if (item->right != NULL)
        {
            node_stack.push(item->right);
        }
        if (item->left != NULL)
        {
            node_stack.push(item->left);
        }
    }

    cout << endl;
}

void breadth_first_traversal(Node* tree)
{
    queue<Node*> node_stack;
    Node* item;

    node_stack.push (tree);

    while (!node_stack.empty())
    {
        item = node_stack.front();
        node_stack.pop();

        cout << item->data << " ";

        if (item->left != NULL)
        {
            node_stack.push(item->left);
        }
        if (item->right != NULL)
        {
            node_stack.push(item->right);
        }
    }

    cout << endl;
}


int main()
{
    // Build a tree
    Node* tree = new Node(5);

    // depth 1
    tree->left = new Node(2);
    tree->right = new Node(8);

    // depth 2
    tree->left->left = new Node(1);
```

Figura 21-19 Programando os percursos em profundidade e em amplitude primeiro (*continua*)

```
        tree->left->right = new Node(3);
        tree->right->left = new Node(7);
        tree->right->right = new Node(10);

        depth_first_traversal(tree);
        breadth_first_traversal(tree);

        return 0;
    }

    SAÍDA:
    5 2 1 3 8 7 10
    5 2 8 1 3 7 10
```

Figura 21-19 Programando os percursos em profundidade e em amplitude primeiro

21.4 ESTRUTURAS DE GRAFO

Noções básicas de grafos (21.4.1, 21.4.2, 21.4.3)

Grafos são outra variante da estrutura de dados abstrata não linear. A diferença entre grafos e árvores é que os grafos não têm hierarquia imposta. Os nós em um grafo estão conectados a outros nós, mas nenhum nó é o início da estrutura. Pense em um mapa da sua cidade, com blocos de prédios e as ruas que os conectam. Ao tentar descobrir as direções de um lugar a outro, os pontos inicial e final são relativos à sua localização atual.

A **Figura 21-20** mostra três grafos. Observe que as árvores e os grafos podem ser bastante semelhantes. Ao contrário das árvores, porém, os grafos não têm nós raiz, nenhum limite nas arestas entre os nós, nenhum relacionamento pai-filho e possivelmente mais de um caminho entre os nós.

Os tipos de grafos incluem:

Grafo esparso. Um **grafo esparso** não contém muitas arestas entre os nós.
Grafo completo. Em um **grafo completo**, cada nó tem uma aresta para todos os outros nós.
Grafo conexo. Em um **grafo conexo**, todos os nós são conectados por pelo menos uma aresta a um grupo de nós.
Grafo não conexo. Um **grafo não conexo** possui ilhas de nós não conectados ao grupo principal.

A **Figura 21-21** mostra exemplos de cada tipo de grafo.

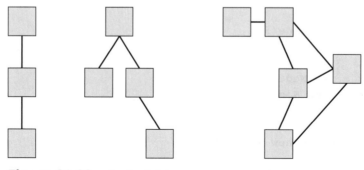

Figura 21-20 Grafos básicos

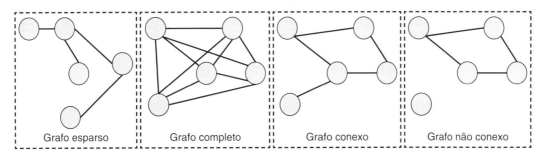

Figura 21-21   Tipos de grafos

Grafos direcionados e não direcionados (21.4.4)

Às vezes, as estradas são apenas de sentido único, de modo que devem ser percorridas em apenas uma direção. Um **grafo direcionado** tem arestas como estradas de mão única. Uma aresta direcionada pode chamar do nó A ao nó B, mas não do nó B ao nó A. Um **grafo não direcionado** não restringe a direção de nenhuma aresta. A **Figura 21-22** mostra grafos direcionados e não direcionados, com setas indicando uma aresta direcionada.

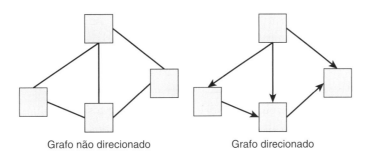

Figura 21-22   Grafos direcionados *versus* não direcionados

21.5 RESOLVER PROBLEMAS COM O USO DE GRAFOS

Usos de grafos (21.5.1, 21.5.2)

Grafos costumam ser usados para encontrar caminhos ao longo de uma área, seja ela abstrata ou física. Os caminhos podem ser a rota para encontrar a saída para um labirinto, uma rota a ser percorrida usando um aplicativo de navegação ou sua rede conectiva de amigos nas mídias sociais. Essa rede conectiva usada pela maioria dos sites de mídia social também pode ser chamada modelo de rede.

Nos grafos, as arestas podem incluir pesos. Esses **pesos de aresta** podem representar muitas coisas, mas normalmente estão relacionados ao "custo" de seguir essa aresta. Em um mapa geografo, por exemplo, os pesos das arestas são as distâncias físicas em quilômetros.

Representar grafos no código é complicado, pois os nós de um grafo têm um número desconhecido de arestas. Em vez de representar o grafo como uma série de arestas anexadas aos nós, pode-se usar uma **matriz de adjacência**. Essa matriz é uma grade bidimensional, com uma linha e uma coluna para cada nó. O valor na interseção de dois nós representa o peso da aresta.

A **Figura 21-23** mostra uma matriz de adjacência. Se um nó não tem aresta, então ele tem um peso de aresta de 0. Caso contrário, a matriz contém um número positivo. Os rótulos na coluna à esquerda são os nós iniciais, e os rótulos na parte superior são os nós de destino. Na Figura 21-23, você lê a célula contendo "5" como "a aresta de A a B tem um peso de 5".

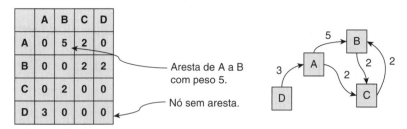

Figura 21-23 Matriz de adjacência e grafo que ela representa

P A matriz de adjacência na Figura 21-23 descreve um grafo direcionado ou um grafo não direcionado? Como você sabe?

R A matriz inclui uma aresta de A a B, mas não de B a A, criando um caminho de mão única. Portanto, a matriz descreve um grafo direcionado. Um grafo não direcionado não teria caminhos de mão única.

Computação de caminhos (21.5.3, 21.5.4, 21.5.5)

Ao dirigir em algum lugar ou explorar um labirinto, você normalmente quer o **caminho mais curto** ao destino. Em um grafo, encontra-se o caminho mais curto adicionando os pesos das arestas dos nós. A soma mínima das arestas é o caminho mais curto.

A **Figura 21-24** mostra um labirinto e seu grafo. Você pode encontrar a saída facilmente examinando o grafo, mas um computador não. Um computador tem de comparar nós e caminhos um a um.

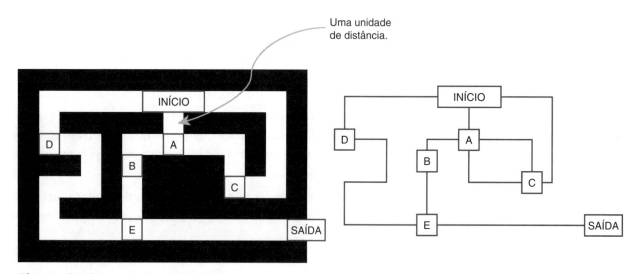

Figura 21-24 Labirinto e grafo

Para que um computador resolva o labirinto e encontre a saída, é preciso converter o labirinto em uma matriz de adjacência. O tamanho do quadrado que contém uma letra representa 1 unidade de distância. Por exemplo, a distância entre INÍCIO e A é 2, pois são necessários dois quadrados para chegar a A. A **Figura 21-25** mostra a matriz de adjacência para o labirinto na **Figura 21-24**.

	INÍCIO	A	B	C	D	E	SAÍDA
INÍCIO	0	2	0	11	7	0	0
A	2	0	3	5	0	0	0
B	0	3	0	0	0	3	0
C	11	5	0	0	0	0	0
D	7	0	0	0	0	12	0
E	0	0	3	0	12	0	8
SAÍDA	0	0	0	0	0	8	0

Figura 21-25 Matriz de adjacência para o labirinto

P A matriz de adjacência na Figura 21-25 descreve um grafo direcionado ou um grafo não direcionado?

R A matriz não indica nenhum caminho de mão única, portanto descreve um grafo não direcionado.

Para calcular o caminho mais curto de um ponto de partida a um destino, você pode usar um algoritmo chamado **algoritmo de Floyd**. Ele calcula a distância mais curta entre dois nós e a distância mais curta entre todos os nós no grafo. Dada uma matriz de adjacência como a da Figura 21-25, o algoritmo de Floyd cria uma nova matriz onde os valores são a menor distância entre dois nós, não apenas arestas. O esboço do algoritmo de Floyd é o seguinte:

```
for each node index i
    for each node index r
        for each node index c
            A[r][c] = min(A[r][c], A[r][i] + A[i][c])
```

O algoritmo analisa cada nó no grafo, chamado `i`. Para cada nó, ele examina todos os outros nós, chamados `r`. Para cada nó `r`, ele verifica se existe outro nó, chamado `c`, com um caminho mais curto a seguir. Se houver um caminho mais curto entre `r` e `c` fazendo um desvio pelo nó `i`, então a matriz de caminho é atualizada para essa distância mais curta. A **Figura 21-26** mostra quando um valor na matriz seria atualizado.

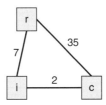

Figura 21-26 O caminho de r a c é mais longo do que de r a i e então a c

A **Figura 21-27** mostra um programa para aplicação do algoritmo de Floyd. Para interpretar os resultados, considere que cada entrada na matriz tem agora o caminho mais curto possível entre os dois nós. Por exemplo, a saída na Figura 21-27 mostra primeiro a matriz de adjacência e então os resultados do algoritmo de Floyd. Se você examinar linha rotulada `INÍCIO` e ler até a coluna rotulada `SAÍDA`, o caminho mais curto para fora do labirinto exige 16 passos.

```cpp
#include <iostream>
#include <iomanip> // Permite especificar a largura do cout com setw
using namespace std;

void print_matrix(int matrix[7][7], string nodes[7])
{
   // Usa setw para especificar o número de caracteres para preencher os valores
      impressos
   //setw(10) significa "certifique-se de que tem 10 caracteres, use espaços antes
      para garantir"
   cout << setw(10) << " |";
   for (int r = 0; r < 7; r++)
   {
      cout << setw(6) << nodes[r] << " |";
   }

   cout << endl;

   for (int r = 0; r < 70; r++)
   {
      cout << "-";
   }

   cout << endl;

   for (int r = 0; r < 7; r++)
   {
      cout << setw(8) << nodes[r] << " |";
      for (int c = 0; c < 7; c++)
      {
         cout << setw(6) << matrix[r][c] << " |";
      }

      cout << endl;
   }
```

Figura 21-27 Programa para aplicar o algoritmo de Floyd (*continua*)

```
}

void floyds(int matrix[7][7])
{
    for (int i = 0; i < 7; i++)
    {
        for (int r = 0; r < 7; r++)
        {
            for (int c = 0; c < 7; c++)
            {
                // Verifica se existe uma aresta entre ri, ic, e não estamos comparando
                // um nó com ele mesmo
                if (r != c and matrix[r][i] != 0 and matrix[i][c] != 0)
                {
                    // Se o valor for zero, podemos atualizá-lo independentemente
                    if (matrix[r][c] == 0)
                    {
                        matrix[r][c] = matrix[r][i] + matrix[i][c];

                    }
                    // Caso contrário, atualiza para o mínimo
                    else
                    {
                        matrix[r][c] = min(matrix[r][c], matrix[r][i] + matrix[i][c]);
                    }
                }
            }
        }
    }
}

int main()
{

    string nodes[] = {"START", "A", "B", "C", "D", "E", "EXIT"};
```

Figura 21-27 Programa para aplicar o algoritmo de Floyd (*continua*)

```cpp
    int matrix[7][7] = {{0,2,0,11,7,0,0},
                        {2,0,3,5,0,0,0},
                        {0,3,0,0,0,3,0},
                        {11,5,0,0,0,0,0},
                        {7,0,0,0,0,12,0},
                        {0,0,3,0,12,0,8},
                        {0,0,0,0,0,8,0}};

    print_matrix(matrix, nodes);

    floyds(matrix);

    cout << endl << endl<<"Floyd's:" << endl << endl;

    print_matrix(matrix, nodes);

}
```

SAÍDA:

	INÍCIO	A	B	C	D	E	SAÍDA
INÍCIO	0	2	0	11	7	0	0
A	2	0	3	5	0	0	0
B	0	3	0	0	0	3	0
C	11	5	0	0	0	0	0
D	7	0	0	0	0	12	0
E	0	0	3	0	12	0	8
SAÍDA	0	0	0	0	0	8	0

de Floyd:

	INÍCIO	A	B	C	D	E	SAÍDA
INÍCIO	0	2	5	7	7	8	16
A	2	0	3	5	9	6	14
B	5	3	0	8	12	3	11
C	7	5	8	0	14	11	19
D	7	9	12	14	0	12	20
E	8	6	3	11	12	0	8
SAÍDA	16	14	11	19	20	8	0

Figura 21-27   Programa para aplicar o algoritmo de Floyd

RESUMO

- Use uma estrutura de dados não linear para dados organizados como uma hierarquia ou rede com uma ou mais conexões entre os elementos de dados.
- Em uma estrutura de dados não linear, cada nó pode ter uma ou mais conexões, chamadas arestas.
- Uma árvore é uma estrutura de dados não linear hierárquica com um ponto de partida e nós onde cada nó é conectado por uma aresta a outro nó. Uma árvore é hierárquica porque estabelece relacionamentos pai-filho entre os nós. O nó raiz na parte superior da árvore não tem um nó pai e os nós folha na parte inferior da árvore não têm filhos.
- A forma de uma árvore é descrita pelo seu tamanho, altura e largura. A localização de um nó é descrita pela profundidade na árvore.
- Árvores são estruturas recursivas porque cada nó em uma árvore também é organizado como uma árvore, criando uma subárvore.
- Uma árvore binária não tem mais de dois filhos por nó. Uma árvore que converte o código Morse é uma árvore binária. Usa-se uma árvore de busca binária (ABB) para pesquisar um valor específico. Cada nó em uma ABB contém uma informação pesquisável.
- A rota do início à saída em um labirinto é um caminho único em uma árvore. Um percurso ou travessia, por outro lado, visita todos os nós da árvore, começando pelo nó raiz. Um percurso em profundidade primeiro (PP) começa a procurar na raiz e continua ao longo de uma ramificação, retrocedendo após alcançar um nó folha. Um percurso em amplitude primeiro (AP) visita cada nó em um nível (ou linha) dentro da árvore antes de continuar para o próximo nível.
- Os grafos são estruturas de dados não lineares semelhantes a árvores, mas não organizam os nós em uma hierarquia. Além disso, eles não têm nós raiz e permitem mais de um caminho entre os nós.
- Grafos podem ser direcionados ou não direcionados. Um grafo direcionado tem arestas como estradas de mão única, onde uma aresta liga o nó A ao nó B, mas não conecta o nó B ao nó A. Um grafo não direcionado não restringe a direção das arestas.
- Em geral, grafos são usados para encontrar caminhos ao longo de uma área abstrata ou física, como uma cidade ou um labirinto. As arestas em um grafo podem incluir pesos que podem indicar o custo de seguir essa aresta. Em um mapa rodoviário, por exemplo, os pesos das arestas são as distâncias entre os locais.
- Um matriz de adjacência representa um grafo como uma grade em vez de uma série de arestas anexadas aos nós. A matriz inclui uma linha e uma coluna para cada nó, e o valor na interseção de dois nós indica o peso da aresta.
- Para calcular o caminho mais curto de um ponto de partida até um destino, pode-se usar o algoritmo de Floyd.

Termos-chave

algoritmo de Floyd
arestas
árvore
árvore de busca binária (ABB)
árvores binárias
caminho mais curto
filho
grafo completo

grafo conexo
grafo direcionado
grafo esparso
grafo não conexo
grafo não direcionado
grafos
matriz de adjacência
nós folha

pai
percurso
percurso em amplitude primeiro (AP)
percurso em profundidade primeiro (PP)
pesos de aresta
raiz

MÓDULO 22

COMPLEXIDADE DE ALGORITMOS E NOTAÇÃO BIG-O

OBJETIVOS DE APRENDIZAGEM

22.1 NOTAÇÃO BIG-O

22.1.1 Explicar por que os programadores estão interessados no desempenho dos algoritmos.

22.1.2 Citar dois fatores que afetam a eficiência do algoritmo.

22.1.3 Diferenciar o tempo de execução da complexidade de tempo.

22.1.4 Identificar a análise assintótica como uma maneira de avaliar o desempenho de um algoritmo à medida que o tamanho da entrada aumenta.

22.1.5 Identificar as três notações assintóticas que se aplicam ao desempenho dos algoritmos.

22.2 COMPLEXIDADE DE TEMPO

22.2.1 Indicar o propósito da notação Big-O.

22.2.2 Indicar que a notação Big-O é expressa com base no tamanho da entrada "n".

22.2.3 Identificar o formato geral da notação Big-O.

22.2.4 Identificar a notação Big-O e o gráfico para tempo constante e fornecer um exemplo de um algoritmo que tenha complexidade de tempo linear.

22.2.5 Identificar a notação Big-O e o gráfico para tempo linear e fornecer um exemplo de um algoritmo que é executado em tempo quadrático.

22.2.6 Identificar a notação Big-O e o gráfico para tempo quadrático e fornecer um exemplo de um algoritmo que é executado em tempo logarítmico.

22.2.7 Identificar a notação Big-O e o gráfico para o tempo logarítmico.

22.2.8 Identificar corretamente que a ordem de eficiência é $O(C)$, $O(\log n)$, $O(n)$, $O(n^2)$.

22.3 COMPLEXIDADE DE ESPAÇO

22.3.1 Declarar que a complexidade de espaço é a quantidade de espaço na memória necessária para um algoritmo executar um algoritmo.

22.3.2 Diferenciar espaço de instrução, espaço de dados e espaço auxiliar.

22.3.3 Declarar que o cálculo da complexidade de espaço pode basear-se no espaço de dados, espaço auxiliar ou em ambos.

22.3.4 Identificar algoritmos que têm complexidade de espaço constante.

22.3.5 Identificar algoritmos que têm complexidade de espaço O(n).

22.3.6 Associar elementos anexados a um arranjo como um algoritmo que requer complexidade de espaço linear.

22.3.7 Identificar um exemplo de um laço que não tem complexidade de espaço O(n), mas tem complexidade de tempo O(n).

22.4 CÁLCULOS DE COMPLEXIDADE

22.4.1 Determinar a complexidade de tempo Big-O para cada linha de um programa.

22.4.2 Determinar a complexidade de tempo dos laços.

22.4.3 Combinar termos Big-O.

22.4.4 Simplificar os termos Big-O.

22.4.5 Determinar o Big-O geral para o código que representa um algoritmo.

22.1 NOTAÇÃO BIG-O

Complexidade dos algoritmos (22.1.1, 22.1.2, 22.1.3)

Um Big Mac (**Figura 22-1**) é um hambúrguer de dois andares, o principal produto de uma popular cadeia de restaurantes fast food. Mas o que é um Big-O? Não é algo para comer, mas está relacionado à programação de computadores.

Figura 22-1   Big Mac ou Big-O?

Muitos problemas de programação podem ser resolvidos com mais de um algoritmo. Como saber qual algoritmo é o melhor?

Para muitos problemas de programação, a melhor solução é a mais eficiente. Programadores e cientistas da computação estão interessados em como tornar os programas mais eficientes para que os aplicativos sejam executados rapidamente e usem uma quantidade mínima de recursos do sistema. Mas exatamente o que torna um algoritmo mais eficiente que outro? Vamos descobrir.

A eficiência do algoritmo pode ser medida pelo tempo e pelo espaço.

- **Complexidade de tempo** refere-se à quantidade de tempo necessário para executar um algoritmo à medida que o conjunto de dados cresce. Em geral, os algoritmos que executam mais rapidamente são mais eficientes quanto ao tempo. Algoritmos que exigem mais tempo à medida que o conjunto de dados cresce têm mais complexidade de tempo.

- **Complexidade de espaço** refere-se à quantidade de memória exigida por um algoritmo à medida que o conjunto de dados cresce. Algoritmos que requerem menos espaço de memória provavelmente serão os mais eficientes quanto ao espaço. Algoritmos que exigem mais espaço à medida que o conjunto de dados cresce têm mais complexidade de espaço.

Em computação, o conceito de tempo é escorregadio. Tempo pode dizer respeito ao tempo de execução – o número de microssegundos necessários para que um algoritmo conclua a execução. Mas tempo de execução em qual plataforma de hardware e com qual conjunto de dados? Exatamente o que está incluído no tempo de execução? Tempo de acesso ao arquivo? Tempo de transmissão? Tempo de construção?

 Por que o tempo de execução pode não ser uma boa métrica da eficiência do programa?

 Tempo de execução depende de hardware. Não é uma boa métrica para eficiência porque um algoritmo pode exigir mais tempo para ser executado em uma plataforma de hardware baseada em nuvem do que em uma plataforma de hardware local.

Análise assintótica (22.1.4)

Um conjunto de métricas pode ser utilizado como medidas objetivas da eficiência de tempo ou eficiência de espaço de um algoritmo. A **análise assintótica** fornece aos programadores uma maneira de avaliar o desempenho de um algoritmo à medida que o tamanho do conjunto de dados aumenta.

 Suponha que se tenham dois algoritmos diferentes para classificar dados. Um algoritmo classifica 10 itens em 10 ms, mas leva 100 ms para classificar 100 itens. O outro classifica os 10 itens em 20 ms, mas leva 40 ms para classificar 100 itens. Qual algoritmo é mais eficiente para grandes conjuntos de dados?

 Pode-se supor que o segundo algoritmo é muito mais eficiente para grandes conjuntos de dados. Embora o primeiro classifique uma pequena quantidade de dados rapidamente, o tempo de processamento aumenta linearmente à medida que o conjunto de dados aumenta. O segundo algoritmo leva mais tempo para classificar 10 itens, mas menos tempo para classificar um conjunto de dados maior.

A **Figura 22-2** mostra gráficos desses dois algoritmos. Vê-se que a complexidade de tempo do primeiro algoritmo continua a aumentar à medida que o conjunto de dados aumenta. Por outro lado, a complexidade de tempo do segundo se estabiliza para conjuntos de dados maiores.

A análise assintótica revela a eficiência dos algoritmos. Ela pode ser usada para comparar vários algoritmos antes de selecionar aquele a ser usado.

Notação assintótica (22.1.5)

O desempenho de um algoritmo pode ser expresso em **notação assintótica**. Três dessas notações são comumente aplicadas à programação:

A **notação Big-O** é usada para expressar a complexidade de tempo de pior caso ou complexidade de espaço de um algoritmo. O pior caso às vezes é chamado limite superior porque mede a complexidade máxima de um algoritmo.

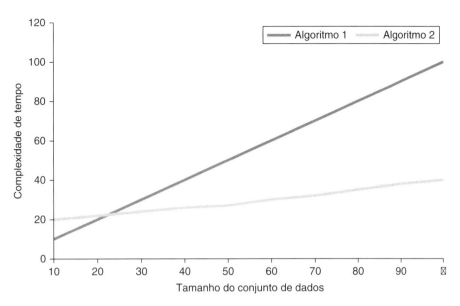

Figura 22-2 A complexidade de tempo varia para diferentes algoritmos e tamanho de conjunto de dados

A **notação Big-Omega** (Big-Ω) é usada para expressar o melhor caso de complexidade de tempo ou complexidade de espaço. Como um algoritmo nunca terá um desempenho mais rápido ou ocupará menos espaço que seu Big Omega, essa métrica delineia o limite inferior.

A **notação Big-Theta** (Big-θ) abrange os limites superior e inferior de um algoritmo, uma situação às vezes chamada limite rígido.

Dessas três notações, Big-O é a mais utilizada para medir a eficiência dos algoritmos. A familiaridade com a notação Big-O não é apenas útil para avaliar algoritmos para seus programas, mas também é um conceito importante para entrevistas de emprego.

22.2 COMPLEXIDADE DE TEMPO

Métricas de Big-O (22.2.1, 22.2.2, 22.2.3)

Programadores estão principalmente preocupados com os piores cenários de complexidade de tempo e espaço porque é importante saber a quantidade máxima de tempo ou espaço que um algoritmo pode exigir quando executado. A notação Big-O permite que os programadores quantifiquem e expressem esse máximo.

A notação Big-O leva em consideração a complexidade de tempo à medida que o tamanho de um conjunto de dados aumenta. Esses dados podem ser acessados de um arquivo, dimensionados como um arranjo, armazenados como uma lista ou inseridos durante o tempo de execução.

A letra O é usada na notação Big-O porque a taxa de crescimento de uma função também é chamada *ordem*. O formato geral da notação Big-O é O(*complexidade*), em que *complexidade* indica os requisitos de tempo ou espaço de um algoritmo em relação ao crescimento do conjunto de dados n.

P O que *n* significa na notação Big-O?

R Na notação Big-O, *n* indica o número de elementos em um conjunto de dados.

As seguintes métricas Big-O são mais comumente utilizadas para medir a complexidade de tempo dos algoritmos.

O(C) Tempo constante

O(*n*) Tempo linear

O(*n*²) Tempo quadrático

O(log *n*) Tempo logarítmico

Vamos analisar rapidamente cada uma dessas métricas e os tipos de algoritmos aos quais elas se aplicam.

Tempo constante (22.2.4)

Suponha que você tenha uma lista de restaurantes fast food classificados pela data em que foram estabelecidos. O primeiro elemento na lista é White Castle porque foi fundado em 1921. Você escreve um programa para encontrar o primeiro elemento nessa lista.

Encontrar o primeiro elemento em uma lista requer uma linha de código que especifica uma operação: obter o item no índice [0].

`first_item = fast_food_list[0]`

Não importa quantos restaurantes fast food estão no conjunto de dados. Pode haver cinco ou cinco milhões. O algoritmo para encontrar o primeiro vai operar na mesma quantidade de tempo. Na notação Big-O, esse tipo de algoritmo é executado em **tempo constante** porque não muda à medida que o conjunto de dados aumenta.

Um diagrama de linha com o número de elementos de dados no eixo x e o número de operações no eixo y é uma linha plana para tempo constante, conforme mostrado na **Figura 22-3**.

A notação Big-O para tempo constante é O(C), em que C é o número de operações necessárias para completar o algoritmo.

P Encontrar o primeiro elemento em uma lista requer apenas uma operação em tempo constante. Qual é a notação Big-O para essa operação?

R Para encontrar o primeiro elemento em uma lista, a complexidade de tempo é uma única operação, assim a notação Big-O seria O(1).

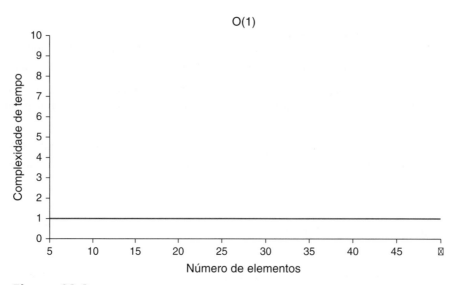

Figura 22-3 O gráfico de tempo constante é uma linha horizontal

Tempo linear (22.2.5)

Que tal um algoritmo para encontrar qualquer restaurante fast food específico que esteja na lista? O Jollibee está na lista de restaurantes fast food? Para pesquisar a lista, é preciso percorrê-la para examinar cada item.

```
assign i = 0
while not end of list
if fast_food_list[i] = "Jollibee" then
output "Found it!"
break
    else
        i = i + 1
```

O pior caso para essa busca seria se Jollibee fosse o último item na lista. Se for o último item em uma lista de 10 restaurantes fast food, o algoritmo exigirá 10 laços. Se a lista contiver 50, o algoritmo vai exigir 50 laços. À medida que o conjunto de dados de itens na lista cresce, a complexidade de tempo aumenta a uma taxa linear conforme apresentado na **Figura 22-4**.

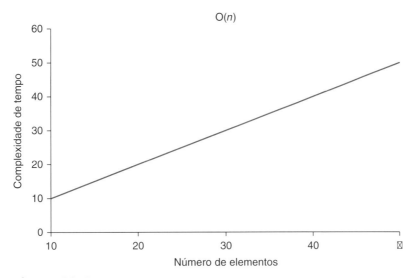

Figura 22-4 A complexidade de tempo para um laço é uma inclinação linear

Esse tipo de complexidade de tempo é conhecido como **tempo linear**. Relaciona-se diretamente ao número de itens em um conjunto de dados. Se o número de itens for n, então a complexidade de tempo será expressa em notação Big-O como **O(n)**.

P Qual é mais eficiente, tempo constante ou tempo linear?

R Algoritmos de complexidade linear são menos eficientes do que algoritmos executados em tempo constante. Algoritmos O(n) exigem cada vez mais tempo de processamento à medida que o tamanho do conjunto de dados aumenta.

Algoritmos baseados em estruturas iterativas, como encontrar um item em uma lista não ordenada, normalmente têm complexidade de tempo linear. Inserir, excluir e percorrer elementos de arranjo, percorrer uma pilha ou lista ligada e operações em tabelas de dispersão também são exemplos típicos de algoritmos com complexidade linear.

Tempo quadrático (22.2.6)

O White Castle é o primeiro item na lista de restaurantes fast food porque foi o primeiro estabelecido. Para classificar a lista em ordem alfabética, você pode usar uma ordenação por inserção com base em laços aninhados.

No pior cenário, ambos os laços são executados para todos os itens na lista. Se esta contiver cinco itens, o laço externo será executado cinco vezes, e cada uma dessas iterações será executada cinco vezes. Isso é 5^2 ou 25, iterações. Se a lista contiver 50 restaurantes fast food, a complexidade de tempo será 50^2 ou 2.500 iterações. Uau! Aumentar o número de itens na lista aumenta significativamente a complexidade de tempo da ordenação por inserção, conforme mostrado na **Figura 22-5**.

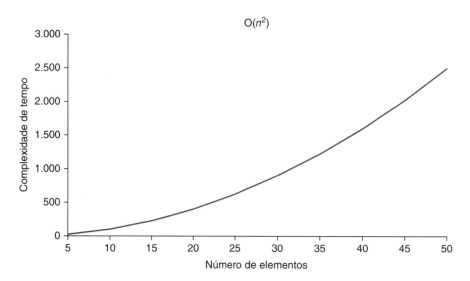

Figura 22-5 A complexidade de tempo para um laço aninhado aumenta mais acentuadamente à medida que o conjunto de dados cresce

Esse tipo de complexidade de tempo é conhecido como **tempo quadrático**. Ele aumenta mais acentuadamente que a complexidade de tempo linear à medida que o conjunto de dados cresce. Como o número de iterações é n^2, a complexidade quadrática na notação Big-O é expressa como $O(n^2)$.

Algoritmos de ordenação simples, como quicksort, ordenação por bolha, ordenação por seleção e ordenação por inserção, têm complexidade de tempo quadrática. Eles devem ser evitados ao trabalhar com grandes conjuntos de dados. Você pode usar algoritmos de ordenação alternativos e mais eficientes em seus programas.

P Suponha que tenha um programa que percorre um elemento por vez de um conjunto de dados e outro programa que usa uma ordenação por inserção para colocar os elementos em ordem alfabética. Qual programa tem a melhor eficiência de tempo?

R A busca tem complexidade $O(n)$. A ordenação tem eficiência $O(n^2)$. Isso significa que a busca é mais eficiente.

Tempo logarítmico (22.2.7, 22.2.8)

Cientistas da computação e programadores sempre estão procurando algoritmos inteligentes que dividem e conquistam. Usar uma busca binária para encontrar itens em uma lista ordenada é um exemplo dessa estratégia de dividir e conquistar.

Suponha que você tenha uma lista de 11 restaurantes fast food classificados em ordem alfabética. Vamos simplificar essa lista como [A, B, C, D, E, F, G, H, I, J, K]. Uma busca binária localiza o item do meio na lista e verifica se é o alvo. Caso contrário, metade da lista será descartada com base no fato de o alvo ser maior ou menor que o item do meio. Esse processo de descartar metade da lista continua até que o alvo seja encontrado. Ver **Figura 22-6**.

| A | B | C | D | E | F | G | H | I | J | K |

1. Para verificar se J está na lista, observe o ponto médio. Se o ponto médio não for o que você está procurando e for menor que o valor de destino, jogue fora metade da lista que for menor ou igual ao ponto médio.

| G | H | I | J | K |

2. Verifique o ponto médio na sublista. Se esse ponto médio não for o destino e for menor que o valor de destino, descarte metade da sublista que for menor ou igual ao destino.

| J | K |

3. Com apenas dois elementos restantes, use o primeiro como o ponto médio. Esse é o valor-alvo. Você o encontrou em três etapas.

Figura 22-6 Uma busca binária usa um algoritmo de divisão e conquista para reduzir a complexidade de tempo

P Quantas iterações são necessárias para encontrar J na lista de 11 itens?

R São necessárias três iterações. A primeira usa F como o ponto médio em toda a lista. A segunda, I como o ponto médio na sublista. A terceira usa J como o ponto médio da última metade da sublista. J é encontrado na terceira iteração.

Em uma busca binária, as iterações não crescem significativamente com o tamanho da lista porque a cada iteração, metade da lista é eliminada. A **Figura 22-7** ilustra esse padrão de crescimento que diminui em termos de inclinação à medida que o conjunto de dados cresce.

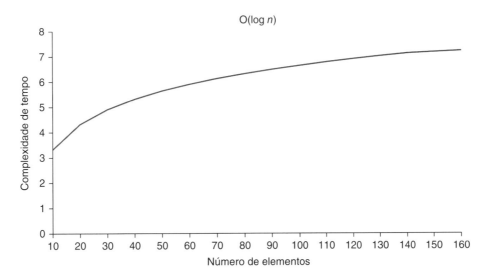

Figura 22-7 O gráfico de tempo logarítmico diminui de inclinação à medida que o número de elementos de dados aumenta

No máximo, quatro iterações são necessárias para que uma busca binária encontre um item em uma lista de 10 itens. São necessárias no máximo cinco iterações para uma lista de 20 itens; sete iterações para uma lista de 100 itens. Essa tendência é característica dos logaritmos.

Um logaritmo é o oposto de exponenciação. Enquanto um expoente multiplica, um logaritmo divide. Buscas binárias e operações em árvores binárias são executadas em **tempo logarítmico** caracterizado pela proporção de operações que diminui à medida que o tamanho do conjunto de dados cresce.

Como o número de iterações é log n, o tempo logarítmico na notação Big-O é expresso como **O(log n)**. O tempo logarítmico é considerado mais eficiente que o linear ou quadrático. Algoritmos que são executados em tempo logarítmico são seus amigos.

22.3 COMPLEXIDADE DE ESPAÇO

Espaço de memória (22.3.1, 22.3.2, 22.3.3)

Como programador, você deve estar ciente dos requisitos de memória para os programas que codifica. Os computadores de hoje têm muita memória, mas podem ser chamados para processar grandes conjuntos de dados. Usar a análise assintótica para entender a complexidade de espaço de seus algoritmos pode ajudá-lo a entender os requisitos de memória à medida que os programas são dimensionados para grandes conjuntos de dados.

Programas de computador requerem três tipos de espaço de memória para armazenar instruções e dados.

Espaço de instrução é a memória usada para armazenar o código de um programa. Quando um programa é executado, o espaço de memória é utilizado para armazenar a versão compilada de um programa, seu bitcode, ou o código-fonte que será processado por um interpretador. Escrever código eficiente pode reduzir a quantidade de espaço de instrução necessária para executar um algoritmo.

O espaço de instrução não é afetado pelo tamanho do conjunto de dados. Por exemplo, o conjunto de instruções para ordenar uma lista não muda se a lista contém 10 itens ou 10.000 itens. Como as métricas de complexidade de tempo estão vinculadas ao tamanho do conjunto de dados, o tamanho do conjunto de instruções não desempenha um papel para determinar a complexidade de espaço.

Espaço de dados é a memória necessária para armazenar dados que são acessados por um programa, inseridos em um programa ou gerados por ele. À medida que esses dados aumentam, mais memória é necessária. Suponha que um programa para gerar números aleatórios e armazená-los em um arranjo será escrito. Quando esse programa gera 50 números aleatórios, ele requer mais espaço de dados do que quando gera 10 números aleatórios.

O espaço de dados é um fator significativo na complexidade de espaço porque o uso de memória corresponde ao tamanho dos conjuntos de dados que se espera que um programa processe.

Espaço auxiliar é a memória necessária para armazenar temporariamente variáveis e dados enquanto um programa é executado. Esse espaço pode ser alocado para armazenar variáveis ou arranjos temporários.

A complexidade de espaço pode ser medida quanto ao espaço de dados, espaço auxiliar ou uma combinação de ambos. Para algoritmos de ordenação, por exemplo, costuma-se medir apenas o espaço auxiliar porque supõe-se que os dados que estão sendo ordenados consumirão a quantidade de espaço n, onde n é o número de itens a serem ordenados.

 Por que o espaço de instrução para uma ordenação não é incluído no cálculo de complexidade?

 Porque o conjunto de instruções do programa não muda à medida que o tamanho do conjunto de dados muda.

Em geral, os programas exibem dois tipos de complexidade de espaço:

Espaço constante O(1)
Espaço linear O(n)

Complexidade de espaço constante (22.3.4)

Algoritmos com **complexidade de espaço constante** requerem a mesma quantidade de memória, independentemente do tamanho do espaço de dados. Uma ordenação por bolha é um exemplo de algoritmo que usa espaço constante.

Para codificar uma ordenação por bolha, comece comparando os dois primeiros elementos. Se o primeiro elemento é maior que o segundo, coloque o primeiro elemento em uma variável temporária, mova o segundo para a primeira posição e, em seguida, mova o valor na variável temporária para a segunda posição, como mostrado na **Figura 22-8**.

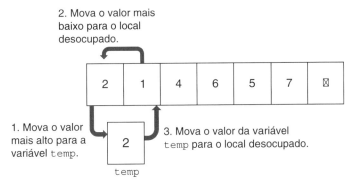

Se um par de números estiver fora de ordem, troque-o girando por uma variável temporária.

Figura 22-8 Uma ordenação por bolha usa uma posição temporária na memória, independentemente do número de elementos em um conjunto de dados, de modo que a complexidade de espaço é constante O(1)

A ordenação por bolha continua a comparar pares dos elementos e trocá-los conforme necessário. Após várias passagens, os elementos são ordenados. Esse algoritmo requer apenas uma variável temporária para a ordenação, independentemente de quantos elementos devem ser ordenados. Como os requisitos de espaço auxiliar não mudam à medida que o conjunto de dados cresce, o algoritmo é executado em espaço constante, O(1).

Ordenações por bolha, heap, inserção, seleção e a ordenação de Shell operam em espaço constante. Esses algoritmos às vezes são chamados *ordenações in-loco* porque essencialmente substituem os dados no arranjo original, em vez de criar um novo arranjo para armazenar os dados ordenados.

Complexidade de espaço linear (22.3.5, 22.3.6, 22.3.7)

Algoritmos com **complexidade de espaço linear** requerem mais espaço à medida que o tamanho do conjunto de dados aumenta. Um algoritmo de ordenação de força bruta é um exemplo de complexidade de espaço linear. Ele usa dois arranjos: o arranjo original não ordenado e um novo arranjo para conter os elementos ordenados.

Para realizar a ordenação, seu programa examina o arranjo não ordenado para encontrar o menor elemento e o coloca na primeira posição do novo arranjo. O programa então examina a lista não ordenada para encontrar o próximo menor elemento e o coloca na segunda posição do novo arranjo. Esse processo se repete para cada item no arranjo não ordenado. Ver **Figura 22-9**.

Como esse código gera um segundo arranjo do mesmo tamanho da lista não ordenada, a complexidade de espaço do algoritmo é O(n). A complexidade aumenta à medida que o tamanho do conjunto de dados aumenta.

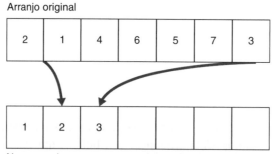

Figura 22-9 Uma ordenação por força bruta usa dois arranjos, assim a complexidade de espaço O(n) aumenta à medida que o conjunto de dados cresce

Ordenações por mesclagem e as ordenações por árvore operam no espaço linear. Elas são menos eficientes em termos de espaço que as ordenações *in loco*, portanto, podem não ser adequadas para grandes conjuntos de dados.

Algoritmos não precisam operar na mesma complexidade de tempo e espaço. Por exemplo, uma ordenação por bolha tem complexidade de espaço O(1), mas complexidade de tempo O(n).

P Quais são as complexidades de espaço e tempo para percorrer um arranjo?

R A complexidade de espaço da busca em um arranjo é O(1) porque a busca não requer espaço de memória adicional. A complexidade de tempo da busca é O(n) porque depende do número de elementos no arranjo.

22.4 CÁLCULOS DE COMPLEXIDADE

Complexidade de tempo linha por linha (22.4.1, 22.4.2)

Suponha que haja uma lista de números, como 1, 2, 3, 4, 5 ou 5, 4, 3, 2, 6, 3, 2, 9, 2. A lista pode ter qualquer tamanho. Você concebeu o seguinte algoritmo que examina a lista para contar o número de vezes que 3 aparece:

```
initialize total = 0
   for element in the_list:
      if element = 3 then
         total = total + 1
next
```

P Qual seria a complexidade de tempo desse algoritmo?

R É tempo linear, O(n). Vamos descobrir por quê.

A primeira linha do programa é uma instrução de atribuição. Dentro do processador, essa instrução requer uma única etapa que ocorre em tempo constante. Até agora, o algoritmo tem uma complexidade de tempo de O(1).

```
initialize total = 0     O(1)
```

O laço for-next requer que o processador examine cada elemento na lista para verificar se é um 3:

```
for element in the_list:
    if element = 3 then
```

O processo de verificar um elemento na lista para determinar se é 3 é uma operação de tempo constante, mas essa operação ocorre para todos os elementos na lista. Você não conhece o tamanho da lista porque esse algoritmo geral pode ser usado para qualquer lista de números. Sendo assim, pode usar n para representar o número de itens na lista.

A complexidade de tempo para percorrer a lista a fim de verificar cada número é $O(n)$ – uma etapa para cada item na lista. Incluindo a complexidade de tempo $O(1)$ na etapa de inicialização do algoritmo, a complexidade de tempo até agora é $O(1 + n)$.

```
initialize total = 0                O(1)
    for element in the_list:
        if element = 3 then         O(n)
```
                                    Total: $O(1 + n)$

Incrementando o total com `total = total 1` também ocorre dentro do laço. Potencialmente, cada elemento na lista poderia ser 3. Portanto, essa operação também depende do número de itens na lista. Você pode adicionar isso à lista de complexidades de tempo como outro n.

```
initialize total = 0                O(1)
    for element in the_list:
        if element = 3 then         O(n)
            total = total + 1       O(n)
next
```
                                    Total: $O(1 + n + n)$

Até agora, a complexidade é $1 + n + n$, com base na instrução de atribuição inicial e nas duas instruções dentro do laço. Matematicamente, isso é o mesmo que $1 + 2n$.

P Como isso seria expresso na notação Big-O?

R É $O(1 + 2n)$.

Combine e simplifique (22.4.3, 22.4.4)

Agora as coisas tornam-se interessantes. Embora você tenha calculado o número de etapas para o algoritmo, a complexidade de tempo do Big-O se concentra apenas nos limites superiores do tempo de execução de um programa. Pode-se simplificar $O(1 + 2n)$.

O fator limitante não é a operação constante, assim você pode simplesmente eliminar o 1. O 2 também pode ser eliminado da notação 2n. Por quê? Porque 2n e n são funções lineares. Elas indicam o mesmo *tipo* de crescimento,

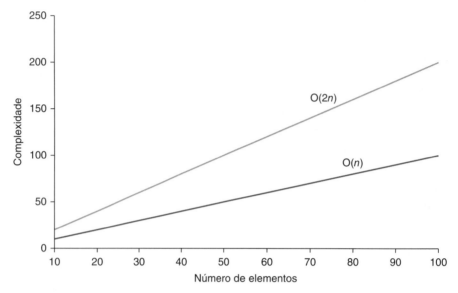

Figura 22-10 Algoritmos com complexidades de tempo O(n) e O(2n) aumentam linearmente

ainda que a *taxa* de crescimento seja diferente. À medida que o número de elementos na lista aumenta, a taxa de crescimento é a mesma para n como para 2n. A **Figura 22-10** ilustra esse conceito relativamente não intuitivo.

Para propósitos da notação Big-O, O(2n) é igual a O(n). Como resultado, o algoritmo para contar o número de vezes que 3 aparece em uma lista é limitado pela complexidade de tempo linear, que pode ser expressa na notação Big-O como O(n).

Para resumir, quando se quer determinar a complexidade de tempo de um algoritmo, faça o seguinte:

1. Liste a complexidade de cada linha de código.
2. Combine termos matematicamente.
3. Selecione o termo mais complexo no tempo, como O(C), O(log n), O(n) ou O(n^2).

Um algoritmo misterioso (22.4.5)

Vamos analisar mais um exemplo para ter certeza de que você entendeu esses cálculos Big-O.

Suponha que mais uma vez tenha uma lista chamada `the_list`, que pode ter qualquer comprimento. Eis um algoritmo misterioso projetado para processar a lista. O algoritmo é um mistério, porque seu propósito não é importante. Você está preocupado apenas com a complexidade de tempo.

```
initialize a = 5
initialize total = 0
   for i in the_list:
      for j in the_list:
         print(i)
         print(j)
      next
```

```
    for k in the_list:
       total = total + 1
next
```

P Reserve um momento para anotar a complexidade de tempo para cada operação da função misteriosa. Qual é a expressão estendida para todas as operações nesse algoritmo?

R A lista inicial das operações deve se parecer com o seguinte.

```
initialize a = 5               1
initialize total = 0           1
   for i in the_list:          n
      for j in the_list:       2n
         print(i)
         print(j)
      next
   for k in the_list:          n
      total = total + 1
   next
```

P Qual é a expressão expandida para todas as operações nesse algoritmo?

R É 2 + n * 2n + n.
O 2 é derivado das duas primeiras instruções de atribuição.
n é derivado do laço "i".
2n é derivado das duas instruções de impressão do laço "j".
O n final é derivado da operação de adição dentro do laço "k".

Você pode se perguntar de onde vem a multiplicação. Observe os laços for-next aninhados. O laço for-next externo começa com o primeiro número na lista, mas o laço for-next interno percorre cada elemento na lista. Se esta contiver quatro elementos, os dois laços não serão executados 4 + 4 vezes. Eles serão executados 4 × 4 vezes. Aha! Essa é a fonte da multiplicação.

Agora, simplifique a expressão. 2 + n * 2n + n pode ser simplificado como $2 + 2n^2 + n$.

P Qual é o resultado quando as constantes são eliminadas?

R É $n^2 + n$.

Agora, tudo o que é preciso fazer é escolher o termo que representa a complexidade de tempo de crescimento mais rápido e convertê-lo em notação Big-O. De n^2 e n, n^2 é a complexidade de tempo de crescimento mais rápido. Na notação Big-O, a complexidade de tempo para o algoritmo do mistério é $O(n^2)$.

Para recapitular, você pode descobrir a complexidade de tempo de uma função listando as operações necessárias para cada linha de código. Pode combinar matematicamente os termos e eliminar quaisquer coeficientes. Por fim, selecione o termo mais complexo de tempo como o limite a ser usado na expressão Big-O.

RESUMO

- A complexidade de tempo refere-se à quantidade de tempo necessária para executar um algoritmo à medida que o conjunto de dados cresce. Em geral, os algoritmos que executam mais rapidamente são mais eficientes quanto ao tempo. Algoritmos que exigem mais tempo à medida que o conjunto de dados cresce têm mais complexidade de tempo.
- A complexidade de espaço refere-se à quantidade de memória exigida por um algoritmo à medida que o conjunto de dados cresce. Algoritmos que requerem menos espaço de memória provavelmente serão os mais eficientes quanto ao espaço. Algoritmos que exigem mais espaço à medida que o conjunto de dados cresce têm mais complexidade de espaço.
- Um conjunto de métricas pode ser utilizado como medidas objetivas da eficiência de tempo ou de espaço de um algoritmo. A análise assintótica fornece aos programadores uma maneira de avaliar o desempenho de um algoritmo à medida que o tamanho do conjunto de dados aumenta.
- Notações assintóticas incluem Big-O, Big-Omega e Big-Theta. Dessas três notações, Big-O é a mais utilizada para medir a eficiência dos algoritmos.
- A notação Big-O é utilizada para expressar o pior caso de complexidade de tempo ou complexidade de espaço de um algoritmo. O pior caso às vezes é chamado limite superior porque mede a complexidade máxima de um algoritmo.
- A eficiência dos algoritmos que executam em tempo constante não muda à medida que o conjunto de dados aumenta. A notação Big-O para tempo constante é O(C).
- Algoritmos que aumentam linearmente à medida que o conjunto de dados aumenta executam em tempo linear, expresso como O(n). Algoritmos de complexidade linear, como aqueles que contêm um laço, são menos eficientes que algoritmos executados em tempo constante.
- Algoritmos, como aqueles que contêm laços aninhados, que exigem várias passagens por um conjunto de dados são executados em tempo quadrático, expresso como O(n^2).
- Algoritmos de divisão e conquista, como uma busca binária, são executados em tempo logarítmico, expresso como O(log n).
- A complexidade de espaço pode medir o espaço de dados, o espaço auxiliar ou ambos e normalmente é O(C) ou O(n). Em geral, os cientistas da computação usam a complexidade de espaço ao avaliar a eficiência dos algoritmos de ordenação.
- Para determinar a complexidade de um algoritmo, pode-se realizar uma análise assintótica linha por linha listando a complexidade de cada linha de código, combinando matematicamente os termos e selecionando o termo mais complexo.

Termos-chave

análise assintótica
complexidade de espaço
complexidade de espaço constante
complexidade de espaço linear
complexidade de tempo
espaço auxiliar
espaço de dados

espaço de instrução
notação assintótica
notação Big-O
notação Big-Omega
notação Big-Theta
O(C)
O(log n)

O(n)
O(n^2)
tempo constante
tempo linear
tempo logarítmico
tempo quadrático

MÓDULO 23

ALGORITMOS DE BUSCA

OBJETIVOS DE APRENDIZAGEM:

23.1 USO DE ALGORITMOS DE BUSCA
23.1.1 Declarar o propósito de um algoritmo de busca.
23.1.2 Definir o termo "espaço de busca".

23.2 EXECUÇÃO DE UMA BUSCA LINEAR
23.2.1 Identificar o algoritmo para uma busca linear.
23.2.2 Identificar estruturas de dados que podem ser buscadas linearmente.
23.2.3 Indicar as complexidades de tempo de uma busca linear.
23.2.4 Explicar por que a busca linear é raramente utilizada.

23.3 EXECUÇÃO DE UMA BUSCA BINÁRIA
23.3.1 Categorizar busca binária com o conceito de pensamento computacional de dividir e conquistar.
23.3.2 Identificar as características das estruturas de dados que fornecem a base para uma busca binária.
23.3.3 Listar exemplos de bancos de dados que têm as características necessárias para uma busca binária.

23.3.4 Distinguir entre os algoritmos iterativos e recursivos para busca binária em um arranjo.
23.3.5 Identificar em um algoritmo de busca binária: índice mínimo, índice máximo, índice médio.
23.3.6 Analisar o que acontece se o espaço de busca contém mais de um valor-alvo.
23.3.7 Indicar as complexidades de tempo e espaço para uma busca binária.

23.4 UTILIZAÇÃO DE EXPRESSÕES REGULARES EM ALGORITMOS DE BUSCA
23.4.1 Definir uma expressão regular como uma sequência de caracteres que definem um padrão de busca.
23.4.2 Associar "regex", "re" e "regexp" ao termo expressão regular.
23.4.3 Identificar algoritmos que usam expressões regulares.
23.4.4 Combinar metacaracteres regex a suas operações.
23.4.5 Analisar expressões regulares que usam [], *, ?, |, ! e +.

389

23.1 USO DE ALGORITMOS DE BUSCA

Noções básicas de busca (23.1.1, 23.1.2)

Computadores podem armazenar grandes quantidades de informações representadas como texto, imagens, planilhas, música e muitos outros formatos. Todas essas informações existem como uma coleção de uns e zeros na memória do sistema, que pode conter terabytes de dados. Para tornar essas informações úteis para você, o computador deve ser capaz de encontrar e recuperar as informações de que precisa. Algoritmos especiais chamados **algoritmos de busca** encontram uma informação específica em um grande conjunto de dados da maneira mais eficiente possível. Algoritmos de busca costumam ser avaliados com base na rapidez com que retornam o resultado desejado.

Você pode pensar em procurar informações em um computador como se estivesse procurando um contato em uma lista telefônica. As informações de contato são classificadas em ordem alfabética para ajudá-lo a encontrar um número de telefone mais rapidamente. Por exemplo, imagine que seu celular liste os contatos em ordem aleatória, como na **Figura 23-1**.

Figura 23-1 Contatos em um celular

Para encontrar um nome de contato específico, como Sandra Taylor, em uma lista aleatória, seria preciso examinar sua lista de contato. Se tiver uma lista curta dos contatos no celular, procurar Sandra Taylor será fácil. Mas à medida que adiciona mais contatos à lista, a tarefa torna-se mais difícil porque o **espaço de busca** ou a quantidade de dados em que você está procurando, aumenta.

23.2 EXECUÇÃO DE UMA BUSCA LINEAR

Procurar agulha em um palheiro (23.2.1, 23.2.2)

Às vezes, encontrar dados parece a procura de uma agulha em um palheiro. O espaço de busca contém uma enorme quantidade de informações e é preciso encontrar o valor de que precisa. Considere a lista não ordenada de contatos mostrada na **Figura 23-2**.

Figura 23-2 Lista de contatos não ordenada

Suponha que você precise recuperar Sandra Taylor, mas não tem ideia de onde o nome dela está localizado em sua lista não ordenada de contatos. Seu primeiro instinto pode ser percorrer a lista inteira, examinando cada nome, um de cada vez, para encontrar Sandra Taylor. Esse tipo de algoritmo de busca chama-se **busca linear**, em que se examina cada item em uma lista, um por um, para encontrar o que está procurando. A busca linear é o algoritmo de busca mais simples quando as informações que está buscando estão em ordem aleatória.

Em geral, usa-se um algoritmo de busca linear quando os dados são armazenados em um arranjo ou lista. Geralmente, a busca linear pode ser utilizada para qualquer estrutura de dados contígua. Ao codificar um algoritmo de busca linear, um laço costuma ser utilizado. Eis o algoritmo para busca linear:

Especifique uma variável de cursor para iniciar a busca pelo início do espaço de busca.

Inspecione o elemento atual no cursor e determine se é o valor que está procurando.

Se o elemento atual é o item que está procurando, retorne o índice do item, o próprio item ou o valor `true` e finalize a busca.

Caso contrário, faça o seguinte:

    Itere para o próximo elemento e inicie o processo de inspeção novamente.

    Se chegou ao final do espaço de busca, finalize-a.

Retorne um valor de sentinela para indicar que a busca foi encerrada sem localizar o elemento.

Em codificação, um **valor de sentinela** (ou valor sinalizador) é um valor especial usado para indicar que uma busca deve terminar. O sentinela não deve ser um valor válido que se espera encontrar no espaço de busca. Por exemplo, −1 é um valor de sentinela apropriado para colocar no final de uma lista de inteiros positivos a fim de mostrar que o final da lista foi alcançado. Dentro de objetos, pode-se criar valores de sentinela manipulando os valores dos membros de dados.

A **Figura 23-3** ilustra o código para o método `linear_search()`.

P Como posso saber se meus algoritmos de busca devem retornar o índice dos dados que estou procurando, os próprios dados ou `true`?

R O valor que deve ser retornado depende do contexto e propósito da busca. Se você precisar conhecer apenas a localização das informações, retorne ao índice. Se precisar manipular os dados, retorne o próprio item de dados. Se só precisa verificar se o valor desejado está no espaço de busca, é apropriado retornar o valor `true`.

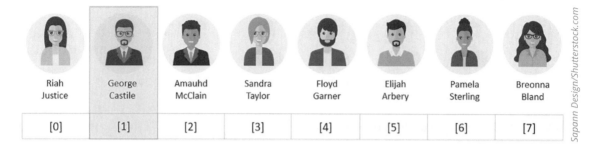

in ContactList.cpp

```cpp
class Contact
{
  public:
    Contact();
    Contact(string _first_name, string _last_name, string _mobile_number);
    string get_first_name();
    string get_last_name();
    string get_mobile_number();
  private:
    string first_name;
    string last_name;
    string mobile_number;
    string home_number;
    string work_number;
    string company;
    string address;
    string email;
};

#include <iostream>
#include <string>
using namespace std;

int main()
{
    Contact person_1("Riah", "Justice", "202-345-8643");
    Contact person_2("George", "Castile", "301-753-4543");
    Contact person_3("Amauhd", "McClain", "240-243-6532");
    Contact person_4("Sandra", "Taylor", "443-567-9544");
    Contact person_5("Floyd", "Garner", "734-546-6950");
    Contact person_6("Elijah", "Arbery", "313-809-6352");
    Contact person_7("Pamela", "Sterling", "864-754-3227");
    Contact person_8("Breonna", "Bland", "352-429-4372");
```

Inicializa alguns **Contacts** com dados.

Figura 23-3 Código para busca linear em um arranjo de Contacts (*continua*)

```cpp
    Contact contact_list[8];
    contact_list[0] = person_1;
    contact_list[1] = person_2;
    contact_list[2] = person_3;
    contact_list[3] = person_4;
    contact_list[4] = person_5;
    contact_list[5] = person_6;
    contact_list[6] = person_7;
    contact_list[7] = person_8;

    int length = sizeof(contact_list)/sizeof(contact_list[0]);

    int found = linear_search(contact_list, length, "George", "Castile");

    if(found != -1)
    {
       cout << "The value was located at index: " << found << endl;
    }
    else
    {
       cout << "The value was not found in the list" << endl;
    }

    return 0;
}
int linear_search(Contact list[], int length, string _first, string _last)
{
    for (int i = 0; i < length; i++)
    {
       if (list[i].get_first_name() == _first && list[i].get_last_name() == _last)
       {
          return i;
       }
    }
     return -1;
}
```

- `Contact contact_list[8];` — Declara um arranjo de **Contact**, representando **contact_list**.
- Coloca os **Contact** na **contact_list**.
- Determina o tamanho de **contact_list**.
- Chama o método **linear_search()** para encontrar um contato específico.
- Se o contato foi encontrado, imprime o índice, caso contrário, imprime que não foi localizado.
- Percorre a lista de contatos.
- Se o nome e o sobrenome corresponderem ao nome e ao sobrenome passados, retorna o índice de onde o valor foi encontrado.
- Retorna −1 se chegou ao final da lista e o valor não foi encontrado.

SAÍDA:
```
O valor foi localizado no índice: 1
```

Figura 23-3 Código para busca linear dentro de um arranjo `Contacts`

Avaliação do tempo de busca (23.2.3, 23.2.4)

A busca linear encontrou o contato para Sandra Taylor rapidamente porque o nome estava próximo do início da lista. Suponha que o contato que você estava procurando estivesse no final da lista. Uma busca linear seria mais demorada porque examina tudo no espaço de busca antes de encontrar a solução. Se o item que está procurando não estiver no espaço de busca, uma busca linear também examinará todos os outros antes de determinar que o objeto não pode ser encontrado. Como pode imaginar, a busca linear é considerada o método de busca mais lento.

No pior cenário, uma busca linear examina uma lista inteira antes de encontrar o objeto desejado. À medida que o tamanho da lista aumenta, o desempenho da busca pode diminuir significativamente porque leva mais tempo para localizar os dados-alvo. Por essa razão, a busca linear é raramente utilizada. É possível usar outras estratégias para reduzir o tempo necessário para procurar um item em uma lista.

23.3 EXECUÇÃO DE UMA BUSCA BINÁRIA

Redução do espaço de busca (23.3.1, 23.3.2, 23.3.3)

À medida que o tamanho do espaço de busca aumenta, a quantidade de tempo necessária para encontrar uma solução também aumenta. Por exemplo, uma lista não ordenada de contatos levaria muito tempo para verificar um por um. Agora, imagine que a lista é ordenada. Cada contato é listado em ordem alfabética pelo primeiro nome, conforme mostrado na **Figura 23-4**.

Figura 23-4 Lista de contatos em ordem alfabética por primeiro nome

Suponha que você queira encontrar informações de contato para Breonna Bland. Em uma busca não ordenada, seria preciso examinar todos os contatos até encontrar as informações de contato para Breonna no final da lista. A busca demora muito porque, à medida que a quantidade de informações aumenta, você perde tempo examinando muitos contatos até encontrar aquele que deseja.

Se seus dados estão ordenados, a busca torna-se mais fácil. Você pode tirar vantagem do sistema de ordenação inerente para letras (A a Z) e para números (0 a 9). Suponha que esteja procurando a palavra "cachorro" no dicionário. Ao abrir o dicionário em uma página com palavras que começam com a letra "m", saberá que a definição de cachorro estará listada antes dessa página. Não é preciso examinar nenhuma palavra depois da letra "m" porque sabe que a primeira letra de "cachorro" vem antes de "m". Em essência, o espaço de busca foi reduzido em 50%.

A busca torna-se mais fácil quando se pode eliminar parte do espaço de busca. Para tirar vantagem da ordenação de dados, pode-se usar um **algoritmo de busca binária**, que divide o espaço de busca pela metade até que o valor-alvo seja localizado. Essa abordagem normalmente é chamada **técnica de dividir e conquistar**, pois cada passo divide o espaço de busca e elimina parte dele no caminho para uma solução.

Qualquer estrutura de dados que usa busca binária deve ter os dados no espaço de busca ordenados. Os algoritmos de busca binária não funcionam em dados não classificados ou dados com valores duplicados. Uma coleção ordenada de dados, como um dicionário, possui as características necessárias para a busca binária. Em geral, qualquer coleção de dados que consiste em valores únicos que podem ser ordenados é necessária para a busca binária. (Por exemplo, o dicionário não lista a mesma palavra duas vezes.)

Ao codificar um algoritmo de busca binária, usa-se recursão ou iteração. O algoritmo para busca binária é o seguinte:

1. Especifique uma variável de cursor chamada `min` para apontar para o primeiro elemento no espaço de busca.
2. Especifique uma variável de cursor chamada `max` para apontar para o último elemento no espaço de busca.
3. Especifique uma variável de cursor chamada `current` para começar no meio do espaço de busca, o tamanho do arranjo/2.
4. Se o elemento atual é o item que está sendo procurado, retorne ao índice do item, ao próprio item ou ao valor `true` e finalize a busca.
5. Caso contrário, faça o seguinte:

    Determine se o alvo que está procurando vem antes ou depois do elemento atual.

    Se o alvo vier antes do elemento atual:
    - Mova `max` para o item antes de `current`.
    - Mova `current` para o meio do novo arranjo formado entre `min` e `max`.
    - Comece novamente na etapa 4 (recursivamente).

    Se o alvo vier depois do elemento atual:
    - Mova `min` para o item depois de `current`.
    - Mova `current` para o meio do novo arranjo formado entre `min` e `max`.
    - Comece novamente na etapa 4 (recursivamente).

6. Se os índices `min` e `max` se cruzam (ou seja, `min` está à direita e `max` está à esquerda), então retorne -1 e finalize a busca.

Implementação da busca binária (23.3.4, 23.3.5, 23.3.6, 23.3.7)

No início do algoritmo de busca binária para encontrar as informações de contato para Breonna Bland em uma lista ordenada, `min` é configurado no índice [0], `max` é o índice [7] e `current` é o índice [3], como mostrado na **Figura 23-5**.

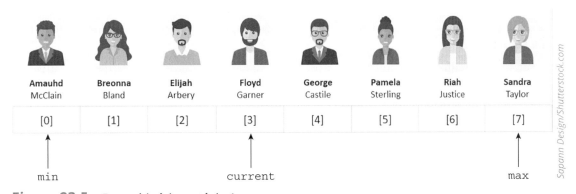

Figura 23-5 Busca binária, estágio 1

O índice `current` não está apontando para Breonna Bland, então você atualiza `max` para apontar para o índice à esquerda de `current` (índice [2]) e atualiza `current` para apontar para o índice entre `min` e `max` (índice [1]). Agora `current` está apontando para o índice [1], que é a localização do alvo. Ver **Figura 23-6**.

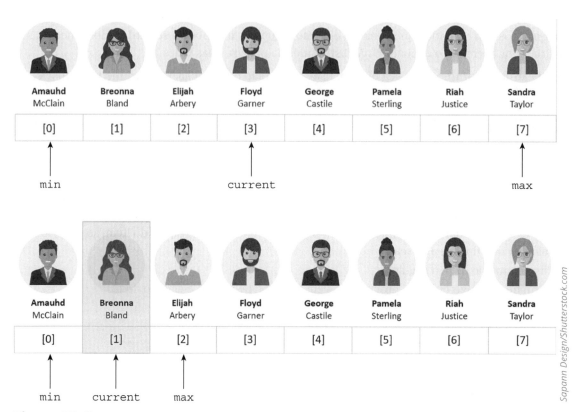

Figura 23-6 Busca binária, estágio 2

Como você deve ter observado, o algoritmo de busca binária requer que cada valor no espaço de busca seja único. O que aconteceria se o espaço de busca contivesse valores duplicados? Suponha que o índice [2] tenha um contato idêntico ao índice [1] de modo que ambos os contatos tenham o nome Breonna Bland. O algoritmo ainda funcionaria da mesma forma e retornaria o índice [1] como resultado. O índice [2] seria ignorado como uma possível solução. Dependendo do contexto do seu problema e dos requisitos da solução, esse comportamento pode ser indesejável. Por exemplo, suponha que precise contar o número de vezes que um determinado valor aparece dentro do espaço de busca ordenado. Ignorar duplicatas seria um problema nesse caso.

Um algoritmo de busca binária pode ser implementado corretamente usando recursão ou iteração. De modo geral, o algoritmo recursivo é mais simples de codificar, mas a solução iterativa ocupa menos memória do computador. Isso ocorre porque a recursão adiciona múltiplas chamadas de função à pilha de chamadas à medida que copia subseções dos dados em cada chamada recursiva. Independentemente disso, ambos os algoritmos podem retornar uma solução de maneira bem-sucedida. O código para implementar uma busca binária recursivamente é mostrado na **Figura 23-7**.

Uma busca binária reduz o espaço de busca pela metade em cada iteração. Esse comportamento reduz o número de avaliações necessárias para encontrar o alvo. Por essa razão, se o espaço de busca contém n itens, a busca binária exige comparações $\log_2(n)$ no máximo para determinar a resposta. Por exemplo, a lista de contatos tem oito contatos. Uma busca linear precisa de até oito avaliações para encontrar uma correspondência. Mas usando uma busca binária, você só precisa realizar duas comparações (index[3] e index[1]) para encontrar o alvo. A expressão $\log_2(8)$ resulta em 3, assim a busca binária realizou menos que o máximo de oito avaliações com uma busca linear.

Seções do código de ContactList.cpp mostrando como implementar uma busca binária recursivamente.

```cpp
bool Contact::operator==(Contact c)
{
  if (first_name == c.get_first_name() && last_name == c.get_last_name())
  {
    return true;
  }
  return false;
}
```

```cpp
bool Contact::operator>(Contact c)
{
  if (first_name > c.get_first_name())
  {
    if(last_name > c.get_last_name())
    {
      return true;
    }
  }
  return false;
}
```

```cpp
#include <iostream>
#include <string>
using namespace std;

int main()
{
   Contact person_1("Amauhd", "McClain", "240-243-6532");
   Contact person_2("Breonna", "Bland", "352-429-4372");
   Contact person_3("Elijah", "Arbery", "313-809-6352");
   Contact person_4("Floyd", "Garner", "734-546-6950");
   Contact person_5("George", "Castile", "301-753-4543");
   Contact person_6("Pamela", "Sterling", "864-754-3227");
   Contact person_7("Riah", "Justice", "202-345-8643");
   Contact person_8("Sandra", "Taylor", "443-567-9544");

   Contact contact_list[8];
```

Inicializa alguns Contacts com dados em ordem alfabética pelo primeiro nome.

Declara uma matriz de Contacts, representando a contact_list.

Figura 23-7 Código recursivo para busca binária (*continua*)

```cpp
        contact_list[0] = person_1;
        contact_list[1] = person_2;
        contact_list[2] = person_3;
        contact_list[3] = person_4;
        contact_list[4] = person_5;
        contact_list[5] = person_6;
        contact_list[6] = person_7;
        contact_list[7] = person_8;

        int length = sizeof(contact_list)/sizeof(contact_list[0]);

        int found = binary_search(contact_list, 0, length-1, person_2);

        if(found != -1)
        {
            cout << "The value was located at index: " << found << endl;
        }
        else
        {
            cout << "The value was not found in the list" << endl;
        }
        return 0;
}
int binary_search(Contact list[], int min, int max, Contact target)
{
    if (max >= min)
    {
        int current = min + (max - min) / 2;

        cout << "Min is: " << min << endl;
        cout << "Max is: " << max << endl;
        cout << "Current is: " << current << endl;

        if (list[current] == target)
        {
            return current;
        }
        else if (list[current] > target)
        {
            return binary_search(list, min, current - 1, target);
        }
        else
        {
            return binary_search(list, current + 1, max, target);
        }
    }
    return -1;
}
```

Figura 23-7 Código recursivo para busca binária (*continua*)

SAÍDA:

```
Min is: 0
Max is: 7
Current is: 3
Min is: 0
Max is: 2
Current is: 1
The value was located at index: 1
```

Figura 23-7   Código recursivo para busca binária

O código para implementar uma busca binária iterativamente é mostrado na **Figura 23-8**.

Seção do código de ContactList.cpp mostrando como implementar uma busca binária iterativamente.

```
int binary_search(Contact list[], int min, int max, Contact target)
{
    while (min <= max)    ← Continua somente se max vier depois ou for igual a min.
    {
        int current = min + (max - min) / 2;    ← Calcula o índice médio entre min e max.

        cout << "Min is: " << min << endl;
        cout << "Max is: " << max << endl;      ← Envia os valores de índice para a saída.
        cout << "Current is: " << current << endl;

        if (list[current] == target)
        {                                        ← Se o destino for o elemento para o qual
            return current;                         current aponta, retorna o índice.
        }

        if (list[current] < target)
        {                                        ← Se o destino for menor que o valor atual, atualiza
            min = current + 1;                      o ponteiro min para referenciar a metade direita
        }                                           da lista.
        else
        {                                        ← Caso contrário, se o destino for maior que o
            max = current -1;                       valor atual, atualiza o ponteiro max para
        }                                           referenciar a metade esquerda da lista.
    }

    return -1;    ← Retorna –1 se chegou ao final da lista e o valor não foi encontrado.
}
```

SAÍDA:

```
Min is: 0
Max is: 7
Current is: 3
Min is: 0
Max is: 2
Current is: 1
```

Figura 23-8   Código iterativo para busca binária

23.4 UTILIZAÇÃO DE EXPRESSÕES REGULARES EM ALGORITMOS DE BUSCA

Especificação de um padrão de busca (23.4.1, 23.4.2, 23.4.3)

Em um cenário de busca (como um mecanismo de busca), depois de otimizar o algoritmo de busca subjacente, você precisa encontrar uma maneira de localizar as informações desejadas. Suponha que tenha um banco de dados cheio de informações de contato. O banco de dados cresce à medida que adiciona contatos ao longo do tempo. Você se lembra do nome exato de apenas alguns contatos; de outros, somente de nomes parciais. Nesses casos, pode-se usar uma **expressão regular** para procurar um contato desejado. Uma expressão regular é uma sequência de caracteres que descreve o padrão do texto que está sendo pesquisado. "Expressão regular" às vezes é abreviada como "regex", "re" ou "regexp".

Algoritmos de expressão regular são utilizados em editores de texto (como na operação de busca), mecanismos de busca e análise léxica, como visto na **Figura 23-9**.

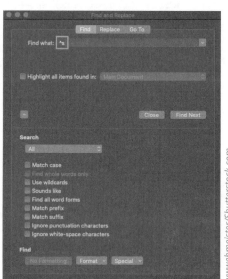

Figura 23-9 Exemplos de expressões regulares em um mecanismo de busca e editor de texto

Operadores de busca de expressão regular (23.4.4, 23.4.5)

Para criar uma expressão regular, usa-se uma sequência de caracteres que descreve o padrão das informações que está sendo procurada. Os caracteres que descrevem os padrões usados em expressões regulares são chamados **metacaracteres**. Estes podem ser usados sozinhos ou em combinação com outros metacaracteres para descrever padrões, como aqueles mostrados na **Figura 23-10**. Tenha em mente que metacaracteres em expressões regulares podem variar entre uma linguagem de programação e outra. No entanto, os recursos disponíveis geralmente permanecem os mesmos.

P Como procurar qualquer número de telefone de 10 dígitos (sem traços)?

R [0-9]{10}

P Como procurar qualquer ano neste milênio (2000-2999)?

R 20/d/d

P O primeiro nome do contato corresponderia à expressão regular Br(e|i)(o|a)nna?

R Breonna Bland

Metacaracteres	Descrição	Uso
\d	Qualquer número de um dígito de 0 a 9.	\d\d\d corresponde a qualquer número de três dígitos, como 202.
\w	Qualquer letra (a-z), (A-Z) ou número (0-9).	\w\w\w = 313
\W	Qualquer símbolo.	\W\W = @@ \W\W = @$
[a-z]	Um conjunto de caracteres em que exatamente um deve corresponder.	Ta[iy]lor = Tailor ou Taylor.
[0-9]	Um conjunto de números em que exatamente um deve corresponder.	1[028] = 10 1[028] = 12 1[028] = 18
(abc)	Um conjunto de caracteres que devem ser encontrados nessa ordem exata.	Tay(**lor**) = Taylor
(123)	Um conjunto de números que devem ser correspondidos nessa ordem exata.	Tay(**123**) = Tay123
|	OU lógico; permite que padrões alternativos sejam correspondidos.	Ta(**i|y**)lor = Tailor ou Taylor
?	O caractere imediatamente antes do ponto de interrogação ocorre 0 ou 1 vez apenas.	Breon?a = Breona ou Breoa
*	O caractere imediatamente antes do asterisco ocorre 0 ou mais vezes.	fre* localiza fr fre free freee freeee

Figura 23-10   Metacaracteres de expressão regular, significados e exemplos (*continua*)

Metacaracteres	Descrição	Uso
+	O caractere imediatamente antes de + ocorre 1 ou mais vezes.	fre+ localiza fre free freee freeee
.	O ponto localiza qualquer letra, número ou símbolo.	fre. localiza free fred fre# fre!
{n}	Um quantificador que corresponde quando o caractere ou grupo de caracteres especificado ocorre exatamente n vezes.	\d{4} localiza 2945 1738 0525 1229 fr[et]{2} localiza free fret frte frtt
{n,m}	Um quantificador que corresponde quando o caractere ou grupo de caracteres especificado ocorre pelo menos *n* vezes, mas não mais do que *m* vezes.	\d{2,4} localiza 68 678 6789 12 123 1234

Figura 23-10 Metacaracteres de expressão regular, significados e exemplos

RESUMO

- Para tornar úteis as grandes quantidades de informações que os computadores armazenam, um computador precisa encontrar com eficiência as informações desejadas. Algoritmos de busca são algoritmos especiais que descrevem como encontrar uma informação específica ou-alvo.
- O espaço de busca define a quantidade de dados que precisam ser examinados para encontrar o alvo. Em geral, à medida que o espaço de busca aumenta, o tempo necessário para encontrar o alvo também aumenta.
- A busca linear é o algoritmo de busca mais simples. Cada elemento no espaço de busca é examinado até o alvo ser localizado.
- A busca linear pode ser executada em qualquer estrutura de dados contígua, como um arranjo ou uma lista ligada.
- No pior cenário, a busca linear exige que se examine cada item no espaço de busca antes de encontrar a solução, razão pela qual a busca linear é raramente utilizada.
- Um algoritmo de busca binária divide consecutivamente o espaço de busca pela metade até o valor-alvo ser localizado. Essa abordagem é normalmente chamada técnica de dividir e conquistar porque cada etapa divide o espaço de busca no caminho para uma solução.
- A busca binária reduz o espaço de busca pela metade em cada iteração. Esse comportamento reduz o número de vezes em que é preciso avaliar um item para determinar se ele é igual ao alvo. Se o espaço de busca contém n itens, a busca binária leva no máximo $\log_2(n)$ comparações para determinar a resposta.
- Em um cenário de busca (como um mecanismo de busca), ao otimizar o algoritmo de busca subjacente, é preciso uma maneira de especificar as informações que estão sendo procuradas. Pode-se usar uma expressão regular para procurar um item, como um contato desejado. Uma expressão regular é uma sequência de caracteres que descreve o padrão do texto que se está procurando.
- Os caracteres que descrevem os padrões usados em expressões regulares são chamados metacaracteres. Pode-se usar metacaracteres sozinhos ou em combinação com outros metacaracteres para descrever padrões.

Termos-chave

algoritmos de busca
algoritmo de busca binária
busca linear

espaço de busca
expressão regular
metacaracteres

técnica de dividir e conquistar
valor de sentinela

ALGORITMOS DE ORDENAÇÃO

OBJETIVOS DE APRENDIZAGEM

24.1 QUALIDADES DE ALGORITMOS DE ORDENAÇÃO

24.1.1 Explicar por que os algoritmos de ordenação são uma ferramenta importante de programação.

24.1.2 Explicar por que os programadores devem conhecer as complexidades de tempo de melhor caso, de caso médio e de pior caso de um algoritmo de ordenação.

24.1.3 Explicar o significado de uma ordenação *in loco*.

24.1.4 Explicar o significado de uma ordenação estável.

24.2 ORDENAÇÃO POR BOLHA

24.2.1 Rastrear o caminho de uma ordenação por bolha em um conjunto de dados de exemplo.

24.2.2 Identificar o algoritmo de ordenação por bolha.

24.2.3 Explicar por que uma ordenação por bolha é um exemplo de algoritmo de ordenação estável.

24.2.4 Classificar a ordenação por bolha como um algoritmo de ordenação *in loco*.

24.2.5 Indicar as complexidades de tempo de melhor, médio e pior caso de uma ordenação por bolha.

24.2.6 Reconhecer que, se um conjunto de dados já está ordenado, uma ordenação por bolha tem uma complexidade de tempo de melhor caso de $O(n)$.

24.2.7 Reconhecer conjuntos de dados para os quais uma ordenação por bolha pode ser prática.

24.3 QUICKSORT

24.3.1 Rastrear o caminho de quicksort em um conjunto de dados de exemplo.

24.3.2 Identificar o algoritmo quicksort.

24.3.3 Classificar quicksort como um algoritmo de divisão e conquista e como um algoritmo de ordenação *in loco*.

24.3.4 Explicar por que o algoritmo quicksort é um exemplo de recursão.

24.3.5 Reconhecer que quicksort não é um algoritmo de ordenação estável.

24.3.6 Indicar que a complexidade de tempo do pior caso de quicksort é $O(n^2)$, e explicar por que isso é raramente necessário.

24.3.7 Indicar que as complexidades de tempo médio e melhor de quicksort são $n \log n$.

24.3.8 Explicar por que quicksort é considerado o melhor algoritmo de ordenação de uso geral.

24.4 ORDENAÇÃO POR MESCLAGEM

24.4.1 Rastrear o caminho de uma ordenação por mesclagem em um conjunto de dados de exemplo.

24.4.2 Identificar o algoritmo de ordenação por mesclagem.

24.4.3 Classificar a ordenação por mesclagem como um algoritmo de divisão e conquista.

24.4.4 Classificar a ordenação por mesclagem como um algoritmo de ordenação estável.

24.4.5 Reconhecer que a ordenação por mesclagem não é um algoritmo *in loco*.

24.4.6 Indicar que o desempenho de uma ordenação por mesclagem é sempre O($n \log n$).

24.4.7 Indicar que a ordenação por mesclagem é eficiente para ordenar listas ligadas.

24.1 QUALIDADES DE ALGORITMOS DE ORDENAÇÃO

Ordenação de itens (24.1.1)

Imagine que você tenha uma agenda de contatos como a da **Figura 24-1**, com um contato por página. Normalmente, as páginas de contato são organizadas em ordem alfabética, mas e se elas se soltarem quando os anéis do fichário estiverem abertos? Encontrar as informações de contato de alguém seria entediante, pois teria de examinar cada página em uma ordem aleatória até encontrar a correta. Se as páginas de contato estivessem em ordem alfabética, porém, seria possível encontrar as informações mais facilmente. Em vez de agrupar todas as páginas em ordem aleatória, você as ordenaria antes de retorná-las à agenda.

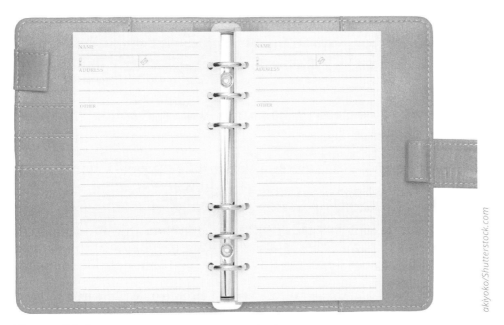

Figura 24-1 Agenda de contatos, organizada por nome

Ordenação é um tópico importante na ciência da computação porque facilita encontrar dados. Como os computadores geralmente lidam com grandes conjuntos de dados, é preciso saber como ordenar os dados (para encontrar as coisas mais facilmente) e entender como o computador ordena. Você pode abordar essa tarefa de algumas maneiras usando **algoritmos de ordenação**.

Para ordenar itens de dados, um computador precisa saber como eles se relacionam, por exemplo, se um item é igual, menor ou maior que outro item. Os computadores são configurados para facilitar a ordenação numérica e alfabética, para que, ao comparar dois números ou letras, ele saiba como ordená-los. O caractere "a" é menor que o caractere "b" e assim por diante. A capacidade de usar operadores de comparação, como menor que (<), está incorporada na maioria das linguagens de programação.

Complexidade de tempo em algoritmos de ordenação (24.1.2)

Como você colocaria as páginas da sua agenda novamente em ordem? Muitas estratégias para ordenar as páginas de contato podem ser utilizadas. Pode-se estender as páginas de contato e procurar padrões, ou você pode colocar algumas páginas em ordem alfabética e inserir cada uma delas no lugar correto. A estratégia que um computador adota é determinada pelo algoritmo de ordenação que ele usa. Cada algoritmo tem vantagens e desvantagens.

Selecionar uma página de contato é considerado uma unidade de trabalho. Comparar uma página com outra também é uma unidade de trabalho. A quantidade total de trabalho que se deve fazer para ordenar as páginas da agenda depende de quantas páginas ela tem e da estratégia que está usando. A quantidade total de trabalho que um computador realiza para completar uma tarefa é conhecida como **tempo de execução** de um algoritmo. Os tempos de execução são descritos quanto à variável n, em que n representa o número de itens a serem ordenados. (Nesse caso, "variável" refere-se a uma letra ou símbolo que representa um valor.)

Suponha que sua abordagem para ordenação exija que cada página de contato seja comparada com todas as outras páginas, conforme mostrado na **Figura 24-2**. Se tiver uma pilha de 10 itens e outra pilha de 100 itens para ordenar, o tempo total será maior para ordenar os 100 itens. O mesmo vale para o tempo de execução de um algoritmo – é o mesmo proporcionalmente comparado à entrada.

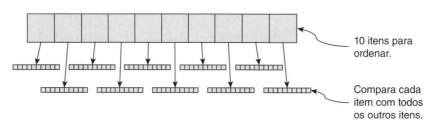

Figura 24-2   Dez itens com 10 unidades de trabalho por item

P   Qual é o tempo de execução da estratégia exigido para examinar todas as páginas à medida que as ordena?

R   Se se tem n páginas de contato e cada página requer n comparações, o tempo de execução é $n * n$ ou n^2. Ordenar 10 páginas de contato resulta em 10 * 10 = 100 comparações, enquanto a ordenação de 100 páginas de contato resulta em 100 * 100 = 10.000 comparações.

Lembre-se de que descrever o tempo de execução de um algoritmo quanto a uma variável matemática é conhecido como tempo de execução **Big-O**. O tempo de execução n^2 é $O(n^2)$ na sintaxe Big-O. A complexidade de tempo do Big-O focaliza apenas os limites superiores do tempo de execução de um programa. Se uma expressão polinomial completa como $n^3 + 2n^2 + n + 10$ descreve um tempo de execução, poderia-se escrever o tempo de execução como $O(n^3)$ em vez do polinômio completo. A **Figura 24-3** mostra como, à medida que n aumenta, as outras partes da equação polinomial importam menos. Em outras palavras, n^2 e $n^2 + n$ estão próximos em termos de valor à medida que n aumenta.

O tempo de execução de um algoritmo pode ser descrito de três maneiras: o melhor caso, o pior caso e o caso médio. O **tempo de execução de melhor caso** é o mais rápido que um algoritmo pode executar. Suponha que todas as suas páginas de contato sejam selecionadas, examine-as uma vez e perceba que elas já estão ordenadas. Esse é o melhor cenário porque não é necessário mais trabalho. O **tempo de execução de pior caso** é o mais longo que um algoritmo pode executar. Desde que um algoritmo de ordenação não dependa de sorte para ordenar os itens, com o tempo ele para; o tempo de execução de pior caso é quanto tempo isso demora. O **tempo de execução de caso médio** é quanto tempo o algoritmo gasta em média, dado que os itens não ordenados estão embaralhados em uma quantidade média.

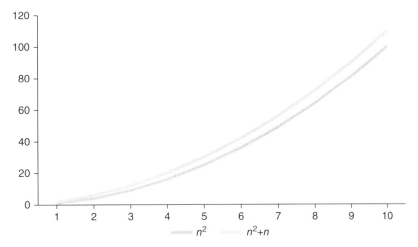

Figura 24-3 Comparando n^2 e $n^2 + n$

Normalmente, o caso médio é a informação mais útil sobre um algoritmo de ordenação. Mas conhecer também os tempos de execução de pior e melhor casos e como eles ocorrem ajuda a selecionar um algoritmo. Se se sabe que é provável que o pior caso aconteça com frequência ao utilizar um algoritmo, então se seleciona um algoritmo diferente.

Classificação de propriedades (24.1.3, 24.1.4)

Outras propriedades a serem consideradas ao selecionar um algoritmo de ordenação incluem requisitos de memória e estabilidade. Alguns algoritmos de ordenação requerem memória extra. Se a memória é escassa ou se está trabalhando com um conjunto de dados muito grande, será preciso conservar a memória onde for possível.

Uma maneira de conservar a memória é usar um **algoritmo *in loco***. Este usa zero de memória extra. Se houver 10 itens para ordenar, um algoritmo in loco usará apenas a memória já disponível e nada mais. Um exemplo desse algoritmo é uma ordenação por bolha, que examinaremos em breve.

Outra propriedade de um algoritmo é se ele é estável. Um **algoritmo estável** significa que os itens a serem ordenados não são reorganizados durante o processo de ordenação. Por exemplo, suponha que você esteja ordenando contatos e dois contatos sejam chamados Sarah B. Um algoritmo estável ordena os dois contatos após os contatos "A" e antes dos contatos "C", mas mantém os dois contatos Sarah B. na ordem original. Se Sarah B. com aniversário em junho estiver listada antes de Sarah B. com aniversário em agosto em sua agenda, depois que a ordenação é concluída, Sarah B. com aniversário em junho ainda virá primeiro.

Uma tática algorítmica comum para computadores é usar uma **técnica de dividir e conquistar**. Isso significa que o algoritmo divide o problema, geralmente pela metade, para resolvê-lo. Se você estiver procurando um contato cujo sobrenome inicie com "J", por exemplo, comece no meio da agenda de contatos. Se a página do meio contém nomes começando com "M", sabe-se que o contato está em uma página na parte anterior da agenda. A abordagem de dividir e conquistar tem um tempo de execução equivalente a quantas vezes é possível dividir o espaço de pesquisa total pela metade. Se se tem 16 contatos e se verifica o meio, eliminam-se oito contatos que não precisa verificar. Ao verificar o meio dos contatos restantes, eliminam-se quatro, depois dois e então um. Usar uma abordagem de dividir e conquistar resulta em menos trabalho para você ou para o computador.

A abordagem "dividir por 2 até não poder mais" pode ser expressa matematicamente como um logaritmo. A base logarítmica 2 de um número é quantas vezes é possível dividi-lo pela metade. Tratando-se de Big-O, tem-se $O(\log_2 n)$, às vezes, simplificado para $O(\log n)$, porque quase sempre divide-se pela metade, assim o 2 pode estar implícito.

```cpp
void shuffle(int items[], int length)
{
   // Uma função de embaralhamento rápido para misturar os números em items
   // aleatoriamente

   for (int i = 0; i < length; i++)
   {
      int index = rand() % (length - i) + i;
      int temp = items[index];
      items[index] = items[i];
      items[i] = temp;

   }
}

void print_items(int items[], int length)
{
   // Para exibir cada número em items
   for (int i = 0; i < length; i++)
   {
      cout << items[i] << " ";
   }

   cout << endl;

}
```

Figura 24-4   Código para `shuffle()` e `print_items()`

Dos muitos algoritmos de ordenação que se pode usar, este módulo apresenta aqueles que ajudam a entender como os tempos de execução entram em jogo ao usar um programa para ordenar dados. Os algoritmos de ordenação abordados são ordenação por bolha, quicksort e ordenação por mesclagem.

Para testar e visualizar esses algoritmos de ordenação, a **Figura 24-4** mostra dois procedimentos de ajuda: `shuffle()` e `print_items()`. O código de `shuffle()` reorganiza os números no parâmetro `items` aleatoriamente, e `print_items()` exibe cada número no parâmetro `items`, separados por um espaço. Qualquer exemplo de código que faz referência a `shuffle()` ou `print_items()` usa o código da Figura 24-4.

24.2 ORDENAÇÃO POR BOLHA

Definição do algoritmo de ordenação por bolha   (24.2.1, 24.2.2)

Ordenação por bolha é um algoritmo de ordenação fácil de programar, mas ineficiente. O algoritmo de ordenação por bolha tem duas partes: uma passagem e uma permuta. Uma passagem é um laço que percorre todos os itens a serem ordenados. Para cada item, ele verifica se uma permuta precisa ser feita. Uma permuta é feita quando os dois itens vizinhos estão fora de ordem. O pseudocódigo para uma permuta é como a seguir:

```
if numbers[index] > numbers[index + 1]
   temp_variable = numbers[index]
   numbers[index] = numbers[index + 1]
   numbers[index + 1] = temp_variable
```

Se o número no índice atual é maior que o número um à direita, os números estão fora de ordem. O valor no índice atual é armazenado em uma variável temporária, o número à direita é inserido no índice atual e, em seguida, o valor originalmente no índice atual é colocado no índice um à direita.

O pseudocódigo para uma passagem em um algoritmo de ordenação por bolha é como:

```
for index (start: 0; test: < len(numbers) - 1)
   if numbers[index] > numbers[index + 1]
      temp_variable = numbers[index]
      numbers[index] = numbers[index + 1]
      numbers[index + 1] = temp_variable
```

A primeira passagem inicia o **índice** em 0. O teste de índice para o laço for para em uma posição menor que a posição final. Isso é diferente de um laço for normal porque uma permuta verifica o índice atual e o índice à direita. Dentro do corpo do laço está o código para uma permuta.

P Por que o laço for precisa parar uma posição de índice antes dos laços for normais?

R Todos os índices precisam ser válidos quando usados para acessar itens em um arranjo. No código do laço, `index + 1` é usado como um índice. Se o índice continuasse até o ponto de parada normal, então `index + 1` seria um índice inválido.

Uma passagem de uma ordenação por bolha visita cada item no arranjo uma vez e tenta permutá-los para que estejam em ordem crescente (A–Z ou 0–9). A **Figura 24-5** mostra uma passagem por uma lista não ordenada.

Cada barra na Figura 24-5 representa um número, com a altura da barra correspondente ao número. A primeira passagem dessa ordenação por bolha de 10 itens leva nove etapas:

1. A etapa 1 mostra toda a lista de números como não ordenados.
2. A etapa 2 compara os dois primeiros números. Os dois números não estão fora de ordem, então eles não são permutados.
3. Os números na etapa 3 também não estão fora de ordem, portanto, não são permutados.
4. A etapa 4 compara dois números que estão fora de ordem.
5. A etapa 5 permuta os números.
6. A etapa 6 não permuta os números porque eles já estão em ordem.
7. A etapa 7 compara dois números que estão fora de ordem.
8. A etapa 8 permuta os números.
9. A etapa 9 mostra o arranjo final após uma passagem, com o número mais à direita destacado em cinza-claro.

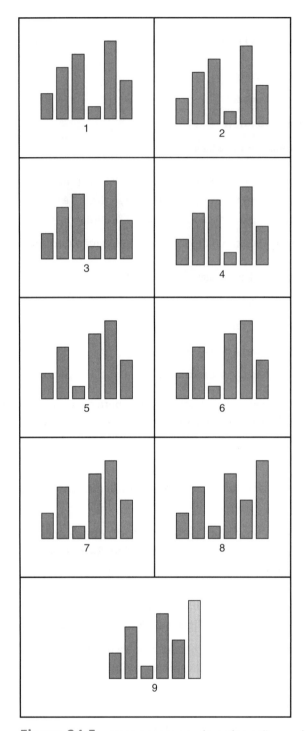

Figura 24-5 Uma passagem da ordenação por bolha

P O que se pode afirmar sobre os números na última etapa da Figura 24-5? O que uma passagem alcançou? O que é verdade sobre o número destacado em cinza-claro?

R Uma passagem ordenou um item até o último índice. O item ordenado até o final é o maior valor em todo o arranjo de números e, portanto, deve ser inserido no último índice. Uma passagem da ordenação por bolha coloca exatamente um número no local ordenado.

Se uma passagem da ordenação por bolha ordena um número, quantas passagens são necessárias para ordenar todos *n* números?

 Uma ordenação por bolha precisa de no máximo *n* passagens para ordenar todos os números. Como cada passagem coloca um número no lugar correto, *n* passagens inserem *n* números no lugar correto.

A **Figura 24-6** mostra uma segunda passagem para ordenar os números por bolha. Após a segunda passagem, dois números são ordenados corretamente. Como cada passagem ordena um número, cada passagem sucessiva pode ignorar os locais ordenados em vez de verificar em todas as posições as permutas. Os dois últimos números na Figura 24-6 não precisam ser comparados.

A **Figura 24-7** mostra o arranjo após a conclusão das passagens restantes.

Embora os itens sejam ordenados na etapa 4, a ordenação por bolha continua a fazer uma comparação final na etapa 5. Você pode programar uma ordenação por bolha e parar assim que os itens estiverem ordenados. Se

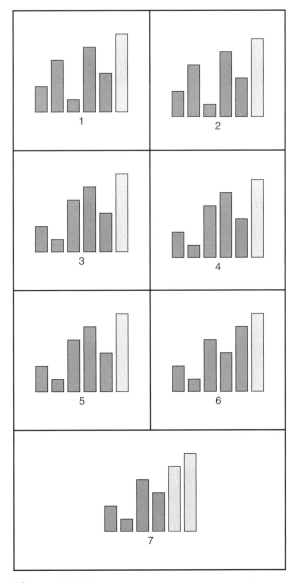

Figura 24-6 Segunda passagem da ordenação por bolha

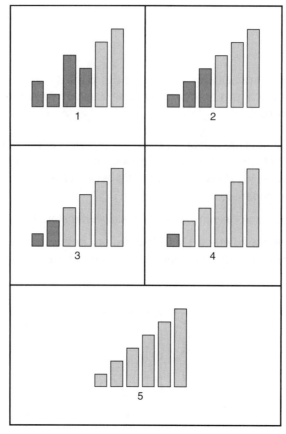

Figura 24-7   Todas as passagens da ordenação por bolha

nenhuma permuta for feita durante uma passagem, então os números estarão em ordem de ordenação e não será necessário fazer mais passagens. A **Figura 24-8** mostra como codificar um ordenação por bolha.

O código a seguir usa as funções mostradas na Figura 24-4 para executar.

```
#include <iostream>
#include <stdlib.h>
#include <time.h>

using namespace std;

void bubble_sort(int items[], int length)
{
    // Faz n passagens
    for (int i = 0; i < length; i++)
```

Figura 24-8   Código da ordenação por bolha (*continua*)

```
    {
        // Monitora quantas permutações para saída antecipada
        int swaps = 0;

        // Examina cada item, exceto os últimos itens que seriam classificados
        // (i items)
        for (int j = 0; j < length - 1 - i; j++)
        {
            // Se dois itens estiverem fora do lugar, permuta-os
            if (items[j] > items[j+1])
            {
                int temp = items[j];
                items[j] = items[j+1];
                items[j+1] = temp;

                swaps += 1;

            }
        }

        // Se nenhuma permutação ocorreu em uma passeagem, você pode parar
antecipadamente
        if (swaps == 0)
        {
            break;
        }
    }

}

int main()
{
    // Semeia o módulo aleatório para que o embaralhamento funcione
    srand (time(NULL));
```

Figura 24-8 Código da ordenação por bolha (*continua*)

```
    // Cria 10 itens
    int items[] = {1, 2, 3, 4, 5, 6, 7, 8, 9, 10};

    // Testa a ordenação por bolha
    cout << "Bubble Sort" << endl;
    shuffle(items, 10);
    print_items(items, 10);
    bubble_sort(items, 10);
    print_items(items, 10);
    cout << endl;

    return 0;
}

SAÍDA (sua saída pode ser diferente por causa de rand()):
Bubble Sort
6 3 2 7 8 5 9 10 4 1
1 2 3 4 5 6 7 8 9 10
```

Figura 24-8 Código da ordenação por bolha

Propriedades de ordenação por bolha (24.2.3, 24.2.4, 24.2.5, 24.2.6, 24.2.7)

Se você programar a ordenação por bolha para ser interrompida caso não ocorra permutas durante uma passagem, o melhor cenário começará com uma lista já ordenada. O programa verifica cada item uma vez em uma passagem, não faz permutas e então para. O tempo de execução de melhor caso do ordenamento por bolha de n itens é $O(n)$.

O pior cenário é que o programa precisa fazer todas as n passagens para ordenar n items. Se a ordenação por bolha não parar antecipadamente, então ela tem que fazer n passagens, com cada passagem levando n comparações. O tempo de execução de pior caso é $O(n^2)$. O pior cenário é disparado quando os itens estão na ordem inversa, o que é o oposto do melhor caso.

O caso médio é mais difícil de descobrir. Considere a parte "parar antecipadamente" da ordenação por bolha. Para calcular a média de seis números, por exemplo, soma-se todos os números e então divide por seis. A ordenação por bolha pode parar antecipadamente após uma, duas ou três passagens, cada uma com a mesma probabilidade supondo uma permuta aleatória dos números. Para encontrar um tempo de execução médio, adicione os tempos de execução de todas as situações de parada antecipada possíveis e, em seguida, divida por n, como a seguir:

$$\frac{1\ passagem + 2\ passagens + 3\ passagens + \ldots + n\ passagens}{n}$$

O padrão de soma de 1 + 2 + 3 até algum n é a soma conhecida a seguir:

$$1 + 2 + 3 + \ldots + n = \frac{n(n+1)}{2}$$

Aplique essa fórmula à soma original e simplifique a fração à direita da seguinte maneira:

$$\frac{\frac{n(n+1)}{2}}{n} = \frac{n+1}{2} \text{ passagens}$$

Cada passagem leva *n* trabalho, então reescreva a equação assim:

$$n\left(\frac{n+1}{2}\right) = \frac{n^2 + n}{2} \text{ trabalho}$$

Lembre-se de que na notação Big-O, você pode reter apenas a maior parte do polinômio e descartar multiplicadores ou divisores constantes. Como resultado, mesmo na média, a ordenação por bolha ainda é $O(n^2)$ de trabalho.

A ordenação por bolha permuta itens muitas vezes para ordená-los, portanto, não precisa de memória adicional para armazenar itens. Portanto, a ordenação por bolha é uma ordenação *in loco*. A ordenação por bolha permuta itens apenas quando eles estão estritamente fora de ordem. Como não permuta itens idênticos, a ordenação por bolha também é um algoritmo estável.

A ordenação por bolha não é a melhor opção para a maioria dos conjuntos de dados. Em vez disso, é uma abordagem de ordenação simples e fácil de programar e fornece uma boa introdução sobre como os computadores podem ordenar itens. Se o conjunto de dados for pequeno o suficiente para que o tempo de execução não importe, a ordenação por bolha poderá ser usada, embora não seja o melhor algoritmo de ordenação. Se o conjunto de dados já está principalmente ordenado, a ordenação por bolha tem o tempo de execução de melhor caso de $O(n)$ porque pode parar antecipadamente. Caso contrário, use uma ordenação diferente.

24.3 QUICKSORT

Definição do algoritmo quicksort (24.3.1, 24.3.2, 24.3.4)

Quicksort aproxima-se de uma ordenação eficiente. Ele conta com probabilidades para garantir que, em geral, tenha um bom desempenho, apesar de ter um cenário indesejável de pior caso. Quicksort usa uma abordagem de dividir e conquistar. Assim como a ordenação por bolha, o quicksort tem duas partes: uma etapa de particionamento e uma etapa recursiva.

Na verdade, a etapa de particionamento seleciona um item aleatório como um pivô e, em seguida, descobre o local ao qual esse item pertence na ordenação. Imagine que para classificar suas páginas de contatos não ordenadas, você seleciona a página da sua amiga Megan Lee. Coloca a página de Megan de lado e cria duas pilhas: uma para páginas de contato que devem vir antes da página de Megan e outra pilha para páginas de contato que devem vir depois dela. Ao ter duas pilhas, saberá que a página de Megan está entre as duas pilhas, como na **Figura 24-9**.

Um algoritmo quicksort seleciona o item do meio como o pivô, e então o move, como mostrado na **Figura 24-10**.

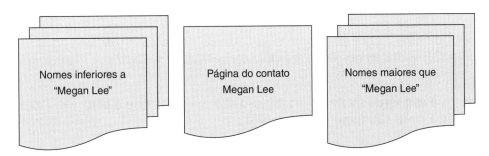

Figura 24-9 Dividir e conquistar para posicionar uma página de contato

Em seguida, para dividir os valores em duas pilhas, o algoritmo quicksort monitora um índice de limite. Este indica que tudo à esquerda é menor que o pivô e tudo à direita é maior que o pivô. O índice de limite começa no

Figura 24-10 Seleção e movimento do pivô no quicksort

índice mais à esquerda e, em seguida, itera por todos os valores, exceto o pivô (que está convenientemente fora do caminho). Se um valor em um índice for menor que o pivô, ele será movido para o índice de limite e o índice de limite será aumentado em um. Se o valor em um índice for maior que o pivô, tanto esse valor como o índice de limite não serão alterados.

A **Figura 24-11** mostra como o algoritmo quicksort funciona com um índice de limite. O índice de limite é indicado por uma seta preta abaixo das barras numéricas.

O algoritmo quicksort funciona como a seguir:

- Nas etapas de 1 a 4, os valores examinados são maiores que o pivô, portanto, nada é alterado.
- Na etapa 5, o valor examinado é menor que o pivô, portanto, é permutado na etapa 6 pelo valor no índice de limite.
- Na etapa 7, o índice de limite é movido à direita em um.
- O processo continua até que todos os valores, exceto o pivô, tenham sido examinados.
- Na última etapa, o pivô é permutado com o valor no índice de limite.

Assim como na ordenação por bolha, após uma partição em um quicksort, um item é ordenado. Além disso, as seções à esquerda e à direita têm características diferentes.

P O que se pode dizer sobre os números à esquerda da barra cinza-claro após a etapa 13 na Figura 24-11? E sobre os números à direita da barra cinza-claro?

R Os números à esquerda da barra cinza-claro são menores que o pivô. Os números à direita da barra cinza-claro são maiores que o pivô.

Dado um arranjo de valores numéricos armazenados na variável `items` e dadas as variáveis de índice `left` e `right`, o pseudocódigo para o particionamento é:

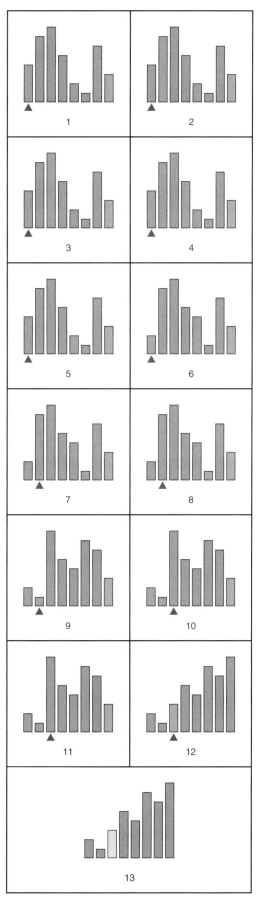

Figura 24-11 Particionamento no quicksort

```
middle = (left + right) // 2
boundary = left


pivot = items[middle]
items[middle] = items[right]
items[right] = pivot


for index (start: left; test: < right; increment: 1)
   if items[index] < pivot
      temp = items[index]
      items[index] = items[boundary]
      items[boundary] = temp
      boundary = boundary + 1


temp = items[right]
items[right] = items[boundary]
items[boundary] = temp
```

Depois de usar um quicksort para particionar itens, tem-se duas seções de números não ordenados. Os que estão à esquerda do pivô nunca devem terminar à direita, nem os números à direita devem terminar à esquerda do pivô. Pode-se ordenar as seções à esquerda e à direita de maneira independente e manter a ordem. Dois subproblemas menores foram criados, que é exatamente o que a recursão precisa.

O quicksort tenta recursivamente particionar os itens à esquerda e à direita do pivô até que reste apenas um item para ordenar. Se apenas um item permanece, é certo que ele está na ordem correta. A **Figura 24-12** mostra como o quicksort funciona recursivamente à esquerda escolhendo um pivô, movendo-o e assim por diante, como mostrado na Figura 24-11. Apenas dois itens permanecem à esquerda do pivô, portanto, a seção à esquerda é ordenada rapidamente.

A **Figura 24-13** mostra o progresso contínuo com os números à direita do pivô.

O quicksort continua assim até que todos os itens sejam ordenados. O esboço de pseudocódigo na etapa recursiva no quicksort é:

```
function recurse(items[], left, right)
   if left = right
      return
   elseif left < right
      pivot_position = partition(items, left, right)
      recurse(items, left, pivot_position - 1)
      recurse(items, pivot_position + 1, right)
```

A **Figura 24-14** mostra o código para um quicksort usando uma função `partition()`.

MÓDULO 24 – ALGORITMOS DE ORDENAÇÃO   **419**

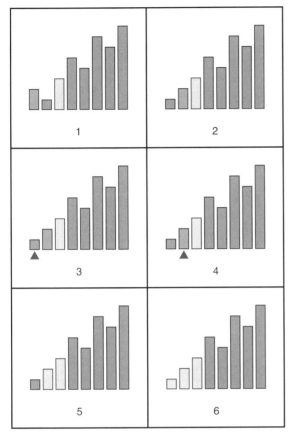

Figura 24-12   Partições recursivas na seção à esquerda

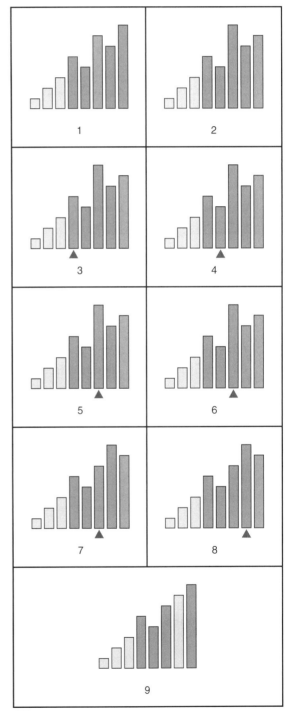

Figura 24-13   Partições recursivas na seção à direita

Propriedades do Quicksort (24.3.3, 24.3.5, 24.3.6, 24.3.7, 24.3.8)

O código a seguir usa as funções mostradas na Figura 24-4 para executar.

```cpp
#include <iostream>
#include <stdlib.h>
#include <time.h>

using namespace std;

int partition(int items[], int left, int right)
{
    // Escolhe o item do meio para ser o valor do pivô e o tira do caminho
    int middle = (left + right) / 2;
    int pivot = items[middle];
    items[middle] = items[right];
    items[right] = pivot;

    // Monitora o índice de limite
    int boundary = left;

    // Examina todos os outros itens
    for (int index = left; index < right; index++)
    {
        // Se o item for menor que o pivô, o limite deve ser movido
        if (items[index] < pivot)
        {
            // Permuta com o valor do limite atual e aumenta o limite por 1
            int temp = items[index];
            items[index] = items[boundary];
            items[boundary] = temp;

            boundary += 1;
        }
    }
    // Move o pivô para entre os dois grupos de números, conforme indicado pelo
```

Figura 24-14 Código do quicksort *(continua)*

```c
      // índice de limite (boundary)
      int temp = items[right];
      items[right] = items[boundary];
      items[boundary] = temp;

      // Retorna o limite para informar ao quicksort como recorrer
      return boundary;

}

void quick_recurse(int items[], int left, int right)
{
   // Verifica o caso de base
   // Os limites esquerdo e direito se cruzaram? Então pare.
   if (left >= right)
   {
      return;
   }

   // Encontra a posição do pivô após o particionamento
   int pivot_position = partition(items, left, right);

   // Continua a recursão à esquerda e à direita do pivô
   quick_recurse(items, left, pivot_position - 1);
   quick_recurse(items, pivot_position + 1, right);

}

void quick_sort(int items[], int length)
{
   // Inicia a recursão para incluir todos os índices válidos
   // (length - 1 em vez de length)
   quick_recurse(items, 0, length -1);

}
int main()
```

Figura 24-14 Código do quicksort (*continua*)

```
{
    // Semeia o módulo aleatório para que o embaralhamento funcione
    srand (time(NULL));

    // Cria 10 itens
    int items[] = {1, 2, 3, 4, 5, 6, 7, 8, 9, 10};

    // Testa o quicksort
    cout << "Quick Sort" << endl;
    shuffle(items, 10);
    print_items(items, 10);
    quick_sort(items, 10);
    print_items(items, 10);
    cout << endl;

    return 0;
}
```

SAÍDA (sua saída pode ser diferente por causa de rand()):

```
Quick Sort
6 3 2 7 8 5 9 10 4 1
1 2 3 4 5 6 7 8 9 10
```

Figura 24-14   Código do quicksort

O tempo de execução de um algoritmo quicksort depende de como o particionamento funciona. Cada partição requer O(n) trabalho, em que n é o número total de valores a comparar com o pivô. Mesmo durante as etapas recursivas, considerar todas as partições na mesma profundidade recursiva requer um trabalho de O(n). Ver **Figura 24-15**.

O tempo de execução do quicksort é n multiplicado pelo número de vezes que partition() é chamada. O melhor tempo de execução é quando o quicksort divide uniformemente uma lista de números em duas pilhas iguais, de maneira semelhante a começar no meio de um dicionário para encontrar uma palavra. Nesse caso, cada seção da lista tem cerca de metade do tamanho da lista inicial. Cada seção repete a partição, que, no melhor caso, divide cada seção pela metade novamente.

Supondo que cada partição seja dividida exatamente pela metade, quantas vezes partition() é chamada? O log da função matemática representa o conceito de "quantas vezes algo pode ser dividido pela metade". Log base-2, também escrito como $\log_2$ ou simplificado para log na notação Big-O, retorna o valor "quantas vezes você pode dividir pela metade" para um número, parando quando alcança um valor de 1 ou menor. Log(2) é 1, log(4) é 2, log(8) é 3 etc. Portanto, o tempo de execução do melhor caso para um algoritmo quicksort é O(n log(n)).

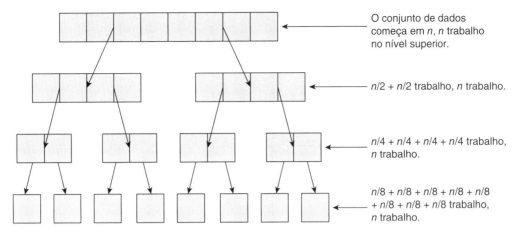

Figura 24-15 A divisão pela metade resulta em *n* trabalho em cada nível

Ocorrem problemas quando o quicksort não divide valores não ordenados igualmente. Considere a seleção de pivô: o que acontece se o maior valor é selecionado como o pivô? E quando ele chama recursivamente `partition()` e seleciona o segundo maior valor como o pivô?

P Se o quicksort selecionar cada valor em ordem decrescente do maior para o menor para os pivôs, quantas vezes `partition()` é chamada?

R Cada partição ordenaria um valor no local correto, mas deixaria a maioria dos itens não ordenados à esquerda. Isso pode acontecer *n* vezes.

Se o quicksort usar cada valor na ordem decrescente para os pivôs, o tempo de execução será $O(n^2)$. Apesar de esse cenário de pior caso exigir muito tempo de execução (mais que $O(n \log(n))$, o quicksort é considerado o melhor algoritmo de ordenação de uso geral. Isso ocorre porque o pior caso é improvável. A probabilidade de que o pior pivô seja escolhido em cada chamada `partition()` é 1 em *n*, o que significa que o pior cenário tem cerca de $1/n^n$ chance, o que é muito improvável, especialmente se *n* é grande. Em média, o quicksort tem um tempo de execução de $O(n \log(n))$.

Quicksort é um algoritmo *in loco* porque não usa memória adicional. Mas o quicksort não é estável, pois mover pivôs e valores de particionamento podem permutar as posições dos valores idênticos. Em geral, o quicksort é um algoritmo de ordenação rápido e eficiente quanto à memória a ser usada em qualquer situação. Você pode considerar um algoritmo diferente se precisa garantir o tempo de execução $O(n \log(n))$.

24.4 ORDENAÇÃO POR MESCLAGEM

Definição do algoritmo de ordenação por mesclagem (24.4.1, 24.4.2, 24.4.4)

Ordenação por mesclagem é outro algoritmo de divisão e conquista. As duas partes da ordenação por mesclagem são particionamento e mesclagem. O particionamento é fácil: o algoritmo divide uma lista de números pela metade e chama uma função de ordenação como `merge()` recursivamente em cada metade. Ver **Figura 24-16**.

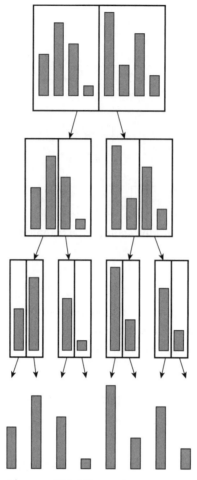

Figura 24-16 Ordenação por mesclagem sempre divide pela metade

O caso de base para a chamada recursiva é quando a lista contém apenas um item, o que significa que ela já está ordenada. A parte interessante é quando as chamadas recursivas retornam duas listas que estão ordenadas. A lógica do pseudocódigo de ordenação por mesclagem recursiva, como a seguir, é:

```
function recurse(items[], left, right)
    if left >= right
        return

    middle = (left + right) / 2

    recurse(items, left, middle)
    recurse(items, middle + 1, right)

    merge(items, left, middle, right)
```

Supondo que funcione corretamente, a função `recurse()` armazena as duas metades nos índices indicados de `left` para `middle`, e de `middle + 1` para `right`. Em seguida, você deve usar `merge()` para mesclar as duas metades. Considere as listas na **Figura 24-17**.

Qual número das listas `left` e `<right` ordenadas devem ser o primeiro item no resultado de `storage`? Como pode ser encontrado?

 Você sabe que as duas listas dos números já estão ordenadas, então o menor número (o número que deve vir primeiro no resultado mesclado) é o primeiro em `left` ou o primeiro em `right`. Pode-se mover o menor número nas duas listas para o primeiro índice de `storage`. Na Figura 24-17, o menor número é 3.

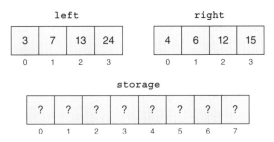

Figura 24-17 `left` e `right` podem ser mesclados em `storage`

O segundo número para o resultado mesclado novamente deve ser um dos dois números de `left` e `right`. O número para o índice 1 de `storage` é 4. Mescle 6, 7, 12, 13, 15 e então 24 das listas ordenadas para `storage`. Esse processo pode ser repetido até que uma das listas não tenha mais números, mas sempre que for preciso examinar apenas dois valores.

A lógica da ordenação por mesclagem é como a seguir:

```
function merge(items, left, middle, right)
   initialize storage[right - left]

   left_index = left
   right_index = middle + 1
   storage_index = 0

   while left_index <= middle and right_index <= right
      if items[left_index] <= items[right_index]
         storage[storage_index] = items[left_index]
         storage_index = storage_index + 1
         left_index = left_index + 1
      else
         storage[storage_index] = items[right_index]
         storage_index = storage_index + 1
         right_index = right_index + 1
```

```
while left_index <= middle
    storage[storage_index] = items[left_index++]
    storage_index = storage_index + 1
    left_index = left_index + 1

while right_index <= right
    storage[storage_index] = items[right_index]
    storage_index = storage_index + 1
    right_index = right_index + 1

for i (start: left; test: <= right; increment: 1)
    items[i] = storage[i - left]
```

A **Figura 24-18** mostra o código para uma ordenação por mesclagem.

O código a seguir usa as funções mostradas na Figura 24-4 para executar.

```cpp
#include <iostream>
#include <stdlib.h>
#include <time.h>

using namespace std;

void merge(int items[], int left, int middle, int right)
{
  // Cria armazenamento suficiente para mesclar as duas seções da matriz de itens
    int storage[right - left];

    // Três índices para monitorar o local na seção esquerda,
    // na seção direita e no armazenamento mesclado.
    int left_index = left;
    int right_index = middle + 1;
    int storage_index = 0;

    // Enquanto houver algo nas seções esquerda e direita
    while (left_index <= middle and right_index <= right)
```

Figura 24-18 Código da ordenação por mesclagem (*continua*)

```
{
   // Se a seção esquerda tiver um número menor que a seção direita
   // copia-o para o armazenamento
   if (items[left_index] <= items[right_index])
   {
      storage[storage_index++] = items[left_index++];
   }


   // Caso contrário, copia o número da seção direita para o armazenamento
   else
   {
      storage[storage_index++] = items[right_index++];
   }
}


// Verifica se há algum número na seção esquerda e
// o copia
// Os números só estariam na seção esquerda se a seção direita esgotasse
while (left_index <= middle)
{

   storage[storage_index++] = items[left_index++];
}


// Verifica se há algum número na seção direita
// e o copia
// Os números só estariam na seção direita se a seção esquerda esgotasse
while (right_index <= right)
{
   storage[storage_index++] = items[right_index++];
}


// Copia os números mesclados de volta para o local correto na matriz de itens.
for (int i = left; i <= right; i++)
{
```

Figura 24-18 Código da ordenação por mesclagem (*continua*)

```cpp
            items[i] = storage[i - left];
        }
    }
}

void merge_recurse(int items[], int left, int right)
{
    // Se os índices esquerdo e direito passarem um pelo outro, é o caso de base
    if (left >= right)
    {
        return;
    }

    // Localiza o meio
    int middle = (left + right) / 2;

    // Recursa à esquerda e à direita
    merge_recurse(items, left, middle);
    merge_recurse(items, middle + 1, right);

    // Mescla as seções esquerda e direita ordenadas
    merge(items, left, middle, right);
}

void merge_sort(int items[], int length)
{
    // Inicia a recursão com todos os índices válidos
    // (length - 1 em vez de length)
    merge_recurse(items, 0, length-1);
}

int main()
{
    // Semeia o módulo aleatório para que o embaralhamento funcione
    srand (time(NULL));
```

Figura 24-18 Código da ordenação por mesclagem (*continua*)

```
    // Cria 10 itens
    int items[] = {1, 2, 3, 4, 5, 6, 7, 8, 9, 10};

    // Testa ordenação por mesclagem
    cout << "Merge Sort" << endl;
    shuffle(items, 10);
    print_items(items, 10);
    merge_sort(items, 10);
    print_items(items, 10);
    cout << endl;

    return 0;
}

SAÍDA (sua saída pode ser diferente por causa de rand()):
Merge Sort
6 3 2 7 8 5 9 10 4 1
1 2 3 4 5 6 7 8 9 10
```

Figura 24-18 Código da ordenação por mesclagem

Propriedades da ordenação por mesclagem (24.4.3, 24.4.5, 24.4.6, 24.4.7)

Ao contrário da ordenação por bolha, a ordenação por mesclagem não pode ser interrompida antecipadamente. Os tempos de execução melhores, médios e piores na ordenação por mesclagem são os mesmos porque sempre exige a mesma quantidade de trabalho para concluir a ordenação. Mesclar exige n trabalho pela mesma razão que o particionamento exigiu na Figura 24-15. Dividir uma lista de valores pela metade exige $O(\log(n))$ trabalho, como acontece com o quicksort. A ordenação por mesclagem sempre exige $O(n \log(n))$ trabalho.

A ordenação por mesclagem precisa de memória extra para as etapas recursivas. Sempre que se cria uma cópia temporária das informações em um computador, isso requer mais memória. Portanto, a ordenação por mesclagem não é um algoritmo de ordenação *in loco*. Mas a ordenação por mesclagem é estável porque favorece o lado esquerdo em conexões no código de mesclagem.

A ordenação por mesclagem garante o tempo de execução rápido de $O(n \log(n))$, o que é importante considerar ao selecionar um algoritmo de ordenação. A ordenação por mesclagem, com algumas modificações, também é boa para ordenar listas ligadas. Lembre-se de que as listas ligadas têm acesso aleatório ruim, portanto, ordenações como quicksort são ineficientes.

RESUMO

- Algoritmos de ordenação tentam organizar os itens de maneira eficiente segundo uma ordem.
- Você expressa o tempo de execução de um algoritmo de ordenação em termos de n, em que n é o número de itens a serem ordenados. Cientistas da computação usam a análise Big-O, que inclui apenas a parte maior de uma expressão polinomial de n como o tempo de execução geral. Algoritmos podem ter casos de tempo de execução melhores, médios e piores.
- Algoritmos *in loco* não precisam de memória adicional para serem executados. Algoritmos estáveis não alteram a ordem de itens idênticos, como dois contatos com o mesmo nome.
- Uma tática comum para computadores é dividir e conquistar, o que tenta reduzir o problema a duas metades iguais para tornar o tempo de execução logarítmico.
- O algoritmo de ordenação por bolha é fácil de programar, mas lento para executar. A ordenação por bolha usa passagens para permutar itens adjacentes se estão fora de ordem, definindo um item como ordenado após uma passagem. Depois n passagens, a ordenação por bolha está concluída. A ordenação por bolha pode parar antecipadamente se fizer uma passagem e não ocorrer permuta. Os tempos de execução da ordenação por bolha são $O(n^2)$ para os casos médios e piores e $O(n)$ para o melhor caso.
- O algoritmo quicksort depende da probabilidade para ter um bom desempenho. O quicksort usa particionamento e recursão para dividir e conquistar uma lista não ordenada. O particionamento escolhe o item do meio como um pivô e o tira do caminho. O quicksort então posiciona à esquerda todos os itens menores que o pivô e todos os itens maiores que o pivô à direita antes de mover o pivô entre esses dois grupos. Em seguida, o quicksort executa dois quicksorts menores nos grupos à esquerda e à direita. Os tempos de execução do quicksort são $O(n^2)$ no pior caso, o que acontece com pouca frequência, e $O(n \log(n))$ para os casos médios e melhores.
- O algoritmo de ordenação por mesclagem usa memória extra para garantir um tempo de execução rápido. A ordenação por mesclagem divide uma lista não ordenada pela metade para ordenar duas listas menores e, em seguida, mescla os dois resultados ordenados. A ordenação por mesclagem tem o mesmo tempo de execução para os casos melhores, médios e piores: $O(n \log(n))$.

Termos-chave

algoritmo estável
algoritmo *in loco*
algoritmos de ordenação
Big-O
ordenação
ordenação por bolha
ordenação por mesclagem
quicksort
técnica de dividir e conquistar
tempo de execução
tempo de execução de caso médio
tempo de execução de melhor caso
tempo de execução de pior caso

ARQUITETURA DO PROCESSADOR

OBJETIVOS DE APRENDIZAGEM:

25.1 ORGANIZAÇÃO DO PROCESSADOR
25.1.1 Listar os principais componentes de um circuito integrado.
25.1.2 Identificar os transistores como um dos componentes mais importantes de um circuito integrado.
25.1.3 Apresentar a lei de Moore.
25.1.4 Analisar a relevância atual da lei de Moore.
25.1.5 Diagramar os componentes fundamentais do computador agora conhecidos como arquitetura de von Neumann.
25.1.6 Ilustrar como a arquitetura de von Neumann é mapeada para os componentes de uma CPU.
25.1.7 Explicar a função de uma CPU.
25.1.8 Associar CPUs a microprocessadores.
25.1.9 Classificar um microprocessador como um tipo de circuito integrado.

25.2 CONJUNTOS DE INSTRUÇÕES DE BAIXO NÍVEL
25.2.1 Listar as operações mais comuns em um conjunto de instruções de microprocessador.
25.2.2 Diferenciar as arquiteturas CISC e RISC.
25.2.3 Associar linguagem de máquina ao conjunto de instruções de uma CPU.
25.2.4 Diferenciar código de operação de operando.
25.2.5 Classificar linguagem de máquina como uma linguagem de programação de baixo nível.
25.2.6 Listar as características da linguagem de máquina.
25.2.7 Definir a linguagem de montagem como uma linguagem de programação de baixo nível com instruções que têm uma forte correspondência com as instruções da linguagem de máquina.
25.2.8 Diferenciar uma instrução em linguagem de máquina de uma instrução em linguagem de montagem.
25.2.9 Indicar as vantagens e desvantagens das linguagens de baixo nível para criar software.

25.3 OPERAÇÕES DO MICROPROCESSADOR
25.3.1 Identificar os papéis que registradores, o ponteiro de instrução, a ALU e a unidade de controle desempenham no processamento de uma instrução.
25.3.2 Identificar as três fases do ciclo de instrução: buscar, decodificar, executar.
25.3.3 Rastrear a execução de um programa curto em linguagem de montagem que carrega dados em registradores.

25.4 LINGUAGENS DE PROGRAMAÇÃO DE ALTO NÍVEL
25.4.1 Definir o termo "linguagem de programação de alto nível".

431

25.4.2 Fornecer exemplos das primeiras linguagens de programação de alto nível.

25.4.3 Fornecer exemplos das linguagens de programação de alto nível que estão atualmente em uso.

25.4.4 Listar as principais características das linguagens de programação de alto nível.

25.4.5 Listar as vantagens das linguagens de programação de alto nível.

25.4.6 Listar as desvantagens das linguagens de programação de alto nível.

25.1 ORGANIZAÇÃO DO PROCESSADOR

Circuitos integrados (25.1.1, 25.1.2)

Os dispositivos de computação que você usa existem em todas as formas e tamanhos. Eles incluem pequenos sensores inteligentes, relógios digitais e smartphones, tablets e laptops portáteis, estações de trabalho do tamanho de uma mesa e fazendas de servidores do tamanho de uma sala.

Independentemente da forma, tamanho, função ou custo desses dispositivos, todos eles contêm circuitos integrados. Um **circuito integrado**, semelhante àqueles na **Figura 25-1**, contém componentes e circuitos eletrônicos microscópicos, como transistores, capacitores e resistores, gravados em uma fatia plana de silício.

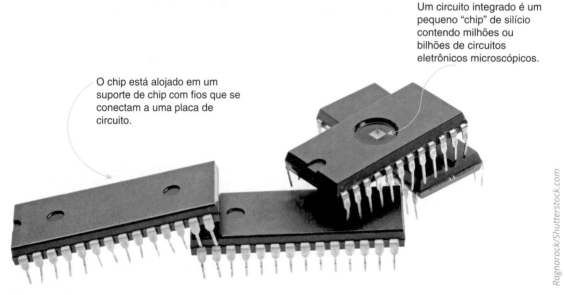

Figura 25-1 Circuitos integrados

Os circuitos integrados às vezes são chamados "chips de computador" ou apenas "chips". Alguns circuitos integrados são projetados para realizar atividades de processamento, enquanto outros chips são projetados para lidar com memória, armazenamento, entrada ou saída.

Um **transistor** é um circuito eletrônico que controla o fluxo de corrente. Os transistores são um dos componentes mais importantes em um circuito integrado porque realizam duas tarefas essenciais:

Amplificar os sinais. Os transistores podem amplificar um sinal para que ele tenha energia suficiente para percorrer um circuito.

Agir como interruptores. Os transistores funcionam como interruptores para controlar o fluxo dos sinais eletrônicos. A **Figura 25-2** mostra como um transistor controla o fluxo de corrente entre um coletor e um emissor.

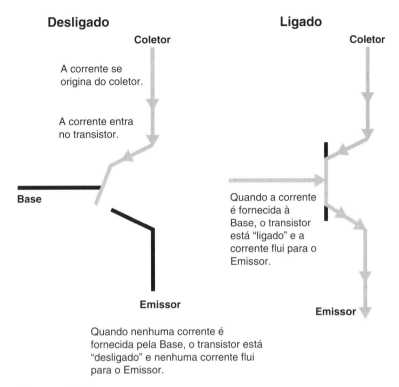

Figura 25-2   Transistores

Os transistores se conectam a outros componentes, como capacitores e resistores, para formar portas lógicas. Uma **porta lógica** manipula os sinais elétricos para realizar operações lógicas e aritméticas. Por exemplo, a porta lógica XOR na **Figura 25-3** pode ser usada para adicionar dois bits.

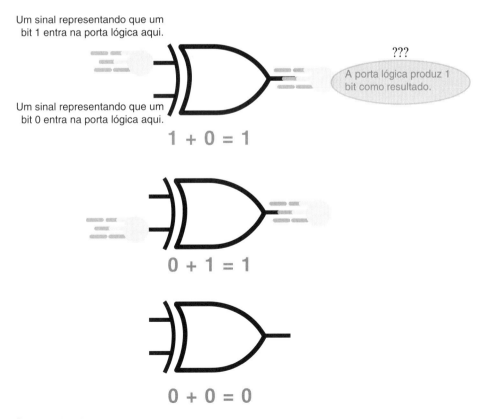

Figura 25-3   Portas lógicas XOR

O que a porta lógica na Figura 25-3 produzirá quando ambas as entradas são 1?

 Produzirá 0. Lembre-se de que em binário, não existe "2". Quando esse circuito recebe 1 + 1 como entrada, ele tem apenas uma saída, então produz 0. Um conjunto mais complexo de circuitos é necessário para a operação que carrega o bit de valor 1 para completar a adição binária 1 + 1 = 10.

Lei de Moore (25.1.3, 25.1.4)

Hoje, os circuitos integrados contêm bilhões de transistores e outros componentes microscópicos, mas nem sempre foi assim. Os primeiros circuitos integrados inventados na década de 1950 tinham apenas um punhado de componentes. Desde então, o número de componentes dos circuitos integrados, como transistores, dobrou a cada dois anos. Esse fenômeno baseou-se em uma previsão feita por um engenheiro chamado Gordon Moore e veio a ser conhecido como **Lei de Moore**.

A lei de Moore é importante porque, à medida que os componentes se tornam menores, a distância entre eles diminui. Os sinais viajam mais rápido, o que significa que os computadores podem operar com mais velocidade.

Especialistas questionam se a Lei de Moore continuará válida após 2025. Com a tecnologia de silício atual, há limites para a miniaturização. À medida que os elétrons se movem mais rapidamente por circuitos cada vez menores, eles geram cada vez mais calor. Em algum momento, pode não ser possível evitar o superaquecimento.

CPUs (25.1.5, 25.1.6, 25.1.7, 25.1.8, 25.1.9)

Um **computador** pode ser definido como um dispositivo multiuso que aceita entrada, processa essa entrada com base em um conjunto armazenado de instruções e gera saída. Abstraindo os detalhes das placas de circuito, silício, circuitos integrados e transistores, a **Figura 25-4** ilustra os principais componentes de um computador.

Figura 25-4 Componentes do núcleo do computador da arquitetura de von Neumann

Essa visão abstrata dos computadores foi proposta pela primeira vez pelo físico John von Neumann em 1945. Denominada "arquitetura de von Neumann", ainda é aplicada aos computadores utilizados hoje.

- A **unidade de processamento central (CPU)** do seu computador processa a entrada e produz a saída de acordo com as instruções fornecidas por um programa de software armazenado na memória.

- A CPU contém uma unidade de controle, uma unidade lógica aritmética e registradores.
- A **unidade de controle** gerencia as atividades de processamento coletando instruções e dados e enviando-os à unidade lógica aritmética (ULA).
- A **unidade lógica aritmética** realiza operações aritméticas e lógicas.
- **Registradores** são áreas temporárias para armazenar dados.
- Programas de computador e dados são armazenados na memória onde podem ser acessados pela CPU.

A CPU para cada um de seus dispositivos digitais está alojada em um único circuito integrado chamado microprocessador. Um **microprocessador** é um circuito integrado complexo contendo bilhões de componentes projetados para processar dados. Na placa de circuito de qualquer dispositivo digital, você pode identificar facilmente o microprocessador porque normalmente é o maior circuito integrado. Ver **Figura 25-5**.

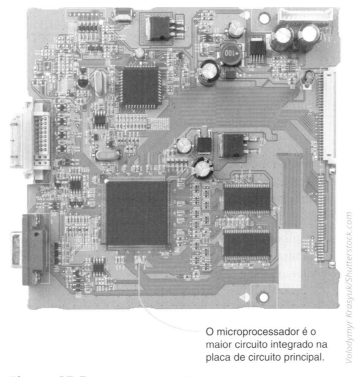

O microprocessador é o maior circuito integrado na placa de circuito principal.

Figura 25-5   Microprocessador

25.2 CONJUNTOS DE INSTRUÇÕES DE BAIXO NÍVEL

Conjuntos de instruções do microprocessador (25.2.1)

Computadores executam bilhões de operações a cada segundo para realizar tarefas relativamente simples, como calcular sua atividade física diária ou inserir um endereço em uma mensagem de e-mail. A razão de toda essa atividade de processamento é que os microprocessadores são programados para executar um conjunto limitado de operações para processamento de dados.

Uma coleção de operações pré-programadas do microprocessador chama-se **conjunto de instruções**. Cada operação corresponde a uma tarefa aparentemente insignificante, como comparar dois números para ver se são iguais ou mover um número da memória para a unidade lógica aritmética. Eis um conjunto de operações de microprocessador muito básicas:

LOAD: Posicionar um valor em um registrador da CPU.
MOVE: Copiar um valor da memória para um registrador da CPU.

ADD: Adicionar os valores dois registradores da CPU.
SUBTRACT: Subtrair o valor em um registrador da CPU do valor em outro registro.
MULTIPLY: Multiplicar os valores em dois registradores da CPU.
DIVIDE: Dividir o valor em um registrador da CPU pelo valor em outro registrador.
STORE: Copiar um valor de um registrador da CPU para a memória.
COMPARE: Verificar se os valores em dois registradores são os mesmos.
JUMP: Passar para uma instrução diferente.
END: Parar a execução de instruções.

P Suponha que o processador tenha concluído uma operação ADD. Qual operação copiaria o resultado para uma posição na memória?

R A operação STORE copiaria o resultado de um registrador e o colocaria na memória.

RISC e CISC (25.2.2)

Embora todos os microprocessadores executem operações semelhantes, o conjunto de instruções para o microprocessador em seu telefone é diferente do conjunto de instruções para o microprocessador em um computador desktop otimizado para jogos.

Alguns microprocessadores têm conjuntos de instruções que consistem em centenas de operações. Esses processadores são classificados como **computadores com conjunto complexo de instruções (CISC)**. Microprocessadores com pequenos conjuntos de instruções são classificados como **computadores com conjunto reduzido de instruções (RISC)**.

Como você pode imaginar, um processador RISC precisa executar muito mais operações do que um processador CISC para realizar a mesma tarefa, mas cada instrução RISC é executada mais rapidamente do que uma instrução CISC. A **Figura 25-6** compara CISC e RISC.

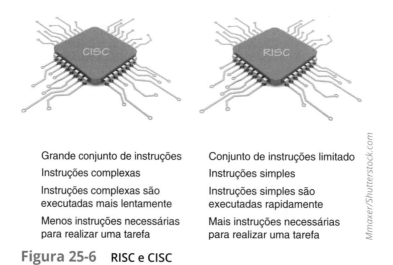

Figura 25-6 RISC e CISC

Pela simplicidade, os processadores RISC usam menos energia e requerem menos resfriamento, o que os torna ideais para dispositivos móveis e servidores de alto desempenho. O processador ARM no seu celular é um exemplo de processador RISC.

O IBM PC que sua avó usava em 1985 continha um processador x86 CISC e os descendentes desses microprocessadores ainda são preferidos para dispositivos de computação de uso geral, como computadores desktop.

Linguagem de máquina (25.2.3, 25.2.4, 25.2.5, 25.2.6)

Cada operação que um microprocessador executa tem uma instrução correspondente em **linguagem de máquina** que é codificada como uma string de 0s e 1s. Uma instrução em linguagem de máquina tem um **código de operação** que especifica uma operação, como carregar, adicionar, mover ou comparar.

Uma instrução em linguagem de máquina também pode ter um ou mais **operandos** que especificam os dados a serem processados, a posição na memória ou o destino em um registrador. As longas strings de 0s e 1s na **Figura 25-7** contêm um código de operação e operandos que instruem o processador a carregar 5 no Registrador 1.

```
        Op code          Operandos

       10000101      00000101    00000001
        (LOAD)           5         Registrador 1
```

Figura 25-7 Códigos de operação e operandos em instruções de linguagem de máquina

A linguagem de máquina é classificada como **linguagem de programação de baixo nível** porque fornece muito pouca abstração da operação binária dos circuitos de computador. Se estivesse programando em linguagem de máquina, você teria que entender muitos detalhes sobre as operações do microprocessador e lembrar os códigos de operação correspondentes a longas sequências de 0s e 1s.

Linguagem de montagem (25.2.7, 25.2.8, 25.2.9)

Para evitar lidar com strings desconcertantes de 0s e 1s, os programadores se voltaram para **linguagem de montagem**, que usa abreviações de texto para códigos de operação que correspondem diretamente aos códigos de operação da linguagem de máquina. Onde um código de operação de linguagem de máquina pode ser 0000 0000, o equivalente em linguagem de montagem pode ser ADD.

P Advinhe o significado dos códigos de operação da linguagem de montagem como MOV, LDI e CMP? Dica: Reexamine a lista de operações de microprocessador.

R Um MOV é o código de operação que move um valor da memória para um registrador da CPU. LDI é o código de operação de "carregamento imediato" que coloca um valor específico, como 5, em um registrador. CMP é o código de operação para comparar os valores em dois registradores.

Um código de operação em linguagem de montagem geralmente tem dois ou três caracteres. Dados e endereços usados como operandos são especificados como números hexadecimais.

Comparando a instrução em linguagem de máquina a uma instrução em linguagem de montagem na **Figura 25-8**, pode-se ver como os códigos de operação e os operandos correspondem.

Figura 25-8 Compare uma instrução em linguagem de máquina ao seu equivalente em linguagem de montagem

Se seus interesses se voltam para programação de controladores, drivers de dispositivos e sistemas operacionais, precisará, então, de habilidades em linguagem de montagem. Com a linguagem de montagem, pode-se trabalhar diretamente com registradores e endereços de memória para otimizar o código para que ele seja executado de forma rápida e eficiente. Hackers usam a linguagem de montagem para criar e modificar vírus. Para frustrar os hackers, a linguagem de montagem também é uma ferramenta importante para os profissionais de segurança.

25.3 OPERAÇÕES DO MICROPROCESSADOR

Processamento de uma instrução (25.3.1)

Na arquitetura de CPU de von Neumann, uma unidade de controle e a ULA trabalham juntas para processar instruções. A unidade de controle tem um **registrador de instruções** que contém a instrução que está sendo processada.

A ULA possui registradores que armazenam os dados que estão sendo processados e os que são produzidos. A **Figura 25-9** mostra como a CPU configura uma instrução para adicionar o conteúdo de dois registradores.

Figura 25-9   Adição de conteúdo de dois registradores na ULA

O ciclo de instrução (25.3.2, 25.3.3)

Computadores são como cisnes no sentido de que na superfície tudo parece flutuar facilmente, mas sob a superfície há muita atividade porque esses pés de cisne circulam pela água. Uma instrução em linguagem de máquina ou linguagem de montagem parece muito detalhada, mas atividades ainda mais detalhadas estão acontecendo no microprocessador.

A execução de uma instrução em linguagem de máquina ou linguagem de montagem acontece em três fases chamadas **ciclo de instruções**, como mostrado na **Figura 25-10**.

As instruções de linguagem de máquina para um programa são mantidas em uma sequência de locais na memória. Para monitorar a instrução que está sendo executada, a unidade de controle usa um **ponteiro de instrução**. Quando o programa começa, o ponteiro de instrução mantém o endereço de memória da primeira instrução. No final do ciclo de instrução, o ponteiro de instrução é atualizado para apontar para a posição na memória que contém a próxima instrução.

MÓDULO 25 – ARQUITETURA DO PROCESSADOR   **439**

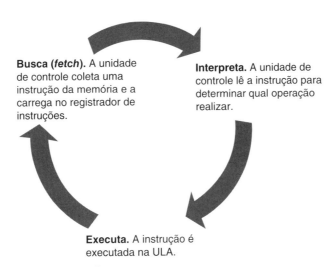

Figura 25-10   O ciclo de instrução

Suponha que um programa comece com uma instrução para carregar o valor 5 no Registrador 1 da ULA. A **Figura 25-11** ilustra o que acontece quando essa instrução é executada.

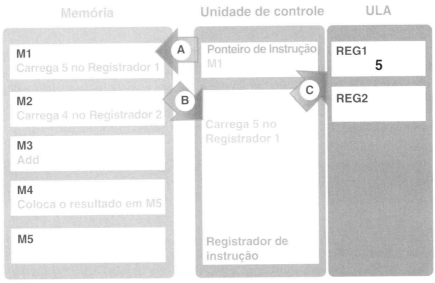

(A) O ponteiro de instrução indica M1 como o local de memória da primeira instrução.
(B) A unidade de controle busca a instrução e a copia para o registrador de instruções.
(C) A instrução é interpretada e então executada colocando 5 no Registrador 1 da ULA.
    Em seguida, o ponteiro de instrução avança para M2 para buscar a próxima instrução.

Figura 25-11   Soma de conteúdo de dois registradores na CPU

P Agora que são conhecidos os princípios básicos do ciclo de instruções, rastreie o pequeno programa em linguagem de montagem na **Figura 25-12**. Qual é o resultado da execução? Onde esse resultado vai parar? O que está no ponteiro de instrução? O que está no registrador de instruções?

R O valor 9 está no Registrador 2 e na posição M5 da memória. O ponteiro de instrução contém M5. O registrador de instruções contém a última instrução: "Move Register 2 to M5".

Figura 25-12 Qual é o resultado da execução das instruções na memória?

25.4 LINGUAGENS DE PROGRAMAÇÃO DE ALTO NÍVEL

Evolução (25.4.1, 25.4.2)

Se você fosse um programador trabalhando com os primeiros protótipos de computadores na década de 1940, poderia estar se debatendo com linguagens de máquina e de montagem. O primeiro programa que todo programador aprende a escrever é "Hello World", um programa que – você adivinhou – exibe ou imprime a mensagem "Hello World!".

Em linguagem de montagem, o programa Hello World parece bastante enigmático:

```
Dosseg
.model small
.stack 100h
.data
hello_message db 'Hello World!',0dh,0ah,'$'
.code
main proc
mov ax,@data
mov ds,ax
mov ah,9
mov dx,offset hello_message
int 21h
mov ax,4C00h
int 21h
main endp
end main
```

Na década de 1950, a programação deu um passo à frente com as linguagens de programação de alto nível que forneciam palavras fáceis de lembrar para comando, como PRINT e INPUT, para substituir os códigos de operação obscuros da linguagem de montagem e longas strings de 0s e 1s da linguagem de máquina.

Fortran, uma das primeiras linguagens de programação de alto nível, foi desenvolvida para aplicações científicas e de engenharia. O programa Hello World em Fortran é muito mais simples do que em linguagem de montagem.

```
PRINT *, "Hello World!"
END
```

Na era Fortran, duas outras linguagens de programação de alto nível entraram em uso generalizado. COBOL tornou-se a linguagem para processamento de dados corporativos em bancos e estabelecimentos comerciais. LISP apresentou uma abordagem única à programação e ainda é popular para aplicativos de inteligência artificial.

Ensino de linguagens (25.4.2)

Se você quisesse se tornar um programador autodidata na década de 1980, uma linguagem de programação chamada BASIC era incluída em todos os computadores pessoais. Em BASIC, cada instrução é numerada, geralmente começando com a linha 100. O programa Hello World em BASIC se parece com isto:

```
100 PRINT "Hello World!"
```

Nas universidades, a linguagem de ensino predominante era Pascal. No ensino fundamental, os alunos usavam Logo para programar um robô tartaruga na tela a fim de criar padrões geométricos, como mostrado na **Figura 25-13**.

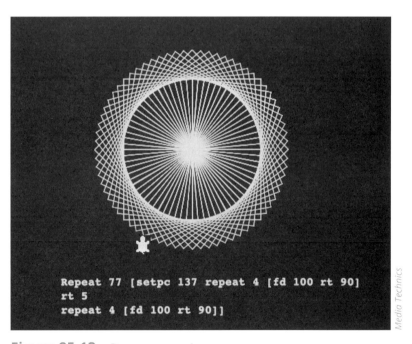

Figura 25-13   Programa em Logo

A família C (25.4.2, 25.4.3)

Na década de 1970, a linguagem de programação C foi um importante desenvolvimento nas linguagens de alto nível. Originalmente projetada para criar utilitários e sistemas operacionais, a linguagem C se tornou o pai de várias linguagens populares de hoje, como C, C# e Objective-C.

C e seus derivados usam pontuação extensa, como parênteses, colchetes e ponto e vírgula, para assegurar que cada instrução seja clara e inequívoca.

```
#include <iostream>
using namespace std;


 int main( )
 {
  cout << "Hello World!" << endl;
  return 0;
 }
```

Linguagens de programação Web (25.4.3)

Com a popularidade da Web na década de 1990, vieram linguagens como JavaScript, Java, Python, Ruby e PHP. Se você estiver interessado em criar aplicativos on-line, essas linguagens de programação apresentam alta demanda.

Em Java, o programa Hello World se parece com isto:

```
public class Hello {
    public static void main(String []args) {
        System.out.println("Hello World!");
    }
}
```

P Quais são algumas semelhanças que podem ser reconhecidas entre C e Java?

R Tanto C como Java fazem uso extensivo de pontuação, como colchetes e ponto e vírgula.

Python é uma linguagem de programação criada por uma equipe de programadores cuja filosofia era "simples é melhor que complexo". A linguagem tem a simplicidade de BASIC com pontuação mínima:

```
print ("Hello World!")
```

Novas linguagens de programação ainda estão sendo desenvolvidas. Em 2014, a Apple introduziu a linguagem de programação Swift projetada para criar aplicativos que rodam em iPhones, iPads, iMacs e outros dispositivos da Apple.

Características (25.4.4)

A partir dos exemplos do Hello World, pode-se ver que as linguagens de programação de alto nível usam palavras familiares para formular instruções semelhantes a frases, como `print("Hello World!")`. Assim como as linguagens naturais, essas linguagens de programação também possuem regras gramaticais básicas para estrutura e pontuação.

Para cientistas da computação, a principal característica de uma linguagem de alto nível é o nível de abstração que a diferencia da linguagem de máquina. Poucos elementos de uma linguagem de alto nível têm uma correspondência direta com as instruções da linguagem de máquina. Em vez disso, um único comando de linguagem de alto nível, como `print` substitui uma lista completa dos códigos de operação de linguagem de máquina ou de montagem detalhados. Ver **Figura 25-14**.

```
                                            Dosseg
                                            .model small
                                            .stack 100h
                                            .data
                                            hello_message db 'Hello
                                            World!',0dh,0ah,'$'
                                            .code
                                            main proc
          print("Hello World!")             mov ax,@data
                                            mov ds,ax
                                            mov ah,9
                                            mov dx,offset hello_message
                                            int 21h
                                            mov ax,4C00h
                                            int 21h
                                            main endp
                                            end main
```

Figura 25-14 Uma única instrução em uma linguagem de programação de alto nível requer várias instruções em uma linguagem de baixo nível

A abstração das linguagens de alto nível separa os programadores dos aspectos digitais e binários dos dispositivos físicos. Usando uma linguagem de alto nível, você raramente tem de lidar diretamente com registradores no microprocessador ou endereços em chips de RAM. Ao codificar um comando de impressão, não é preciso saber qual dispositivo de exibição ou impressora será usado. A linguagem de programação gerencia os detalhes da organização de pixels em uma tela ou controle do dispensador de tinta da impressora.

Vantagens e desvantagens (25.4.5, 25.4.6)

Como se pode esperar, as linguagens de alto nível têm muitas vantagens em relação às linguagens de baixo nível, mas também têm algumas desvantagens. Eis os prós e contras mais importantes.

+ *Fácil entendimento.* Imagine ter de memorizar strings de 0s e 1s que correspondem a códigos de operação. Comandos como `print`, `continue`, `return` e `try` são fáceis de aprender e lembrar. A estrutura semelhante a uma frase do código de alto nível facilita a compreensão e o compartilhamento com outros programadores na sua equipe.

+ *Detecção de erro.* Em 1947, uma programadora chamada Grace Hopper estava solucionando um erro de computador e descobriu um inseto (*bug*) morto em um dos mecanismos de retransmissão. A remoção do "bug" fez o computador funcionar corretamente. Desde então, os erros de codificação são chamados "bugs" e a correção deles, *debugging* (depuração). Programas escritos em linguagens de programação de alto nível são relativamente fáceis de depurar porque usam palavras e pontuação para comandos semelhantes às linguagens naturais.

+ *Independência de máquina.* Os programas que você codifica usando uma linguagem de programação de alto nível são portáteis. Pode-se escrever um programa em um computador e distribuí-lo para uso em outros computadores.

− *Necessidade de tradução.* Programas escritos em linguagens de alto nível não podem ser executados diretamente por um microprocessador. O código do programa deve ser convertido em linguagem de máquina. A conversão requer uma etapa extra ao codificar ou quando o programa é executado.

− *Penalidade de abstração.* Como as linguagens de programação de alto nível são separadas do código de máquina por níveis de abstração, elas podem não conseguir otimizar as tarefas de processamento aproveitando os atalhos de baixo nível específicos da máquina. Programas codificados em linguagens de alto nível normalmente são executados um pouco mais lentamente e requerem mais memória que suas contrapartes em linguagem de máquina ou linguagem de montagem.

RESUMO

- Um computador pode ser definido como um dispositivo multifuncional que aceita entrada, processa essa entrada com base em um conjunto armazenado de instruções e produz saída.
- Os principais componentes dos computadores atuais são circuitos integrados, que contêm milhões ou bilhões de transistores, resistores, capacitores e circuitos microscópicos. Transistores são importantes porque amplificam os sinais, funcionam como interruptores e formam portas lógicas.
- A lei de Moore afirma que o número de componentes fabricados em circuitos integrados dobra a cada dois anos, produzindo dispositivos de computação mais rápidos.
- Os computadores modernos baseiam-se na arquitetura de von Neumann com uma unidade central de processamento que contém uma unidade de controle, uma unidade lógica aritmética e registradores. Esses elementos são integrados a microprocessadores que realizam as operações contidas em um conjunto de instruções.
- Microprocessadores podem ser programados usando linguagem de máquina de baixo nível e linguagem de montagem ou uma linguagem de programação de alto nível.
- Instruções de linguagem de programação de baixo nível consistem em um código de operação e um operando que correspondem diretamente ao conjunto de instruções do microprocessador.
- Linguagens de programação de alto nível, como BASIC, C++, Java e Python, usam comandos de linguagem natural e oferecem um nível de abstração que distancia os programadores do conjunto de instruções detalhado.

Termos-chave

ciclo de instruções
circuito integrado
código de operação
computador
computadores com conjunto complexo de instruções (CISC)
computadores com conjunto reduzido de instruções (RISC)
conjunto de instruções
lei de Moore
linguagem de máquina
linguagem de montagem
linguagem de programação de baixo nível
linguagens de programação de alto nível
microprocessador
operandos
ponteiro de instrução
porta lógica
registrador de instruções
registradores
transistor
unidade de controle
unidade de processamento central (CPU)
unidade lógica aritmética (ULA)

MÓDULO 26

REPRESENTAÇÃO DE DADOS

OBJETIVOS DE APRENDIZAGEM:

26.1 BITS E BYTES

26.1.1 Definir o termo "dados digitais" e compará-lo ao termo "dados analógicos".

26.1.2 Fornecer exemplos que diferenciam dados digitais de dados analógicos.

26.1.3 Estabelecer que o termo "bit" significa "dígito binário".

26.1.4 Confirmar que um bit pode ter um de dois estados, representados conceitualmente por 0 ou 1.

26.1.5 Definir o termo "bit" como a menor unidade de representação de dados.

26.1.6 Identificar "b" como o símbolo para bit.

26.1.7 Listar algumas das maneiras como bits podem ser representados fisicamente.

26.1.8 Associar bits a potências de 2.

26.1.9 Calcular o número de estados que podem ser representados por um bit de dados.

26.1.10 Definir os termos "byte" e "octeto" como uma série de oito bits.

26.1.11 Identificar "B" como o símbolo de um byte.

26.1.12 Calcular o número de estados que podem ser representados por 8 bits de dados.

26.1.13 Definir kilo, mega, giga, tera, peta e exa em termos de potências de 2.

26.1.14 Citar exemplos de tecnologias que são medidas em bits.

26.1.15 Citar exemplos de tecnologias que são medidas em bytes.

26.2 BINÁRIO

26.2.1 Associar o termo "número binário" ao sistema numérico de base 2 que usa apenas dois símbolos: 0 e 1.

26.2.2 Associar números binários à representação de dados digitais.

26.2.3 Converter números decimais em binários.

26.2.4 Converter números binários em decimais.

26.2.5 Somar números binários.

26.2.6 Calcular o complemento de um de um número binário.

26.2.7 Calcular o complemento de dois de um número binário.

26.2.8 Listar três maneiras pelas quais os computadores representam números negativos.

26.3 HEXADECIMAL

26.3.1 Fornecer exemplos de aplicativos de tecnologia que usam hexadecimal.

26.3.2 Explicar o sistema de cores RGB.

26.3.3 Associar o termo "número hexadecimal" ao sistema numérico de base 16 que usa os símbolos 0, 1, 2, 3, 4, 5, 6, 7, 8, 9, A, B, C, D, E e F.

26.3.4 Identificar 0xFF e outras notações comuns para números hexadecimais.

446 PROGRAMAÇÃO COM C++

26.3.5 Verificar se dois dígitos hexadecimais podem ser representados em um byte de dados.

26.3.6 Converter números hexadecimais em binários.

26.3.7 Converter números binários em hexadecimais.

26.3.8 Converter números hexadecimais em decimais.

26.3.9 Definir o termo "densidade de informação" como a quantidade de informações que pode ser representada usando um determinado número de bits.

26.3.10 Comparar a densidade de informação de hexadecimal com binário.

26.3.11 Identificar qual notação tem melhor legibilidade: binária ou hexadecimal.

26.4 ASCII E UNICODE

26.4.1 Definir o termo "ASCII" como um método padrão de representação de dados não numéricos usando sete bits.

26.4.2 Entender por que ASCII de 7 bits pode representar 128 caracteres.

26.4.3 Usar uma tabela ASCII para encontrar a representação binária ou decimal de uma letra ou símbolo.

26.4.4 Definir "caracteres de controle" como dados não imprimíveis, como nova linha ou backspace.

26.4.5 Identificar Extended ASCII como uma notação para representar 256 caracteres.

26.4.6 Definir o termo "Unicode" como o uso de vários bytes para representar caracteres incluídos na maioria das linguagens modernas.

26.4.7 Associar UTF-8 com Unicode.

26.5 ALOCAÇÃO DE MEMÓRIA

26.5.1 Explicar a diferença entre memória e armazenamento.

26.5.2 Diferenciar armazenamento on-line de off-line.

26.5.3 Explicar o termo "volátil" no contexto da memória de computador.

26.5.4 Explicar a diferença entre somente leitura e leitura-gravação.

26.5.5 Classificar os dispositivos de memória e armazenamento de acordo com a tecnologia: estado sólido, magnético ou óptico.

26.5.6 Diferenciar bits, bytes e palavras.

26.5.7 Identificar RAM como o tipo de memória usado para armazenar temporariamente o sistema operacional, os programas que estão sendo executados e os dados necessários para esses programas.

26.5.8 Explicar que a memória consiste em vários locais de armazenamento que normalmente contém um byte de dados.

26.5.9 Definir um "endereço de memória" como um identificador único para um local de memória, geralmente representado por um número hexadecimal, como 0x9FFF.

26.1 BITS E BYTES
Dados digitais (26.1.1, 26.1.2)

P Eis um quebra-cabeça. O que cada um dos diagramas na **Figura 26-1** tem em comum?

R Cada diagrama é um par binário digital que representa dois estados únicos. Por exemplo, um circuito descarregado é um estado; um carregado é outro.

Surpreendentemente, qualquer um dos pares binários digitais na Figura 26-1 pode ser usado para representar todos os tipos de dados, como letras, símbolos, números e mesmo cores.

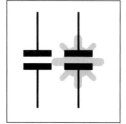 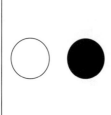 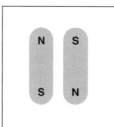 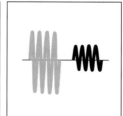 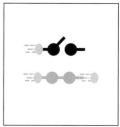

Figura 26-1 O que esses diagramas têm em comum?

Dados digitais são discretos e volumosos. Os dados mostrados por um relógio digital podem ser 10:52 ou 10:53, mas o relógio não pode mostrar os segundos fracionados entre eles. Por outro lado, **dados analógicos** são contínuos. Por exemplo, o ponteiro dos segundos em um relógio analógico varre um intervalo de tempo contínuo.

Computadores armazenam e manipulam muitos tipos de dados digitais, como palavras, números, símbolos, cores, sons, imagens e vídeos. Esses dados são processados dentro dos circuitos eletrônicos, enviados como sinais com e sem fio em todo o mundo, armazenados como pontos microscópicos em CDs, salvos como partículas magnéticas em discos rígidos e mantidos em portas eletrônicas dentro de pen drives.

Representação de dados refere-se à forma como os dados são abstraídos ou modelados. Quando os dados são abstraídos em uma série de unidades que podem ter um de dois estados, a representação dos dados é **binária**. O mecanismo exato para a representação de dados pode variar de um dispositivo para outro, mas, como mostrado na **Figura 26-2**, os dados retêm duas características importantes: são digitais e são binários.

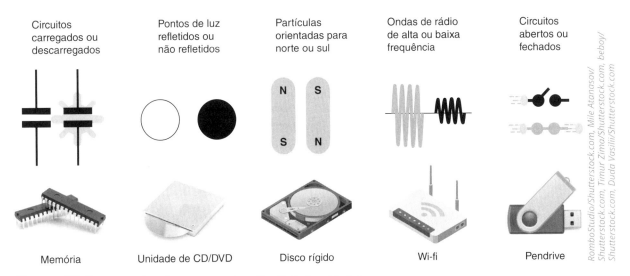

Figura 26-2 Os dados do computador são digitais e binários

Bits (26.1.3, 26.1.4, 26.1.5, 26.1.6, 26.1.7, 26.1.8, 26.1.9)

Embora os computadores possam usar sinais de ligado/desligado, frequências, pontos coloridos ou partículas magnetizadas para representar fisicamente os dados, pode-se imaginar esses dois estados como os **dígitos binários** 0 e 1.

Um dígito binário é comumente chamado **bit**, abreviado como um "b" minúsculo. Um bit é a menor unidade de dados manipulada por um dispositivo digital.

Um único bit pode ser 0 ou 1 – são duas possibilidades. Um único bit pode representar verdadeiro ou pode representar falso. Ou, um único bit pode representar sim ou não. Como mostrado em **Figura 26-3**, um bit pode ser usado para representar qualquer uma das duas unidades de informação.

Para representar qualquer uma das quatro informações, é preciso dois bits. Para representar qualquer uma das oito informações, três bits são necessários. A **Figura 26-4** fornece exemplos.

Um bit: 2 unidades de informação possíveis. Dois bits: 4 unidades de informação possíveis. Três bits: 8 unidades de informação possíveis. Talvez você perceba um padrão. Cada bit adicional dobra a quantidade de informação que pode ser representada.

Os bits são baseados no sistema numérico binário e correspondem a potências de 2. Para descobrir quantas unidades de informação podem ser representadas por qualquer número de bits, basta inserir o número como a potência de 2. Um bit representa 2^1 unidades de informação. Para dois bits, é 2^2, para três bits é 2^3.

Figura 26-3 Um bit pode representar duas unidades de informação

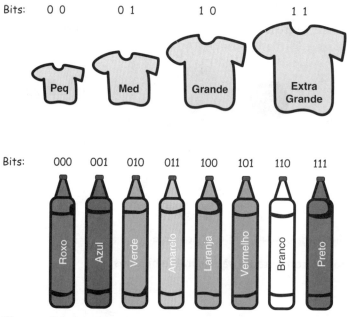

Figura 26-4 Dois bits podem representar quatro unidades diferentes de informação e três bits, oito unidades de informação

P Quantas unidades diferentes de informação podem ser representadas usando 5 bits?

R Cinco bits podem ser usados para representar 32 unidades de informação diferentes. Pode-se usar uma calculadora científica ou de programador para encontrar o valor de 2^5 ou multiplicar 2 cinco vezes: $2 \times 2 \times 2 \times 2 \times 2$.

Bytes (26.1.10, 26.1.11, 26.1.12, 26.1.13, 26.1.14, 26.1.15)

Computadores trabalham com grupos de oito bits chamados **byte**. Eis as noções básicas imprescindíveis sobre bytes:

- Byte é abreviado como um "B" maiúsculo.
- Bytes às vezes são chamados "octetos".

- 00001010 é um byte de dados.
- Cada byte pode representar uma das 2^8 ou 256, diferentes unidades de dados.
- Um byte de dados é comumente usado para armazenar texto: uma letra, símbolo ou sinal de pontuação.

Bits e bytes são utilizados para medir a velocidade de transmissão e a capacidade de armazenamento dos dispositivos digitais. Bits para velocidade. Bytes para capacidade. Essas medidas podem se tornar muito grandes. Por exemplo, a velocidade de uma conexão com a Internet pode ser registrada em mais de 50 milhões de bits por segundo. Uma unidade flash pode armazenar vários bilhões de bytes de dados.

Esses números grandes são frequentemente expressos usando termos como megabits e gigabytes.

A coisa complicada sobre esses números é que eles geralmente usam medidas binárias baseadas em potências de 2, não em potências de 10.

Por exemplo, no mundo dos computadores, um quilo é 2^{10}, que é 1.024. Mas na vida cotidiana, um quilo é apenas 1.000 porque é derivado do valor decimal 10^3. Veja a diferença em **Figura 26-5**.

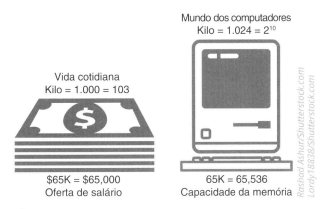

Figura 26-5 Medições relacionadas a computadores são baseadas em potências de 2

P Suponha que seu cartão Visa com chip tenha capacidade de memória de 2K. Quantos bytes de dados o cartão pode armazenar?

R 2K é 1.024 × 2, que equivale a 2.048 bytes.

A **Figura 26-6** lista prefixos e abreviaturas comumente usados para medições binárias de bits e bytes.

Prefixo	Abreviação para bits	Abreviação para bytes	Número de bits ou bytes
Kilo	Kb	KB	2^{10} = 1,024
Mega	Mb	MB	2^{20} = 1,048,576
Giga	Gb	GB	2^{30} = 1,073,741,824
Tera	Tb	TB	2^{40} = 1,099,511,627,776
Peta	Pb	PB	2^{50} = 1,125,899,906,842,624
Exa	Eb	EB	2^{60} = 1,152,921,504,606,846,976
Zetta	Zb	ZB	2^{70} = 1,180,591,620,717,411,303,424
Yotta	Yb	YB	2^{80} = 1,208,925,819,614,629,174,706,176

Figura 26-6 Medições binárias para bits e bytes

26.2 BINÁRIO

Números binários (26.2.1, 26.2.2)

Computadores foram originalmente projetados para processar dados numéricos, e os computadores atuais ainda realizam muitas tarefas envolvendo cálculos. Como os computadores são dispositivos eletrônicos, eles manipulam bits – 1s e 0s. O **sistema de numeração binário** também usa 1s e 0s para representar números, portanto, esse sistema é utilizado para representar números na maioria dos dispositivos digitais.

Em notação binária, os números são representados usando apenas os dígitos 0 e 1. Esse sistema às vezes é chamado **base 2** porque utiliza dois dígitos.

Ao contar em binário, comece com 0. O próximo número é 1. Mas o que vem a seguir? Não há dígito "2". Para criar o próximo número, será preciso usar mais de um dígito. O número dois é representado por 10, pronunciado "um zero". O 1 significa "uma quantidade de dois" e o 0 significa "não 1".

Contar em binário é assim (**Figura 26-7**):

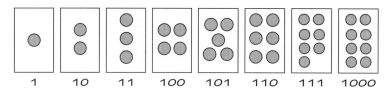

Figura 26-7 Contando em binário

P Depois de 1000, qual é o próximo número binário?

R O próximo número binário é 1001.

Na memória de computador, os números binários são armazenados em circuitos eletrônicos microscópicos chamados **capacitores**. O símbolo de um capacitor se parece com a letra T e seu reflexo de cima para baixo. Um capacitor carregado representa 1 bit. Um capacitor descarregado representa um bit 0. A **Figura 26-8** ilustra uma série de capacitores que representam o número binário 00000101.

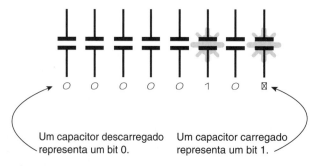

Figura 26-8 Memória de computador utiliza capacitores para representar dados binários

Em geral, é fácil identificar um número binário porque normalmente é uma longa sequência de 1s e 0s. No entanto, um número como 101 pode significar cinco em binário ou cento e um em decimal. Para diferenciar, números binários podem ser escritos usando qualquer uma das notações a seguir:

- 101b
- 101_2
- %101
- 0b101
- $101_{binário}$

Uma dica adicional de que um número é binário seria zeros nos valores posicionais à esquerda. Os números binários são frequentemente escritos como bytes contendo 8 bits. Um número binário como 101 pode ser escrito como 00000101. Os zeros mais à esquerda não adicionam nenhum valor ao número e podem ser omitidos.

Binário para decimal (26.2.3)

Espera-se que os programadores entendam como o binário pode ser usado para representar preços, quilômetros, salários, quantidades e outros números que os computadores manipulam para tarefas diárias. Suponha que um computador armazene 1010 para o número de pinguins em um zoológico. Esse número é mais compreensível quando convertido em nosso sistema decimal familiar.

No sistema de numeração binário, cada valor posicional é uma potência de 2. O valor posicional mais à direita é 2^0, que é 1 em decimal. O próximo valor posicional é 2^1, que é dois em decimal. Na **Figura 26-9**, pode-se ver como converter o número binário 1010 no número decimal 10.

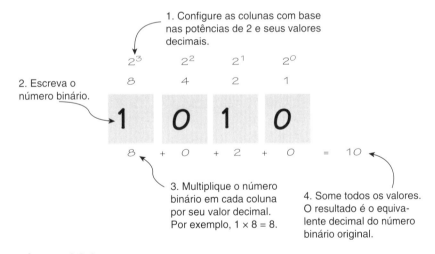

Figura 26-9   Conversão de binário em decimal

P   Vamos ver se você entende a conversão de binário em decimal. Qual é o equivalente decimal do número binário 11010?

R   Eis a resposta. Como mostrado em **Figura 26-10**, há um valor de 16 mais um valor de 8 e um valor de 2 para um total de 26.

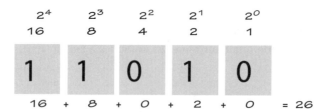

Figura 26-10   11010 é a representação binária de 26

Decimal para binário (26.2.4)

Um palíndromo é uma palavra ou número que se lê da mesma forma da esquerda para a direita e vice-versa. Arara é um palíndromo. Os números também podem ser palíndromos. O número 15351 é um palíndromo com um segredo. Para descobrir esse segredo, será preciso saber como converter números decimais em binários.

Converter números decimais em binários é fácil se você usar um truque de divisão. O algoritmo é assim:

Anote o número decimal.
Divida o número decimal por 2.
Se houver um resto, escreva 1 na coluna do resto.
Se não houver resto, escreva 0 na coluna do resto.
Continue dividindo até chegar a 0.
Leia na coluna do resto o número binário.

A **Figura 26-11** mostra como esse algoritmo funciona para converter 18 em binário.

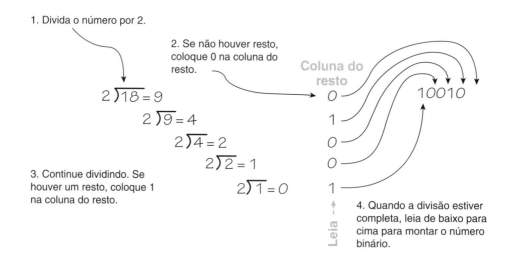

Figura 26-11   A conversão de um número decimal em binário requer divisão repetida por 2

Converter o palíndromo 15351 em binário envolve muitas operações de divisão. Pode-se usar uma calculadora de programador como a da **Figura 26-12** para encontrar o resultado.

O binário para 15351 é 11101111110111. Tanto o número decimal como sua versão binária são palíndromos! Esse é o segredo de 15351.

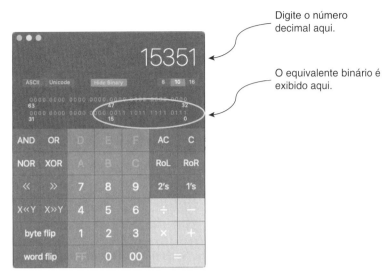

Figura 26-12 Use uma calculadora científica ou de programador para conversões de decimal em binário

Soma binária (26.2.5)

Computadores realizam operações aritméticas com base em números binários. Compreender a soma binária oferece informações sobre a aritmética digital e a maneira como os computadores representam números negativos.

Ao somar 1 + 1 em binário, não há um dígito "2". Portanto, o que acontece? O algoritmo de soma para números binários é semelhante a somar 9 + 1 em base 10. Escreve-se um zero como um espaço reservado e transporta o valor de 1 para a próxima posição, conforme mostrado em **Figura 26-13**.

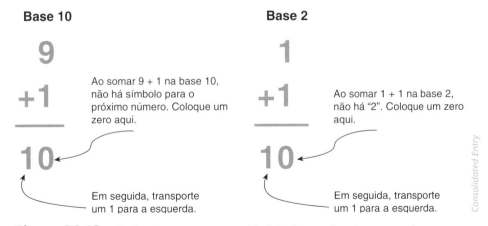

Figura 26-13 O algoritmo para soma binária é semelhante ao uso do "transporte" na base 10

P A **Figura 26-14** mostra mais alguns exemplos de soma binária. Quais estão corretas e quais não estão?

R A terceira soma não está correta. 1011 + 10 = 10101.

```
    1        101      1011      1111
+  11      + 10      + 10      + 111
-----      -----     -----     ------
  100       111      1001      10110
```

Figura 26-14   Exemplos de soma binária

Números negativos (26.2.6, 26.2.7, 26.2.8)

Os computadores precisam lidar com números negativos, mas não existe um símbolo negativo eletrônico. Computadores representam números negativos de três maneiras:

- Magnitude com sinal.
- Complemento de um.
- Complemento de dois.

Magnitude com sinal usa o bit mais à esquerda para indicar se um número é positivo ou negativo. Se esse bit é 0, o número é positivo. Se esse bit é 1, o número é negativo.

P   Qual desses números é negativo?

00001100
10001100

R   O primeiro número começa com 0, assim é positivo $12_{decimal}$. O segundo número é negativo: $-12_{decimal}$.

O **complemento de um** de um número binário é outro número binário que, quando adicionado ao número original, produz todos os bits 1. Para produzir o complemento de um, basta inverter os bits como mostrado na **Figura 26-15**.

Figura 26-15   O complemento de um de um número binário pode representar seu negativo

O **complemento de dois** de um número binário é outro número binário que, quando adicionado ao número original, produz todos os bits 0. Produzir o complemento de dois é um algoritmo de várias etapas, como mostrado na **Figura 26-16**.

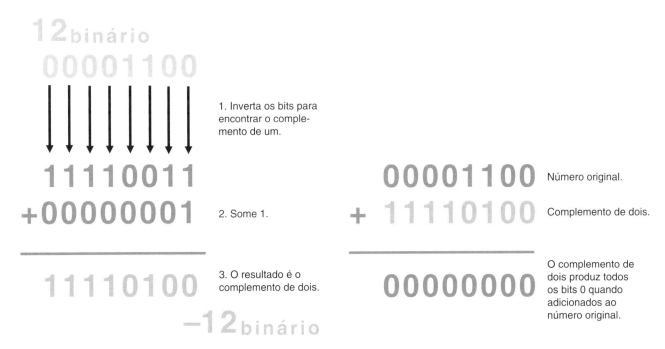

Figura 26-16 O complemento de dois de um número binário pode representar seu negativo

Com três maneiras de representar números negativos, é possível achar que 10001100, 11110011 e 11110100 podem representar −12. Você estaria correto, mas a maioria dos computadores modernos usa o complemento de dois para números negativos.

26.3 HEXADECIMAL

Cores (26.3.1, 26.3.2)

A exibição de cores em um computador ou smartphone é dividida em milhares de elementos de imagem chamados **pixels**. Cada pixel contém um grupo de três luzes em miniatura: uma vermelha, uma verde e uma azul. Esse sistema de cores é conhecido como **RGB**, que significa vermelho, verde, azul.

Cada luz pode ter um nível de iluminação que varia de 0 a 255. A luz está desligada e preta quando o valor é 0. A luz é mais brilhante quando o valor é 255. Será obtida a cor roxa no centro do primeiro diagrama de cores na **Figura 26-17** se a luz vermelha estiver acesa no nível 130, que é metade da força, se a luz verde estiver desligada no nível 0 e se a luz azul estiver com força total no nível 255.

P De que cor é um pixel quando todos os níveis de luz são 255?

R Quando os níveis de vermelho, verde e azul são 255, o pixel é branco.

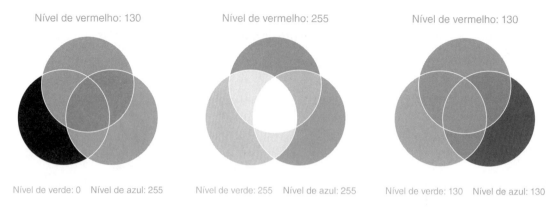

Figura 26-17 Cores RGB

Computadores armazenam cores como números binários. Na **Figura 26-18**, os valores decimais foram convertidos em binários.

O número binário de 24 bits para a cor roxa é 100000100000000011111111. Isso é muito longo. Computadores não têm nenhum problema com um número tão grande, mas os humanos acham complicado. Programadores usam notação hexadecimal para lidar com cores porque requer apenas seis dígitos em vez de 24.

A notação hexadecimal para a cor roxa é #8200FF. Isso é muito mais simples do que a notação binária de 24 bits. Descobrir por que a notação hexadecimal é muito mais simples requer uma rápida introdução ao sistema numérico hexadecimal.

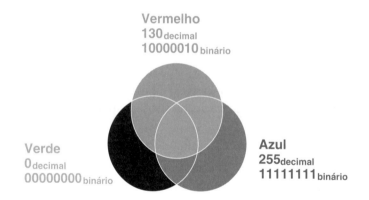

Figura 26-18 Valores binários para vermelho, verde e azul se combinam para exibir roxo

Números hexadecimais (26.3.3, 26.3.4)

O **sistema numérico hexadecimal** ou de base-16, tem 16 dígitos: 0 1 2 3 4 5 6 7 8 9 A B C D E F. Esse sistema numérico é comumente utilizado para especificar as cores de ícones, imagens e texto. Web designers são bem versados em hexadecimal para especificar as cores de texto e links em páginas web.

Programadores costumam dizer "hexa" em vez de "hexadecimal". Contar em hexadecimal é assim:

0 1 2 3 4 5 6 7 8 9 A B C D E F 10 11 12 13 14 15 16 17 18 19

Para distinguir números hexadecimais de números binários e decimais, você pode ver qualquer uma destas notações:

- 0x101
- #101
- 101h
- 0h101
- 101_{hex}
- 101_h
- 101_{16}
- &H101
- U+0101

Conversões Binário-Hex-Binário (26.3.5, 26.3.6, 26.3.7)

P Eis algo interessante. Analise os números binários na **Figura 26-19** e os equivalentes hexadecimais. É possível observar um padrão?

R Para cada quatro dígitos binários, há um número hexadecimal de um dígito. Por exemplo, os quatro dígitos binários 1011 e o único dígito hexadecimal B representam o número decimal 11.

Hex	**0**	1	**2**	3	**4**	5	**6**	7
Binário	**0000**	0001	**0010**	0011	**0100**	0101	**0110**	0111

Hex	**8**	9	**A**	B	**C**	D	**E**	F
Binário	**1000**	1001	**1010**	1011	**1100**	1101	**1110**	1111

Figura 26-19 É possível perceber um padrão entre dígitos hexadecimais e binários?

Essa correspondência facilita a conversão de binário em hexadecimal. O algoritmo para converter números binários em hexadecimal é mostrado na **Figura 26-20**.

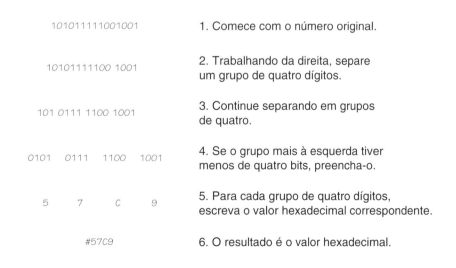

Figura 26-20 Conversão de binário em hexadecimal

Para converter de hexadecimal em binário, basta inverter o processo. Para cada dígito hexadecimal, escreva o número binário de 4 bits.

P Para certificar-se de que é possível converter hexadecimal em binário, tente converter A1 em binário.

R O binário para A é 1010. O binário para 1 é 0001. Então A1 é 10100001 em binário.

Conversão de hexadecimal em decimal (26.3.8)

O sistema hexadecimal tem valores posicionais que são potências de 16. O algoritmo para converter hexadecimal em decimal é mostrado na **Figura 26-21**.

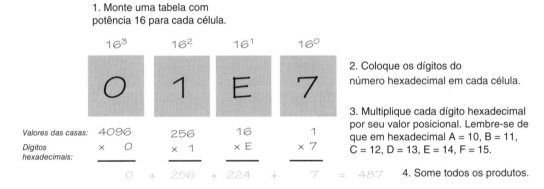

Figura 26-21 Conversão de hexadecimal em decimal

Densidade de informação (26.3.9, 26.3.10, 26.3.11)

Densidade de informação é a quantidade de informações que pode ser representada por um único símbolo. Você trabalhou com três sistemas numéricos: decimal, binário e hexadecimal. Qual sistema você acha que tem a maior densidade de informação?

Lembre-se de que $15_{decimal}$ é $1111_{binário}$ ou F_{hex}. Em decimal, o número requer dois dígitos. Em binário, quatro dígitos. Em hexadecimal, apenas um dígito. Hexadecimal fornece maior densidade de informação do que binário ou decimal, assim é mais eficiente – pelo menos para humanos.

Como a notação hexadecimal é eficiente e relativamente fácil de ler, ela é utilizada não apenas para designar cores, mas também para leituras de memória, leituras de arquivos brutos, endereços de internet IPv6 e endereços de armazenamento na memória do computador.

Hollywood também usa hexa. Você já viu toda a confusão que aparece nas telas dos hackers nos filmes. Essa ilusão hollywoodiana é criada exibindo o conteúdo de um arquivo com bits binários convertidos em hexadecimal. Na **Figura 26-22**, cada par de dois dígitos é um valor hexadecimal.

Figura 26-22 Leitura de um arquivo bruto exibe valores hexadecimais para os dados binários em um documento ou programa

26-4 ASCII E UNICODE

ASCII (26.4.1, 26.4.2, 26.4.3, 26.4.4)

Computadores trabalham tanto com texto como com números, assim deve haver um sistema de codificação para representar texto com 0 e 1 bits. ASCII é o código padrão norte-americano para intercâmbio de informações.

ASCII usa 7 bits para representar texto. Por exemplo, a representação ASCII de um A maiúsculo é 1000001. Ao digitar a letra "A" em um documento de processamento de texto, o computador a armazena como 1000001.

Com 7 bits, ASCII pode representar 128 elementos diferentes, incluindo:

- Letras maiúsculas e minúsculas do alfabeto.
- Numerais de 0 a 9.
- Símbolos de pontuação.
- Operadores aritméticos.
- Símbolos como @ # $ % &.
- Caracteres de controle, que incluem dados não imprimíveis, como um espaço e um avanço de linha.

Os caracteres e seus equivalentes codificados são chamados conjunto de caracteres. A tabela do conjunto de caracteres na **Figura 26-23** ilustra as representações binárias e decimais para cada caractere.

P Qual é a representação binária para uma letra maiúscula M e seu equivalente decimal?

R Um M maiúsculo é 100 1101 em binário. O equivalente decimal para 100 1101 é 77.

Dec	Bin	Char	Dec	Bin	Char	Dec	Bin	Char	Dec	Bin	Char
0	000 0000	[NUL]	32	010 0000	space	64	100 0000	@	96	110 0000	`
1	000 0001	[SOH]	33	010 0001	!	65	100 0001	A	97	110 0001	a
2	000 0010	[STX]	34	010 0010	"	66	100 0010	B	98	110 0010	b
3	000 0011	[ETX]	35	010 0011	#	67	100 0011	C	99	110 0011	c
4	000 0100	[EOT]	36	010 0100	$	68	100 0100	D	100	110 0100	d
5	000 0101	[ENQ]	37	010 0101	%	69	100 0101	E	101	110 0101	e
6	000 0110	[ACK]	38	010 0110	&	70	100 0110	F	102	110 0110	f
7	000 0111	[BEL]	39	010 0111	'	71	100 0111	G	103	110 0111	g
8	000 1000	[BS]	40	010 1000	(	72	100 1000	H	104	110 1000	h
9	000 1001	[TAB]	41	010 1001	)	73	100 1001	I	105	110 1001	i
10	000 1010	[LF]	42	010 1010	*	74	100 1010	J	106	110 1010	j
11	000 1011	[VT]	43	010 1011	+	75	100 1011	K	107	110 1011	k
12	000 1100	[FF]	44	010 1100	,	76	100 1100	L	108	110 1100	l
13	000 1101	[CR]	45	010 1101	-	77	100 1101	M	109	110 1101	m
14	000 1110	[SO]	46	010 1110	.	78	100 1110	N	110	110 1110	n
15	000 1111	[SI]	47	010 1111	/	79	100 1111	O	111	110 1111	o
16	001 0000	[DLE]	48	011 0000	0	80	101 0000	P	112	111 0000	p
17	001 0001	[DC1]	49	011 0001	1	81	101 0001	Q	113	111 0001	q
18	001 0010	[DC2]	50	011 0010	2	82	101 0010	R	114	111 0010	r
19	001 0011	[DC3]	51	011 0011	3	83	101 0011	S	115	111 0011	s
20	001 0100	[DC4]	52	011 0100	4	84	101 0100	T	116	111 0100	t
21	001 0101	[NAK]	53	011 0101	5	85	101 0101	U	117	111 0101	u
22	001 0110	[SYN]	54	011 0110	6	86	101 0110	V	118	111 0110	v
23	001 0111	[ETB]	55	011 0111	7	87	101 0111	W	119	111 0111	w
24	001 1000	[CAN]	56	011 1000	8	88	101 1000	X	120	111 1000	x
25	001 1001	[EM]	57	011 1001	9	89	101 1001	Y	121	111 1001	y
26	001 1010	[SUB]	58	011 1010	:	90	101 1010	Z	122	111 1010	z
27	001 1011	[ESC]	59	011 1011	;	91	101 1011	[	123	111 1011	{
28	001 1100	[FS]	60	011 1100	<	92	101 1100	\	124	111 1100	|
29	001 1101	[GS]	61	011 1101	=	93	101 1101	]	125	111 1101	}
30	001 1110	[RS]	62	011 1110	>	94	101 1110	^	126	111 1110	~
31	001 1111	[US]	63	011 1111	?	95	101 1111	_	127	111 1111	[DEL]

Figura 26-23 O conjunto de caracteres ASCII

ASCII estendido (26.4.5)

Sete bits fornecem 128 elementos possíveis para o conjunto de caracteres ASCII. Lembre-se de que o número de unidades de informação representadas por dígitos binários corresponde a potências de 2.

$2^1 = 2$ units

$2^2 = 4$ units

$2^3 = 8$ units

$2^4 = 16$ units

$2^5 = 32$ units

$2^6 = 64$ units

$2^7 = 128$ units

O ASCII de sete bits era bom para texto em inglês, mas faltava símbolos para unidades monetárias internacionais, como £ (libra) e ¥ (yen). Também não havia letras do alfabeto com sinais diacríticos, como ë e à, encontrados em espanhol, francês e outros idiomas.

O ASCII acabou sendo estendido para 8 bits, o que permite a representação de 256 (ou seja, 2^8) diferentes elementos. Esses elementos incluem sinais diacríticos, símbolos internacionais e uma variedade de pequenas linhas e formas. A **Figura 26-24** ilustra alguns símbolos adicionados ao conjunto de caracteres ASCII estendido.

Figura 26-24 Símbolos do conjunto de caracteres ASCII estendido

Unicode (26.4.6, 26.4.7)

À medida que a popularidade dos computadores se espalhava pelo mundo, tornou-se importante oferecer suporte a idiomas como russo, mandarim, hindi e árabe, que usam conjuntos de caracteres não europeus. **Unicode** é um padrão de comprimento variável que tem pelo menos 16 bits, mas pode se estender até 48 bits.

O Unicode atribui a cada símbolo um número binário chamado ponto de código. Em geral, um ponto de código é escrito como um número hexadecimal, como U+006F. O U+ significa Unicode. A notação hexadecimal é utilizada em vez da binária porque é mais fácil de ler.

P Eis um desafio. Você sabe que ASCII de 8 bits pode ser utilizado para representar 256 caracteres. O número decimal 256 é 0100 em hexadecimal. Qual desses símbolos não estaria no conjunto de caracteres ASCII, mas estaria no conjunto de caracteres Unicode?

€   U+20AC
@   U+0040
$ U+0024

R O símbolo de euro € não está no conjunto de caracteres ASCII de 8 bits. Sua atribuição hexadecimal é 20AC, que é 8.364 em decimal – um número muito maior do que o limite de 256 colocado no conjunto de caracteres ASCII. O símbolo @ é hexadecimal 0040, que é 64 em decimal. O símbolo $ é hexadecimal 0024, que é 36 em decimal. Como 64 e 36 estão dentro do limite de 256 ASCII, os símbolos @ e $ estão no conjunto de caracteres ASCII.

Existem várias versões do Unicode. O **UTF-8** é um padrão popular hoje. É o conjunto de caracteres mais comum usado na Web.

Com métodos de codificação como ASCII, Extended ASCII, Unicode e UTF-8, programadores e web designers podem precisar especificar qual usar. Se você recebeu uma mensagem de e-mail cheia de símbolos estranhos como HÐ¯â¾€ ou conectada a uma página da web que continha texto ilegível, viu o resultado de um método de codificação incompatível. Seu dispositivo pode estar esperando UTF-8, mas recebeu dados formatados para texto ASCII simples.

Linguagens de programação e ferramentas de web design fazem provisões para especificar sistemas de codificação e conjuntos de caracteres. Tenha isso em mente ao trabalhar em um projeto de codificação que envolva idiomas diferentes do inglês.

26.5 ALOCAÇÃO DE MEMÓRIA

Memória e armazenamento (26.5.1)

Os termos "memória" e "armazenamento" são usados de forma inconsistente na indústria de computadores. **Armazenamento** tecnicamente refere-se a dispositivos que armazenam dados *permanentemente*, em contraposição à **memória** que contém apenas dados *temporariamente*. Mas dispositivos como pendrives são popularmente chamados "memory sticks", embora armazenem dados permanentemente. Unidades de disco às vezes são chamadas "memória secundária", ainda que em essência armazenem dados permanentemente. É por isso que há confusão.

Do ponto de vista de um programador, porém, memória é diferente de armazenamento. Memória tem uma linha direta com o processador; armazenamento é uma etapa removida dele. A **Figura 26-25** é uma abstração útil que mostra a visão de um programador sobre memória e armazenamento.

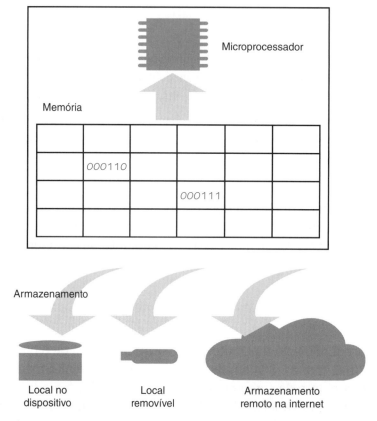

Figura 26-25 A visão de um programador sobre memória e armazenamento

Dispositivos de armazenamento (26.5.2, 26.5.3, 26.5.4, 26.5.5, 26.5.6)

Os bits e bytes que representam dados e programas de computador podem ser armazenados em diversos dispositivos, como discos rígidos, unidades flash, unidades de estado sólido, cartões SD e unidades de CD/DVD.

Os dispositivos de armazenamento podem ser classificados de várias maneiras.

Localidade. **Armazenamento on-line** é fornecido por serviços de nuvem baseados na internet, como Amazon Web Services, Microsoft Azure e Google Cloud Platform. **Armazenamento off-line** (armazenamento local) inclui dispositivos como discos rígidos em geral conectados diretamente a um dispositivo digital e dispositivos removíveis, como unidades flash.

Volatilidade. Armazenamento volátil requer uma fonte de energia para armazenar dados. Armazenamento não volátil mantém os dados mesmo quando um dispositivo está desligado. O armazenamento não volátil às vezes é chamado "armazenamento permanente", enquanto o volátil às vezes chama-se "armazenamento temporário".

Mutabilidade. A maioria dos dispositivos de armazenamento salva dados por meio de um processo chamado "gravação" e os recupera por meio de um processo chamado "leitura". Dispositivos de armazenamento, como CD-ROMs, são somente leitura, o que significa que os dados que eles contêm não podem ser alterados. Outros dispositivos de armazenamento, como discos rígidos e unidades flash, têm capacidades de leitura e gravação que permitem que os dados sejam armazenados, recuperados e alterados.

Tecnologia. Tecnologia de armazenamento magnético organiza partículas magnéticas microscópicas que representam 0s e 1s. Tecnologia de armazenamento óptico reconhece a presença ou ausência de luz refletida. Tecnologia de armazenamento de estado sólido abre ou fecha portas lógicas em miniatura para representar bits "ligados" ou "desligados" (**Figura 26-26**).

Armazenamento magnético
As partículas microscópicas são polarizadas na direção norte para 0 ou na direção sul para 1.

Discos rígidos

Armazenamento óptico
A luz refletida de sulcos ou manchas escuras na superfície do disco representa 0s, enquanto as áreas planas representam 1s.

Unidades de CD e DVD

Armazenamento de estado sólido
Bancos de circuitos chamados de portas lógicas armazenam 1s em portas não carregadas; 0s em portas carregadas.

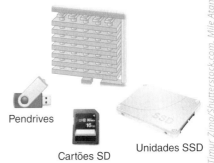

Pendrives   Cartões SD   Unidades SSD

Figura 26-26   Tecnologias de armazenamento

O armazenamento do computador é dividido em locais para armazenar dados. Esses locais podem ser designados como blocos, páginas, trilhas ou setores, cada um com um endereço único. Em geral, um byte consistindo em 8 bits é a quantidade mínima de espaço alocado para armazenar um único item de dados. Vários bytes podem ser combinados para armazenar dados mais longos, como caracteres Unicode, inteiros ou números de ponto flutuante.

Memória (26.5.7, 26.5.8, 26.5.9)

Os programadores estão interessados em RAM (memória de acesso aleatório) porque esta fornece armazenamento temporário local para dados, programas e sistema operacional do computador. Quando os programadores usam-na com eficácia, os programas são executados com eficiência. Por exemplo, uma lista armazenada em sucessivos locais na memória pode ser acessada mais rapidamente do que se a lista estiver espalhada aleatoriamente na memória.

A RAM é classificada como memória porque está diretamente vinculada ao processador. Ela está alojada em um ou mais circuitos integrados que residem na placa de circuito principal de um dispositivo digital (**Figura 26-27**).

A RAM é volátil e requer energia para armazenar dados. Quando um computador está desligado, os dados na RAM desaparecem.

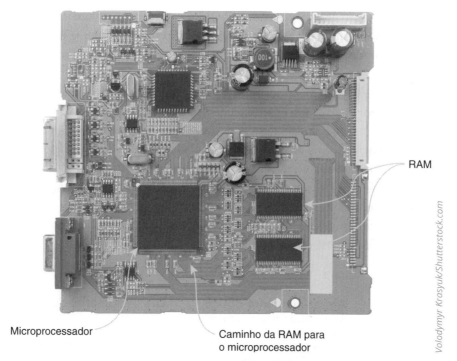

Figura 26-27 A RAM está localizada na placa de circuito principal com um link direto para o microprocessador

Imagine a RAM como uma grade de células, cada uma contendo um byte de dados. Cada célula é uma posição na memória que tem um endereço único (**Figura 26-28**).

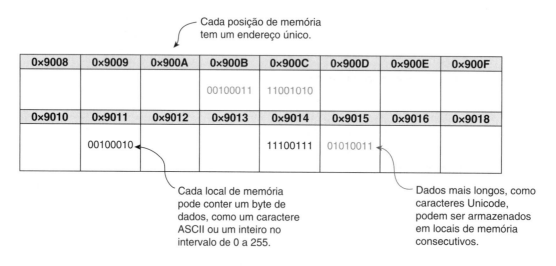

Figura 26-28 Endereços e dados de RAM

Um **endereço de memória** como 0x9FFF começa com 0x para indicar que está em hexadecimal. A familiaridade com essa notação é útil por dois motivos:

Gerenciamento manual da memória. Ocasionalmente, ao codificar, talvez você queira manipular diretamente o conteúdo de uma posição na memória.

Rastreamento de erros de codificação. Talvez você queira verificar o conteúdo das variáveis na memória para corrigir erros de codificação.

A capacidade de RAM costuma ser medida em gigabytes, em contraposição às opções de armazenamento, que podem conter terabytes de dados. Os computadores e smartphones atuais geralmente são fornecidos com algo entre 1 e 8 GB de RAM.

RESUMO

- Representação de dados refere-se à maneira como as informações são abstraídas para que possam ser manipuladas, transmitidas e armazenadas como dados pelos dispositivos de computação atuais.
- Quer os dados tomem a forma de sinais de rádio, cargas elétricas, partículas magnetizadas ou luz refletida, eles mantêm duas características importantes: são digitais e binários.
- Um dígito binário chama-se bit. Oito bits são um byte.
- Dispositivos digitais usam o sistema numérico binário para representar números positivos e negativos. Dados de texto são representados usando codificação ASCII, Unicode e UTF-8.
- Representações binárias são tipicamente longas sequências de 0s e 1s, que são difíceis de serem lidas por humanos. A notação hexadecimal é mais fácil de ler do que a binária e tem maior densidade de informação, por isso é frequentemente a notação preferida utilizada pelos programadores. Hexadecimal é utilizado para referenciar endereços de memória e leituras de arquivos brutos.
- Os dados digitais são mantidos temporariamente na memória e mais permanentemente em dispositivos de armazenamento, como discos rígidos e unidades flash.
- Os dispositivos de armazenamento podem ser classificados de várias maneiras, incluindo por tecnologia. A tecnologia de armazenamento magnético organiza partículas magnéticas microscópicas que representam 0s e 1s. A tecnologia de armazenamento óptico reconhece a presença ou ausência de luz refletida. A tecnologia de armazenamento de estado sólido abre ou fecha portas lógicas em miniatura para representar bits "ligados" ou "desligados".
- A RAM é classificada como memória porque está diretamente vinculada ao processador. A RAM fornece armazenamento temporário local para dados, programas e sistema operacional do computador. Cada posição na RAM tem um endereço único e contém um byte de dados.

Termos-chave

armazenamento
armazenamento não volátil
armazenamento off-line
armazenamento on-line
armazenamento volátil
ASCII
base 2
binária
bit
byte
capacitores
complemento de dois
complemento de um
conjunto de caracteres

dados analógicos
dados digitais
densidade de informação
dígitos binários
endereço de memória
leitura e gravação
magnitude de sinal
medidas binárias
memória
pixels
RAM (memória de acesso aleatório)
representação de dados
RGB

sistema de codificação
sistema numérico binário
sistema numérico hexadecimal
somente leitura
tecnologia de armazenamento de estado sólido
tecnologia de armazenamento magnético
tecnologia de armazenamento óptico
unicode
UTF-8

PARADIGMAS DE PROGRAMAÇÃO

OBJETIVOS DE APRENDIZAGEM:

27.1 PARADIGMAS IMPERATIVOS E DECLARATIVOS

27.1.1 Definir o termo "paradigma de programação".

27.1.2 Diferenciar os paradigmas de programação imperativos e declarativos.

27.2 O PARADIGMA PROCEDURAL

27.2.1 Associar programação procedural a algoritmos passo a passo que especificam *como* um computador deve realizar uma tarefa.

27.2.2 Associar o paradigma procedural à programação imperativa.

27.2.3 Listar as principais características do paradigma procedural.

27.2.4 Listar as vantagens e desvantagens do paradigma procedural.

27.2.5 Associar a programação procedural às primeiras linguagens de alto nível, como Fortran, BASIC, Pascal e C.

27.3 O PARADIGMA ORIENTADO A OBJETOS

27.3.1 Associar o paradigma orientado a objetos à criação de modelos de dados de entidades, ações e relacionamentos de um problema.

27.3.2 Explicar o significado de classes, objetos, atributos e métodos no paradigma orientado a objetos.

27.3.3 Listar as principais características da POO.

27.3.4 Listar as vantagens e desvantagens do paradigma orientado a objetos.

27.3.5 Identificar problemas que podem ser mais bem resolvidos usando o paradigma de orientação a objetos.

27.3.6 Identificar linguagens de programação que suportam o paradigma de orientação a objetos.

27.3.7 Observar que uma linguagem de programação pode suportar múltiplos paradigmas.

27.4 PARADIGMAS DECLARATIVOS

27.4.1 Identificar a abordagem dos paradigmas declarativos como expressão da lógica de um problema em vez de especificar um algoritmo passo a passo.

27.4.2 Listar as principais características dos paradigmas declarativos.

27.4.3 Identificar problemas que podem ser mais bem resolvidos usando o paradigma declarativo.

27.4.4 Listar a programação lógica, a programação funcional e a consulta de banco de dados como exemplos do paradigma declarativo.

27.4.5 Associar várias linguagens de programação a cada tipo do paradigma declarativo.

27.4.6 Listar as vantagens e desvantagens do paradigma declarativo.

27.1 PARADIGMAS IMPERATIVOS E DECLARATIVOS

Pense fora da caixa (27.1.1, 27.1.2)

P Use caneta e papel para duplicar o desenho na **Figura 27-1** sem tirar a caneta do papel?

Figura 27-1 Você consegue desenhar esse diagrama sem tirar a caneta do papel?

R O truque é dobrar um canto do papel como mostrado na **Figura 27-2**.

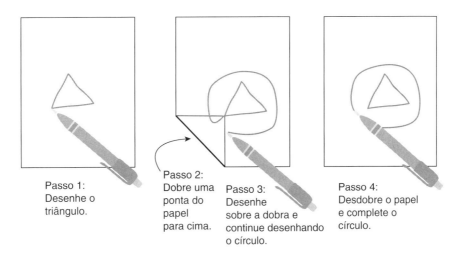

Passo 1: Desenhe o triângulo.
Passo 2: Dobre uma ponta do papel para cima.
Passo 3: Desenhe sobre a dobra e continue desenhando o círculo.
Passo 4: Desdobre o papel e complete o círculo.

Figura 27-2   Uma solução para o quebra-cabeça

O quebra-cabeça do círculo tem outra solução. Usando uma caneta esferográfica, é possível retrair o ponto depois de desenhar o triângulo, mover a caneta e então estender o ponto para desenhar o círculo.

Resolver o desafio do desenho do círculo requer pensamento criativo e ilustra que pode haver mais de uma abordagem para uma solução.

Programadores têm várias maneiras de abordar uma tarefa de programação:

- Visualizar a tarefa como um problema que pode ser resolvido especificando uma série de etapas para o computador executar.
- Visualizar o computador manipulando dados para vários objetos, pessoas ou lugares.
- Criar uma solução com base em uma série de regras.

As várias abordagens à programação são chamadas **paradigmas de programação**. Para usar uma analogia, suponha que você esteja planejando uma viagem de Nova York à Filadélfia. Como mostrado na **Figura 27-3**, há vários "paradigmas" de transporte: carro, avião, trem ou lambreta!

De carro, será preciso contar com instruções passo a passo.

Depois de reservar um voo, não é preciso se preocupar com os detalhes da rota.

Uma viagem de scooter pode ser barata, mas não o levará muito rápido.

Pegar um trem não é rápido, mas a condução fica a cargo do maquinista.

Figura 27-3 Paradigmas de transporte

Cada paradigma de transporte tem vantagens e desvantagens. É possível até usar mais de um paradigma dirigindo até o aeroporto e então pegando um avião. Paradigmas de programação também têm vantagens e desvantagens. Eis as dicas importantes:

- Um paradigma de programação afeta a maneira como se pensa sobre um programa e o estilo em que ele é codificado.
- Cada paradigma de programação tem vantagens e desvantagens.
- Um paradigma pode ser uma abordagem mais adequada a um problema de programação do que outro.
- Alguns programas podem exigir a utilização de mais de um paradigma.
- Os recursos para implementação dos paradigmas variam entre uma linguagem de programação e outra.

Paradigmas de programação se enquadram em uma de duas categorias: imperativos ou declarativos. Cada categoria inclui um subconjunto de paradigmas especializados.

- **Paradigmas de programação imperativos** focalizam em *como* ao especificarem as etapas necessárias para realizar uma tarefa. Essa categoria inclui paradigmas procedimentais e orientados a objetos.
- **Paradigmas de programação declarativos** focalizam *o que* ao descreverem o problema ou a tarefa. Essa categoria inclui paradigmas de consulta lógica, funcional e de banco de dados.

Vamos analisar os paradigmas de programação imperativos e declarativos mais populares para ver como eles podem contribuir para suas habilidades de programação.

27.2 O PARADIGMA PROCEDURAL

Noções básicas de procedimentos (27.2.1, 27.2.2)

A abordagem tradicional à programação usa o **paradigma procedural**, que ajuda a visualizar um programa como um algoritmo passo a passo. Programas baseados no paradigma procedimental normalmente consistem em instruções que indicam *como* um computador deve realizar uma tarefa ou resolver um problema.

Como o paradigma procedural focaliza algoritmos passo a passo, ele é classificado como um paradigma de programação imperativo.

Vamos usar uma viagem de carro como exemplo e examinar um programa que calcula o custo total da gasolina para duas viagens. Uma viagem é ao longo da outrora glamorosa Rota 66 de 2.700 milhas. A outra é ao longo da cênica, mas irregular, Rodovia do Alasca de 2.000 milhas. Você quer que o programa determine qual viagem teria o menor custo total de combustível. Um algoritmo procedural para esse cálculo pode se parecer com as etapas na **Figura 27-4**.

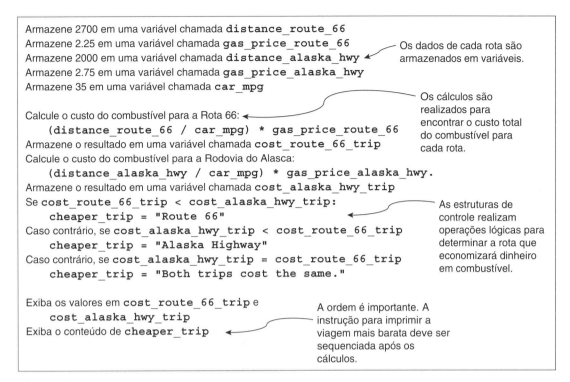

Figura 27-4 Um algoritmo procedural especifica como o computador determina a viagem com o menor custo do combustível

De acordo com o foco passo a passo do paradigma procedural, o código para esse programa corresponderia estreitamente às etapas do algoritmo; uma linha de código de programa para cada etapa no algoritmo.

Características dos programas procedurais (27.2.3)

As três seções do algoritmo na **Figura 27-4** são típicas de programas baseados no paradigma procedural. O programa tem uma seção de entrada em que os dados são carregados em variáveis, uma seção de processamento em que os cálculos são realizados e uma seção de saída em que os dados são exibidos, impressos ou transmitidos. Eis algumas outras características dos programas baseados no paradigma procedural:

A ordem é importante. Um elemento crucial da programação procedural é especificar a ordem correta das etapas em um algoritmo.

Uso de variáveis. Programas procedurais normalmente armazenam dados em variáveis e usam essas variáveis para cálculos, saída e outras operações.

Uso de estruturas de controle de seleção. Programas procedurais simples executam as etapas de um algoritmo em sequência. Mas as estruturas de controle podem mudar essa sequência. Uma **estrutura de controle de seleção** informa ao computador o que fazer com base no fato de uma condição ser verdadeira ou falsa. A seção a seguir do pseudocódigo da viagem rodoviária informa ao computador para inserir "Route 66" na variável `cheaper_trip` se o custo do combustível para viajar na Rota 66 for mais barato que o custo na Rodovia do Alasca.

```
if cost_route_66_trip < cost_alaska_hwy_trip then
    cheaper_trip = "Route 66"
    else if cost_alaska_hwy_trip < cost_route_66_trip then
    cheaper_trip = "Alaska Highway"
    else if cost_alaska_hwy_trip = cost_route_66_trip then
    cheaper_trip = "Both trips cost the same. "
```

Quantas ramificações possíveis essa estrutura de controle inclui?

 Inclui três ramificações possíveis:

1. A Rota 66 é mais barata.
2. A Rodovia do Alasca é mais barata.
3. As duas rotas têm o mesmo custo.

Uso de estruturas de controle de repetição. Uma **estrutura de controle de repetição** informa ao computador para repetir uma ou mais instruções até que uma determinada condição seja atendida. Eis um exemplo de uma estrutura de controle procedural que usa um controle de repetição para imprimir "There's no place like home" três vezes.

```
for count = 1 to 3
    print "There's no place like home."
next
```

Decomposição de cima para baixo. Tarefas complexas podem ser divididas em tarefas menores, um processo chamado decomposição. Essas tarefas menores podem ser codificadas como programas distintos, mas vinculados, ou podem ser incluídas em um programa abrangente, mas abstraído em segmentos de código chamados sub-rotinas, procedimentos ou funções. Essas funções às vezes recebem dados para serem usados em cálculos e podem retornar resultados de volta ao programa principal que as chamou. Você pode pensar nesses segmentos de código como ramificações do programa principal, conforme mostrado na **Figura 27-5**.

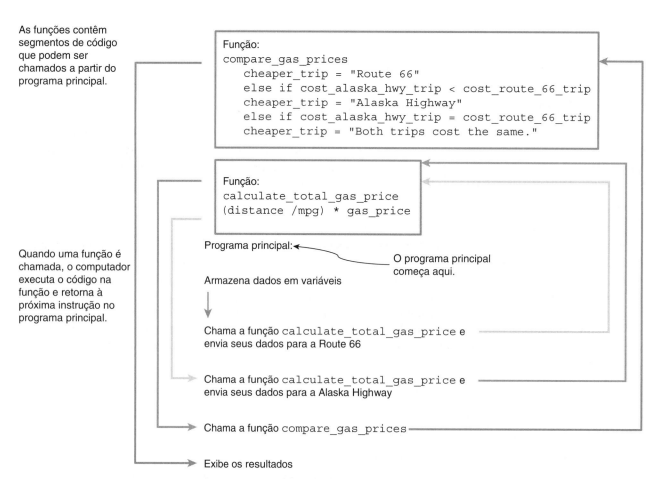

Figura 27-5 Programas procedurais têm um caminho de execução principal, mas sub-rotinas, procedimentos e funções funcionam como viagens secundárias

Aplicações de paradigma procedural (27.2.4, 27.2.5)

Como programador, você pode aplicar o paradigma procedural a qualquer problema de programação que possa ser abordado como uma série de etapas. É uma abordagem particularmente eficaz para problemas e tarefas como aqueles na **Figura 27-6**.

Tarefas repetitivas em que o mesmo conjunto de etapas pode ser aplicado a diferentes conjuntos de dados.

Grandes aplicações que podem ser divididas em módulos.

Sistemas que exigem desempenho otimizado.

Qualquer problema em que a solução envolve naturalmente uma série de etapas ou cálculos sequenciais.

O processamento de contracheques requer os mesmos cálculos toda semana, mas para horários de trabalho variados.

Lojas on-line com módulos para gestão de estoque, carrinhos de compras, processamento de pagamentos e logística de entrega.

Lançamento de nave espacial.

Processamento de dados de pesquisa.

Figura 27-6 O paradigma procedural funciona bem para esses tipos de aplicativos

As vantagens do paradigma procedural incluem:

- A estrutura do programa corresponde estreitamente à sequência linear na qual a CPU executa as instruções, de modo que os programas são executados de forma rápida e eficiente.
- Fácil de aprender e é uma abordagem clássica entendida pela maioria dos programadores.
- As linguagens de programação mais populares suportam a abordagem procedural.
- Flexibilidade para implementar com sucesso uma ampla gama de problemas e tarefas de codificação.
- A modularidade permite que uma equipe de programadores contribua com segmentos de código para um programa aplicativo abrangente.

A desvantagem do paradigma procedural é que ele não se encaixa perfeitamente em certas categorias de problemas. É possível selecionar um paradigma diferente ao desenvolver um programa para os seguintes tipos de problemas:

- Aplicativos que não possuem uma ordem clara de eventos, ponto inicial ou ponto final.
- Problemas não estruturados, como avaliar a qualidade de um vinho *vintage*, que podem exigir soluções baseadas em dados subjetivos, incompletos ou incertos.
- Atividades, como tendências de mídia social, que não têm um algoritmo claro.
- Problemas baseados em linguagem, como reconhecimento de fala, que manipulam dados textuais em vez de dados numéricos.
- Problemas complexos, como o bloqueio de hackers e malwares, que têm uma lógica incomumente complexa.

As primeiras linguagens de programação, como Fortran e COBOL, eram projetadas para suportar programação procedural. BASIC, Pascal e C também são linguagens bem conhecidas para codificação no estilo procedural. Linguagens mais recentes, como C++, Python e Java, suportam o estilo procedural, mas também fornecem recursos para outros paradigmas de programação.

27.3 O PARADIGMA ORIENTADO A OBJETOS

Objetos, classes e métodos (27.3.1, 27.3.2)

O **paradigma orientado a objetos** baseia-se na ideia de que programas podem ser projetados visualizando objetos que interagem entre si. Os **objetos** em um programa orientado a objetos são abstrações de entidades do mundo real, como pessoas, lugares e coisas.

Para uma viagem de carro, pense em dirigir seu Mustang ou o Camaro de seu amigo. Você pode criar objetos Mustang e Camaro como instâncias específicas de um modelo chamado **classe**. A **Figura 27-7** explica.

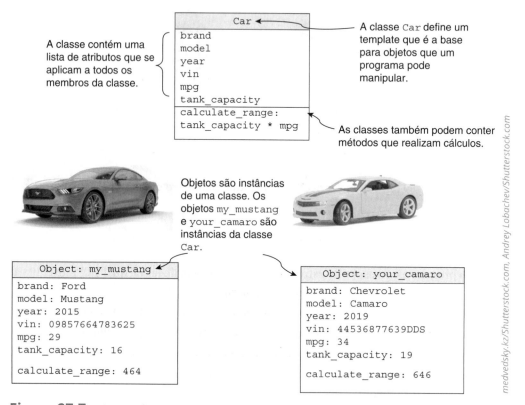

Figura 27-7 O paradigma orientado a objetos focaliza a definição de classes e criação de objetos

Uma classe define **atributos**, como `mpg` e `tank_capacity`. As classes também definem **métodos** que realizam tarefas, como coletar entradas, executar decisões, fazer cálculos ou produzir saídas.

Na **Figura 27-7**, qual é o método na classe `Car`?

A classe `Car` contém o método `calculate_range`, que calcula a autonomia de um carro usando a fórmula `tank_capacity * mpg`.

Uma classe `Car` pode fazer parte de um programa que determina o custo de uma viagem. Você precisa de outra classe para o programa de viagem, uma que gere objetos para vários rotas de viagem, como aqueles na **Figura 27-8**.

Sob uma perspectiva orientada a objetos, pode-se visualizar o programa de viagem como a interação entre os objetos mostrados na **Figura 27-9**.

MÓDULO 27 – PARADIGMAS DE PROGRAMAÇÃO   **473**

Figura 27-8   Uma classe e objetos para rotas de viagem

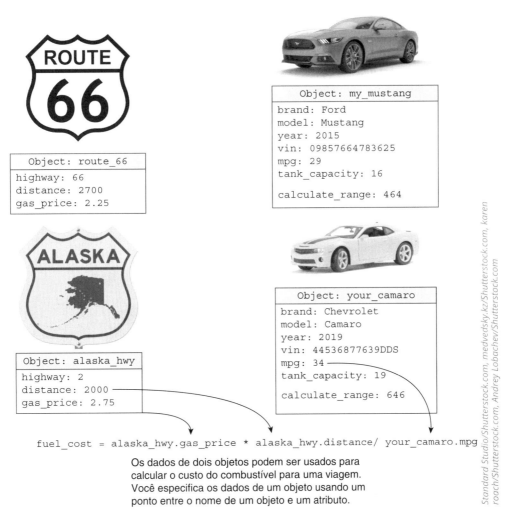

Figura 27-9   No paradigma orientado a objetos, os objetos interagem

Com base na visualização na **Figura 27-9**, pode-se abordar o processo de codificação fazendo o seguinte:

Definir a classe `Route`.

Definir a classe `Car`.

Usar a classe `Route` para criar objetos para a Rota 66 e a Rodovia do Alasca.

Usar a classe `Car` para criar objetos para um Camaro e um Mustang.

Calcular o custo do combustível para a viagem ao Alasca usando dados do objeto Alaska Highway e do objeto Camaro.

Características dos programas orientados a objetos (27.3.3)

A programação orientada a objetos (POO) incorpora classes, objetos e métodos. O paradigma orientado a objetos também é caracterizado pelo uso de herança, polimorfismo e encapsulamento.

Herança As classes em um programa orientado a objetos podem ser reutilizadas, o que leva a eficiências de programação. Suponha que esteja pensando em usar um carro elétrico em sua viagem. O consumo de combustível não será aplicado.

Em vez de criar uma classe completamente diferente para carros elétricos, use a classe `Car` para atributos que se aplicam a todos os tipos de carros e para criar uma subclasse para carros a gasolina e outra subclasse para carros elétricos.

Herança é um recurso da programação orientada a objetos que permite que subclasses adquiram atributos comuns de uma classe pai, como mostrado na **Figura 27-10**.

Polimorfismo A classe `Car` usa o método `calculate_range` para encontrar o número de milhas que um carro pode percorrer com um tanque de gasolina. Esse método não se aplica a carros elétricos. Para a subclasse `ElectricCar`, modifique o método `calculate_range` para que ele simplesmente use os dados de `miles_per_charge`. ***Polimorfismo*** dá ao seu programa a flexibilidade de ter vários métodos nomeados `calculate_range`, mas a maneira como esses métodos processam objetos depende da classe. Ver **Figura 27-11**.

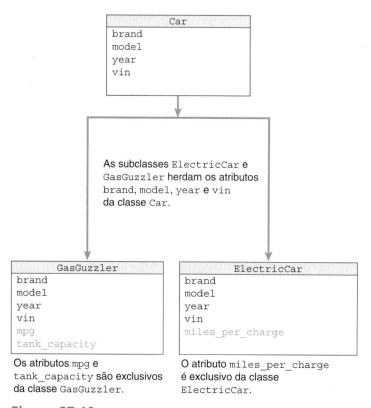

Figura 27-10 A herança cria subclasses

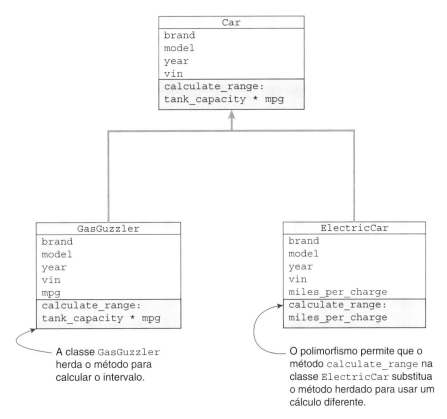

Figura 27-11 O polimorfismo fornece flexibilidade para métodos

Encapsulamento Classes são abstrações, que podem ser visualizadas como caixas-pretas que **encapsulam** atributos e métodos de dados. Depois de uma classe ser definida, os métodos podem ser acionados enviando uma mensagem. No programa de viagem, uma mensagem para "calcular a autonomia do meu Mustang" entra na caixa-preta, aciona o método apropriado e produz a saída especificada como na **Figura 27-12**.

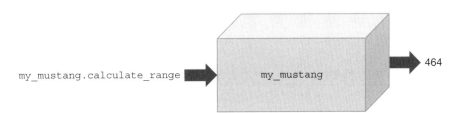

Figura 27-12 O encapsulamento trata as classes como caixas-pretas

O paradigma orientado a objetos se une ao paradigma procedural sob o guarda-chuva da programação imperativa. Com ambos os paradigmas, os programadores especificam os passos para *como* realizar uma tarefa ou executar um método definido em uma classe.

Aplicativos orientados a objetos (27.3.4, 27.3.5, 27.3.6, 27.3.7)

Se conseguir um emprego em uma equipe de programação, você provavelmente vai trabalhar em um projeto baseado em uma abordagem orientada a objetos. A familiaridade com POO é obrigatória para as carreiras em TI e ciência da computação atualmente.

A abordagem orientada a objetos é a melhor escolha para uma ampla variedade de projetos de desenvolvimento de software, mas é particularmente apropriada para os seguintes tipos de aplicativos:

- Sistemas de simulação e modelagem.
- Sistemas de automação de escritório que comunicam e compartilham informações.
- Serviços de internet.
- Aplicativos Web.
- Aplicativos móveis.

O paradigma orientado a objetos tem várias vantagens:

- As classes refletem objetos do mundo real, permitindo que a estrutura do programa espelhe a realidade.
- Herança e polimorfismo fornecem flexibilidade dentro dos programas.
- Classes e métodos encapsulados podem ser reutilizados em outros programas para que o desenvolvimento seja mais rápido.
- Os programas são bastante fáceis de testar, depurar e manter porque os métodos realizam tarefas específicas.
- Hoje, é amplamente utilizado na maioria dos desenvolvimentos de software.

O paradigma orientado a objetos não é perfeito. Suas desvantagens:

- Programas grandes. Definir classes, gerar objetos e especificar métodos tendem a exigir mais linhas de código do que os programas procedurais.
- A velocidade de processamento não é ideal. Programas contendo mais linhas de código requerem mais tempo de processamento.
- Não é apropriado para todas as aplicações. Problemas com conjuntos de regras complexos ou que exigem processamento de linguagem natural estão entre as tarefas mais bem abordadas com outros paradigmas.

O Simula, desenvolvido na década de 1960, e o SmallTalk, desenvolvido na década de 1970, eram duas das linguagens de programação originais para programação orientada a objetos. Mas o paradigma não era popular até a década de 1990 quando linguagens como Java, Python, Ruby e C++ começaram a aparecer.

Muitas das linguagens de programação populares de hoje suportam abordagens de programação procedural e orientada a objetos. Essas linguagens permitem que os programadores criem classes, objetos e métodos, mas não exigem que sejam a base para o código do programa.

27.4 PARADIGMAS DECLARATIVOS

Princípios declarativos (27.4.1)

Embora os paradigmas de programação dominantes sejam procedurais e orientados a objetos, outros paradigmas de programação merecem sua atenção. Paradigmas declarativos abordam a programação descrevendo *o que* um programa deve realizar. Essa abordagem é muito diferente dos paradigmas imperativos, que focalizam as etapas para realizar uma tarefa.

Os paradigmas declarativos são semelhantes à reserva de um voo: você especifica quando quer voar, para onde quer ir e a classe de tarifa que pode pagar. Suas especificações informam o aplicativo de reservas *o que* quer, não como reservar o voo ou pilotar o avião até seu destino.

Para entender a abordagem declarativa, vamos mergulhar no fascinante mundo da programação lógica.

Na programação lógica, usam-se três tipos de instruções: fatos que formam um banco de dados, regras que definem a lógica e consultas que acionam o processamento. Um fato traz informações básicas na forma de uma **expressão de predicado** que especifica um relacionamento. A **Figura 27-13** explica.

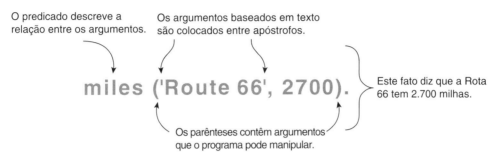

Figura 27-13 A programação lógica usa expressões de predicado

Usando expressões de predicado, cria-se um programa que contém fatos sobre rotas, preços de gasolina e carros. Sem visualizar os fatos que contém, os usuários que entendem como os fatos são estruturados podem interagir com o programa para inserir consultas. Na **Figura 27-14**, você verá um conjunto de fatos e os resultados de uma consulta que pergunta, "Qual é o preço da gasolina na Rodovia do Alasca?"

```
miles('Route 66', 2700).
miles('Alaska Hwy', 2000).
gas_price('Route 66', 2.25).
gas_price('Alaska Hwy', 2.75).
mpg('Camaro', 34).
mpg('Mustang', 29).

?- gas_price('Alaska Hwy', What).

What = 2.75
```

Fatos especificam dados sobre as rotas e carros.

Esta consulta tem dois argumentos: `'Alaska Hwy'` e `What`. Como `What` começa com uma maiúscula e não é iniciado por apóstrofos, é uma variável. A consulta procura um fato `gas_price` com um argumento `'Alaska Hwy'`. Quando encontra este argumento, a expressão `What` é substituída pelo valor do segundo argumento: 2.75.

O resultado da consulta especifica o valor da variável What.

Figura 27-14 Uma consulta pesquisa no banco de dados os fatos correspondentes

P O que poderá ser produzido pela consulta `?- miles('Alaska Hwy', What)`.

R A consulta produz `What = 2000`, com base no fato `miles('Alaska Hwy', 2000)`.

Adicionar uma regra ao programa especifica a lógica para calcular o custo de qualquer viagem, como a **Figura 27-15** explica.

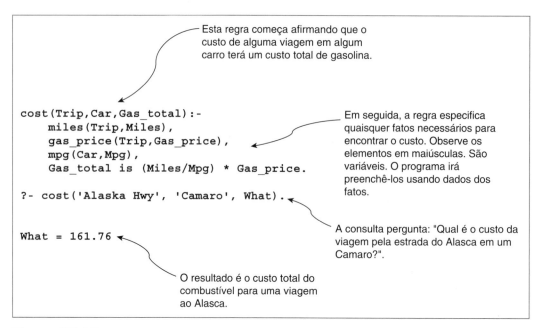

Figura 27-15 Regras oferecem a lógica para processar os dados fornecidos pelos fatos do programa

P Como alterar a consulta na **Figura 27-15** para saber sobre custo de uma viagem na Rota 66 no Mustang?

R A consulta seria `cost('Route 66', 'Mustang', What)`.

Para automatizar a consulta, você pode adicionar uma regra `show_costs`. Importa onde essa regra é colocada? Não. Uma das principais características do paradigma declarativo é que a sequência de instruções não é importante. Isso contrasta com o paradigma imperativo em que as instruções devem ser codificadas em sequência para que o programa produza o resultado correto. Eis a regra:

```
show_costs:-
    cost(Trip, Car, Gas_total),
    write(Trip), write(' '),
    write(Car), write(' '),
    write(Gas_total).
```

Com a regra `show_costs` em vigor, a consulta `?- show_costs.` produz esta saída:

```
Route 66 Camaro 178.67
Route 66 Mustang 209.48
Alaska Hwy Camaro 161.76
Alaska Hwy Mustang 189.65
```

Observe que o programa repetiu essa consulta para duas rotas e para os dois carros sem um controle de repetição. As linguagens de programação que suportam o paradigma declarativo possuem mecanismos internos para lidar com o fluxo de controle.

Características do paradigma declarativo (27.4.2)

A principal conclusão sobre o paradigma declarativo é que não é preciso especificar as etapas para produzir a saída. Em vez disso, você só precisa especificar *o que* em vez de *como*: Quais são os fatos, quais são as regras e quais são as consultas.

Vamos recapitular duas outras características que surgiram no exemplo da programação lógica:

- Programas declarativos não são baseados em um algoritmo passo a passo, então a ordem das instruções é muito menos importante do que em programas imperativos.
- A linguagem de programação lida com o fluxo de controle, portanto, os controles de repetição não são necessários.

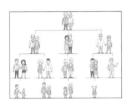

Paradigma da programação lógica. A genealogia envolve relacionamentos complexos entre mães, pais, filhos, irmãos e cônjuges. Os dados são baseados em texto, não numéricos. O processamento envolve relacionamentos, em vez de cálculos. O **paradigma da programação lógica** é uma abordagem eficaz para lidar com relacionamentos complexos, decisões e conjuntos de regras que são expressos como texto. Linguagens de programação como Prolog suportam essa abordagem declarativa.

Paradigma de programação funcional. Os serviços de redes sociais têm políticas contra spam, malware e outras atividades inadequadas. A identificação de abusos envolve análise estatística e regras de política de processamento. O **paradigma de programação funcional** é uma abordagem eficaz para aplicativos que interagem com base em texto ou regras numéricas.
Linguagens de programação como Haskell, Scheme, OCaml, Scala e Clojure suportam uma abordagem declarativa para programas que lidam com funções matemáticas

Programação de consultas de banco de dados. Os bancos de dados podem conter centenas ou milhões de registros. As linguagens de consulta de banco de dados, como SQL, incluem comandos declarativos internos, como `SELECT`. A instrução a seguir usa o comando `SELECT` para encontrar o preço da gasolina ao longo da Alaska Highway::
`SELECT gas_price FROM TripDatabase WHERE Trip = "Alaska Highway"`
Essa instrução é outro exemplo do foco do paradigma declarativo no *que*, e não no *como*. Ela se contrapõe ao paradigma imperativo, que exigiria muitas linhas de código especificando como examinar cada entrada no banco de dados até encontrar a viagem da Rodovia do Alasca e seu custo de gasolina correspondente.

Figura 27-16   Variações do paradigma declarativo

Aplicações para paradigmas declarativos (27.4.3, 27.4.4, 27.4.5, 27.4.6)

A abordagem declarativa se destaca para aplicativos que envolvem relacionamentos complexos, regras inter-relacionadas, análise estatística e consultas de banco de dados. É possível encontrar muitas variações do paradigma declarativo, cada uma com um foco único e linguagens de programação correspondentes, conforme mostrado na **Figura 27-16**.

Além dos aplicativos para os quais são adequados, os paradigmas declarativos têm algumas vantagens e desvantagens gerais que são importantes ter em mente:

Vantagem: Como as linguagens que suportam o paradigma declarativo tratam o fluxo do programa, os programadores não precisam codificar as estruturas de controle em segundo plano.

Vantagem: Um código de programa relativamente simples é necessário para tarefas que envolvem regras ou condições complexas e interrelacionadas.

Desvantagem: A velocidade de execução do programa não é ideal, porque as linguagens de programação declarativas tratam o fluxo do programa da mesma maneira para cada programa.

Desvantagem: Os programadores precisam pensar fora da caixa do paradigma imperativo.

RESUMO

- Paradigmas de programação fornecem várias abordagens para projetar, desenvolver e implementar programas de computador.
- Os paradigmas de programação podem ser classificados como imperativos ou declarativos. Paradigmas de programação imperativos focalizam o *como* especificando as etapas necessárias para realizar uma tarefa. Paradigmas de programação declarativa focalizam o *que* descrevendo o problema ou a tarefa.
- O paradigma procedural é uma abordagem imperativa baseada em algoritmos passo a passo. Caracteriza-se pelo uso de variáveis, estruturas de controle de seleção, estruturas de controle de repetição e decomposição de cima para baixo. Programas baseados no paradigma procedural normalmente são executados com eficiência, mas a abordagem não é ideal para todos os tipos de aplicativos.
- O paradigma orientado a objetos é uma abordagem imperativa baseada no conceito de objetos interagindo entre si. Os programadores definem modelos chamados classes, geram objetos dessas classes e definem métodos que realizam tarefas relacionadas aos objetos. Recursos como herança, polimorfismo e encapsulamento fornecem flexibilidade e reutilização, mas com um possível custo quanto à velocidade de execução.
- Paradigmas declarativos incluem programações lógica, funcional e de consulta de banco de dados. Esses paradigmas são ideais para aplicativos que envolvem relacionamentos complexos, regras interrelacionadas, análise estatística e consultas de banco de dados.

Termos-chave

atributos
classe
encapsular
estrutura de controle de repetição
estrutura de controle de seleção
expressão de predicado

herança
métodos
objetos
paradigma orientado a objetos
paradigma procedural
paradigmas de programação

paradigmas de programação declarativos
paradigmas de programação imperativos
polimorfismo

MÓDULO 28

INTERFACES DE USUÁRIO

OBJETIVOS DE APRENDIZAGEM:

28.1 NOÇÕES BÁSICAS DE INTERFACE DE USUÁRIO
28.1.1 Definir o termo "interface de usuário".
28.1.2 Explicar a diferença entre interface de usuário e experiência de usuário.
28.1.3 Descrever o foco da disciplina de ciência da computação chamada interação humano-computador.
28.1.4 Distinguir entre componentes de interface físicos e abstratos.
28.1.5 Descrever como os programadores selecionam as interfaces de usuário apropriadas.
28.1.6 Explicar o propósito das APIs no contexto das interfaces de usuário.

28.2 INTERFACES DE USUÁRIO DE LINHA POR COMANDO
28.2.1 Listar as características das interfaces de usuário por linha de comando.
28.2.2 Identificar casos de uso para interfaces de usuário por linha de comando.
28.2.3 Delinear o algoritmo geral para programas com interfaces de usuário por linha de comando.
28.2.4 Identificar e aplicar convenções para formatação de entrada e saída de linha de comando.

28.3 INTERFACES GRÁFICAS DE USUÁRIO
28.3.1 Listar as características das interfaces gráficas de usuário.

28.3.2 Explicar como APIs se relacionam ao desenvolvimento de programas com interfaces gráficas de usuário.
28.3.3 Explicar a relevância de programas orientados a eventos para interfaces gráficas de usuário.
28.3.4 Lembrar as etapas para o algoritmo de alto nível no qual um programa orientado a eventos é baseado.

28.4 INTERFACES DE USUÁRIO POR VOZ
28.4.1 Identificar casos de uso para interfaces de usuário por voz.
28.4.2 Descrever o algoritmo para reconhecimento de fala.
28.4.3 Descrever o processo de síntese de fala concatenativa.
28.4.4 Comparar e contrapor interfaces de usuário por voz com outros tipos de interfaces de usuário.

28.5 INTERFACES DE AMBIENTE VIRTUAL
28.5.1 Diferenciar entre aplicações de realidade virtual, realidade aumentada e realidade mista.
28.5.2 Listar os componentes da interface de usuário para interfaces de ambiente virtual.
28.5.3 Explicar o significado de gráficos vetoriais para programas de realidade virtual.
28.5.4 Listar três tipos de ferramentas para construir programas com ambientes virtuais.

28.6 ACESSIBILIDADE E INCLUSÃO
28.6.1 Definir "acessibilidade" no que se refere ao projeto e uso de softwares.

28.6.2 Correlacionar exemplos de problemas comuns de acessibilidade a soluções de práticas recomendadas.

28.6.3 Definir "inclusão" no que se refere ao projeto e uso de softwares.

28.6.4 Correlacionar exemplos de problemas comuns de inclusão a soluções de práticas recomendadas.

28.6.5 Classificar os problemas de usabilidade como acessibilidade ou inclusão.

28.1 NOÇÕES BÁSICAS DA INTERFACE DE USUÁRIO

IU e UX (28.1.1, 28.1.2, 28.1.3)

Em *Jornada nas Estrelas IV: a viagem para casa*, a tripulação da nave estelar Enterprise viaja no tempo até 1986. Scotty, o engenheiro da nave, caminha até um computador Apple Macintosh como aquele na **Figura 28-1**. Quando ele diz: "Olá, computador!" nada acontece, então ele pega o mouse e tenta usá-lo como microfone.

Figura 28-1 A maneira de interagir com um dispositivo digital pode não ser óbvia para todos

Scotty conhece computadores que respondem a comandos de voz. A maneira como ele espera interagir com o computador Macintosh não é a maneira como o computador espera interagir com ele. Scotty tem um problema de interface de usuário.

No contexto da programação, uma **interface de usuário (IU)** é uma coleção de construções físicas, gráficas e lógicas que facilitam a interação entre humanos e dispositivos digitais. O propósito dessa interface é simplificar um sistema complexo para que seja de uso fácil.

Um conceito semelhante, **experiência do usuário (UX)** é mais amplo em escopo e vai além da interação do usuário para incluir todo um domínio de envolvimento de consumidor. A Apple fornece um exemplo de experiência de usuário criada que inclui lojas físicas, lojas on-line, embalagens de produtos, *branding*, projeto de equipamentos, suporte a produto e uma aparência padrão para telas iniciais e aplicativos dos dispositivos.

A dica é esta: O projeto UX tem tudo a ver com uma experiência geral de produto, enquanto o projeto IU tem tudo a ver com a maneira como os usuários interagem com um dispositivo digital.

Na ciência da computação, **interação humano-computador (IHC)** é uma disciplina importante e em demanda. A IHC engloba o projeto de IU e UX. É um aspecto fundamental de todo o projeto de software, desde a criação de mundos de jogos fantásticos até a formulação de formulários fiscais on-line triviais.

Componentes de IU (28.1.4)

Interfaces de usuário têm componentes físicos e abstratos. Componentes físicos, como aqueles na **Figura 28-2**, incluem dispositivos de entrada e saída.

Figura 28-2 Interfaces de usuário têm componentes físicos

P Quais são os principais componentes físicos de uma interface de usuário de smartphone?

R A tela sensível ao toque e o microfone são os principais componentes físicos da interface de usuário, mas o alto-falante do telefone também é um componente dessa interface. Alguns telefones têm um botão Home que é um componente-chave da interface de usuário.

As interfaces de usuário também possuem componentes abstratos. Os programas modernos contêm componentes abstratos da interface de usuário, como os controles baseados em tela na **Figura 28-3** que representam ações e objetos.

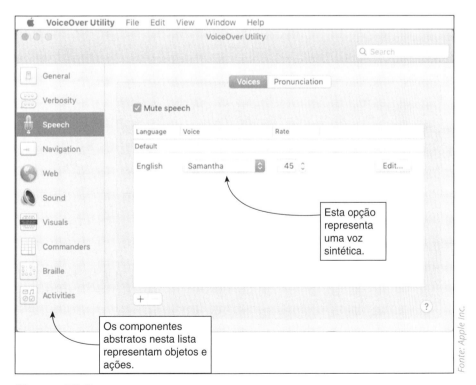

Figura 28-3 Interfaces de usuário têm componentes abstratos

Selecionando uma IU (28.1.5, 28.1.6)

A interface de usuário para um produto de software não surge do vácuo do espaço. Ela tem contexto definido pelas convenções de plataforma dos sistemas operacionais, linguagens de programação, padrões de projeto e protocolos Web, incluindo HTTP e HTML. Sua seleção dos elementos da interface de usuário para um programa deve refletir esse contexto.

Sistemas operacionais, como Microsoft Windows, Android, macOS e iOS apresentam uma interface de usuário exclusiva definida pela aparência de menus, ícones e outros controles baseados em tela. Ao programar, é possível acessar **interfaces de programação de aplicativos (APIs)** que contêm elementos de interface específicos à plataforma, como a barra de ferramentas do Windows ou um menu rolável do iPhone.

Componentes de interface físicos e abstratos combinam-se de várias maneiras para produzir quatro categorias principais de interfaces de usuário. Vamos analisar cada um deles para descobrir as aplicações em que eles melhor se adequam.

28.2 INTERFACES DE USUÁRIO POR LINHA DE COMANDO

Noções básicas de linha de comando (28.2.1, 28.2.2)

As primeiras gerações de computadores apresentavam **interfaces de usuário por linha de comando** que exigiam que os usuários digitassem comandos. Alguns dispositivos digitais modernos fornecem acesso a uma interface de linha de comando que pode ser utilizada para trabalhar habilmente com o sistema operacional. Em computadores que executam o sistema operacional Windows, a linha de comando é acessada usando o prompt de comando do Windows. Em um computador Apple executando o macOS, o acesso é fornecido pelo aplicativo Terminal.

Embora a interação por linha de comando com o sistema operacional seja semelhante a uma conversa com o computador, esta se baseia em um conjunto de palavras de comando e regras de pontuação que os usuários precisam memorizar. Os erros produzem mensagens frustrantes de erro, como a na **Figura 28-4**.

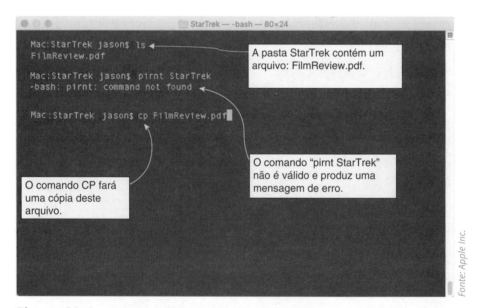

Figura 28-4 Interfaces de linha de comando exigem que os usuários digitem comandos

Projeto de programa por linha de comando (28.2.2, 28.2.3, 28.2.4)

Interfaces de usuário de linha de comando podem ser incorporadas a aplicativos de software. O uso criterioso de prompts e uma pitada de inteligência artificial podem aliviar o fardo de memorizar comandos.

Um programa de chatbot chamado Eliza é um exemplo icônico de um programa com base em uma interface de usuário de linha de comando. Chatbots como Eliza são projetados para realizar uma conversa. Originalmente, eles usavam respostas genéricas sem graça, mas os chatbots mais sofisticados usam algoritmos de inteligência artificial para determinar o significado da entrada do usuário. A **Figura 28-5** mostra uma conversa típica com Eliza.

Figura 28-5 Uma conversa com o software chatbot Eliza

O algoritmo abrangente para um programa com uma interface de usuário de linha de comando é semelhante a uma conversa em que o computador e o usuário se revezam fazendo perguntas e dando respostas.

Repetir até que a tarefa esteja concluída:

O computador solicita que o usuário insira uma consulta ou outros dados de entrada.

O usuário insere os dados.

O computador responde aos dados de entrada.

Para programas práticos simples de nível de entrada, a opção pode ser a de usar interfaces de usuário de linha de comando. Você pode incorporar alguns princípios da interface de usuário para formatar a entrada e a saída, conforme mostrado na **Figura 28-6**.

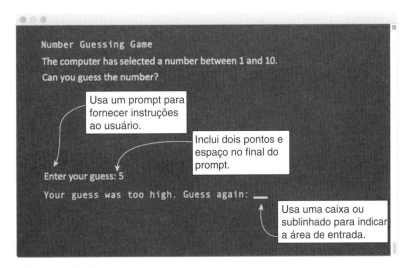

Figura 28-6 Práticas recomendadas de linha de comando

28.3 INTERFACES GRÁFICAS DE USUÁRIO

Noções básicas de GUI (28.3.1)

A maioria dos dispositivos digitais atuais está equipada com uma **interface gráfica de usuário (GUI)**, que exibe objetos e menus baseados em tela que podem ser manipulados usando mouse, teclado ou gesto por toque. O acrônimo para "interface gráfica de usuário" em inglês é GUI, *graphical user interface*.

Uma GUI baseia-se em uma área de trabalho ou tela inicial preenchida com representações gráficas de objetos e ações. GUIs às vezes são chamadas interfaces de usuário "WIMP" porque contêm áreas de trabalho, ícones, menus e ponteiro, como mostrado na **Figura 28-7**.

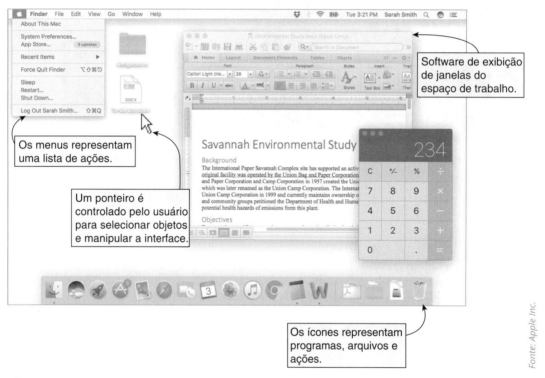

Figura 28-7 Elementos de uma interface gráfica de usuário

Menus, como o na **Figura 28-7**, tratam o problema de memorização associado às interfaces de usuário de linha de comando. Ao trabalhar com uma GUI, os usuários podem selecionar comandos de um menu em vez de digitar comandos memorizados.

Além de ícones e menus, GUIs oferecem uma variedade de controles gráficos. A **Figura 28-8** ilustra os tipos mais comuns de controles gráficos.

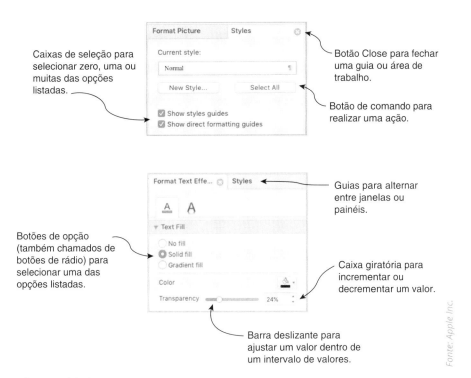

Figura 28-8 Controles gráficos

P Você consegue identificar os controles na **Figura 28-9**?

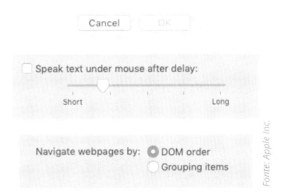

Figura 28-9 É possível identificar esses controles GUI?

R Da parte superior, esses controles são botões de comando, uma barra deslizante e botões de opção ou "rádio".

Projeto de programa GUI (28.3.2, 28.3.3, 28.3.4)

Interfaces gráficas de usuário fornecem uma camada de abstração que oculta os detalhes da linha de comando do sistema operacional do computador. Como programador, você pode incluir componentes de interface gráfica de usuário em seus programas usando bibliotecas e APIs. Ao desenvolver software para a plataforma Windows, por exemplo, é possível usar a API do Windows para criar menus que se pareçam e funcionem como os da área de trabalho do Windows e dos aplicativos do Microsoft Office. Ver **Figura 28-10**.

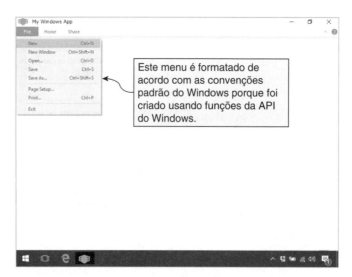

Figura 28-10 A API do Windows fornece ferramentas para menus, botões de comando e outros elementos da interface de usuário do Windows

Programas com interfaces GUI têm um fluxo **orientado a eventos**, em vez de um fluxo linear do início ao fim. O fluxo do programa é determinado pela ações do usuário chamadas "eventos", como mostrado na **Figura 28-11**.

Figura 28-11 Eventos da interface de usuário

Por exemplo, o aplicativo de música do seu smartphone pode ter um menu com opções para acessar álbuns, randomizar uma playlist e reproduzir uma música específica. Você pode selecionar essas opções em qualquer ordem. Sua seleção é um evento que desencadeia uma ação como tocar a trilha sonora de *Jornada nas Estrelas*. O código para lidar com um evento chama-se **manipulador de eventos**.

O algoritmo de alto nível para desenvolver um programa orientado a eventos é mais ou menos assim:

Crie os ícones, menus e outros elementos de interface que podem acionar eventos.

Organize esses elementos de interface dentro de uma janela de tela.

Defina e codifique uma função de manipulador de eventos para cada elemento da interface.
Inicialize o programa como um laço de eventos infinito que espera que os usuários acionem eventos.

28.4 INTERFACES DE USUÁRIO POR VOZ

Noções básicas de interface por voz (28.4.1)

Hoje, Scotty poderia selecionar qualquer smartphone e falar com um assistente digital usando uma **interface de usuário por voz** caracterizada pela comunicação falada. Basta pensar nas maneiras como as interfaces de usuário de voz se mostram úteis:

- Comunicação sem usar as mãos durante a condução
- Ditado de mensagem de texto
- Assistentes digitais, como Siri e Alexa
- Sistemas de resposta de voz interativa por telefone
- Sistemas de ditado de processador de texto

Interfaces de usuário de voz têm como base duas tecnologias: reconhecimento de fala e síntese de fala. **Reconhecimento de fala** usa algoritmos sofisticados para identificar palavras faladas e convertê-las em texto que pode ser processado para encontrar significado. Durante a **síntese de fala**, máquinas como computadores geram saída de áudio que soa como fala humana.

Reconhecimento de fala (28.4.2)

Para entender a complexidade dos algoritmos de reconhecimento de fala, suponha que você use um comando de voz para chamar um número de telefone que começa com "seis". Um microfone coleta amostras da onda sonora e, a partir dessa onda, tenta identificar uma unidade de fala, chamada **fonema**, que corresponde a cada amostra. Esses fonemas então têm de ser interpretados para encontrar o significado correto. A **Figura 28-12** destaca a dificuldade desse processo.

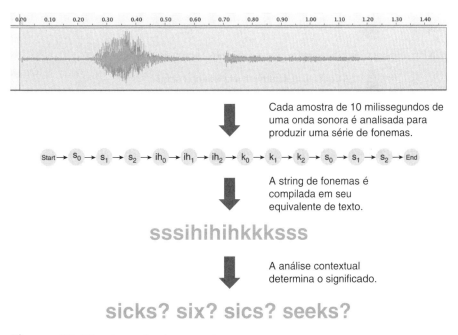

Figura 28-12   Reconhecimento de voz

Para converter de maneira eficaz fala em texto, os cientistas da computação aplicam algoritmos sofisticados como classificação temporal conexionista, transformadas de Fourier e modelos ocultos de Markov. O processo é computacionalmente intensivo, como se pode imaginar. Uma frase típica contém milhares de amostras de fala de 10 milissegundos e cada uma delas deve ser comparada a um enorme universo de fonemas possíveis.

Depois de converter fala em texto, é necessário processamento adicional para determinar o contexto e significado. É um número? É parte de um número de telefone? É o código de área? À medida que a entrada de fala se torna mais complexa, derivar significado requer algoritmos baseados em um ramo da inteligência artificial chamado processamento de linguagem natural.

Síntese de fala (28.4.3)

A primeira geração de sintetizadores de fala produzia vozes robóticas que desfiguravam a pronúncia de muitas palavras. A síntese de fala moderna produz uma fala que soa natural. A tecnologia de síntese de fala mais comum, **síntese concatenativa**, baseia-se em uma coleção de fonemas pré-gravados que podem ser agrupados em palavras e frases.

Para derivar os fonemas, dubladores ao vivo gravam palavras e frases contidas em uma série de scripts ricos em fonemas. Linguistas experientes dividem as gravações em componentes de fala, como palavras usadas com frequência e fonemas específicos à linguagem. Os especialistas marcam esses segmentos de fala e os carregam em um extenso banco de dados. Segmentos de fala são recuperados desse banco de dados durante o processo de síntese de fala descrito na **Figura 28-13**.

Projeto de programas para interfaces de usuário por voz (28.4.4)

Programadores podem adicionar recursos de entrada e saída de áudio ao software existente. Por exemplo, aplicativos de mensagens de texto aceitam entrada digitada ou falada. Esses aplicativos podem ser classificados como GUIs com recursos de entrada de fala.

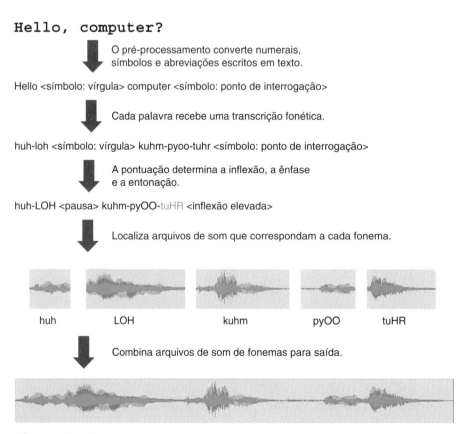

Figura 28-13 Síntese de fala

Um aplicativo puramente ativado por voz, porém, não possui interface visual. Seu projeto requer uma mentalidade de programação baseada em comunicação conversacional em vez de interações visuais baseadas em tela.

Para projetar um aplicativo ativado por voz, o primeiro passo é definir o domínio contextual. Você está criando um game? Um assistente digital? Mapeando interações típicas, pode-se criar uma série de prompts e respostas de áudio.

 Pode-se dizer que a lógica subjacente a um programa com uma interface de usuário por voz lembra um programa com uma interface por linha de comando ou uma GUI?

 A lógica de um programa com uma interface de usuário por voz surpreendentemente tem mais semelhanças com interfaces de usuário por linha de comando do que com GUIs. A conversa que ocorre é linear em vez de orientada a eventos.

A implementação de interfaces de usuário por voz requer APIs de reconhecimento e síntese de fala. Os programas podem acessar o reconhecimento de fala abrangente de serviços baseados em nuvem, como o Google Cloud, mas o acesso requer uma conexão com a internet. O reconhecimento de fala em dispositivos locais é mais limitado, mas os avanços nos algoritmos de processamento de fala continuam a fornecer melhor funcionalidade para programas que operam independentemente da internet.

28.5 INTERFACES DE AMBIENTE VIRTUAL

Ambientes virtuais (28.5.1)

Realidade virtual usa tecnologia de computador para criar um mundo tridimensional simulado que os usuários podem manipular por meio de movimentos da cabeça, mão e corpo. Isso não se parece muito com o holodeck futurista na nave estelar Enterprise, onde a tripulação poderia tirar "férias" em locais simulados exóticos?

Enquanto espera por holodecks, você pode trabalhar com jogos de realidade virtual, simuladores de voo, viagens de campo e passeios arquitetônicos. Tecnologias semelhantes à realidade virtual incluem **realidade aumentada** e **realidade mista**. Ver **Figura 28-14**.

A realidade virtual é um mundo tridimensional contendo objetos que os usuários podem manipular.

A realidade aumentada adiciona tags a imagens de lugares reais.

A realidade mista adiciona três objetos dimensionais para imagens do mundo real.

Figura 28-14 Ambientes virtuais

Componentes da interface do ambiente virtual (28.5.2, 28.5.3)

O principal dispositivo de entrada para software de realidade virtual é um monitor montado na cabeça, que contém duas telas de exibição – uma para cada olho. Como mostrado na **Figura 28-15**, as duas imagens são ligeiramente deslocadas e produzem a sensação de três dimensões quando visualizadas.

Duas imagens ligeiramente deslocadas dão a sensação de três dimensões quando exibidas na tela montada na cabeça.

Figura 28-15 Visor montado na cabeça para realidade virtual

As tecnologias hápticas desempenham um papel cada vez mais importante como parte de uma interface virtual. Dispositivos **hápticos** simulam a sensação do toque. Por exemplo, usuários usando luvas hápticas em um ambiente virtual seriam capazes de "sentir" a superfície de um objeto simulado.

As interfaces de usuário de realidade virtual, aumentada ou mista também podem incluir um ou mais dos dispositivos a seguir:

Controles de mão, como joysticks e varinhas digitais, para selecionar objetos
Câmeras de smartphones para capturar imagens do mundo real
Telas de smartphones para fornecer a tela para um monitor montado na cabeça
Luvas hápticas para feedback tátil de objetos virtuais
Microfones para reconhecimento de voz
Trajes corporais de rastreamento de movimento para sentir os movimentos do corpo de um usuário

Programar aplicativos virtuais é coletar dados de dispositivos de interface e usá-los para controlar variáveis que afetam o ambiente virtual e os objetos que ele contém.

Os ambientes podem ser baseados em imagens de fotografia em movimento de 360 graus ou animações vetoriais tridimensionais. **Gráficos vetoriais** definem formas como um conjunto de instruções para desenhar linhas e curvas.

As instruções gráficas vetoriais podem formar objetos tridimensionais. A estrutura de um gráfico vetorial chama-se wireframe e pode ser preenchida com cores, sombreado, realçada e dotada de vários níveis de transparência. Ver **Figura 28-16**.

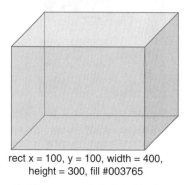

rect x = 100, y = 100, width = 400, height = 300, fill #003765

Figura 28-16 Gráficos vetoriais 3D são formados a partir de instruções que especificam a forma, tamanho, cor e iluminação

A montagem de uma coleção de gráficos vetoriais produz um ambiente de realidade virtual em que os usuários podem navegar em três dimensões, visualizando objetos de todos os lados. Como cada objeto vetorial é independente, os usuários também podem movê-los no mundo virtual.

Programação de interface virtual (28.5.4)

Estender a interface de usuário para um ambiente tridimensional requer conexões dos equipamentos do usuário. Por exemplo, se luvas hápticas são usadas para manipular objetos, cada gesto de luva é uma entrada de interface com a qual é preciso lidar no código do programa.

As ferramentas de desenvolvimento fornecem funções e bibliotecas para atribuir ações a todo o espectro de entradas. Ferramentas de desenvolvimento para ambientes virtuais incluem:

- Linguagens de modelagem como VRML.
- Interfaces de programas de aplicativos, como WebVR.
- Dispositivos de jogo como Unity.

28.6 ACESSIBILIDADE E INCLUSÃO

Diretrizes de acessibilidade (28.6.1, 28.6.2)

Imagine usar dispositivos digitais com os olhos fechados. Você não consegue ver a tela. Não consegue olhar para os rótulos no teclado. Milhões de pessoas com deficiência usam teclados em braile, narradores de tela e outras tecnologias adaptativas como o aplicativo de mensagens de texto sem o uso da visão na **Figura 28-17**.

No contexto do desenvolvimento de softwares, **acessibilidade** significa fornecer interfaces de usuário que podem ser usadas por todos, incluindo pessoas com deficiência. A maioria dos projetos de desenvolvimento de software inclui requisitos detalhados de acessibilidade com base em diretrizes e padrões internos desenvolvidos por organizações de defesa.

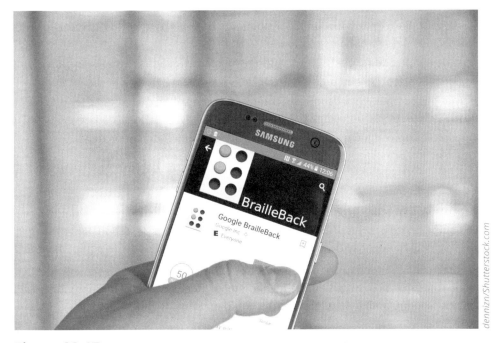

Figura 28-17 Dispositivos adaptativos incluem esse aplicativo para mensagens de texto sem o uso da visão

Tanto a Microsoft como a Apple têm diretrizes detalhadas para o desenvolvimento de softwares e aplicativos acessíveis. A organização W3C promove as diretrizes de acessibilidade de conteúdo da Web (WCAG) e uma variação dessas diretrizes para tecnologias de informação e comunicação fora da Web. Muitos países, incluindo os Estados Unidos, promulgaram leis e regulamentos que se aplicam à acessibilidade de hardware e software.

A programação para acessibilidade pode exigir que modos alternativos de interação sejam fornecidos para pessoas com limitações visuais, auditivas, motoras ou cognitivas. Incluir indivíduos com necessidades especiais nos ciclos de teste de software pode ajudá-lo a avaliar o sucesso de seus esforços de acessibilidade. As diretrizes de práticas recomendadas para acessibilidade incluem.

Acessibilidade visual: Muitas pessoas têm visão prejudicada. Pessoas com problemas de visão podem usar equipamentos adaptativos especiais para interagir com dispositivos digitais. O daltonismo impede que as pessoas diferenciem algumas cores. Pessoas com baixa visão podem ter dificuldade para decifrar o texto que se mistura no fundo.

Para aumentar a acessibilidade para pessoas com deficiência visual:

- Forneça uma alternativa de áudio para dicas visuais. Texto alternativo, por exemplo, fornece uma descrição de áudio de um gráfico, imagem ou diagrama.
- Organize os elementos da tela para que façam sentido quando interpretados por um leitor de tela.
- Evite usar cores como a única dica para diferenciar texto e controles significativos.
- Selecione uma paleta de cores que apresenta alto contraste entre objetos no primeiro plano, texto e fundos.

Acessibilidade por áudio: Como a interação de áudio com dispositivos digitais se tornou popular, os desenvolvedores devem seguir estas etapas para ajudar indivíduos com perda auditiva aguda:

- Evite usar áudio como as únicas dicas que sinalizam eventos e alertas.
- Forneça uma opção para visualizar uma transcrição das permutas de áudio.
- Forneça legendas ocultas para fluxos de vídeo.

Acessibilidade motora e cognitiva: Deficiências físicas podem dificultar o uso de teclado e mouse. Como os dispositivos adaptativos interagem com o sistema operacional, o software geralmente é mais acessível quando adere às convenções padrão do sistema operacional do host. Considere também as diretrizes a seguir:

- Certifique-se de que seu software funciona corretamente quando os usuários ativarem os recursos de acessibilidade fornecidos pelo sistema operacional.
- Esteja atento aos tempos de resposta, permitindo respostas atrasadas de pessoas com deficiência motora.
- Evite objetos de tela piscando que podem causar convulsões em algumas pessoas.
- Forneça alternativas às operações de mouse, como arrastar e soltar, que podem ser difíceis para indivíduos com habilidades motoras prejudicadas.
- Considere maneiras como alguém pode usar o software emitindo comandos de voz.

Projeto inclusivo (28.6.3, 28.6.4, 28.6.5, 28.6.6)

Projeto inclusivo assegura que um produto de software seja utilizável por pessoas com diversas habilidades, origens e acesso a equipamentos. Inclui princípios de acessibilidade, mas se estende para abranger identidade de gênero, etnicidade, nacionalidade, nível de habilidade técnica e disponibilidade de equipamentos.

As práticas recomendadas para o projeto inclusivo exigem que você, como desenvolvedor, veja os projetos da perspectiva de pessoas que podem falar diferentes idiomas, identificar-se com diferentes gêneros, ter vários conjuntos de habilidades e que podem não ter acesso a equipamentos de última geração.

Linguagem inclusiva: Você pode não ser capaz de falar híndi ou ler a escrita devanágari, mas provavelmente pode identificar o link de pesquisa na **Figura 28-18** porque os desenvolvedores de software incluíram um ícone de lupa.

Figura 28-18 Ícones e imagens podem ajudar a superar as barreiras linguísticas

Os produtos de tecnologia são usados em todo o mundo, portanto, pense globalmente ao projetar softwares.

- Use uma linguagem simples e controles intuitivos para aumentar a usabilidade para pessoas com diferentes preferências de linguagem.
- Aprimore os controles na tela com ícones para mostrar a finalidade.
- Use botões e menus padrão colocados em locais padrão, o que pode ajudar os usuários a transferir habilidades de outros softwares semelhantes.

Identidade inclusiva: O patrimônio cultural e a identidade pessoal afetam a maneira como as pessoas usam e interpretam o conteúdo. Texto e técnicas visuais podem ajudar a garantir uma experiência positiva para cada usuário. Ver **Figura 28-19**.

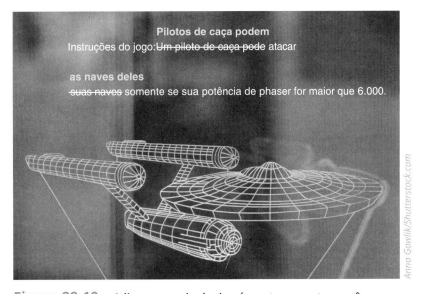

Figura 28-19 A linguagem inclusiva é neutra quanto ao gênero

As diretrizes para identidade inclusiva englobam:

- Cuidado com pronomes. Usar plurais, como "their", ajuda a evitar o uso de "he", "she" e outros termos específicos ao gênero.
- Permaneça atento às sensibilidades culturais, incluindo os significados ligados a cores, símbolos e gestos.
- Evite sarcasmo e piadas internas que podem ser facilmente mal interpretadas por usuários com diferentes origens culturais.

Conjuntos de habilidades inclusivos: Usuários iniciantes podem precisar de ajuda para superar a curva de aprendizagem inicial do seu software, mas usuários experientes não querem percorrer várias telas de ajuda antes de ir direto à tarefa. Na **Figura 28-20**, os usuários experientes podem optar por não receber a ajuda introdutória.

Figura 28-20 Permitir que os usuários desativem dicas e instruções que não querem

A seguir estão as diretrizes para incluir usuários de diferentes conjuntos de habilidades:

- Suponha que os usuários possam ter níveis de habilidade que variam de iniciante a especialista.
- Forneça uma gama completa de dicas para ajudar os usuários iniciantes, mas não deixe que eles interfiram na interação simplificada exigida pelos usuários avançados.

Equipamentos inclusivos: Consumidores usam muitos dispositivos para acessar o software e nem todos têm uma conexão com a internet de alta velocidade. Projetar seu software para incluir tantos dispositivos quanto possível pode exigir versões diferentes para plataformas de computador e plataformas móveis, como mostrado na **Figura 28-21**.

Eis algumas dicas adicionais para estender seu software a uma base de usuários maior:

- Teste seu software em dispositivos mais antigos que podem não ter poder de processamento de última geração, recursos gráficos de ponta ou acesso à internet de alta velocidade.
- Personalize versões do seu software para vários tamanhos de tela, orientações e resoluções para acomodar usuários com smartphones, computadores desktop, tablets ou laptops.
- Busque a compatibilidade entre plataformas para que seu software funcione em vários sistemas operacionais e seus aplicativos on-line funcionem com vários navegadores.

P Na cena de *Jornada nas Estrelas* quando Scotty tenta usar comandos de voz para interagir com um computador Macintosh de 1986, como classificar o problema de interface de Scotty? É um problema de acessibilidade ou de inclusão?

R Scotty não tem deficiência auditiva, visual, cognitiva ou motora, então seu problema deve ser com o projeto inclusivo. Em teoria, o projeto do computador Macintosh não levava em conta as experiências e expectativas de uma pessoa de outro período cultural. Na realidade, esse exemplo fantasioso também aponta para o fato de que os desenvolvedores só conseguem implementar tecnologias disponíveis, mas podem ter oportunidades de adicionar recursos acessíveis e inclusivos no futuro.

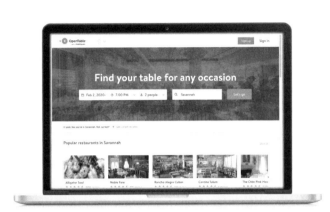

Figura 28-21 Diferentes plataformas podem exigir diferentes versões de um produto de software

RESUMO

- Uma interface de usuário (IU) é uma coleção de construções físicas, gráficas e lógicas que facilitam a interação entre humanos e dispositivos digitais. Um conceito mais amplo, experiência do usuário (UX) vai além da interação do usuário para incluir todo o domínio de envolvimento do consumidor.
- Interfaces de usuário têm componentes físicos e abstratos. Programadores têm controle sobre os componentes abstratos da interface de usuário, como controles baseados em tela que representam ações e objetos. Programadores podem acessar interfaces de programação de aplicativos (APIs) que contêm elementos de interface específicos à plataforma, como a barra de ferramentas do Windows ou um menu rolável do iPhone.
- Interfaces de usuário por linha de comando que exigem interação digitada podem ser usadas para manipular o sistema operacional e para programas práticos simples de nível de entrada.
- Uma interface gráfica de usuário (GUI) exibe objetos gráficos e menus que podem ser manipulados usando mouse, teclado ou gesto por toque. GUIs às vezes são chamadas interfaces de usuário "WIMP" porque contêm áreas de trabalho (workspace), ícones, menus e um ponteiro.
- Programas com interfaces GUI têm um fluxo aberto e orientado a eventos, em vez de um fluxo linear do início ao fim. O fluxo do programa é determinado pelas ações do usuário chamadas "eventos".
- Uma interface de usuário por voz é caracterizada pela comunicação falada, baseada em tecnologias subjacentes de reconhecimento e síntese de fala. A lógica de um programa com uma interface de usuário por voz tem semelhanças com as interfaces de usuário por linha de comando.
- A realidade virtual usa tecnologia de computador para criar um mundo tridimensional simulado que os usuários podem manipular por meio de movimentos da cabeça das mãos e do corpo. A realidade aumentada marca cenas do mundo real com dados gerados por computador. A realidade mista envolve objetos interativos tridimensionais sobre cenas do mundo real.
- Ao desenvolver a interface de usuário para um programa, certifique-se de considerar a acessibilidade e usar um projeto inclusivo para que seu trabalho esteja disponível para o público mais amplo possível.

Termos-chave

- acessibilidade
- chatbots
- experiência de usuário (UX)
- fonema
- gráficos vetoriais
- háptico
- Interação humano-computador (IHC)
- interface de usuário (IU)
- interface de usuário por voz
- interface gráfica de usuário (GUI)
- interfaces de programação de aplicativos (APIs)
- interfaces de usuário por linha de comando
- manipulador de eventos
- orientado a eventos
- projeto inclusivo
- realidade aumentada
- realidade mista
- realidade virtual
- reconhecimento de fala
- síntese concatenativa
- síntese de fala

MÓDULO 29

METODOLOGIAS DE DESENVOLVIMENTO DE SOFTWARE

OBJETIVOS DE APRENDIZAGEM:

29.1 DESENVOLVIMENTO DE SOFTWARE

29.1.1 Listar as principais tarefas que ocorrem durante o processo de desenvolvimento de software.

29.1.2 Descrever a importância da eficiência, segurança e qualidade em todo o processo de desenvolvimento de software.

29.2 O MODELO EM CASCATA

29.2.1 Descrever a metodologia geral do modelo de desenvolvimento em cascata.

29.2.2 Identificar cada fase do modelo em cascata.

29.2.3 Listar as vantagens e desvantagens do modelo em cascata.

29.2.4 Selecionar projetos de desenvolvimento de software que possam ser mais bem abordados usando o modelo em cascata.

29.3 O MODELO ÁGIL

29.3.1 Descrever a abordagem geral dos métodos de desenvolvimento incremental e iterativo.

29.3.2 Classificar Scrum, Extreme Programming, Feature-Driven Development e Rapid Application Development como metodologias de desenvolvimento ágil.

29.3.3 Listar as vantagens e desvantagens do desenvolvimento ágil.

29.3.4 Selecionar projetos de software que possam ser mais bem abordados usando uma metodologia de desenvolvimento ágil.

29.4 PRINCÍPIOS DE CODIFICAÇÃO

29.4.1 Descrever o princípio DRY.

29.4.2 Descrever o princípio da responsabilidade única.

29.4.3 Explicar o propósito da codificação limpa.

29.4.4 Explicar como os blocos de instruções auxiliam a legibilidade e restringem o escopo em um programa estruturado.

29.4.5 Descrever a importância da codificação segura.

29.4.6 Listar princípios para codificação segura.

29.4.7 Listar os fatores de sucesso na criação de software de alto nível.

29.5 TESTE

29.5.1 Identificar níveis de teste para desenvolvimento de software.

29.5.2 Descrever o teste de unidade e o uso de casos de teste.

29.5.3 Indicar o objetivo do teste de integração.
29.5.4 Explicar por que o teste de sistema é classificado como uma metodologia de "caixa-preta".
29.5.5 Explicar o uso de passagens alfa e beta na fase de teste de aceitação.
29.5.6 Identificar o propósito do teste de regressão.

29.1 DESENVOLVIMENTO DE SOFTWARE

O ciclo de vida de desenvolvimento de software (29.1.1)

Como plantas e animais, o software tem um ciclo de vida. Esse **ciclo de vida de desenvolvimento de software** começa com a concepção e avança pelas fases mostradas na **Figura 29-1**.

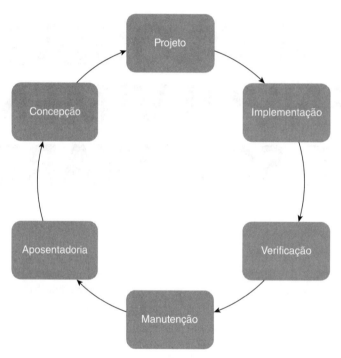

Figura 29-1 O ciclo de vida de desenvolvimento de software

Como indivíduo ou como parte de uma equipe de desenvolvimento, você contribuirá para uma ou mais fases do ciclo de vida de desenvolvimento de software.

Concepção e planejamento. A ideia inicial de um sistema de informação, programa de software ou aplicativo baseia-se em necessidades do negócio, problemas que precisam ser resolvidos, nichos que precisam ser preenchidos ou mercados com potencial de lucro. O software começa como um plano, que contém requisitos para *o que* se espera que o software faça. Esses requisitos são criados por várias partes interessadas, como usuários, proprietários de negócios, consultores e programadores.

Projeto. Na fase de projeto, os desenvolvedores formulam um modelo do software usando algoritmos e estruturas de dados que especificam *como* o software deve cumprir a lista de requisitos.

Implementação. O software se materializa à medida que os programadores geram linhas de código e preenchem estruturas de dados para implementar o projeto.

Verificação. O teste é uma fase integral na qual o software ganha durabilidade e estabilidade à medida que os programadores corrigem erros e otimizam o desempenho.

Manutenção. Após a implantação, o software pode funcionar por meses, anos ou décadas. Sua vida útil pode abarcar gerações de hardware e abranger inovações que afetam a funcionalidade. O software evolui na fase de manutenção à medida que os programadores fornecem melhorias incrementais para manter o máximo desempenho.

Aposentadoria. Com o tempo, a vida útil de um programa de software chega ao fim devido a fatores como mudanças nos requisitos do usuário e inovações de hardware. À medida que o software se aproxima do fim de sua vida útil, as atividades de manutenção diminuem e o suporte ao usuário é descontinuado. Se é necessário um software novo e atualizado, as partes interessadas reiniciam o ciclo de vida de desenvolvimento de software para uma nova edição de última geração.

 Você consegue identificar três pontos importantes do ciclo de vida de desenvolvimento de software que afetam a maneira como um projeto de programação deve ser abordado?

 O ciclo de vida de desenvolvimento de software destaca os seguintes pontos importantes para o programador:

- ***Planejar antes de codificar.*** Antes de codificar, certifique-se de ter uma ideia clara do que o software deve fazer e como planeja estruturar o código.
- ***Testar é obrigatório.*** Um programa pode parecer funcionar corretamente, mas testes rigorosos podem eliminar erros de codificação que produzem resultados incorretos com determinados conjuntos de dados.
- ***Feito não é concluído.*** Como o software tende a ter uma vida útil longa, esteja preparado para revisar e melhorar o código.

Eficiência, qualidade e segurança (29.1.2)

Pode parecer que o foco do desenvolvimento de software é codificar para funcionalidade; em outras palavras, produzir um software que funciona. A funcionalidade é importante, mas eficiência, segurança e qualidade também são essenciais em todas as fases do ciclo de vida do software.

Eficiência. Programas eficientes têm uma pegada de hardware menor, mas melhor tempo de resposta.

Segurança. Software seguro protege a si mesmo, os usuários, o hardware subjacente e o sistema de comunicação contra atividades não autorizadas.

Qualidade. O software alcança o topo da escala de qualidade quando é correto, confiável, fácil de usar, flexível, testável e sustentável.

A lista de verificação na **Figura 29-2** fornece exemplos das práticas recomendadas que integram eficiência, segurança e qualidade durante todas as fases do ciclo de vida do software.

29.2 O MODELO EM CASCATA

Análise e projeto estruturados (29.2.1, 29.2.2)

Nos dias em que os computadores eram mainframes do tamanho de uma sala, tornar-se digital era converter processos de negócios manuais em sistemas de informação computadorizados. As equipes de analistas de sistemas ficavam sobrecarregadas com todas as tarefas associadas à implementação de novos sistemas de informação. Ver **Figura 29-3**.

Concepção

☑ Certifique-se de que a lista de requisitos seja direcionada para tarefas essenciais.
☑ Inclua uma lista de preocupações de segurança no documento de requisitos.
☑ Reúna os fatores que definem as expectativas de uso.

Projeto

☑ Decomponha o escopo do software em módulos, funções e classes que executam tarefas específicas.
☑ Certifique-se de que o projeto inclua todas as tarefas necessárias.
☑ Inclua diretivas para práticas de codificação seguras nas especificações do software.

Implementação

☑ Siga as práticas de codificação seguras.
☑ Escreva um código que possa ser facilmente entendido e modificado.
☑ Percorra o código para identificar possíveis ineficiências e vulnerabilidades de segurança.

Verificação

☑ Siga um plano de teste que verifique a operação correta para todas as ramificações do programa.
☑ Inclua testes que tentem obter acesso não autorizado ao código ou dados do software.

Manutenção

☑ Forneça maneiras de monitorar o desempenho do software ao longo de sua vida.
☑ Forneça rotinas de monitoramento para registrar tentativas de violação de segurança.

Aposentadoria

☑ Tenha um plano para descomissionar normalmente o software.

Figura 29-2 Práticas recomendadas para eficiência, qualidade e segurança de software em cada fase de seu desenvolvimento

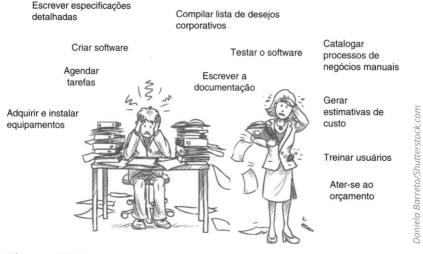

Figura 29-3 O desenvolvimento de novos sistemas de informação envolve muitas tarefas

Do caos emergiu uma abordagem sistemática ao desenvolvimento de software com base em uma sequência rigidamente estruturada de fases de análise e projeto. Essa abordagem, conhecida como **modelo em cascata**, divide o desenvolvimento de software em uma série de tarefas em cascata que são realizadas uma após a outra. Como mostrado na **Figura 29-4**, cada fase produz uma entrega que é a entrada para a próxima fase.

Análise: Analise o *que* o software deve realizar.
Design: Desenvolva algoritmos e estruturas de dados que especifiquem *como* os requisitos devem ser implementados.
Codificação: Crie módulos de trabalho que atendam a todas as especificações.
Testes: Teste os módulos para garantir que funcionem conforme especificado.
Implantação: Entregue e distribua o produto final.

Figura 29-4 Fases do modelo de desenvolvimento em cascata

P Suponha que você seja membro de uma equipe de desenvolvimento que produza um sistema avançado de assistência ao motorista que monitore pontos cegos, ajude os motoristas a permanecer na faixa e evite colisões de forma autônoma. A equipe utiliza o método de desenvolvimento em cascata. Que documentação receberia ao começar a codificar o módulo de detecção de colisão?

R A documentação de especificações do software.

Vantagens e desvantagens da cascata (29.2.3, 29.2.4)

A principal vantagem do modelo em cascata é a ênfase no planejamento. Durante as fases de análise e projeto, os desenvolvedores bloqueiam as especificações do software. Essas duas fases podem ocupar até 40% do tempo total de desenvolvimento e, uma vez iniciada a codificação, poucas alterações são feitas nas especificações. As vantagens adicionais incluem:

- Com as especificações bloqueadas, os programadores têm um mandato claro e não precisam se preocupar com pedidos de alteração de última hora que podem ter um efeito dominó por todo o código.
- A documentação criada durante as fases de análise e projeto precisa apenas de pequenas edições para se tornar a documentação para o produto de software final.

A principal crítica ao modelo em cascata é a falta de flexibilidade. Durante as fases de análise e projeto, os desenvolvedores raramente podem antecipar todas as maneiras como os usuários irão interagir com o software. As políticas e regulamentos de negócios podem mudar enquanto o desenvolvimento está em andamento. Como as especificações do software são bloqueadas no início, os desenvolvedores têm margem de manobra limitada para adicionar ou melhorar recursos durante a fase de codificação.

Com base nas vantagens e desvantagens, o modelo em cascata é apropriado para projetos de desenvolvimento quando:

- O escopo e o tamanho do projeto estão bem-definidos.
- Os requisitos são claros no início do projeto.
- O sistema subjacente e os casos de uso são estáveis.
- O projeto tem uma data de conclusão definida durante a qual os requisitos provavelmente não serão alterados.

P O modelo em cascata é adequado para desenvolver o módulo de prevenção de colisões do sistema avançado de assistência ao motorista?

R O método em cascata pode não ser adequado porque, à medida que o sistema é desenvolvido, pode-se descobrir requisitos adicionais com base em cenários que não foram previstos durante a fase de projeto.

29.3 O MODELO ÁGIL

Desenvolvimento incremental (29.3.1)

Em resposta à abordagem rígida do modelo em cascata para o desenvolvimento de software, surgiu um **modelo de desenvolvimento incremental** em que o software é projetado, codificado e testado em uma sucessão de ciclos. Cada ciclo produz um módulo que funciona e agrega valor ao projeto, mas não está necessariamente completo. Em cada ciclo, os requisitos podem mudar à medida que o software gradualmente assume a forma final.

Pode-se visualizar o modelo de desenvolvimento incremental como uma série de laços como aqueles ilustrados na **Figura 29-5**.

Plano: Determine o escopo e o foco da iteração.
Projeto: Crie especificações para codificar uma instância de um módulo.
Código: Escreva o código para o módulo.
Teste: Teste o módulo.
Lançamento: Circule o módulo para obter feedback do usuário.
Análise: Analise o feedback do usuário.
Iteração: Inicie a próxima iteração para melhorar e estender o conjunto de recursos e a funcionalidade.

Figura 29-5 A abordagem de projeto iterativo incremental

Metodologias ágeis (29.3.2)

O desenvolvimento incremental e iterativo é a base das populares **metodologias de desenvolvimento**. Quando você ouve líderes de equipe mencionarem Scrum, Extreme Programming, Rapid Application Development ou Feature-Driven Development, eles estão se referindo a várias metodologias ágeis.

A abordagem ágil geral foi concebida por um grupo de programadores que publicaram o Manifesto Ágil, mostrado na **Figura 29-6**.

Manifesto Ágil

Estamos descobrindo maneiras melhores de desenvolver software fazendo-o nós mesmos e ajudando outros a fazê-lo. Por meio desse trabalho, passamos a valorizar:

Indivíduos e interação entre eles mais que processos e ferramentas

Software em funcionamento mais que documentação abrangente

Colaboração com o cliente mais que negociação de contratos

Responder a mudanças mais que seguir um plano

Ou seja, mesmo havendo valor nos itens à direita, valorizamos mais os itens à esquerda.

© 2001-2019 Autores do Manifesto Ágil
Esta declaração pode ser copiada livremente em qualquer forma, mas somente integralmente com este aviso.

Fonte: Agile Alliance

Figura 29-6 O Manifesto Ágil

P Ao ler o Manifesto Ágil, quais são os quatro princípios importantes da filosofia ágil?

R Os quatro princípios importantes da filosofia ágil são:

- Interagir com usuários e membros de equipe em vez de seguir um processo definido.
- Focar em codificação e teste, em vez de em manter a documentação.
- Obter feedback dos usuários durante todo o processo de desenvolvimento.
- Permitir que as especificações mudem à medida que os desenvolvedores respondem ao feedback.

Vantagens e desvantagens de adotar uma metodologia ágil (29.3.3, 29.3.4)

Para muitos dos projetos de software inovadores atuais, as metodologias de desenvolvimento ágeis têm muitas vantagens em relação ao modelo em cascata:

- As metodologias ágeis são mais flexíveis, permitindo que os programadores alterem os requisitos em cada iteração.
- O software funcional é lançado no final de cada iteração, diferentemente do modelo em cascata, que produz um produto funcional apenas no final da fase de teste.
- Cada versão é exaustivamente testada para garantir a qualidade do software.
- A interação do usuário durante várias fases de implantação e revisão fornece aos desenvolvedores feedback contínuo que pode ser incorporado ao produto final.
- Por causa do feedback durante cada iteração, o produto final tende a atender às necessidades do usuário.

Nas metodologias ágeis, como o envolvimento do usuário difere do método em cascata?

 No método em cascata, os usuários normalmente fornecem entrada uma vez durante a fase de análise e novamente durante a fase de teste. Nas metodologias ágeis, os usuários participam de cada iteração.

As principais críticas às metodologias ágeis incluem:

- Medir o progresso é difícil.
- O número de iterações que serão necessárias para o produto final é desconhecido.
- Os desenvolvedores podem se desviar do rumo por causa de solicitações para adicionar recursos que não são essenciais à funcionalidade do software.
- A falta de um plano de projeto abrangente tende a se refletir em documentação irregular.

 Qual crítica das metodologias ágeis tem maior probabilidade de afetar a data de entrega do software?

 Como o número de iterações é desconhecido, pode ser difícil de estimar a data de entrega do software.

Com base nas vantagens e desvantagens, uma metodologia ágil é adequada para projetos de desenvolvimento quando:

- Os requisitos não são óbvios quando o projeto começa.
- É aceitável que o projeto surja por meio de prototipagem.
- É importante envolver os usuários no processo de desenvolvimento.

29.4 PRINCÍPIOS DE CODIFICAÇÃO

Codificação eficiente (29.4.1)

DRY, WET, DIE, SRP, Clean, STRIDE, KISS. Os programadores brincam com esses termos como bolas de beisebol no aquecimento de um jogo da liga. Esses termos são acrônimos de princípios que podem ajudá-lo durante a fase de codificação do ciclo de desenvolvimento de software.

Don't Repeat Yourself (DRY) ("não se repita") é um princípio de programação que promove código eficiente por meio do uso e reutilização eficientes de funções, classes e métodos. **Duplication is Evil (DIE)** ("duplicação é uma praga") é a mesma ideia.

Write Every Time (WET) ("escreva sempre") é o oposto de DRY. O código WET contém repetição desnecessária. A **Figura 29-7** mostra a diferença entre código WET e DRY.

A vantagem do princípio DRY é verificar se há redundâncias no código. Se necessário, reestruture seus algoritmos, classes ou métodos para eliminar códigos repetitivos.

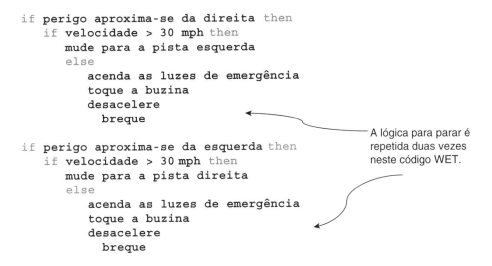

Figura 29-7 A diferença entre o código WET e DRY

Código modularizado (29.4.2)

O **princípio de responsabilidade única (SRP)** sugere que cada função ou classe deve ter apenas uma responsabilidade e uma razão para mudar. Quando se tem mais de uma razão para alterar uma função ou uma classe, ela pode ter muita responsabilidade e é candidata à reestruturação.

O módulo de prevenção de colisões para o software ADAS precisa lidar com vários perigos. Você pode inicialmente achar que os perigos devem ser definidos em uma classe como a que consta da **Figura 29-8**.

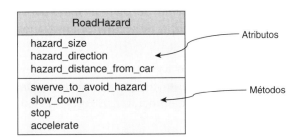

Figura 29-8 Uma classe que viola o SRP

Você consegue identificar por que a classe RoadHazard viola o SRP?

 A classe RoadHazard tem quatro métodos, portanto, lida com muitos perigos possíveis. O código para a classe ou métodos podem precisar ser alterados por várias razões. No futuro, os sensores poderão detectar a velocidade de um perigo, o que pode exigir alterações em vários métodos na classe. Outra razão: pode tornar-se claro que evitar colisões com o carro à frente deve ser tratada de maneira diferente de evitar perigos aleatórios que surgem do lado da estrada.

Para garantir que o código siga o SRP, considere a finalidade de cada função, classe e método. Certifique-se de que esses elementos estejam totalmente decompostos e focalizem uma tarefa. Observe as dependências e certifique-se de que as alterações não tenham um efeito dominó que exija a alteração de várias estruturas ou métodos de classe.

Codificação limpa (29.4.3, 29.4.4)

Código limpo pode ser facilmente compreendido; não apenas por você, mas por outros programadores que possam testar seus módulos ou modificá-los no futuro. O código limpo deve ser elegante, legível, simples e testável. Para produzir código limpo, lembre-se das seguintes práticas recomendadas:

- Use nomes descritivos para variáveis, funções, métodos e classes.
- Use convenções de nomenclatura consistentes para funções e métodos. Não prefixe algumas funções com "get", mas use "calculate" com outras funções semelhantes.
- Adote um estilo de nomenclatura e codificação consistente com as convenções aceitas na linguagem de programação.
- Mantenha funções e métodos curtos e focados em fazer uma tarefa. Procure funções que tenham 15 linhas de código ou menos.
- Use espaço em branco para criar blocos de instrução que delineiam funções, classes e outros segmentos de programa.
- Use comentários com moderação. O código deve ser autoexplicativo. Certifique-se de atualizar os comentários a cada versão.

 Como criar um delineamento visual para um bloco de código que representa uma estrutura de controle de decisão?

 Insira uma linha extra para adicionar espaço em branco antes e depois do bloco de decisão.

Codificação segura (29.4.5, 29.4.6)

Ao encontrar o STRIDE na programação, adquira o hábito de tomar medidas para garantir que o código seja seguro. STRIDE é um mnemônico para os seis tipos de ameaças de segurança mostrados na **Figura 29-9** que tiram vantagem das vulnerabilidades do código.

Você pode se perguntar o que essas ameaças têm a ver com seu código. Vejamos um exemplo: estouros de buffer. Um **estouro de buffer** é uma condição na qual os dados na memória excedem seus limites e fluem para áreas de memória destinadas a outros dados ou código de programa. A **Figura 29-10** ilustra um exemplo simplificado de uma exploração de estouro de buffer.

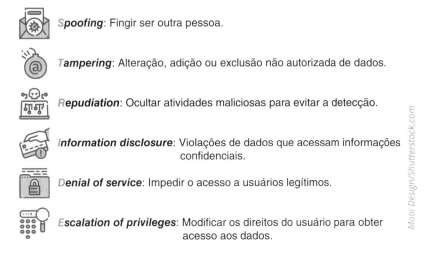

Spoofing: Fingir ser outra pessoa.

Tampering: Alteração, adição ou exclusão não autorizada de dados.

Repudiation: Ocultar atividades maliciosas para evitar a detecção.

Information disclosure: Violações de dados que acessam informações confidenciais.

Denial of service: Impedir o acesso a usuários legítimos.

Escalation of privileges: Modificar os direitos do usuário para obter acesso aos dados.

Figura 29-9 A estrutura STRIDE das vulnerabilidades de segurança

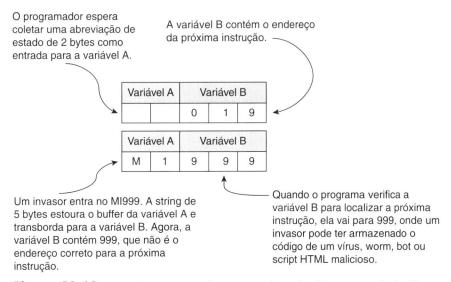

Figura 29-10 Funcionamento de uma exploração de estouro de buffer

Cibercriminosos podem desencadear estouros de buffer com entradas projetadas especificamente para executar código malicioso, como um vírus de computador. No modelo STRIDE, as explorações de estouro de buffer são um exemplo de adulteração que pode levar à divulgação de informações.

O código pode ser protegido contra estouros de buffer e outras explorações de segurança com a implementação dos seguintes princípios de **codificação segura**:

Segurança desde o início: Esteja atento às maneiras como seu aplicativo pode ser explorado por cibercriminosos.

Separação de privilégios: Permitir que cada usuário acesse apenas as partes de um programa que são necessárias para executar as tarefas alocadas. Fazendo isso, você minimiza a exposição se uma conta for comprometida.

Economia do mecanismo: Siga a doutrina KISS (*Keep It Simple and Secure*) de que um código mais simples significa que menos pode dar errado.

Codifique defensivamente: Verifique na entrada do usuário caracteres de controle não imprimíveis suspeitos, e imponha limites rígidos nos valores que podem ser armazenados em variáveis. Verifique a validade dos parâmetros de entrada nos métodos. Use contêineres que não permitem estouros em vez de buffers brutos que permitem.

Falhar com segurança: Antecipe e lide com exceções que podem fazer com que seu programa falhe. Registre todas as falhas ou atividades suspeitas. Por exemplo, se um usuário digitar uma senha incorreta muitas vezes, pode ser uma tentativa de invasão.

P Se você permitir acesso aberto ao sistema avançado de assistência ao motorista, pode ser possível que usuários remotos controlem o sistema de frenagem de um carro. Isso viola dois princípios da codificação segura, quais são eles?

R Viola o princípio de segurança desde o início e o princípio de separação de privilégios.

Fatores de sucesso (29.4.7)

Ao criar um software, sua preocupação inicial pode ser "Espero que funcione!". Mas esse não é o único critério para uma codificação bem-sucedida. Em um ambiente de produção, a qualidade do seu código depende de vários **fatores de sucesso**. A **Figura 29-11** oferece uma lista de verificação dos fatores de sucesso que podem aprimorar a qualidade do software criado.

Fator de sucesso	Autoverificação
✓ Eficiência	Procurei maneiras de otimizar o desempenho aprimorando o algoritmo usando técnicas para reduzir a repetição, encapsular código em funções e reestruturar classes.
✓ Usabilidade	Criei uma interface de usuário intuitiva, atraente e responsiva.
✓ Acessibilidade	Fiz todos os esforços para tornar o software acessível a pessoas com deficiência.
✓ Funcionalidade	Testei o software para garantir que ele funcione corretamente em todos os casos de uso necessários e em todos os conjuntos de dados.
✓ Segurança	Tentei antecipar e bloquear maneiras pelas quais meu software poderia ser comprometido por invasores.
✓ Confiabilidade	Estou alerta para as maneiras pelas quais meu software pode falhar e incorporei rotinas de recuperação.
✓ Flexibilidade	Escrevi um código que é estruturado e modularizado para que as modificações necessárias possam ser implementadas em segmentos de código direcionados.
✓ Manutenibilidade	Escrevi um código que pode ser entendido por outros programadores que possam revisá-lo.
✓ Testabilidade	Escrevi e executei testes de unidade para o meu código que podem ser facilmente executados novamente para testes de regressão após quaisquer alterações futuras.

Figura 29-11 Fatores de sucesso de codificação

29.5 TESTE

Níveis de teste (29.5.1)

Desenvolver software para auxiliar motoristas não é trivial. A vida dos motoristas depende da confiabilidade do código para o qual você contribuiu. Testes são cruciais.

O desenvolvimento de software envolve quatro níveis de teste, mostrados na **Figura 29-12**.

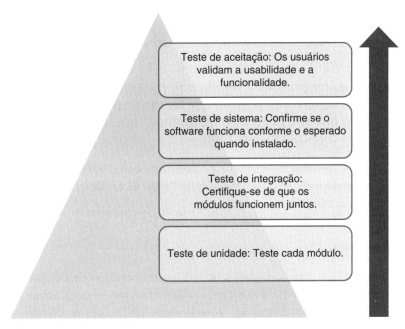

Figura 29-12   Níveis de teste de software

Teste de unidade (29.5.2)

O **teste de unidade** garante que cada módulo funcione corretamente para uma ampla variedade de casos de teste. Um **caso de teste** é um conjunto de pré-condições, etapas e dados que devem produzir um resultado específico chamado "pós-condição". Quando um caso de teste é executado, os resultados reais devem corresponder à pós--condição esperada.

Se seu módulo do sistema avançado de assistência ao motorista (ADAS) deve parar o veículo antes de uma colisão iminente, você deve garantir que ele considere corretamente fatores como velocidade do veículo, distância de parada e condições da estrada.

O teste de unidade pode ser realizado inserindo manualmente os dados de teste ou o teste pode ser automatizado usando um programa complementar para alimentar os casos de teste. O objetivo do teste de unidade é tentar todas as combinações prováveis de dados, instruções, decisões, ramificações e condições para garantir que eles produzam a saída esperada.

Ao configurar casos de teste, devem ser incluídos, casos-limite. Um **caso-limite** é um ponto de dados que está exatamente dentro ou além dos limites máximos ou mínimos dos dados esperados. Ver **Figura 29-13**.

Figura 29-13   Condições de limite para velocidade do veículo

P Com base na Figura 29-13, quais casos-limite deveriam ser verificados no módulo de prevenção de colisões relacionados à velocidade do veículo?

R Um caso-limite seria evitar colisões a 160 mph porque essa é a velocidade máxima do veículo. Mas e quanto a 165 mph? Mesmo que os carros não andem tão rápido, você também quer saber o que seu programa faz quando recebe essa entrada. Outro caso-limite seria a 0 mph quando o veículo está parado.

Programadores experientes sempre configuram casos de teste como valores zero ou nulos. A divisão por 0 produz erros e exceções que podem encerrar um programa. Testar a condição de limite zero garante que o programa manipule o resultado normalmente.

Teste de integração (29.5.3)

O **teste de integração** verifica se todas as unidades ou módulos funcionam em conjunto. A maioria dos softwares contém uma coleção de módulos que podem ter sido criados por vários programadores ou fornecidos como bibliotecas e outras ferramentas pré-programadas. Quando combinados, esses módulos podem não coordenar conforme o esperado.

O teste de integração baseia-se em casos de teste que focalizam o fluxo de dados entre os módulos. Por exemplo, no software avançado de assistência ao motorista, o módulo que detecta objetos precisa enviar dados acionáveis para o módulo que controla a velocidade do veículo. Quando o módulo de detecção envia dados como "Alce à frente", o módulo de velocidade deve processar esses dados para parar o veículo (**Figura 29-14**).

Figura 29-14   Prevenção de colisão

Teste de sistema (29.5.4)

O **teste de sistema** valida se o aplicativo de software totalmente integrado funciona conforme o esperado quando instalado nas plataformas de hardware-alvo. O software é testado sob carga para garantir que mantém um bom tempo de resposta e estabilidade.

O teste de sistema é classificado como "teste de caixa-preta" porque focaliza as entradas e saídas, em vez do código subjacente. Em contraposição, o teste de unidade é classificado como "teste de caixa-branca" porque todos os detalhes do código estão sob escrutínio. Ver **Figura 29-15**.

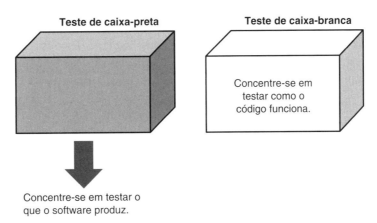

Figura 29-15   Teste de caixa-preta e caixa-branca

Teste de aceitação (29.5.5)

O **teste de aceitação** é normalmente realizado com a ajuda dos usuários para garantir que o software atenda os requisitos de usabilidade e os objetivos para os quais foi criado. O teste de aceitação inclui passagens de teste alfa e beta.

O **teste alfa** é realizado internamente por testadores profissionais. Seu sistema avançado de assistência ao motorista provavelmente seria testado em um curso fechado com motoristas profissionais. O **teste beta** é realizado por um seleto grupo de "usuários reais" que não são membros da equipe de desenvolvimento ou testadores profissionais. Essa fase de teste ajuda a identificar problemas que podem ocorrer em ambientes do mundo real em várias plataformas de hardware e em uma ampla variedade de cenários inesperados.

P Software para sistemas de informação complexos requer um plano de teste formal preparado por desenvolvedores. Que nível de teste é apropriado para projetos de programação casual e atribuições de curso?

R Para programação casual, o teste de unidade pode verificar se o software funciona corretamente para uma variedade de conjuntos de dados. Você também pode realizar testes de aceitação simples imaginando que é um usuário típico.

Teste de regressão (29.5.6)

Um tipo adicional de teste é importante em várias fases do ciclo de desenvolvimento de software. **Teste de regressão** é realizado para garantir que as modificações recentes no código não tenham efeitos adversos. Esse tipo de teste pode ser realizado durante o teste de unidade, integração, sistema ou aceitação. Também pode ser necessário para alterações feitas durante a fase de manutenção do ciclo de vida do sistema.

Sempre que o código é modificado, não importa quão pequena seja a mudança, testes apropriados devem ser realizados. Normalmente, usam-se os casos de teste existentes; se não todo o conjunto de testes, um subconjunto que investiga quaisquer efeitos colaterais prováveis do código modificado.

RESUMO

- Softwares têm um ciclo de vida que começa com a concepção e termina quando são desativados.
- Durante o processo de desenvolvimento de software, os membros da equipe de desenvolvimento focalizam a eficiência, segurança e qualidade, além da funcionalidade.
- O modelo de desenvolvimento em cascata divide o desenvolvimento de software em uma série de tarefas em cascata que são executadas uma após a outra. Essa abordagem de desenvolvimento é adequada quando o domínio do aplicativo é bem-definido e estável, mas deixa pouco espaço para flexibilidade e alterações nos requisitos.
- Metodologias ágeis são baseadas em uma abordagem incremental e iterativa ao desenvolvimento de software. O software é projetado, codificado e testado em uma sucessão de ciclos. Cada ciclo produz um módulo que funciona e agrega valor ao projeto, mas não está necessariamente completo. Em cada ciclo, os requisitos podem mudar à medida que o software gradualmente assume a forma final.
- Don't Repeat Yourself (DRY) é um princípio de programação que promove um código eficiente. O oposto é o código Write Every Time (WET) que contém repetições e redundâncias.
- O princípio da responsabilidade única (SRP) sugere que cada função ou classe deve ter apenas uma responsabilidade e uma razão para mudar.
- Código limpo pode ser facilmente entendido; não apenas por você, mas por outros programadores que possam testar seus módulos ou modificá-los no futuro.
- A codificação segura começa com o reconhecimento de explorações que podem comprometer o código e continua durante todo o processo de codificação na forma de simplificação, estabelecimento de verificações de entrada e tratamento de exceções.
- A qualidade, segurança, funcionalidade e usabilidade do software são avaliadas durante quatro fases de teste: teste de unidade, teste de integração, teste de sistema e teste de aceitação.

Termos-chave

caso de teste
caso-limite
ciclo de vida de desenvolvimento de software
codificação segura
código limpo
Don't Repeat Yourself (DRY)
Duplication is Evil (DIE)
estouro de buffer

fatores de sucesso
metodologias de desenvolvimento ágil
modelo de desenvolvimento incremental
modelo em cascata
princípio de responsabilidade única (SRP)
teste alfa

teste beta
teste de aceitação
teste de integração
teste de regressão
teste de sistema
teste de unidade
Write Every Time (WET)

PSEUDOCÓDIGO, FLUXOGRAMAS E TABELAS DE DECISÃO

OBJETIVOS DE APRENDIZAGEM

30.1 PSEUDOCÓDIGO

30.1.1 Definir o termo "pseudocódigo" como um conjunto de instruções estruturadas que os programadores usam para delinear as etapas de um algoritmo.

30.1.2 Explicar o propósito do pseudocódigo.

30.1.3 Comparar pseudocódigo com código escrito em uma linguagem de programação.

30.1.4 Reconhecer o relacionamento entre as etapas do algoritmo e as instruções de pseudocódigo.

30.1.5 Incorporar convenções de estilo comuns para escrever pseudocódigo.

30.1.6 Aplicar uma abordagem organizada para escrever pseudocódigo.

30.2 FLUXOGRAMAS

30.2.1 Definir o termo "fluxograma" como uma representação diagramática de um algoritmo.

30.2.2 Indicar que fluxogramas podem ser usados em vez de ou em conjunto com pseudocódigo.

30.2.3 Identificar as formas usadas nos fluxogramas e o propósito de cada um.

30.2.4 Traçar um caminho ao longo de um fluxograma.

30.2.5 Listar as ferramentas que podem ser usadas para criar fluxogramas.

30.3 TABELAS DE DECISÃO

30.3.1 Definir uma tabela de decisão como uma grade de linhas e colunas usada para eleger um conjunto de decisões e ações complexas em um conjunto de regras que podem se tornar as instruções em um programa de computador.

30.3.2 Identificar os quatro quadrantes de uma tabela de decisão.

30.3.3 Calcular o número máximo de condições.

30.3.4 Formular as combinações únicas de condições.

30.3.5 Especificar a ação para cada combinação única.

30.3.6 Interpretar as regras produzidas por uma tabela de decisão.

30.3.7 Otimizar o conjunto de regras.

30.3.8 Verificar a tabela de decisão quanto à integridade e precisão.

30.1 PSEUDOCÓDIGO

De algoritmos a pseudocódigo (30.1.1, 30.1.2, 30.1.4)

Uma empresa reuniu uma equipe de programadores para criar um fantástico jogo de aventura multijogador. Você faz parte da equipe e é responsável pelo módulo que orienta os jogadores na criação de um feiticeiro ou guerreiro para o jogo.

O jogo de aventura começa permitindo que cada jogador crie um caractere do jogo. A **Figura 30-1** explica os parâmetros iniciais para magos e guerreiros.

Figura 30-1 Personagens do jogo de aventura

Tente visualizar o algoritmo necessário para ajudar um jogador a criar um caractere. Eis uma sequência das etapas que podem realizar essa tarefa.

Pedir que o jogador digite um nome para o caractere do jogo.
Dar ao caractere do jogador 25 pontos de energia.
Dar ao jogador a escolha de ser um feiticeiro ou um guerreiro.
Se o caractere é um guerreiro, permitir que o jogador escolha uma arma.
Se o caractere é um feiticeiro, permitir que o jogador escolha três feitiços.
Configurar o caractere no local inicial.

Anotar as etapas de um algoritmo é um bom começo, mas refinar essas etapas no pseudocódigo pode reduzir o tempo gasto na codificação e ajudá-lo a produzir um programa mais eficiente.

Pseudocódigo é um conjunto de instruções estruturadas para delinear as etapas de um algoritmo. Essa ferramenta de desenvolvimento vai além de uma simples lista de etapas porque o texto é mais preciso.

MÓDULO 30 – PSEUDOCÓDIGO, FLUXOGRAMAS E TABELAS DE DECISÃO 517

Escrever pseudocódigo pode ajudá-lo a desenvolver o detalhe e a precisão para expressar um algoritmo em termos que podem ser facilmente transformados em instruções codificadas em uma linguagem de programação como Python, Java ou C++.

Na **Figura 30-2**, compare o pseudocódigo com o algoritmo. Não deixe de notar que o pseudocódigo é mais detalhado e mais estruturado.

Pseudocódigo	Etapas do algoritmo
| ```
begin
display What is your character's
   name?
input character_name

energy_points = 25
display Is your character a
   wizard or warrior?
input character_type

if character_type = warrior then
   display weapons list
   input selected_weapon

if character_type = wizard then
   for count <= 3
      display spell list
      input selected spell
   next

location = 0,0
end
``` | Peça ao jogador para inserir um nome para o personagem do jogo.<br><br>Dê ao personagem do jogador 25 pontos de energia.<br>Dê ao jogador a escolha de ser um feiticeiro ou um guerreiro.<br><br>Se o personagem é um guerreiro, permita que o jogador escolha uma arma.<br><br>Se o personagem é um feiticeiro, então permita que o jogador escolha três feitiços.<br><br>Configure o personagem no local inicial. |

Figura 30-2 O pseudocódigo expressa um algoritmo em detalhes estruturados

P Na Figura 30-2, qual instrução de pseudocódigo é equivalente a "Dar ao caractere do jogador 25 pontos de energia" no algoritmo?

R O equivalente é `energy_points = 25`.

P Duas instruções no pseudocódigo correspondem a "Dar ao jogador a escolha de ser um feiticeiro ou um guerreiro". Quais são elas?

R São:
```
display Is your character a wizard or warrior?
input character_type
```
```

Noções básicas de pseudocódigo (30.1.3)

Pseudocódigo inclui comandos e estruturas de controle. **Comandos** indicam uma ação. **Estruturas de controle** indicam decisões ou repetições. Vamos dar uma olhada no pseudocódigo do jogo de aventura. Na **Figura 30-3**, comandos e estruturas de controle são destacados em negrito para ajudá-lo a identificá-los.

```
begin
display What is your character's name?
input character_name
energy_points = 25
display Is your character a wizard or warrior?
input character_type

if character_type = warrior then
   display weapons list
   input selected_weapon

if character_type = wizard then
   for count <=3
      display spell list
      input selected spell
   next
location = 0,0
end
```

Figura 30-3 Pseudocódigo delineia comandos e estruturas de controle

P Na **Figura 30-3**, você classificaria `display` e `input` como comandos ou estruturas de controle?

R `Display` e `input` são comandos, assim como `begin` e `end`.

P Quais são as duas estruturas de controle na Figura 30-3?

R `If-then` é uma estrutura de controle para uma decisão. `For..next` é uma estrutura de controle para uma repetição.

O pseudocódigo é bastante detalhado e preciso, mas não é um código de programa. Normalmente, o pseudocódigo tem menos pontuação que o código em Java ou C++. Além disso, as palavras de comando exatas para uma linguagem de programação podem diferir daquelas usadas no pseudocódigo.

MÓDULO 30 – PSEUDOCÓDIGO, FLUXOGRAMAS E TABELAS DE DECISÃO   519

P Na **Figura 30-4**, você consegue diferenciar o pseudocódigo do código de programa?

```
Exemplo 1
{
string user_name;
cout << "Please enter your name: " << endl;
cin >> user_name;
}
```

```
Exemplo 2
display Please enter your name
input user_name
```

Figura 30-4   Diferenciação entre código de programa e pseudocódigo

R O exemplo 1 é o código do programa em C++. O exemplo 2 é o pseudocódigo. O código em C++ exigiu um pouco mais de pontuação e parâmetros.

Diretrizes de pseudocódigo (30.1.5)

Não há regras rígidas e rápidas para sintaxe de pseudocódigo, pontuação ou fraseado, mas algumas palavras-chave e convenções de estilo são derivadas de linguagens de programação. A **Figura 30-5** resume as convenções de nomenclatura comuns para elementos de pseudocódigo.

Elemento de pseudocódigo	Convenções de nomenclatura	Exemplo

Variáveis
Nomes de funções
Nomes de métodos
	Use uma única letra, como i, j ou k, para contadores de laço. Para outras variáveis, use um nome descritivo. Seja consistente ao utilizar maiúsculas e minúsculas.	Três estilos para nomes de variáveis são comuns. Selecione um:
		`dragon_master`
		ou
		`DragonMaster`
		ou
		`dragonMaster`

Constantes	Use tudo em letras maiúsculas.	`MAX_SPEED`
Nomes de classe	Use maiúsculas e minúsculas com cada palavra em maiúscula.	`MyClass`
Palavras de comando	Seja consistente com o estilo usado para palavras de comando. Tudo em minúsculas é comum, mas minúsculas em negrito e maiúsculas também são estilos.	`display` **Hello!** ou `DISPLAY` **Hello!** ou `display` **Hello!**

Figura 30-5   Convenções de nomenclatura de pseudocódigo

P Como você especificaria uma constante, como o número de segundos em um minuto?

R Use maiúsculas na constante como em SEGUNDOS = 60.

No pseudocódigo é recomendável trabalhar com variáveis e cálculos. **Variáveis** contêm valores que podem mudar durante a execução do programa. Cálculos, funções e métodos geralmente desencadeiam essas alterações. As diretrizes na **Figura 30-6** resumem as melhores práticas.

Elemento de pseudocódigo	Diretriz	Exemplo
initialize	Use para atribuir o valor inicial a uma variável.	initialize laço_counter = 1
declare	Utilize para declarar uma variável antes de inicializá-la. Inclua o nome de variável e o tipo de dados.	declare laço_counter as integer

create	Use para descrever uma classe, com o nome de classe em CamelCase. Use as palavras "atributo" e "método" conforme necessário.	create class Wizard
		    attribute: energy_points
		    attribute: spell
		    method: calculate_score

instantiate	Use ao instanciar um objeto. Use = new (sinal de igual "novo") e o nome de classe, seguido por uma lista de atributos.	instantiate gandalf = new Wizard with 100 energy points and lumous spell
compute	Use a palavra compute seguida por uma expressão matemática com operadores + − / * () % > < = <= >=.	compute x = x + 1

Figura 30-6 Pseudocódigo para variáveis e cálculos

P Qual é a diferença entre inicializar uma variável e declarar uma variável?

R Quando uma variável é inicializada, ela recebe um valor, como 0. Quando uma variável é declarada, ela não necessariamente recebe um valor, mas recebe um tipo de dado, como inteiro ou string.

Comandos de pseudocódigo especificam ações. A **Figura 30-7** descreve o uso de comandos comuns de pseudocódigo.

Elemento de pseudocódigo	Diretriz	Exemplo
display	Use para solicitar a entrada dos usuários ou para exibir texto ou imagens na tela.	display Enter the name for your character:
input	Use para coletar informações externas do teclado ou interfaces de toque e indicar a variável que conterá a entrada.	input character_name
get read	Use para coletar dados de uma fonte, como um arranjo, arquivo ou banco de dados.	get arranjo[5] read "myfile.txt"

Figura 30-7 Pseudocódigo para comandos

Por fim, as diretrizes na **Figura 30-8** podem ajudá-lo a especificar estruturas de controle em seu pseudocódigo.

Elemento de pseudocódigo	Diretriz	Exemplo

`if..then`	Use para estruturas de controle de decisão. Use recuos quando a estrutura contém várias linhas.	`if score = 500 then`
		`    display Here is a bonus`
		`    score = score + 10`

`if..then..else`	Use para decisões com mais de um resultado possível.	`if energy_points > 25 then`
		`    spell = success`
		`else`
		`    spell = fail`

`for..next`	Use para laços que se repetem um número específico de vezes.	`for count = 1 to 3`
		`    display spell list`
		`    input spell selection`
		`next`

`repeat..until`	Use para laços que continuam até que uma condição específica é alcançada.	`repeat`
		`    strike door`
		`    yell "Open up!"`
		`until door = open`

`while..do`	Use para laços que continuam apenas enquanto uma condição é verdadeira.	`while next_square NOT wall do` `    move to next_square`

`call`	Use para chamar uma função, biblioteca ou método.	`call function get_score`
		`call method cast_spell`
		`call library random`

`return`	Use para especificar uma variável cujo valor será enviado de uma função para o programa principal.	`return spell_result`

Figura 30-8   Pseudocódigo para estruturas de controle

Escrevendo pseudocódigo (30.1.6)

Escrever pseudocódigo não é complexo se você seguir estas etapas fáceis:

1. Comece anotando o algoritmo com suas próprias palavras.
2. Identifique as variáveis no algoritmo e atribua nomes a elas.
3. Comece o pseudocódigo em uma nova coluna ou documento escrevendo instruções que declaram e inicializam as variáveis.
4. Use um estilo consistente para palavras de comando e nomes de variáveis.
5. Continue trabalhando em cada etapa do algoritmo usando comandos de pseudocódigo, cálculos e estruturas de controle correspondentes.
6. Identifique os cálculos e escreva-os como expressões matemáticas usando variáveis conforme necessário.
7. Identifique estruturas de decisão e escreva-as no formato `if..then`.
8. Identifique estruturas de repetição. Escreva o bloco de pseudocódigo de repetição usando `for..next`, `repeat..until` ou `while..do`, conforme apropriado.
9. Use recuos para estruturas de decisão e repetição de várias linhas.
10. Use linhas em branco como espaços em branco para configurar estruturas de decisão e repetição.

30.2 FLUXOGRAMAS

Noções básicas de fluxograma (30.2.1, 30.2.2)

Um **fluxograma** é um diagrama que representa a sequência e o fluxo das etapas em um algoritmo. Os programadores às vezes usam fluxogramas em vez de pseudocódigo. Alguns projetos de desenvolvimento requerem o uso de fluxogramas e pseudocódigo.

Fluxogramas usam um conjunto padrão de formas conectadas por setas de linha de fluxo. As formas de fluxograma mais comumente usadas são descritas na **Figura 30-9**.

Forma	Nome	Propósito
▬	Terminador	Representa o início ou o fim do algoritmo.
▬	Processo	Indica uma operação matemática ou lógica.
◆	Decisão	Representa um ponto de decisão que se ramifica para diferentes conjuntos de etapas.
▰	Dados	Representa a entrada ou saída de dados.
●	Conector	Indica uma conexão entre duas seções separadas de um fluxograma.

Figura 30-9   Formas de fluxograma

Desenhar fluxogramas (30.2.3, 30.2.4)

Fluxogramas começam e terminam com uma **forma de terminador**. A primeira forma contém a palavra Iniciar. Formas adicionais são empilhadas verticalmente para indicar o fluxo sequencial do programa, conforme mostrado na **Figura 30-10**.

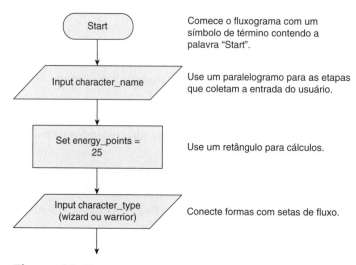

Figura 30-10   Fluxo sequencial

As estruturas de controle de decisão do fluxograma correspondem a instruções `if..then` no pseudocódigo. Use uma forma de losango e setas ramificadas para decisões em seu fluxograma, como na **Figura 30-11**.

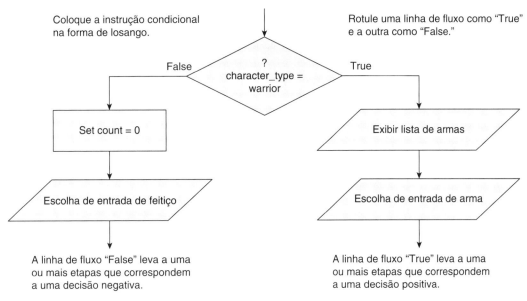

Figura 30-11 Estruturas de decisão

Você pode representar estruturas de controle de repetição `for..next`, `repeat..until`, and `while..do` nos fluxogramas usando as formas e linhas de fluxo na **Figura 30-12**.

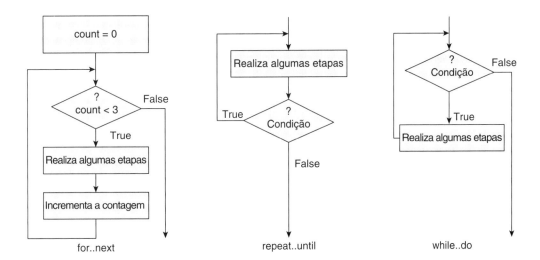

Figura 30-12 Estruturas de repetição

Ferramentas de fluxograma (30.2.5)

Para criar um fluxograma, pode-se usar um software de diagramação ou um aplicativo de diagramação on-line. Trace o fluxo de passos na **Figura 30-13** para descobrir como as formas se encaixam para diagramar um algoritmo que cria um caractere para um jogo de aventura.

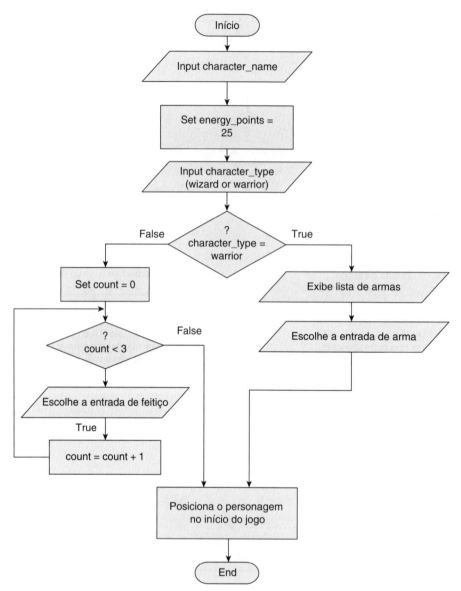

Figura 30-13 Fluxograma para criar um novo personagem de jogo de aventura

P Na **Figura 30-13**, quantas repetições, ou "laços", estão representadas no fluxograma? Quantas decisões?

R Há uma repetição para selecionar três feitiços. Há uma decisão: O personagem é um guerreiro?

Ao usar um aplicativo de fluxograma, é possível arrastar formas na área de trabalho para posicioná-las. A maioria dos aplicativos de fluxograma inclui um recurso que também permite arrastar setas de conexão entre duas formas. Depois que as formas estão conectadas, as setas esticam, encolhem ou dobram conforme necessário quando as formas são movidas.

Verifique seu fluxograma completo para certificar-se de que cada forma, excluindo os terminadores Start e End, tenha pelo menos uma entrada e uma saída. Além disso, verifique se todas as setas de fluxo apontam na direção correta para indicar a sequência de etapas.

30.3 TABELAS DE DECISÃO

Noções básicas da tabela de decisão (30.3.1)

Pense em desenvolver um jogo de aventura que permita que magos e guerreiros lancem um feitiço flamejante simples sob certas condições, dependendo do tipo de caracter, dos pontos de energia do personagem e se há luz do dia. Todas as possibilidades podem se tornar complexas.

Para certificar-se de que seu programa inclua todas as condições possíveis quando um feitiço pode ser lançado com sucesso, construa uma tabela de decisão. Uma **tabela de decisão** usa linhas e colunas para eleger um conjunto de decisões e ações complexas em um conjunto de regras que podem se tornar as instruções em um programa de computador.

A **Figura 30-14** ilustra uma tabela de decisão no feitiço flamejante. Dê uma olhada rápida, e vamos explorar como construir uma.

Feiticeiro	S	S	S	S	N	N	N	N
Luz do dia	S	S	N	N	S	S	N	N
Nível de energia > 50	S	N	S	N	S	N	S	N
O feitiço produz chama	✔	✔	✔					
O feitiço produz faísca				✔	✔			
O feitiço falhou						✔	✔	✔

Figura 30-14 Uma tabela de decisão para o feitiço flamejante

Liste as condições (30.3.2)

Para criar uma tabela de decisão, use uma planilha, processador de texto, lápis e papel ou um assistente de tabela de decisão. A tabela terá quatro quadrantes, conforme mostrado na **Figura 30-15**.

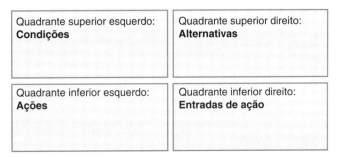

Figura 30-15 Quadrantes da tabela de decisão

Comece preenchendo o **quadrante Condições** com fatores que afetam a decisão. Três condições afetam feitiços flamejantes. Essas condições entram no quadrante superior esquerdo. Ver **Figura 30-16**.

Feiticeiro								
Luz do dia								
Nível de energia > 50								

Figura 30-16 O quadrante Condições

P O que você observa sobre a maneira como essas condições são formuladas?

R Todas têm possibilidades sim ou não. Por exemplo, a condição Wizard seria "sim" para magos, mas "não" para guerreiros.

Listar todas as alternativas existentes (30.3.3, 30.3.4)

Para cada condição, existem duas alternativas: S ou N. Um personagem pode ser um feiticeiro (S) ou não (N). Pode ser luz do dia (S) ou não (N). A energia do personagem pode ser superior a 50 (S) ou não (N).

Para identificar todas as opções para o **quadrante Alternativas**, primeiro calcule o número de combinações possíveis. Para o feitiço, existem duas alternativas (S e N) e três condições (feiticeiro, luz do dia e nível de energia). O cálculo é 2^3 ou $2 \times 2 \times 2$, que é 8. Você terá oito colunas no quadrante Alternativas. Preencha as alternativas conforme mostrado na **Figura 30-17**.

Feiticeiro	S	S	S	S	N	N	N	N
Luz do dia	S	S	N	N	S	S	N	N
Nível de energia > 50	S	N	S	N	S	N	S	N

Figura 30-17   O quadrante Alternativas

Observe o padrão em cada linha. Na primeira linha, uma metade é preenchida com S e a outra é preenchida com N, assim quatro S são seguidos por quatro N. Na segunda linha, o padrão é dois S seguidos por dois N. A última linha alterna entre S e N.

Lendo de cima para baixo, cada coluna tem um conjunto único de alternativas.

P Qual é o primeiro conjunto de alternativas?

R O primeiro conjunto é S S S indicando que o personagem é um feiticeiro, é luz do dia e o nível de energia do personagem está acima de 50.

Especificar resultados e regras (30.3.5)

Seu próximo passo é especificar as ações possíveis no **quadrante Ação**. Há três ações possíveis: o feitiço produzirá uma chama constante, uma pequena faísca ou falhará. Ver **Figura 30-18**.

Feiticeiro	S	S	S	S	N	N	N	N
Luz do dia	S	S	N	N	S	S	N	N
Nível de energia > 50	S	N	S	N	S	N	S	N
O feitiço produz chama								
O feitiço produz faísca								
O feitiço falhou								

Figura 30-18   O quadrante Ação

A parte divertida é preencher o **quadrante Entradas de ação**. Para cada série de S e N em uma coluna vertical, insira uma marca de seleção no quadrante inferior direito para indicar a ação correta. O conjunto de alternativas e as entradas de ação se combinam para formar uma regra. Ver **Figura 30-19**.

Feiticeiro	S	S	S	S	N	N	N	N
Luz do dia	S	S	N	N	S	S	N	N
Nível de energia > 50	S	N	S	N	S	N	S	N
O feitiço produz chama	✔	✔	✔					
O feitiço produz faísca					✔	✔		
O feitiço falha							✔	✔	✔

Figura 30-19 Regras da tabela de decisão

Para o primeiro conjunto de alternativas, S S S, o personagem é um feiticeiro, é luz do dia e tem um nível de energia maior que 50. Esse personagem pode lançar o feitiço flamejante para produzir uma chama constante.

P Observe atentamente os outros conjuntos de alternativas. O que acontece quando não magos lançam o feitiço flamejante?

R Um guerreiro pode usar um feitiço flamejante para produzir um raio apenas quando é dia e o guerreiro tem mais de 50 pontos de energia.

Interpretar regras (30.3.6)

As informações em uma tabela de decisão podem ser convertidas em pseudocódigo e eventualmente em código de programa. Para a primeira regra, o personagem é um feiticeiro, é luz do dia e seu nível de energia está acima de 50, então o feitiço produz uma chama. O pseudocódigo para essa regra pode ser:

```
if wizard = Y and daylight = Y and energy_level > 50 then
    flame_spell = flame
```

Um feiticeiro sempre pode lançar o feitiço flamejante? A regra 4 diz que se não houver luz do dia e o feiticeiro tiver um nível de energia menor que 50, o feitiço só produzirá uma faísca. O pseudocódigo para essa regra seria:

```
if wizard = Y and daylight = N and energy_level <= 50 then
    flame_spell = spark
```

P Você consegue encontrar a regra que permite que um não feiticeiro lance o feitiço flamejante? Como expressaria essa regra no pseudocódigo?

R A regra é a quinta coluna de alternativas. O pseudocódigo seria:

```
if wizard = N and daylight = Y and energy_level > 50 then
    flame_spell = spark
```

Essa tabela de decisão tem oito regras. Todas elas são necessárias ou essas regras podem ser combinadas para produzir pseudocódigo e código de programa mais eficiente? A tabela está completa e precisa? Antes de depender de uma tabela de decisão para a lógica que é a base do código do programa, três etapas simples ajudam a garantir otimização, integridade e precisão.

Otimize as regras (30.3.7)

Algumas regras podem ser combinadas. Observe o padrão de S na primeira e segunda regras da **Figura 30-20**. Essas regras produzem uma chama desde que o personagem seja um feiticeiro e seja luz do dia. O nível de energia do feiticeiro não importa.

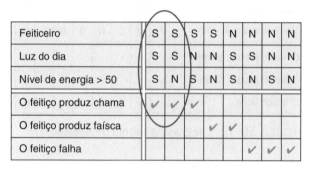

Figura 30-20   Regras redundantes

As regras 1 e 2 podem ser combinadas usando um traço para eliminar o nível de energia. A tabela resultante se parece com a **Figura 30-21**.

Feiticeiro	S	S	S	N	N	N	N
Luz do dia	S	N	N	S	S	N	N
Nível de energia > 50	–	S	N	S	N	S	N
O feitiço produz chama	✓	✓					
O feitiço produz faísca				✓	✓		
O feitiço falha						✓	✓ ✓

Figura 30-21   Um traço indica regras combinadas

P   Você pode combinar as duas últimas regras?

R   Sim, o nível de energia não tem efeito sobre não magos que estão no escuro. A tabela de decisão revisada se parecerá com a **Figura 30-22**.

Feiticeiro	S	S	S	N	N	N
Luz do dia	S	N	N	S	S	N
Nível de energia > 50	–	S	N	S	N	–
O feitiço produz chama	✓	✓				
O feitiço produz faísca				✓	✓	
O feitiço falha						✓ ✓

Figura 30-22   As duas últimas regras combinadas

Verificar a integridade e precisão (30.3.8)

A etapa final para criar uma tabela de decisão é assegurar que ela seja completa e precisa.

Verificar a integridade. A tabela de decisão otimizada contém seis regras, e está completa se contiver todas as condições e ações possíveis. Suponha que usuários não magos pudessem lançar feitiços flamejantes se carregassem uma vela mágica. Essa condição não está incluída no quadrante superior esquerdo, portanto, a tabela de decisão estaria incompleta. Para completar a tabela, ela precisaria ser revisada quanto a quatro condições e dezesseis regras.

Verificar a precisão. Às vezes, as tabelas de decisão produzem regras redundantes ou situações impossíveis. Regras redundantes existem quando duas regras têm as mesmas condições e produzem o mesmo resultado. Regras impossíveis contêm condições que se contradizem.

Eis uma tabela de decisão ligeiramente diferente. Você pode encontrar alguma regra redundante ou impossível na **Figura 30-23**?

	1	2	3	4	5	6	7	8
Feiticeiro	S	S	S	S	N	N	N	N
Nível de energia <= 50	S	S	N	N	S	S	N	N
Nível de energia > 50	S	N	S	N	S	N	S	N
O feitiço produz chama	✓	✓						
O feitiço produz faísca			✓	✓				
O feitiço falha					✓	✓	✓	✓

Figura 30-23 Há alguma regra redundante ou impossível nesta tabela de decisão?

Podem ser identificados estes problemas:

- As regras 1 e 5 são impossíveis. Um personagem não pode ter um nível de energia maior que 50 e menor que 50 ao mesmo tempo.
- A regra 4 é impossível. Refere-se a um personagem que não possui um nível de energia acima, igual ou abaixo de 50!
- As regras 5, 6, 7 e 8 são redundantes. Elas podem ser combinadas.

É divertido construir tabelas de decisão e elas podem ajudá-lo a ordenar a lógica complexa. Certifique-se de manter essa ferramenta útil em sua caixa de ferramentas de desenvolvimento de programas.

RESUMO

- Pseudocódigo é um conjunto de instruções estruturadas para delinear as etapas de um algoritmo, incluindo estruturas de controle.
- Não há regras rígidas e rápidas para sintaxe de pseudocódigo, pontuação ou fraseado, mas algumas palavras-chave e convenções de estilo são semelhantes às linguagens de programação.
- Ao escrever pseudocódigo, use um estilo consistente para palavras de comando e nomes de variáveis.
- Um fluxograma é um diagrama que representa a sequência e o fluxo de etapas em um algoritmo. Fluxogramas usam um conjunto padrão de formas conectadas por setas de linha de fluxo.
- Estruturas de controle são fáceis de visualizar quando representadas em um fluxograma.
- Ao desenhar fluxogramas, certifique-se de que cada forma, exceto terminadores, tenha pelo menos uma entrada e uma saída.
- Uma tabela de decisão usa linhas e colunas para destilar um conjunto de decisões e ações complexas em um conjunto de regras que podem se tornar as instruções em um programa de computador.
- Para criar uma tabela de decisão, preencha os quatro quadrantes: Condições, Alternativas, Ações e Entradas de ação. Leia cada coluna vertical de S, N e marcas de seleção para formular regras.
- Tabelas de decisão podem ser otimizadas combinando regras para eliminar regras redundantes e impossíveis.

Termos-chave

comandos
estruturas de controle
fluxograma
forma de terminador
pseudocódigo

quadrante ação
quadrante alternativas
quadrante condições
quadrante entradas de ação
regras impossíveis

regras redundantes
tabela decisão
variáveis

MÓDULO 31

LINGUAGEM DE MODELAGEM UNIFICADA

OBJETIVOS DE APRENDIZAGEM:

31.1 OBJETIVO DA LINGUAGEM DE MODELAGEM UNIFICADA (UML)

31.1.1 Associar "UML" à "linguagem de modelagem unificada".

31.1.2 Definir o propósito da UML para ajudar os programadores a visualizar o projeto de um sistema de software.

31.2 PARTES DO DIAGRAMA UML

31.2.1 Definir um diagrama de classes.

31.2.2 Identificar as partes da notação de classe.

31.2.3 Diferenciar notação de classe de notação de objeto.

31.2.4 Definir um diagrama de caso de uso.

31.2.5 Identificar as partes dos casos de uso.

31.2.6 Demonstrar um caso de uso com UML.

31.2.7 Definir um diagrama de sequência.

31.2.8 Identificar as partes de um diagrama de sequência.

31.3 USO DE UML PARA ESTRUTURAR PROGRAMAS

31.3.1 Associar a UML à análise e ao projeto dos sistemas que serão implementados com programação orientada a objetos.

31.3.2 Construir um diagrama de classes para um objeto do mundo real.

31.3.3 Comparar exemplos do mundo real dos diagramas de relacionamento.

31.3.4 Mostrar associações UML e suas notações para diagramas de classe.

31.3.5 Demonstrar a conversão de UML em código.

31.1 OBJETIVO DA LINGUAGEM DE MODELAGEM UNIFICADA (UML)

Comunicação de ideias para outros programadores (31.1.1, 31.1.2)

A maneira como nos comunicamos com os outros depende de um acordo mútuo sobre o que significam os termos. Quando você vê ou ouve a palavra "bule", provavelmente pensa em um item semelhante àquele mostrado na **Figura 31-1**. Se "bule" significa outra coisa para um amigo ou colega, isso pode acabar numa discussão sobre como usar o item. A comunicação requer acordo sobre a representação das ideias.

Figura 31-1   Bule de chá padrão

Os cientistas da computação também precisam concordar com os termos ao comunicar ideias. Em vez de ler o código de outra pessoa, o que pode ser demorado e difícil, pode-se usar a **Linguagem de Modelagem Unificada (UML)**. A UML ajuda os programadores a visualizar o projeto de programas complicados e coordenar grandes projetos em que muitas pessoas trabalham nas partes de um todo. Cada uma dessas partes precisa funcionar com as outras partes. Usando a UML, os programadores definem os relacionamentos e comportamentos do código para que todos possam fazer referência a ele. A UML também pode ser usada para outras tarefas além de programação, como comunicação ou criação de casos de uso para programas.

31.2 PARTES DO DIAGRAMA UML

Noções básicas do diagrama de classe (31.2.1, 31.2.2, 31.2.3)

A UML é utilizada para definir os componentes de um sistema, ou cenário, incluindo nomes consistentes. A UML consiste em muitos tipos de diagramas, incluindo um **diagrama de classes**, que representa a estrutura de um sistema, mostrando os relacionamentos entre classes, objetos, métodos, funções e variáveis membro.

Por exemplo, suponha que precise criar uma classe `Teapot`, que contenha todos os métodos e variáveis associados a um bule de chá. Em vez de escrever o código na classe `Teapot`, você pode começar criando um diagrama de classes em UML para descrever a estrutura da classe, como mostrado na **Figura 31-2**.

```
           ┌─────────────────────────────────────────┐
           │                 Teapot                  │
           ├─────────────────────────────────────────┤
           │ -color : string                         │
           │ -temperature : double                   │
           │ -water_amount : double                  │
           │ -tea_type : string                      │
           ├─────────────────────────────────────────┤
           │ +heat_up(temperature : double) : void   │
           │ +add_water(amount : double) : void      │
           │ +change_tea(tea : string) : void        │
           │ +pour(amount : double) : void           │
           └─────────────────────────────────────────┘
```

Figura 31-2 Diagrama de classes da classe `Teapot`

Em um diagrama de classes, uma classe é representada por um retângulo dividido em seções. Um diagrama de classes inclui os seguintes símbolos e notações:

Nome de classe. Escreva o nome de classe na seção superior do retângulo. Formate-o em negrito, centralizado e com a primeira letra maiúscula, como em `Teapot`.

Atributos. Liste os atributos de classe na segunda seção. Os atributos não são formatados em negrito, alinhados à esquerda e em minúsculas. Cada atributo é listado no formato `identificador : tipo_de_variável`, como em `color : string`.

Métodos. Liste os métodos na terceira seção. Métodos não estão formatados em negrito nem alinhados à esquerda e em minúsculas. Cada método é listado no formato `nome_do_método( argumento(s) ) : tipo_de_retorno`. Cada argumento aparece no formato `nome_do_argumento: tipo`. Por exemplo, um método completo é `heat_up(temperature : double) : void`.

Marcadores de visibilidade. Um marcador de visibilidade especifica o que pode acessar os métodos e atributos em uma classe. O marcador public é um sinal **+** , o marcador protected é um sinal **#** e o marcador private é um sinal **-**. Por exemplo, `-color : string` indica que `color` é um atributo privado. Os marcadores são opcionais.

 Como um objeto é uma instância de uma classe, é possível representar um objeto em UML usando a mesma notação de um diagrama de classes?

 Na maioria das vezes, sim. A única diferença na notação é que o nome do objeto é escrito na seção superior em vez do nome de classe. Além disso, o nome do objeto é sublinhado, como em `red_teapot`, para distinguir um objeto de uma classe.

Noções básicas do diagrama de casos de uso (31.2.4, 31.2.5, 31.2.6)

Na UML, um **diagrama de casos de uso** comunica como um usuário interage com o sistema para alcançar um objetivo. Em geral, um **caso de uso** é uma lista de ações ou etapas que mostram as interações entre uma pessoa e um sistema para realizar uma tarefa. O caso de uso descreve quem faz o que com o sistema e para qual finalidade.

Especificar casos de uso ajuda a organizar os **requisitos funcionais** do sistema. Na engenharia de software, os requisitos funcionais são os comportamentos que um sistema deve executar, geralmente especificados pelo cliente. Por exemplo, para que um bule de chá seja útil, ele deve ter os requisitos funcionais para permitir que uma pessoa adicione água, aqueça a água, coe o chá e sirva o conteúdo.

Qual é a diferença entre um requisito funcional e um caso de uso?

 Você pode pensar nos casos de uso como uma maneira de identificar e documentar os requisitos funcionais de um sistema.

Um **cenário** é um caso de uso único, ou um caminho único de ação ao longo do sistema. Geralmente, um diagrama de caso de uso comunica uma visão geral de alto nível dos relacionamentos entre os componentes do sistema. Um diagrama de caso de uso do sistema Preparar o Chá é exibido na **Figura 31-3**.

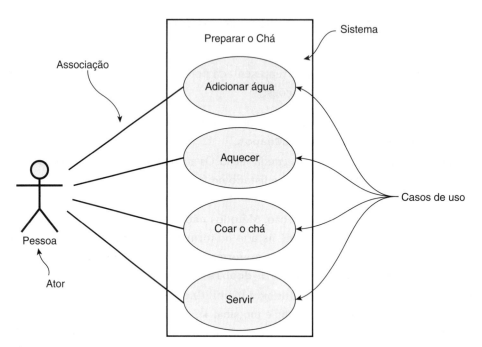

figura 31-3 Diagrama de caso de uso para o sistema Preparar o Chá

Um diagrama de caso de uso consiste nos componentes a seguir:

Sistema. Representa o sistema sendo descrito por uma caixa delimitadora. Qualquer coisa fora da caixa é considerada fora do sistema. No exemplo, Preparar o Chá é o sistema.

Atores. Os **atores** são os tipos de pessoas que usam o sistema. Um ator é representado por um bonequinho. Outros sistemas que interagem com esse sistema também podem ser representados como atores. No exemplo, uma Pessoa genérica é o ator.

Casos de uso. Os casos de uso descrevem as ações que um usuário pode executar no sistema. Os casos de uso são representados por ovais horizontais. No exemplo, os casos de uso são Adicionar água, Aquecer, Coar o chá e Servir.

Associação. Uma **associação** é uma linha traçada entre um ator e um caso de uso. Em diagramas complexos com muitos atores e casos de uso, as associações ajudam a esclarecer quais atores estão associados a quais casos de uso.

Um exemplo mais complexo envolvendo um sistema de Gerenciamento de concessionária de automóveis é mostrado na **Figura 31-4**.

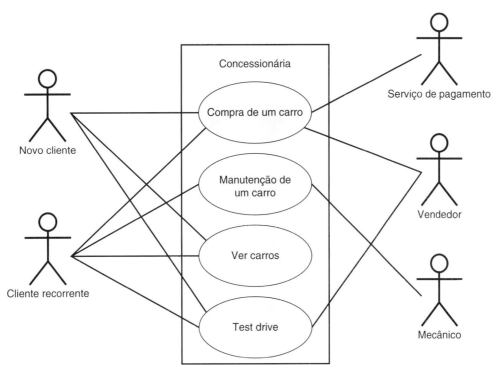

figura 31-4 Diagrama de caso de uso para um sistema de Gerenciamento de Concessionárias de Automóveis

Os atores do sistema do Gerenciamento de Concessionárias de Automóveis incluem novos clientes, clientes recorrentes, o serviço de pagamento, um representante de vendas e um mecânico. Os casos de uso considerados incluem compra de um carro, manutenção de um carro, visualização dos carros disponíveis e test drive. As linhas retas representam quais atores estão associados a quais casos de uso.

Diagramas de sequência (31.2.7, 31.2.8)

Em UML, um **diagrama de sequência** mostra o relacionamento entre partes do código e a sequência exata de eventos. Ao codificarem um sistema, os desenvolvedores usam um diagrama de sequência para entender a ordem em que as ações precisam ocorrer. Diagramas de sequência podem ajudar a descrever a lógica dos processos complexos em um sistema sem focar em pequenos detalhes.

Para criar um diagrama de sequência, primeiro é preciso determinar todas as entidades necessárias para executar o código. No exemplo do bule de chá, uma pessoa, bule de chá, origem da água, como uma torneira, chá e um dispositivo de aquecimento são necessários para preparar o chá. Normalmente, um diagrama de sequência é desenhado por caso de uso. O diagrama de sequência na **Figura 31-5** mostra como usar um bule de chá para preparar uma xícara de chá.

Um diagrama de sequência consiste nos componentes a seguir:

Atores. Os atores são representados como bonequinhos (semelhantes aos diagramas de caso de uso). Eles sempre estão fora do escopo do diagrama.

Objetos. Os objetos são representados como retângulos. Eles não são necessariamente classes no sistema, mas representam entidades que interagem no sistema. Geralmente são colocados em ordem sequencial da esquerda para a direita. Na Figura 31-5, os objetos são um bule de chá, uma torneira, o chá e o dispositivo de aquecimento.

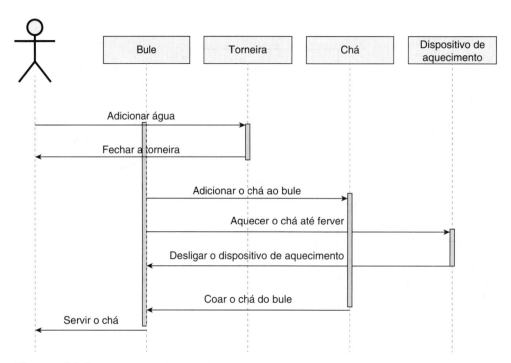

Figura 31-5 Diagrama de sequência para preparar o chá

Linhas da vida. Uma **linha da vida** representa a existência de um ator ou objeto ao longo do tempo. Linhas da vida aparecem como linhas verticais tracejadas. À medida que se avança no tempo, a sequência desce na linha da vida.

Mensagens. Uma **mensagem** mostra a interação entre os componentes como etapas discretas. Métodos são frequentemente usados como mensagens. No diagrama, as mensagens aparecem como setas preenchidas e incluem texto descrevendo a interação, como em "Adicionar água". Em geral, as mensagens apontam da esquerda para a direita; no entanto, uma **mensagem de retorno** (ou de resposta) aponta da direita para a esquerda, normalmente indicando o resultado de uma ação, semelhante a um valor de retorno. Se uma mensagem solicitar informações, uma mensagem de retorno indicará o resultado. Esta é indicada com uma linha tracejada. O diagrama de sequência na **Figura 31-5** não usa nenhuma mensagem de retorno.

Caixas de ativação. Uma **caixa de ativação** mostra quando e por quanto tempo um objeto executa uma ação ou, do contrário, está ativo. Uma caixa de ativação é representada como um retângulo longo e estreito na linha da vida, estendendo-se da primeira mensagem do objeto até a última.

31.3 USO DE UML PARA ESTRUTURAR PROGRAMAS

Associações de UML (31.3.1, 31.3.2, 31.3.3, 31.3.4)

Equipes de programação profissionais usam UML para projetar e analisar sistemas que serão codificados usando programação orientada a objetos. As equipes usam os diagramas UML como um livro de regras, em que todos concordam sobre como as partes do programa devem funcionar. Se todos concordarem com as partes e como elas se encaixam, elas dividem o projeto em tarefas menores para outros trabalharem. Dessa forma, a UML fornece um formulário de dicas para comunicação em grandes projetos.

Diagramas de classes podem ser combinados com outras classes em um **diagrama de relacionamento**. As linhas conectando as classes indicam como elas se relacionam e interagem com as outras classes, também conhecidas como suas associações.

A **Figura 31-6** mostra o diagrama de classes UML para um carro usando herança. A seta com um triângulo não preenchido significa que a classe herda da classe para a qual aponta. A classe `Car` herda de `MotorVehicle`, a classe `ElectricCar` herda de `Car` e a classe `GasCar` herda de `Car`.

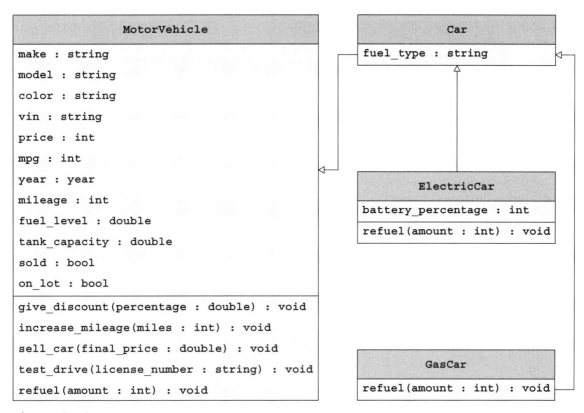

Figura 31-6   Herança em UML

Às vezes, as classes dependem da definição de outra classe, embora não sejam literalmente parte dessa classe. Por exemplo, uma lavadora pode lavar roupas, mas não as possui. Para representar essa dependência em UML, use uma linha tracejada com uma seta aberta. A **Figura 31-7** mostra uma classe `WashingMachine` que tem uma dependência na classe `Clothing`.

Agregação descreve uma classe que contém um ou mais membros de outra classe, mas os tempos de vida desses membros não são inerentemente conectados à classe que os contém. Por exemplo, uma empresa tem várias lojas para gerenciar, mas se uma loja fechar, a empresa continua a existir. Um baralho de cartas contém muitas cartas, mas algumas cartas podem ser removidas sem destruir o baralho.

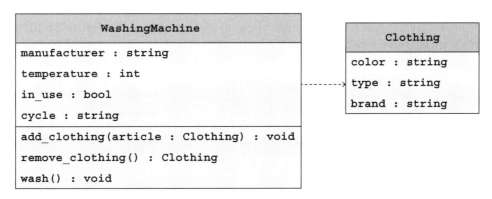

Figura 31-7   Dependência em UML

Em um diagrama UML, a agregação é mostrada como uma linha sólida terminando em um losango não preenchido. A **Figura 31-8** mostra uma classe `Deck` que agrega vários objetos de uma classe `Card`. Os números na linha de agregação indicam o relacionamento numérico entre as duas classes. Aqui, zero ou mais cartas formam um baralho, e cada carta pode existir em apenas um baralho.

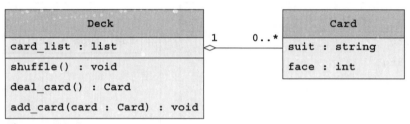

Figura 31-8 Agregação em UML

Composição é semelhante à agregação, em que uma classe contém uma ou mais classes membros, exceto que as classes dependem diretamente umas das outras para existir. Uma classe `Vehicle` pode ser composta de outras classes membros. Por exemplo, um veículo contém rodas, mas se as rodas são destruídas, o veículo também o é, uma vez que não pode mais funcionar.

Em um diagrama UML, a composição é mostrada como uma linha sólida terminando em um losango preenchido. A **Figura 31-9** mostra uma classe `Vehicle` composta pelas classes `Window`, `Engine` e `Wheel`. Os valores numéricos são usados como agregação para indicar os relacionamentos.

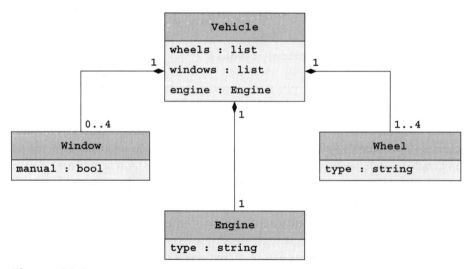

Figura 31-9 Composição em UML

O termo **realização** é usado em UML quando uma interface é preenchida por uma classe. A realização é mostrada como uma linha tracejada que termina em um triângulo não preenchido. Na **Figura 31-10**, `VideoPlayer` e `AudioPlayer` realizam a interface `MediaPlayer`.

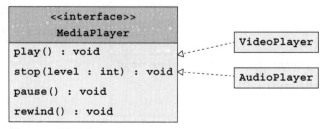

Figura 31-10 Realização em UML

Tradução de UML para código (31.3.5)

Suponha que você criou um diagrama de classes `Making Tea` como o da **Figura 31-2** e quer convertê-lo em código. A melhor maneira de começar é delinear o código com base nos itens no diagrama UML, como na **Figura 31-11**.

```
class Teapot
{
   private:
      string color;
      double temperature;
      double water_amount;
      string tea_type;
   public:
      void heat_up(double temperature)
      {

      }

      void add_water(double amount)
      {

      }

      void change_tea(string tea)
      {

      }

      void pour(double amount)
      {

      }
};
```

Figura 31-11   Esboço do código baseado em um diagrama UML

Dependendo de como a equipe de programação determinou que esses métodos devem se comportar, você pode preencher o restante do código como na **Figura 31-12**.

```cpp
#include <iostream>
using namespace std;

class Teapot
{
    private:
        string color;
        double temperature = 0;
        double water_amount = 0;
        string tea_type;
    public:
        Teapot(string color)
        {
            this->color = color;
        }

        void heat_up(double temperature)
        {
            this->temperature = temperature;
        }

        void add_water(double amount)
        {
            this->water_amount += amount;
        }

        void change_tea(string tea)
        {
            this->tea_type = tea;
        }

        void pour(double amount)
        {
            this->water_amount -= amount;
        }
```

Figura 31-12   Implementação da classe Teapot (*continua*)

```cpp
    string get_color()
    {
        return this->color;
    }
    int get_temperature()
    {
        return this->temperature;
    }

    string get_tea_type()
    {
        return this->tea_type;
    }

    double get_water_amount()
    {
        return this->water_amount;
    }
};

int main()
{
    Teapot t = Teapot("blue");
    t.change_tea("oolong");
    t.add_water(25.5);
    t.heat_up(95);
    t.pour(2.75);

    cout << "Teapot status:" << endl;
    cout << "Color: " << t.get_color() << endl;
    cout << "Temperature: " << t.get_temperature() << endl;
    cout << "Tea Type: " << t.get_tea_type() << endl;
    cout << "Water Amount: " << t.get_water_amount() << endl;
```

Figura 31-12 Implementação da classe `Teapot` (*continua*)

```
        return 0;
}
SAÍDA:
Teapot status:
Color: blue
Temperature: 95
Tea Type: oolong
Water Amount: 22.75
```

Figura 31-12   Implementação da classe `Teapot`

RESUMO

- A Linguagem de Modelagem Unificada (UML) é uma maneira padronizada para cientistas da computação comunicarem ideias a outros programadores. O uso de um meio comum de comunicação ajuda a garantir que todos em uma equipe de projeto tenham o mesmo entendimento do projeto e da solução do programa.
- Um diagrama de classes é uma representação visual de uma classe a ser usada por um programa. O diagrama usa um retângulo para indicar cada classe, com seções dentro do retângulo de classe para mostrar as variáveis e métodos membros. Modificadores de acesso também estão incluídos no diagrama de classes.
- Um diagrama de caso de uso transmite como um usuário irá interagir com o sistema programado. O diagrama de casos de uso é composto de casos de uso que organizam os requisitos funcionais do sistema.
- O diagrama de caso de uso consiste no sistema, atores, casos de uso e associações.
- Um cenário representa um caminho único de ação ao longo do sistema em um nível alto.
- Um diagrama de sequência mostra os relacionamentos das entidades no código e a sequência exata dos eventos. Essas informações ajudam os desenvolvedores a entender a lógica e o processo do sistema. Um diagrama de sequência também transmite por quanto tempo cada objeto está ativo dentro do sistema.
- Um diagrama de sequência consiste em atores, objetos, linhas da vida, mensagens, mensagens de retorno e caixas de ativação.
- As classes que dependem de outras classes, mas não possuem outras classes como parte de seu projeto, são chamadas dependentes. Diagramas UML mostram a dependência com uma linha pontilhada que termina com uma seta aberta.
- Uma classe pode conter outras classes e usá-las como parte de toda a definição, como em um baralho de cartas, mas a classe que a contém e as classes membros não são diretamente conectadas. Esse relacionamento chama-se agregação. Diagramas UML mostram a agregação com uma linha sólida terminando em um losango não preenchido.
- Quando uma classe é composta por outra classe e não pode existir sem a segunda classe, o relacionamento é chamado composição. Os diagramas UML mostram a composição com uma linha sólida terminando com um losango preenchido.
- A implementação de uma interface chama-se realização. Diagramas UML mostram a realização com uma linha tracejada terminando em um triângulo não preenchido.
- Com base em diagramas UML, é possível criar esboços de uma classe para preencher com código posteriormente. Essa estratégia pode ajudar a estruturar seu código durante o brainstorming de uma solução.

Termos-chave

agregação
associação
atores
caixa de ativação
caso de uso
cenário
composição
dependência

diagrama de casos de uso
diagrama de classes
diagrama de relacionamento
diagrama de sequência
herança
Linguagem de Modelagem Unificada (UML)
linha da vida

marcador de visibilidade
mensagem
mensagem de retorno
realização
requisitos funcionais

GLOSSÁRIO

A

Abstração Processo de ocultar detalhes ou substituir uma generalização por algo específico.

Acessibilidade A disponibilidade de um local, serviço ou software para pessoas com deficiência.

Acesso aleatório Ler um arquivo na memória acessando cada caractere diretamente sem primeiro ler o caractere anterior.

Acesso linear Ler um arquivo na memória, consecutivamente, byte a byte, em sequência.

Acessores Método especial em uma classe que retorna o valor de uma variável membro específica em uma classe.

Agregação Quando uma classe contém outras classes independentes como parte de sua estrutura.

Algoritmo de busca binária Algoritmo que divide o espaço de busca pela metade até que o valor alvo seja localizado.

Algoritmo de Floyd Algoritmo simples que calcula o valor dos caminhos mais curtos entre todos os nós em um gráfico em uma dada matriz de adjacência.

Algoritmo de programação Conjunto de etapas que especificam a lógica e a estrutura subjacentes para as instruções em um programa de computador.

Algoritmo estável Algoritmo que não mistura ordens relativas de itens equivalentes.

Algoritmo in-loco Algoritmo que não precisa de memória adicional além da entrada.

Algoritmos de busca Algoritmos especiais que encontram uma informação específica em um grande conjunto de dados da forma mais eficiente possível.

Algoritmos de ordenação Abordagem de programação para ordenar itens armazenados na memória do computador.

Algoritmo Uma série de etapas para resolver um problema ou tarefa.

Ambiente de desenvolvimento integrado (IDE) Software que inclui todas as ferramentas necessárias para codificar, compilar, vincular e depurar programas.

Ancestrais Quaisquer classes que tenham uma ou mais classes derivadas delas.

Anexar *(append)* Maneira de abrir um arquivo para gravação para que se possa adicionar dados a ele, sem sobrescrever nenhum dado existente.

Animação do programa Recurso de utilitários de depuração que percorre o código uma instrução por vez.

Análise Assintótica Método Para Avaliar O desempenho de um algoritmo em relação ao tamanho do conjunto de dados.

Arestas Conexões entre nós em uma estrutura de dados não linear.

Argumento de função Os dados que são passados entre parênteses para uma função pela chamada de função.

Argumentos O termo para os valores fornecidos para um método ou função que são inseridos dentro dos parâmetros.

Armazenamento não volátil Dispositivos de armazenamento ou memória que não requerem energia para armazenar dados.

Armazenamento off-line Dispositivos de armazenamento local conectados a um computador ou que podem ser convenientemente removidos.

Armazenamento on-line Armazenamento fornecido por serviços em nuvem baseados na Internet.

Armazenamento Termo utilizado para referenciar dispositivos que podem armazenar dados de forma relativamente permanente.

Armazenamento volátil Armazenamento ou memória que requer energia para armazenar dados.

Armazenar em buffer Mover dados, bit a bit, para dentro e para fora de um pedaço comum de memória (chamado buffer) que é acessado pelo código e uma fonte externa (como memória).

Arquivo binário Arquivo que armazena o conteúdo em formato binário (uns e zeros) que não é legível por humanos, mas ocupa menos espaço.

Arquivo Contêiner digital que armazena dados, informações, configurações ou comandos de programa. Em programação, um arquivo pode fornecer entrada para um programa ou armazenar os resultados da execução de um programa.

Arquivo de texto Arquivo que armazena o conteúdo como caracteres ASCII.

Arquivo de texto delimitado por vírgula Arquivo de texto no qual fragmentos de dados lembram registros em uma tabela separados por uma vírgula.

Arquivo executável Arquivo que foi compilado em código de máquina e que pode ser executado diretamente por um computador.

544

Arquivos de cabeçalho   Interfaces interfaces C++ específicas.
Arranjo bidimensional   Arranjo que consiste em linhas e colunas armazenadas em locais na memória consecutivos com elementos referenciados por índices de linha e coluna.
Arranjo   Estrutura de dados que armazena uma coleção de elementos que têm o mesmo tipo de dados.
Arranjo unidimensional   Arranjo linear armazenado em locais na memória consecutivos com elementos referenciados por um índice.
ASCII (American Standard Code for Information Interchange)   Método para codificar letras, símbolos e numerais usando sete ou oito bits.
Assinatura de função   O nome da função e os parâmetros que definem exclusivamente uma função.
Associação   Linha desenhada entre itens em um diagrama UML.
Atores   Tipos de pessoas que usam um sistema em um diagrama de casos de uso UML.
Atributos   As características que descrevem um objeto.
Autorreferência explícita   Informar explicitamente ao compilador para usar uma variável membro usando a palavra-chave autorreferência.
Autorreferência implícita   Implicar o uso de uma variável membro sem o uso da palavra-chave autorreferência (não disponível em todas as linguagens).

B

Base 2   Outro nome para o sistema de numeração binário.
Big-O   Generalização de tempo de execução. Apenas o maior fator de crescimento do polinômio importa na Big-O.
Binário   Uma representação de dados que podem ter um de dois estados.
Bit   Dígito binário; 0 ou 1.
Bloco de código   Grupo de instruções de programa que executam uma função específica e que podem ser visualmente separadas de outras instruções ou blocos usando linhas em branco.
Bloco try-catch   Bloco sintático de código em que as exceções ocorrem e são tratadas. A parte try indica o código para tentar, e a parte catch captura e trata as exceções da parte try.
Buffer   A parte comum da memória usada para transferir informações para dentro e para fora da memória durante a E/S de arquivo.
Busca linear   Um tipo de algoritmo de busca que examina cada item em uma lista ou arranjo, um por um, para encontrar um valor específico.
Bytecode   Código que é compilado em um arquivo intermediário que uma máquina virtual compila e executa.
Byte   Grupo de oito bits; comumente usado para armazenar um nú*mero, l*etra, símbolo ou sinal de pontuação.

C

Caixa de ativação   Em um diagrama de sequência, um retângulo estreito que mostra quando e por quanto tempo um objeto executa uma ação ou está ativo.

Caminho absoluto de arquivo   Notação que indica a localização exata de um arquivo no computador, a partir de um ponto que começa no disco rígido.
Caminho mais curto   O caminho entre dois nós que menos, como representado pela soma das arestas percorridas ao longo do caminho.
Caminho relativo de arquivo   Informa o local de um arquivo, de outro local no sistema de arquivos.
Campo   Cada parte dos dados separados por um delimitador (como uma vírgula) em uma tabela.
Campo de instância   Variável de um objeto que nunca é vista ou acessada por qualquer coisa fora do objeto.
Capacitores   Circuitos eletrônicos que armazenam uma carga elétrica e são comumente usados para armazenar sinais que representam dados em computadores.
Capturar *(catch)*   Para remediar um problema que causou a ocorrência da exceção.
Caracteres de escape   Interpretação alternativa de um caractere que tem outro significado.
Caso de base   Uma situação em que uma função recursiva pode parar de tentar resolver um problema.
Caso de teste   Conjunto de precondições, etapas e dados que devem produzir um resultado específico chamado "pós-condição".
Caso de uso   Lista de ações ou etapas mostrando as interações entre uma pessoa e um sistema para realizar uma tarefa.
Caso limite   Ponto de dados que está exatamente dentro ou além dos limites máximos ou mínimos dos dados esperados.
Cenário   Caso de uso único ou caminho de ação única por um sistema.
Chamada de função   Instrução que transfere o fluxo do programa a uma função.
Chamada de método   A maneira como um método em um objeto é invocado.
Chatbots   Programas interativos que respondem com inteligência aparente à interação do usuário.
Ciclo de instruções   Atividade que ocorre na CPU para completar uma instrução única: buscar, interpretar, executar.
Ciclo de vida de desenvolvimento de software   A progressão de um aplicativo de software da concepção à aposentadoria.
Circuito integrado   Fina placa de silício que contém circuitos eletrônicos microscópicos.
Classe abstrata   Qualquer classe que tenha um ou mais métodos virtuais puros.
Classe filha   Uma classe criada usando métodos e membros de dados herdados da classe pai.
Classe final   Classe que não pode ter outras classes derivadas dela.
Classe pai   A classe da qual outras classes são criadas durante a herança.
Classes estáticas   Classes com a restrição de conter apenas variáveis membro estáticas e métodos estáticos. Muitas vezes utilizadas para organizar um conjunto de métodos que só precisam operar em valores de entrada e não precisam armazenar nenhuma informação.

Classes Planta contendo atributos e métodos que descrevem uma coleção de objetos.

Codificação segura Programação que inclui rotinas para proteger o código de explorações de segurança.

Coerção Processo pelo qual um literal é convertido automaticamente em um tipo de dados diferente.

Comandos Ações, como exibição e entrada, que podem ser especificadas em pseudocódigo ou em uma linguagem de programação.

Comentário Notação explicativa dentro do código do programa que não é executada por um computador.

Compilador Software utilitário que traduz código escrito de uma linguagem de programação para outra.

Complemento de dois Um número binário que, quando adicionado a outro número binário, produz todos os 0 bits.

Complemento de um Um número binário que, quando adicionado a outro número binário, produz todos os 1 bits.

Complexidade de espaço A quantidade de memória exigida por um algoritmo como uma função do tamanho do conjunto de dados.

Complexidade de espaço constante O status assintótico, ou Big-O, para algoritmos que não requerem espaço adicional à medida que o conjunto de dados aumenta.

Complexidade de espaço linear O status assintótico, ou Big-O, para algoritmos que requerem espaço adicional para cada elemento de dados à medida que o tamanho do conjunto de dados aumenta.

Complexidade de tempo A quantidade de tempo, medida em número de operações, necessária para executar um algoritmo à medida que o conjunto de dados cresce.

Comportamento Descreve o que um objeto pode fazer. Normalmente pensado em termos de métodos ou ações que um objeto pode executar.

Composição Quando uma classe contém outras classes dependentes como parte de sua estrutura.

Computador Dispositivo multiuso que aceita entrada, processa essa entrada com base em um conjunto armazenado de instruções e produz saída.

Computadores com conjunto reduzido de instruções (RISC) Conjunto de instruções simplificado com uma lista de operações simples.

Computadores com conjuntos complexo de instruções (CISC) Conjunto de instruções que inclui muitas operações, algumas das quais requerem vários ciclos de CPU.

Concatenação Combinar dados usando o operador de concatenação +.

Condição de teste Parte da instrução de controle que contém a expressão usada para controlar a execução do laço.

Condição de término Condição que termina um laço.

Conjunto de caracteres Caracteres alfanuméricos e seus equivalentes codificados.

Conjunto de instruções A coleção de operações que a unidade central de processamento de um computador pode realizar.

Constante Uma posição nomeada na memória que contém dados, que são usados, mas não alterados pelas instruções em um programa.

Construtor completo Construtor que inicializa todas as variáveis membro do objeto quando o objeto é χρiado.

Construtor de cópia Construtor que cria um novo objeto como uma cópia daquele passado na lista de parâmetros e inicializa as variáveis membro.

Construtor Método especial que cria um objeto e aloca memória suficiente para armazenar as informações associadas ao objeto. O construtor tem o mesmo nome de método que a classe.

Construtor padrão Construtor que é chamado sem especificar nenhum parâmetro. Pode-se definir um construtor padrão ou o compilador criará um com variáveis padrão para cada variável membro.

Construtor padrão implícito Construtor que cria um objeto sem nenhum valor predefinido.

Construtor parametrizado Construtor que inclui uma lista de parâmetros para inicializar as variáveis membro.

Contador de laço Variável que rastreia o número de vezes que um laço controlado por contagem é executado.

Conteúdo O texto ou as informações contidas em um arquivo.

Conversão de tipo Converter uma variável de um tipo em outro tipo.

Conversão explícita Conversão de tipo em linguagens fortemente tipadas nas quais *se e*specifica a classe de variável na qual converter.

Conversão implícita Uma conversão de tipo que exige implementar um construtor de cóp*ia na* classe filho ou sobrecarregar o operador de atribuição na classe filho.

Corpo da função O bloco de código em uma função que define o que a função faz.

Corpo de método Lista de instruções que o método executa para realizar suas operações.

Código-fonte Conjunto de instruções geralmente escritas em uma linguagem de programação de alto nível.

Código-objeto Código binário de programa que é produzido por um compilador.

Código de máquina Uma série de instruções em linguagem de máquina binária.

Código de operação Código de operação que é a linguagem de máquina ou comando de linguagem de montagem para uma instrução de processamento.

Código de programa O conjunto de instruções escritas em uma linguagem de programação.

Código limpo O princípio de que o código deve ser facilmente entendido, elegante, simples e testável.

Cópia profunda Cópia de um objeto em que todas as variáveis membro do objeto de origem são copiadas para o objeto de destino.

Cópia superficial Apontar a variável de referência de um novo objeto para outro objeto preexistente.

Dados analógicos Dados que têm valores contínuos.

Dados digitais Dados que têm valores discretos, em vez de contínuos.

Declarar uma variável Processo de especificar um nome que é atribuído ou vinculado a um local de memória.
Declaração de função A primeira linha de uma função que fornece o nome da função e, opcionalmente, os parâmetros e o tipo de retorno.
Decomposição estrutural Processo que identifica unidades estruturais de uma tarefa ou problema.
Decomposição funcional Técnica para dividir módulos em ações, processos ou etapas menores.
Decomposição orientada a objetos Técnica para dividir um problema ou tarefa em objetos lógicos e físicos que um programa de computador vai manipular.
Decomposição Técnica para dividir uma tarefa em partes menores.
Delimitador Sinal de pontuação ou caractere de tabulação que denota a separação das informações em um arquivo.
Densidade de informação A quantidade de informações que pode ser representada por um símbolo único.
Dependência Quando uma classe depende da definição de outra classe independente.
Depuração O processo de encontrar e corrigir erros – bugs – em um programa de computador.
Descendente Qualquer classe derivada de uma classe pai.
Desenfileiramento A operação que remove um elemento de dados da frente de uma fila.
Design inclusivo Conceito de desenvolver software e outros itens de consumo para que estejam disponíveis e sejam aceitáveis ao público mais amplo possível.
Diagrama de casos de uso Diagrama UML que comunica como um usuário interage com um sistema.
Diagrama de classes Diagrama em UML que detalha a estrutura das classes.
Diagrama de relacionamento Diagrama UML mostrando como as classes interagem.
Diagrama de sequência Diagrama UML utilizado para mostrar como partes do código estão relacionadas e a sequência exata dos eventos.
Dinamicamente tipada Recurso de linguagem de programação que permite que uma variável receba qualquer tipo de dado durante a execução do programa.
Diretiva No contexto de programação, uma instrução que diz ao computador como lidar com o programa em vez de como executar um algoritmo.
Diretivas de pré-processador Instruções de programa que fornecem instruções ao pré-processador, mas não são executadas pelo compilador.
Distinção entre maiúsculas e minúsculas Diferenciação que torna uma letra minúscula diferente de sua versão maiúscula.
Don't Repeat Yourself (DRY) "Não se repita". Princípio de programação que incentiva os programadores a eliminar redundâncias no código.
Downcasting Conversão de tipo em um objeto inferior na hierarquia de classes.
Duplication is Evil (DIE) Acrônimo para o conceito de que os programadores devem eliminar redundâncias no código.
Dígitos binários Dígito binário é um 0 ou 1 que representa a menor unidade de informação em um computador.

E/S de arquivo Termo comum para as ações combinadas de entrada e saída de arquivos.
Editor de código Tipo de editor de texto especialmente projetado para inserir código de programa.
Editor de texto Software que pode ser utilizado para inserir texto ASCII simples.
Encapsulamento Conceito orientado a objetos da construção de objetos agrupando dados relevantes com as ações que eles podem executar.
Encapsular Recurso da programação orientada a objetos em que as classes se tornam abstrações de caixa preta.
Endereço de memória Uma posição na memória com um identificador único, geralmente escrito como um número hexadecimal.
Enfileiramento Operação que adiciona um elemento de dados à parte de trás de uma fila.
Entrada de arquivo Utilização de um código para ler informações de um arquivo.
Erro de sintaxe Falha em uma instrução de programa que resulta do uso incorreto de pontuação ou sequenciamento de palavras.
Erro de tempo de execução Falha em um programa que faz com que um programa falhe durante a execução.
Erro de índice Falha de codificação na qual o valor de índice não está dentro do intervalo dos valores de índice associados a um arranjo.
Erros de lógica Erros que não impedem a execução do programa, mas resultam em saída incorreta.
Erro semântico Falha na lógica de uma ou mais instruções que faz com que um programa produza resultados incorretos.
Escopo Visibilidade dos componentes do programa, como variáveis.
Espaço auxiliar Memória necessária para armazenar temporariamente variáveis e dados enquanto um programa é executado.
Espaço de busca A quantidade de dados que se está procurando.
Espaço de dados A memória necessária para armazenar dados que são acessados por um programa, inseridos em um programa ou gerados pelo programa.
Espaço de instrução A memória usada para armazenar o código de um programa.
Estado Representa os dados mantidos nas variáveis membro de um objeto a qualquer momento.
Estaticamente tipada Recurso de linguagem de programação que requer que uma variável mantenha apenas o tipo de dados que foi especificado quando a variável foi declarada ou inicializada.
Estilo camelo *(camelCase)* Formato de texto que começa com letra minúscula, mas usa letra maiúscula para as palavras subsequentes.
Estilo cobra *(snake_case)* Um formato de texto que usa só letras minúsculas e separa as palavras com um sublinhado.
Estouro de buffer Uma condição na qual os dados fluem para locais de memória inesperados.

Estrutura de controle de decisão Uma ou mais instruções que alteram o fluxo sequencial com base em uma condição ou decisão.

Estrutura de controle de seleção Instrução executável que direciona o fluxo do programa com base em uma condição ou decisão.

Estrutura de controle Uma ou mais instruções que alteram a execução sequencial de um programa de computador.

Estrutura de dados Leiaute específico dos valores na memória e um conjunto de operações que podem ser aplicadas a esses valores.

Estrutura de dados linear Estrutura de dados, como um arranjo, uma lista ligada, uma pilha ou uma fila, que organiza os elementos de dados em uma sequência.

Estrutura de dados não linear Estrutura de dados, como uma árvore ou gráfico, que organiza elementos de dados em uma hierarquia, teia ou rede.

Estrutura de diretórios Uma hierarquia de pastas e arquivos em um computador.

Estruturas de controle de repetição Blocos do código que são executados repetidamente com base em uma condição de controle.

Estrutura se-então-senão Estrutura de controle de decisão que tem duas ramificações: uma para True e outra para False.

Estrutura se-então Estrutura de controle de decisão com uma ramificação baseada em uma expressão True Boolean.

Estrutura senão se Estrutura de controle de decisão que lida com várias condições.

Estruturas se aninhadas Estruturas de controle de decisão que têm uma decisão dentro de uma decisão.

Estrutura switch-case Estrutura de controle de decisão que contém uma série de casos e executa com reinserção por padrão.

Exceção Um evento desencadeado por uma situação que não pode ser resolvida pelo programa. Exceção também é um pacote de informações sobre a situação.

Exceções padrão Instrução genérica de manipulação de exceções para capturar qualquer evento de exceção não tratado.

Experiência de usuário *(UX)* Conceito que engloba aspectos das atividades do usuário além da interação com a interface de usuário.

Expressão de predicado O formato básico para instruções na lógica e programação funcional.

Expressão Instrução de programação que tem um valor e geralmente inclui operadores e operandos aritméticos.

Expressão regular Uma string de caracteres que descreve o padrão do texto que se está procurando.

Expressões booleanas Expressões contendo operadores e operandos relacionais, como escolha 55 1, que são avaliados como True ou False.

Fatores de sucesso Práticas recomendadas que podem melhorar a qualidade do código de um programador.

Ferramentas de construção Ferramentas, como pré--processador, compilador e montador, que convertem código-fonte em um programa que um computador pode executar.

FIFO Acrônimo para "first in, first out" ("primeiro a entrar, primeiro a sair").

Fila Estrutura de dados linear de acesso limitado na qual o primeiro elemento de dados adicionado é o primeiro elemento removido.

Filho Em uma estrutura de dados em árvore, um nó que está abaixo e conectado a outro nó.

Fim de arquivo *(EOF)* Caractere especial para representar o último elemento em um arquivo.

Fluxo Canal que permite interagir com os arquivos armazenados no computador ou em outra unidade.

Fluxo em buffer Fluxo de entrada ou saída que usa um buffer intermediário ao ler de um arquivo ou gravar em um arquivo.

Fluxograma Diagrama que representa a sequência e o fluxo de etapas em um algoritmo.

Fonema O menor som que faz parte da fala.

Forma de terminador Forma retangular arredondada no início ou no final de um fluxograma.

Função Procedimento nomeado que executa uma tarefa específica.

Função recursiva Função que chama a si mesma pelo menos uma vez.

Função void Função que não retorna um valor ao programa principal.

Genéricos Outra palavra para templates ou código que usa um identificador de espaço reservado para representar um tipo de dados genérico, que é desconhecido até mais tarde no código.

Getters Outro termo para "acessores": eles obtêm ("get") os dados.

Glossário

Grafo completo Grafo em que cada nó tem uma aresta para todos os outros nós.

Grafo conexo Grafo em que todos os nós são conectados por pelo menos uma aresta ao restante do grupo de nós.

Grafo direcionado Grafo em que as arestas são caminhos de mão única.

Grafo esparso Gráfico com poucas arestas entre os nós.

Grafo não conexo Grafo com grupos isolados de nós não conectados por arestas.

Grafo não direcionado Grafo em que as arestas são caminhos de mão dupla.

Grafos Estrutura de dados não linear sem estrutura hierárquica. Um grafo não tem um ponto inicial nem um ponto final.

Gravador de fluxo Dispositivo de linguagem de programação que cria um fluxo para gravar dados em um arquivo.

Gravação *(write)* Modo de abrir um arquivo e inserir conteúdo, sobrescre*vendo q*ualquer conteúdo existente.

Gráficos vetoriais Um formato para especificar imagens digitais como instruções para linhas, cores e formas básicas.

Herança múltipla Uma classe filho que é derivada de mais de uma classe pai.

Herança Recurso da programação orientada a objetos em que as subclasses adquirem atributos de uma classe pai.

Hierarquia de herança Representação gráfica do relacionamento de herança entre as classes.

Homogêneo Uma característica de arranjos em que todos os elementos são do mesmo tipo de dados.

Háptico Termo usado para dispositivos que simulam a sensação de toque.

Identidade Maneira de referenciar objetos únicos para distingui-los de outros objetos criados a partir da mesma classe. Muitas vezes a identidade é sinônimo do nome da variável.

Identificação de padrões Técnica para encontrar padrões em procedimentos e tarefas.

IDE on-line Ambiente de desenvolvimento integrado que é executado em um navegador e não requer instalação. Também chamado IDE Web.

Inferência de tipo Recurso de linguagem de programação que deduz o tipo de dados com base na presença ou ausência de um ponto decimal.

Inicializar uma variável O processo de especificar um nome e valor para uma variável.

Inicialização membro a membro Usar um construtor para configurar os valores dos membros de dados de um objeto.

Instrução Cada instrução escrita em uma linguagem de programação de alto nível.

Instrução condicional Instrução, como if choice == 1, que inicia uma estrutura de controle de decisão.

Instrução de atribuição Instrução que configura ou altera o valor armazenado em uma variável.

Instrução de controle Instrução que controla as condições sob as quais um laço continua a ser executado.

Instância Um objeto criado a partir de uma classe.

Inteiro com sinal Um número inteiro que é precedido por um sinal 1 ou 2.

Inteiro sem sinal Um número inteiro positivo que não tem um sinal 1 ou 2.

Interação humano-computador (HCI) Disciplina da ciência da computação que se concentra em melhorar as maneiras como as pessoas interagem com dispositivos digitais.

Interface de usuário (IU) Coleção de construções físicas, gráficas e lógicas que facilitam a interação entre humanos e dispositivos digitais.

Interface de usuário por voz Tipo de interface de usuário caracterizada pela comunicação falada entre um usuário e um dispositivo digital.

Interface gráfica de usuário (GUI) Tipo de interface de usuário que exibe objetos gráficos como áreas de trabalho, ícones, menus e um ponteiro.

Interfaces de programação de aplicativos (APIs) Conjunto de rotinas que podem ser incluídas em programas para aprimorar a funcionalidade, como a construção de interfaces de usuário específicas de plataforma.

Interfaces de usuário por linha de comando Forma de interagir com um computador que requer comandos digitados.

Interfaces fluentes Metodologia de design orientada a objetos na qual a sintaxe de uma linguagem de programação depende do método em cascata para facilitar a leitura do código.

Interfaces Instruções sobre como interagir com um fragmento de código. Inclui: como chamá-lo, quais argumentos ele espera e o que esperar do código.

Interpretador No contexto do software de computador, é o software utilitário que pré-processa e executa as instruções do programa uma a uma.

Início O primeiro elemento em uma estrutura de dados.

Iteração Uma repetição de um laço.

Kit de desenvolvimento de softwares (SDK) Conjunto de ferramentas para desenvolvimento de software específico à plataforma.

Laço aninhado Um laço dentro de um laço.

Laço controlado por condição Estrutura de controle de repetição que é regulamentada por uma expressão lógica no início ou no final do laço.

Laço controlado por contagem Estrutura de controle de repetição que se repete um número especificado de vezes.

Laço controlado por usuário Laço que executa ou termina com base na entrada coletada do usuário em tempo de execução.

Laço de pré-teste Laço controlado por condição que começa com uma condição e faz um laço somente se essa condição é verdadeira.

Laço Estrutura em um programa que se repete.

Laço for Laço controlado por contagem que é controlado pelas condições em uma instrução que começa com a palavra-chave for.

Laço infinito Um laço que nunca termina.

Laço pós-teste Laço controlado por condição em que a primeira passagem é sempre executada porque a condição de teste está no final do laço.

Laço while Laço de pré-teste que começa com uma instrução while.

Lei de Moore A previsão de que os fabricantes conseguiriam dobrar o número de componentes em um circuito integrado a cada dois anos.

Leitor de fluxo Dispositivo de linguagem de programação que cria um fluxo para ler dados de um arquivo.

Leitura *(read)* Modo de abrir um arquivo para examinar o conteúdo.

Leitura e gravação Dispositivo ou arquivo que pode ser criado, acessado, alterado ou excluído.

LIFO O acrônimo para "last in, first out" ("ultimo a entrar, primeiro a sair").

Ligação *(binding)* Conectar uma chamada de método ao corpo do método.

Ligação dinâmica Conectar uma chamada de método ao corpo do método em tempo de execução.

Linguagem de Modelagem Unificada (UML) Maneira padronizada de visualizar programas para permitir melhor comunicação com os outros.

Linguagem de montagem Linguagem de programação de baixo nível que corresponde estreitamente ao conjunto de instruções da linguagem de máquina para uma CPU.

Linguagem de máquina O conjunto de instruções binárias que uma CPU pode executar diretamente.

Linguagem de programação de baixo nível Sistema para emissão de instruções usando linguagem de máquina ou linguagem de montagem que corresponde de perto ao conjunto de instruções da CPU.

Linguagem de programação Linguagem formal com semântica e sintaxe para instruir um computador a realizar uma tarefa específica.

Linguagens de programação de alto nível Sistemas para emitir instruções para uma CPU que abstraem os detalhes da linguagem de máquina de baixo nível para fornecer aos programadores comandos de linguagem natural.

Linha da vida Em um diagrama sequencial, representa a existência de um ator ou objeto ao longo do tempo.

Lista de exceções Nomeia as exceções que o método possivelmente pode lançar durante a execução.

Lista de parâmetros Especifica a entrada fornecida ao método para que ele possa executar sua tarefa.

Lista duplamente ligada Lista ligada na qual cada elemento tem dois ponteiros: um para o próximo elemento e outro para o elemento anterior.

Lista ligada circular Lista ligada na qual cada nó é conectado sequencialmente a um outro nó e não há ponteiro nulo no final.

Lista ligada Estrutura de dados que organiza uma coleção de elementos de dados em locais de memória não consecutivos.

Lista ligada simples Lista ligada na qual um único ponteiro liga um elemento ao próximo elemento.

Literal booleano Literal que tem um valor de True ou False.

Literal de caractere Caractere ou símbolo único.

Literal de string Literal que contém mais de um caractere.

Literal numérico Literal composto por um ou mais dígitos que representam inteiros ou números de ponto flutuante.

Literal Um elemento de dados usado por um programa de computador.

M

Magnitude de sinal O uso do bit mais à esquerda em uma representação binária para indicar um número negativo.

Manipulador de arquivos Recurso integrado especial que permite interagir com um arquivo, em termos abstratos.

Manipulador de eventos O código para manipular um evento de programa.

Manipulação de arquivos Ler dados em programas e armazenar dados produzidos pelo programa.

Marcador de visibilidade Símbolos UML que indicam os modificadores de acesso das variáveis ou métodos.

Matriz de adjacência Maneira de representar um gráfico no código com uma matriz bidimensional de pesos de aresta.

Medidas binárias Megabytes, gigabytes e medidas semelhantes baseadas em potências de 2.

Memória Área temporária de armazenamento de dados que normalmente é integrada à placa de circuito principal de um dispositivo digital.

Mensagem de retorno Tipo de mensagem, semelhante a um valor de retorno.

Mensagem Em um diagrama de sequência, mostra a interação entre os componentes como etapas discretas. Geralmente, uma mensagem é um método ou função.

Metacaracteres Caracteres que descrevem os padrões usados em expressões regulares.

Metodologias de desenvolvimento ágil Variedade de abordagens incrementais e iterativas baseadas no Manifesto Ágil.

Microprocessador Circuito integrado complexo que contém os componentes da CPU de um computador.

Modelo de desenvolvimento incremental Abordagem ao desenvolvimento de software na qual este é projetado, codificado e testado em uma sucessão de ciclos.

Modelo em cascata Abordagem ao desenvolvimento de software em que o projeto é dividido em uma série de tarefas em cascata que são realizadas uma após a outra.

Modificadores de acesso Palavras-chave que descrevem quem pode ver e alterar as variáveis membro. Podem ser configuradas como public, private ou protected.

Modificadores Método especial em uma classe que altera o valor de uma variável membro específica em uma classe.

Montador Software utilitário que converte um ou mais arquivos de objeto em um arquivo executável binário.

Máquina Virtual Java *(JVM)* O software da máquina virtual que compila e executa o bytecode produzido pela linguagem de programação Java.

Máquina virtual Software utilitário que opera em uma plataforma de hardware específica para executar bytecode.

Método em cascata Preferência de sintaxe de programação que usa uma instrução para chamar vários métodos em um único objeto.

Método estático Método especial que é independente de qualquer objeto específico da classe e pode ser chamado sem criar uma instância do objeto. Esse tipo de método é chamado na própria classe.

Método final Método declarado com a palavra-chave final indicando que não pode ser sobrescrito.

Métodos As ações que um objeto pode executar.

Método virtual puro Método que requer que as classes derivadas sobrescrevam a implementação de sua funcionalidade.

Módulos Unidades estruturais coesas de um algoritmo.

N

Namespace Contêiner nomeado que contém identificadores, como variáveis, para evitar colisões de identificadores com o mesmo nome.

Nome da função Nome de uma função que termina com ( ) parênteses.

Nome de arquivo O nome de um arquivo, incluindo a extensão.

Nome de classe Substantivo que identifica a classe por um nome específico.

Nome do método Maneira como um método é referido no código quando está sendo usado. Convencionalmente, o nome do método é um verbo seguido por um substantivo.

Notação assintótica A expressão da análise assintótica, normalmente como Big-O, Big-Omega ou Big-Theta.

Notação Big-Omega Notação assintótica para complexidade de tempo de melhor caso ou complexidade de espaço.

Notação Big-O Notação assintótica para complexidade de tempo de pior caso ou complexidade de espaço de um algoritmo.

Notação Big-Theta Notação assintótica que engloba os limites superior e inferior de um algoritmo, situação às vezes chamada limite rígido.

Notação E Maneira de expressar números de ponto flutuante como potências de 10.

Nova linha Caractere especial (geralmente \n) indicando o final de uma linha.

Nível de abstração O grau em que os detalhes de um objeto ou conceito estão ocultos.

Nós folha Em uma estrutura de dados em árvore, nós na parte inferior, que não possuem filhos.

Nó Unidade básica de uma estrutura de dados, em geral contendo um elemento de dados e opcionalmente um link para outros nós.

O

O(C) A notação Big-O para tempo ou espaço constante.

O(log n) A notação Big-O para tempo logarítmico ou complexidade espacial.

O(n) A notação Big-O para tempo ou espaço linear.

O(n2) A notação Big-O para tempo quadrático.

Objetos Instâncias específica*s* de uma classe; por exemplo, Rover é um objeto es*p*ecífico da classe Dog.

Ocultação de informações O princípio de programação orientada a objetos permite apenas que o objeto tenha acesso aos detalhes subjacentes deste e oculte os dados e o funcionamento interno de entidades fora dele.

Operador de igualdade O símbolo == que compara um valor com outro e retorna True se os valores são iguais.

Operadores aritméticos Símbolos matemáticos como 1, 2, *, / e %.

Operadores compostos Operadores matemáticos que oferecem atalhos para operações básicas de atribuição.

Operadores predefinidos Operadores que já estão definidos em uma linguagem de programação. Geralmente incluem operadores para aritmética, lógica, relações, atribuição, entrada e saída.

Operador lógico condicional Operadores, como AND e OR, que combinam os resultados de duas ou mais expressões booleanas.

Operador ponto Operador que permite especificar qual ação executar com uma variável.

Operador relacional Um operador como ==, > ou < que especifica uma comparação entre dois operandos.

Operandos A parte de uma instrução em linguagem de máquina ou linguagem de montagem que especifica os dados a serem processados, sua posição na memória ou seu registrador de destino.

Ordem das operações A sequência na qual adição, subtração e outras operações matemáticas são executadas.

Ordenação O ato de inserir itens em uma ordem determinística, geralmente numérica ou alfabética.

Ordenação por bolhas Algoritmo simples que ordena itens permutando pares adjacentes se os dois itens estão fora de ordem.

Ordenação por mesclagem Algoritmo que garante um tempo de execução rápido à custa de memória adicional. Utiliza a técnica de dividir e conquistar.

Orientado a eventos Paradigma para um programa controlado por eventos de usuário, como clicar em um ícone.

P

Padrões de classificação O padrão de atributos e métodos que se aplicam a uma coleção de objetos.

Pai Em uma estrutura de dados em árvore, um nó que está acima e conectado a outro nó.

Palavra-chave de autorreferência A palavra-chave usada em métodos de objeto para referenciar a si mesmos.

Palavras-chave Palavras em uma linguagem de programação que têm significado especial, como um comando para executar uma ação.

Palavras reservadas Palavras que uma linguagem de programação reserva para seu uso a fim de especificar comandos e outras ações.

Paradigma orientado a objetos Tipo de programação imperativa baseada na ideia de que os programas podem ser projetados visualizando objetos que interagem entre si.

Paradigma procedural Tipo de paradigma de programação imperativa que especifica como um computador deve realizar uma tarefa usando variáveis, estruturas de controle e instruções ordenadas.

Paradigmas da programação declarativa Qualquer abordagem de desenvolvimento e programação de software que focaliza "o quê", descrevendo o problema ou a tarefa que é o escopo de um programa de computador.

Paradigmas de programação imperativos Qualquer abordagem ao desenvolvimento e programação de software que focaliza o "como" mediante a especificação das etapas necessárias para um computador executar uma tarefa.

Paradigmas de programação Várias abordagens ao desenvolvimento e programação de software. Os principais paradigmas são classificados como imperativos ou declarativos.

Parâmetros de formatação Elementos que podem alterar a aparência da saída numérica e de texto.

Parâmetros de função As variáveis entre parênteses na declaração da função.

Parâmetros padrão Um valor padrão a ser utilizado para um parâmetro se nenhum argumento é fornecido (não disponível em todas as linguagens).

Parâmetro tipado Parâmetro que tem um tipo de dados explicitamente declarado.

Passagem por referência Chamada de função que passa um ponteiro para os dados reais.

Passagem por valor Chamada de função que passa uma cópia de um argumento para uma função.

Pasta Um espaço de armazenamento digital para organizar arquivos e outras pastas. Também chamado diretório.

Peek Operação que acessa o primeiro item em uma pilha ou fila sem removê-lo.

Pensamento computacional Conjunto de técnicas, como decomposição, identificação de padrões e abstração, projetado para formular problemas e suas soluções.

Percurso/travessia Maneira de visitar todos os nós em uma árvore.

Percurso em amplitude primeiro (AP) Percurso que visita os nós em uma árvore por nível de profundidade.

Percurso em profundidade primeiro (PP) Percurso que tenta ir o mais fundo possível em uma árvore antes de voltar para encontrar mais nós a visitar.

Percurso em um arranjo O processo de acessar cada elemento em um arranjo, geralmente com um laço.

Pesos de aresta Custo de adotar uma aresta, às vezes usada para representar uma distância física, mas pode ser um valor que representa outras medidas.

Pilhas Estrutura de dados linear de acesso limitado na qual o último elemento de dados adicionado é o primeiro elemento removido.

Pixels Os elementos de imagem em miniatura de uma tela de exibição que emitem luz vermelha, verde e azul.

Polimorfismo Conceito da programação orientada a objetos em que um objeto em uma classe filho pode ser tratado exclusivamente pela redefinição de métodos derivados de uma classe herdada.

Ponteiro de instrução Componente da unidade de controle da CPU que indica a localização de cada instrução a ser executada.

Ponteiro Variável que contém o endereço de outra variável.

Ponto de acesso de arquivo Variável especial que age como um cursor indicando a posição em um arquivo.

Ponto de acesso Ponto como um cursor que monitora o controle da sua posição atual em um arquivo.

Ponto de interrupção Local no código de programa que aciona o utilitário de depuração de modo que seja interrompido para que um programador identifique um erro.

Pop Operação que remove o elemento do topo de uma pilha.

Porta lógica Circuito que manipula sinais elétricos para realizar operações lógicas e aritméticas.

Precisão dupla Números de ponto flutuante armazenados geralmente em 8 bytes de memória.

Precisão simples Números de ponto flutuante geralmente armazenados em 4 bytes de memória.

Princípio de responsabilidade única (SRP) O conceito de que cada função ou classe deve ter apenas uma responsabilidade e uma razão para mudar.

Private Uma palavra-chave modificadora de acesso que indica que a variável ou método membro só é acessível pela própria classe.

Problema do losango Cenário de herança múltipla em que dois dos pais de um filho compartilham um ancestral comum, dando assim ao filho duplicatas dos métodos e membros de dados.

Programa de computador Uma coleção de instruções escritas em uma linguagem de programação, como C++, Java ou Python, que realiza uma tarefa específica quando executado por um dispositivo digital.

Programação orientada a objetos (POO) Programação que depende significativamente do conceito de objetos.

Programação procedural Código escrito "passo a passo" como um conjunto de instruções, como uma receita, para o computador seguir.

Prompt Mensagem que especifica o que um usuário deve inserir quando um programa está em execução.

Propriedades Maneira de descrever as variáveis conectadas a um objeto como um aspecto ou recurso.

Protetores de cabeçalho Flags específicos do C++ para evitar definições conflitantes de classes, métodos, variáveis ou funções.

Pré-processador Software utilitário que executa tarefas de manutenção antes que o código-fonte seja compilado.

Pseudo-código Conjunto de instruções estruturadas para delinear as etapas de um algoritmo.

Public Uma palavra-chave modificadora de acesso que indica que a variável ou método membro é acessível de qualquer lugar fora da classe.

Push A operação que adiciona um elemento de dados ao topo de uma pilha.

Q

Quadrante Alternativas O quadrante superior direito de uma tabela de decisão que contém S e N denotando todas as combinações possíveis das condições.

Quadrante Ação O quadrante inferior esquerdo de uma tabela de decisão que contém uma lista de resultados possíveis.

Quadrante Condições O quadrante superior esquerdo de uma tabela de decisão que contém fatores que afetam uma decisão.

Quadrante Entradas de ação O quadrante inferior direito de uma tabela de decisão que contém ações correspondentes a cada conjunto de alternativas.

Quicksort Aproximação de um algoritmo rápido que utiliza probabilidade e "dividir e conquistar" para alcançar um bom tempo de execução.

Raiz Em uma estrutura de dados em árvore, o nó mais ao topo; não tem pais. Também considerado o "ponto de partida" de uma árvore.

RAM (memória de acesso aleatório) Tipo volátil de memória que fornece uma área de armazenamento temporária para dados.

Realidade aumentada O uso de tecnologia de computador para adicionar tags digitais a imagens do mundo real.

Realidade mista O uso de tecnologia de computador para adicionar objetos tridimensionais interativos a uma experiência real ou simulada.

Realidade virtual Uso de tecnologia de computador para criar mundos tridimensionais simulados preenchidos por objetos que os usuários podem manipular.

Realização Quando uma classe implementa uma interface.

Reconhecimento de fala Processo pelo qual as palavras faladas são transformadas em texto digital.

Recursão Abordagem à solução de problemas que divide grandes problemas em problemas menores e idênticos.

Recursão de cauda Maneira de estruturar código recursivo para que o programa não exija memória adicional durante as chamadas de função.

Recursão de ramificação Tipo de recursão que faz mais de uma chamada de função recursiva.

Recursão infinita Função recursiva que não modifica os parâmetros e, portanto, nunca para.

Recursão linear Tipo de recursão que representa uma linha única da resolução de problemas e, portanto, faz uma chamada de função recursiva.

Referência Um nome, geralmente na forma de uma variável, que referencia uma posição específica na memória de um valor ou outro objeto de dados.

Registrador de instruções Componente da unidade de controle da CPU que contém a instrução que está atualmente sendo executada.

Registradores Áreas temporárias para armazenar dados na CPU.

Registro Linha dos campos em uma tabela.

Regras impossíveis Regras em uma tabela de decisão que possuem ações contraditórias.

Regras redundantes Duas ou mais regras em uma tabela de decisão que têm o mesmo resultado quando as diferenças nas alternativas são eliminadas.

Reinserção Execução do programa que continua na próxima instrução sequencial.

Relacionamento "tem um" Relacionamento de classe em que uma classe contém um objeto de outra como membro de dados.

Relacionamento "é um" Relacionamento de classe entre um pai e um filho, no qual um filho herda diretamente de uma classe pai ou de um de seus descendentes

Representação de dados A maneira como os dados são apresentados e abstraídos.

Requisitos funcionais Comportamentos específicos que um sistema deve executar.

RGB Sistema de cores que usa uma mistura de luz vermelha, verde e azul para produzir o espectro de cores.

Saída de arquivo Usar código para gravar informações em um arquivo.

Semântica No contexto da programação, o significado e a validade das instruções do programa.

Sequência de escape Caracteres incorporados começando com uma barra invertida (\ ) para inserir símbolos especiais em uma string.

Setters Outro termo para "modificadores": eles configuram ("set") os dados.

Sintaxe No contexto das linguagens de programação, as regras gramaticais para a ordem das palavras e pontuação.

Sistema de codificação Método para converter dados, como as letras do alfabeto, em um formato como binário.

Sistema numérico binário Sistema de contagem que usa apenas os numerais 0 e 1.

Sistema numérico hexadecimal Sistema de contagem que usa 16 dígitos: 1 2 3 4 5 6 7 8 9 A B C D E F.

Sobrecarga de construtor Criar vários construtores para uma classe com diferentes listas de parâmetros. O compilador deduzirá qual usar com base nos argumentos fornecidos (não disponível em todas as linguagens).

Sobrecarga de método Escrever mais de um método com o mesmo nome, mas listas de parâmetros diferentes.

Sobrecarga de operador Técnica que permite aos programadores personalizar operadores predefinidos para objetos de uma determinada classe.

Somente leitura Dispositivo ou arquivo que pode ser acessado, mas não alterado.

String Uma sequência de caracteres.

Substituição de método Funcionalidade que permite que uma classe filho forneça uma implementação própria de um método que já foi herdado por um dos ancestrais.

Síntese concatenativa O processo de combinar uma série de fonemas pré-gravados para criar a fala sintetizada.

Síntese de fala Processo pelo qual o texto digital é transformado em fala audível.

Tabela-verdade Tabela que especifica o resultado dos operadores lógicos condicionais, como AND e OR.

Tabela de decisão Grade de linhas e colunas que destilam um conjunto de decisões e ações complexas em um conjunto de regras que podem se tornar as instruções em um programa de computador.

Tabela Uma coleção de registros.

Tecnologia de armazenamento de estado sólido Dispositivos que usam circuitos não voláteis para armazenar dados.

Tecnologia de armazenamento magnético Dispositivos que polarizam partículas magnéticas como um meio de armazenar dados.

Tecnologia de armazenamento óptico Dispositivos que usam luz para armazenar e acessar dados.

Template de classe   Uma classe que usa um tipo genérico para uma de suas propriedades.
Template de função   Função que usa um tipo de dados genérico na lista de parâmetros, o tipo de retorno ou ambos.
Template   Fragmento de código que utiliza um identificador de espaço reservado para representar um tipo de dados genérico, que é desconhecido até mais tarde no código.
Tempo constante   O status assintótico, ou Big-O, para algoritmos que não são afetados pelo tamanho do conjunto de dados.
Tempo de execução de caso médio   A quantidade de tempo que um algoritmo precisa em média para ser executado até a conclusão, dada uma ordem aleatória de dados.
Tempo de execução de pior caso   Maior quantidade de tempo possível que um algoritmo precisa para ser executado até a conclusão.
Tempo de execução do melhor caso   A menor quantidade de tempo possível que um algoritmo precisa para ser executado até a conclusão.
Tempo de execução   Quanto tempo um algoritmo leva para concluir em termos do número total de itens, "n".
Tempo linear   O status assintótico, ou Big-O, para algoritmos que exigem uma etapa para cada elemento no conjunto de dados e, portanto, aumentam linearmente à medida que o conjunto de dados cresce.
Tempo logarítmico   O status assintótico, ou Big-O, para algoritmos com complexidade de tempo ou espaço que tende a se estabilizar à medida que o tamanho do conjunto de dados aumenta.
Tempo quadrático   O status assintótico, ou Big-O, para algoritmos com complexidade de tempo ou espaço que aumenta mais acentuadamente do que o tempo linear à medida que o conjunto de dados cresce.
Teste alfa   Tipo de teste de aceitação realizado por testadores internos.
Teste beta   Tipo de teste de aceitação realizado por um grupo seleto de usuários em ambientes do mundo real.
Teste de aceitação   Processo de teste focado no usuário, projetado para garantir que o software atende os requisitos de usabilidade e os objetivos para os quais foi criado.
Teste de integração   Processo de teste para verificar se todas as unidades ou módulos de software funcionam em conjunto.
Teste de regressão   Testes para garantir que as modificações no código não tenham efeitos colaterais inesperados.
Teste de sistema   Processo de teste para validar se o aplicativo de software totalmente integrado funciona conforme o esperado quando instalado nas plataformas de hardware alvo.
Teste de unidade   Processo que testa cada módulo do programa para garantir que funciona corretamente.
Throw *(lançar)*   Quando um programa para de executar o código e passa para o tratamento de erros em uma situação em que não pode continuar.
Tipo de dados de caractere   Tipo de dados atribuído a variáveis que contêm um caractere de dados.

Tipo de dados de string   O tipo de dados atribuído a variáveis que contêm uma sequência de caracteres.
Tipo de dados   Uma categoria de dados como inteiro, ponto flutuante ou caractere.
Tipo *de retor***no**   O tipo de dados que a função retorna ao programa principal.
Tipo genérico   Tipo definido por modelagem para sinalizar que o tipo de dados deve ser configurado posteriormente.
Tipos de dados complexos   Tipos de dados que armazenam mais de um tipo de dados primitivos.
Tipos de dados compostos   Tipos de dados definidos pelo programador, disponíveis como funções ou fornecidos por métodos.
Tipos de dados de ponto flutuante   Números que incluem partes decimais e fracionárias; expresso em notação decimal ou E.
Tipos de dados inteiros   Números inteiros que podem ser assinados ou não assinados e expressos em notação decimal, binária ou hexadecimal.
Tipos de dados primitivos   Tipos de dados que são incorporados em uma linguagem de programação.
Transistor   Componente-chave de circuitos integrados devido à sua capacidade de amplificar sinais, atuar como um comutador e formar portas lógicas.
Try *(tentar)*   Tentativa de conclusão do código de maneira normal, a menos que ocorra uma exceção; então o código para de tentar e se move para manipular a exceção lançada.
Técnica de dividir e conquistar   Técnica algorítmica em que cada etapa divide o espaço do problema e elimina parte dele no caminho para uma solução.

Unicode   *Sis*tema de codificação de comprimento variável que inclui representação para os glifos escritos usados pela maioria das linguagens do mundo.
Unidade de controle   O componente da CPU que interpreta as instruções e gerencia a atividade de processamento.
Unidade de processamento central *(CPU)*   Componentes de um computador que executam tarefas de processamento.
Unidade *lógica* **aritmética** *(ALU)*   O componente da CPU que realiza operações aritméticas e lógicas.
Upcasting   Conversão de tipo para um objeto que está mais no topo do que a hierarquia de classes.
UTF-8   Versão popular do Unicode, amplamente usada na Web.
Utilitários de depuração   Software que pode ser usado para localizar e corrigir erros no código do programa.

Valor de retorno   Dados que são passados de uma função de volta para o programa principal.
Valor de sentinela   Valor especial em um algoritmo que sinaliza o fim de um laço ou recursão.
Valores inúteis   Valores restantes, indesejáveis e inutilizáveis mantidos na memória antes de uma variável ser inicializada.

Variáveis de instância   Outro termo para "variáveis membro".

Variáveis membro   Variáveis que compõem os dados armazenados em uma classe.

Variável de referência   Variável que aponta diretamente para uma variável, em vez de uma cópia dos dados que ela contém.

Variável estática   Variável membro de uma classe que contém o mesmo valor em todas as instâncias da classe.

Variável global   Variável que é visível em todo o programa.

Variável indefinida   Variável que não foi especificada pelo programador.

Variável local   Variável que é visível em uma função ou outra área definida de um programa.

Variável nula   Variável que não tem valor.

Variável   Uma posição nomeado na memória que contém temporariamente um texto ou um valor numérico.

Visibilidade   A visibilidade de uma propriedade ou comportamento de um objeto para outros locais no código.

Visibilidade padrão   Se nenhum modificador de acesso específico é fornecido, cada linguagem define a visibilidade como um valor padrão.

W

Write Every Time *(WET)*   O oposto de DRY; código que contém redundâncias.

Árvore de busca binária *(ABB)*   Árvore binária que impõe um significado aos filhos à esquerda e à direita. Os itens armazenados são ordenados colocando os "menores que" à esquerda do nó atual e os itens "maiores que" à direita.

Árvore   Estrutura de dados não linear que impõe uma forma hierárquica e se parece com uma árvore de cabeça para baixo.

Árvores binárias   Árvores limitadas a dois filhos por nó.

*Í*n**dice**   A posição de um caractere em uma string, começando na posição [0].

Índice de arranjo   A referência entre colchetes [ ] que identifica um elemento de arranjo.

ÍNDICE REMISSIVO

A

Abertura de arquivo, 209
Abertura de um arquivo para gravação, 202
Abordagem dividir e conquistar, 415
abs( ), função, 48
Abstração de dados, 302-305
    criação de função, 306
    template
        classe, 305
        função, 304
    template de classe, 305
    template de função, 304
Abstração
    caixas pretas, 11-12
    classes e objetos, 10
    definição, 9
    níveis de, 12
    noções básicas, 9-10
access_mode, argumentos, 202
Acessando arquivos, 200
Acessibilidade motora e cognitiva, 494
Acessibilidade por áudio, 494
Acessibilidade visual, 494
Acesso linear, 200
Acesso randômico, 200
Acessores, 219, 260-261
Acumulam laços, 105-106
add_car( ), método, 292-293
add_vehicle( ), método, 292-293
Agendamento, 344
Agregação, 537
Alfa, teste, 539
Algoritmo de busca binária, 394
Algoritmo de ordenação
    complexidade de tempo, 406-407
    ordenação de itens, 405
    propriedades, 407-408
Algoritmo de programação, 2-3
Algoritmo estável, 407
Algoritmo *in loco*, 407
Algoritmo misterioso, 386-388
Algoritmo primeiro a entrar, primeiro a sair (FIFO), 343-362
Algoritmo último a entrar, primeiro a sair (LIFO), 335
Algoritmos "bons", 3-4
Algoritmos de busca, 390

Algoritmos de percurso, 344
Algoritmos
    "bons", 3-4
    noções básicas, 2
    programação, 2-3
    seleção e criação, 4
Alocação de memória
    dispositivos de armazenamento, 462
    memória e armazenamento, 462
    RAM, 463-464
Alternar entre maiúsculas e minúsculas, 70
Ambientes de desenvolvimento integrados (IDEs), 30
American Standard Code for Information Interchange (ASCII), 62-63
Análise assintótica, 376-377
Análise e projeto estruturados, 501-503
Ancestrais, 277
AND, operador, 94-95
Animação do programa, 29
Antecipar exceções, 214-215
    aplicativo, 359-360
    armazenamento de dados, 360-366
    definição, 353-355
    nó, 353
    propriedades, 355-356
    recursivo, 356-358
Aplicativos de grafos
    matriz de adjacência, 367
    pesos de aresta, 367
Append, método, 326
append_node( ), método, 326
Appendite, modo, 203
Arestas, 353
Argumento de função, 142-143
Argumentos, 262-263
Armazenamento de dados
    ABB, 361-363
    Node, classe, 357-358
    percurso AP, 364-366
    percurso PP, 363-366
Armazenamento não volátil, 463
Armazenamento off-line, 462
Armazenamento on-line, 462
Armazenamento volátil, 463
Armazenamento, 462
Arquivo binário, 199
Arquivo de texto, 199

Arquivo executável, 21
Arquivo
    abrindo, 223-224
    binário, 199
    caminho absoluto *versus* relativo, 194, 195
    caminho relativo, 194
    caracteres de escape, 196
    componentes, 198-199
    contêiner digital, 193
    conteúdo, 198
    delimitador, 198
    diretório, 194
    entrada/saída, 199
    EOF, 198
    fechamento, 208
    gravar/anexar, 210-214
    leitura, 204-208
    nome, 198
    nova linha, 198
    pastas, disco rígido, 194
    ponto de acesso, 198
    sequência de bytes, 197-198
    uso, 199-200
Arranjo(s)
    bidimensional, 130-136
    características, 121
    casos de uso, 122
    definição, 120
    entrada e saída, 124-128
    índice, 121
    operações, 128-130
    retângulos mágicos, 120
    unidimensional, 122-123
Arranjo, elemento
    alterar, 128
    encontrar, 128-129
    soma, 129
Arranjos bidimensionais
    declarar e inicializar, 138-139
    noções básicas, 130-131
    saída, 132-133
    soma de colunas e linhas do arranjo, 134-136
Arranjos de string, 123
Arranjos unidimensionais
    alocação de memória, 121
    arranjos de string, inicializar, 123
    arranjos numéricos, inicializar, 122-123

ÍNDICE REMISSIVO

declarar e inicializar, 122
Árvore binária de busca (ABB), 361
Árvores binárias, 359
ASCII (American Standard Code for Information Interchange), 62
   conjunto de caracteres, 459
   definição, 459
   estendido, 460-461
   unicode, 461
Assinatura de função, 148
Associação, 534
Atores, 535
Atribuição de variáveis, 41-42
Atribuição, instruções
   atribuição de variáveis, 41-42
   declaração de variáveis, 39-40
   inicialização de variáveis, 40-41
Atributos, 7, 472
Autorreferência explícita, 259
Autorreferência implícita, 259
Autorreferência, palavra-chave
   explícita, 259
   implícita, 259
   variáveis locais/de instância, 260

B

Base-2, 454
Big-O, notação, 377
   análise assintótica, 376
   complexidade de algoritmo, 375-376
   notação assintótica, 376-377
Big-O, tempo de execução, 406
Big-Omega, notação, 377
Big-Theta, notação, 377
Binário
   dados digitais, 447
   decimal, para, 451-452
   medidas, 449
   números negativos, 454-455
   representação de dados, 447
   sistema de numeração, 450-451
   soma, 453-454
Bits, 447-448
Bloco de código, 20
Buffer, armazenamento em, 201
Busca linear, 390
Bytecode, 23
Bytes, 448-449

C

Caixa de ativação, 536
Caixa de ferramentas, linguagem de programação, 18-19
Caixa-preta, abstração, 11-12
Caixa-preta, teste, 513
Caminho absoluto, 194
Caminho mais curto, 344, 368
Caminho relativo, 208
Capacitores, 450
Caracteres de escape, 66-68, 196
Caracteres
   alocação de memória, 62
   formato de saída, 63
   manipulação, 64-65
Caso de base, 158
Caso de teste, 511

Caso-limite, 511
Casos de uso de pilha
   refazer etapas, 337
   inverter a ordem, 336
   testar a simetria, 337
   desfazer e refazer, 337
Casos de uso, 533
Catch (capturar), exceção, 177
Cenário, 534
Chamada de função, 139
Chatbots, 485
Circuitos integrados, 432-434
Classe abstrata, 300
Classe filha, 279-282
Classe pai, 279
Classes, 9, 218-219, 472
   e objetos, 10
COBOL, 471
Codificação eficiente, 506-507
Codificação segura, 508-510
Código de máquina, 21
Código de operação, 437
Código de pilha, 338-343
Código do programa, 15
Código limpo, 508
Código-fonte, 21
Código-objeto, 21
Coerção, 75
Coesão, 7
Comandos, 518
Comentário, 19
Compiladores, 21-22
Complemento de dois, 455
Complemento de um, 454
Complexidade de algoritmo
   espaço, 375
   tempo, 376
Complexidade de espaço constante, 383
Complexidade de espaço linear, 383-384
Complexidade de espaço, 376
   constante, 376
   espaço de memória, 382
   linear, 383-384
Complexidade de tempo linha por linha, 384-385
Complexidade de tempo, 375
   execução de melhor caso, 406
   métrica Big-O, 377
   tempo constante, 378
   tempo de execução, 406
   tempo de execução Big-O, 406
   tempo de execução de caso médio, 406
   tempo de execução de pior caso, 406
   tempo linear, 379
   tempo logarítmico, 380-382
   tempo quadrático, 380
Comportamento padrão
   configurando um objeto como igual a outro, 246-247
   operador de atribuição padrão, 240
   operadores predefinidos, 240
Composição, 538
Comprimento de string, 69-70
Computadores com conjunto de instruções reduzido (CISC), 436
Computadores com conjuntos de instruções complexas (CISC), 436

Concatenação
   definição, 72
   saída, 72-74
   variáveis, 74-75
Condição de término, 116
Condição de teste, 99
Conexão de memória, 39
Conjunto de caracteres, 459
Conjunto de ferramentas, 20-21
Conjuntos de habilidades
   inclusivos, 495-496
Conjuntos de instruções de baixo nível
   CISC, 436
   linguagem de máquina, 437
   linguagem de montagem, 437
   microprocessador, 435-436
   operandos, 437
   RISC, 436
Constantes, 37-38
Construtor padrão implícito, 250
Construtor padrão, 250
Construtor parametrizado, 251
Construtores
   construtor de cópia, 252
   construtor padrão implícito, 250
   inicialização por membro, 251
   objeto, 250
   parâmetros padrão, 264
   parâmetros/argumentos, 262
   sobrecarga, 2644
   valores inúteis, 250
Contador de laços, 99
Contam, laços que, 103-105
Conteúdo, 198
Controladores de mão, 492
Conversão de tipo de dados numéricos
   converter inteiros, 55-56
   números de ponto flutuante, 55-56
   peculiaridades do arredondamento, 56-57
Conversão de tipos, 297
Conversão explícita, 297
Conversão implícita, 297
Conversão
   binário-hex-binário, 457-458
   binário para decimal, 451-452
   decimal para binário, 452-453
   hexadecimal, 455
Cor RGB, 455-456
Corpo de função, 140
Criação de arquivos, 208-209

D

Dados analógicos, 447
Dados digitais, 446
Dealership, classe, 294-295
Decimal em binário, 452-453
Declaração de variáveis, 39-40
Decomposição de cima para baixo, 470
Decomposição estrutural, 4-6
Decomposição funcional, 6
Decomposição orientada a objetos, 6
Decomposição
   definição, 4
   dependências e coesão, 7
   estrutural, 5-6

funcional, 6
noções básicas, 4
orientado a objetos, 6-7
Delimitador, 198
Densidade de informação, 458
Dependência, 7, 537
Depuração, 25
dequeue( ), método, 346-348
Descendente, 277
Desempenho de busca binária
espaço de busca, 394-395
implementação, 395-396
código iterativo, 399
código recursivo, 397-399
Desempenho de busca linear
arranjo de contatos, 391-392
avaliação do tempo, 394
busca de dados, 390
Desenvolvimento de software
ciclo de vida, 500-5501
eficiência, qualidade e
segurança, 500-501
Detecção de erro, 443
Diagrama de casos de uso, 533
Diagrama de classes, 532
Diagrama de relacionamento, 536
Diagrama de sequência, 535
Dígitos, 62-63
Dimensionamento de um arranjo, 122
Diretivas de pré-processador, 22
Diretivas, 19
Diretrizes de acessibilidade de conteúdo
da Web (WCAG), 493
Diretrizes de acessibilidade, 493-494
display( ), método, 327
Don't repeat yourself (DRY), 506
Downcasting, 298
dual_grinder( ), método, 311
Duplication is Evil (DIE), 506

E

E, notação, 53
Editor de código, 19
Editor de texto, 19
Editores de programas, 18-19
Eficiência, 501
Elementos centrais, linguagem de
programação, 17
Elementos de arranjo de entrada, 127-128
Elementos estáticos
classes, 226-227
métodos, 225-226
variáveis membro, 224-225
Encapsulamento, 224, 475
modificadores de acesso, 265-266
variáveis e métodos privados, 267-268
variáveis e métodos públicos, 266-267
visibilidade, 265
Endereço de memória, 464
enqueue( ), método, 346-348
Entrada e saída, 42-43
Equipamento inclusivo, 496
Erro de sintaxe, 26
Erro semântico, 27-28
Erros de índice, 125
Erros de lógica, 173-174

Erros de programação, 25-26
Erros de tempo de execução, 26-27, 173
Erros
comunicação de fluxo de
trabalho, 175
exceção, 174
lógica, 173-174
tempo de execução, 174
Escopo
namespaces, 153
passagem por referência, 152-153
passagem por valor, 150-151
variáveis globais e locais, 149-150
Espaço auxiliar, 382
Espaço de busca, 390
Espaço de dados, 382
Espaço de instrução, 382
Estaticamente tipada, 41
Estouro de buffer, 508
Estrutura chaveie-caso, 92-94
Estrutura de árvore
Estrutura de classe
encapsulamento, 256
escopo de autorreferência, 259-260
objetos, 256-259
ocultação de dados, 254-255
Estrutura de controle de decisão, 79
Estrutura de controle de seleção, 469
Estrutura de dados linear, 317
Estrutura de dados, 317
Estrutura de diretórios, 194
Estrutura e uso
classes básicas, 307-308
função em forma de template, 306
grinder, classe, 310-311
process( ), método, 308
Estrutura recursiva, 356-358
Estruturas de controle de
repetição, 98-99, 470
Estruturas de controle, 79, 518
Estruturas de grafo
definição, 366
direcionado, 367
não direcionado, 367
tipos, 366
Estruturas de lista ligada
estrutura de dados
implementação, 318-319
operações, 318
seleção, 317-318
tipos, 320
layout de memória, 319
Estruturas se aninhadas, 86-90
Exceção no_cream_error, 176
Exceções padrão, 175
Exceções
antecipar, 214-215
comunicação de fluxo de
trabalho, 175
definição, 173
erro no código, 173-176
erros de lógica, 173
manipular, 177
no_cream_error, 176
padrão, 175
resgatar, 190
throw, 176

tipos, 175-176
Exclusão, 323
Experiência de usuário (UX), 482
Expressão de predicado, 477
Expressões booleanas, 84
Expressões matemáticas
operadores aritméticos, 51-52
operadores compostos, 53-54
ordem das operações, 52-53
Expressões regulares, 400
especificação do padrão de
busca, 400
operadores de busca, 400-402
Expressões, 51
Extensibilidade, 322

F

Fatores de sucesso, 510
Fechamento de um arquivo
após o uso, 208
blocos try e catch, 208
Ferramentas de codificação
editores de programas, 18-19
estrutura básica, 19-20
Ferramentas de construção
compiladores, 21
conjunto de ferramentas, 20-21
interpretadores, 23-25
máquinas virtuais, 23
pré-processadores e
montadores, 22-23
Ferramentas de depuração
erros de programação, 25-26
erros de sintaxe, 26
erros de tempo de execução, 26-27
erros semânticos, 27-28
utilitários de depuração, 28-29
Ferramentas, fluxograma, 523-524
Fila
casos de uso, 344
código, 344-345
definição, 434
estrutura de dados,
características, 434
FIFO, 434
file_not_found_exception, 189
Fim de arquivo (EOF), 198
Final, classe, 279
Find, método, 328
find_it( ), método, 329
Floyd, algoritmo de, 369
Fluxo de execução, 139
Fluxogramas
desenhar, 522-523
ferramentas, 523-524
noções básicas, 522
Fonema, 489
For, laço
definição, 99
fluxograma, 100
repetições da orientação de
supino, 100-101
sintaxe e regras, 101
Forma do terminador, 522
Fortran, 471
Função recursiva, 157

Função, 48
   classificação, 138
   componentes, 140
   definição pelo programador, 138-139
   escopo, 148-149
   fluxo de execução, 139
   parâmetros, 142
   pseudocódigo, 141
   valores de retorno, 144-147
   vantagens, 139-140
Funções de string
   caso de mudança, 70-71
   comprimento, 69-70
   localização do caractere, 71-72
   manipulação, 69
   recuperar substring, 72
Funções definidas pelo
   programador, 138-139
Funções importadas, 138
Funções internas, 138
Funções virtuais, 298-299
Funções void
   noções básicas, 140
   pseudocódigo, 141

G

Genéricos, 320
Gerenciamento de memória, 169
Gerenciamento manual da memória, 464
give_discount( ), método, 219
Grafo completo, 366
Grafo conexo, 366
Grafo direcionado, 367
Grafo esparso, 366
Grafo não conexo, 366
Grafo não direcionado, 367
Grafos vetoriais, 492
Grafos, 366
Gravador de fluxo, 201
Gravar e anexar um arquivo
   caractere de nova linha, 211
   programa, 211

H

Handoff, 143
Háptico, 492
Hello World!, 14
Herança múltipla, 277
Herança protected, 278
Herança public, 278
Herança, 474
   classe filha, 279-281
   classe pai, 279-280
   criar classes, 274
   nível de acesso, 278-279
   personalizando
      comportamento, 284-285
   POO, árvores genealógicas em, 276, 278
   sintaxe, 282-284
   UML, 536
Hexadecimal
   conversão, 457
   conversões em
      binário-hex-binário, 457-458
   cores, 455-456

densidade de informação, 458
sistema numérico, 456
Hierarquia de classe
   ancestrais, 277
   descendentes, 277
   diagrama, 277
   herança múltipla, 277
   problema do losango, 277
Hierarquia de classe, 291
Homogêneo, 121, 336

I

IDE on-line, 30
Identidade inclusiva, 494
Identificação de padrões
   de classificação, 9
   definição, 8-9
   noções básicas, 7-8
   repetitivos, 8-9
Igualdade (==), operador de, 240-243
Igualdade, operador de, 82-83
Implementação do método, 298
Independência de máquina, 443
Índice de limite, 416
Índice, 68
Índices de string, 68-69
Inferência de tipo, 40
Inicialização de variáveis, 40-41
Inicialização membro a membro, 251
Início, 319
Inserção, 323
Insert, método, 329-330
insert_node( ), método, 331-332
Instrução condicional, 81
   Variável booleana, 85
Instrução de função, 140
Instruções de controle, 99
Instruções, 15-16, 20
Integridade e precisão, verificar, 529
Inteiro sem sinal, 49
Interação Humano-Computador (IHC), 482
Interface de usuário (IU)
   componentes, 482-484
   definição, 482
   seleção, 484
Interface de usuário por voz
   noções básicas, 489
   projeto de programa, 490
   reconhecimento de fala, 489-490
   síntese de fala, 490
Interface gráfica de usuário (GUI)
   controles grafos, 486-487
   definição, 486
   elementos, 486
   projeto de programa, 488-489
Interfaces de ambiente virtual
   componentes, 492-493
   programação, 493
   realidade aumentada e realidade
      mista, 491
   realidade virtual, 491
Interfaces de programação de aplicativos
   (APIs), 484
Interfaces de usuário de linha de
   comando
      definição, 484

      projeto de programa, 484-485
Interfaces fluentes, 248, 253
Interfaces
   arquivos de cabeçalho, 270
   elementos, 270
   implementação da classe Car, 270-271
Interpretador, 23-25

J

Jogo de adivinhação, 171-172

K

Kit de desenvolvimento de softwares
   (SDK), 30-31

L

Laço controlado por condição, 109
Laço controlado por usuário, 102-103
Laço infinito, 110-111
Laços aninhados
   fluxograma, 106
   laços dentro de laços, 106-107
   laços internos e externos, 107-108
Laços controlados por contagem
   instruções de controle, 99
   laço for, 100-102
   laços controlados pelo
      usuário, 102-103
   noções básicas, 98-99
   percorrer um arranjo, 125-126
Laços de pré-teste
   laço infinito, 111-112
   laços do, 113-115
   laços while, 109-110
   saindo de laços, 112-113
Laços internos e externos, 107-109
Laços pós-teste
   condições de teste e condições de
      término, 116-117
   fluxograma, 107
   laços do, 113-116
Laços while, 109-110, 205
Laços
   bloco de código, 98
   condição de término, 116
   que acumulam, 105-106
   que contam, 103-105
   saindo de, 112-113
Lançando exceções
   adicionar funções, 187, 189-190
   instruções, 179
   programa para simular as interações
      de Iceabella, 179-181
   verificações de valores positivos, 188
Leitor de fluxo, 201
Leitura e gravação, 463
Lendo arquivo
   abertura, 202-204
   arquivo de texto delimitado por
      vírgula, 205
   EOF, caractere, 204
   exceções, 207
Ligação dinâmica, 295
Ligação dinâmica, 295
ligação dinâmica, 295

linear_search( ), método, 391-393
Linguagem de máquina, 437
Linguagem de modelagem unificada (UML)
  associações, 536-538
  definição, 532
  diagrama de casos de uso, 533-534
  diagrama de classes, 532-533
  diagramas de sequência, 535-536
  tradução para um código, 539-542
Linguagem de programação
  dinamicamente tipada, 40
Linguagem inclusiva, 594
Linguagens de programação de alto
  nível, 14-15
  características, 442-443
  ensino de linguagens, 441
  evolução, 440
  família C, 441
  linguagem de programação Web, 442
  vantagens/desvantagens, 443
Linguagens de programação
  caixa de ferramentas, 18
  elementos centrais, 17
  Hello World!, 14
  noções básicas, 14-15
  sintaxe e semântica, 15-17
Linha da vida, 536
LinkedList, classe
  Append, método, 326-327
  Find, método, 328-329
  Insert, método, 329-330
  Linkedlist, classe, 325
  Node, classe, 323
  Percurso, 327-328
LinkedList, classe, 325
Linker, 22
Lista de exceções, 236
Lista de parâmetros, 236
Listas duplamente ligadas, 320-321
Listas ligadas circulares, 321-322
Listas ligadas, 320
  características, 322-323
  circular, 321-322
  código
    Append, método, 326-327
    classe, 325
    Find, método, 328-329
    Insert, método, 329-332
    Node, classe, 323-325
    percurso, 327-328
  duplamente, 320
  tipos, 320-323
  unicamente, 320
Listas unicamente ligadas, 320
Literais numéricos, 34-35
Literais
  caractere e string, 35
  complicados, 36
  numéricos, 34-35
Literal booleano, 36
Literal de caractere, 35
Literal de string, 35

M

Magnitude com sinal, 454
main( ), função, 19

Manipulação de arquivos, 194
Manipulação de strings, 69
Manipulador de eventos, 488
Máquina Virtual Java (JVM), 23-24
Máquina virtual, 23
Marcador de visibilidade, 533
Matriz de adjacência, 367
Memória, 462
Mensagem de retorno, 536
Metacaracteres, 400
Método em cascata, método, 247-249
Metodologias ágeis de
  desenvolvimento, 504
Métodos, 7, 219, 296, 472
  anatomia, 236
  Car, classe, 233
  convenções, 235
  detalhes sobre a concessionária, 232
  funções definidas pelo
    programador, 231
  variável inventory, 232
Microprocessador, 435
  ciclo de instruções, 438
  conjuntos de instruções, 436
  ponteiro de instrução, 438
min( ), função, 269
Modelo ágil
  desenvolvimento incremental, 504
  metodologias, 504-505
  vantagens e desvantagens, 505-506
Modelo de desenvolvimento
  incremental, 504
Modelo em cascata
  análise de projetos
    estruturados, 501-502
  vantagens e desvantagens, 503-504
Modificador de acesso, 219, 236, 265-266
Modificadores, 219, 261-262
Modo de leitura, 202
Módulos, 4
Montagem, linguagem de, 437
Moore, lei de, 434
MotorVehicle, classe, 292
Múltiplas condições
  estruturas se aninhadas, 86-90
  estruturas se-então-senão, 85-86
  estruturas senão-se, 90-91
  reinserção, 92-94

N

Namespace, 153
Namespaces explícitos, 153
Namespaces implícitos, 153
Não linear
  arestas, 353
  blocos de construção, 353
  estrutura de árvore, classe
    Node, 357-358
  estruturas de dados, 317, 352-353
  versus linear, 352-353
Nível de abstração, 12
Nó filho, 354
Nó pai, 354
Nó raiz, 354
Nó, 320

Node, classe, 323-325
Nome de função, 140
Nós folha, 354
Notação assintótica, 376
Número de identificação do veículo
  (NIV), 218
Número de identificação pessoal (PIN), 2
Número inteiro com sinal, 49
Números negativos, 454-456

O

Objetos, 7, 472
  accelerate( ), método, 275
  campo de instância, 257
  car, classe, 222
  características/princípios, 224
  comportamento, 228
  encapsulamento, 224
  estado, 228
  identidade, 227
  instância, 222
  variáveis, 223
  variáveis membro, 256
Ocultação de informações, 224
Operação de desenfileiramento, 343
Operação de enfileiramento, 343
Operador de (=) atribuição, 246
Operador de atribuição padrão, 240
Operador de resolução de escopo (::), 235
Operadores aritméticos, 51-52
Operadores compostos, 53-54
Operadores lógicos condicionais
  AND, operador, 94-95
  OR, operador, 95
Operadores relacionais
  expressões booleanas e tipos de
    dados, 84-85
  operador de igualdade, 82
  operandos, 82
operator =, método, 297
OR, operador, 95
Ordem das operações, 52-53
Ordenação de itens, 405
Ordenação por bolha
  algoritmo, 408, 409
  código, 512-514
  lista não ordenada, 409
  passagens restantes, 411
  propriedades, 414-415
  segunda passagem, 411
Ordenação por mesclagem
  algoritmo de divisão e conquista, 423
  código, 426-429
  lógica, 425-426
  Mensagem, 536
  propriedades, 429
  recurse( ), função, 444
Organização de processador
  circuitos integrados, 432-434
  CPU, 434-435
  Moore, lei de, 434
  porta lógica, 433
  transistor, 432
Orientado a eventos, 488

P

Padrões de classificação, 9
Padrões repetitivos, 8-9
Palavras reservadas, 15, 36
Palavras-chave, 15
Paradigma de programação funcional, 479
Paradigma de programação lógica, 479
Paradigma orientado a objetos
    aplicativos, 475-476
    características, 474-475
    classes, 472
    métodos, 472
    objetos, 472, 474
Paradigma procedural
    aplicações, 471
    características, 469-470
    noções básicas, 468-469
Paradigmas de programação declarativos, 468
Paradigmas de programação imperativos, 468
Paradigmas de programação, 493
Paradigmas declarativos, 467-468
    aplicações, 479
    características, 469
    noções básicas, 468-469
    variações, 469
Parâmetro tipado, 142
Parâmetros de formatação, 57-58
Parâmetros padrão, 263-264
Parâmetros, função, 142
Partition( ), função, 420-422
Passagem por referência, 152-153
Passagem por valor, 150
Peek, operação, 335
Penalidade da abstração, 443
Pensamento computacional, 4
Percurso em amplitude primeiro (AP), 364
Percurso em lista ligada, 327
Percurso em profundidade primeiro (PP), 363
Percurso, 363
Percursos em um arranjo, 125-126
Pesos de aresta, 367
Pilhas incorporadas, 337-338
Pilhas, 169, 334-336
    casos de uso, 336-337
    codificação, 338-343
    definição, 335
    estrutura de dados, 317-318
    incorporadas, 318-319
    LIFO, 335
Pixels, 455
Plataforma visual, 18
Polimorfismo, 291, 474
    classes, 296
    ligação dinâmica, 295-296
    método, 314
    objetivos, 291-296
    objetos, 297
Ponteiro de instrução, 438
Ponteiro, 319
Ponto de acesso, 200
Ponto de interrupção, 28
pop( ), método, 341-342
Pop, operação, 335
Porta lógica, 433

Precisão dupla, 51
Precisão simples, 51
Pré-processador, 22
Princípio de responsabilidade única (SRP), 507
Princípios de codificação
    codificação eficiente, 506-507
    codificação limpa, 508
    codificação segura, 508-510
    fatores de sucesso, 510
    princípio de responsabilidade única, 507-508
Problema de losango, 277
Processador de texto, 18
Processando arquivo
    acesso, 200
    fluxos e buffers, 201-202
Programa de computador, 3, 15
Programação de consultas de banco de dados, 479
Programação orientada a objetos (POO), 217, 474
    características, 227-228
    classe, 218-233
    componentes, 219-221
    programação procedural, 218
Programação procedural, 218
Projeto de template, 314
Projeto do programa
    interface de usuário por voz, 489
    interface gráfica de usuário (GUI), 486-489
    interfaces de usuário por linha de comando, 484-485
Projeto inclusivo, 494-495
Propriedades de árvore, 355-356
Pseudocódigo
    algoritmos, 516-517
    comandos e estruturas de controle, 518
    definição, 516
    diretrizes, 519-521
    escrevendo, 521
    função, 141
push( ), método, 340-341
Push, operação, 335

Q

Quadrante Alternativas, 536
Quadrante Condições, 525
Quadrante de ação, 526
Quadrante de Entradas de ação, 537
Qualidade, 501
Quicksort
    abordagem dividir e conquistar, 415
    algoritmo, 415
    arranjo, valores numéricos, 418
    índice de limite, 416
    partição recursiva, 418, 419
    partition( ), função, 422-423417-418
    propriedades, 446-447

R

RAM (memória de acesso aleatório), 463-465

Rastreando erros de codificação, 464
rating_num, variável, 205
Realidade aumentada, 491
Realidade mista, 491
Realidade virtual, 491
Realização, 538
Recursão de cauda, 169
Recursão de ramificação, 159, 165-168
Recursão estável, 169
Recursão infinita, 157
Recursão linear, 159, 163-165
Recursão
    abordagem à resolução de problemas, 156
    gerenciamento de memória, 169
    linear, 163-165
    mentalidade recursiva, 155-156
    noções básicas, 156-160
    projetando estruturas recursivas, 161-163
    ramificação, 159-160
    recursão estável, 169
Recurse( ), função, 424
Referência, 319
Refuel( ), método, 284
Registradores, 434-435
Regras impossíveis, 529
Regras redundantes, 529
Reinserção, 92
Representação de dados
    binário, 447
    definição, 447
Requisitos funcionais, 533
Retângulos mágicos, 120-121

S

Saída formatada, 57
Se-então
    estruturas, 80-82
    estruturas de controle, 79-80
    estruturas senão-se, 85-86
    lógica de decisão, 80
Se-então-senão, estruturas
    Código de exemplo, 87-88
    definição, 85
    sintaxe e regras, 87
Segurança, 501
Semântica, 15
Sequência de escape, 67-68
set_price( ), método, 221
Setters, 261
Sintaxe e semântica, linguagem de programação, 15
Síntese concatenativa, 490
Síntese de fala, 490
Sistema de codificação, 459
Sobrecarga de construtor, 264
Sobrecarga de método, 243
Sobrecarga de métodos, 243-246
Sobrecarga de operador, 241
Solução de problemas
    usando árvore
        aplicação de árvore, 359-360
        armazenamento de dados, 360-366
    usos de grafos
        computação de caminhos, 368

aplicativos de grafos, 367-368
Somente leitura, 463
String, 66
Substituição de método
　classe pai, 286-288
　final, método, 290
　refuel( ), método, 284
　test_drive( ), método, 290
Substring, 75-76

T

Tabelas de decisão
　interpretar regras, 527
　noções básicas, 525
　quadrante Ação, 526
　quadrante Alternativas, 526
　quadrante Condições, 525
　quadrante Entradas de ação, 527
　regras, 528
　verificar a integridade, 529
　verificar a precisão, 529
Técnica dividir e conquistar, 395, 407
Tecnologia de armazenamento de estado
　sólido, 463
Tecnologia de armazenamento
　magnético, 463
Tecnologia de armazenamento óptico, 463
Template complicada
　objeto como argumento, 312-313
　template avançado, 309-312
Template de classe, 305
Template de função, 304
Template
　abordagem à resolução de
　　problemas, 314
　abstração de dados, 302-305
　avançado, 309-312
　estrutura e uso, 305-309
　objetos de argumentos, 312-313
　projeto de um, 314
　uso, 314
Tempo constante, 378
Tempo de execução de caso médio, 406
Tempo de execução de melhor caso, 406
Tempo de execução de pior caso, 406
Tempo linear, 379
Tempo logarítmico, 380-382
Tempo quadrático, 380-381
test_drive( ), método, 219, 289
Testar a simetria, 337

Teste beta, 513
Teste de aceitação, 513
Teste de integração, 512
Teste de regressão, 513-514
Teste de sistema, 513
Teste de unidade, 511
Teste
　aceitação, 513
　integração, 512
　níveis de, 510-511
　regressão, 513-514
　sistema, 513
　unidade, 511-512
Throw, exceções, 176
Tipo de retorno, 147-148, 236
Tipo genérico, 304
Tipos de dados complexos, 223
Tipos de dados compostos, 48
Tipos de dados de caracteres
　alocação de memória, 62
　definição, 61
　dígitos, 62-63
　formato de saída, 63
　manipulação, 64-65
Tipos de dados de string
　caracteres de escape, 66-68
　índices de string, 68-69
　trabalho com, 66-67
Tipos de dados inteiros, 49-50
Tipos de dados numéricos
　inteiro, 49-50
　ponto flutuante, 50-51
Tipos de dados primitivos, 47-48, 223
Tipos de dados
　composto, 48
　definição, 49-50
　e expressões booleanas, 84-85
　numérico (ver Tipos de dados
　　numéricos)
　primitivo, 47-78
Tipos, conversão, 75-76, 297
Transferência de dados assíncrona, 344
Transistores, 432
Try e catch, bloco
　chamadas de função, 182-183
　escolha de variável, 191
　exceções, 181
　file_not_found_exception, 179
　fluxo de pseudocódigo, 188
　fluxo lógico, 187
　instrução se-então, 177

load_image, função, 188-189
sintaxe, 195-196

U

Unicode, 485-486
Unidade de controle, 434
Unidade de processamento central
　(CPU), 434-435
Unidade lógica aritmética (ULA), 435
Upcasting, 297
Uso de template, 314
UTF-8, 461
Utilitários de depuração, 28-29

V

Valor de sentinela, 391
Valores de retorno, 144-145
Valores inúteis, 250
Variáveis e métodos privados, 267-268
Variáveis e métodos públicos, 266-267
variáveis membro, 219
Variáveis
　atribuição, 41-42
　camel case, 36
　concatenadas, 74-75
　declaração, 39-40
　definição, 36
　entrada, 42-43
　escolha, 191
　estilo cobra (*snake_case*), 37
　inicialização, 40-41
　palavra reservada, 39
　pseudocódigo, 520
　saída, 43
Variável de referência, 152
Variável global, 149-150
Variável indefinida, 39
Variável local, 149-150
Variável nula, 41
Verdade, tabela
　AND, operador, 94-95
　OR, operador, 95-96
Virtual puro, método, 299
Visibilidade padrão, 266
Visibilidade, 266

W

Write Every Time (WET), 506

Este livro foi impresso na
LIS GRÁFICA E EDITORA LTDA.
Rua Felício Antônio Alves, 370 – Bonsucesso
CEP 07175-450 – Guarulhos – SP
Fone: (11) 3382-0777 – Fax: (11) 3382-0778
lisgrafica@lisgrafica.com.br – www.lisgrafica.com.br